aged over twenty years

MÖTLEY CRÜE

the dirt

Mötley Crüe

the dirt

EST.
1980
ROWDY 1

ROCK BY VOLUME 200%

DIESES
BUCH
–IST–

unseren Frauen
UND KINDERN

GEWIDMET, AUF DASS SIE UNS
UNSERE TATEN EINES TAGES
VERZEIHEN MÖGEN.

THE DIRT

Titel der Originalausgabe: The Dirt

Copyright © 2001 by Mötley Crüe

Published 2001 by HarperCollins Publishers Inc., New York

© 2002 der deutschen Ausgabe:

Verlagsgruppe Koch Gmbh / Hannibal, A-6600 Höfen

Published by arrangement with

HarperCollins Publishers, Inc., New York

AUS DEM AMERIKANISCHEN VON
KIRSTEN BORCHARDT

Um Unschuldige zu schützen, wurden die Namen und unveränderlichen
Kennzeichen bestimmter Personen in diesem Buch geändert; in einigen Fällen
wurden mehrere Personen zu einer Figur zusammengefasst.

2nd edition

Art Direction und Design:

bau-da design lab, inc. & Daniel Carter

Produktion: bw works

LEKTORAT: MARTIN WEBER
TITELFOTO UND FOTOS IM INNENTEIL:
MIT FREUNDLICHER GENEHMIGUNG VON HARPER COLLINS PUBLISHERS INC.
DRUCK: DRUCKEREI THEISS GMBH, A-9431 ST. STEFAN

„FOLGLICH WIRD DER HIER VORGELEGTE BERICHT MEHR ALS NUR EINER FEDER ENTSTAMMEN; GENAUSO, WIE ÜBER EINEN VERSTOSS GEGEN DIE GESETZE IM GERICHTSSAAL VON MEHR ALS EINEM ZEUGEN BERICHTET ZU WERDEN PFLEGT."

–Wilkie Collins,

„DIE FRAU IN WEISS" **1860**

INHALT

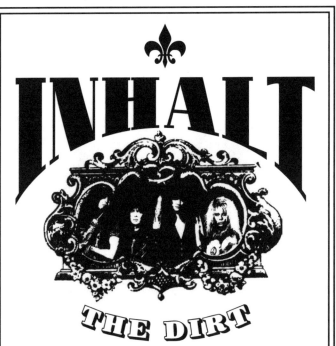

THE DIRT

ERSTER TEIL

DAS MÖTLEY-HAUS

Kapitel **1**

V I N C E

IN DEM VOM ERSTEN HAUS DIE REDE IST: TOMMY WIRD MIT HERUNTERGELASSENEN
HOSEN VON EINEM ELCH GEKNUTSCHT. DER BRENNENDE NIKKI VERSENGT DEN
TEPPICH. VINCE BEOBACHTET DAVID LEE ROTH BEIM KOKSEN. UND MICK WAHRT
ZU ALL DEM VORSICHTIG DISTANZ.

Sie hieß Bullwinkle. Jedenfalls nannten wir sie so, nach dem Elch aus der Zeichentrickserie, dem sie wirklich verdammt ähnlich sah. Aber trotzdem wollte Tommy sich einfach nicht von ihr trennen, obwohl er jedes Mädchen auf dem Sunset Strip hätte haben können. Er liebte Bullwinkle und wollte sie heiraten, weil sie, wie er behauptete, ihren Saft quer durchs Zimmer spritzen konnte, wenn sie kam.

Leider war ihr Saft nicht das Einzige, was herumflog, wenn sie bei uns war. Es flogen auch Teller, Klamotten, Stühle, Fäuste – einfach alles, was sie in die Hände bekam, wenn sie ihre Anfälle kriegte. Ich hatte noch nie jemanden erlebt, der so gewalttätig war, und das will was heißen: Immerhin hatte ich eine Zeit lang in Compton gewohnt. Ein falsches Wort, ein falscher Blick, und schon bekam sie einen Eifersuchtsanfall. Eines Abends versuchte Tommy sie abzuwehren, indem er die Tür zu unserem Haus verkeilte – das Schloss war schon lange kaputt, weil die Polizei sich öfters gewaltsam Eintritt verschafft hatte –, aber Bullwinkle schnappte sich einen Feuerlöscher und warf ihn durch das Glasfenster, um reinzukommen. Später tauchte die Polizei mit entsicherten Waffen bei Tommy auf, während Nikki und ich uns im Badezimmer versteckten. Ich weiß nicht, vor wem wir mehr Angst hatten – vor Bullwinkle oder den Cops.

Das Fenster wurde nie repariert. Das war uns zu viel Aufwand. Weil wir ganz in der Nähe vom *Whisky A Go-Go* wohnten, kamen dauernd Leute vorbei, um bei uns weiterzufeiern, wenn der Laden zumachte, und kletterten entweder durch das kaputte Fenster oder durch die verzogene und vergammelte Eingangstür, die nur dann geschlossen blieb, wenn wir ein gefaltetes Stück Pappe unten drunter klemmten. Ich teilte mir einen Raum mit Tommy; Nikki, dieser Wichser, hatte das große Zimmer allein für sich. Beim Einzug hatten wir eigentlich das Rotationsprinzip vereinbart, damit jeden Monat jemand anders in den Genuss des Einzelzimmers kam. Aber irgendwie kam es nie dazu. Das war auch zu viel Aufwand.

Damals, 1981, waren wir pleite und besaßen nicht viel mehr als eintausend Vinylsingles, die unser Manager für uns hatte pressen lassen, und eine schwindende Hand voll anderer Sachen. Vorn im Wohnzimmer befanden sich eine Ledercouch und eine Stereoanlage, die Tommy von seinen Eltern zu Weihnachten bekommen hatte. Die Decke war übersät mit kleinen runden Dellen, weil wir jedes Mal, wenn sich die Nachbarn über den Krach beschwerten, aus Rache mit Besenstielen oder Gitarrenhälsen dagegen schlugen. Der versiffte Teppich war mit Alkohol und Blut getränkt und voller Brandlöcher, und die Wände waren rußgeschwärzt.

Ungeziefer lief in Scharen durch die Wohnung. Wenn wir mal den Backofen benutzen wollten, mussten wir ihn zunächst zehn Minuten auf höchster Stufe durchheizen, um die Kakerlakenarmeen zu killen, die darin herumkrochen. Gift konnten wir uns nicht leisten; wenn wir eine Kakerlake umbringen wollten, die gerade über die Wand lief, nahmen wir Haarspray, hielten ein Feuerzeug an die Düse und fackelten die Scheißviecher ab. Wichtige Dinge konnten wir uns immer leisten (beziehungsweise sie uns klauen), und Haarspray gehörte dazu: In den Clubs konnte man sich ohne anständige Toupierfrisur nicht sehen lassen.

Die Küche war kleiner als das Bad und genauso verkeimt. Im Kühlschrank lagerte meistens alter Tunfisch, Bier, Frühstücksfleisch in Dosen, abgelaufene Mayonnaise und vielleicht ein paar Hot Dogs, wenn gerade Wochenanfang war und wir sie entweder aus dem Schnapsladen unten im Haus geklaut hatten oder tatsächlich etwas Geld dafür übrig gewesen war. Meist fiel aber Big Bill, ein Biker von zweihundert Kilo Lebendgewicht, der im *Troubadour* als Rausschmeißer arbeitete (und übrigens ein Jahr später an einer Überdosis Kokain starb), über die Hot Dogs her und aß sie auf. Wir hatten zu viel Schiss, um ihm zu sagen, dass wir nichts anderes zu essen hatten.

Abb. 2

Ein paar Häuser weiter lebte ein Pärchen, dem wir offenbar leid taten; die beiden brachten uns öfter mal eine große Schüssel Spaghetti vorbei. Wenn es uns richtig dreckig ging, rissen Nikki und ich Mädchen auf, die in Supermärkten arbeiteten, um ein paar Lebensmittel umsonst zu kriegen. Aber unseren Alkohol kauften wir uns immer selbst. Da hatten wir unseren Stolz.

Im Spülbecken gammelte das wenige Geschirr vor sich hin, das wir besaßen: zwei Trinkgläser und ein Teller, den wir gelegentlich mal unter den Wasserhahn hielten. Manchmal hatte sich darauf eine so dicke Dreckschicht angesammelt, dass man sich eine ganze Mahlzeit davon runterkratzen konnte; Tommy war sich dazu durchaus nicht zu schade. Wenn genug Müll zusammengekommen war, machten wir die kleine Schiebetür der Küche auf und warfen ihn in den Hof. Theoretisch hätte man draußen einen schönen Platz zum Sitzen und Grillen gehabt, aber dort stapelten sich die Säcke voller Bierdosen und Schnapsflaschen so hoch, dass der Müll jedes Mal in die Küche zu rutschen drohte, wenn wir besagte Tür aufmachten. Die Nachbarn beklagten sich wegen des Gestanks und wegen der Ratten, die langsam unseren Hof bevölkerten, aber wir waren nicht zum Aufräumen bereit – noch nicht einmal, nachdem die Gesundheitsbehörde von Los Angeles mit ein paar offiziellen Papieren anrückte und von uns verlangte, die selbst geschaffene Umweltkatastrophe zu beseitigen.

Verglichen mit dem Bad war die Küche allerdings geradezu pieksauber. In dem Dreivierteljahr, das wir dort wohnten, putzten wir kein einziges Mal das Klo. Tommy und ich waren noch Teenager: Wir wussten gar nicht, wie das ging. In der

Vince

Dusche lagen Tampons von den Mädchen, die bei uns die Nacht verbracht hatten, und Waschbecken und Spiegel waren durch Nikkis Haarfärbemittel völlig schwarz geworden. Für Toilettenpapier hatten wir kein Geld (beziehungsweise wollten keins dafür ausgeben), deswegen lagen überall auf dem Boden Socken, Werbeflyer oder aus Zeitschriften rausgerissene Seiten voller Kackspuren herum. An der Tür hing ein Poster von Slim Whitman; keine Ahnung, wieso.

Das Bad und die zwei Schlafzimmer waren durch einen kleinen Flur miteinander verbunden. Hier waren Fußspuren in den Teppich eingebrannt, weil wir bei den Proben für unsere Liveshows ein paar Mal Nikki angezündet hatten, und das Feuerzeugbenzin war ihm dabei die Beine runtergelaufen.

Das Zimmer, das Tommy und ich uns teilten, lag auf der linken Seite des Flurs und war voller leerer Flaschen und dreckiger Wäsche. Wir schliefen auf Matratzen, die mit einem einstmals weißen Laken überzogen waren; inzwischen hatte die Bettwäsche die Farbe zerquetschter Kakerlaken. Aber wir fanden unser Zimmer trotzdem ziemlich gut ausgestattet, denn immerhin hatten wir einen Schrank mit Spiegeltür. Jedenfalls bis zu dem Tag, an dem David Lee Roth bei uns auftauchte und es sich auf dem Boden bequem machte, um eine Riesenportion Koks auszupacken, von der er wie immer niemandem etwas anbot. Als er dort saß, fiel mit einem Knall die Tür aus den Angeln und krachte auf seinen Hinterkopf. Dave hörte für den Bruchteil einer Sekunde auf zu reden und beschäftigte sich dann wieder mit seiner Linie Koks. Er machte nicht den Eindruck, als habe er irgendetwas Ungewöhnliches bemerkt. Und er hatte kein einziges Körnchen von dem Pulver verschüttet.

Nikki hatte einen Fernseher in seinem Zimmer, das durch zwei Türen mit dem Wohnzimmer verbunden war. Die hatte er allerdings aus irgendwelchen Gründen zugenagelt. Während um ihn herum wilde Partys tobten, saß er meist auf dem Fußboden und schrieb Songs wie „Shout At The Devil". Wenn wir abends im *Whisky* gespielt hatten, kam die Hälfte der Zuschauer anschließend mit zu uns, um was zu trinken oder um sich was anderes reinzuziehen – Koks, Heroin, Percodan, Quaaludes oder was wir sonst gerade umsonst kriegen konnten. Ich war damals der Einzige, der drückte, seit eine verwöhnte bisexuelle Blondine namens Lovey, die auf flotte Dreier stand und einen rassigen Nissan Datsun 280 Z fuhr, mir gezeigt hatte, wie man Kokain injiziert.

Fast jede Nacht fand bei uns eine Party statt, bei der Typen aus der Punkszene, wie zum Beispiel 45 Grave oder die Circle Jerks, auftauchten; die Jungs aus den aufstrebenden Metalbands wie Ratt und W.A.S.P. feierten auf dem Innenhof oder vor der Tür. Die Weiber gaben sich die Klinke in die Hand. Wenn die eine gerade aus dem Fenster kletterte, kam die Nächste schon zur Tür herein. Das eine Fenster gehörte Tommy und mir, das andere Nikki. Es reichte, wenn wir den Mädchen sagten: „Da kommt jemand, du musst jetzt abhauen." Sie gingen dann tatsächlich – manchmal nur eine Tür weiter.

Unter den Mädchen war auch eine extrem übergewichtige Rothaarige, die nicht durchs Fenster passte. Aber sie hatte einen Jaguar XJS, und das war zufällig Tommys Lieblingsauto; den einmal zu fahren war sein allergrößter Wunsch. Das kriegte sie wohl irgendwann spitz, und sie sagte prompt zu ihm, er dürfe gern mal ans Steuer, er brauche sie nur zu vögeln. Als Nikki und ich an dem Abend nachhause kamen, lag Tommy mit seinen dürren Beinchen platt auf dem Rücken, und dieser riesige nackte Fleischberg schwabbelte über ihm auf und nieder. Wir stiegen über die beiden hinweg, machten uns eine Mischung Cola-Rum und setzten uns auf unser abgewetztes Sofa, um uns das Schauspiel in aller Ruhe anzusehen: Sie sahen aus wie ein roter VW, unter dem ein Satz schon ziemlich platter Weißwandreifen herausragte. Tommy war kaum fertig, da sprang er auch schon auf, knöpfte sich die Hose zu und sah uns an.

„Leute, ich muss los", strahlte er voll Stolz. „Ich darf ihr Auto fahren!"

Daraufhin startete er auch schon durch, sprang über den Müll im Wohnzimmer, riss die kaputte Haustür auf, hechtete die Straße entlang und setzte sich mit glücklichem Gesicht in den Wagen. Es sollte nicht das letzte Mal gewesen sein, dass Tommy sich für das Auto auf diesen Teufelspakt einließ.

In diesem Saustall von einer Wohnung lebten wir neun Monate: so lange, wie ein Kind im Mutterleib heranwächst. Dann zogen wir zu irgendwelchen Mädchen, die wir in der Zwischenzeit kennen gelernt hatten. Während unserer gemeinsamen Zeit dort hatten wir nur einen Wunsch – einen Plattenvertrag. Stattdessen gab es Suff, Drogen, Weiber, Dreck und gerichtliche Verfügungen. Mick, der mit seiner Freundin in Manhattan Beach wohnte, sagte immer wieder, solange wir unter solchen Umständen lebten und arbeiteten, würden wir es eh nie zu einem Vertrag bringen. Aber er sollte sich irren. In dieser Wohnung wurden Mötley Crüe geboren, und wie ein Rudel wilder Hunde zogen wir in die Welt, mit genug aggressivem, rücksichtslosem Testosteron, um eine Million kleiner Metal-Bastarde zu zeugen.

Kapitel **2**

M I C K

IN DEM DAS HAUS VON EINEM AUSSENSTEHENDEN BESCHRIEBEN UND
DIE VERBINDUNG ZWISCHEN BULLWINKLE UND AUSSERIRDISCHEN
LEBENSFORMEN ERKLÄRT WIRD.

---

*I*ch sagte ihnen immer: „Wisst ihr, was euer Problem ist? Wenn ihr was anstellt, lasst ihr euch erwischen. Ich zeig euch mal, wie man es richtig macht." Dann nahm ich ein kleines Schnapsglas und warf es durchs Zimmer, ohne dass einer von ihnen merkte, dass ich das gewesen war. Ich wusste schon immer, wie man sich nicht erwischen lässt. Wahrscheinlich war ich der Außenseiter.

Ich hatte in Manhattan Beach mit meiner Freundin eine gemeinsame Wohnung. Auf das Mötley House hatte ich keinen Bock; diese Phase hatte ich schon lange hinter mir. Ich war schon seit einer ganzen Weile erwachsen; sie benahmen sich noch immer wie Kinder. Einmal zu Weihnachten war ich da, und sie hatten einen kleinen geklauten Weihnachtsbaum, den sie mit Bierdosen, Slips, Rotze, Nadeln und Scheiße dekoriert hatten. Bevor wir uns an dem Abend zu einem Gig im *Country Club* aufmachten, brachten sie den Baum in den Hof, gossen Benzin darüber und zündeten ihn an. Das hielten sie für richtig lustig; ich fand das eher lächerlich. Solche Sachen langweilen mich ziemlich schnell. Ihre Bude war so verdreckt, dass man schwarze Ränder unter den Nägeln bekam, sobald man nur mal mit dem Finger über irgendeine Fläche strich. Das war nichts für mich, ich blieb lieber zuhause, trank und spielte Gitarre.

Nikkis Freundin war eine Hexe oder so was, und die beiden hatten immer Sex in der Abstellkammer oder in einem Sarg in ihrer Wohnung. Tommy war zusammen mit – ich weiß nicht mehr, wie sie hieß, aber wir nannten sie Bullwinkle. Und ein Elch ist nun mal kein schönes Tier. Sie rastete öfter aus, riss Feuerlöscher von der Wand oder schlug Fenster ein, um ins Haus zu kommen. Für mich war sie ein dämliches, junges, besitzergreifendes Luder, das nicht mehr alle Tassen im Schrank hatte. Es ist mir unbegreiflich, wie man so aggressiv sein kann, dass man Scheiben einschlägt und sich dabei vielleicht selbst verletzt.

Was in solchen Leuten wirklich vorgeht, verstehe ich nicht. Da halten wir immer nach Aliens Ausschau – aber ich glaube, wir selbst sind Aliens. Wir stammen

Abb. 3

von den Unruhestiftern anderer Planeten ab: Die Erde ist eine Art Strafkolonie fürs Universum; genau, wie die Engländer ihre Verbrecher früher nach Australien verschifften. Wir sind die Durchgeknallten von einem anderen Stern, nichts als Abschaum.

Mir tut der Rücken weh.

Abb. 1

Von oben links:
Rob Hemphill, Frank Ferrano (alias Nikki Sixx) und zwei Freunde
vor der Roosevelt High School in Seattle

ZWEITER TEIL

✦ BORN TOO LOOSE ✦

Kapitel **1**

N I K K I

IN DEM DER KLEINE NIKKI SCHLÄGE FÜRS FALSCHE ZÄHNEPUTZEN
BEKOMMT. DIE HOHE KUNST DES KARNICKELSCHLACHTENS ERLERNT.
SEINE BROTBOX ZUR SELBSTVERTEIDIGUNG NUTZT. MIT DER SÜSSEN
SARAH HOPPER HÄNDCHEN HÄLT UND ZU DEALEN BEGINNT.

*I*ch war vierzehn, als ich meine Mutter verhaften ließ.

Sie war wegen irgendwas sauer auf mich gewesen – weil ich lange wegblieb,
keine Hausaufgaben machte, zu laut Musik hörte, mich schlampig anzog, irgend so
was –, und ich hielt es einfach nicht mehr aus. Ich knallte meinen Bass gegen die
Wand, warf meine Stereoanlage durchs Zimmer, riss meine Poster von den MC5
und Blue Cheer von der Tapete und trat durch die Scheibe des Schwarzweiß-
fernsehers unten im Wohnzimmer, bevor ich die Haustür aufriss. Dann ging ich
raus und warf einen Stein durch jedes Fenster unseres Reihenhauses.

Aber das war nur der Anfang. Was dann kam, hatte ich schon seit einiger Zeit geplant. Ich lief zu einer Bude, in der ein Haufen kaputter Typen hauste, mit denen ich mich gern bedröhnte, und fragte nach einem Messer. Irgendjemand warf mir ein Klappmesser zu. Ich ließ die Klinge herausschnappen und streckte meinen mit klapperndem Billigschmuck behängten Arm aus. Dann stieß ich das Messer direkt oberhalb des Ellenbogens ins Fleisch und zog einen zehn Zentimeter langen Schnitt nach unten, der an einigen Stellen so tief war, dass man den Knochen sah. Ich spürte gar nichts. Im Gegenteil, ich fand, dass es irgendwie cool aussah.

Dann rief ich die Polizei und behauptete, meine Mutter habe mich angegriffen.

Damit wollte ich bezwecken, dass man sie einsperrte und ich dann allein wohnen konnte. Aber mein schöner Plan ging nach hinten los. Wie die Polizei mir sagte, war es so: Wenn ich sie als Minderjähriger anzeigte, würde man mich bis zu meinem achtzehnten Geburtstag in ein Heim stecken. Vier Jahre, in denen ich nicht Gitarre spielen können würde – das hieß letzten Endes, ich würde nie Musiker werden und Karriere machen. Dazu war ich aber wild entschlossen, und ich hatte auch nicht den geringsten Zweifel, dass ich es schaffen würde. Also schlug ich meiner Mutter einen Handel vor: Wenn sie mir nicht in die Quere kam und mich mein eigenes Leben nach meinen Vorstellungen leben ließe, würde ich keine Anklage erheben. „Du warst sowieso nie für mich da", sagte ich zu ihr, „also lass mich jetzt gehen." Und das tat sie.

Ich kehrte nie zurück. Schon so lange hatte ich nach Freiheit und Unabhängigkeit gestrebt, und endlich war es so weit. Mir ging es wie den Helden in Richard Hells „Blank Generation": „I was saying let me out of here before I was even born."

Geboren wurde ich am 11. Dezember 1958 um 7.11 Uhr in San Jose. Ziemlich früh für mich; wahrscheinlich hatte ich schon damals die Nacht durchgemacht. Meine Mutter hatte mit Namen ungefähr dasselbe Pech wie mit Männern. Sie hieß Deana Haight und war aus Idaho – ein Mädchen vom Lande, das hoch hinaus wollte. Sie war gewitzt, starrköpfig, ehrgeizig und sah außergewöhnlich gut aus – wie ein Filmstar aus den Fünfzigern, mit modischem Kurzhaarschnitt, engelhaftem Gesicht und einer Figur, nach der sich die Männer auf der Straße umdrehten. Aber sie war das schwarze Schaf ihrer Familie, das genaue Gegenteil ihrer perfekten, verwöhnten Schwester Sharon. Meine Mutter hatte etwas Wildes, Unbezähmbares an sich: Sie war äußerst launisch, schnell für riskante Abenteuer zu begeistern und völlig unfähig, sich ein stabiles Leben aufzubauen. Unverkennbar meine Mutter eben.

Sie selbst hatte an einen Namen wie Michael oder Russell gedacht, aber bevor sie etwas sagen konnte, fragte die Schwester meinen Vater, Frank Carlton Ferrano, wie ich heißen sollte. Ein paar Jahre später verließ er uns, aber ausgerechnet in diesem Moment war er dabei. Er ignorierte den Wunsch meiner Mutter und nannte mich Frank Ferrano, nach sich selbst. Und das wurde in die Geburtsurkunde eingetragen. Schon am ersten Tag meines Lebens wurde ich beschissen. Eigentlich hätte ich in dem Moment zurück in Mutters Schoß kriechen und meinen Schöpfer fragen sollen, ob wir noch mal von vorn anfangen könnten.

Mein Vater blieb lange genug bei uns, damit ich eine Schwester bekam. An die kann ich mich – genauso wie an meinen Vater – kaum erinnern. Meine Mutter erzählte

Abb. 2

Nikkis Mutter Deana

Abb. 3

mir immer, dass meine Schwester von klein auf woanders lebte und es mir nicht erlaubt war, sie zu sehen. Erst dreißig Jahre später entdeckte ich, was wirklich geschehen war. Meine Mutter hätte nun – zumindest waren die Schwangerschaften und die Kinder Warnzeichen, die ihr das nahe legten – wohl ein ruhigeres Leben führen sollen. Eine Weile tat sie das auch; zumindest, bis sie Richard Pryor kennen lernte.

Als Kind konnte ich mir nicht vorstellen, einen Vater und eine Schwester zu haben. Ich hatte auch nie das Gefühl, aus kaputten Familienverhältnissen zu stammen, weil ich mich an gar nichts anderes erinnern konnte als an meine Mutter und mich. Wir wohnten im neunten Stock über dem *St. James Club* in den so genannten Sunset Towers am Sunset Boulevard. Wenn ich meiner Mutter im Weg stand, schickte sie mich zu meinen Großeltern, die ständig umzogen und mal bei einem Maisfeld in Potacello, Idaho, einem Steingarten in Südkalifornien oder einer Schweinefarm in New Mexico wohnten. Meine Großeltern drohten ständig damit, das Sorgerecht für mich zu beantragen, wenn meine Mutter kein solideres Leben führen würde. Aber sie wollte weder mich noch ihre Partys aufgeben. Die Situation wurde noch schlimmer, als sie als Backgroundsängerin in Frank Sinatras Begleitband einstieg und mit Vinny, dem Bassisten, anbändelte. Ich sah ihnen oft bei den Proben zu, an denen auch die ganzen Stars der damaligen Zeit, Mitzi Gaynor, Count Basie oder Nelson Riddle, teilnahmen.

Meine Mutter heiratete Vinny, als ich vier war, und wir zogen nach Lake Tahoe, das sich damals zu einer Art Miniaturausgabe von Las Vegas entwickelte. Wenn ich um sechs Uhr morgens wach wurde, hatte ich Lust zu spielen, aber meist blieb ich in unserem kleinen braunen Haus allein und warf draußen Steine in den Teich, bis die beiden gegen zwei langsam aufstanden. Ich hatte gelernt, dass ich Vinny besser nicht zu wecken versuchte, weil es sonst Prügel setzte. Er hatte stets schlechte Laune, und die kleinste Provokation genügte, damit er sie an mir ausließ. Eines Abends lag er in der Badewanne, als ich meine Zähne putzte, und er sah, dass ich das nicht von oben nach unten tat, wie er es mir gezeigt hatte, sondern mit seitlichen Bewegungen. Er erhob sich aus der Wanne, nackt, haarig und nass wie ein Affe nach einem Hagelsturm, und schlug mir seitlich die Faust gegen den Kopf, sodass ich zu Boden stürzte. Dann rastete wie üblich meine Mutter aus und schlug auf ihn ein, während ich zum Teich rannte und mich dort versteckte.

In jenem Jahr bekam ich zu Weihnachten zwei Geschenke: Mein Erzeuger hatte entweder Schuldgefühle oder wollte im Rahmen seiner bescheidenen Möglichkeiten wirklich einmal den Vater spielen; jedenfalls kam er bei uns vorbei, als ich draußen spielte, und gab mir einen kreisrunden roten Plastikschlitten mit Ledergriffen. Und dann kam meine Halbschwester Ceci zur Welt.

Als ich sechs war, zogen wir nach Mexiko. Möglicherweise hatten meine Mutter und Vinny genug Geld verdient, um für ein Jahr auszusteigen; vielleicht waren sie aber auch auf der Flucht (zum Beispiel vor ein paar Jungs in blauer Uniform) – jedenfalls sagten sie mir nie, warum. Ich erinnere mich nur daran, dass meine Mutter und Ceci mit dem Flugzeug reisten und ich mit Vinny und Belle mit dem Auto über die Grenze fahren musste. Belle war Vinnys Schäferhündin, die ebenso oft grundlos über mich herfiel wie ihr Herrchen. Die Spuren ihrer Bisse zierten jahrelang Arme, Beine und den Rest meines Körpers. Bis zum heutigen Tag hasse ich Schäferhunde wie die Pest – typisch irgendwie, dass Vince sich gerade einen gekauft hat.

In Mexiko erlebte ich wohl die schönste Zeit meiner Kinderjahre: Unser kleines Häuschen lag in der Nähe des Strandes, und ich rannte dort nackt mit den einheimischen Kindern herum, spielte mit den Ziegen oder Hühnern, die frei durch die Nachbarschaft streiften, aß Ceviche – scharf gewürzte, rohe Fischhäppchen –, ging in die Stadt, um überm Feuer gebackene und in Alufolie gewickelte Maisfladen zu holen, und rauchte im Alter von sieben Jahren zum ersten Mal mit meiner Mutter Pot.

Als ihr und Vinny Mexiko zu langweilig wurde, kehrten wir nach Idaho zurück, wo mir meine Großeltern meinen ersten Plattenspieler kauften, ein graues Plastikteil, das nur Singles abspielen konnte. Die Nadel war unter dem Deckel angebracht; zum Musikhören musste man ihn zumachen. Meine Mutter erinnert mich heute noch gern daran, dass ich darauf ununterbrochen meine Lieblingsplatte von Alvin & The Chipmunks hörte.

Ein Jahr später stapelte sich die ganze Familie in einen großen Umzugswagen und machte sich auf den Weg nach El Paso in Texas. Mein Großvater übernachtete draußen in einem Schlafsack, meine Großmutter pennte auf einem der Sitze, und ich rollte mich wie ein Hund auf dem Boden zusammen. Anschließend hatte ich das Leben *on the road* schon mit acht Jahren gründlich satt.

Nachdem wir so oft umgezogen waren und ich die meiste Zeit allein verbracht hatte, betrachtete ich Freundschaften als etwas Ähnliches wie Fernsehen: Wenn man sich zu einsam fühlte, konnte man sich damit ablenken. Wenn ich mit Kindern meines Alters zusammen war, fühlte ich mich unsicher und spürte, dass ich nicht dazugehörte. In der Schule konnte ich mich kaum konzentrieren. Warum hätte ich mir auch Mühe geben oder aufpassen sollen – schließlich wusste ich, dass ich noch vor Ende des Schuljahrs wieder unterwegs sein und weder diese Lehrer noch die anderen Kinder jemals wiedersehen würde.

In El Paso arbeitete mein Großvater auf einer Shell-Tankstelle, meine Großmutter blieb im Wohnwagen, und ich besuchte die nahe gelegene Grundschule. Die anderen Kinder waren gnadenlos. Sie schubsten mich, hackten auf mir herum und behaupteten, ich würde laufen wie ein Mädchen. Morgens musste ich über den Hof der Highschool, wenn ich in meine Klasse wollte, und dort bewarf man mich mit Bällen oder mit Essen. Dazu kam, dass mir mein Großvater mein Haar, das ich bei meiner Mutter stets lang getragen hatte, zu einer militärisch eckigen Bürstenfrisur schnitt, was in den Sechzigern nicht gerade hochmodern war.

Aber nach und nach gewöhnte ich mich an El Paso, unter anderem, weil ich Victor, einen hyperaktiven Jungen aus der Nachbarschaft, kennen lernte. Wir wurden die besten Freunde und waren unzertrennlich, und das machte es mir leichter, die anderen Kinder zu ignorieren, die mich hassten, weil ich weißer Abschaum war, arm und aus Kalifornien. Aber ich hatte mich kaum eingelebt, als ich das Unvermeidliche erfuhr: Der nächste Umzug stand an. Dieses Mal traf mich das überaus heftig, denn mit Victor ließ ich erstmals einen Freund zurück.

Nikki 23

ATTENDANCE

DAYS ATTENDED	30	28					
DAYS ABSENT	0	2					
TIMES LATE	0	0					
HEIGHT	60						
WEIGHT	106						

Social Development

\+ Indicates Commendable Improvement

√ Indicates Need for Improvement

IS COURTEOUS	RESPECTS SCHOOL AND SCHOOL PROPERTY	RESPECTS SCHOOL REGULATIONS
HAS SELF CONTROL	COMPLETES WORK	FOLLOWS DIRECTIONS
WORKS NEATLY	WORKS INDEPENDENTLY	WORKS AND PLAYS WELL WITH OTHERS
IS NEAT AND CLEAN	PRACTICES SAFETY RULES	PUTS FORTH BEST EFFORTS

SUBJECT DEVELOPMENT
MARKING KEY

S — Strong Progress   I — Improving

N — Normal Development   U — Unsatisfactory

LANGUAGE ARTS

READING						
Understands what he reads	N	N+				
Reads well orally	N	N				
Masters reading skills	N	N				
Uses library materials	N	N				
LANGUAGE						
Speaks distinctly and correctly	N	N				
Expresses ideas clearly and correctly in writing	N	N				
SPELLING						
Is mastering the assigned list	N	N				
Can spell words needed in written work	N	N				
HANDWRITING						
Writes neatly and legibly	N	N				

ARITHMETIC

Knows number facts and skills	N-	N-				
Can solve written problems	N-	N-				
Is accurate	N-	N-				

SOCIAL LIVING

GEOGRAPHY						
How people live and work in our own and other areas of the earth	N	N-				
Uses maps, globes and other reference material	N	N-				
HISTORY						
The story of man's past and its influence on his present and future	N	U				
SCIENCE						
Happenings in the natural world	N	N				

CREATIVE ARTS

MUSIC						
Enjoys and appreciates music	S	S				
Participates in music activities	S	S				
ART						
Shows originality	N	N				
Is learning basic art skills	N	N				

HEALTH

Physical education	N	N				

READING LEVEL (Use √ Only)

	REPORT PERIOD								REPORT PERIOD					
	1	2	3	4	5	6			1	2	3	4	5	6
2nd Reader								5th Reader						
3rd Reader								6th Reader	√	√				
4th Reader								Above 6th						

Abb. 4

Nikkis Schulzeugnis aus der sechsten Klasse der Gasden School in Anthony, New Mexico

Abb. 5

Nikkis Vater Frank Ferrano

WIR ZOGEN NACH ANTHONY IN NEW MEXICO, mitten in die Wüste, weil meine Großeltern dachten, mit einer Schweinefarm gutes Geld verdienen zu können. Außer Schweinen züchteten wir auch Hühner und Karnickel. Meine Aufgabe war es, mir jedes Kaninchen bei den Hinterbeinen zu schnappen und ihm dann mit einem Knüppel auf den Pelz am Hinterkopf zu schlagen. Ihre Körper zuckten in meinen Händen, dann lief ihnen Blut aus der Nase, und ich stand da und dachte: „Das war gerade eben noch mein Freund. Ich töte meine Freunde." Gleichzeitig gehörte das zu der Rolle, die ich innerhalb der Familie hatte, und ich musste das tun, wenn ich ein richtiger Mann sein wollte.

Mein Schulweg bestand aus einer eineinhalbstündigen Busfahrt über ungeteerte Straßen, während der man mich ständig hänselte und quälte. Nach dem Aussteigen schubsten mich die älteren Kinder, die hinten im Bus gesessen hatten, zu Boden und hielten mich so lange fest, bis ich ihnen mein Essensgeld gegeben hatte. Nachdem ich das siebenmal erduldet hatte, schwor ich mir: Das lasse ich mir nicht mehr gefallen. Doch am nächsten Tag geschah es wieder. Am darauf folgenden Morgen hatte ich eine Apollo-13-Brotdose aus Metall dabei, und die füllte ich an der Bushaltestelle mit Steinen. Kaum dass der Bus an der Schule hielt, stürmte ich nach draußen, und wie üblich holten die anderen mich ein. Aber dieses Mal wehrte ich mich und schlug zu. Es gab gebrochene Nasen und eingedellte Köpfe und viel Blut, bis die Brotdose im Direktkontakt mit dem Gesicht eines dieser inzüchtigen Drecksäcke kaputtging.

Danach versuchte niemand mehr, sich mit mir anzulegen, und das gab mir ein Gefühl der Macht. Statt mich hinter älteren Kindern zu verstecken, vermittelte ich nun die Haltung: „Komm mir ja nicht zu nahe, sonst kannst du was erleben." Und so war es auch: Wenn mich jetzt jemand schubste, zahlte ich es ihm mit doppelter Münze heim. Ich hatte keinerlei Hemmungen, und das sprach sich herum – auf einmal hielten alle Abstand. Wenn ich nun allein war, gab ich mich nicht mehr mit blöden Kinderspielen ab, sondern streifte mit meinem Luftgewehr durch die Gegend und zielte auf alles, was sich bewegte. Mein einziger Freund war eine alte Dame, die nicht weit von uns entfernt ganz allein mitten in der Wüste in einem Wohnwagen lebte. Ich leistete ihr Gesellschaft, wenn sie auf ihrem ausgeblichenen Sofa mit dem Blümchenmuster saß und Wodka trank, und fütterte ihren Goldfisch.

Nach einem Jahr in Anthony erkannten meine Großeltern, dass mit der Schweinezucht nicht die Reichtümer zu verdienen waren, die sie sich erhofft hatten. Als ich hörte, dass wir nach El Paso zurückkehren würden, war ich außer mir vor Freude. Endlich würde ich meinen Freund Victor wiedersehen.

Aber es hatte sich vieles verändert. Ich war verbittert und destruktiv geworden, und Victor spielte inzwischen mit anderen Kindern. Jeden Tag kam ich wenigstens zweimal an seinem Haus vorbei, und jedes Mal fühlte ich mich isolierter und aggressiver. Danach führte mein Schulweg über den Hof der Highschool, wo man mich wieder mit allem möglichen Sportgerät bewarf, bis zu der verhassten Gasden District Junior High. Aus purer Bosheit stahl ich Bücher und Kleidungsstücke aus den Spinden, klaute Süßigkeiten bei Piggly Wiggly's, dem örtlichen Supermarkt, und steckte kleine Feuerwerkskörper in die Popcorntüten für zehn Cent, weil ich hoffte, es würde jemand daran ersticken. Zu Weihnachten verkaufte mein Großvater einige Sachen, an denen er wirklich hing, darunter sein Radio und seinen einzigen Anzug, damit er mir einen Hirschfänger schenken konnte, und ich belohnte diese noble Geste, indem ich mit dem Messer Reifen aufschlitzte. Rachelust, Selbsthass und Langeweile brachten mich auf die schiefe Bahn – und ich war wild entschlossen, diesen Weg bis zum bitteren Ende zu gehen.

Meine Großeltern zogen schließlich wieder nach Idaho, neben eine riesige, zwanzig Hektar große Maisfeldfläche bei Twin Falls. Wir wohnten direkt bei einer Klärgrube, wo die leeren Maishülsen und andere Abfälle nach der Ernte hineingeworfen wurden und mit Chemikalien übergossen unter Plastik verrotteten, bis sie fies genug stanken, um an die Kühe verfüttert zu werden. Den Sommer verbrachte ich nach Huckleberry-Finn-Manier – ich angelte im Bach, wanderte die Bahngleise entlang, ließ Münzen von den Zügen platt walzen und baute mir Festungen aus Heuballen.

An den Abenden rannte ich meistens durchs Haus, wobei ich so tat, als hätte ich ein Motorrad, und dann schloss ich mich in meinem Zimmer ein und hörte Radio. Eines Tages spielte der DJ „Big Bad John" von Jimmy Dean, und ich flippte völlig aus. Der Song fuhr wie eine Sichel durch die Langeweile. Er hatte Stil und das gewisse Etwas: Er war cool. „Jetzt hab ich's", dachte ich. „Danach habe ich immer gesucht." Ich rief so oft beim Sender an, um mir „Big Bad John" zu wünschen, bis ich dem DJ gewaltig auf die Nerven fiel.

Als die Schule anfing, war es wieder genauso wie in Anthony. Die Kinder piesackten mich, und ich musste mich mit Gewalt zur Wehr setzen. Sie lachten über meine Frisur, mein Gesicht, meine Schuhe, meine Kleidung – nichts an mir war, wie es sein sollte. Ich kam mir vor wie ein Puzzle, bei dem ein Teil fehlte, und ich bekam nicht heraus, was für ein Teil das war oder wo ich ihn finden konnte. Also beschloss ich, ins Footballteam einzutreten, weil Gewalt bisher das Einzige war, mit dem ich eine gewisse Macht über andere erlangt hatte. Ich wurde für die erste Mannschaft ausgewählt und spielte sowohl im Sturm als auch in der Verteidigung, aber als Verteidiger war ich am besten, weil ich den Quarterbacks dabei eins überziehen konnte. Ich liebte es, diesen Arschlöchern so richtig wehzutun. Ich war total durchgeknallt. Auf dem Feld kam ich so in Rage, dass ich mir den Helm vom Kopf riss und damit auf andere Kids eindrosch wie früher mit der Apollo-13-Brotdose in Anthony. Mein Großvater sagt noch heute: „Rock 'n' Roll spielst du auf dieselbe Weise wie früher Football."

Wegen meiner Leistungen beim Football brachte man mir Respekt entgegen, und seit ich im Team war, interessierten sich plötzlich die Mädchen für mich. Und ich interessierte mich für sie. Aber als ich endlich so weit war, dass ich Fuß gefasst hätte, zogen meine Großeltern wieder um – nach Jerome in Idaho –, und ich musste schon wieder von vorn anfangen. Aber dieses Mal war es anders: Dank Jimmy Dean gab es Musik. Ich hörte zehn Stunden am Tag Radio: Deep Purple, Bachman-Turner Overdrive, Pink Floyd. Die allererste Platte, die ich kaufte, war allerdings *Nilsson Schmilsson* von Harry Nilsson. Wenn auch nicht ganz freiwillig.

Einer meiner ersten Freunde, ein Redneck namens Pete, hatte eine Schwester, eine braun gebrannte, blonde Kleinstadtschönheit. Sie trug kurz abgeschnittene Jeans, die in mir wechselweise heiße Wünsche oder Panik weckten. Ihre Beine waren wie ein goldenes Tor, und nachts im Bett konnte ich nur noch daran denken, wie es sein musste, zwischen ihnen zu liegen. Ich folgte ihr überallhin und stolperte dabei wie ein Clown über meine eigenen Schuhe. Sie hing immer in einem Laden rum, der eine Kreuzung aus Drogerie, Limo-Bude und Plattengeschäft war, und als ich endlich genug Geld gespart hatte, um mir Deep Purples *Fireball* zu kaufen, lachte sie mir mit ihren großen weißen Zähnen zu, und ich hatte plötzlich *Nilsson Schmilsson* in der Hand, weil sie zuvor davon geredet hatte.

In Jerome begann für mich jener Weg, der mich Jahre später zu den Anonymen Alkoholikern führen sollte, wo ich übrigens zufällig Harry Nilsson traf und mich mit ihm anfreundete (in einem gefährlichen Stadium ungewohnter Nüchternheit dachten wir sogar darüber nach, gemeinsam eine Platte aufzunehmen). Jerome lag in der Statistik über Drogenmissbrauch an der Spitze aller Städte der Vereinigten Staaten, was für ein Kaff von dreitausend Einwohnern wirklich eine reife Leistung war.

Ich freundete mich mit einem anderen Gammler namens Allan Weeks an, und wir verbrachten die meiste Zeit bei ihm zuhause, wo wir Back Sabbath und Bread hörten und das Jahrbuch unserer Schule nach Mädchen durchblätterten, mit denen wir gern gehen wollten. Wenn es beim Flirten ernst wurde, benahmen wir uns allerdings wie Witzfiguren. Bei den Schulfeten standen wir immer draußen, hörten der Musik zu, die zu uns hinausdrang, und wurden nervös, wenn Mädchen an uns vorbeigingen, weil wir zu viel Angst hatten, um sie zum Tanzen aufzufordern.

Im Frühjahr erfuhren wir, dass eine Lokalband an unserer Schule auftreten würde, und kauften uns Tickets. Der Bassist hatte einen enormen Afro und ein Stirnband wie Jimi Hendrix, und der Gitarrist sah mit seinen langen Haaren und dem Biker-Schnurrbart wie ein Hell's Angel aus. Sie wirkten so cool: Sie hatten echte Instrumente und richtig große Verstärker, und sie schlugen die dreihundert Kids in der Turnhalle von Jerome vollständig in ihren Bann. Ich hatte vorher noch nie eine Rockband live gesehen und war wie vom Donner gerührt (obwohl sie vermutlich total entnervt waren, weil man sie für diese beschissene Kleinstadt-Highschool gebucht hatte). Ich weiß nicht mehr, wie sie hießen oder was für Musik sie machten, ob sie Coverversionen oder eigene Songs spielten. Ich wusste nur: Sie waren Götter.

Ich war zu linkisch, um je bei Petes Schwester zu landen, also versuchte ich es bei Sarah Hopper, einem dicken, sommersprossigen Mädchen mit Brille, das keine abgeschnittenen Shorts trug und dessen Beine darüber hinaus eher einen teigigen Kreis als ein goldenes Tor bildeten. Sarah und ich bummelten Händchen haltend durch Jeromes Innenstadt, die aus zwei Straßen bestand. Dann gingen wir in die Drogerie und guckten uns immer wieder dieselben Platten an. Manchmal, wenn ich sie beeindrucken wollte, ging ich mit einem Beatles-Album unter meinem Hemd raus, und dann hörten wir die Platte im klinisch sauberen Haus ihrer Quäker-Eltern.

Eines Abends lag ich auf dem avocadogrünen Teppich meiner Großeltern, als das schwarze Bakelittelefon – so selten benutzt, dass es ohne einen Stuhl oder Tisch in der Nähe einfach an der Wand hing – klingelte. „Ich möchte dir etwas schenken", sagte die Stimme am anderen Ende, die zweifelsfrei Sarah gehörte.

„Was ist es denn?", fragte ich.

„Es ist ein Wort mit sechs Buchstaben", schnurrte sie. „Der erste ist ein B."

„Was für ein Wort denn?"

„Ich muss heute Abend babysitten. Komm einfach vorbei."

Auf dem Weg zu ihr grübelte ich über das Geschenk mit B nach. Ein Buch oder eine Blackmore-Platte? Das passte wegen der sechs Buchstaben nicht. Sarah verriet mir die Lösung auch nicht gleich. Als sie öffnete, trug sie schlecht sitzende rote Unterwäsche, die der Frau gehörte, auf deren Kinder sie aufpasste.

„Willst du mit ins Schlafzimmer?", fragte sie in Verführerpose, den Ellenbogen an die Wand gelehnt und die Hand über dem Kopf.

„Warum?", fragte ich wie ein Vollidiot.

Dort zeigte mir Sarah, dass sich hinter dem Wort mit B eine Tätigkeit verbarg, für die man beide Lippen brauchte. Während die Kids also im Nebenzimmer spielten, hatte ich das erste Mal Sex und stellte fest, dass es so ähnlich war wie masturbieren, nur viel anstrengender.

Sarah hingegen war offensichtlich total begeistert. Sie wollte dauernd mit mir schlafen. Während ihre Eltern bei ihr zuhause für uns Kekse backten, pimperte ich im Nebenzimmer ihre Tochter. Wenn die beiden zur Kirche gingen, trieben wir es im Auto. Daraus entwickelte sich eine Routine, bis mir plötzlich eine Wahrheit dämmerte, der sich wohl jeder Mann einmal stellen muss: Ich bumste das hässlichste Mädchen der Stadt. Warum versuchte ich nicht, mich ein wenig zu verbessern?

Also gab ich Sarah den Laufpass, und weil ich gerade so schön drin war, machte ich auch Allan Weeks klar, dass ich keinen Wert mehr auf seine Gesellschaft legte. Was sie fühlten, war mir scheißegal, denn zum ersten Mal hatte ich den Mut zu glauben, ich könnte endlich aufsteigen. Ab sofort traf ich mich mit den angesagten Kids, zum Beispiel mit einem Mexikaner von einhundertvierzig Kilo Lebendgewicht, der Bubba Smith hieß. Ich hatte schon mal Sex gehabt und fing an, mit Alkohol und Drogen zu experimentieren – das reichte meiner Meinung nach, damit ich ziemlich cool wirkte; vor allem bei der Schwarzlicht-Beleuchtung, die ich für mein Zimmer gekauft hatte. Teenager-Eltern, das solltet ihr nämlich wissen: Wenn die erste Schwarzlichtbirne eingeschraubt wird, dann geht euer Kind seine eigenen Wege. Dann gehört es seinen Freunden. Dann verabschiedet es sich von Schokoladenkeksen und den Beatles und probiert lieber Grass und Iron Maiden.

Zu den richtig coolen Kids in Jerome gehörte ich trotzdem längst noch nicht. Die hatten Autos; wir hatten Fahrräder, mit denen wir durch den Park rasten, um Liebespärchen zu terrorisieren. Aber immerhin kam ich zu spät und zugekifft nachhause und guckte bis in die Nacht *Don Kirshner's Rock Concert*, wo die ganzen großen Rockbands der Siebziger live auftraten. Und wenn meine Großeltern versuchten, mich in irgendeiner Weise zu kontrollieren oder zu kritisieren, dann flippte ich aus. Schließlich wurde ihnen das zu viel. Sie schickten mich wieder zu meiner Mutter, die mit meiner Halbschwester Ceci mittlerweile in Queen Ann Hill, einem

Stadtteil von Seattle wohnte. Sie hatte wieder geheiratet: Ramone war ein großer, sanftmütiger Mexikaner, der sich das schwarze Haar mit Pomade zurückkämmte und einen tiefer gelegten Wagen fuhr.

ENDLICH KAM ICH IN EINE STADT, in der es vor kaputten Typen und gescheiterten Existenzen nur so wimmelte und die groß genug war, um meiner aufkeimenden Begeisterung für Drogen, Alkohol und Musik etwas bieten zu können. Ramone hörte El Chicano, Chuck Mangione, Sly And The Family Stone und alles Mögliche an lateinamerikanischem Jazz und Funk, und diese Musik versuchte er mir zwischen ein paar kräftigen Zügen an einem glimmenden Joint auf einer abgestoßenen, ungestimmten Akustikgitarre beizubringen, bei der die A-Saite fehlte.

Wir zogen natürlich schon bald wieder um, diesmal in ein Viertel namens Fort Bliss, wo sich kleine Häuser mit jeweils vier Apartments wabenartig zu einer riesigen Sozialbausiedlung zusammenfügten. An meinem ersten Tag in der neuen Schule wurde ich zur Abwechslung mal nicht verdroschen. Stattdessen fragten meine Mitschüler, ob ich in einer Band spielte. Ich sagte ja.

Ich musste auf dem Weg zur Schule einmal umsteigen, und während ich auf den zweiten Bus wartete, vertrieb ich mir gern die Zeit in einem Musikgeschäft namens West Music. Dort an der Wand hing eine herrliche Les Paul Goldtop, die einen wunderbar reinen, vollen Klang hatte. Wenn ich auf dieser Gitarre spielte, versuchte ich mir vorzustellen, wie ich zusammen mit den Stooges die Bühne zerlegte und schrille Soli die Verstärkertürme hinaufschickte, während Iggy vor dem Mikrofon in Zuckungen verfiel und das Publikum so begeistert raste wie bei dem Highschool-Gig, den ich in Jerome gesehen hatte. In der Schule schloss ich Freundschaft mit einem Rocker namens Rick Van Zant, einem langhaarigen Kiffer, der in einer Band spielte, eine Stratocaster besaß und im Keller einen Marshall-Verstärker stehen hatte. Er war auf der Suche nach einem Bassisten, aber ich hatte kein Instrument.

Eines Nachmittags schlenderte ich also mit einem leeren Gitarrenkoffer, den mir einer von Ricks Freunden geliehen hatte, bei West Music hinein. Ich fragte nach einem Bewerbungsformular, und während der Typ an der Kasse kurz nach hinten ging, um eins zu holen, steckte ich eine Gitarre in den Koffer. Mein Herz hämmerte wie verrückt, und als er mir das Formular in die Hand drückte, bekam ich kaum einen Ton heraus. Während ich das Papier betrachtete, fiel mir auf, dass das Preisschild der Gitarre aus dem Koffer hing. Ich sagte, ich würde die Bewerbung später ausfüllen und vorbeibringen, dann versuchte ich, so unauffällig wie möglich rauszugehen, wobei ich mit dem verräterischen Koffer an Wände, Türen und Trommeln schlug.

Meine erste Gitarre. Ich war *ready to rock,* und mein erster Weg führte mich schnurstracks in Ricks Keller.

„Du suchst doch einen Bassisten", erklärte ich ihm. „Ich bin genau der Richtige."

„Da brauchst du erst mal einen Bass", erwiderte er abfällig.

„Na wunderbar", sagte ich, legte den Koffer auf den Tisch, klappte ihn auf und holte mein neues Spielzeug raus.

„Das ist eine Gitarre, du Vollidiot."

„Weiß ich", log ich schnell. „Macht aber doch nichts. Ich spiele darauf Bass."

„Das kann man nicht!"

Also verabschiedete ich mich von meiner ersten Gitarre und verkaufte sie, und von dem Geld erwarb ich einen glänzend schwarzen Rickenbacker-Bass mit weißem Schlagbrett. Daraufhin machte ich mich daran, die Songs der Stooges, der Sparks (vor allem „This Town Ain't Big Enough For Both Of Us") und Aerosmith zu lernen. Ich wollte unbedingt bei Ricks Band mitmachen, aber leider wussten seine Jungs genauso gut wie ich, dass ich null Ahnung vom Spielen hatte. Außerdem standen sie mehr auf die traditionellen Riff-Gitarristen wie Ritchie Blackmore, Cream oder Alice Cooper, vor allem auf sein Album *Muscle Of Love*. Ein Typ aus der Nachbarschaft gründete gerade eine neue Band namens Mary Jane's, und ich versuchte es mal bei ihm, aber leider war ich wirklich grottenschlecht. Bei mir reichte es gerade dazu, alle dreißig Sekunden mal einen Ton zu zupfen und drauf zu hoffen, dass es der richtige war.

Als ich eines Tages versuchte, in ein Konzert reinzukommen, bei dem der Eintritt erst ab achtzehn erlaubt war, traf ich draußen vor der Halle einen Punk namens Gaylord. Ich erfuhr, dass er nicht nur eine eigene Wohnung hatte, sondern auch eine Band, die Vidiots, und wir freundeten uns an. Jeden Tag nach der Schule ging ich nun zu ihm, und dann wurde gesoffen bis zum Umfallen, während wir New York Dolls, MC5 und Blue Cheer hörten. Außer mir waren noch ein paar andere Jungs und Mädchen da, die sich ganz im Stil der New York Dolls kleideten und entsprechend Nagellack und Lidschatten trugen. Man nannte uns die Whiz Kids, und das nicht, weil wir so viel Speed nahmen – obwohl das auch stimmte –, sondern weil wir uns so durchgestylt anzogen wie David Bowie, dessen Album *Young Americans* gerade Furore machte. Wir machten es wie die Mods in England und verkauften Drogen, um uns die Klamotten leisten zu können. Nach einer Weile wohnte ich praktisch bei Gaylord und ging überhaupt nicht mehr nachhause. Ich war ständig drauf – ich nahm Grass, Meskalin, Acid, Speed – und verwandelte mich in Rekordgeschwindigkeit in ein echtes Punkrock-Whiz-Kid, das seine Kumpels mit Drogen versorgte.

Zu der Zeit hatte ich eine neue Freundin, Mary. Die anderen nannten sie Pferdegesicht, aber ich mochte sie aus einem ganz einfachen Grund: Sie mochte mich. Ich war so glücklich, dass es überhaupt ein Mädchen gab, das mit mir redete. Nach wochenlangem Drogen- und Rock'n'Roll-Konsum war ich zwar cool, aber immer noch eine Witzfigur. Ich hatte lackierte Fuß- und Fingernägel, zerrissene Punkklamotten, Lidstrich und eine Bassgitarre, die ich überallhin mitschleppte, aber ich konnte noch immer nicht richtig spielen und war noch immer nicht in einer Band.

Wir fielen auf und wurden überall angepöbelt. In der Schule geriet ich dauernd in Prügeleien, weil ein paar schwarze Kids mich Alice Bowie nannten und mich im Flur nicht an sich vorbeigehen lassen wollten. Auf meinem Heimweg begann ich Häuser leer zu räumen. Ich klopfte an die Türen, an denen ich vorbeikam, und wenn zwei Tage lang niemand aufmachte, knackte ich am dritten Tag die Hintertür auf und klemmte mir unter den Arm, was mir gerade in die Hände fiel: Stereoanlagen, Fernseher, Lavalampen, Fotoalben, Vibratoren. In unserem Viertel plünderte ich die Keller der Apartments und knackte die Münzautomaten an den Waschmaschinen auf, um mir das Kleingeld rauszuholen. Ich stand ständig unter Strom und war äußerst aggressiv – zum einen, weil die Drogen sich auf meinen Gemütszustand auswirkten, zum anderen, weil ich mit meiner Mutter nicht zurechtkam, und dann sowieso, weil man als Punk so zu sein hatte.

Ich dealte, klaute, prügelte mich und knallte mich mit Acid zu – und das fast jeden Tag. Wenn ich nachhause kam, fiel ich aufs Sofa, warf einen Trip ein und guckte *Don Kirshner's Rock Concert,* bis ich ins Koma fiel. Meine Mutter wusste nicht, was mit mir los war. War ich schwul? War ich hetero? Ein Serienmörder? Ein Künstler? Ein Junge? Ein Mann? Ein Außerirdischer? Ehrlich gesagt, ich wusste es selbst nicht.

Jedes Mal, wenn ich nachhause kam, bekamen wir Streit. Ihr gefiel nicht, wie ich mich entwickelte, und mir gefiel nicht, wie sie immer schon gewesen war. Eines Tages hielt ich es einfach nicht mehr aus. Auf der Straße war ich frei und unabhängig, und zuhause behandelte sie mich wie ein Kind. Ich wollte kein Kind mehr sein. Ich wollte meine Ruhe haben. Also nahm ich die Bude auseinander, stach mir das Messer in den Arm und rief die Polizei. Letzten Endes hatte die Aktion Erfolg: Seitdem konnte ich tun und lassen, was ich wollte.

Die darauf folgende Nacht schlief ich bei meinem Freund Rob Hemphill, einem besessenen Aerosmith-Fan, der sich für Steven Tyler hielt. Für ihn war Tyler genau der Punk, den Mick Jagger nie glaubhaft hatte verkörpern können. Irgendwann warfen mich seine Eltern raus; danach schlief ich in Rick Van Zants Auto und versuchte morgens verschwunden zu sein, bevor seine Eltern aufwachten. Meist aber entdeckten sie mich auf dem Rücksitz, wenn sie zur Arbeit gingen. Als sie mich zum dritten Mal erwischten, riefen sie meine Mutter an.

„Was ist mit Ihrem Jungen los?", fragte Mr. Van Zant. „Er schläft im Auto meines Sohnes."

„Der muss auf sich selbst aufpassen", erwiderte meine Mutter und legte auf.

Wenn ich konnte, ging ich zur Schule. Dort war das beste Geld zu machen. In den Pausen rollte ich Joints für die Kids und verkaufte sie, zwei Stück für fünfzig Cent. Zwei Monate lang machte ich ein richtig gutes Geschäft, dann erwischte mich der Direktor mit einer großen Tüte Grass auf dem Schoß. Danach war meine Schulzeit vorbei. In elf Jahren war ich auf sieben Schulen gewesen und hatte sowieso keinen Bock mehr. Nach dem Rauswurf verbrachte ich die Tage unter der Brücke der Zweiundzwanzigsten Straße, zusammen mit den anderen Kaputtniks und Rumtreibern. Ich hatte keinerlei Perspektive.

Am Bahnhof Victoria Station fand ich einen Job als Tellerwäscher, und dann mietete ich mir mit sieben Freunden, die auch von der Schule geflogen waren, eine Einzimmerwohnung. Ich klaute einen neuen Bass, und Essen besorgte ich mir am Bahnhof, wo ich bei den Mülltonnen darauf wartete, dass die Hilfskellner Fleischreste wegwarfen. Es dauerte nicht lange, und ich war ziemlich deprimiert: Vor einem Jahr hatte ich noch die Welt erobern wollen, und nun lief bei mir überhaupt nichts mehr. Wenn ich meine alten Freunde traf, Rick Van Zant, Rob Hemphill oder das Pferdegesicht, fühlte ich mich ihnen völlig fremd, als ob ich gerade aus der Gosse gekrochen wäre und sie mit meiner Gegenwart beschmutzte.

Mit dem Job kam ich auf Dauer nicht klar und warf ihn irgendwann hin. Als ich mir die Miete nicht mehr leisten konnte, zog ich bei zwei Prostituierten ein, denen ich leid tat. Bei ihnen konnte ich in einer Art Wandschrank schlafen, den ich mit Postern von Aerosmith' *Get Your Wings* und Deep Purples *Come Taste The Band* dekorierte, damit er ein bisschen heimelig aussah. Bei mir lief gar nichts. Eines Tages kam ich in die Wohnung mit meinem Wandschrank, und meine beiden Nuttenmuttis waren verschwunden: Der Vermieter hatte sie rausgeworfen. Ich zog wieder in Van Zants Auto, aber der Winter stand vor der Tür, und es war nachts bereits schweinekalt.

Um ein bisschen Geld zu verdienen, stellte ich mich bei Konzerten draußen vor die Hallen und verkaufte schokoladenüberzogenes Meskalin. Bei einer Show der Rolling Stones im *Seattle Coliseum* kam ein sommersprossiger Typ zu mir und bot an, einen Joint gegen ein bisschen Meskalin zu tauschen. Ich war gern dazu bereit, weil Meskalin ziemlich billig war, aber ich hatte es ihm kaum gegeben, als zwei Cops aus einem Auto in der Nähe sprangen und mir Handschellen anlegten. Der Typ war ein Lockvogel gewesen. Er schleppte mich zusammen mit den Cops in eine Nische des Gebäudes, während ich nach ihnen trat und sie beschimpfte.

Aus irgendeinem Grund verhafteten sie mich aber nicht. Sie nahmen meine Personalien auf, drohten mir eine Haftstrafe von mindestens zehn Jahren an und ließen mich dann laufen. Wenn sie mich je wieder irgendwo erwischen würden, sagten sie, würden sie mich einknasten, ob ich was getan hätte oder nicht. In diesem Augenblick löste sich mein ganzes Leben vor meinen Augen auf. Ich hatte keine Wohnung, konnte niemandem vertrauen, und nach all dem, was inzwischen hinter mir lag, hatte ich noch nicht einmal in einer einzigen Band gespielt. Als Musiker war ich eine echte Null. Es war erst ein paar Wochen her, dass ich meinen Bass verkauft hatte, um davon Drogen zum Weiterverticken zu besorgen.

Also tat ich das Einzige, was einem Punkrocker in einer solchen Lage übrig bleibt: Ich rief zu Hause an.

„Ich muss raus aus Seattle", flehte ich meine Mutter an. „Und ich brauche deine Hilfe."

„Warum sollte ich dir wohl helfen?", entgegnete sie kühl.

„Ich möchte einfach nur zu Oma und Opa", bettelte ich.

Am nächsten Tag setzte mich meine Mutter in einen Greyhound-Bus. Sie hatte mich zwar nicht unbedingt wiedersehen wollen, aber sie hatte mir nicht genug vertraut, um mir das Geld einfach so zu geben. Außerdem wollte sie mich daran erinnern, dass sie bisher eine heilige Geduld mit mir gehabt hatte und ich eine egoistische Kröte war. Aber ich dachte nur an eins: „Bumm! Jetzt geht es hier raus, und ich komm nie zurück."

Meine einzige musikalische Untermalung für die lange Fahrt bestand aus zwei Kassetten mit Aerosmith und Lynyrd Skynyrd, die ich auf einem alten Radiorekorder rauf und runter hörte, bis ich in Jerome ankam. Dort stieg ich aus dem Bus – mit fünfzehn Zentimeter hohen Plateaustiefeln, einem grauen Tweed-Zweireiher, Schüttelfrisur und Nagellack. Meiner Großmutter gefror das Lächeln im Gesicht.

Hier, weit weg von Seattle und von meiner Mutter, machte ich überhaupt keinen Ärger. Bis zum Herbst arbeitete ich auf der Farm und kümmerte mich darum, die Beregnungsanlagen von einem Feld aufs nächste zu bringen. Das Geld, das ich dafür bekam, sparte ich tatsächlich, um mir zur Abwechslung mal eine Gitarre zu kaufen – eine nachgebaute Gibson Les Paul, die es in einem Waffenladen für einhundertneun Dollar gab.

Ein paar Mal kam meine prüde Tante Sharon in Begleitung ihres neuen Ehemanns zu Besuch auf die Farm. Wie sich herausstellte, war er ein hohes Tier bei einer Plattenfirma in Los Angeles. Don Zimmerman war der Vorsitzende von Capitol Records, bei denen die Beatles und The Sweet unter Vertrag standen, und er begann, mir Kassetten und Musikzeitungen zu schicken. Eines Tages, als wieder mal ein Päckchen von ihm gekommen war, dämmerte es mir: Ich hockte in einem Kaff in Idaho und hörte Peter Frampton, während drüben in Los Angeles die Runaways, Kim Fowley, Rodney Bingenheimer und die Typen vom *Creem*-Magazin in den angesagten Rockclubs eine Party nach der anderen feierten. Und ich – Meilen davon entfernt irgendwo auf dem platten Land – bekam von all dem nichts mit.

Kapitel

MICK

IN DEM VON MICKS WUNDERBARER UND ZUFÄLLIGER BEGEGNUNG
MIT EINEM SPIRITUOSENVERKÄUFER BERICHTET WIRD.

*I*m *Stone Pony* kostete ein Schnapsglas Tequila zwei Dollar, und das war mir schlicht zu teuer. Mehr noch, von Rechts wegen hätten wir die Getränke umsonst bekommen müssen, denn schließlich spielte die Southern-Rock-Band, in der ich war, an jenem Abend in dem Laden. Die Truppe hatte sich ursprünglich Ten Wheel Drive genannt; allerdings hatte ich ihnen gesagt, wenn sie mich als Gitarristen haben wollten, dann müssten sie sich was anderes ausdenken. Daher hießen wir jetzt Spiders And Cowboys, ein Name, der auf einer Skala mit zehn Punkten wenigstens eine 4,9 erreicht hätte.

Ich machte mich auf die Suche nach billigem Tequila und schlenderte daher den Burbank Boulevard in North Hollywood hinunter, bis ich zu einem Getränkeladen namens Magnolia Liquor kam. Es war hexentittenmäßig kalt, und ich ging mit tief gesenktem Kopf, während ich darüber nachdachte, wie ich den Spiders And Cowboys gute Musik näher bringen könnte. Schließlich hatte ich nicht mein ganzes Leben meiner Gitarre geopfert und dafür meine Kinder, meine Familie, die Schule und überhaupt alles andere vernachlässigt, um nun in einer Southern-Rock-Band zu enden.

Als ich den Laden betrat, sagte der Kerl hinter dem Tresen: „Du siehst ja wie ein Rock 'n' Roller aus." Ich wusste nicht so recht, ob das ein Kompliment sein sollte oder ob er sich über mich lustig machte. Als ich aufsah, stand mir ein Junge mit wild gefärbtem schwarzem Haar, verschmiertem Make-up und Lederhosen gegenüber. Ich glaube, ich antwortete ihm, sein Outfit sei aber auch ziemlich Rock 'n' Roll-mäßig.

Abb. 6

Weil ich immer auf der Suche nach Leuten bin, mit denen ich spielen kann, begann ich ihn im Gespräch vorsichtig abzuchecken. Wie sich herausstellte, war er gerade erst hier hergezogen und wohnte bei seiner Tante und seinem Onkel, der irgendwo in der Chefetage bei Capitol Records saß. Frank, so hieß mein Gegenüber, spielte Bass, und er schien ganz in Ordnung zu sein. Aber dann erklärte er, seine Lieblingsbands seien Aerosmith und Kiss, und Kiss hasse ich wie die Pest. Die konnte ich noch nie ausstehen. Damit war klar, dass er fürs Zusammenspielen nicht mehr infrage kam, denn ich stand auf gute Musik, auf Jeff Beck zum Beispiel oder die Paul Butterfield Blues Band.

„Weißt du", sagte ich zu dem Jungen, „wenn du mal einen richtigen Gitarristen erleben willst, dann komm doch ins *Stone Pony,* wenn du hier fertig bist."

Er war ein arroganter kleiner Bursche, und ich glaubte nicht daran, dass er tatsächlich auftauchen würde. Außerdem sah er so aus, als sei er höchstens siebzehn, und daher war nicht damit zu rechnen, dass er an dem Türsteher vorbeikam. Im Grunde hatte ich ihn schon wieder vergessen, bis ich ihn dann tatsächlich im Publikum entdeckte. Ich spielte Slidegitarre mit dem Mikrofonständer und brachte reihenweise abgefahrene Soli, und ihm blieb der Mund offen stehen. Sperrangelweit.

Nach dem Konzert gingen wir zusammen was trinken und redeten über Sachen, über die man eben spricht, wenn man zu viel Tequila intus hat. Ich gab ihm meine Telefonnummer. Keine Ahnung, ob er sich irgendwann bei mir zu melden versuchte, denn ich fuhr danach für ein paar Gigs nach Alaska. War mir aber auch egal: Er mochte Kiss.

Kapitel 3

N I K K I

IN DEM VON DEN NÄCHSTEN ABENTEUERN DES JUNGEN NIKKI, SEINEM
KAMPF GEGEN EINEN EINARMIGEN GEGNER, EINEM WUNDEN SCHWANZ
UND ANDEREN HÖCHST VERGNÜGLICHEN DINGEN DIE REDE SEIN WIRD.

*M*ein Onkel Don nahm mich unter seine Fittiche.

Er ließ mich seinen taubenblauen Ford F10 Pickup mit den dicken Gürtelreifen fahren, er verschaffte mir einen Job im Plattenladen Music Plus, dessen Geschäftsführer unsere Nasen mit reichlich Kokain puderte, er ging mit mir ins Einkaufszentrum und bezahlte meine Schlaghosen und Tanzschuhe von Capezio, und er besorgte mir Sweet-Poster, mit denen ich mein Zimmer zupflasterte. Um mich herum explodierte außerdem wahnsinnig viel neue Musik – X, die Dils, die Germs, die Controllers. L. A. war die Erfüllung meiner Träume, und ich war außer mir vor Begeisterung.

Das war zu schön, um wahr zu sein, und tatsächlich war mein Glück auch nicht von Dauer. Ein paar Monate später hatte ich meine Chance verspielt und stand wieder ohne Job und Wohnung da.

Aber zunächst einmal fühlte ich mich bei meinem Onkel wie ein Punker, der in eine Folge von *Drei Jungen und drei Mädchen* geraten war: Seine perfekte Familie führte ein sauberes und keimfreies Yuppieleben in einem perfekten kleinen Haus mit perfektem kleinen Swimmingpool. Die Kinderchen fuhren draußen Fahrrad, bis Mami sie bei Einbruch der Dunkelheit zum Essen rief. Dann traten sie sich brav die Füße ab, wuschen sich die Hände, dankten dem lieben Gott und banden sich eine Serviette um. Für einige Menschen ist das Leben ein immer während Krieg, andere betrachten es als Spiel. Diese Familie tat keins von beiden: Sie saßen am liebsten am Rand und guckten aus sicherer Entfernung zu.

Für mich war es Krieg: Mir tropfte die Anspannung aus jeder Pore. Ich trug hauteng, rote, vorn geschnürte Hosen, Tanzschuhe und Make-up. Ich versuchte ja, mich anzupassen, aber es ging einfach nicht. Das wurde mir klar, als mein Cousin Ricky irgendwann mit ein paar Freunden einen Ball über den Hof schoss und ich mitmachen wollte. Ich konnte es nicht: Ich wusste nicht mehr, wie man einen Ball kickt oder wirft oder sich dabei bewegt. Stattdessen hätte ich sie lieber dazu gebracht, mal was Lustiges zu unternehmen, zum Beispiel Alkohol aufzutreiben, abzuhauen oder eine Bank zu überfallen. Mir fehlte jemand, mit dem ich darüber hätte reden können, dass Brian Connolly von The Sweet seine blonden Haare mit dieser Innenrolle föhnte. Ricky und seine Freunde starrten mich an, als käme ich von einem anderen Stern.

Dann fragte Ricky: „Sag mal, hast du dich geschminkt?"

„Ja", antwortete ich.

„Männer tragen keine Schminke", sagte er mit fester Stimme, so als sei es ein Gesetz, und seine Freunde fungierten als zusätzliche Jury des Normalen.

„Da, wo ich herkomme, schon", behauptete ich, drehte mich auf meinen hohen Absätzen um und machte mich davon.

Im Einkaufszentrum begegneten mir lauter Mädchen mit Farrah-Fawcett-Löwenmähne, die bei Contempo shoppten. Keine von denen kam als meine Nancy infrage, denn das war es, was ich suchte: eine Nancy Spungen für mich als Sid Vicious.

Irgendwann beachtete ich meine Cousins überhaupt nicht mehr. Ich blieb in meinem Zimmer und spielte Bass über einen alten Verstärker, der eine halbe Wand einnahm und eigentlich nicht für Instrumente geeignet war, sondern zu einer Stereoanlage gehörte. Wenn ich mich dazu herabließ, an den Mahlzeiten teilzunehmen, dann sprach ich kein Tischgebet und entschuldigte mich für gar nichts. Stattdessen quälte ich Don mit endlosen Fragen nach The Sweet: „Wie sind die denn so drauf, Mann? Nehmen sie viel Drogen?" Nachts hing ich in Clubs ab und kam nachhause, wann es mir passte. Und wenn sie mich an irgendwelche Regeln erinnerten, sagte ich, sie sollten sich verpissen. Ich war ein richtig arrogantes, undankbares kleines Arschloch. Es kam, wie es kommen musste – sie warfen mich raus, und ich packte wütend meine Sachen. Ich hasste sie in dem Moment genauso sehr wie meine Mutter. Wieder mal stand ich allein da und gab dafür allen anderen die Schuld, nur nicht mir selbst.

In der Nähe der Melrose Avenue fand ich eine Einzimmerwohnung und brachte die Vermieterin mit List und Tücke dazu, mich ohne Kaution einziehen zu lassen. Eineinhalb Jahre lang zahlte ich nicht einen Penny, obwohl ich meinen Job bei Music Plus noch eine Weile behielt. Der Laden war das reinste Paradies – Kokain, Gras, und dauernd kamen hübsche Weiber rein. Ich hatte neben der Kasse ein Schild aufgehängt: „Bassist sucht Band." – „Wer ist denn dieser Bassist?", wurde ich gefragt, und wenn ich sagte, dass ich das war, ging das in Ordnung. Man erzählte mir von Vorspielterminen und lud mich zu Gigs ein.

So lernte ich Ron kennen. Ron war von Beruf Rocksänger und Friseur – eine äußerst üble Kombination – und suchte eine Wohnung. Ich ließ ihn bei mir einziehen. Er brachte seine zahlreichen Freundinnen mit, und es dauerte nicht lange, bis sich rund um mein Apartment eine kleine Szene entwickelte. Wir schnieften das Elefantenberuhigungsmittel Canebenol, tranken Bier oder gingen in unseren Stammclub, das *Starwood;* seit ich bei Music Plus Alli, ein Mädchen aus dem Valley, getroffen hatte, gingen zumindest wir beide danach wieder zu mir, um zu Todd Rundgrens *Runt* zu vögeln. Alles, was ich wollte, gab's umsonst: Drogen, Platten, Sex. Ich kaufte mir für einen Hunderter sogar ein Auto, einen 49er-Plymouth – eine echte Scheißkarre, mit der ich, wenn ich Alli zuhause abholte, rückwärts den Berg hinauffahren musste, weil der Motor es sonst nicht geschafft hätte.

Dann wurde ich bei Music Plus gefeuert. Der Geschäftsführer behauptete, ich hätte in die Kasse gegriffen, und ich sagte mal wieder: „Verpiss dich."

„Verpiss du dich!", brüllte er zurück.

In diesem Moment drehte ich vor Wut völlig durch und verpasste ihm eine ins Gesicht und in den Magen, wobei ich schrie: „Und was machst du jetzt?"

Er konnte nicht viel tun: Er hatte nur einen Arm.

Am schlimmsten aber war, dass er Recht gehabt hatte. Ich *hatte* Geld aus der Kasse geklaut. Ich war ein höchst reizbarer Typ, der es überhaupt nicht vertrug, wenn man ihn kritisierte – nicht mal, wenn es zu Recht geschah.

NACH EINIGER ZEIT FAND ICH WIEDER EINEN JOB: Ich verkaufte Staubsauger übers Telefon. Nicht besonders erfolgreich allerdings, es gelang mir kaum jemals, einen Deal abzuschließen. Einer der anderen Verkäufer erzählte mir von einem Job als Teppichreiniger, für den man nichts weiter brauchte als ein Auto, und ich bewarb mich dort. Natürlich interessierte mich diese Beschäftigung hauptsächlich, weil ich die Schlafzimmertür mit dem Dampfreiniger blockieren konnte und währenddessen Gelegenheit hatte, die Medizinschränkchen der Leute zu durchwühlen und die Drogen einzusacken. Um mir noch ein bisschen was dazuzuverdienen, nahm ich eine Flasche Wasser mit und erzählte, dass ich mit einer speziellen Flüssigkeit die Teppiche versiegeln könne, damit kein Schmutz mehr haften bliebe. Das würde zwar normalerweise dreihundertfünfzig Dollar fürs ganze Haus kosten, aber da ich mir mit dieser Arbeit mein Studium finanzierte, sei ich durchaus bereit, es für hundert zu machen, wenn ich das Geld schwarz bekäme. Und dann ging ich durchs Haus, besprühte die Teppiche mit Wasser und nahm alles mit, von dem ich annahm, dass man es nicht so schnell vermissen würde.

Auf diese Weise verdiente ich bald eine Menge Geld, aber Miete zahlte ich noch immer nicht. Mein Apartment lag in einem Haus, das gut als heruntergekommene Kulisse für die Serie *Melrose Place* hätte dienen können. Direkt nebenan wohnte ein junges Paar, und als die beiden sich trennten, ging ich eine Weile mit ihr ins Bett. Als ihr Ehemann wieder einzog, freundete ich mich mit ihm an. Wir dealten gemeinsam ein wenig mit Quaaludes, die zu der Zeit in der Szene stark gefragt waren, obwohl ich wahrscheinlich genauso viel von diesen Beruhigungspillen konsumierte, wie ich verkaufte.

Zur gleichen Zeit entstand endlich meine erste Band. Außer Ron waren noch ein paar Freunde von ihm mit von der Partie, ein Mädchen namens Rex, die wie Janis Joplin sang und auch so viel trank, und ihr Freund, der Blake oder so ähnlich hieß. Wir nannten uns Rex Blade und sahen echt scharf aus: Wir trugen weiße, vorn und hinten geschnürte Hosen, enge schwarze, ärmellose T-Shirts und struppige Frisuren, die an Leif Garrett an einem schlechten Tag erinnerten. Die Proben fanden in einem Bürogebäude direkt neben dem Übungsraum der Mau Maus statt. Leider klangen wir nicht halb so gut, wie wir aussahen. Letzten Endes war Rex Blade nichts weiter als eine gute Entschuldigung, um Drogen zu nehmen. Außerdem konnte ich endlich mit Fug und Recht den Mädchen erzählen, dass ich in einer Band spielte.

Aber leider sorgte mein wenig entspanntes Temperament bald wieder dafür, dass diese schöne Zeit nicht lange hielt. Wahrscheinlich lag es daran, dass in meinem Leben bisher alles immer nur von kurzer Dauer gewesen war, und wenn sich eine gewisse Stabilität abzeichnete, geriet ich in Panik und setzte alles daran, diese Situation zu zerstören. Rex Blade warfen mich raus. Wir gerieten nämlich in die typische Falle, in die so viele unerfahrene Rockmusiker hineintappen, als wir anfingen, eigene Songs zu schreiben. Der eigene Text kommt einem dann so unglaublich wichtig vor, und man hat seine eigene Vision, die sich mit den Ideen der anderen nicht unbedingt verträgt. Und man ist viel zu selbstverliebt, um zu begreifen, dass diese Songs nur dann besser werden, wenn man den anderen mal zuhört. Meine Sturheit und Unsicherheit machten das nicht eben leichter. Anstelle von Rex oder Blake hätte ich mich wahrscheinlich auch rausgeworfen und mir die ganzen Drei-Akkord-Wunder hinterhergeschmissen, die ich für so großartig hielt.

Ein paar Tage später stand die Polizei vor meiner Tür. Nachdem ich eineinhalb Jahre lang keine Miete bezahlt hatte, ließ die Vermieterin nun tatsächlich meine Wohnung räumen, und ich stand mal wieder auf der Straße. Für ein paar hundert Dollar im Monat fand ich eine Garage, in der ich ohne Möbel oder Heizung hauste und auf dem Boden schlief. Alles, was ich hatte, waren meine Stereoanlage und ein Spiegel.

Und das, obwohl ich so hart arbeitete wie nie zuvor. Morgens schluckte ich als Erstes eine Hand voll Pillen, denn um sechs Uhr früh begann die Zwölfstundenschicht in einer Fabrik in Woodland Hills, wo wir Computerplatinen in eine Chemikalie tauchten, die einem ohne weiteres den Arm wegätzen konnte. Nach der Arbeit und den dauernden Reibereien mit den Mexikanern – die irgendwie den Auseinandersetzungen glichen, die ich später mit meinem halb mexikanischen blond gefärbten Leadsänger haben sollte – fuhr ich direkt zu Magnolia Liquor am Burbank Boulevard und verkaufte dort von abends um sieben bis morgens um zwei alkoholische Getränke. Wenn ich da Schluss hatte, stopfte ich mir so viele Flaschen wie möglich in meine Stiefel und fuhr dann wieder eine Stunde bis zu meiner Garage. Dort kippte ich mir den Fusel rein und stellte mich vor den Spiegel: Meine eigene Show begann. Ich hing mir meine Gitarre um, bauschte meine üppigen schwarzen Haare hoch, verzog den Mund zu einem höhnischen Grinsen und versuchte, wie Johnny Thunders von den New York Dolls auszusehen, bis ich vor Alkohol und Erschöpfung umkippte. Wenn ich aufwachte, gab's wieder ein paar Pillen, und es ging wieder von vorn los.

Das alles gehörte zu meinem Plan: Ich würde mir den Arsch abarbeiten, bis ich genug Geld für richtiges Equipment zusammenhatte. Damit würde ich eine Band

Abb. 7

gründen, die entweder enorm erfolgreich werden oder aber zumindest reiche Schnallen anziehen würde. Auf keinen Fall wollte ich je wieder arbeiten. Damit das Geld etwas schneller zusammenkam, tippte ich meist nur den halben Betrag dessen in die Kasse, was ich den Kunden berechnete. Die Differenz notierte ich mir auf einem Stück Papier und steckte es in meine Hosentasche. Wenn ich Feierabend machte, rechnete ich aus, um wie viel ich den Laden beschissen hatte, nahm mir die Kohle und war um achtzig Mücken reicher. Bei meiner Abrechnung war höchstens mal ein Dollar zu viel oder zu wenig: Ich hatte bei Music Plus ja was gelernt.

Eines Abends war ich völlig zugedröhnt mit Speed und Alkohol, als ein zusammengesunkener Rocker mit schwarzen Haaren in den Laden kam. Er sah aus wie ein etwas verunglückter Johnny Thunders, und daher fragte ich ihn, ob er Musik machte. Er nickte.

„Was hörst du denn so?", fragte ich.

„Die Paul Butterfield Blues Band und Jeff Beck", sagte er. „Und du?"

Ich war enttäuscht, dass dieser so super kaputt aussehende Bucklige so einen langweiligen und vorhersehbaren Musikgeschmack hatte. Also ratterte ich die Liste cooler Bands herunter, auf die ich stand – „die Dolls, Aerosmith, MC5, Nugent, Kiss" –, und er erklärte verächtlich: „Ich steh eher auf richtige Musiker."

„Fick dich, Alter", gab ich zurück. So ein aufgeblasener Arsch.

„Fick dich selber", sagte er und klang dabei gar nicht wütend, sondern sicher und selbstbewusst, so als ob er davon ausging, dass ich irgendwann selbst merken würde, wie sehr ich auf dem Holzweg war.

„Verschwinde aus meinem Laden, du Arschloch." Ich tat so, als wollte ich über den Tresen springen, um ihm und seiner Jeff-Beck-Begeisterung in den Hintern zu treten.

„Wenn du mal einen richtigen Gitarristen sehen willst, kannst du ja mal rumkommen. Ich spiele heute Abend hier in der Nähe."

„Hau endlich ab, ich habe was Besseres zu tun."

Aber natürlich ging ich hin. Sein Musikgeschmack war zwar Scheiße, aber seine ganze Haltung war cool.

An dem Abend klaute ich eine Flasche Jack Daniels, stopfte sie in meine Socken und betrank mich draußen vor der Bar. Drinnen sah ich dann, wie dieser brummige kleine Leder-Quasimodo mit einem Mikrofonständer Slidegitarre spielte und das Ding unglaublich schnell den Gitarrenhals rauf und runter sausen ließ. Er flippte total aus und drosch auf seine Gitarre ein, als hätte er sie gerade dabei erwischt, wie sie mit seiner Freundin schlief. In meinem ganzen Leben hatte ich noch nie jemanden so spielen sehen. Und so ein Typ verschwendete sein Talent in einer Band, die wie die B-Auswahl der Allman Brothers aussah. Nach der Show betranken wir uns gemeinsam. Seine Art zu spielen hatte mich schwer beeindruckt, und ich war bereit, ihm dafür seinen beschissenen Musikgeschmack zu verzeihen. Wir telefonierten danach noch ein paar Mal, dann verlor ich ihn aus den Augen.

In der Zeit danach war ich in mehr Bands, als ich Pillen nahm – und das wollte was heißen. Ich ging zu Vorspielterminen, die ich mir aus dem Anzeigenblättchen

FRANKLIN CARL FERANNA

Attorney for .... IN PROPRIA PERSONA

Address ...2012 LEMOYNE ST...
.... Los Angeles, Ca...
.... 90026

Telephone (213) 662-9047

FILED

SUPERIOR COURT OF THE STATE OF CALIFORNIA

FOR THE COUNTY OF __Los Angeles__

NOV 7 1980
JOHN J. CORCORAN, COUNTY CLERK
BY S. MOTANDER, Deputy

In the Matter of the Application of

FRANKLIN CARLTON FERANNA,

No. C 310 460

DECREE CHANGING NAME

for Change of Name . . . .

The application of ...FRANKLIN CARLTON FERANNA..............

for an Order of Court changing ..HIS.. name .... to..........
(his, her or their)
............NIKKI SIXX.......................................

in place of ..HIS.. present name .... came on regularly to be heard in Department ..I-A.. of the
(his, her or their)
above-entitled Court, this ..7TH.. day of ..Nov., 1980.., and proof having been made to the satisfaction of
the Court that notice of hearing was given in the manner and form required by law and order of this Court, and no

objections having been filed by any person, and evidence having been produced on behalf of petitioner .... in
support of said application, and the Court being satisfied that there is no reasonable objection to the peti-

tioner .... assuming the name .... proposed; and
It appearing to the satisfaction of the court that all the allegations of said application are true and that the
order prayed for should be granted;

IT IS THEREFORE ORDERED, ADJUDGED AND DECREED that petitioner .... name .... of

........FRANKLIN CARLTON FERANNA.................... be and the same

..IS.. hereby changed to ......NIKKI SIXX.............................
(is or are)

The Clerk is ordered to enter this decree.

Dated: .... NOV 7 1980 ....19......

....
Judge of the Superior Court

THE LOS ANGELES DAILY JOURNAL
Established 1888
210 South Spring St., Los Angeles, Ca 90012
P.O. Box 54026, Los Angeles, Ca 90054
Telephone (213) 625-2141

JOURNAL OF COMMERCE-REVIEW
Established 1917
210 South Spring St., Los Angeles, Ca 900
P.O. Box 54026, Los Angeles, Ca 9005
Telephone (213) 624-3111

The Recycler heraussuchte, machte einen Tag lang mit und ließ mich dann nie wieder sehen. Nach einer Weile ging ich dazu über, meinen Bass im Auto zu lassen, wenn ich mal wieder eine Band abcheckte. Wenn die keine Ausstrahlung hatte – was fast immer der Fall war, da die meisten auf Lynyrd Skynyrd gepolt waren und nicht wie ich auf Johnny Thunders –, behauptete ich, ich würde meine Sachen aus dem Auto holen, und machte dann den Abgang.

Aber meine Hartnäckigkeit zahlte sich aus. Eines Tages meldete ich mich auf die Anzeige einer Band, die Soul Garden, Hanging Garden, Hanging Soul oder so ähnlich hieß. Die Typen wirkten mit ihren langen schwarzen Haaren alle ein bisschen verwegen, so wie ich schließlich auch. Bloß spielten sie leider übelsten, Doors-beeinflussten psychedelischen Improvisationsrock, und ich machte mich schnell wieder davon. Den Gitarristen Lizzie Gray sah ich allerdings auch danach noch häufig im *Starwood*. Er hatte langes, lockiges Haar, trug schulterfreie Tops und hochhackige Schuhe und sah aus wie eine Kreuzung aus Alice Cooper und einer Klapperschlange. Je nach Betrachtungsweise war er entweder die schönste Frau oder der hässlichste Kerl, den ich je gesehen hatte, von Tiny Tim mal abgesehen. Wir stellten schließlich fest, dass wir beide auf Cheap Trick, Slade, die Dolls, Kiss und auf Alice Coopers Album *Love It To Death* standen.

Lizzie war es zu verdanken, dass ich schließlich zum ersten Mal richtig in eine Band einstieg. Blackie Lawless – ein Mistkerl, der schon allein durch seine Größe einschüchterte – hatte Lizzie nämlich gefragt, ob er in einer Band namens Sister mitmachen wollte, zu der auch der völlig durchgeknallte Gitarrist Chris Holmes gehörte. Ich kannte Blackie vom *Rainbow Bar And Grill:* Er war einer von diesen Typen, die mitten im Raum stehen und mit ihren schwarzen Haaren, Lederhosen und geschminkten Augen diese magische Aura böser Jungs verströmen, die Frauen sofort dazu bringt, sie in Scharen zu umschwärmen. Irgendwie überzeugte Lizzie Blackie, mich bei Sister Bass spielen zu lassen, und so wurde ich das letzte Steinchen im Gefüge einer ziemlich hässlichen und bedrohlich aussehenden Band. Wir übten in Hollywoods Gower Street, ganz in der Nähe der Dogs.

Blackie war ein außergewöhnlicher Songwriter, und obwohl er so kalt und verschlossen wirkte, war es unheimlich interessant, mit ihm zu reden, denn er wollte nicht nur mit seiner Musik, sondern auch mit seinem Auftreten Eindruck hinterlassen. Um eine Reaktion vom Publikum zu kriegen, tat er alles; er zeichnete Pentagramme und aß sogar Würmer. Im Studio nahmen wir Songs wie „Mr. Cool" auf und setzten uns dann zusammen, um stundenlang darüber zu reden, was wir auf der Bühne tragen sollten und was er mit seinen Songs auszudrücken versuchte. Aber Blackie gehörte zu der Kategorie von Leuten, die das Leben genau wie ich als Krieg betrachteten, und er musste dabei immer der General sein. Wir anderen waren für ihn allenfalls gute Soldaten. Daher gerieten Blackie und ich ziemlich schnell und ziemlich häufig aneinander, und unsere Wortgefechte entwickelten sich meist in heftige Schlägereien. Schließlich blieb ihm als General keine andere Wahl, als mich unehrenhaft zu entlassen. Wenig später warf er auch Lizzie raus, und wir beide beschlossen, unsere eigene Band aufzumachen.

Abb. 8

London, im Uhrzeigersinn von links oben:
John St. John, Dane Rage, Nigel Benjamin, Nikki Sixx und Lizzie Grey

Zu der Zeit war ich pleite. Im Schnapsladen und in der Fabrik hatte man mich rausgeschmissen, weil ich ein paar Mal nicht erschienen war, als wir Probe hatten. Schließlich fand ich einen neuen Job bei Wherehouse Music auf dem Sunset Boulevard, wo ich kommen und gehen konnte, wie es mir passte. Wenn die Kohle richtig knapp wurde, ging ich Blut spenden. Eines Morgens auf dem Weg zur Arbeit lernte ich im Bus ein Mädchen namens Angela Saxon kennen. Eigentlich war ich nicht besonders scharf auf Frauen, wenn es nicht gerade um die ein oder zwei Freuden ging, mit denen sie mich verwöhnen konnten. Ansonsten waren sie im Weg. Angie war allerdings anders: Sie war Sängerin, und wir konnten über Musik reden.

Außer Angie und Lizzie gab es kaum Leute, mit denen ich länger als eine Woche befreundet blieb, und ich vertraute eigentlich niemandem. Weil ich kaum etwas aß und dauernd Aufputschmittel einwarf, hatte ich manchmal das Gefühl, überhaupt keinen Körper mehr zu haben, sondern nur ein vibrierendes Nervenbündel zu sein. Eines Tages, als ich mich gerade besonders abgebrannt und deprimiert fühlte, fasste ich den Beschluss, meinen Vater zu suchen. Ich redete mir ein, dass ich ihn nur anrief, weil ich Geld brauchte – Geld, das er mir sowieso schuldete, weil er mich jahrelang im Stich gelassen hatte –, aber heute glaube ich eher, dass ich mich unbewusst nach jemandem sehnte, dem ich mich verbunden fühlte, mit dem ich reden und der mir vielleicht sogar sagen konnte, warum ich so verdreht geworden war. Ich rief meine Großmutter an, sprach dann mit meiner Mutter, und sie meinte, dass mein Erzeuger zuletzt in San Jose, Kalifornien, gearbeitet hatte. Also fragte ich bei der Auskunft dort nach Frank Ferrano und bekam tatsächlich seine Nummer. Nach fünf Whisky fand ich endlich den Mut, sie zu wählen.

Er nahm gleich nach dem ersten Klingeln ab, und als ich ihm sagte, dass ich es war, wurde seine Stimme grob. „Ich habe keinen Sohn", behauptete er. „Ich habe keinen Sohn. Ich weiß nicht, wer Sie sind."

„Fick dich ins Knie!", brüllte ich in den Hörer.

„Rufen Sie hier nie wieder an", fauchte er zurück und legte auf.

Das war das letzte Mal, dass ich seine Stimme hörte.

Ich heulte stundenlang, zog Schallplatten aus ihren Hüllen, warf sie gegen die Wände und sah zu, wie sie in Stücke zersprangen. Dann nahm ich die Vinylscherben und schrubbte mit den Bruchstellen über meine Arme, bis die Haut aufgeraut und rot war und lauter kleine Blutpünktchen sichtbar wurden. Eigentlich hatte ich gedacht, ich würde in der Nacht kein Auge zubekommen, aber irgendwann schlief ich trotzdem ein. Am nächsten Morgen erwachte ich mit dem festen Entschluss, meinen Namen zu ändern. Ich wollte nicht für den Rest meines Lebens mit dem gleichen Namen wie dieser Typ gestraft sein. Was hatte er für ein Recht zu sagen, ich sei nicht sein Sohn, wenn er mir nie ein Vater gewesen war? Zunächst tötete ich Frank Ferrano jun. in dem Song „On With The Show", in dem ich schrieb: „Frankie died just the other night / Some say it was suicide / but we all know / How the story goes." Dann ließ ich mir offiziell einen neuen Namen eintragen.

Angie hatte mir dauernd von ihrem früheren Freund aus Indiana erzählt, der Nikki Six hieß, in einer Hitparaden-Coverband spielte und später bei der Surf-Punk-Combo John And The Nightriders landete. Den Namen fand ich genial, aber ich konnte ihn schlecht einfach klauen. Also beschloss ich, Nikki Nine daraus zu machen. Das klang aber zu sehr nach Punkrock, und Punk war mittlerweile Mainstream geworden. Ich wollte einen richtigen Rock'n' Roll-Namen, eben etwas wie Six. Schließlich kam ich zu der Überzeugung, dass jemand, der meinte, dass Surfmusik und Punk überhaupt irgendwie zu kombinieren waren, so einen coolen Namen ohnehin nicht verdiente, und änderte meinen Namen von Amts wegen in Nikki Sixx. Es war, als hätte ich seine Seele gestohlen, denn jahrelang kamen Leute zu mir und meinten, „Hey, Nikki, Alter, wir kennen uns doch aus Indiana?" Wenn ich dann erklärte, nie in Indiana gewesen zu sein, meinten sie: „Komm schon, Alter, ich hab dich doch mit John And The Nightriders gesehen."

Jahre später zappte ich auf der *Girls, Girls, Girls*-Tour in einem Hotelzimmer durch die Fernsehkanäle und geriet zufällig an ein Interview mit einem komischen, fahlhäutigen Mann. Die Worte „Er ist der Teufel" ließen mich aufhorchen, und ich hielt inne. Und siehe da, er war es, und er kam gerade mächtig in Fahrt: „Er hat meinen Namen geklaut und mir die Seele ausgesaugt und sie euch allen verkauft – ich war der echte Nikki Six. Und er benutzt meinen Namen, um das Wort Satans zu verbreiten." Nikki Six nannte sich jetzt John – was angesichts dessen, dass Johannes im Neuen Testament die Apokalypse verkündet, recht gut passte – und war inzwischen wiedergeborener Christ.

ANGIE ÜBERREDETE MICH, zusammen mit einem Haufen anderer Musiker in eine Wohnung hinter einem Blumenladen gegenüber der Hollywood High School zu ziehen. Das Haus wimmelte vor Möchtegern-Rockstars: Sie schliefen in der Badewanne, auf der Eingangstreppe und hinter den Sofakissen. Und irgendeiner schaffte es, die Bude eines Nachmittags in Brand zu stecken. Als ich von der Arbeit im Plattenladen nachhause kam, drang Rauch aus dem Haus, vor dem sich bereits Scharen neugieriger Schüler versammelt hatten. Meinen Bass hatte ich in der Hand, weil ich ihn aus Angst, er könnte geklaut werden, immer mit mir herumtrug. Ich rannte hinein, um zu sehen, ob ich sonst noch etwas von meinen Sachen retten konnte. Tatsächlich stand da noch ein Klavier; einer meiner Mitbewohner, der gerade seine Eltern besuchte, hatte es vor kurzem gemietet. Ich brachte das Instrument nach draußen und schob es den ganzen Weg bis zum Musikgeschäft auf der Highland Avenue, wo ich ein paar hundert Dollar dafür bekam.

Daraufhin bot mir Angie an, zu ihr nach Beachwood Canyon zu ziehen. Ich hörte den ganzen Tag lang ihre Platten und färbte mir das Haar in verschiedenen Farben, während sie als Sekretärin arbeitete und für uns das Geld ranschaffte. Das Klavier hatte ich schon längst vergessen, als ein halbes Jahr später zwei Polizisten vor der Tür auftauchten und wegen Pianodiebstahls nach einem gewissen Frank Ferrano suchten. Leider kannte ich niemanden, der so hieß.

Wenn ich nicht gerade damit beschäftigt war, mit Lizzie eine Band auf die Beine zu stellen, ging ich mit Angie nach Redondo Beach, wo sie mit ihrer Truppe probte. Ich konnte sie nicht ausstehen: Sie standen auf Rush, hatten jede Menge Gitarrenpedale, redeten über Hammering und hatten zu allem Überfluss auch noch lockige Haare. Meiner Meinung nach gibt es ein einziges genetisch festgelegtes Merkmal, das einen Mann effektiv daran hindert, Rockmusiker zu werden, und das sind Locken. Coole Leute haben keine Locken, das ist was für Leute wie Richard Simmons aus *Greatest American Hero* oder den Sänger von REO Speedwagon. Okay, es gibt zwei Ausnahmen: Ian Hunter von Mott The Hoople, der aber auch eher strähniges als lockiges Haar hat, und Slash, aber der hat wieder so kleine krause Löckchen, und das ist cool.

Bei Frauen ist das anders. Locken sind da nicht das Problem, aber wenn sie schielen, kann ich mit ihnen nichts anfangen. Ich habe es noch nie geschafft, bei einer zu landen, die schielt. Angies Mitbewohnerin war so eine. Irgendwann abends war ich mal betrunken und versuchte, zu ihr ins Bett zu klettern; den nächsten Tag musste sie Angie diese Story unbedingt erzählen. Ich versuchte Angie davon zu überzeugen, dass ich gedacht hätte, es sei ihr Bett, aber sie kannte mich wohl schon zu gut und warf mich raus. Ich zog in eine echte Hollywood-Slumwohnung mit lauter Drogensüchtigen und Prostituierten in der Nachbarschaft, wo ich mich darauf konzentrierte, in meinem eigenen Bett zu bleiben und meine Band mit Lizzie endlich auf die Reihe zu kriegen.

Die bestand schließlich aus dem Schlagzeuger Dan Rage, einem stark gebräunten Riesen, der ein Hundehalsband trug, dem Keyboarder John St. John, der eine klobige Hammond-B3-Orgel von einem Gig zum anderen schleifte, und dem Sänger Michael White, der sich immerhin schon auf die Fahne schreiben konnte, ein Stück für ein Led-Zeppelin-Tributalbum aufgenommen zu haben. Das hätte mir schon zeigen sollen, dass er nicht der Richtige für uns war. Das und die Tatsache, dass er Locken hatte und ein bisschen schielte.

Um die Rush-Fans und Led-Zeppelin-Opas zu schockieren, rannten wir mit hochhackigen Schuhen und schulterfreien Tops durch Hollywood. Man schrieb das Jahr 1979, und für uns war Rock 'n' Roll sowieso tot und vergessen. Wir standen auf Mott The Hoople, und für uns verkörperten die New York Dolls und die Sex Pistols all das, was niemand sonst gut fand. In unserem alkoholumnebelten Bewusstsein waren wir die größte Band aller Zeiten, und tatsächlich tauchten nach den ersten paar Konzerten im Starwood die ersten Groupies bei uns auf – wahrscheinlich hauptsächlich fasziniert von unserem Selbstbewusstsein und der wilden Sauferei. Die Band nannte sich London, aber eigentlich waren wir schon Mötley Crüe, bevor es die wirklich gab.

Abgesehen von Michael White. Er verehrte all das, was ich hasste. Ich liebte die Stones, er stand auf die Beatles. Ich mochte Erdnussbutter ohne Stückchen, er kaufte die Sorten mit Biss. Und schließlich flog er bei uns raus, wegen seiner Locken, und wir setzten eine Anzeige in den *Recycler.* Prompt meldete sich Nigel Benjamin, der für uns ein echter Rockstar war, und das nicht nur, weil er glatte Haare hatte: Er hatte einst Ian Hunter bei Mott The Hoople ersetzt. Außerdem schrieb er tolle Texte, und im Gegensatz zu allen anderen, mit denen ich mal in einer Band gewesen war, konnte er wirklich singen. Wir hatten einen verrückten Keyboarder, der seine eigene Orgel besaß, einen Drummer mit einer richtig ausgefuchsten Schießbude und einen Leadsänger aus England. Wir waren nicht aufzuhalten.

Ich war so begeistert, dass ich meinen Onkel bei Capitol anrief und erklärte: „Ich muss unbedingt Brian Connolly von The Sweet erreichen!"

„Was?", fragte er ungläubig.

„Ich habe diese absolut abgefahrene Band, weißt du, und ich möchte ihm ein paar Fotos schicken."

Das tat ich dann auch, und weil Connolly meinem Onkel einen Gefallen tun wollte, erlaubte er mir, ihn in der Woche darauf anzurufen. Ich war den ganzen Tag über angespannt und dachte an nichts anderes als an das Gespräch, wobei ich mir genau zurechtlegte, was ich ihm sagen wollte. Ich nahm den Hörer, fing an zu wählen und legte wieder auf.

Schließlich nahm ich meinen ganzen Mut zusammen und rief in England an. Brian Connolly hatte kaum abgenommen, als ich schon zu meiner kleinen Rede ansetzte, von London erzählte und dass wir kurz vor dem Durchbruch stünden und uns freuen würden, wenn er uns einen Rat oder ein paar gut gemeinte Hinweise geben oder uns sogar unterstützen könnte. Vielleicht könnten wir ja irgendwann mal gemeinsam auf Tour gehen.

„Bist du jetzt fertig, Mann?", fragte er.

Ich war fertig.

„Ich habe die Fotos und die Songs gekriegt", fuhr er fort. „Ich weiß schon, in welche Richtung ihr gehen wollt. Aber ich kann euch nicht helfen."

„Ich glaube, wir werden eines Tages die größte Band in L. A. sein, und es wäre für uns klasse, wenn …" Er unterbrach mich.

„Komm, Alter, das habe ich schon so oft gehört. Wenn du wirklich einen Rat willst: Gib deinen richtigen Job dafür nicht auf. Mit dieser Art von Musik werdet ihr es nie schaffen."

Ich war am Boden zerstört. Aus meinem einstigen Idol wurde mein größter Feind: ein verbitterter Rockstar, der in seinem großen Haus in London auf einem Thron aus Scheiße saß.

„Tja", sagte ich, „schade, dass du so darüber denkst." Dann legte ich auf, starrte das Telefon eine halbe Stunde lang an und fragte mich, ob ich lachen oder weinen sollte.

Letztendlich spornte mich dieses Gespräch nur noch mehr an. Ich wollte Brian Connolly beweisen, dass wir es schaffen würden. Er sollte es bereuen, dass er mich beleidigt hatte. Einer der beiden *Starwood*-Besitzer, der extravagante Partygänger David Forest, hatte das Management unserer Band übernommen (sein *Starwood*-Partner Eddie Nash war später in den Mordskandal um den Pornostar John Holmes verwickelt, in dessen Gegenwart vier Menschen im Haus eines Dealers in Laurel Canyon umgebracht worden waren). In seiner Großzügigkeit ließ er mich und Dan Rage im Club sauber machen und übertrug uns nachmittags kleine Ausbesserungsarbeiten. Das war schon prima: Abends spielten London, warfen mit Konfetti um sich und machten jede Menge Dreck, und am nächsten Tag wurden wir dafür bezahlt, dass wir die Schweinerei beseitigten.

Forest brachte mich mit jener Art von Dekadenz in Kontakt, die durch die Vermischung von Disco und Rock in der Szene von L. A. Einzug gehalten hatte. In seinem Büro traf ich Berühmtheiten wie Bebe Buell und Todd Rundgren, der meinen leicht beeindruckbaren Verstand mit seinen Geschichten vergiftete: Er erzählte, wie Steven Tyler eine Überdosis erwischte oder wie sich Mick Jagger – umgeben von heroinbedröhnten Groupies – in der Garderobe einen blasen ließ. Ich erlebte Lokalgrößen wie den einflussreichen Radio-DJ Rodney Bingenheimer oder Kim Fowley bei Partys. Nebenbei bekam ich umsonst so viel Cola-Rum, wie ich nur wollte, und ich machte Erfahrungen mit Drogen, von denen ich vorher höchstens mal den Namen gehört hatte. Richtige Drogen. Von denen ich absolut begeistert war.

Ich war jung und hübsch und hatte langes Haar. Mit meinen hochhackigen Schuhen, superengen Hosen und in die Augen fallenden Haaren lehnte ich im *Starwood* an der Wand, die Nase hoch in der Luft. Meiner Ansicht nach hatte ich es geschafft. Ich schlief, bis ich aufstehen und Geld verdienen musste, wobei ich entweder Telefonmarketing machte, irgendwelchen Scheiß an der Tür verkaufte oder eben im *Starwood* arbeitete. Abends ging ich ins *Starwood* saufen, streiten und auf dem Klo die Mädchen ficken. Ich dachte wirklich, ich hätte mich in meine Idole verwandelt, in Johnny Thunders oder Iggy Pop.

Aus heutiger Sicht ist mir klar, wie naiv und unschuldig ich damals war. Es gab noch keine Privatjets, ausverkaufte Stadien, keine großen Villen oder Ferraris. Von Überdosen oder Orgien, bei denen irgendwelchen Mädels ein Gitarrenhals in den Hintern geschoben wurde, war noch keine Rede. Ich war ein kleiner Aufschneider in einem Club, der sich mit seinem wund gescheuerten Schwanz und der prickelnden Nasenschleimhaut für den Größten hielt – wie so viele andere vor ihm und wie so viele andere, die nach ihm kommen sollten.

Kapitel **4**

M I C K

Ich bin ein Typ, der die Dinge hinterfragt und sich seine eigene Meinung bildet, und für mich ist die ebenso plausibel wie die eines superschlauen Kernphysikers. Wieso sollte man irgendetwas glauben, nur weil man es in einem Buch gelesen oder irgendwelche Fotos gesehen hat? Wer darf sich anmaßen zu sagen, so ist es und nicht anders? Wenn alle Menschen an dasselbe glauben, werden sie zu Robotern. Jeder Mensch hat doch ein Gehirn und kann sich von daher selbst überlegen, wie zum Beispiel ein Ufo fliegt.

Während meiner Grundschulzeit in den Fünfzigern, als der Kalte Krieg in vollem Gange war, mussten wir oft das In-Deckung-Gehen trainieren. Man sagte uns, wenn eine Wasserstoffbombe explodierte, müssten wir nur unter den Tischen Schutz suchen und den Kopf mit den Armen abschirmen. Heute erscheint es lächerlich, dass ein Tisch vor Verstrahlung und vor einem schrecklichen Tod schützen könnte, aber für die angeblich so intelligenten und gut informierten Menschen, die wir unsere Lehrer nannten, machte es offenbar Sinn. Ich erinnere mich, dass ich in Großbuchstaben „In Deckung gehen" auf mein Notizbuch geschrieben hatte und diesen Befehl in Anführungsstriche setzte und mit einem großen Fragezeichen versah. Das war ja wohl ein Witz. Diese Schildkrötenposition war nichts als kompletter Blödsinn.

Viele der Kladden und Zettel, auf denen ich seit meiner Kinderzeit alles Mögliche aufschrieb, habe ich aufgehoben, und inzwischen hat sich vieles von dem Geschriebenen erfüllt. Wie zum Beispiel die Notiz aus dem Jahr 1976, als ich bei der schon ziemlich abgewirtschafteten Coverband White Horse spielte. Wir probten gerade im Wohnzimmer des Hauses, in dem wir alle gemeinsam wohnten, als der

Bassist zur Tür hereinkam und sagte: „Du liebe Zeit, das ist wirklich ein bunt zusammengewürfelter Haufen – *a motley-looking crew.*" Nach der Probe ging ich in mein Zimmer, schrieb mir diesen Ausdruck auf und probierte es in großen Buchstaben noch einmal mit einer anderen Schreibweise: MOTTLEY CRU. Mein Plan war es, aus White Horse, einer eigentlich recht guten Gruppe, Mottley Cru zu machen und eigene Songs zu spielen. „Warum machen wir nicht mal was Eigenes? Wir verhungern doch so oder so", meinte ich. Die Jungs quittierten das, indem sie mich per Abstimmung aus der Band beförderten. Als ich ging, nahm ich alles mit: die PA, die Lichtanlage und den Bus.

Dann gab ich ein Inserat im Anzeigenblättchen *The Recycler* auf: „Außerirdischer Gitarrist sucht andere Aliens, um gemeinsam die Erde zu erobern." Darunter schrieb ich meinen damaligen Künstlernamen Zorky Charlemagne, und wahrscheinlich lag es daran, dass ich einige ziemlich bizarre Anrufe erhielt und sich niemand meldete, der noch alle Tassen im Schrank hatte. Schließlich landete ich wieder bei einer Coverband, bei Vendetta, wo ich genug Geld verdiente, um mir einen Marshall-Verstärker und eine Les Paul zu kaufen. Nach einer Alaskatour leistete ich mir noch einmal dasselbe, und dann setzte ich noch eine Anzeige in den *Recycler*. Die meisten Leute versuchen dabei immer, am Anfang ihres Texts ein Wort mit A zu verwenden, damit sie möglichst ganz oben auf die Seite kommen. Mir war das völlig egal, weil ich wusste, dass meine Anzeige so oder so ins Auge fallen würde. Sie lautete: „Lauter, wilder und aggressiver Gitarrist sucht Band."

Daraufhin meldete sich der Typ mit dem Hitlerbärtchen von den Sparks, aber ich sagte ihm gleich, dass ich mit seiner Musik nichts anfangen konnte und es vermutlich für uns beide Zeitverschwendung war, wenn ich bei ihm vorspielte – was er mir, glaube ich, hoch anrechnete. Dann rief eine Dünnbrett-Truppe aus Redondo Beach an, aus der später Poison oder Warrant oder irgendeine andere Achtziger-Nullnummer werden sollte, weil ich ihnen bei Gigs im *Pier 52* aufgefallen war. Wie Andy Warhol schon sagte, jeder hat seine fünfzehn Minuten Ruhm. Was einige Figuren aber im Leben nicht brauchen.

Ich glaube, Nikki entdeckte meine Anzeige und rief mich an. Wir redeten ein bisschen und machten ein Treffen aus. Ich quetschte meine Gitarre und die Marshall-Verstärker in einen winzigen Mazda, der meinem Kumpel Stick gehörte, und fuhr nach North Hollywood. Nikki und ich begrüßten uns, als seien wir einander noch nie begegnet: Keiner von uns beiden konnte sich an den anderen erinnern. Er hatte seinen Namen geändert, und seine Haare waren jetzt wild geföhnt, rabenschwarz und hingen ihm ins Gesicht; in der Verkleidung hätte ich nicht mal meinen eigenen Vater erkannt. Erst nach einer Woche fiel bei ihm der Groschen, und er fragte mich: „Sag mal, bist du nicht der komische Typ, der das eine Mal in den Schnapsladen kam und …" Ich konnte es kaum glauben: Er war wirklich über sich hinausgewachsen.

Nikki sagte, er habe seine alte Band London aufgegeben, weil zu viele Leute versucht hatten, ihr Ego durchzusetzen. Jetzt hatte er sein eigenes Projekt am Start und wollte seine Visionen verwirklichen. Ich tat so, als sei mir das recht, aber ich merkte, dass er noch immer ziemlich jung und musikalisch völlig unerfahren war:

Jemanden wie ihn konnte ich sicher dazu bringen, sich in die von mir gewünschte Richtung zu entwickeln. Bei der ersten Probe spielten wir einige Songs, die Nikki geschrieben hatte – „Stick To Your Guns", „Toast Of The Town", „Public Enemy #1". So ein anderer Waschlappen, dessen Namen ich hier nicht nennen will, spielte Gitarre, und das Erste, was ich sagte, war: „Der Typ da taugt nichts." Woraufhin es hieß, wenn ich ihn nicht dabeihaben wollte, dann sollte ich ihm das gefälligst sagen: Schon am ersten Tag kriegten sie mich dazu, ihre Drecksarbeit zu machen.

Außerdem war da noch ein magerer kleiner Kerl mit einer großen Geschwulst am Kinn, die wie ein Chicken McNugget aussah. Er behauptete, er sei am Vorabend die Treppe im *Gazzari's* hinuntergefallen oder gefallen worden, und dabei war ihm die Lippe aufgesprungen. Keine Ahnung, ob das wirklich der Grund für diese Schwellung war; es machte auf alle Fälle den Eindruck, als hätte er ein zweites Kinn. Der Kleine erklärte, er sei Schlagzeuger, obwohl er mir zu jung und mickrig erschien, um wirklich gut zu sein. Aber als er dann loslegte, klang das alles andere als schwächlich. Er haute richtig drauf. Sein Name war Tommy.

Und wo ich gerade darüber nachdenke – ich glaube, es war gar nicht Nikki, der die Anzeige im *Recycler* entdeckte. Das war Tommy. Er rief an und hinterließ mir eine Nachricht. Er war derjenige, der uns zusammenbrachte. Und Mann, er konnte wirklich spielen.

Abb. 1

DRITTER TEIL

⚜ TOAST OF THE TOWN ⚜

Kapitel 1

T O M M Y

IN DEM VON DER ROTEN BEERE DES BEGEHRENS, DEN VORZÜGEN
GEMISCHTGESCHLECHTLICHER VOLLEYBALLSTUNDEN UND EINER
GLÜCKLICHEN KINDHEIT DIE REDE IST.

*M*ann, Alter. Scheiße. Jetzt aber. Wie viel Platz kriegt Nikki denn hier drin? Scheiße, ey, der Typ hat versucht, seine Mutter in den Knast zu bringen. Ich liebe ihn, klar, wir sind ja seit fast zwanzig Jahren so gut wie verheiratet. Aber manchmal hakt bei dem einfach was aus. Ich bin da anders. Ich bin ein echter Scheißromantiker. An mir gibt es einige Seiten, von denen viele Menschen gar nichts wissen. Die kennen die Oberfläche, aber wie es in meinem Innern aussieht, davon haben die keine Ahnung. Alter, klar, ich bin schlecht, aber mein Herz ist trotzdem gut. Durch und durch gut.

Mein Schicksal nahm seinen Lauf, als ich mich zum ersten Mal verliebte – in ein richtig schnuckeliges Mädchen, das genau wie ich in Covina wohnte. Überallhin ging ich ihr nach, ich fuhr ihr mit dem Fahrrad hinterher und versuchte, nachts wie ein Liliputaner-Spanner in ihr Fenster zu gucken. Dabei wollte ich sie bloß einmal küssen. Ich hatte meinen Eltern beim Küssen zugesehen, und es sah irgendwie ziemlich cool aus. Das wollte ich unbedingt auch mal selbst probieren.

Dabei merkte ich bald: Wenn man lange genug an einer Sache dranbleibt, dann kommen die Dinge irgendwann von selbst. Nach kurzer Zeit fing meine kleine Nachbarin an, mir hinterherzulaufen, und wir wurden unzertrennlich. Einmal landeten wir hinter ein paar Büschen auf diesem Fleckchen Gras, wo uns niemand sehen konnte. An den Büschen wuchsen kleine rote Beeren, die genau die Farbe ihrer Lippen hatten. Ohne nachzudenken pflückte ich eine Beere ab und hielt sie zwischen unsere Münder. Dann umschlossen wir beide die Beere mit den Lippen und küssten uns zum ersten Mal. Es war so romantisch und verwunschen: Ich dachte, wenn wir uns mit der roten Beere küssten, würden wir uns vielleicht verwandeln. Vielleicht würde sie eine Prinzessin werden und ich ein Ritter, der sie auf einem weißen Pferd aus Covina herausholen und zu meinem Schloss bringen würde, vor den Augen der staunenden Nachbarn, die sich natürlich fragen würden, wer denn diese wunderschöne Prinzessin und der wunderschöne Prinz seien, die von nun an glücklich und in Freuden lebten. Es sei denn, dass jemand die Zauberbeere aß oder zerdrückte. Dann müssten wir nach Covina zurück und wieder zwei ganz normale Kinder sein. So war das schon ziemlich oft in meinem Leben: Wenn es am schönsten ist, ziehen am Himmel die ersten dunklen Wolken auf, und alles Gute und Perfekte geht kaputt.

Vor einiger Zeit war ich bei einem Analytiker, der sich auf Träume spezialisiert hat, und der sagte mir, dass ich diese dunkle Wolke von meiner Mutter geerbt habe. Ihr Leben war genauso: Die schönen Dinge waren stets umgeben von Tragödien. Meine Mutter, Vassilikki Papadimitriou, war in den Fünfzigern Miss Griechenland. Mein Vater, David Lee Thomas, war Sergeant in der Armee und verliebte sich in sie, als er sie zum ersten Mal sah. Fünf Tage nach ihrem ersten Treffen waren sie verheiratet, genau wie Pamela und ich vierzig Jahre später. Er sprach kein Wort Griechisch und sie kein Englisch, daher zeichneten sie sich kleine Bildchen, wenn sie miteinander reden wollten, oder sie schrieb etwas in Griechisch auf, und er versuchte, die seltsamen Buchstaben mit einem Wörterbuch zu entschlüsseln.

Bevor ich geboren wurde, hatte sie sechsmal versucht, ein Kind zu bekommen – fünfmal hatte sie eine Fehlgeburt, und als es beim sechsten Mal klappte, starb mein Bruder wenige Tage später. Es war wohl meinen Geschwistern nicht bestimmt, auf dieser Erde zu sein. Ich weiß nicht, wo meine Mutter den Mut hernahm, es noch einmal zu probieren. Aber als sie zum siebten Mal schwanger wurde, weigerte sie sich neun Monate lang, das Bett zu verlassen, damit nun wirklich nichts schief gehen würde.

Direkt nach meiner Geburt kehrten meine Eltern in die USA zurück, nach Covina, ein Vorstadtviertel von Los Angeles. Für meine Mutter war es verdammt hart. In Athen war sie ein gefeiertes Model gewesen, und nun musste sie in Amerika bei anderen Leuten putzen gehen und sich abrackern wie eine verdammte Sklavin. Ihre Arbeit war ihr immer total peinlich. Sie lebte in einem fremden Land bei einem fremden Menschen, der plötzlich ihr Ehemann geworden war. Sie hatte keine Familie, keine Freunde, kein Geld und sprach kaum Englisch. Sie vermisste ihre Heimat so sehr, dass sie meine Schwester Athena taufte.

Mein Dad arbeitete fürs L. A. County Road Department und reparierte die Lkws und Traktoren für den Straßenbau. Meine Mutter hoffte stets, er würde eines Tages genug verdienen, damit sie nicht mehr arbeiten müsste und eine Haushaltshilfe einstellen könnte, aber dazu reichte es nie.

Mein Traumdeuter sagt, dass meine Mutter viele ihrer Alltagsängste, mit denen sie in Amerika konfrontiert wurde, auf mich übertragen hat, vor allem, als ich noch klein war. Sie sprach Griechisch mit mir, obwohl ich kein Wort davon kapierte. Ich begriff nicht, weshalb ich jeden anderen um mich herum verstand, nur meine eigene Mutter nicht. Solche Erfahrungen, sagte der Analytiker, können zu ständigen Angstgefühlen und Unsicherheit im Erwachsenenalter führen.

Als ich mal in einem kurzärmligen Hemd bei ihm erschien und er meine Tattoos sah, flippte er total aus. Dann erzählte ich ihm von meinen Eltern und wie die sich miteinander verständigt hatten, als ich klein war. Bei meiner nächsten Sitzung meinte er, er habe die ganze Woche über meine Familie nachgedacht und sei zu folgendem Schluss gekommen: „Als Sie noch sehr jung waren, beobachteten Sie, wie Menschen Bilder zeichneten, um sich damit auszudrücken. Jetzt nutzen Sie die Tätowierungen ebenfalls als Kommunikationsmittel." Er erklärte, dass viele der Tätowierungen Dinge zeigten, die ich mir wünschte, wie beispielsweise Koi-Karpfen, die ich mir in die Haut ritzen ließ, lange bevor ich einen Teich auf meinem Grundstück hatte. Ich habe auch ein Leoparden-Tattoo, und eines Tages werde ich mir einen verdammten Leoparden anschaffen. Wär doch geil, wenn der auf meinem Sofa liegt und auf mich wartet, wenn ich von einer Tour zurückkomme.

ES HEISST, DASS MAN SEINE ZUKUNFT NICHT VORHERSEHEN KANN und niemand weiß, welches Geschick auf ihn wartet. Aber das ist Schwachsinn. Bei mir sind nicht nur die Tätowierungen später Wirklichkeit geworden. Das fing schon viel früher an. Mir war mit drei Jahren klar, was mein Schicksal sein würde. Da baute ich zum ersten Mal alle Töpfe und Pfannen auf dem Küchenfußboden auf und schlug mit Löffeln und Messern drauf, um noch richtig lauten und schönen Krach zu produzieren. Mein Freund Gerald meint, ich hätte schon damals tief in meinem Inneren gewusst, was ich später einmal werden wollte. Und an dem Tag, als ich über die Küchengeräte meiner Mutter herfiel, hätte sich das manifestiert. Aber ich erkannte es eben noch nicht. Ich war blöd.

Unser Milchmann spielte Akkordeon, und als ich das sah, wollte ich unbedingt so ein Ding haben. Damit war das Spielzeugschlagzeug, das meine Eltern mir gekauft hatten, damit das Geschirr heil blieb, zunächst mal abgemeldet; stattdessen bekam ich zusammen mit meiner Schwester Akkordeonstunden. Als ein Tanzlehrer günstigen Unterricht anbot, waren sie und ich so begeistert, dass wir uns einer Stepptanz- und Ballettgruppe anschlossen, und das war echt klasse, weil ich da mit Mädchen tanzen durfte. Ich hatte keinen Bock, mit den anderen Jungs im Park Baseball oder sonst was zu spielen, ich wollte lieber ein Mädchen festhalten.

Nachdem ich das Interesse am Tanzen verloren hatte, wollte ich unbedingt Klavier lernen, aber das schien nur aus Scheißwiederholungen zu bestehen, und ich musste Tonleitern üben, bis ich in richtige Mörderlaune geriet und am liebsten meinem Klavierlehrer an die Kehle gegangen wäre. In einer Pfandleihe entdeckte ich dann eine Gitarre, und die wurde meine nächste Liebe. Sie zu kriegen war nicht einfach, aber schließlich drehte ich die Lautstärke meines elektrischen Da-Vinci-Akkordeons auf, bis der Ton völlig verzerrt klang, und spielte so lange „Smoke On The Water", bis meine Mutter völlig entnervt einwilligte, mir die Gitarre zu kaufen. Damit alle Nachbarn mitbekamen, dass ich jetzt ein cooler Gitarrist war, stellte ich mich vors offene Fenster und spielte, so laut es ging, über den Akkordeonverstärker. Ich nahm das Instrument mit runter in den Garten, damit mich jeder damit sah. Keine Ahnung, warum ich so viel Aufmerksamkeit wollte. Ich bin noch immer so: Klar mache ich Sachen, weil sie mir Spaß machen, aber ich will auch, dass man mich bemerkt. Das hat mir viele schöne Momente, aber auch viel Ärger eingebracht.

Es war wohl reines Glück, dass die Zeugen Jehovas nie an unsere Tür kamen, denn wer weiß, vielleicht würde ich sonst heute Bibeln verkaufen. Stattdessen entdeckte ich erneut das Schlagzeug, nachdem ich bei einem Footballspiel die Typen einer Highschool-Marschkapelle mit ihren Snares gesehen hatte. Meine erste Profi-Snaredrum bekam ich von meinem Vater zu Weihnachten. Endlich musste ich nicht mehr auf einem Pappschlagzeug, irgendwelchen beschissenen Farbeimern oder umgedrehten Töpfen rumdreschen. Und wenn mein Vater mich nicht dazu angehalten hätte, meine Tonleitern auf dem Klavier zu üben und alles über Takte, Schläge und Tempi zu lernen, hätte ich das Schlagzeugspielen sicher nicht so schnell draufgehabt.

Mein Vater liegt im Sterben, während ich das hier schreibe, und ich weiß nicht, wie ich ihm das jemals zurückzahlen kann. Er hat vielleicht noch ein Jahr zu leben – ich muss zusehen, wie er langsam stirbt –, und er weint oft, wenn ich bei ihm bin. Mir geht es oft nicht anders, wenn ich ihn ansehe, diesen Mann, der mich mein Leben lang immer unterstützt hat. Nachdem er mir die Snare gekauft hatte, sorgte er zum Beispiel dafür, dass ich mir den Rest des Schlagzeugs auf Raten kaufen konnte, indem er für mich bürgte. Damals sagte er: „Du kriegst es nicht von mir geschenkt, denn dann wird es dir nichts bedeuten. Aber ich helfe dir und unterschreibe für dich, und du trägst selbst die Verantwortung, dass du die Raten pünktlich zahlst." Dann half er mir, unsere Garage zum Übungsraum umzubauen: Sie wurde isoliert, mit Teppich ausgelegt, bekam eine Tür, und die Wände wurden mit Holz verkleidet; Eierpappen sorgten für die Schallisolierung. Meine Eltern parkten auf der Auffahrt, damit ich einen schalldichten Übungsraum haben konnte. Als ich alt genug für mein erstes Auto war, sprang mein Vater wieder ein und bürgte für

Abb. 2

Tommy mit seinem Vater David Lee Thomas
und seiner Mutter Vassilikki

meinen Kredit. Sein Standpunkt war immer: Du musst dich selbst um deine Angelegenheiten kümmern, aber wenn du ein Problem hast, suchen wir zusammen nach
einer Lösung.

Seit ich einen eigenen Proberaum hatte, standen sämtliche Kids aus der Schule,
die Gitarre spielten oder mal eine von weitem gesehen hatten, bei mir Schlange, um
nach Kräften abzurocken. Im Klartext hieß das, es wurden Led-Zeppelin-Songs
gespielt, bis uns die Arme abfielen. Das hätten nicht viele Eltern ihren Kindern
zuhause erlaubt. Meine hatten nur eine Bedingung: Um zehn musste Schluss sein
mit der Musik. Das respektierte ich, jedenfalls eine ganze Weile.

In der Schule dachte ich an nichts anderes als an Musik: Meine Lieblingsfächer
waren Musik und Kunst, wo ich mit meinen Freunden Rock 'n' Roll-T-Shirts designte.
Der Sportunterricht war auch okay, jedenfalls die Volleyballstunden, an denen auch
die Mädchen teilnahmen. Das hatte zwar nichts mit Musik zu tun, aber mit Rock
'n' Roll, wenn ihr versteht, was ich meine.

Zu meinen Lieblingsfächern ging ich auch brav jeden Tag hin. Den Rest des
Unterrichts ließ ich meistens aus, um stattdessen auf meinem Schlagzeug rumzu-
dreschen, während meine Eltern zur Arbeit waren. Kurz bevor meine Mutter Feierabend hatte, machte ich einen Spaziergang und verbummelte irgendwo die Zeit, um

dann ganz normal wie von der Schule nachhause zu kommen. Ein guter Plan, der allerdings nur so lange funktionierte, bis Ende der achten Klasse meine Versetzung gefährdet war.

Unser Lehrer, Mr. Walker, schrieb unsere Zensuren jeden Tag in ein kleines Buch, klappte es dann zu und tat es in seine Schreibtischschublade. Mit ein paar anderen Kids, um die es genauso mies bestellt war, fasste ich den Plan, dieses Büchlein zu klauen, während er draußen vor dem Klassenzimmer seine Pfeife rauchte. Ich saß ganz vorn, und als er dann eines Tages zum Rauchen rausging, stürzte ich zum Pult, beugte mich über den Schreibtisch, suchte kurz und zog dann das schwarze Zensurenbuch aus der Schublade.

Ich schaffte es gerade noch, wieder auf meinen Sitz zu rutschen, als Mr. Walker wieder reinkam. Während er über *Wer die Nachtigall stört* redete, schob ich das Buch Reggie zu, der hinter mir saß, und der meldete sich und sagte, er müsste mal aufs Klo. Ich folgte ihm wenig später, und dann stieß noch ein weiterer Freund zu uns. Wir gingen zusammen in eine der Kabinen und stellten das Büchlein auf den geschlossenen Toilettendeckel. Reggie holte sein Feuerzeug raus und steckte es in Brand. Mann, wir waren echte Idioten: Wir dachten, wenn das Buch nicht mehr da wäre, gäbe es auch unsere Fünfen und Sechsen nicht mehr und Mr. Walker würde uns versetzen müssen. Wir waren außerdem so blöd, dass wir nicht merkten, wie auffällig es war, wenn drei Kids zusammen zehn Minuten auf dem Klo verbrachten.

Wir versuchten gerade, den Brandprozess zu beschleunigen, indem wir das Buch an mehreren Ecken gleichzeitig anzündeten, als die Tür aufgerissen wurde. Vor uns stand Mr. Walker und war puterrot im Gesicht. Mann, das war richtig übel. Wir versuchten noch, das Feuer auszupusten, als er uns bei den Ohren schnappte. Ich schwöre bei Gott, meine Füße berührten kein einziges Mal den Boden, als er uns zum Schulleiter schleppte. In dessen Büro stand ein Stuhl an der Wand, und als ich hereingerufen wurde, musste ich mich davor stellen und die Armlehnen festhalten.

„Sieh auf den Punkt da an der Wand!", bellte der Direktor.

„Was für einen Punkt?", fragte ich. Dann plötzlich spürte ich die Schläge, einen um den andern, direkt auf meinem Arsch. Er prügelte mich windelweich, und dann warf er mich raus. Von meinen Eltern kriegte ich obendrein noch Hausarrest.

Irgendwie schaffte ich es trotzdem, an der South Hills High School angenommen zu werden, wo ich ins Schlagzeugkorps der Marschkapelle eintrat, das ich als Kind schon so bewundert hatte. Es liefen dauernd Wettbewerbe mit den anderen Schulen, und deswegen musste ich mir die ganzen Tricks aneignen, die mit Musik gar nicht mehr so viel zu tun hatten, sondern bei denen es um die Show ging – ich ließ die Trommelstöcke zwischen den Fingern hin und her wirbeln und schlug auch gegen die Seiten meiner Trommel. Die Jungs mit den Basstrommeln hatten ihre Schlägel an den Handgelenken festgebunden und ließen sie kreisen, und wir Snaredrummer mussten unsere Stöcke im Gleichtakt herumwirbeln. Alles, was ich beim Schlagzeugkorps lernte, konnte ich später bei Mötley gut gebrauchen.

In den Augen meiner Mitschüler war das jedoch genauso uncool wie Ballettstunden. Überall nannte man mich „Kapellenschwuchtel". Dabei war's ja nun nicht so, dass ich Flöte oder irgendeinen anderen Scheiß spielte: Ich war immerhin Trommler. Es kotzte mich ziemlich an, dass niemand mich für cool hielt – außer mir selbst.

Unser Obertrommler war ein großer, dunkelhaariger Junge namens Troy, bei dem die Pubertät ein bisschen zu früh eingesetzt hatte: Seine Knochen wirkten, als wollten sie aus seinem Körper herauswachsen, und sein Gesicht zierten zahllose Aknenarben. Obwohl ich noch kein Jahr mitspielte, machte ich in der Kapelle schnell Fortschritte, und es dauerte nicht lange, bis er seine Position gefährdet sah. Bei einer unserer Proben geschah es dann: Als ich mich nach vorn beugte, um meine Trommel aufzuheben, fasste er mir von hinten auf die Schulter. Ich drehte mich um, und er schlug mir auf die Nase, dass sie mir fast am Hinterkopf wieder rauskam. Ich musste ins Krankenhaus und bekam eine örtliche Betäubung. Dann schob man mir eine Zange in die Nase, und mit einem Knacks wurde mein Zinken wieder an seine alte Stelle gedrückt. Nicht ganz spurlos allerdings, meine Nase ist heute noch krumm.

Den Typ sah ich danach nie wieder, weil meine Eltern ihr Haus verkauften und wir etwas weiter weg zogen. Mein zweites Highschooljahr begann ich an der Royal Oak High in Covina/San Dimas.

Dort gründete ich auch meine erste Band, U.S. 101. Wieder fragte ich meine Eltern, ob wir in der Garage proben durften, und Mann, sie hatten nichts dagegen. Der Gitarrist war ein begeisterter Surfer und stand total auf die Beach Boys. Die hielt ich zwar für blöde Weichspülmucke, aber ich spielte trotzdem mit, weil ich es einfach geil fand, eine richtige Band zu haben. Zwei von den Jungs gründeten später übrigens Autograph.

Wegen meiner Ballettstunden und der Marschkapelle war ich eigentlich immer ein Außenseiter gewesen. Das war ich zwar immer noch, aber es gibt einen ziemlich großen Unterschied zwischen einem blöden und einem coolen Außenseiter, und seit ich in einer Rockband war, gehörte ich zu letzterer Sorte. Da war es auch scheißegal, dass meine Band überhaupt nichts taugte. Wir spielten bei Schulfesten und Hinterhofpartys, kurz überall, wo man eine Band brauchte – oder auch nicht. Und bei einem dieser Auftritte sah ich *ihn* zum ersten Mal: den coolsten Typen auf der ganzen verdammten Welt. Er war ein Surfer mit langen blonden Haaren, die er sich wie David Lee Roth zu einer wilden Mähne toupiert hatte, er trug abgefahrene weiße Klamotten, und er spielte in einer Band. In einer viel besseren als ich. Er ging auf die Charter Oak High, die etwa eineinhalb Kilometer von meiner Schule entfernt lag; allerdings nur, bis er dort in seinem zweiten Jahr rausflog und zu uns auf die Royal Oak musste. In dem Moment, als er in einer Hüfthose mit breitem Schlag und einem weißen Muscleshirt durch die Flügeltür kam, schien die Welt für einen Moment stillzustehen. Die Mädchen waren sprachlos und verliebten sich allesamt auf der Stelle in diesen langhaarigen Surfer-Rocker. Er hieß Vince Wharton.

Eines Tages nach der Schule sprach ich ihn an. „Hey, Alter, wie läuft's denn so? Ich heiße Tommy und spiele Schlagzeug. Du bist in einer Band, hab ich gehört?"

Wie ich erfuhr, hieß diese Band Rock Candy, und ich ging nun vor allem zu den Partys, bei denen sie auftrat, um da was zu trinken und Vince zu sehen. Er hatte eine tolle Stimme, die bei den Cheap-Trick-Covers genau wie die von Robin Zander klang, aber Sweet und Aerosmith brachte er genauso überzeugend.

Für mich war Vince ein Gott. Er war in einer rattenscharfen Band, er war ein echt geiler Surfer, die Mädchen fielen reihenweise um, wenn er an ihnen vorbeiging, und es kursierte das Gerücht, dass er einen Sohn gezeugt hatte, noch bevor er auf die Highschool kam. Ich konnte mir nicht vorstellen, dass ich je cool genug sein würde, um mit ihm in einer Band zu spielen.

T O M M Y

IN DEM AUS EINER CHAOTISCHEN SCHAR VON BÄNKELSÄNGERN.
HANDWERKSGESELLEN UND BÖSEWICHTERN DIE GRUPPE
MÖTLEY CRÜE ENTSTEHT.

Unser erster Auftritt im *Starwood* war ein echt großer Augenblick für meine neue Band Suite 19. Ich stand voll neben mir, denn wenn man im *Starwood* spielte, dann hatte man's geschafft. Mann, das *Starwood* war der Grund für meinen ersten Trip nach Hollywood gewesen, als ich nämlich dorthin fuhr, um mir Judas Priest anzugucken. Die überwältigten mich völlig: Rockstars aus England, die mit ihrem ganzen Equipment, ihren Lederhosen und dem ganzen Scheiß nach Amerika kamen. Und ich war da, um ihren Auftritt mitzuerleben. Als sie „Hell Bent For Leather" spielten, flippte ich beinahe total aus. Ihre Musiker war härter als alles, was ich je gehört hatte, und wahrscheinlich schleppten sie reihenweise Weiber ab. Dachte ich jedenfalls; ich wusste es ja nicht besser.

Im Gegensatz zu U.S. 101 spielten Suite 19 eigene Songs. Auf diese Band hatte mich meine damalige Freundin Vicky Frontiere, eine Cheerleaderin aus einer ziemlich verrückten Familie, aufmerksam gemacht. Sie wusste, dass Suite 19 einen Drummer suchten, und wie sich rausstellte, passte ich perfekt ins Team. Wir waren allesamt langhaarige Typen, die nach dem Rausschmiss aus der Highschool eine Förderschule besuchten, die wir aber meistens schwänzten, um Musik zu machen – Hardrock nach Eddie-Van-Halen-Manier. Mit meinen zarten siebzehn konnte ich kaum glauben, dass ich in diesem Killer-Power-Trio gelandet war.

Bei unserem Gig fiel mir auf, dass das *Starwood* mit Postern zugepflastert war, auf dem eine Band namens London angekündigt wurde. Ein paar Wochen später guckte ich mir die an. Mann, die waren sogar cooler als die Säcke von Judas Priest. Sie sahen aus wie Weiber, wie die New York Dolls oder so, mit ziemlich wilden Klamotten. Im Vergleich war ich ein ausgemergelter, mickriger Alice-Cooper-Klon mit Spargelbeinen, die in superengen Spandexhosen mit Leopardenmuster steckten. London waren wirklich abgefahren, und die Frauen standen bei ihnen Schlange. Als ich sah, wie Nikki mit seinem Bass auf der Bühne herumwirbelte, war ich hin und weg. Was war das für ein Typ! Er hatte eine total irre Frisur, seine Haare hingen ihm bis auf die Wangenknochen, und er sah aus wie ein Schoßhündchen aus Beverly Hills, das aus seinem noblen Zuhause abgehauen und unter die Räder gekommen war.

Suite 19 lösten sich auf, als wir keine Eddie-Van-Halen-Riffs mehr zum Kopieren fanden. Ich spielte kurzzeitig bei einer anderen Band, aber die brach auseinander, als ich anfing, mit der Schwester des Sängers auszugehen. Jessica war eine kleine Halbmexikanerin mit hübschen echten Brüsten, einem lustigen Lachen und dicken Hamsterbacken. Als wir das erste Mal zur Sache gingen – in meinem Van übrigens –, machte ich's ihr mit dem Mund, bis sie mit der Faust gegen die Wagentür hämmerte und schrie: „O mein Gott! Ich komme gleich!" Ich leckte sie fester, und plötzlich brüllte sie auf wie eine Berglöwin, dann explodierte ihre Muschi. Ihr Saft schoss aus jeder Ritze. Sie kam wie ein leckgeschlagener Tanker, und das war das Coolste, was ich je gesehen hatte. Ich dachte nur: Mann, ich liebe dieses Mädchen. Die isses!

Jeden Tag nach der Probe holte ich sie mit meinem Van ab, wir fuhren an irgendeinen ruhigen Platz, und sie spritzte den ganzen Wagen voll. Ich fand es einfach geil, wenn sie überall auf mir kam. Irgendwann begann mein Auto allerdings zu stinken. Als ich mit meiner Mutter zum Einkaufen fuhr, fragte sie mich dauernd, was das für ein Geruch war, und ich versuchte so zu tun, als hätte ich keine Ahnung.

Vince gab ihr später den Namen Bullwinkle und behauptete, sie hätte ein Gesicht wie ein Elch. Hatte sie ja vielleicht auch, aber das war mir scheißegal. Für mich öffnete sie die Türen zu völlig verrückten sexuellen Erfahrungen. Sie war meine erste richtige Freundin, und ich glaubte wirklich, dass alle Frauen so kamen, wenn sie ihren Orgasmus hatten. Nachdem ich rausgefunden hatte, dass das nicht stimmte, fand ich es ziemlich schwierig, mit ihr Schluss zu machen.

Die einzige andere Frau, bei der ich das noch einmal erlebte, war die Freundin von Debi Diamond, einer eins achtzig großen halb indianischen Pornodarstellerin. Jahre später, als Bullwinkle nur noch eine feuchte Erinnerung war, arbeitete ich mit Trent Reznor von Nine Inch Nails in den A&M-Studios. Danny Lohner, der Bassist, hatte Geburtstag, und daher brachte ich Debi und ihre Freundin als Geschenk mit. Nachdem besagte Freundin uns damit unterhalten hatte, dass sie Weintrauben aus ihrer Muschi schießen ließ, setzte sie sich aufs Klavier, und Debi fing an, sie zu lecken. Plötzlich warf ihre Freundin den Kopf zurück, stöhnte und schoss dann ihren Saft zwei Meter hoch durch die Luft bis in eine Obstschale an der anderen Wand des Zimmers.

Während ich also Bullwinkle bumste und nach einer anderen Band Ausschau hielt, jammte Greg Leon, der Gitarrist von Suite 19, mit Nikki, der London verlassen hatte und eine neue Band auf die Beine stellen wollte. Nikki hatte Suite 19 damals im *Starwood* spielen sehen und war von meinem Stil ziemlich angetan. Greg gab ihm meine Nummer, und wir trafen uns im *Denny's* in North Hollywood. Ich war total nervös: Ich war schließlich bloß ein kleiner blöder Punk, wohingegen Nikki in meiner Fantasie jedes Wochenende im *Starwood* und im *Whisky* für ein volles Haus sorgte und von daher ein echter Rockstar war. Als er sich mir gegenüber hinsetzte, schüchterte er mich noch mehr ein, weil ich überhaupt nicht sehen konnte, mit wem ich unter diesem strubbligen schwarzen Haarschopf eigentlich sprach. Eigentlich wollte ich ein paar Hundekuchen bestellen, aber ich wusste nicht, ob er so viel Humor hatte. Was das angeht, bin ich mir bis heute nicht sicher.

Nach dem Essen fuhren wir zu einer total runtergekommenen Bude in Nord-Hollywood, die aussah, als würde sie jeden Moment zusammenfallen. Nikki schnorrte sich dort bei der Schlagzeugerin von den Orchids durch, Laura Bell, die er über Kim Fowley kennen gelernt hatte. Er spielte mir ein paar Demos vor, und ich begann spontan auf dem Tisch herumzutrommeln, so wie ich das als Kind zuhause in unserer Küche gemacht hatte. Wir hatten definitiv dieselbe Energie, und wir kamen sofort super miteinander aus. Es war klar, dass wir so schnell wie möglich was zusammen machen wollten. Nikki brannte vor Ehrgeiz, und das war bei mir nicht viel anders. Wenn unsere Musik erst einmal in der Szene explodiert war, würden wir den Sunset Strip beherrschen und alles um- oder flachlegen, was nicht schnell genug auf den Baum kam.

Ein paar Tage später brachte ich mein Schlagzeug bei Nikki vorbei, und wir fingen an zu jammen, nur Bass und Schlagzeug. Er hatte ein Zimmer mit krummem Fußboden, das als Küche, Wohnzimmer, Esszimmer, Proberaum und Büro diente; in einer kleinen fensterlosen Kammer dahinter stand sein Bett. Während wir probten, unterbrach Nikki alle paar Minuten sein Spiel, nahm den Telefonhörer ab, wählte und versuchte, irgendjemandem Glühbirnen anzudrehen. Das war sein Job.

Das Holz der Wandvertäfelung in diesem Haus war vergammelt und geborsten, aus den Ritzen kroch das Ungeziefer und fiel über alles Essbare her, was wir einen Moment unbewacht herumliegen ließen. Wenn man sich ein Sandwich machte, musste man es die ganze Zeit in der Hand behalten, damit es nicht von irgendeinem Insektenstaat erobert wurde. Ich fand es genial, wieder mit Greg Leon in einer Band zu sein, aber Nikki, der Wichser, schmiss ihn raus. Greg war ein toller Gitarrist – er und Eddie Van Halen waren wohl die Besten der ganzen Szene –, aber er war ein ziemlich bodenständiger Typ, und Nikki stand da gar nicht drauf. Er meinte, dass Greg überhaupt nichts von den New York Dolls und den Stooges hatte. Wenn's nach ihm ging, musste jeder so aussehen und so denken wie er.

Abb. 3

Abb. 4

Über den *Recycler* fanden wir einen neuen Gitarristen, Robin. Er hatte ziemlich viel Talent, aber er war ein Weichei, und das wusste auch jeder. Er trug sein Hemd in der Hose, wusch sich die Hände, bevor er seine Gitarre anfasste, wärmte sich mit Tonleitern auf und benahm sich im Großen und Ganzen, als ob er einen Platz an der Musikhochschule wollte. Für ihn sprach nur seine coole Frisur.

Weil wir auf einen zweiten Gitarristen hofften, der fies und verrückt genug sein würde, um Robin auszugleichen, checkten wir weiterhin den *Recycler* ab. Eines Tages fand ich genau die richtige Anzeige: „Lauter, wilder und aggressiver Gitarrist sucht Band." Ich meldete mich bei dem Typen und hinterließ meine Nummer, und eine Woche später klopfte es schüchtern an Nikkis Tür.

Wir machten auf, und vor uns stand ein kleiner Troll mit schwarzen Haaren bis zum Arsch und Plateauschuhen, die nur durch eine ganze Rolle Klebeband zusammengehalten wurden. Er sah aus wie ein abgebrannter, schrecklich schüchterner und total ausgeklinkter Verwandter von Cousin Itt aus der *Addams Family*. Ich musste echt lachen, dann rief ich Nikki: „Ey, komm mal her, den Typ musst du sehen!" Als Nikki und er sich gegenüberstanden, war das wie die Begegnung von Cousin Itt und Scooby Doo. Nikki nahm mich begeistert zur Seite: „Ich glaub's nicht! Da gibt's ja noch jemanden, der so ist wie wir!"

Hinter Cousin Itt schleppte ein kleiner Typ namens John Crouch – genannt Stick – einen Marshall-Verstärker an. Sticks größter Vorzug war, dass er ein Auto hatte, einen kleinen Mazda, aus dessen einem Fenster an diesem regnerischen Frühlingstag ein Lautsprecher herausragte, aus dem anderen ein Gitarrenhals. Fairerweise muss man sagen, dass Stick auch ganz toll Burritos ranschaffen konnte.

Wir bauten Micks Equipment auf, und Nikki zeigte ihm das Anfangsriff zu „Stick To Your Guns". Mick sah genau zu, wobei er sich vornübergebeugt wie eine Gottesanbeterin nervös die Hände rieb, dann schnappte er seine Gitarre und holte alles raus, was ging; er spielte das Riff so verrückt und verzerrt, dass wir es kaum noch wiedererkannten. Ich hatte eigentlich keinen Schimmer, woran man einen guten Gitarristen erkennt, aber ich war auf alle Fälle von der Lautstärke tierisch beeindruckt. Und mir gefiel, dass er genauso verrückt spielte, wie er aussah: Es war, als käme er von einem anderen Planeten, auf dem klanglich so hoch entwickelte Geschöpfe lebten, dass sie nicht mal mehr baden mussten.

Als er fertig war, richtete Cousin Itt seine Knopfaugen durch den Haardschungel hindurch auf mich und sagte tatsächlich etwas: „Lasst uns mal ein bisschen Schnaps kaufen." Wir holten uns zwei Liter Fusel aus dem nächsten Spirituosenladen, betranken uns und jammten eine Stunde lang. Dann sprach Cousin Itt erneut. Er zog Nikki und mich zur Seite und brummelte irgendwas wegen Robin. Dann wandte er sich an Robin und sagte wie ein kauziger Alter zu ihm: „Du bist raus. In dieser Band gibt es nur einen Gitarristen, und das bin ich." Wir brauchten nicht mal mehr zu diskutieren, ob Mick der Richtige für uns war oder nicht: Der Typ gehörte schon zur Band.

Robin sah erst Nikki an, dann mich, und keiner von uns verteidigte ihn. Sein Gesicht verdüsterte sich, dann wurde er rot, warf seine Gitarre hin und fing an zu heulen. Er war echt ein Weichei. Nachdem Robin seinen Kram rausgeschleppt hatte, färbte Nikki mir die Haare schwarz, damit sie zu seinem und Micks Farbton passten. Und die beiden überredeten mich zu meinem ersten Tattoo: Mighty Mouse, meinem allerliebsten Comic-Helden überhaupt. In ihm fand ich mich selbst wieder: Er ist klein und dünn, wir versuchen beide stets, uns durchzubeißen, und am Schluss kriegen wir immer das Mädchen. Extra für mich entwarf der Tätowierer eine Zeichnung von Mighty Mouse, wie er mit Trommelstöcken in der Hand durch eine Bassdrum springt.

Nikki, Mick und ich begannen, jeden Tag zu proben, und es war enorm, mit wie vielen neuen Songs Nikki ankam. Anschließend hingen wir im *Starwood* ab, als ob wir schon richtige Rockstars wären. Wir brauchten bloß noch einen Sänger.

Zu denen, die wir ausprobierten, gehörte ein rundlicher Blödmann namens O'Dean, dessen Stimme irgendwo zwischen The Cult und den Scorpions lag. Er war ein geiler Sänger, aber Nikki gefiel er nicht, weil er nicht wie Brian Connolly von The Sweet klang. Außerdem hatte O'Dean noch diese Macke, dauernd ein Paar supersaubere weiße Handschuhe zu tragen. Er war der Meinung, dass ihm die Handschuhe einen gewissen Stil verleihen würden, und wir verzichteten darauf, ihn über diesen Irrtum aufzuklären, weil wir leider keinen anderen Sänger hatten.

Mit etwas Glück und Dreistigkeit schummelten wir uns in ein Studio, um ein paar von Nikkis Songs aufzunehmen: „Stick To Your Guns", „Toast Of The Town", „Nobody Knows What It's Like To Be Lonely" und die Raspberries-Nummer „Tonight". Wir hatten bloß zwei Stunden Zeit eingeräumt bekommen, und als die rum waren, stiftete Nikki mich dazu an, die Toningenieurin flachzulegen. Ihre Zähne standen zwar vor wie der Aufblasstutzen bei einem Wasserball, aber sie war nett und ganz gut gebaut. Sie nahm mich mit zu sich nachhause, und sie hatte das absolut coolste Bett überhaupt. Rundum war ein Moskitonetz, und so was kannte ich noch überhaupt nicht. Ich war damals eine richtige kleine Schlampe und wollte unbedingt alles mal ausprobieren, deswegen sagte ich: „Wow, in dem Ding da würde ich gern mal ficken." Wir hatten viel Spaß, und sie sorgte danach dafür, dass wir so oft umsonst ins Studio durften, bis wir uns unbeliebt gemacht hatten.

Der letzte Song, den wir für unser Demo aufnahmen, war „Toast Of The Town", und O'Dean weigerte sich, seine Handschuhe auszuziehen, um bei dem Titel klatschen zu können. Er dachte wohl, wenn er die Handschuhe auszöge, würde sich seine geheimnisvolle Aura auflösen – wobei das einzig Geheimnisvolle an ihm war, warum ein blöder Penner wie er so geil singen konnte. Nikki tobte, als O'Dean nicht klatschen wollte wie The Sweet bei „Ballroom Blitz", und Mick konnte ihn sowieso nicht ausstehen, weil er ihn für ein fettes Arschloch, einen beschissenen Sänger und einen verkappten Spiritisten hielt.

„Ich kann den Typ nicht ab", brummte Mick während der Proben. „Der ist doch ein Hippie. Ich hasse Hippies."

Ich sagte zu Nikki: „Mick findet O'Dean wohl nicht so klasse."

„Scheiße, ganz bestimmt nicht", antwortete Mick. „Ich will diesen dünnen blonden Wichser, den ich neulich mit Rock Candy im *Starwood* gesehen habe."

„Du meinst Vince?!", fragte ich.

„Ja genau, Vince, den mein ich." Cousin Itt sah mich finster an. „Der wäre der Richtige für uns. Mir wäre scheißegal, ob der singen kann oder nicht. Hast du gesehen, wie er das Publikum im Griff hatte? Hast du gesehen, wie die Weiber auf ihn abgefahren sind und wie er sich auf der Bühne aufgeführt hat?"

„Mit dem Typ bin ich zur Schule gegangen", berichtete ich. „Die Frauen stehen total auf den."

Bei seinem Auftritt damals hatte ich Vince meine Nummer gegeben, aber er hatte sich nie gemeldet. Aber nachdem O'Dean rausgeflogen war, fuhr ich bei Vince zuhause vorbei, gab ihm ein Demoband und bettelte, er möge doch bitte zu einer Probe zu uns kommen. Wir warteten ein paar Wochen, ohne dass er sich blicken ließ, und irgendwann war ich mürbe und rief wieder bei ihm an.

„Ich wollte mich längst bei euch gemeldet haben", meinte Vince. „Leider hatte ich den Zettel mit deiner Nummer bei der Wäsche in meinen Jeans gelassen, und ich wusste nicht mehr, wo ich euch erreichen kann."

„Hör mal, Alter", sagte ich, „das ist jetzt deine letzte Chance. Du musst dir die Band, bei der ich spiele, unbedingt mal ansehen. Wir arbeiten zurzeit an Sachen, die dir hundertprozentig gefallen werden. Nikki Sixx ist in der Band, und wir haben einen rattenscharfen Gitarristen, der aussieht wie Cousin Itt von der Addams Family."

„Okay", antwortete Vince. „Meine Band hat mich gestern Abend sowieso total verarscht, und ich überlege gerade, ob ich bei denen aussteige. Pass mal auf – ich komme Samstag bei euch vorbei. Sag mir, wo ihr euch trefft."

Samstag war ein richtig schöner Tag: Die Sonne schien, und eine kühle Brise strich über die Stadt. Ich hatte mir gerade eine Flasche Schnaps aufgemacht, Nikki kippte ein paar Jack Daniels, und Mick schlürfte seinen Kahlúa vor den IRS-Übungsräumen in Burbank, als Vince in seinem 280Z um die Ecke bog. Auf dem Beifahrersitz hockte eine Tussi, der wir sofort den Spitznamen Lovey verpassten, weil sie so blond, reich und aufgedonnert war wie Lovey Howell aus der Fernsehserie *Gilligan's Island*.

Sie stieg aus dem Wagen und sah zu uns hinüber, als ob sie seine Managerin sei. „Na dann will ich mal den Gitarristen abchecken, denn wenn der mit dir arbeiten will, Baby, muss der schon echt gut sein", schnurrte sie und machte sich im Handumdrehen bei uns allen unbeliebt. Vince stand wie ein kleiner Junge daneben und wirkte gleichzeitig selbstbewusst und peinlich berührt. Sein platinblondes Haar sah aus wie ein Feuerwerk, das aus seinem Kopf explodierte. Nikki gab ihm ein paar Texte, und er fing an zu singen. Zwar bekam er den Song nicht auf Anhieb richtig hin, aber er traf den Ton und hielt ihn auch. Und wir spürten, dass gleichzeitig etwas anderes passierte: Seine gequetschte, hohe Stimme verband sich sofort mit Nikkis schlampig und oft unsynchron gespieltem Bass, Micks übersteuerter Gitarre und meinem überladenen und übertriebenen Schlagzeugspiel. Es passte alles zusammen, und das, obwohl Lovey sich am Backgroundgesang versuchte und dauernd moserte, dass die Songs für Vince nicht geeignet seien.

Nikki begann spontan, das Material für Vinces Stimme umzuschreiben, und der erste Titel, der so entstand, war „Live Wire". Von da an waren wir Mötley Crüe. Verdammt, einer unserer ersten Klassiker wurde geboren, nachdem Vince fünf Minuten lang mit uns gejammt hatte. Unglaublich. Neben uns probten die Missing Persons, und wir kamen so in Laune, dass wir uns aus Scheiß an dem Vorhängeschloss vor ihrer Tür zu schaffen machten und sie einschlossen. Keine Ahnung, wie sie da wieder rauskamen. Vielleicht sind sie heute noch drin.

MÖTLEY CRÜE

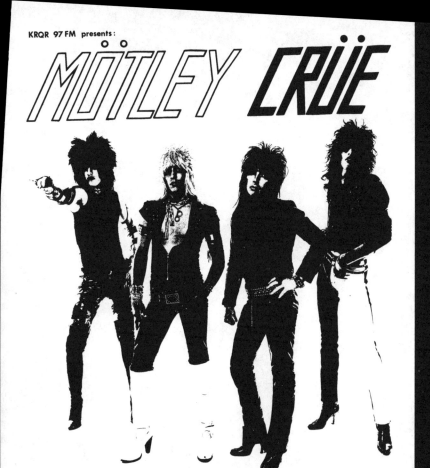

Hans Naughty · Anvil Chorus

METAL **MONDAY APRIL 19, 8 pm**

OLD WALDORF   **444 BATTERY**

Abb. 5

Abb. 6

Rock Candy: James Alverson (links) und Vince Neil

V I N C E

DAS VON EINER ERINNERUNGSWÜRDIGEN, SCHICKSALSSCHWEREN
ENTSCHEIDUNG UND VON GEWAGTER FLUCHT AUS
DUNKLEM KERKER ERZÄHLT.

*T*ch stand total auf Weiß. Dementsprechend trug ich weiße Satinhosen mit weißen Leg-Warmern, Capezio-Schuhe, Ketten um die Hüften und ein weißes T-Shirt, bei dem ich die Seitennähte durch Schnüre ersetzt hatte. Mein Haar hatte ich so hell wie möglich gebleicht und dann hochtoupiert, bis ich mindestens fünfzehn Zentimeter größer wirkte. Mit Rock Candy trat ich im *Starwood* auf, und besser konnte das Leben eigentlich gar nicht mehr werden.

Dann erschien Tommy bei einer unserer Shows und versuchte, alles kaputtzumachen. Ich hatte ihn nicht mehr gesehen, seit ich die Schule verlassen hatte; das war etwa ein Jahr her. Tommy trug eine helle Lederhose, hochhackige Schuhe, hatte sich das Haar schwarz gefärbt und ein dünnes Band um den Hals, und tatsächlich, er wirkte langsam cool.

„Ist ja Wahnsinn", sprudelte es aus mir heraus, „was ist denn mit dir passiert?"

„Ich habe jetzt eine Band mit den Typen da drüben." Er zeigte auf zwei schwarzhaarige Musiker, die etwas entfernt in einer Ecke saßen. Den einen erkannte ich; das war dieser kaputte, verrückte Drogie, der bei London Bass gespielt hatte. Der andere war älter und wirkte recht ernst und vernünftig; nicht wie jemand, der im *Starwood* eine Frau aufreißen wollte. Er musterte mich von oben bis unten, als sei ich ein Zuchtbulle bei einer Viehauktion.

„Ich hab ihnen von dir erzählt, Alter", sagte Tommy. „Sie sind ziemlich begeistert von deinem Auftritt heute Abend. Ich weiß, du hast eine Band, aber hast du nicht trotzdem Lust, mal mit uns zu jammen? Wir haben echt ein paar geile Sachen am Start."

Er lud mich ein, das nächste Wochenende mal bei ihnen vorzusingen. Nun war ich bei Rock Candy zwar zufrieden, aber ich sagte trotzdem zu, weil ich ihn nicht verletzen wollte. Als ich während der Schulzeit von zuhause abgehauen war, hatte er mir sehr geholfen. Erst hatte er mich in seinem Van pennen lassen. Dann hatten seine Eltern mitbekommen, dass ein Typ auf ihrer Auffahrt kampierte, der nicht wusste, wo er hin sollte, und sie erlaubten mir, den Pappkarton mit meinen paar Besitztümern in Tommys Zimmer abzustellen und dort auf dem Fußboden zu schlafen, bis ich eine Wohnung gefunden hatte.

Inzwischen arbeitete ich als Elektriker und verkabelte einen *McDonald's*-Neubau in Baldwin Park. Damit mir der Job möglichst dauerhaft erhalten blieb, freundete ich mich mit Leah an, der Tochter meines Chefs. Leah war eine große, einigermaßen attraktive bisexuelle Blondine, die sich ihr eigenes Bild im Kopf so lange frisiert hatte, bis sie glaubte, wie Rene Russo auszusehen. Sie rannte sogar mit Fotos herum, die aus Rene Russos Modelzeit stammten, und behauptete, die Bilder seien von ihr, was ich am Anfang tatsächlich glaubte. Leah – die von der Band später Lovey getauft wurde – war eine steinreiche Mieze mit einem Drogenproblem, die mir aber immerhin für meine Bühnenauftritte meine allererste Lederhose für stolze fünfhundert Dollar kaufte. Ich zog bei ihr ein und fuhr mit ihrem 280Z durch die Gegend. Sie machte mich wahnsinnig, aber ich blieb bei ihr – nicht nur wegen des Geldes, des Autos, der Wohnung und des Jobs, sondern auch, weil sie mir gezeigt hatte, wie man Kokain spritzt; ich war abhängig. Wir saßen auf dem Boden im Badezimmer und setzten uns gegenseitig einen Schuss, während ihre Eltern zu Abend aßen oder ein paar Zimmer weiter schliefen.

Mein Körper machte irgendwann nicht mehr mit, nachdem ich vier Tage lang voll drauf nicht geschlafen hatte. Als ich um sieben zur Arbeit musste, kotzte ich auf dem Weg dorthin das ganze Auto voll, weil ich einfach nichts bei mir behalten konnte. Bei *McDonald's* hörte ich dann Stimmen, sah Leute, die gar nicht da waren, und fing sogar an, mich mit ihnen zu unterhalten. Alle paar Minuten bildete ich mir ein, dass ein Hund vorbeilief, und ich sah mich ständig um, weil ich herausfinden wollte, wohin er verschwunden war.

Nach der Arbeit fiel ich zuhause ins Bett und schlief fast zwanzig Stunden lang durch. Dann wachte ich auf, setzte mir einen Schuss und fing gerade wieder an, klar zu sehen, als Tommy vorbeikam, um mir ein Tape mit den Songs zu bringen, die ich singen sollte. Ich hörte mir das Ding an und hatte alle Mühe, mich nicht wieder zu übergeben oder zu lachen. Diese schlappe Band – wenn man die Truppe überhaupt so nennen konnte – kam für mich nicht infrage. Sie hatte noch nicht mal einen Namen.

Also erschien ich nicht zur Probe, und als Tommy irgendwann wieder bei mir auftauchte, behauptete ich, unglücklicherweise den Zettel mit seiner Telefonnummer in meinen Jeans vergessen zu haben, bevor ich sie in die Waschmaschine steckte. Er glaubte mir. Dabei wusch ich meine Sachen nie, trug niemals Jeans, und außerdem wusste ich sowieso, wo Tommy wohnte. Ich hätte bei ihm vorbeischauen können, wenn ich gewollt hätte. Etwas später erfuhr ich, dass sie einen Sänger gefunden hatten, und freute mich wirklich für die Jungs. Wenigstens musste ich mich nun nicht mehr verstecken, wenn ich Tommy irgendwo zufällig begegnete.

In der Woche darauf waren Rock Candy für eine Party in Hollywood gebucht. Ich lief dort in perfekter weißer Satinuniform ein, aber unser Gitarrist und unser Bassist erschienen nicht. Zusammen mit dem Drummer stand ich da wie ein verdammter aufgedonnerter Idiot, während der ganze Saal zwei geschlagene Stunden lang nach Musik brüllte. Ich war stinksauer. Als ich den Gitarristen schließlich am Telefon hatte, erklärte er mir, auf Rock 'n' Roll habe er keinen Bock mehr: Er hatte sich seine langen blonden Haare abgeschnitten, einen Stapel schmaler Schlipse zugelegt und beschlossen, dass Rock Candy ab sofort eine New-Wave-Band waren.

Am nächsten Tag meldete sich Tommy; mit ihrem neuen Sänger hatte es wohl nicht geklappt. Er hatte Glück. Er erwischte mich in einem schwachen Moment.

ALS MÖTLEY CRÜE BEGANNEN, sich einen Namen in der Szene zu machen, waren wir mehr eine Gang als eine Band. Wir betranken uns, konsumierten unglaubliche Mengen Koks und stolperten auf unseren hohen Schuhen zwischen den angesagten Clubs hin und her. Der Sunset Strip war ein gigantischer Sündenpfuhl: Hauteng gekleidete Prostituierte patrouillierten mit nadelspitzen Pfennigabsätzen die Straßen, Punks saßen in Grüppchen auf den Bürgersteigen, und so viele schwarz, rot und weiß gekleidete New-Waver warteten auf Einlass in die Clubs, dass sich die Schlangen um mehrere Straßenecken zogen. Kim Fowley ging über den Sunset und suchte nach Mädchen, aus denen er irgendwelche Bands zusammenstellte, während sich Radio-DJ Rodney Bingenheimer wie ein vierschrötiger, mausgrauer König gebärdete, wohl wissend, dass es über Erfolg oder Misserfolg einer Band entscheiden konnte, wenn er in seiner Show nur einmal ihre Platte auflegte. Am Wochenende überschwemmten große Rudel von Kids aus North Hollywood, Sherman Oaks oder Sun Valley die Szene, und über dem Strip schwebte eine dicke Wolke Haarspraynebel.

Wenn wir nicht spielten, machten wir die Runde durch die Musikclubs – *Whisky, Roxy, Troubadour* – und klebten unsere Poster im Viererpack an Wände und Laternenpfähle. Wenn andere Bands ein Poster hatten, hatten wir vier: Das hatte Nikki als Maxime ausgegeben.

Ich war achtzehn und kam von daher in viele Läden noch nicht rein, aber Nikki hatte mir seine auf Frank Ferrano ausgestellte Geburtsurkunde gegeben, und die zeigte ich vor, wenn es Probleme gab. Die Türsteher kannten mich natürlich alle von Rock Candy, aber sie ließen mich trotzdem rein. Wenn die Clubs zumachten, zogen wir weiter ins *Rainbow*. Dort waren die Tische kreisförmig angeordnet, wobei die coolsten Rocker und die reichsten Halbkriminellen in der Mitte saßen. Männer hatten erst ab einundzwanzig Zutritt, Mädchen schon ab achtzehn. Die Typen saßen dann auf ihren angestammten Plätzen, und die Mädchen kreisten wie Raubvögel um diesen Ring, bis sie von irgendjemandem an einen Tisch gebeten wurden, an dem ein Stuhl frei war.

Anschließend strömten alle hinaus auf den Parkplatz: Randy Rhoads, der Gitarrist von Ozzy Osbourne, hing kopfüber brüllend an einem Baum, Junkies versuchten, sich Dope zu besorgen, und alle anderen waren auf der Jagd nach Mädchen. Unser Grüppchen, zu dem bald auch Robbin Crosby und Stephen Pearcy von Ratt gehörten – die damals ausschließlich Judas-Priest-Covers spielten) –, nannte sich schließlich die Gladiatoren, und wir verliehen uns gegenseitig Titel wie Feldmarschall oder König.

Eines Abends lernten Nikki und ich die beiden rotblonden eineiigen Zwillinge aus der Doublemint-Kaugummiwerbung kennen und gingen mit ihnen nachhause. Hinterher konnten wir sie überhaupt nicht mehr auseinander halten, sodass wir im *Rainbow* immer warten mussten, bis sie auf uns zukamen und uns begrüßten, weil wir schließlich nicht die Falsche abschleppen wollten.

Koks konnten wir uns zwar eigentlich nicht leisten, aber wir schafften es meist trotzdem, uns was zu organisieren. Wenn wir jemanden trafen, der was dabeihatte, dann brachten wir ihn in Tommys Chevy-Van, der unser Partybus wurde. Abends nach dem *Rainbow* gingen wir über den Santa Monica Boulevard, wo die gescheiterten jungen Rockmusiker und Schauspieler anschaffen gingen. Wir kratzten genug Geld zusammen, um uns einen Burrito mit Ei bei *Noggles* zu kaufen, bissen ein Ende davon ab, und dann schoben wir unsere Schwänze in das warme Hackfleisch. Das war unser Trick, um den Pussygeruch zu überdecken. Schließlich sollten unsere Freundinnen nicht mitbekommen, dass wir in Tommys Van alles bumsten, was blöd oder besoffen genug war, um auf uns reinzufallen.

Was ich von Mick halten sollte, wusste ich zuerst nicht so recht. Er war total verrückt. Einmal saß er mir gegenüber in einem Club und kritzelte auf einem Stück Papier. Dann brachte er es mir herüber und sagte so was wie: „Ich bring dich um." Sein Gesicht war ungewaschen und unrasiert, und dauernd biss er in Tommys Nippel. Tommy schubste ihn dann halbherzig weg und sagte: „Lass das, sonst werde ich wund."

Nikki, der ja tagsüber im *Starwood* arbeitete, überredete seinen Boss, uns erstmals dort auftreten zu lassen: Wir bekamen zwei Shows am Freitag, und samstags spielten wir als Vorgruppe von Y&T. Selbst auf der Bühne benahmen wir uns eher wie eine Gang und keinesfalls wie eine Band.

Bisher hatten wir es bei unseren Proben nie geschafft, den ganzen Set in einem Stück durchzuziehen, und das machte mich ganz schön nervös. Welche Titel eigentlich auf dem Programm standen, wussten wir auch nicht, bis Nikki im letzten Moment ein schlampig bekritzeltes Stück Papier auf den Bühnenboden klebte. Schon beim ersten Song kamen die ersten „Fuck you!"-Rufe aus dem Publikum, und die Leute zeigten uns den Mittelfinger. Dann rotzte mir so ein Kleiderschrank in einem schwarzen AC/DC-Shirt einen Gelben auf meine weißen Lederhosen. Ohne nachzudenken sprang ich von der Bühne, nahm ihn in den Schwitzkasten und prügelte auf ihn ein. Als ich den Kopf wandte, sah ich, wie Nikki seinen weißen Thunderbird-Bass über den Kopf erhoben hatte; er ließ ihn nach vorn sausen wie einen Hau-den-Lukas-Hammer und traf damit das Schulterblatt eines anderen Typen. Ein Wunder, dass er ihm nicht den Kopf einschlug.

Wir waren so unkoordiniert, dass man unmöglich sagen konnte, wo ein Song aufhörte und der nächste anfing. Aber wir sahen klasse aus und hatten außerdem einen guten Kampf geboten. Als die zweite Show an diesem Abend zu Ende ging, waren aus vielen unserer Gegner Fans geworden. Sie erzählten ihren Freunden von uns, und am nächsten Abend kamen sogar noch mehr Leute, um uns zu sehen. Als Y&T am Samstag zu ihrer zweiten Show rauskamen, hatte sich der Saal merklich geleert. Beim nächsten Gig mit Y&T sollten wir bereits die Headliner sein.

David Lee Roth war einer unserer ersten großen Fans. Es war erst ein Jahr her, da hatte ich beim Van-Halen-Gig in der Long Beach Arena noch gefälschte Band-T-Shirts verkauft. Jetzt machte Roth Reklame für meine Band. Uns war natürlich klar, dass er weniger auf unsere Musik stand als auf die Frauen, die er bei unseren Gigs aufreißen konnte, aber wir waren trotzdem geschmeichelt. Wir waren eine Band ohne Vertrag und ohne Bedeutung – er war ein Rockstar.

Nach unserem ersten Konzert im *Troubadour* nahm David mich beiseite. „Vince", sagte er. „Kennst du dich ein bisschen im Musikgeschäft aus?"

„Klar, man bucht Auftritte und spielt", antwortete ich.

„Nein", sagte er. „So läuft das nicht. Treffen wir uns doch morgen um drei in *Canter's Deli*."

Am nächsten Tag fuhr David dort vor und stieg aus seinem großen, mit Totenschädel und gekreuzten Knochen bemalten Benz. Er setzte sich zu mir und hielt mir einen Vortrag über das Rockgeschäft: welche Betrüger man besser mied, in welche Fallen man geraten konnte und welche Vertragsklauseln man besser nicht unterschrieb.

„Lass dich nicht auf eine kleine Vertriebsfirma ein", sagte er, während er sich senftropfende Häppchen Pastrami in den Mund schob. „Deine Platten müssen auch in Tahiti in den Läden stehen. Wenn man sie da nicht kriegt, bekommt man sie auch anderswo nicht." Und er fuhr fort: „Unterschreibe nicht bei einem x-beliebigen Manager, nur weil dich das Geld lockt. Achte darauf, wo das Geld hinfließt und auf welche Weise du es wiedersiehst."

Dave teilte die ganzen Erfahrungen, die er in seinen sieben Karrierejahren gemacht hatte, aus purer alkoholgeschwängerter Nettigkeit mit mir. Ich kapierte überhaupt nicht, was er mir da erzählte, denn ich hatte vom Musikgeschäft überhaupt keine Ahnung. Das bewies ich gleich am nächsten Tag, als ich einen der schwersten geschäftlichen Fehler meiner ganzen Karriere machte. Ich unterschrieb einen Managementvertrag über zehn Jahre mit einem Bauarbeiter, der noch weniger über das Business wusste als ich.

Meinen zukünftigen Manager hatte ich über Stick, Micks Chauffeur und Burrito-Holer kennen gelernt, der irgendwann seine Schwester zu den Proben mitbrachte, bei denen gerade mit „Stick To Your Guns" und „Toast Of The Town" die Songs unserer ersten Single entstanden. Sie sah genauso aus wie Stick, wenn man davon absieht, dass sie nur einen einzigen Zahn hatte und sich irgendeine komische Vorrichtung, die wie eine Schlange aussah, in die Haare geflochten hatte. Sie war so hässlich, dass nicht mal Tommy mit ihr schlafen wollte. Sie war mit einem misstrauisch wirkenden, spindeldürren Bauarbeiter verheiratet, der zwar ein Hirn von

Erbsengröße hatte, dafür aber ein umso größeres Herz. Allan Coffman – so hieß er – stammte aus Grass Valley in Nordkalifornien und wollte aus irgendeinem Grund in die Rockszene einsteigen. Er sah aus wie ein psychotischer Yuppie, und seine Augen glitten ständig hin und her, als ob er dauernd damit rechnete, dass irgendetwas aus den Schatten auf ihn zuspringen und ihn angreifen würde. Wenn er betrunken war, pflegte er wie besessen die Büsche zu durchstöbern, an denen wir vorbeikamen, um sicherzugehen, dass sich niemand darin versteckte. Erst Jahre später fanden wir heraus, dass er lange als Militärpolizist in Vietnam gewesen war.

Als Stick mit ihm in unserem Proberaum auftauchte, hatte er vorher vermutlich noch nie eine Rockband gesehen. Uns ging es umgekehrt genauso: Wir hatten noch nie einen Manager gesehen. Er sagte, er wolle in uns investieren und gab uns fünfzig Dollar – das erste Geld, das wir je als Band verdienten. Wir unterschrieben sofort bei ihm. Minuten später hatten wir uns einen Haufen Koks davon gekauft, den wir in einer langen Schlangenlinie auf den Tisch kippten und sofort wegzogen. Die ganze Kohle war futsch – ein Muster, dem wir in den nächsten Jahren treu bleiben sollten.

Coffman glaubte vermutlich, es würde ihn nicht viel kosten, uns ein wenig zu unterstützen. Eine Punkband wäre vielleicht wirklich billig gewesen. Aber wir waren das nicht: Wir brachten ihn dazu, dass er eine Schlangenlederjacke und schwarze Hosen für Tommy besorgte, eine neue Lederjacke für Mick, und Nikki wählte ein paar Schuhe für sechshundert Dollar. Normalerweise kamen Sachen mit dreistelligen Summen auf dem Preisschild nur dann für uns infrage, wenn wir sie klauten.

Damit er sich um uns kümmern konnte, machte Coffman den Vorschlag, zu ihm nach Grass Valley zu kommen, wo wir auch die Möglichkeit haben sollten, die Showeinlagen für die Konzerte auszuarbeiten. Wir schliefen in dem Wohnwagen, in dem er sonst Gäste unterbrachte, und trampten von dort aus in die Stadt, wenn man dieses Redneck-Paradies mit seiner einen Hauptstraße so nennen konnte. Zwar wussten wir, dass in so einem Kaff jeder Prügel riskierte, der auch nur entfernt anders aussah als die so genannte Norm, aber wir ließen uns nicht davon abhalten, mit hohen Schuhen, Haarspray, rot lackierten Nägeln, knallengen rosa Hotpants und Make-up dort herumzulaufen. Wir gingen in voller Kriegsbemalung in die Bars, versuchten, Trucker um Speed anzuhauen, und machten die Freundinnen der Typen dort an. An unserem ersten Abend kam ein Hell's Angel in die Bar und baute sich vor einem Biker auf, der ebenfalls ein Angels-Tattoo auf dem Arm hatte.

„Du bist nicht mehr würdig, zu den Hell's Angels zu gehören", sagte er ruhig. Dann ließ er die Klinge seines Messers herausschnappen und schnitt dem Typen die Tätowierung auf der Stelle raus.

Zu den ersten Konzerten, die Coffman für uns an Land zog, gehörte ein Gig in einem Club namens *Tommyknocker,* vor dem draußen ein großes Schild „Hollywood Costume Night" ankündigte. Wir gingen rein und sahen ein Dutzend Cowboys, die mit Handschellen an ihre Freundinnen gekettet waren. Verwirrung auf allen Seiten: Sie glaubten, richtig auf Hollywood getrimmt zu sein, und fragten sich, von welchem Planeten wir wohl stammten; uns ging es umgekehrt haargenau so. Als Erstes spielten wir „Stick To Your Guns" und „Live Wire". Nichts passierte – diese

Abb. 7

Abb. 8

komischen Leute starrten uns einfach nur an. Also schön, dachten wir, sprechen wir also ihre Sprache: Wir legten los mit „Jailhouse Rock" und „Hound Dog", und sofort war der Teufel los. „Hound Dog" spielten wir an dem Abend fünfmal, dann flüchteten wir durch den Hinterausgang, bevor sie uns umbrachten.

An diesem Abend hörten wir von einer Party in der Stadt, und wir beschlossen, mal vorbeizuschauen. Unter den Gästen waren reihenweise scharfe Frauen, die wir in dem Kaff noch nie gesehen hatten. Nach etwa einer Viertelstunde stupste Tommy mich an und sagte: „Alter, das sind keine Weiber." Wir sahen genauer hin und stellten fest, dass es sich um völlig durchgeknallte Drag Queens vom Land handelte, die vermutlich in den Kleidern ihrer Freundinnen und Frauen steckten. Ich fragte eine große Blonde nach ein bisschen Coke, und sie verkaufte mir ein Tütchen für zwanzig Dollar. Ich ging aufs Klo und setzte mir einen Schuss, der mich fast umbrachte: Das Zeug war nichts als Babypuder, und ich war echt sauer.

Natürlich weigerte sich die Drag Queen, mir das Geld zurückzugeben. Ich fackelte nicht lange, riss ihr die Perücke herunter, wirbelte sie herum und schlug ihr ins Gesicht. Auf die Reaktion waren wir nicht vorbereitet: Ein Dutzend Rednecks fiel über uns her, die uns mit ihren hohen Absätzen traten und übel zurichteten, bevor sie uns auf die Straße setzten und das elende Häuflein Hollywood-Abschaum seinem Schicksal überließen.

Für den nächsten Tag hatte Coffman ein Radiointerview angesetzt, und wir tauchten mit geschwollenen Lippen, grünblauen Augen und blaugrünen Flecken beim Sender auf, wobei wir uns vor Angst fast in die Hosen machten, weil wir zum ersten Mal beim Radio waren. Wir wurden gefragt, woher wir kämen, und wir sahen uns alle sprachlos an. Dann sagte Mick: „Vom Mars."

Nach weiteren Albtraumabenteuern, die Coffman Betreuung nannte, kehrten wir wieder nach Los Angeles zurück, gaben Konzerte und pflasterten jeden Telegrafenmast und jede Wand mit unseren Postern zu. Die Band hatte mich nach der Rückfahrt kaum bei Lovey abgesetzt, als ich auch schon in ihrer Wanne lag und mir mit ihr einen Schuss setzte, während sie ohne Punkt und Komma darüber lamentierte, dass Coffman nichts taugte: Sie selbst könnte uns mit dem Geld ihres Vaters viel besser managen, meinte sie. Sie nervte mich ohne Ende, und das hatte sich noch verstärkt, seit ich mit einem viel netteren, hübscheren und weniger verrückten Surfermädchen ins Bett ging, das in der Nähe wohnte. Anschließend gingen Lovey und ich auf eine Fete bei dem Erben von U.S. Steel, der trotz seiner reichen Verwandtschaft in einem völlig verkommenen Einzimmerapartment hauste, weil seine Familie ihm den Geldhahn zugedreht hatte.

Am nächsten Abend war ich immer noch bei Lovey und am Koksen, als mir plötzlich siedend heiß einfiel, dass wir in zehn Minuten einen Gig im *Country Club* hatten, und das war ein echtes Problem. Ich hatte kein Auto und wusste nicht, wie ich so schnell dort hinkommen sollte. Ohne nachzudenken rannte ich aus der Tür und den Berg hinunter, wo es mir irgendwann gelang, einen Wagen anzuhalten. Ich kam eine Dreiviertelstunde zu spät und trug nichts als einen Bademantel, und die Jungs rasteten aus. Sie waren stinksauer, weil ich drückte und dann noch wie ein

Penner angezogen zu einer Show erschien. Ein einziger Schuss noch, sagten sie, und ich flöge aus der Band. Sie waren so wütend und selbstgerecht, dass es mich ein paar Jahre später wirklich in den Fingern juckte, sie daran zu erinnern, als nämlich Nikki und Tommy an der Nadel hingen.

Aber dieser Abend festigte meinen Entschluss, Lovey zu entfliehen. Ich war auf *Gilligan's Island* gestrandet, abhängig von ihrem Geld oder ihrem Auto, wenn ich mal irgendwo hinwollte – und von ihrem Drogenvorrat, wenn ich zuhause blieb. Ein paar Tage später fuhr Tommy bei uns vorbei, als Lovey schlief. Ich band meine Sachen in einem Laken zusammen, warf das Bündel hinten in seinen Van, und weg war ich. Ohne Brief und auch ohne später noch mal anzurufen. Sie erschien dafür jeden Tag bei Tommy, weil sie hoffte, mich dort zu fassen zu bekommen. Mir gelang es, ihr drei Tage lang aus dem Weg zu gehen. Dann sah ich sie bei einem Gig im *Roxy*, wie sie sich durch die Menge hindurch bis zur Bühne vorarbeiten wollte, und ließ sie von der Security rauswerfen.

Noch im gleichen Monat bezog ich eine Zweizimmerwohnung in der Clark Street, die nur fünfzig Schritt vom *Whisky A Go-Go* entfernt war. Coffman hatte sie gekauft, damit Nikki, Tommy und ich zusammenbleiben und in Clubnähe hausen würden. Lovey traf ich erst fünfzehn Jahre später wieder, auch im *Roxy*, als ich einen Soloauftritt dort hatte. Nach der Show, so gegen Mitternacht, kam sie backstage und brachte ein Mädchen mit, von dem sie sagte, es sei ihre Tochter.

Nur wenige Wochen später sah ich sie in den Nachrichten: Bei einem geplatzten Drogendeal war sie mit sechzig Stichen ermordet worden. Ich habe mich oft gefragt, was aus ihrer Tochter geworden ist, und hoffe, sie war nicht von mir.

Abb. 9

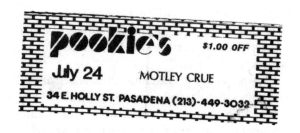

Kapitel **4**

◆

EINE BANDBIOGRAFIE OFFENBART MANCHERLEI WICHTIGE
INFORMATION ZU ALTER, KORREKTER SCHREIBWEISE UND HERKUNFT
DER MUSIKER – FANTASIEVOLL AUSGESCHMÜCKT IN DER HOFFNUNG,
DIE MAGEREN ERFOLGSAUSSICHTEN DER BAND ZU VERBESSERN, DIE
GESCHÄFTLICHE UNERFAHRENHEIT ALLER BETEILIGTEN ZU
VERBERGEN UND DARÜBER HINWEGZUTÄUSCHEN, DASS EINIGE
BANDMITGLIEDER OB IHRER JUGEND NOCH NICHT IN ETABLISSEMENTS
MIT ALKOHOLAUSSCHANK AUFTRETEN DÜRFTEN.

◆

Coffman & Coffman Productions
156 Mill Street
Grass Valley, CA 95945

Zur Veröffentlichung freigegeben ab 22. Juni 1981

Mötley Crüe heißt die größte Hardrockband der Achtziger. Schon jetzt sind sie die heißeste Gruppe Südkaliforniens: Im Hollywoodclub *Troubadour* stellten die vier sympathischen Jungs unlängst einen neuen Besucherrekord auf; im *Country Club* und im *Whisky A Go-Go* sorgten sie für ein ausverkauftes Haus. Ihnen gelang ein Kunststück, das nur die wenigsten zustande bringen: Auch ohne die Unterstützung eines großen Labels absolvierten sie unlängst einen gefeierten Auftritt im *Roxy Theater*. Demnächst steht die Veröffentlichung ihres Debütalbums auf ihrem eigenen Label Leathür Records an. Mötley Crüe begeistern jedes Publikum mit ihrer außergewöhnlichen Liveshow. Aber live oder Studio – diese Band ist auf jeden Fall ein Erlebnis.

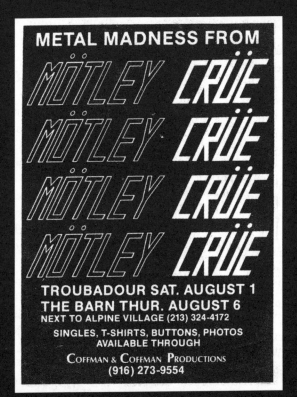
Abb. 10 & 11

Motley Crue breaks out in Nevada County stint

By JIM BURNS
Staff Writer

They stand out in rural, slow-moving Nevada County.

But the Northern California pace has not affected the stinging music that happens when this Hollywood quartet get together for some fiery rock'n roll.

Tuesday, they jammed at Lyman Gilmore School auditorium. Motley Crue, as the group is called, was getting ready for its Nevada County — debut, which will occur Thursday at 8 p.m. in the Nevada Theater in Nevada City.

There will be no drinks served which gives one an idea what kind of crowd this long-haired, punk-looking band is catering to.

Most of their audiences — at least in the L.A. area — have started at age 13 and gone up from there. The band, says Nikki Sixx, the group's 22-year-old bass guitarist, songwriter and spokesman, plays music the younger set can relate to.

For instance, the group's "Public Enemy" is a song Sixx thinks most teenagers ʼn bite their teeth into.

Sixx and other band members — Mick Mars, 25, lead guitar; Tommy Lee, 21, drums; Vince Neal, 21, lead vocals — think they're on the brink of stardom.

Together just three months, the group has already received great reviews for performances at the Whisky a Go Go and Starwood. "We're definitely a success in LA already," Sixx says with no hesitation.

"It's been magic from day one," chimes in drummer Lee.

Why suddenly a show in Grass Valley?

This is where Coffman & Coffman Productions has been established to manage the band. Allan Coffman, general contractor and member of the county board of zoning administration, and wife Barbara, Grass Valley School District board member, discovered the band through Barbara's brother.

The Coffmans flew to Los Angeles for a look at the group. They liked what they saw. Now, they are the group's financial backers.

"This is at the forefront of a rebirth of rock 'n roll," Allan says, dismissing the group's punk-like looks.

"It's because they look different that people think they must be punk," Barbara adds.

No way is the group punk-oriented, Sixx says. "That's destruction. They (punkers) like to smash their heads into walls, slash their wrists. We're just different. Maybe a little ahead of our times. Maybe in five years, every band will look like us."

Besides, adds singer Neal, punk musicians "don't like us. Our hair is too long."

Their music is definitely hard-driving rock. And just to make sure the audience knows that, "they've put a couple of Elvis and Beatles numbers in their repertoire," Barbara says.

The Coffmans think the band will take off when it gets a recording contract. "We'll break through when we get

THE UNION, Grass Valley-Nevada City, Ca.—Wednesday, June 17, 1981—19

BARBARA AND Allan Coffman (left) pose with the group they think is about to make it big. Motley Crue, from left to right, is: Nikki Sixx, Tommy Lee, Mick Mars and Vince Neal.
(Staff photo by Jim Burns)

our first recording," Sixx says.

The group will follow up its Nevada Theater date with

Friday and Saturday shows at the Tommyknacker. From there it's on to the Bay Area and Chico for scheduled dates.

Mötley Crüe – das sind vier begnadete Musiker, die hier das verwirklichen, was sie am besten können: zeitlose Musik zu schaffen.

NIKKI SIXX (22), Bass und Gesang, ist in der Szene von Hollywood bereits durch seine frühere Band London ein Begriff. Der außergewöhnliche Songwriter zählt unter anderem The Sweet und Cheap Trick zu seinen Einflüssen und ist für einen großen Teil der Musik von Mötley Crüe verantwortlich.

MICK MARS (25) ist einer der besten Gitarristen, die Neufundland je hervorgebracht hat. Sein einzigartiger gefühlsbetonter Stil ist nicht nur schnell, sondern auch technisch beeindruckend. Mick hilft gelegentlich beim Gesang mit aus, und als Songwriter ergänzt er Nikkis Talent perfekt. Gemeinsam haben die beiden einen großen Teil des Songmaterials geschaffen.

TOMMY LEE (21), Schlagzeug, ist ein echtes Energiebündel. Wenn Tommy seine Trommelstöcke zur Hand nimmt, bleibt niemand still sitzen. Doch nicht nur rhythmisch hat er seine Stöcke, Trommeln, Becken, Gongs, Kuhglocken oder Tempelblocks voll im Griff, er bietet dabei auch eine außergewöhnliche Show, die entscheidend zur Einzigartigkeit von Mötley Crüe beiträgt.

VINCE NEAL (21), Leadsänger und Texter, lässt mit seinem Blondschopf die Mädchenherzen höher schlagen. Wenn Vince die Bühne betritt, richten sich alle Augen auf ihn. Sein unverkennbarer, facettenreicher Gesang ist von John Lennon ebenso beeinflusst wie von Robin Zander. Erst mit ihm ist das Mötley-Mosaik komplett.

Als Nikki, Mick, Tommy und Vince einander das erste Mal trafen, war das magische Band zwischen ihnen sofort spürbar: Mötley Crüe waren geboren.

Die einzigartige Kreativität dieser vier Musiker hat einen neuen Sound geschaffen, der nicht so schnell in Vergessenheit geraten wird. Ihre Musik und ihre Show setzen neue Maßstäbe in der Welt des Rock. Ihre Songs nehmen das Publikum mit in die musikalische Realität des Alltags und handeln von den Höhen und Tiefen, mit denen sich die heutigen Teenies identifizieren können. Auf Mötley Crüe hat die Jugend der Achtziger gewartet – auf enorm gut aussehende Idole mit einem bewegenden Sound und einer aussagekräftigen Botschaft.

Mötley Crüe sind keine Rockrebellen – sie sind eine Revolution. Eine Rückkehr zum harten, treibenden Sound der Beatles, aufbereitet für die Achtziger.

Interviewanfragen und Booking-Informationen bei Coffman & Coffman Productions, Tel. (916) 273-9554.

DAS VON EINEM GENTLEMAN ERZÄHLT, DER ZWECKS
KOMMUNIKATION, ÜBERZEUGUNG UND KÜNSTLERISCHER INSPIRATION
SEINE FÄUSTE GEBRAUCHT.

*I*ch hatte seinem Gelaber eine Stunde zugehört. Er hatte fettiges rotes Haar, das an den Seiten abrasiert und zu einem halbherzigen Iro gekämmt war, und eine Klemme am Ohr – nicht mal ein richtiges Piercing. Er lungerte wie die ganzen anderen Punkrock-Angeber im *Whisky* rum, um dem Todeskampf der Punkszene von L. A. zuzusehen. David Lee Roth und die beiden Ratt-Jungs Robbin Crosby und Stephen Pearcy feierten an dem Abend mit uns im Mötley House. Und dieser kleine Punkerarsch hielt sich für mehr Rock 'n' Roll als wir alle zusammen und meinte, er sei härter und wisse mehr über das Leben auf der Straße als ich, dabei war er offensichtlich nichts weiter als ein eingebildetes Reichensöhnchen vom Land. Irgendwann hatte ich die Nase voll.

„Du bist kein Scheißpunk, du blöder Wichser!" Ich sprang vom Sofa auf, knallte seinen Kopf auf den Tisch, schnappte mir sein Ohr und drückte das Ohrläppchen mit den Fingern flach auf das Holz. Dann hämmerte ich vor den Augen aller Anwesenden einen Nagel durch sein Ohrläppchen in den Tisch.

„Aaaaauuuuuuuuuuuaaaaaaaahhhhh!", brüllte er und wand sich vor Schmerzen, was nicht so einfach war, weil ihn der Nagel so eng an den Tisch fesselte wie einen Hund an einer kurzen Kette.

„Jetzt bist du Punkrock!", erklärte ich. Wir machten die Anlage lauter und feierten weiter, als wäre er nicht da. Als ich tags darauf am Nachmittag aufwachte, war er verschwunden, aber der Nagel steckte seltsamerweise noch immer im Tisch. Ich versuchte den Gedanken daran wegzuschieben, wie er wohl davon losgekommen war.

Inzwischen hatte ich eine neue Phase meines Lebens erreicht. Jetzt war ich nicht mehr der unterdrückte, ausgegrenzte, jammernde, untalentierte Möchtegernmusiker, der die coolen Jungs bekniete, ihn in der Band mitspielen zu lassen. Ich war in einer coolen Band. Gerade war ich dabei, mein eigenes Album voller eigener Songs aufzunehmen. Wir hatten mitten im Szeneviertel eine eigene Wohnung, in der die angesagtesten Partys stattfanden. Und wir fuhren mit Cadillacs durch die Gegend, die Coffman für uns mietete. Undankbar, wie wir waren, traten wir die Türen ein und zerstörten auch sonst allerlei, ohne an die Kosten zu denken.

Wenn wir vier Verrückten in unserem Schlampendress durch die Clubs zogen, fühlten sich die Leute von unserer Energie angezogen. Wenn wir ins *Troubadour* gingen, kamen alle mit. Wenn wir uns wieder davonmachten, leerte sich der Club. Wir waren sozusagen die Könige von L. A. – alle Typen wollten so sein wie wir, und alle Weiber wollten mit uns vögeln. Und das nur, weil wir in einer Band waren.

Es war die beste Zeit meines Lebens, aber gleichzeitig auch die düsterste. Ich war ein Schrecken auf zwei Beinen. Meine Komplexe waren immer noch da, und wenn irgendwer auch nur im Entferntesten daran rührte, explodierte ich. Der Mensch ist wie ein Rottweiler oder ein Tiger; das sind sehr schöne Tiere, aber wenn sie gereizt werden, wenden sie sich gegen jeden, der sich zufällig in ihrer Reichweite befindet.

Jedenfalls war ich so drauf. Eines Tages – wir waren spät aufgestanden und hatten schon reichlich was getrunken – kamen Vince und ich etwas früher als geplant für unsere Show ins *Whisky A Go-Go*. Schon am Eingang machte mich ein wild toupierter Typ an: „Was glaubst du denn, wer du bist? Keith Richards oder Johnny Thunders?"

Wortlos wandte ich mich zu ihm, griff seinen Kopf und donnerte ihn mehrmals auf die Tischplatte der Bar. Ein paar Gläser gingen zu Bruch, und Blut zierte den Tresen. Der Türsteher kam auf mich zu, und anstatt mich rauszuwerfen, lächelte er mich an. „Hey, coole Aktion, Alter", sagte er. „Dafür hast du ein paar Freigetränke verdient. Darf ich dich Muhammad Ali nennen, Sixx?"

Er führte Vince und mich nach oben, und wir kippten einen Jack Daniels nach dem anderen. Während eins der Barmädchen mir mit der Hand einen runterholte, verschwand Vince irgendwann. Später durchkämmte ich den ganzen Club und fragte überall, ob man ihn gesehen hatte. Erst gegen Morgen, als ich den Club verließ, fand ich ihn: Er lag bewusstlos unter einem blauen Ford Malibu; seine Füße ragten unter dem Wagen hervor wie die eines Automechanikers. Ich schleppte Vince nachhause, wo wir ein Mädchen fanden, das mit Handschellen an sein Bett gefesselt war. Tommy war zwar nirgendwo zu sehen, aber natürlich war sie eins seiner Opfer. Sie war die Tochter eines berühmten Sportlers, und neulich habe ich sie wiedergesehen; sie arbeitet jetzt auf einem Piratenschiff in Disneyland. Schön zu wissen, dass sie immer noch etwas mit Handschellen zu tun hat.

Vince kippte wieder um, und das Mädchen war noch immer an sein Bett gekettet. Als er gegen Mitternacht aufwachte, war sie weg, dafür war aber Tommy wieder da, und wir alle zogen wieder los.

An dem Abend war eine Party im Hyatt House, wo sich etwa sechzig Leute in ein Zimmer quetschten. Ein dünnes Mädchen, das ich flüchtig kannte und die ihre Riesenbrüste in ein figurbetonendes Stretchkleid gesteckt hatte, nahm meine Hand und schleppte mich lallend und stolpernd in einen kleinen Raum, kaum größer als ein Wandschrank. Sie fummelte betrunken am Reißverschluss meiner Lederhose herum, holte meinen Schwanz raus, drückte mich gegen die Wand, zog ihr Kleid hoch und schob mich irgendwie in sich rein. Wir vögelten eine Weile, dann sagte ich, ich müsse mal aufs Klo. Unter den Partygästen suchte ich nach Tommy. „Alter, komm mal mit", sagte ich und zog ihn hinter mir her. „Ich habe da diese Tussi in dieser Abstellkammer. Komm mit, sag aber nichts. Wenn ich's dir sage, fängst du an, sie zu bumsen."

In der Kammer stellte ich mich genau hinter Tommy. Er fickte sie, während sie sich in mein Haar krallte und „Nikki! Oh, Nikki!" schrie. Nachdem Tommy und ich ein paar Runden mit ihr gedreht hatten, ging ich zurück zu den anderen Gästen und stieß auf einen mickrigen kleinen Kerl in einem Rolling-Stones-T-Shirt; wahrscheinlich hatte irgendjemand seinen kleinen Bruder mitgebracht.

„Heute ist dein Glückstag", sagte ich zu ihm. „Heute verlierst du deine Unschuld."

„Nein, Mann", protestierte er mit vor Angst weit aufgerissenen Augen. „Ich will nicht!"

Ich schubste ihn in den kleinen Raum und schloss ihn mit dem Mädchen ein. Von drinnen hörte ich ihn schreien und brüllen: „Lass mich hier raus, du Arschloch!"

Ich war so besoffen, dass ich von der ganzen Chose nichts mehr wusste, als ich am nächsten Morgen aufwachte – bis das Telefon klingelte. Es war das Mädchen.

„Nikki", sagte sie mit zitternder Stimme, „ich wurde letzte Nacht vergewaltigt."

Mein Magen krampfte sich zusammen, und ich fühlte, wie mir kalt wurde. Die Erinnerung an den gestrigen Abend kam zurück, und ich erkannte, dass ich möglicherweise zu weit gegangen war.

Aber dann fuhr sie fort: „Ich bin vom Hyatt House nachhause getrampt, und dann hielt dieser eine Typ an – er hat mich in seinem Auto vergewaltigt."

„O mein Gott", sagte ich, „das tut mir so leid."

Im ersten Augenblick war ich erleichtert, weil das bedeutete, dass nicht ich es gewesen war, der dafür verantwortlich war. Aber je länger ich darüber nachdachte, desto klarer wurde mir, dass ich es im Grunde doch getan hatte. In dem Geisteszustand, in dem ich mich zu jener Zeit befand, zog ich aus dieser Erkenntnis allerdings keinerlei Konsequenzen. Wie ich feststellen sollte, konnte ich sogar noch tiefer sinken.

Auf dem Strip gab es ein obdachloses Mädchen, das schon fast zum Straßenbild gehörte. Sie war jung, verrückt und trug stets ein langes Kleid, so wie aus Disneys *Cinderella*-Film. Eines Abends nahmen wir sie mit zu uns, wo Tommy versuchte, mit ihr zu schlafen. Während er mit ihr im Bett war, klauten wir ihr das Kleid. Sie haute schließlich in Tränen aufgelöst und in Tommys viel zu großen Sachen ab, und danach wurde sie nie wieder auf den Straßen gesehen.

Nachdem wir einer Obdachlosen die Klamotten weggenommen hatten, gab es für uns keine Grenzen mehr. Ich versuchte sogar, Tommys Mutter zu ficken, scheiterte aber kläglich; als sein Vater das erfuhr, sagte er zu mir: „Wenn du das tatsächlich schaffst, hast du es dir verdient." Danach ging ich mit einem deutschen Model – oder zumindest mit einer dürren Deutschen, die behauptete, ein Model zu sein. Sie hatte Bilder, die sie zusammen mit den Jungs von Queen zeigten, und das beeindruckte mich doch ziemlich. Ihr Nachbar aus dem Stockwerk über ihr, Fred, wollte mir beibringen, wie man Freebase raucht, und das ärgerte die Deutsche, der wir den Spitznamen Himmler gaben. Wenn Himmler zu uns kam, feierten wir ihr zu Ehren Nazitage: Wir banden uns Hakenkreuzbinden um den Arm, übten Stechschritt und den Hitlergruß. Anstatt die Kakerlaken wie sonst mit einer gut gezielten Haarspraydosis abzufackeln, sammelten wir sie ein und verbrannten sie mit ihren Artgenossen im Ofen. Wenn sie krepierten, stellten sie sich auf die Hinterbeine und fielen dann um, während wir sie in erfundenem Deutsch anbrüllten.

Himmler schimpfte dann mit uns. „Das ist nicht witzig", fauchte sie in ihrem harten Akzent, „in den KZs sind Millionen Menschen gestorben."

Nachdem mit Himmler Schluss war, ging ich mit einem Groupie mit schmaler Taille, Sheena-Easton-Haarschnitt und Fick-mich-Blick. Sie hieß Stephanie, ihren Eltern gehörte eine Kette von Luxushotels, und clever, wie sie war, fand sie sofort heraus, dass sie sich am schnellsten bei uns beliebt machte, wenn sie Drogen und Lebensmittel mitbrachte. Kennen gelernt hatten wir einander im *Starwood*, wo sie mit den Jungs von Ratt herumhing. Ich traf mich irre gern mit ihr: Wir gingen zu ihr, konsumierten endlos viel Koks und Pillen, und dann durfte ich sie ficken – alles in allem super, weil ich kein Geld für Koks und Pillen hatte und mich auch selbst schlecht ficken konnte. Wobei: Ich bin mal neugierig, ob ich mich mit all dem, was ich hier erzähle, zumindest selbst ins Knie ficken werde … Bei ihr durfte ich alles: Bei einer unserer ersten Verabredungen lud sie mich zum Essen ein und ließ es zu, dass ich ihr unter dem Tisch eine Weinflasche reinschob.

Eines Abends waren Vince, Stephanie und ich gemeinsam im *Rainbow*, wo wir uns wechselweise Pillen und Weinbergschnecken reinzogen und jede Viertelstunde unter den Tisch kotzten. Wir knallten uns zu, nahmen sie mit nachhause und landeten alle drei in Vinces Bett. Das war nie mein Ding – Tommy und Vince allerdings schleppten ihre Weiber dauernd gemeinsam ab. Aber mir versaute es die Stimmung, einen anderen Typen dabeizuhaben. Ich kriegte keinen hoch, und irgendwann ging ich in mein Zimmer und ließ die beiden allein. Das was das letzte Mal, dass ich Stephanie nackt sah, denn wenn man Vince mal mit einem reichen Mädel allein ließ, die noch dazu ein schickes Auto hatte, war die Sache gelaufen. Sie waren danach ein paar Monate zusammen und hätten fast geheiratet, wenn Vince mit Beth nicht ein noch reicheres Mädchen getroffen hätte, die noch dazu blond war und einen noch tolleren Sportwagen hatte, einen Datsun 240Z.

Keine Ahnung, wie wir es schafften, unsere kaputten, abgefuckten und von endlos vielen Partys ausgelaugten Existenzen auf die nächsthöhere Ebene der Bandkarriere zu schleppen, denn eigentlich glaubten wir gar nicht, dass es noch weiter

Abb. 12

*Backstage-Schnappschuss mit der
Moderatorin Elvira bei der New Year's
Evil Show im Santa Monica Civic
Center 1982*

Abb. 13

Nikki und Lita Ford

nach oben gehen könne. Wir waren nur bestrebt, so viele Leute wie möglich in unsere Konzerte zu locken und dafür zu sorgen, dass sie ihren Freunden von uns erzählten. Wir riefen sogar bei Elvira an, einer kultigen Moderatorin, die in den Fünfzigern Horrorfilme im Fernsehen vorgestellt hatte, und sie war bereit, uns auf der Bühne anzukündigen, wenn Coffman ihr fünfhundert Dollar zahlte und sie in einer Limousine mit Chauffeur abholen ließ. Je länger wir zusammenwohnten, desto besser wurden unsere Konzerte, weil wir mehr Zeit hatten, uns blöde Showeinlagen auszudenken. Vince begann, Schaufensterpuppen den Kopf abzusägen. Blackie Lawless hatte wohl keinen Bock mehr, sich die Haut zu versengen, und zündete sich daher bei Gigs nicht mehr an; also sprang ich in die Bresche, weil mir scheißegal war, ob mich mir wehtat. Ich hätte Reißnägel geschluckt oder einen abgebrochenen Flaschenhals gefickt, wenn deswegen mehr Leute zu den Gigs gekommen wären.

Unser Bühnenaufbau konnte sich bei jedem Gig mehr sehen lassen: Mick hatte eine Hand voll Scheinwerfer von Don Dokken gekauft und außerdem noch eine PA in petto, die er bei seiner Coverband White Horse hatte mitgehen lassen. Das schmutzig weiße, blutbefleckte Laken aus Tommys Bett hatten wir in großen schwarzen Buchstaben mit unserem Bandnamen bemalt. Für das dreistufige Schlagzeugpodest hatten sich Vince und Tommy von Queen inspirieren lassen und ein weiß lackiertes Gestell gebaut, das oben mit schwarzem Stoff bespannt und mit fünfzehn blinkenden Lichtern, Totenschädeln und Schlagzeugstöcken dekoriert war. Das ganze Ding wog ein paar Zentner, und der Auf- und Abbau war ein echter Krampf. Wir bauten uns außerdem ein paar kleinere Plexiglaskisten mit Lichtern, auf die wir während der Show klettern konnten, um uns in Pose zu werfen und wieder runterzuspringen. Die ganze Bühnenshow wurde aus Elementen zusammengebaut, die uns cool erschienen und billig zu konstruieren waren. Wir bemalten die Trommelfelle, brachten große Kandelaber auf die Bühne, bestückten die Enden der Trommelstöcke mit Voodoo-Köpfen, banden überall Tücher fest, verzierten die Gitarren mit buntem Klebeband, wickelten Telefonkabel um unsere Körper und suchten die fieseste Musik aus, um unser Publikum vor dem Gig in die richtige Stimmung zu bringen.

Schließlich spielten wir mehrere Male hintereinander im *Whisky* vor ausverkauftem Haus, und ich war so überglücklich, dass ich meine Großeltern anrief und sagte: „Ihr werdet es nicht glauben! Wir haben dreimal hintereinander das *Whisky* ausverkauft. Wir haben es verdammt noch mal geschafft."

„Was habt ihr geschafft?", fragte mein Großvater. „Euch kennt doch keiner."

Da hatte er Recht: Unsere Konzerte waren zwar bestens besucht, aber kein Label wollte uns unter Vertrag nehmen. Den meisten war unsere Liveshow zu unberechenbar, und es war äußerst unwahrscheinlich, dass unsere Musik im Radio laufen oder in die Charts kommen würde. Heavy Metal war tot, jedenfalls sagte man uns das; New Wave war jetzt angesagt. Solange wir uns nicht wie die Go-Go's oder The Knack anhörten, hatten wir keine Chance. Von den Charts, Radioprogrammdirektoren oder New Wave hatten wir keine Ahnung. Uns interessierte nichts als Vollstoff-Rock'n'Roll, bei dem das Testosteron aus den Marshall-Verstärkern quoll, und wie viel Koks, Percolan, Quaaludes und Alkohol wir irgendwo schnorren konnten.

Ich wollte sowieso nur deshalb einen Plattenvertrag, um vor den Weibern damit anzugeben. Also lösten wir das Problem, indem wir unser eigenes Label gründeten, Leathür Records. Wir mieteten uns das billigste Studio, das wir finden konnten, einen Schuppen in einer ziemlich üblen Gegend an der Olympic Avenue, wo die Stunde sechzig Dollar kostete. Mick gefiel das Studio wegen seines Trident-Mischpults und der kleinen Räume, die für einen natürlichen Hall sorgten, wie er meinte. Dann warf er den dort tätigen Toningenieur raus und holte stattdessen Michael Wagner, einen freundlichen, rundgesichtigen Deutschen, der früher in der Metal-Band Accept gespielt hatte. Mit ihm rotzten wir *Too Fast For Love* in drei besoffenen Tagen raus. Einen Vertrieb zu finden erwies sich als ebenso unmöglich, und so fuhr Coffman mit seinem geliehenen Lincoln die ganzen Plattenläden ab und überredete die Einkäufer, ein paar Exemplare in die Regale zu stellen. Vier Monate später hatte endlich der Vertrieb Greenworld angebissen, und von dem Album gingen zwanzigtausend Stück über die Ladentische – keine schlechte Bilanz für eine Platte, die in der Herstellung gerade eben sechstausend Dollar gekostet hatte.

Gefeiert wurde die Veröffentlichung des Albums mit einer Party im *Troubadour*, das zu meinen Lieblingsclubs zählte, weil dort stets ein Typ rumhing, den ich richtig gern aufmischte. Er hatte lange Haare und verehrte uns, aber er war furchtbar nervig und verdiente es, was auf die Glocke zu kriegen. Ich hatte ihn gerade zurückgeschubst, sodass er über Tommy fiel, der hinter ihm auf alle viere gegangen war, als mir ein Mädchen auffiel: üppiges, platinblondes Haar, Apfelbäckchen, dicker blauer Lidstrich, enge schwarze Lederhosen, Punkrockgürtel und schwarze, schenkelhohe Stiefel.

Sie kam zu mir rüber und sagte: „Hi, ich bin Lita. Lita Ford von den Runaways. Wie heißt du?"

„Rick", sagte ich.

„Ehrlich?"

„Ja, ich heiße Rick." Ich war ziemlich eingebildet und überzeugt, dass mich inzwischen jeder kennen musste.

„Schade", sagte sie, „ich dachte, du wärst jemand anderes."

„Dann hast du wohl falsch gedacht", sagte ich hochnäsig wie immer.

„Das ist wirklich Pech, Rick", fuhr sie fort, „eigentlich wollte ich nämlich ein Quaalude mit dir teilen."

„Echt?" Das weckte meine Aufmerksamkeit.

„Ich dachte eben nur, du seist Nikki."

„Ich bin Nikki! Ich bin Nikki!" Fast hätte ich mit dem Schwanz gewedelt wie ein Hund, der sich auf ein Leckerli freut.

Sie teilte die Pille mit den Zähnen in zwei Hälften und schob mir eine davon in den Mund, und das war's.

Wir kamen ins Gespräch und trafen einander danach öfter mal. Bevor ich Lita kennen lernte, hatte ich Mädchen meist so betrachtet, wie ich meine erste Freundin Sarah Hopper gesehen hatte: als nervige Anhängsel, die ganz praktische Alternativen zum Wichsen boten. Aber Lita machte selbst Musik, und mit ihr verstand ich mich auf ganz andere Weise. Sie war nett, normal und intelligent. Sie war jemand, an den ich mich in dem wilden Sturm, in den mein Leben sich verwandelt hatte, klammern konnte und der mir half, auf dem Teppich zu bleiben.

Als Lita, Vince, Beth und ich eines Abends gerade aus dem *Rainbow* kamen, fing ein Biker an, die Mädchen zu schubsen und anzumachen, ob sie mit ihm ficken wollten. Damals herrschte zwischen Bikern und uns Rockern offene Feindschaft. Wir guckten uns das eine Minute an, und dann gingen wir auf den Typen zu. Weil wir eigentlich guter Laune waren, schlugen wir nicht zu, sondern verlangten, dass er mit dem Blödsinn aufhörte. Er starrte uns an und knurrte: „Verpisst euch."

Ich trug eine Kette um die Hüfte, die an einem Stück Leder und einer Schnalle befestigt war, und die löste ich mit einem schnellen Griff und ließ sie durch die Luft pfeifen, wild entschlossen, damit ein paar Köpfe einzuschlagen. Plötzlich mischten sich weitere Leute in die Auseinandersetzung ein. Ein haariges Tier von eins achtzig pflanzte sich wie ein Bulle vor mir auf und versetzte mir einen Schlag, dass mir die Luft wegblieb und ich in die nächsten Büsche kugelte. Ich tastete den Boden nach der Kette ab, und er griff mit seinem Lederhandschuh nach meiner Hand, steckte sie in seinen Mund und biss zu, bis er auf den Knochen kam. Ich schrie und fühlte das Adrenalin durch meinen Körper rasen. Instinktiv schnappte ich die Kette und begann, ihn damit ins Gesicht zu schlagen.

Unvermittelt stieß er mich zurück, zog eine Knarre und erklärte: „Du bist festgenommen, du Arschloch." Während des ganzen Durcheinanders war mir nicht klar geworden, dass die zwei Typen, die sich eingemischt hatten, nicht etwa Freunde des Bikers waren, sondern Undercover-Cops. Siebenmal zogen sie mir einen Schlagstock durchs Gesicht, sodass ich einen gebrochenen Wangenknochen und ein blaues Auge davontrug. Dann legten sie mir Handschellen an und schubsten mich hinüber zu ihrem Streifenwagen. Vom Rücksitz aus sah ich, dass Vince wie ein kopfloses Glamrock-Huhn zu flüchten versuchte; er war nur wenige Wochen zuvor im *Troubadour* verhaftet worden, weil er ein Mädchen geschlagen hatte, das sich über sein US-Marines-Outfit lustig gemacht hatte.

„Du Scheißpunk", brüllte mich der dicke Bulle an. „Was fällt dir ein, einen Cop anzugreifen? Was hast du dir dabei gedacht, verdammt noch mal?"

Am Ende einer dunklen Seitenstraße kam der Wagen mit kreischenden Bremsen zum Stehen. Der Bulle packte mich mit einer Hand an beiden Ellenbogen und zerrte mich hinaus auf die Straße, wo er mich zu Boden warf. Dann begannen er und sein Partner, mich in den Magen und ins Gesicht zu treten. Als ich mich auf den Bauch rollte, um mich vor ihren Tritten zu schützen, drehten sie mich sorgfältig auf die Seite, damit sie mich wieder dort erwischen konnten, wo es am meisten wehtat.

Als ich schließlich im Knast landete, war ich überall mit Make-up, Nagellack und Blut verschmiert. Während der zwei Tage und Nächte, die ich dort verbrachte, erfuhr ich, dass man mir den schwer bewaffneten Angriff auf einen Polizisten vorwarf, und die Beamten drohten, dafür würde ich fünf Jahre ohne Bewährung kriegen. Letzten Endes wurde die Anklage fallen lassen, als nämlich die Polizei wegen zahlreicher Beschwerden, sie habe Leute auf dem Sunset Strip schikaniert und verprügelt, ziemlich ins Kreuzfeuer der Medien geriet.

Lita versetzte ihren geliebten Firebird Trans Am, um die eintausend Dollar Kaution für mich zusammenzukriegen. Dann gingen wir die fünf Kilometer vom Gefängnis zum Mötley House zu Fuß, denn abends stand noch ein Auftritt im *Whisky* auf dem Programm, und ich wollte mich rechtzeitig mit der Band treffen. Während dann später Tommys Freundin Bullwinkle alles in unserem Haus zerlegte, das irgendwie von Wert war, und der Soundtrack ihrer Zerstörungswut in mein Zimmer drang, zog ich einen linierten gelben Notizblock hervor und machte meinem Ärger Luft:

A starspangled fight
Heard a steel-belted scream
Sinners in delight
Another sidewalk's bloody dream

I heard the sirens whine
My blood turned to freeze
See the red in my eyes
Finished with you, you'll make my disease.

Nein, die letzte Zeile war noch nicht richtig. Während ich sie durchstrich, flog die Tür aus den Angeln, und Tommy knallte mit einer Wunde am Kopf auf den Boden. Bullwinkle beugte sich drohend über ihn wie ein gereizter Elch.

„Your blood's coming my way", schrieb ich unter die durchgestrichene Zeile. Das war schon besser, wenn auch noch nicht perfekt.

Am nächsten Morgen stand ein Anwalt vor der Tür, der uns eine Räumungsklage überreichte. Neun Monate hatten wir in diesem Haus gelebt, gesoffen, gekämpft, gefickt, geübt, gefeiert, und wir waren allesamt körperlich und geistig ausgelaugt. Wir alle brauchten etwas mütterliche Zuwendung. Also zog ich zu Lita in den Coldwater Canyon in Nord-Hollywood. Vince nistete sich bei Beth ein. Und Tommy ging zu Bullwinkle. Keine Ahnung, wo Mick geblieben war – vielleicht hing er noch mit dem Kopf nach unten in einem unserer Kleiderschränke. Wir schauten nie nach.

Shout At The Devil (NSIXX)

I'm The WOLF SCREAMIN Lonely IN The Night
I'm The Blood STAIN ON The Stage
I'm The Teer IN your EyE
Been Tempted By my LIE
I'm The KNIFE IN your BACK I'm Rage
I'm THE RAZor to The KNIFE
oh LoNdy is our LIFE's
    HEADs spiNiNg Round an RouND

(✳)

I'll Be The Love IN your EyEs
I'll Be The Blood Between your Thighs
and Then Have you cry For more
I'll put your streNght to The TEST
I'll put The Thrill BACK IN Bed
    SuRE you've Heard it All BEFORE

I'll Be The Risk IN The Kiss
Might Be The ANger ON your Lips
    Might Run, scared For The Door

(✳) But IN The SeasoN of wither
we'll ~~YOU~~ ~~Better~~ staNd and deliver
    Be stroNg and Laugh AND Shout

VIERTER TEIL

✦SHOUT AT THE DEVIL✦

Kapitel 1

TOM ZUTAUT

IN DEM EIN ANGESTELLTER IN ELEKTRAS DIENSTEN MIT UNSERER ÜBEL
BELEUMUNDETEN GRUPPE BEKANNT WIRD UND AUF ABENTEUERLICHE
WEISE HERAUSFINDET, DASS ES SICH BEI IHREM MANAGER UM EINE
NOCH WEITAUS ZWEIFELHAFTERE PERSÖNLICHKEIT HANDELT.

Ich glaube, der Grund für meinen Erfolg lag stets darin, dass ich mit Liebe und Leidenschaft bei der Arbeit war. Wenn ich etwas wollte, war ich bereit, wesentlich mehr dafür zu tun als andere. Während meiner Zeit als DJ beim Highschool-Sender in Park Forest, Illinois, erfuhr ich beispielsweise von einem Radioseminar an der Loyola-Universität und meldete mich dafür an. Dort bekam ich mit, dass ich Platten umsonst bekommen konnte. Unser Highschool-Radio war schon seit Jahren auf Sendung, und nie war jemandem der Gedanke gekommen, dass man die Platten dafür nicht selbst kaufen musste.

Nach der Schule arbeitete ich als Erstes beim Postversand des WEA-Vertriebs in Chicago. Die Stelle hatte ich nur bekommen, weil ich einen Mitarbeiter des Labels bei dem Versuch, ihm am Telefon ein paar Cars-Platten aus dem Kreuz zu leiern, irgendwie beeindruckt hatte. Dieselbe Einsatzfreude war es, die schließlich für meine Beförderung nach Los Angeles sorgte. Ich wurde Vertriebsassistent bei Elektra Records, einem Label, bei dem zu der Zeit Künstler wie Jackson Browne, Queen, die Eagles, Linda Ronstadt und Twentynine mit Lenny White unter Vertrag standen.

Meine Unternehmungslust brachte mich dazu, an jenem schicksalhaften Donnerstag über den Sunset Boulevard zu bummeln. Es war früh am Abend, und ich wollte mir im *Ben Frank's* einen Happen zu essen holen, einem Café, das stets voller junger Rockmusiker war, obwohl die siebzigjährige Bedienung mindestens schon seit Lana Turners Glanzzeit hier arbeitete. Auf dem Weg bemerkte ich die vielen hundert Kids, die offenbar in ein Konzert im *Whisky* wollten. Ich schielte zur Anzeigentafel über dem Eingang, und dort stand: „Mötley Crüe – ausverkauft". Dieselbe Leidenschaft und Besessenheit, die mich Jahre zuvor zu der Radio-Infoveranstaltung getrieben hatte, brachte mich nun auch dazu, meinen knurrenden Magen zu ignorieren und mir einen Parkplatz zu suchen. Licorice Pizza, der Plattenladen in der Straße, hatte sein Schaufenster mit vier Glamgestalten in Leder dekoriert, die wie androgyne Ableger der New York Dolls aussahen. Und mir fiel gleich auf, dass ihr Album auf ihrem eigenen Label, Leathür Records, erschienen war. Für eine Band, die nicht mal einen Plattenvertrag hatte, war es äußerst ungewöhnlich, dass sie im *Whisky* eine derartige Hysterie auslösten. Die musste ich mir ansehen.

Am Eingang zückte ich meine Elektra-Visitenkarte und mogelte mich umsonst rein, indem ich behauptete, als A & R-Mann für das Label zu arbeiten. In der Tat versuchte ich dauernd, die Firma von den Bands zu überzeugen, die ich mochte, aber mir hörte nie jemand zu. Zu meinen Vorschlägen zählten Joan Jetts „I Love Rock 'n' Roll", das ich auf der Rückseite einer europäischen Single entdeckt hatte, Soft Cells „Tainted Love", The Human League und sogar die Go-Go's. Und nichts davon fand Gehör. Als die Titel später Hits wurden, war ich zu schüchtern, um den Verantwortlichen das unter die Nase zu reiben. Im Grunde schätzte ich mich glücklich, dass ich mit meinen zwanzig Jahren überhaupt in Los Angeles für eine Plattenfirma arbeiten durfte.

Drinnen in der Halle standen fünfhundert Teenager – mehr fasste der Club nicht –, und sie tobten vor Begeisterung für diese Band. Und in der Tat: Mötley Crüe wirkten ziemlich außergewöhnlich. Nikki hatte eine derart extreme Aura, die beinahe vermuten ließ, dass er durch die Straßen rannte und Leute umbrachte, wenn er nicht gerade Bass spielte. Er griff so hart in die Saiten, dass ihm die Haut an den Fingern aufplatzte. Während er das Instrument zu erwürgen schien, flogen die Bluttropfen von den Fingern, als ob die Saiten Rasierklingen wären.

Ich hatte selten einen Sänger erlebt, der so gut aussah und so charismatisch war wie Vince: Wenn er sang, machten die Mädchen beinahe automatisch die Beine breit. Er war das genaue Gegenteil des Gitarristen: Der sah aus wie der wiederauferstandene Satan, obwohl er, wie sich später herausstellte, der Netteste von allen war –

jedenfalls, wenn er nichts getrunken hatte. Tommy wirkte wie ein hyperaktives Kind, aber gleichzeitig spürte man deutlich, dass er der einzige echte Vollblutmusiker in der Band war. Er war ein exzellenter Schlagzeuger, der eine gute Show lieferte und dauernd in Bewegung blieb, und er hielt die Band sozusagen zusammen.

Nach der Show spürte ich den Manager auf und erklärte ihm, dass ich die Band bei einem Elektra-Meeting vorstellen wollte. Zu meiner Überraschung schien ihn das überhaupt nicht zu interessieren. Er sagte mir, ich sollte mich stattdessen an Greenworld wenden, eine kleine ortsansässige Vertriebsfirma, die sich um das Album kümmerte. Zufälligerweise war gerade Musikmesse in Los Angeles, und Greenworld hatten dort einen Stand. Ich sprach mit einem Mann namens Allen Niven, der mir erneut den Kontakt zu diesem seltsamen Manager vermittelte, einem übertrieben ernsthaften Bauunternehmer, der Allan Coffman hieß.

Bevor ich mich so stark für Mötley Crüe engagierte, wollte ich sichergehen, dass ich mich bei Elektra nicht zu weit aus dem Fenster lehnte. Ich fragte die A&R-Abteilung ganz offen, ob ich die Band unter Vertrag nehmen könnte, und sie lachten mich aus. Aber ich ließ nicht locker. Sorgfältig stellte ich eine Mappe mit den ganzen Absagen zusammen, die mir die A&R-Abteilung geschickt hatte, wenn ich ihnen mal wieder eine Band vorgeschlagen hatte, die dann später auf einem anderen Label ihre Hits veröffentlichte. Der Chef der Vertriebsabteilung ermutigte mich, diese Liste dem Vorsitzenden von Elektra, Joe Smith, auf den Schreibtisch zu legen, der zu meiner großen Verwunderung tatsächlich darauf einging. „Okay, du Schlaumeier", sagte er. „Du meinst also, du schaffst das? Na schön. Wir nehmen diese Band unter Vertrag, dann werden wir ja sehen, wie gut du bist."

Ganz Hollywood lachte sich kaputt über mich, weil ich diesen Typen hinterherrannte. Zu der Zeit stand britischer New Wave hoch im Kurs – Haircut 100, A Flock Of Seagulls, Dexy's Midnight Runners. Wer über einen etwas cooleren Geschmack verfügte, hörte Elvis Costello, The Clash und ein paar andere Bands, die aus der Punkbewegung übrig geblieben waren. Und ich wollte ausgerechnet eine Metalband unter Vertrag nehmen. Meine Arbeitskollegen belehrten mich: „Was glaubst du denn? So was bekommt nie im Leben Airplay. Du wirst keine zweite Band wie Kiss erfinden." Aber ich glaubte an Mötley Crüe, weil das Publikum im *Whisky* an sie glaubte. Als Talentscout braucht man keine Ohren, sondern Augen.

Also fing ich an, die Mötleys über mein winziges Spesenkonto, das ich als Vertriebsassistent hatte, einzuladen und zu umwerben. Die Band kam wahrscheinlich nur, weil sie umsonst was zu essen bekam. Beim Essen hibbelte Tommy genauso nervös herum wie auf der Bühne und konnte keinen Moment stillsitzen; Mick wurde mit jedem Drink teuflischer, bis er schließlich Halluzinationen bekam und anfing, lila Menschenfresser zu sehen, und Vince war auf dem Klo und fickte die Kellnerin. Nikki war der Einzige, der unsere Treffen ernst nahm: Er hatte jeden Karriereschritt der Band im Kopf genau vorausgeplant. Er wusste, dass New Wave den Kids zum Hals raushing, dass sie sauer über den Ausverkauf waren, der Punk zerstört hatte, und dass für sie nichts so langweilig war wie Fleetwood Mac und Foreigner und die Weichspülwelle der großen Radiosender. Er wollte aus den fünfhundert Zuschauern im *Whisky* eine nationale Rock 'n' Roll-Revolution machen, angeführt von Mötley Crüe. Und das gelang ihm schließlich auch. Allerdings nicht ohne Kampf.

Als wir endlich kurz vor der Unterzeichnung des Vertrags standen, erschienen plötzlich Virgin Records auf der Bildfläche. Zu ihrem Treffen mit der Band brachten sie einen Aktenkoffer mit zehntausend Dollar Cash mit, den sie den ausgehungerten Jungs vor die Nasen hielten. Virgin hatten zu der Zeit kein Label und auch keinen Vertrieb in den USA. Sie arbeiteten von England aus und nutzten genau das, um Mötley Crüe zu locken, indem sie ihnen sagten, genau wie die Beatles, die Rolling Stones oder auch Led Zeppelin könnten sie in Amerika zu großen Stars werden, indem sie zunächst England eroberten. Für die Band war das eine höchst romantische Vorstellung, nehme ich an, die ebenso sehr lockte wie die zehntausend Dollar Vorschuss auf einen Hunderttausend-Dollar-Deal.

Letzten Endes boten Virgin etwa fünfundzwanzigtausend Dollar mehr als wir, und die Band entschloss sich daraufhin, dass eine Rockband aus Los Angeles auch auf ein Rocklabel in dieser Stadt gehörte – noch wusste keiner von uns, dass Elektra den Geschäftssitz kurz darauf nach Manhattan verlagern sollte. Nachdem alle Punkte geklärt waren und wir uns über den Vertrag geeinigt hatten, gingen Coffman, die Band, ein paar Elektra-Mitarbeiter und ich im *Casa Cugats* feiern, einem mexikanischen Restaurant, das dem Rumbakönig Xavier Cugat gehörte. Zu der Zeit brauchten Mötley Crüe nicht viel, um eine Party zu starten, und daher ging es schon bald recht wild zu.

Von der Band hatte ich durchaus einige verrückte Späße erwartet, von ihrem stocksteifen Manager allerdings nicht. Der betrank sich allerdings so sehr, bis er wohl dachte, er sei wieder Soldat in Vietnam, und anfing, vietnamesisch zu sprechen. Er war überzeugt, dass hinter jedem Tisch ein paar Schlitzaugen lauerten und die Küche in Wirklichkeit ein Munitionslager war. In diesem Zustand kippte er noch einen Kurzen, dann rannte er aufs Klo.

Als er nach ein paar Minuten nicht wiederkam, bat mich Mick, ihm hinterherzugehen. Ich hatte Coffman für einen recht nüchternen Menschen gehalten, der als Babysitter für seine wilde Band agierte, und daher war ich etwas schockiert, als ich ihn dabei überraschte, wie er im Klo einen Münzfernsprecher von der Wand riss. Ich zog ihn nach draußen, bat jemanden aus der Elektra-Presseabteilung, sich um die Band und um die Rechnung zu kümmern, und fuhr Coffman in meinem ramponierten Firmenwagen nachhause.

Während wir über den La Cienega Boulevard in Richtung Norden bretterten, versuchte er, den Türgriff abzureißen. Auf der großen Kreuzung mit dem Santa Monica Boulevard stieß er die Tür mit einem Ruck auf und ließ sich mitten auf der Straße aus dem Auto rollen. Im Rückspiegel sah ich, wie er auf dem Bauch liegend wie ein bewaffneter Soldat zwischen den Fahrbahnen herumkroch. Um ihn herum tobte der Verkehr, Hupen und Rufe wurden laut, und es schien sich nur noch um Sekunden zu handeln, bis ihn jemand überrollte. Ich hielt an, lief zurück und schnappte ihn mir. Offenbar hielt er mich jetzt für einen nordvietnamesischen Soldaten, der ihn in Kriegsgefangenschaft schleppen wollte, jedenfalls schlug er nach mir und fluchte. Ich hatte wirklich Angst, er könnte mich umbringen, aber ein heftiger Adrenalinstoß befähigte mich, ihn wieder ins Auto und dann in sein Hotelzimmer zu verfrachten.

Als ich zum Restaurant zurückkam, waren die Feiernden bereits weitergezogen. Eine Woche später wurden die Verträge dann tatsächlich unterschrieben, und die Band bestand darauf, dass die Plattenfirma noch einmal eine Party für sie schmiss. Also quetschten wir uns in unsere Firmenwagen und brachten die Band ins *Benihana* auf dem La Cienega. Die Jungs aßen eine Kleinigkeit und tranken eine Menge. Vince natürlich am meisten. Ich bemerkte, dass sein Margaritaglas einen Sprung hatte, und er bestellte sich ein neues. Als ich wieder zu ihm hinübersah, war auch das neue Glas kaputt, und er bestand wieder auf Ersatz. Die verblüffte Kellnerin brachte ihm also den dritten Drink, wobei sie das Glas genau überprüfte, ob es gesprungen oder abgestoßen war. Sie hatte sich kaum umgedreht, als Vince das Glas an den Mund setzte und hineinbiss, bis der Rand absplitterte. „Der Typ ist ja total Banane", dachte ich. „Der wird sich die Zunge abschneiden oder seine Lippen zerfetzen."

Vince stand auf, winkte der Kellnerin und beschuldigte sie, ihm absichtlich kaputte Gläser zu bringen. Sie schwor bei allem, was ihr heilig war, dass dieses völlig in Ordnung gewesen sei, als sie es ihm gab. Um weder sie noch Vince in Schwierigkeiten zu bringen, versuchte ich zu vermitteln: „Vielleicht ist der Geschirrspüler kaputt", meinte ich schwach.

Nachdem die Kellnerin ihm einen neuen Margarita gebracht hatte, behielt sie Vince diesmal genau im Auge. Vince, der nicht merkte, dass sie mit dem Manager zusammen in einer Ecke stand und ihn beobachtete, senkte seine Zähne erneut in das Glas. Der Manager stand sofort an unserem Tisch und wollte uns rauswerfen, während die Kellnerin bereits die Polizei rief. Ich beglich hurtig die Rechnung und löste die Gesellschaft auf.

Die meisten Abende mit der Band verliefen nach diesem Muster: Entweder ging etwas kaputt, oder irgendjemand kippte um. Aber auch sonst war nichts einfach oder reibungslos, was Mötley Crüe betraf. Der Chef der A & R-Abteilung, Kenny Buttice, war stinksauer, dass Joe Smith mir gestattet hatte, die Band unter Vertrag zu nehmen, und er dabei sozusagen übergangen worden war. Also versuchte er, mir das Leben so schwer wie möglich zu machen. Ursprünglich war geplant, *Too Fast For Love*, das sie bereits im Alleingang herausgebracht hatten, einfach noch einmal neu aufzulegen, aber Buttice zufolge war die Soundqualität nicht gut genug fürs Radio. Er überzeugte das Label, dass man die Platte erst einmal neu abmischen müsste, bevor an eine Neuveröffentlichung zu denken war.

Ich war dagegen, und die Band war ebenfalls nervös, aber wenn das eben nötig war, damit die Band bei Elektra endlich ernst genommen wurde, dann waren wir dazu bereit. Als dann noch Roy Thomas Baker ausgesucht wurde, um die Platte zu bearbeiten, ging mir fast einer ab. Ich, ein kleiner Plattenfirmenangestellter von gerade mal zwanzig, durfte den exzentrischen, unkonventionellen Briten kennen lernen, der Queen, Foreigner, die Cars, Journey und viele andere tolle Bands produziert hatte. Und auch wenn seine auf die Schnelle drübergestülpten Produktionstricks etwas vom rauen Charme der ursprünglichen Aufnahme wegbügelten, lernte ich doch eine ganze Menge, als ich ihm bei der Arbeit zusah und ihm zuhörte. Wenn die Arbeit im Studio getan war, lud Baker die Band oft zu sich ein, und dann wurde Kokain vom Deckel seines Plexiglasklaviers geschnupft, während er davon erzählte, wie Freddie Mercury an eben diesem Instrument gesessen und sich einen hatte blasen lassen, während er „Bohemian Rhapsody" schrieb.

RTB, wie wir ihn nannten, hatte viel Spaß dabei, die perfekte Party zu organisieren. Von Donnerstagabend bis zum Montag war sein Haus voller interessanter Leute, schöner Frauen, Alkohol und anderer Partyvergnügungen. Er wohnte in den Hügeln oberhalb des Sunset Drive, und das Haus entsprach der Klischeevorstellung einer Rockproduzentenvilla bis aufs i-Tüpfelchen, von den Fernbedienungsschaltern an seinem Bett bis zu den dicken Zottelteppichen auf dem Fußboden. Hier war alles möglich: Zwanzig Nackte aalten sich im Sprudelbad, man aß von den Körpern nackter Frauen – und alles andere, was Sie, ich oder Caligula sich hätten vorstellen können, gab es auch. Mötley Crüe und RTB hatten einander gesucht und gefunden.

Ich selbst fühlte mich dort eigentlich immer fehl am Platz, wie ein kleiner Bursche aus Chicago, der zufällig mitten in einen glamourösen Film geraten war, in dem er all seine Lieblingsstars – Elton John, Rod Stewart, die Jungs von Queen, Journey und Cheap Trick – treffen durfte. Bei manchen Partys ging es so hoch her, dass RTB auf eines der besagten Knöpfchen drückte und die ganze Gesellschaft einschloss. Wenn jemand gehen wollte, musste er sich beim Sicherheitsmann abmelden, der überprüfte, ob er noch genug bei sich war, um fahren zu können. RTB war wirklich clever. Ihm war klar, wenn er schon zu solchen Ausschweifungen ermunterte, dann musste er zumindest versuchen, ein paar Gefahrenquellen auszuschalten. Und angesichts des Zustands, in dem seine Gäste gelegentlich waren, rettete er auf diese Weise sicherlich so manches Leben.

Als *Too Fast For Love* gerade den letzten Schliff bekam, beschloss Coffman plötzlich, die Band auf eine Kanadatournee zu schicken, obwohl noch keine Platte am Start war, die sie dort hätten promoten können. Wir protestierten und erklärten ihm, dass das sinnlos war, aber er blieb hart.

Wir verstanden überhaupt nicht, wie Coffman auf diesen Gedanken gekommen war, bis die Wahrheit später bei einer Gerichtsverhandlung ans Licht kam: Coffman hatte einen Teil seiner Beteiligung an der Band an einen Typen aus Michigan namens Bill Larson verkauft, der die gesamten Ersparnisse seiner Eltern – um die fünfundzwanzigtausend Dollar – geopfert hatte, um fünf Prozent an der Mötley Crüe Inc. zu besitzen. Damit Coffman das Geld einstreichen konnte, musste er die Band auf Tour nach Norden schicken. Also fuhren die Jungs nach Kanada, um dort eine nervige und pannenreiche Tour mit einem Co-Manager durchzuziehen, den sie überhaupt nicht kannten und von dessen Existenz sie noch nicht einmal gewusst hatten. Es wurde eine Tour voller Bombendrohungen, Einreiseprobleme, Schlägereien, Hockeyspieler auf Acid, gebrochener Knochen – in erster Linie Coffmans –

und Polizisten, die am Bühnenrand standen und dafür sorgen mussten, dass das Publikum die Band nicht umbrachte.

Wenig später verschwand Coffman mit dem kompletten Elektra-Vorschuss und der Kohle von dem armen Kerl aus Michigan. Vielleicht haute er ab, weil die Band neuerdings fragte, was eigentlich mit ihrem Geld passierte – Geld, von dem er möglicherweise dachte, dass es ihm zustand, nachdem er dreimal Hypotheken auf sein Haus aufgenommen hatte, um für die Leihwagen und Hotelzimmer und alles andere zu bezahlen, das der Zerstörungswut der Band anheim gefallen war. Am härtesten traf Coffmans Verschwinden Bill Larson, dessen Vater wegen des ganzen Ärgers einen Herzinfarkt erlitt und starb und der sein Geld komplett verlor. Larson ging vor Gericht, aber Coffman wurde niemals aufgespürt und konnte dementsprechend nicht vorgeladen werden. Nach dem, was ich gehört habe, hat sich Coffmans Frau von ihm scheiden lassen, seine Kinder reden nicht mehr mit ihm, und er ist zu den Wiedergeborenen Christen gegangen.

DIE ELEKTRA-VERÖFFENTLICHUNG VON *Too Fast For Love* war eine Katastrophe. Der Schwerpunkt lag derzeit bei der australischen Band Cold Chisel, die von der Promotionabteilung zum nächsten Überflieger aufgebaut werden sollte. Zufällig bekam ich mit, wie einer der regionalen Promotoren zum Chef der Radiopromotion sagte: „Also, inzwischen hat ein Sender in Denver und einer in Colorado Springs Mötley Crüe in die Playlist mit aufgenommen. Cold Chisel interessiert sie bisher nicht, aber ich arbeite weiter dran."

„Mötley Crüe sind mir scheißegal!", brüllte der Radiomensch zurück. „Das ist kein Schwerpunkt! Die brauchen nicht auf die Playlist! Mötley Crüe können sich deine Sender in den Arsch schieben, das kannst du ihnen sagen."

Als ich das hörte, explodierte ich. Es war schon schlimm genug, dass das Label die Band nicht unterstützte, aber jetzt arbeitete man offen gegen sie. Das steckte ich Joe Smith, und letztlich musste der Promotionchef wegen dieses Vorfalls und noch ein paar anderer seinen Hut nehmen. Auch in der A & R-Abteilung wehte ein frischer Wind, nachdem ungefähr zur gleichen Zeit der Produzent Tom Werman dort das Ruder übernahm. Er hatte das erste Album von Ted Nugent und einige der besten Cheap-Trick-Songs betreut, und er war von Mötley Crüe derart begeistert, dass er ihr nächstes Album selbst produzieren wollte. Er und Nikki kamen sofort gut miteinander klar: Nikki legte zwar Wert auf ein böses Image, aber er hatte ein Gespür für Pop, und er wollte, dass seine Musik für den Mainstream attraktiv blieb. Genau das hatte auch Werman bei seinen Produktionen stets versucht.

Zwar hatte die Promotionabteilung alles darangesetzt, das Album zu sabotieren, aber *Too Fast For Love* verkaufte sich schließlich über Mundpropaganda trotzdem mehr als einhunderttausendmal. Ich wusste nicht, was ich machen sollte: Die Band hatte einen Deal mit einem Majorlabel, ihr Album hatte sich ganz anständig verkauft, die Clubs in L. A. waren bei ihren Auftritten stets ausverkauft, das Musikgeschäft wurde auf sie aufmerksam, und sie begann jetzt, an ihrem zweiten Album zu arbeiten. Gleichzeitig hatten die Jungs keinen Manager und nicht mal genug

Geld, um sich was zu essen zu kaufen. Ich versuchte, mich so gut wie möglich selbst um sie zu kümmern.

Mit sechzehn war Lita Ford das Mädchen meiner Träume gewesen – eine scharfe Rockerbraut. Mein Zimmer war von oben bis unten mit Postern der Runaways gepflastert. Nun, fünf Jahre später, hatte ich Mötley Crüe gesignt, und Nikki Sixx wohnte mit meinem Traumgirl von früher zusammen. Jetzt zog ich nicht nur mit ihnen durch die Clubs, ich gab ihnen auch Geld und was zu essen. Wenn ich konnte, fuhr ich bei Nikki und Lita vorbei und brachte ihnen Häagen-Dazs-Eis oder ein paar Sandwiches. Es heißt immer, die beiden hätten sich gezofft wie Hund und Katze, aber mit ihnen konnte man unglaublich viel Spaß haben. Im Lauf der Zeit fiel mir allerdings auf, dass es im Haus irgendwie unheimlicher wurde. Immer öfter entdeckte ich Dinge wie das *Necronomicon*, ein Buch über Flüche und schwarze Magie, das bei ihnen auf dem Tisch lag. Nikki begann sich verstärkt mit Satanismus zu beschäftigen und wollte die nächste Platte *Shout With The Devil* nennen. Das Label war davon alles andere als begeistert, ebenso wenig wie ich. Mir war klar, dass so ein Titel der Promotionabteilung die perfekte Entschuldigung liefern würde, um das Album völlig zu ignorieren.

Als ich eines Abends zu ihm fuhr, um noch einmal über den Titel zu sprechen, hockten er und Lita aneinander geklammert auf der Couch, als ich hereinkam. „Ich bin ziemlich fertig", sagte Lita. „In der Wohnung passieren komische Sachen."

„Was für Sachen?", fragte ich und betrachtete die Pentagramme und düsteren Zeichnungen, die Nikki vor kurzem an die Wände gepinselt hatte.

„Es geht nicht alles mit rechten Dingen zu", meinte sie. „Schranktüren gehen auf und zu, da sind komische Geräusche, und manchmal fliegen ohne jeden Grund Sachen durch die Gegend."

„Hör mal, Nikki", sagte ich. „Hör auf mit diesem ganzen Kram, mit Satanismus und schwarzer Magie. Da sind Mächte im Spiel, mit denen man sich besser nicht anlegt, wenn man sich nicht gut auskennt."

Nikki wischte meine Einwände beiseite. „Das hat doch nichts zu sagen", meinte er. „Es sieht einfach cool aus. Das sind doch bloß bedeutungslose Symbole und so. Ich mache das, um die Leute zu ärgern, ich bin doch kein Scheißsatanist."

Ich merkte, dass ich nichts ausrichten konnte, also ging ich wieder. Als ich zwei Tage später wiederkam, steckten überall in den Wänden und in der Decke Messer und Gabeln, und Nikki und Lita sahen noch ein wenig bleicher und kränker aus als sonst.

„Was zum Teufel habt ihr denn hier gemacht?", fragte ich.

„Wir machen überhaupt nichts", antwortete Lita. „Ich hab's dir doch neulich schon gesagt – die Sachen fliegen einfach von selbst durch die Gegend."

Sie hatte kaum zu Ende gesprochen, als – und ich schwöre bei Gott, dass ich das mit eigenen Augen gesehen habe – ein Messer und eine Gabel sich vom Tisch erhoben und sich genau über dem Platz, an dem ich saß, in die Decke bohrten. Ich sah Nikki an und flippte aus. „Es ist vorbei mit ‚Shout With The Devil'. Wenn du weiter mit dem Teufel brüllst, bringst du dich um."

Ob man es nun glauben will oder nicht: Ich bin fest überzeugt, dass Nikki unwissentlich etwas Böses geweckt hatte, etwas, dessen Gefährlichkeit er nicht mehr kontrollieren konnte und das kurz davor war, ihn ernsthaft zu verletzen. Nikki wurde das offenbar auch klar, denn er beschloss von selbst, den Albumtitel in *Shout At The Devil* zu ändern. Etwas so Bizarres wie jenen Vorfall habe ich seitdem in meinem ganzen Leben nicht mehr erlebt.

Glücklicherweise traf ich bald darauf den Booking-Agenten Doug Thaler, und der kannte einen Typen mit viel Geld, der gern eine Managementfirma gründen wollte, Doc McGhee. Doc war ein netter kleiner Kerl, der stets das Richtige zu sagen wusste. „Wir werden Mötley Crüe zur größten Rockband der Welt machen", erklärte er. „Und wenn Elektra das nötige Geld nicht lockermachen will, dann tu ich's."

Alles schien perfekt: Mötley Crüe hatten Geld, ein gewisser Barry Levine half ihnen bei der Entwicklung ihres Image, und die Plattenfirma nahm sie als Schwerpunkt ins Programm. Doc hatte durch Manipulation, Fantasie und kleine diskrete Geschenke zur rechten Zeit dafür gesorgt, dass Nikki seinem Traum ein Stück näher kam, seine Rebellion vom *Whisky* in die Stadien zu bringen. Allerdings wären Mötley Crüe nicht Mötley Crüe gewesen, wenn es auf diesem Weg nicht noch ein paar Hindernisse gegeben hätte.

Einige Wochen später erfuhr ich, dass Joe Smith als Elektra-Geschäftsführer gefeuert und durch einen gewissen Bob Krasnow ersetzt worden war. Der wiederum warf Tom Werman raus und holte stattdessen Roy Thomas Baker, was ja auch in Ordnung war, weil es nun noch mehr Gründe gab, auf RTBs Partys zu gehen; Werman war trotzdem noch als Produzent für das neue Album im Gespräch. Aber kurz bevor die Aufnahmen begannen, flog Krasnow nach Los Angeles und bestellte Werman und mich zu einem Meeting.

„Rock 'n' Roll ist nicht mehr angesagt", erklärte er uns. „Ich habe beschlossen, dass ich keine Rockbands mehr auf dem Label will. Ich würde nicht mal Ozzy Osbourne nehmen, selbst wenn man ihn mir umsonst auf einem Silbertablett servierte."

„Aber warum sollte man eine Band fallen lassen, die sich gut verkauft? Das macht doch überhaupt keinen Sinn, Bob!"

„Wir sind hier bei Elektra Records, Tom", sagte er. „Unser Label steht traditionell für gute, talentierte Künstler wie Linda Ronstadt, die Doors oder Jackson Browne. Ich bin doch nicht beim Zirkus. Die kriegen von mir keinen Penny."

„Ihre Manager sind bereit, einen Teil der Promotion- und Tourneekosten selbst zu übernehmen."

„Hören Sie", sagte er. „Die Band ist einfach grässlich. Ich habe das Video gesehen, das ist doch peinlich. Ich habe veranlasst, dass es bei MTV nicht mehr gespielt wird."

„Was?! Wir haben gerade eine Tour mit Kiss gebucht. Das können Sie doch nicht machen."

„Davon habe ich schon erfahren. Die Termine habe ich gecancelt."

Frustriert rief ich Doug Thaler und Doc McGhee an, die sich daraufhin selbst mit Krasnow zusammensetzten. Ihnen sagte er dasselbe, und sie gingen in die

Offensive, indem sie fragten, zu welchen Bedingungen er Mötley Crüe aus dem Vertrag entlassen würde.

„Ich sag Ihnen was", gab Krasnow nach. „Sie sorgen dafür, dass die Band eine möglichst gute Platte abliefert. Machen Sie sich keine Gedanken über das Geld, aber halten Sie die Kosten einigermaßen im Rahmen. Ich kann Ihnen nicht garantieren, dass ich das Album veröffentliche, aber falls nicht, verspreche ich Ihnen, dass ich es Ihnen leicht mache, anderswo unterzukommen."

Für Mötley Crüe wäre es fatal gewesen, wenn man sie ausgerechnet jetzt, wo ihre Karriere ein wenig in Schwung gekommen war, tatsächlich hätte fallen lassen. Aber glücklicherweise sollte sich Bobs Einstellung alsbald grundlegend ändern. Der Grund dafür war das US-Festival. Nur ein knappes Jahr später stand Krasnow mit einem Mötley-Crüe-Stirnband im Madison Square Garden und überreichte der Band Gold und Platin für ihre Platten.

Kapitel
VINCE

IN DEM ES NACH EINEM GROSSEN TRIUMPH ZU PERSÖNLICHEN ZER-
WÜRFNISSEN KOMMT. NACHDEM UNSER HELD SEINEN NATÜRLICHSTEN
INSTINKTEN FOLGT – DIE HIER ZUM FROMMEN JÜNGERER LESER NICHT
IN ALLEN EINZELHEITEN GESCHILDERT WERDEN SOLLEN.

*E*s war der Tag, an dem New Wave starb und Rock 'n' Roll den Sieg davontrug: der 29. Mai 1983, der zweite Tag des dreitägigen US-Festivals.

In einem Hubschrauber – es war das erste Mal, dass wir mit einem fliegen durften – schwebten wir über hunderttausenden von Musikfans. Es war, als hätte man die Freitags- und Samstagsszene vom Sunset Strip genommen und an einem heißen Nachmittag auf ein Feld mitten im Niemandsland verpflanzt. Ozzy Osbourne, Judas Priest, die Scorpions und Van Halen spielten vor mehr als dreihunderttausend Kids. Genau wie wir.

Inzwischen gab es wahrscheinlich in jeder Stadt eine Szene wie am Sunset Strip; das war keine Underground-Geschichte mehr, sondern eine Massenbewegung. Und jetzt kamen wir alle zusammen, um ein neues Gebiet auf der Landkarte abzustecken. Oben im Hubschrauber, mit einer Pulle Jack Daniels in der Linken, einer Tüte Pillen in der Rechten und einem blonden Kopf, der sich zwischen meinen Beinen auf und ab bewegte, fühlte ich mich wie der König der Welt. Jedenfalls für ungefähr eine Sekunde. Danach kriegte ich eine Scheißangst.

Wir hatten erst ein Album draußen, und das hatte es in den Popcharts gerade mal auf Platz 157 geschafft. Die meisten Leute da unten hatten wahrscheinlich noch nie von uns gehört. Nachdem sie den ganzen Tag in der Hitze gestanden hatten, warteten sie nun ungeduldig auf Ozzy und Van Halen und würden uns vermutlich hassen.

Ich nahm noch einen Schluck Jack, als wir landeten und unsere neuen Manager trafen: Doc McGhee, im Grunde ein Drogendealer mit gutem Geschäftssinn, und der ihn stets umschmeichelnde Doug Thaler. Der Typ, der uns zu Elektra geholt hatte, Tom Zutaut, war mit seiner Freundin da, einer ziemlich heißen Braut. Das war einigermaßen überraschend, weil Tom nicht gerade ein Händchen im Umgang mit Frauen hatte. Ich ging in die Garderobe, um mich zu schminken und umzuziehen und um mich um die Mädchen und die Reporter zu kümmern, die scharenweise vor der Tür warteten. Nach kurzer Zeit – mir schienen es nur ein paar Minuten gewesen zu sein – hämmerte jemand an die Tür.

„Du solltest seit zehn Minuten auf der Bühne stehen!", brüllte Doc. „Sieh zu, dass du da rauskommst!"

In dem Moment, als wir „Shout At The Devil" spielten, wusste ich, dass wir es geschafft hatten. Jetzt musste ich mir keine Sorgen mehr machen. Die Leute da hatten den Song noch nie zuvor gehört – wir hatten ja gerade erst mit den Aufnahmen begonnen. Aber am Schluss sangen sie mit und reckten ihre Fäuste in die Luft. Ich sah auf die Menge vor mir, und jedes Wort, das ich sang, jeder Ton, den Mick spielte, schien sich wellenförmig im Publikum fortzupflanzen. Ich verstand, weshalb Rockstars so große Egos haben: Von der Bühne aus wirkt die Welt, so weit das Auge reicht, wie eine gesichtslose, konturenlose, gehorsame Masse.

Mick verließ die Bühne als Erster und ging zu dem Trailer hinüber, der uns als Garderobe diente. Drinnen wartete seine Freundin, die wir Das Ding nannten, eine große, fiese Brünette, die sich die Ärmel bis über die Ellenbogen aufgekrempelt hatte. Nach diesem großartigen Ereignis, nach dem bisher größten Gig seines Lebens war er noch nicht ganz in der Tür, als sie ihm ohne weitere Erklärung ihre Faust ins Gesicht knallte. Zuhause in Manhattan Beach schlug sie ihn öfter mal zusammen, wenn sie betrunken war, und warf ihn hinaus; dann rief er meist verzweifelt bei Nikki oder bei mir an und bat darum, dass wir ihn vor seiner Tür abholten.

Was dann geschah, liegt für mich verborgen hinter einem Nebel aus Alkohol, Drogen, Interviews und Weibern. Ich erinnere mich, wie ich von der Bühne kam und dort Tom Zutauts Freundin traf, die sich wegen der Hitze ein bisschen frei gemacht hatte und nun nur noch einen kleinen Leopardenfell-Bikini trug. Ich schnappte sie, drückte mein verschwitztes Gesicht gegen das ihre und schob ihr meine Zunge in den Hals. Sie presste sich an meinen Körper und biss mich in die Lippe.

Ich nahm sie mit in den Trailer – an Mick vorbei, der sich mit beiden Händen den Kopf hielt – und verbarg mein Gesicht in ihren Titten. Genau in diesem

Moment klopfte es an die Tür, und eine helle Stimme quiekte: „Hey, ich bin's, Tom. Kann ich reinkommen?"

„Was willst du?", fragte ich beunruhigt. Ob er mich gesehen hatte?

„Ich wollte dir bloß sagen, ihr wart grooooßartig. Das war die beste Show, die ich je von euch gesehen habe."

„Danke, Alter", sagte ich. „Hör mal, ich komme in einer Minute. Ich muss mich mal einen kleinen Augenblick entspannen."

Dann riss ich seiner Freundin den Bikini runter und fickte sie so richtig durch, während er draußen wartete.

Nikki wurde krebsrot im Gesicht, als ich ihm davon erzählte. „Du verdammtes Arschloch!", schrie er. „Kannst du deinen Schwanz nicht mal bei dir behalten? Der Typ hat uns gesignt. Wenn er das rausfindet, wird er uns das verdammt übel nehmen und uns bei dem neuen Album einen Haufen Schwierigkeiten machen."

„Tut mir leid", sagte ich. „Aber doch nur, wenn er das erfährt."

Abb. 1

Kapitel **3**

T O M   Z U T A U T

IN DEM SICH TOM ZUTAUT ALS UNSCHULDIGER UND WOHLMEINENDER
FÖRDERER UNSERER HELDEN IN EINEM INTERVIEW ÜBER EINE
DELIKATE ANGELEGENHEIT ÄUSSERT.

Erzähl doch bitte von dem US-Festival.

Das Ganze fand irgendwo am Ende der Welt statt, und ich erinnere mich nur daran, dass die Band von irgendeinem Typen bei Apple einen Haufen Geld für diesen Auftritt vor einem Riesenpublikum bekam.

Geschah an diesem Tag noch irgendetwas anderes Bemerkenswertes, an das du dich erinnerst?

Na ja, es war ungewöhnlich, sie mal bei Tageslicht und unter freiem Himmel spielen zu sehen.

Hat dich zu dem Festival jemand begleitet?

Ja, Doc [McGhee] und Doug [Thaler].

Sonst noch jemand?

Ja, meine Freundin war auch dabei.

War an diesem Tag irgendetwas mit deiner Freundin?

Nein, jedenfalls nicht, dass ich wüsste.

Weil Vince sagte, dass er mit ihr geschlafen hat.

Er hat mit meiner Freundin geschlafen?

Jedenfalls hat er mir das erzählt.

Nein, das kann sie nicht gewesen sein.

Er sagte, sie trug einen Leopardenfell-Bikini.

Okay, dann war das ein anderes Mädchen. Meine richtige Freundin, mit der ich ernsthaft zusammen war, hätte keinen Leopardenfell-Bikini angehabt. Das war wahrscheinlich irgendeine billige Bekanntschaft, die ich da mitgebracht hatte. Nikki hat sich wahrscheinlich jahrelang deswegen Sorgen gemacht, aber sie hat mir wirklich nichts bedeutet.

Es war Vince, nicht Nikki.

Vince war das? Na ja, Vince hat ja immer ein Mädchen nach dem anderen gehabt. Der hat vor der Show schon zehn vernascht und nachher noch mal zehn. Das konnten wir damals schon kaum fassen, wir haben uns immer gefragt, wie er das anstellt. Er lässt nie locker. Das fand ich umso überraschender, weil er eine feste Freundin hatte. Wenn sie in der Nähe war, benahmen sie sich, als wären sie verheiratet, aber sobald sie sich umdrehte, fickte er eine andere. Mich überrascht das nicht. Ich glaube, mir fällt jetzt doch wieder ein, wen ich damals mitgenommen hatte. Es gab eine gute Bekannte, mit der ich manchmal unterwegs war, wenn ich ein bisschen Spaß haben wollte, die war das möglicherweise. Sie hieß Amanda irgendwas und kam aus San Diego. Das war noch, bevor ich die Freundin hatte, an die ich eben zuerst dachte. Ja, wenn ich jetzt so drüber nachdenke, die trug irgend so ein kleines Leopardenteil.

Warst du verletzt?

Wenn sie mir wirklich wichtig gewesen wäre, hätte ich sie nicht zu einer solchen Rockshow mitgenommen, und ich hätte sie ganz bestimmt nicht in einen Trailer mit den Jungs von Mötley Crüe gelassen.

Es gab später eine Geschichte mit einer anderen Freundin, die Nikki wirklich gevögelt hat. Sie war ein Partygirl, die mit mir backstage gekommen war. Nikki hat sie sozusagen vor meinen Augen abgeschleppt, vornübergebeugt und rangenommen. Sie hatte ihre Regel, es war eklig. Sie versuchte nicht mal, ihn aufzuhalten. Ich kannte sie erst ein paar Wochen, und wir waren das zweite oder dritte Mal zusammen weg. Nach dieser Sache ist aus unserer Beziehung auch nichts mehr geworden. Aber ich mache Nikki deswegen keinen Vorwurf. Es war oft so, dass Mädchen mir Avancen machten, damit sie backstage kommen konnten. Ich habe diese Situationen bewusst genutzt, um festzustellen, ob sie wirklich an mir interessiert waren oder nicht. Ich meine, Nikki tat wenigstens nichts hinter meinem Rücken. Ich glaube, er fragte sogar: „Hey, die Braut, die du da mitgebracht hast, ist ja echt süß. Hast du was dagegen, wenn ich sie mal rannehme?" Und ich sagte: „Nee, das ist in Ordnung. Zwischen uns ist nichts Ernstes."

Aber von der Sache mit Vince wusste ich definitiv nichts.

Tut mir leid, dass du es von mir erfahren musstest.

Ja, ich glaube, die Frau, mit der Vince es getrieben hat, war die aus San Diego. Unsere Freundschaft ging kurz danach in die Brüche. Jetzt im Nachhinein fällt mir auf, dass sie nach dem Festival anfing, sich komisch zu benehmen, als ob irgendwas passiert sei. Ich weiß noch, dass ich mich am darauf folgenden Wochenende von ihr trennte und sie danach auch nie wiedersah, weil sie sich so komisch aufführte. Vielleicht war das wegen Vince. Wahrscheinlich hatte sie zuerst gedacht: „Oh, ich werde Vinces neue Freundin, und dann kann ich den A&R-Typen in den Wind schießen." Aber dann wurde ihr wahrscheinlich klar, dass sie eine von fünfen war, die Vince in einer Viertelstunde durchgebumst hat. Das brachte sie in eine ziemlich blöde Lage: Sie hatte nichts mit ihm, aber wenn ich dahinter kam, dass sie ihn rangelassen hatte, war sie bei mir unten durch. Sie war wirklich komisch danach, so komisch, dass ich mit ihr nichts mehr zu tun haben wollte.

Abb. 2

Vertragsabschluss im Elektra-Büro. Im Uhrzeigersinn von links: Joe Smith, Mick, Allan Coffman, eine unbekannte Dame, Vince, Nikki, Tom Zutaut, Tommy

Kapitel 4

N I K K I

IN DEM VON DEN SELTSAMEN, UNWAHRSCHEINLICHEN UND
EXKRETORISCHEN ABENTEUERN BERICHTET WIRD, DIE UNSERE HELDEN
AUF EINER REISE MIT DEM WUNDERLICHEN BÄNKELSÄNGER OZZY
OSBOURNE UND SEINER ZARTEN BEGLEITERIN SHARON ERLEBEN.

Was den Spaß anging, war es der Anfang vom Ende: unbegrenzt viel Kokain. Tommy kannte diese zwielichtigen Typen aus Simi Valley, und die brachten uns riesige Mengen Koks in die Cherokee Studios, in denen wir *Shout At The Devil* aufnahmen. Mit dem Zeug blieben wir drei Tage hintereinander wach und machten Musik, und wir hatten nicht mal das Gefühl, dass wir arbeiteten. Vince hatte die Wände mit Bildern aus Pornoheften gepflastert, und die Mädchen kamen reihenweise zu uns ins Studio und ließen sich ficken – am Mischpult mit Mikrofonen, in der Küche mit Flaschen und in der Abstellkammer mit Besenstielen, weil wir langsam nicht mehr wussten, was wir noch mit ihnen machen sollten.

Der frühere Doors-Keyboarder Ray Manzarek arbeitete nebenan, und er kam fast jeden Tag vorbei, soff unseren Fusel weg und ließ uns auf dem Trockenen sitzen. Wir waren nie große Doors-Fans, deswegen ging uns das ganz schön auf die Nerven. Klar, wir hatten Respekt vor ihm, und deswegen sagten wir auch nichts dazu, aber wir fragten uns: Wenn Ray schon so hart drauf war, wie war dann erst Jim Morrison gewesen?

Später wurde ich durch Kokain paranoid und zog mich immer mehr in mich selbst zurück. Aber am Anfang war es nichts weiter als eine Partydroge, die in der Nase einfach mehr kitzelte als Luft. Eines Abends saßen Tommy, sein Schlagzeugtechniker Spidey und ich in einer Bar in der Nähe des Studios und versuchten, von dem heftigen Koks-High ein bisschen runterzukommen. Zwei Bullen, die ein paar Tische weiter saßen, begannen, uns aggressiv anzumachen, mit so originellen Kommentaren wie: „Hübsche Frisur, Mädels." Nachdem dann der Alkohol bei uns zu wirken begann und wir ausgleichshalber noch ein paar harte Schmerzmittel hinterhergeworfen hatten, gingen wir raus auf den Parkplatz, wo ihr Wagen mit heruntergekurbeltem Fahrerfenster stand. Davon inspiriert, nahmen wir davor Aufstellung, pissten auf den Sitz und machten uns schleunigst davon in Richtung Studio. Tommy war dort noch so geladen, dass er einen Stein durch die Scheibe zum Kontrollraum warf. Wir wussten überhaupt nicht, was wir taten – und hatten genauso wenig Ahnung, wie man ein professionelles Album aufnimmt.

Am nächsten Morgen waren wir noch immer im Studio und arbeiteten an „I Will Survive". Hoch über unseren Köpfen hing ein Gong an einem Seil, das wir so straff aufdrehten, bis sich das Instrument zu drehen begann und dabei einen eigentümlich schwirrenden Klang von sich gab. Wir lagen währenddessen auf dem Rücken und versuchten, „Jesus is Satan" rückwärts zu singen, was wie „scrambled eggs and wine" oder so was klang, woraufhin sich unser Toningenieur davonmachte. Er sagte, wir seien alle vom Teufel besessen. Waren wir vielleicht auch.

Wir experimentierten mit schwarzer Magie, lasen jedes Buch über Flüche, Zauber oder Okkultismus, das wir finden konnten, und nahmen Beschwörungen wie „God Bless the Children of the Beast" auf, das eigentlich vom Intro zu David Bowies *Diamond Dogs*-Album inspiriert war. Vielleicht bildeten wir uns das nur ein, aber wir begannen, etwas Böses anzulocken.

Die Ideen, die ich für das Album und die Tour hatte, beschäftigten sich mit der Psychologie des Nationalsozialismus als grausam-böses Massenphänomen und mit den Büchern Anton LaVeys über Satanismus, in denen sich eher eine persönliche Philosophie mit schockierendem Titel als eine echte Religion offenbarte. Unsere Shows wollte ich als Mischung aus Nazi-Parteitag und schwarzer Messe inszenieren, wobei die Halle mit Mötley-Crüe-Symbolen statt mit Hakenkreuzen dekoriert sein sollte. Ronald Wilson Reagan, mit seinem jeweils aus sechs Buchstaben bestehenden Namen, der für mich die 666 ergab, war für mich tatsächlich der Antichrist – zumal in der Bibel steht, dass der Antichrist die Stimme eines Löwen besitzt und von vielen Nationen gehört werden wird. Ich erzählte allen, dass er eines Tages einen Schuss durchs Herz bekommen und sich schneller als jeder andere Mensch davon erholen würde, und genauso kam es auch. Er war der Teufel, und ich wollte, dass das jeder wusste. Langsam drehte ich wirklich durch. Zunächst explodierte Tommys Auto, als er von unserer satanischen Aufnahmesession zu „I Will Survive" nachhause fahren wollte. Vince wurde in seinem Wagen dauernd ohnmächtig. Bei Lita und mir zuhause flogen ständig Gegenstände durch die Luft. Wir fingen an, Panik zu kriegen. Dann hatte ich meinen Unfall.

Mein erstes richtiges Auto, einen Porsche, hatte ich mir nach der Unterzeichnung meines Verlagsvertrags mit Warner/Chappell gekauft. Der Wagen war mein ganzer Stolz. Tommy und ich liebten es, um zwei Uhr nachts mit durchgetretenem

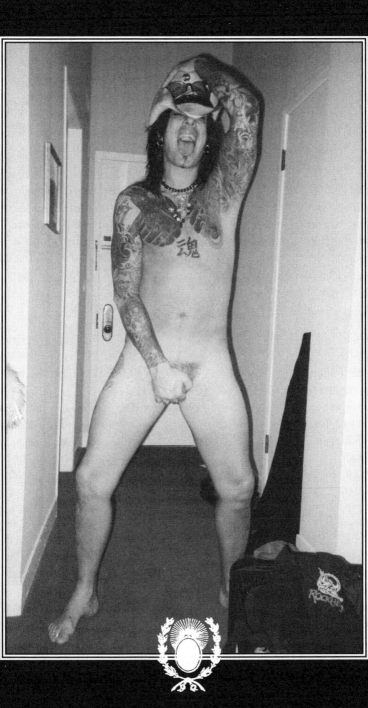

Abb. 3

Gaspedal über den Sunset Boulevard zu brettern und dabei Jack Daniels zu saufen. Wie dämlich man ist, wenn man sich betrunken ans Steuer setzt, wurde uns erst ein Jahr später klar. Noch war alles locker. Selbst wenn uns die Polizei wegen Geschwindigkeitsüberschreitung anhielt, war das nicht weiter schlimm – wir mussten zwar unsere Drinks wegschütten, aber ansonsten ließ man uns wieder laufen. Zu der Zeit war uns überhaupt nicht klar, was für ein Glück wir hatten – wir waren auch noch sauer, weil es meist zu spät war, um neuen Fusel zu kaufen.

Nachdem ich mich monatelang mehr um das Auto gekümmert hatte als je um eines meiner Mädchen, ließ ich mich mal wieder bei einer von Roy Thomas Bakers Partys sehen. Wir zogen ein paar Linien auf seinem Glaspiano, dann zogen wir uns aus und sprangen in den Whirlpool, in dem sich schließlich um die fünfzehn Leute stapelten, darunter auch Tommy. Er hatte sich endlich von Bullwinkle getrennt und war nun mit Honey, einem Model aus Florida, zusammen. Plötzlich hatte Tommy eine Riesenerektion, und er drehte sich zu Honey um und befahl: „Okay, du Schlampe, jetzt blas mir einen." Sie beugte sich vor und begann, vor allen Leuten an seinem Schwanz zu lutschen. Als sie fertig war, ließ er sie gleich wieder von vorn anfangen. Sie machte sich wieder ans Werk, aber diesmal dauerte es Tommy zu lange, und er wurde sauer: Sie habe keine Ahnung, wie man das richtig macht, meckerte er, und so mache das keinen Spaß. Irgendwann bekam sie es richtig hin und war so aufmerksam, im entscheidenden Moment alles runterzuschlucken, damit der Pool nicht mit Tommys ungeborenen Kinder verschmutzt wurde. Fünf Minuten später ließ Tommy sie schon wieder rangehen.

Ich glaube, an diesem Abend bekamen viele von RTBs Freunden neuen Respekt vor Tommy: Er war nicht nur gebaut wie ein Wolkenkratzer und hatte unendlich viele Orgasmen; wenn er fertig war, dann teilte er auch gern. Er warf einen Blick auf die Jungs, die ihn vom Wannenrand aus geschockt und überrascht anstarrten, und befahl dann Honey, einmal die Runde zu machen und jedem einen abzukauen. Es war schwer, dieses Bild aus dem Kopf zu kriegen, als ich ein paar Monate später mit dem glücklichen Paar und Tommys Eltern in West Covina beim Abendessen saß. Sie war einfach kein Mädchen, das man seiner Mutter vorstellte – es sei denn, dass man auf einer Zuchtfarm für Playboy-Bunnies groß geworden war.

Ich lehnte Tommys Angebot höflich ab – nicht etwa aus Respekt vor ihm, sondern weil ich schlicht zu fertig war, als dass ich einen hochgekriegt hätte. Stattdessen beschloss ich, die Party zu verlassen. Die Drogen setzten mir arg zu, ich war völlig durcheinander und wollte zu Lita. Das Problem war, dass RTB wie immer die Türen verriegelt hatte, damit niemand rauskam, der zum Fahren zu betrunken war. Außerdem hatte ich keine Ahnung, wo ich eigentlich meine Klamotten gelassen hatte.

Nackt, wie ich war, kletterte ich an der Grundstücksmauer hoch. Als ich auf die andere Seite hinuntersprang, merkte ich, dass ich mir an den Steinen Brust und Arme aufgeschürft hatte und blutete. Draußen warteten zwei Mädchen, die man nicht zur Party gelassen hatte, in einem 68er-Mustang. „Nikki!", schrien sie. Glücklicherweise habe ich die Angewohnheit, meine Schlüssel stets im Auto stecken zu lassen; das mache ich heute noch so. Schnell sprang ich in meinen Porsche und raste den Hügel hinunter. Hinter mir knirschte der Kies unter den Reifen des Mustangs, und der Wagen folgte mir. Ich beschleunigte auf hundertvierzig und drehte den Kopf, um zu sehen, ob ich sie abgehängt hatte, und während ich das tat, wurde ich gegen das Armaturenbrett geschleudert. Ein Telegrafenmast hatte meiner Fahrt ein jähes Ende gesetzt und befand sich jetzt neben mir auf dem stark lädierten Beifahrersitz. Hätte dort jemand gesessen, hätte ihm der Mast den Kopf eingeschlagen.

Noch unter Schock stieg ich aus dem Wagen und stand vor dem erbärmlich rauchenden Schrotthaufen, der noch vor Minuten meine große Liebe gewesen war. Totalschaden. Da war nichts mehr zu machen. Und ich war allein – nackt, blutend und verwirrt. Als ich den Arm hob, um ein Auto anzuhalten, spürte ich einen heftigen Schmerz, der vom Ellenbogen bis zur Schulter zog. Also ging ich zu Fuß bis nach Coldwater Canyon, wo mich ein älteres Paar mitnahm, das kein Wort darüber verlor, dass ich splitterfasernackt war, sondern mich ruhig ins nächste Krankenhaus brachte. Die Ärzte stellten meinen Arm in einer Schlinge ruhig – ich hatte mir die Schulter ausgekugelt – und schickten mich mit einer Packung Schmerztabletten nachhause. Nachdem ich die eingeworfen hatte, verbrachte ich die nächsten drei Tage im Pillenkoma.

Außer Lita wusste keiner, wo ich war. Die Band hatte nur mitbekommen, dass mein Porsche komplett zerdellt auf halbem Weg von RTBs Haus an der Straße stand und dass ich nirgendwo auffindbar war. Ich frage mich heute noch, wie sehr sie mich damals vermissten – jedenfalls kam keiner mal bei uns vorbei, um zu sehen, ob es mir gut ging. Aber immerhin hatte die ganze Erfahrung auch ihr Gutes – ich entwickelte eine dauerhafte Vorliebe für Percodan.

Der Autounfall und die vielen anderen unheimlichen und seltsamen Dinge, die uns passierten, brachten mich zurück in die Realität, und Lita überredete mich, die Finger vom Satanismus zu lassen. Stattdessen begann ich, mich mehr und mehr mit Heroin zu beschäftigen – zuerst, um den Schmerz meiner lädierten Schulter zu betäuben, und später, um den Schmerz des Lebens nicht mehr zu spüren, den Schmerz, den man eben fühlt, wenn man nicht mehr drauf ist. Vince hatte ein Mädchen aufgetan, das uns bestens versorgte. Er brachte einen braunen Klumpen Stoff, ein Stück Alufolie und einen aus Pappe und Klebeband selbst gebauten Trichter mit. Dann nahmen wir ein paar Krümel von dem Heroin, legten sie auf die Alufolie, hielten ein Feuerzeug darunter und sogen dann den Rauch ein, der von dem brennenden Ball auf der Folie aufstieg – bis wir so total stoned waren, dass wir nur noch auf dem Sofa saßen und uns anstarrten.

Bald darauf erreichte unser Heroinkonsum die nächste Stufe. Robbin Crosby von Ratt und der Bassist einer Punk-Lokalband zeigten uns, wie man Spritzen setzt, und danach war alles vorbei. Nach meinem ersten Schuss kippte ich sofort um. Als ich wieder zu mir kam, lachten alle über mich, weil ich offenbar eine Viertelstunde lang bewusstlos in der Mitte des Zimmers gelegen hatte. Allerdings entdeckte ich auf diese Weise Speedballs, ohne dass mir jemand zeigen musste, was dazugehört. Irgendwann fragte ich mich nämlich, ob ich vielleicht nicht mehr umfallen würde, wenn ich das Heroin mit Koks vermischte. Das war mein erster Speedball, und siehe da: Ich fiel nicht um. Statt allerdings wie sonst die Viertelstunde bewusstlos auf dem Rücken zu liegen, verbrachte ich dieselbe Zeit im Bad und erbrach mich ins Klo und auf den Fußboden. Aber das störte mich nicht. Im Kotzen war ich schon immer gut.

Glücklicherweise konnte ich mir nun, da mein Arm in Gips lag, nicht selbst die Spritzen setzen. Das hielt mich davon ab, zu übertreiben. Bass spielen konnte ich so natürlich auch nicht, aber das machte auch nichts; unser Produzent Tom Werman rief ohnehin jeden zweiten Tag bei Elektra an und beschwerte sich darüber, dass ich nicht spielen und Vince nicht singen konnte. Also saß ich mit meinem bandagierten Arm im Studio, um die Dinge ein wenig im Auge zu behalten, und dröhnte mich zu.

Werman hatte während der gesamten Session stets gepredigt: „Ganz gleich, was ihr tut, lasst eure Finger von den Notizen, die ich mir zur Produktion gemacht habe. Ich habe einige Gedanken aufgeschrieben, die ich mir zur Gesamtrichtung der Musik gemacht habe, und ich möchte nicht, dass ihr deswegen ausflippt." Das war natürlich das Dümmste, was er uns hätte sagen können: Seitdem waren wir hinter seinem Geschreibsel her wie der Teufel hinter der armen Seele. Aber er nahm die Notizen jedes Mal mit, sobald er aus dem Studio ging. Bis er eines Abends auf dem Klo verschwand und seine Kladde liegen ließ. Sofort spurtete ich zum Mischpult, schon ganz gespannt, was wohl in den geheimnisvollen Aufzeichnungen stehen würde. Ich öffnete das Büchlein und starrte auf die Worte: „Nicht vergessen – Sonntag Rasen mähen. Ballettschuhe für Schulaufführung besorgen. Neuer Golfschläger nötig." Ich zitterte vor Wut: Dieser Typ nannte sich unser Produzent, und ich fand es unglaublich, dass er überhaupt an etwas anderes dachte als an Mötley Crüe und Rock 'n' Roll.

Ich ging raus und wollte nach ihm suchen, aber die Empfangsdame hielt mich auf. Alice Cooper arbeitete ebenfalls im Studio, und ich hatte sie schon seit Tagen um ein Treffen mit ihm angefleht. Für mich war er größer als Gott. Und heute hatte ich meinen Glückstag: „Er hat einen Moment Zeit für dich", sagte sie. „Du sollst gegen drei in dem Raum vor seinem Studio auf ihn warten."

In dem Raum vor seinem Studio stand um drei Uhr ein tadellos gekleideter Mann mit einer Aktentasche. „Alice kommt in einem Augenblick", sagte er, und es klang, als sollte ich dem Paten vorgestellt werden. Eine Minute später ging die Studiotür auf, und Rauch quoll heraus. Aus der Mitte dieser Wolke trat Alice Cooper in den Gang. Er hatte eine Schere in der Hand, die er auf und zu schnappen ließ. Er kam auf mich zu und sagte: „Ich bin Alice." Und ich konnte nur stammeln: „Ja, verdammte Scheiße, das bist du!" Wer sich so einen Auftritt verschaffte, der war wirklich Gott. Erst Jahre später dämmerte mir, was wohl den Rauch verursacht hatte.

Nun war mein Arm wieder verheilt, *Shout At The Devil* war fertig, und uns standen neue Auftritte bevor. Das Glam-Punk-Image langweilte uns inzwischen: So viele andere Bands hatten es kopiert. Wir begannen, unseren Look umzugestalten, und orientierten uns dabei an zwei Filmen, die wir während unserer gemeinsamen Zeit im Mötley House so oft gesehen hatten, dass sich uns jedes Detail in die Köpfe gebrannt hatte: *Mad Max* und *Die Klapperschlange*. Die Metamorphose begann eines Abends bei einem Konzert im Civic Center von Santa Monica. Joe Perry von Aerosmith war da, total besoffen, als ich mir zum ersten Mal einen Schminkstift

Abb. 4

Mick und Ozzy Osbourne

nahm und mir dicke Striche in *Mad Max 2*-Manier unter die Augen malte. Joe fand das cool, und das reichte mir als Bestätigung. Von da an trug ich nietenbeschlagene Schulterstücke und Kriegsbemalung wie die Benzinpiraten in *Mad Max 2*. Später ließ ich mir hohe Lederstiefel schneidern, die in den Absätzen Hohlräume hatten, aus denen Rauch quoll, wenn ich einen Knopf drückte. Als Bühnenbild malten wir eine Skyline wie bei *Die Klapperschlange,* ließen uns Verstärker in Zackenform anfertigen und ein Schlagzeugpodest errichten, das aussah, als sei es aus dem Schutt einer explodierten Autobahn gebaut.

WIR HIELTEN UNS FÜR DIE BÖSESTEN GESCHÖPFE auf Gottes Erdboden. Niemand trieb es so oft und so wild wie wir, und niemand kam so unbehelligt mit diesem Benehmen davon. Wir hatten keinerlei Konkurrenz. Je kaputter wir waren, desto großartiger fanden uns die Leute, und desto mehr bekamen wir von dem, was uns noch kaputter machte. Radiosender versorgten uns mit Groupies, vom Management bekamen wir Drogen. Jeder, den wir trafen, schien gern dafür zu sorgen, dass wir ständig völlig weggetreten waren. Wir dachten uns nichts dabei, während eines Radiointerviews den Schwanz rauszuholen und auf den Fußboden zu pinkeln oder die Moderatorin zu vögeln, wenn sie halbwegs passabel aussah. Wir dachten, wir hätten schweinisches Verhalten zu einer Kunstform stilisiert. Aber dann trafen wir Ozzy.

Eigentlich waren wir nicht besonders begeistert, als wir von Elektra erfuhren, dass wir als Support bei Ozzy Osbournes *Bark At The Moon*-Tour gebucht worden waren. Nach *Too Fast For Love* hatten wir ein paar Shows mit Kiss gespielt, und die waren nicht nur furchtbar langweilig gewesen, nein, Gene Simmons hatte uns wegen schlechten Benehmens auch noch rausgeworfen. Angesichts dessen kann man sich sicher vorstellen, wie verblüfft ich war, als siebzehn Jahre später, als ich gerade dieses Kapitel schrieb, der superschlaue Geschäftsmann Gene Simmons bei mir anrief und nicht nur gern die Filmrechte zu *Dreck* gehabt hätte, sondern sich eigentlich die Exklusivrechte für jegliche Verfilmung von Mötley Crües Geschichte für alle Zeiten sichern wollte.

Für die Vorbereitungen zur Ozzy-Tour mieteten wir uns in der Long View Farm in Massachusetts ein, wo schon die Rolling Stones geprobt hatten. Wir wohnten in Lofts, und ich wollte unbedingt das Apartment in der umgebauten Scheune, das vorher Keith Richards gehabt hatte. Unsere Chauffeure brachten uns so viele Drogen und Nutten aus der Stadt, dass wir die Augen während der Proben kaum offen halten konnten. Tommy und ich pflegten einen Eimer zwischen uns aufzustellen, damit wir für den Notfall was zum Reinkotzen hatten. Bis eines Tages unsere Manager und ein paar Typen von der Plattenfirma auftauchten, um sich von unseren Fortschritten – wenn es die denn gab – zu überzeugen. Ich dämmerte bei dem Treffen ständig weg.

Mick, unser gnadenloser Qualitätsbeauftrager, beugte sich zum Mikrofon und erklärte den versammelten Geschäftsleuten und all denen, die ihre Unterschriften unter unsere Schecks, Spesenabrechnungen und Vorschüsse setzten: „Wir könnten diese Songs jetzt natürlich spielen, wenn Nikki sich nicht die ganze letzte Nacht mit Heroin voll gedröhnt hätte." Ich war so sauer, dass ich meinen Bass auf den Boden warf, mir sein Mikro schnappte und den Ständer in der Mitte durchbrach. Mick war in diesem Moment schon geflüchtet, aber ich jagte ihn noch über die Landstraße, wobei wir beide in unseren hohen Schuhen wahrscheinlich aussahen wie zwei streitende Nutten.

Die Tour begann in Portland, Maine, und Ozzy war noch beim Soundcheck, als wir ins Stadion kamen. Er trug eine große Fuchspelzjacke und war über und über mit Goldschmuck behängt. Neben ihm auf der Bühne standen Gitarrist Jake E. Lee und Bassist Rudy Sarzo, hinten saß Carmine Appice am Schlagzeug. Das war etwas völlig anderes als diese Tour mit Kiss. Ozzy war ein zitterndes, hibbeliges Nervenbündel voller verrückter, unberechenbarer Energie, der uns erzählte, dass er zu seiner Zeit bei Black Sabbath ein ganzes Jahr lang Acid genommen hatte, nur um herauszufinden, was dann passierte. Es gab nichts, was Ozzy noch nicht probiert hatte, und dementsprechend gab es auch nichts, woran er sich noch erinnern konnte.

Wir kamen vom ersten Tag an hervorragend mit ihm aus. Er nahm uns unter seine Fittiche und machte uns die Aufgabe, vor zwanzigtausend Leuten zu spielen, so leicht wie möglich. Unser Ego machte Riesensprünge. Nach dem ersten Konzert überkam mich das gleiche Gefühl wie an dem Tag, an dem wir zum ersten Mal das *Whisky* ausverkauft hatten. Der kleine Traum, der im Mötley House geboren worden war, wurde langsam Wirklichkeit. Die Zeiten, in denen wir Kakerlaken killen und uns ums tägliche Brot sorgen mussten, lagen endgültig hinter uns. Das US-Festival hatte uns einen ersten Ausblick auf unsere strahlende Zukunft gewährt, und mit der Ozzy-Tour war aus diesem ersten Strahl ein richtiges Feuer geworden, das die ganze Band ansteckte. Ohne das wären wir wahrscheinlich eine dieser L.-A.-Bands geblieben, wie London sie gewesen waren: schon irgendwie Stars, aber nie völlig überzeugend.

Ozzy verbrachte kaum eine Nacht in seinem Tourbus – er war ständig bei uns. Er platzte mit einer Riesentüte Koks bei uns rein und sang: „I am the krelley man, doing all the krell I can, I can", und wir zogen uns das Krell rein, bis der Bus wieder hielt und wir in der nächsten Stadt ausstiegen.

Zum Beispiel in Lakeland, Florida. Wir purzelten in der heißen Mittagssonne aus dem Bus und begaben uns gleich an die Hotelbar, die eine Glasfront vom Swimmingpoolbereich trennte. Ozzy zog sich die Hosen aus und klemmte sich eine Dollarnote in die Arschritze, dann ging er in die Bar und bot jedem Pärchen dort den Dollar an. Es dauerte nicht lange, bis eine ältere Dame über ihn zu schimpfen begann; Ozzy reagierte, indem er sich ihre Tasche schnappte und damit flüchtete. Als er wieder an den Pool kam, trug er ein dünnes Strandkleid, das er in der Tasche gefunden hatte. Wir platzten fast vor Lachen, obwohl wir uns nicht sicher waren, ob seine Späße tatsächlich seinem eigenwilligen Sinn für Humor oder eher einem schweren Fall von Schizophrenie zuzuschreiben waren. Je länger ich darüber nachdenke, desto mehr glaube ich an Letzteres.

Während wir es uns am Pool gemütlich gemacht hatten – wir in Leder und T-Shirts, Ozzy in besagtem Kleid –, stupste Ozzy mich plötzlich an. „Hey, Mann", sagte er, „jetzt könnte ich eine Nase vertragen."

„Alter", erwiderte ich bedauernd, „das Koks ist alle. Vielleicht kann der Busfahrer noch irgendwo was auftreiben."

„Gib mir mal den Strohhalm", verlangte er unbeirrt.

„Aber wir haben echt kein Koks mehr."

„Gib mir den Strohhalm. Ich nehme eine Nase."

Ich reichte ihm den Strohhalm, und er ging zu einer Stelle, an der ein langer Riss durch die Steinplatten auf dem Boden lief. Dort marschierte eine kleine Armee von Ameisen zu einem Sandhügel am Plattenrand. Und während ich noch dachte: „Nein, das macht er nicht", tat er es auch schon. Er steckte sich den Strohhalm in die Nase, beugte sich nach vorn, bis seine weißen Hinterbacken wie eine aufgeschnittene Honigmelone unter dem kurzen Kleid hervorsahen, und zog sich die ganze Ameisenarmee mit einem einzigen enormen Zug in die Nase.

Abschließend warf den Kopf zurück und schniefte kräftig durch das rechte Nasenloch, wobei sicher die eine oder andere verirrte Ameise seine Kehle hinunterschoss. Dann hob er das Strandkleid, nahm seinen Schwanz und pisste auf den Weg. Sein wachsendes Publikum – jeder aus unserem Tross sah ihm zu, während die älteren Frauen und Familien hier draußen am Pool so taten, als würden sie ihn ignorieren – würdigte er keines Blickes, während er sich hinkniete und dabei das

Kleid in der Pfütze vor sich kräftig einweichte. Dann begann er sie aufzulecken. Dabei tippte er nicht etwa nur ein paar Mal seine Zungenspitze hinein, sondern schleckte sicher ein halbes Dutzend mal langsam und gemächlich wie eine Katze. Schließlich stand er auf und sah mich mit blitzenden Augen und urinnassem Mund an: „Das musst du erst mal nachmachen, Sixx!"

Ich schluckte und fing an zu schwitzen. Aber ich stand unter echtem Gruppendruck und konnte nicht ablehnen. Er hatte ja so viel für Mötley Crüe getan. Und wenn wir unseren Ruf als verkommenste Band des Rock verteidigen wollten, dann konnte ich hier nicht kneifen, wo jeder uns zusah. Ich öffnete also meinen Reißverschluss und holte meinen Schwanz vor den Augen aller Gäste in der Bar und am Swimmingpool heraus. „Ist mir doch scheißegal", versuchte ich mich selbst zu ermutigen, als ich mein Bächlein machte. „Dann saufe ich eben meine Pisse. Was macht das schon? Die kommt ja doch aus meinem Körper."

Ich bückte mich, um mein Werk zu vollenden, aber Ozzy war schneller. Auf allen vieren kniete er vor mir und leckte die Urinlache auf. Ich gab mich geschlagen: „Du hast gewonnen." Und das hatte er. Von diesem Augenblick war uns klar: Egal, wie wir uns aufführten oder wie böse wir waren, es gab immer jemanden, der noch kaputter und ekliger war als wir.

Allerdings hatte Ozzy etwas, das uns fehlte: eine Grenze, ein Gewissen, eine Bremse. Und diese Grenze hatte die Gestalt einer gemütlichen, rundlichen, kleinen Engländerin, deren Name allein in Rockerkreisen für zitternde Lippen und weiche Knie sorgt: Sharon Osbourne. Diese Frau war ein gnadenloser Schleifer und Zuchtmeister, wie wir noch keinen getroffen hatten, und ihre bloße Anwesenheit ließ in Sekundenschnelle alle Kindheitsängste vor Autoritäten wieder in uns wach werden.

Nach den Gigs in Florida stieß Sharon zu uns, um für Ordnung zu sorgen. Von einem Tag auf den anderen verwandelte Ozzy sich in den perfekten Ehemann. Er aß sein Gemüse, hielt ihre Hand und ging brav nach jedem Konzert ins Bett, ohne an Drogen zu schnüffeln oder Urin zu schlürfen. Aber es reichte nicht, dass sich Ozzy allein ordentlich aufführte. Sharon verlangte das auch von uns. Das machte sie uns unmissverständlich klar, als sie in unsere Garderobe platzte und dort ein Mädchen auf allen vieren vorfand, um das wir mit heruntergelassenen Hosen und schuldbewussten Kleine-Jungs-Gesichtern herumstanden. Ab sofort waren Drogen verboten, wir durften keine Mädchen mehr backstage bringen oder uns irgendwie anders als vielleicht bei Gesellschaftsspielen amüsieren. Wir waren irgendwann so frustriert, dass wir die Merchandise-Firma, die mit uns reiste, dazu brachten, uns ein neues T-Shirt zu entwerfen. Vorn war ein Smiley voller blutiger Einschusslöcher zu sehen. Die Rückseite zierte der rote Kreis der Verkehrsverbotsschilder, in dessen Mitte sich eine Liste befand: „Sex, Spaß, Alkohol, Partys, heiße Öfen, Mösen, Heroin, Motorräder." Durch den Kreis lief ein dicker diagonaler roter Strich, und darunter stand: „No Fun Tour: '83–'84". Jeder im Tross bekam so ein Shirt von uns, Ozzy natürlich auch.

Schließlich hielt ich es nicht mehr aus und kam auf Händen und Füßen bei Sharon angekrochen: „Bitte, bitte, ich muss unbedingt irgendeine Frau flachlegen. Ich werde sonst verrückt."

„Nein, Nikki, das kommt nicht infrage", sagte sie entschieden. „Davon holt man sich Geschlechtskrankheiten."

„Das ist mir völlig wurscht", rief ich. „Ich brauche das. Nur einmal wieder jemanden bumsen."

„Na schön." Sharon gab nach. „Aber nur dieses eine Mal."

„Danke, Mami."

Dann führte sie mich an der Hand seitlich an die Bühne und sagte: „Also, welche soll's denn sein?", als sei ich ein Kind, das sich Süßigkeiten aussuchte.

„Ich hätte gern die da in Rot, bitte."

Am gleichen Abend stieg Carmine Appice bei Ozzy aus. Er hatte mit Vanilla Fudge, Cactus und Rod Stewart gespielt und war selbst ein Star, daher hatte er gedacht, es sei nur recht und billig, wenn er eigene T-Shirts verkaufen ließ. Sharon hatte ihm das in einem Anfall ungewöhnlicher Großzügigkeit auch gestattet. Dann allerdings kamen Fans zu ihm, um sich eins seiner Shirts signieren zu lassen, und bei der Gelegenheit stellte Carmine fest, dass auf der Brust ein großes Loch prangte: Sharon und Ozzy hatten sein Gesicht aus sämtlichen Shirts rausgeschnitten. Es gab einen Riesenstreit, der schließlich dazu führte, dass Carmine seine Sachen packte und Tommy Aldridge als Ersatz für ihn zurückkehrte.

Sobald Sharon allerdings nicht mehr dabei war, fiel Ozzy sofort in seine alten dekadenten Verhaltensmuster zurück. In Nashville schiss er in Tommys Bad und schmierte die Kacke über alle Wände. In Memphis klaute er mit Vince zusammen ein Auto, dessen unvorsichtiger Besitzer die Schlüssel hatte stecken lassen, und versetzte die Fußgänger auf der Beale Street in Angst und Schrecken, bevor er die Fenster des Wagens einschlug und die Polster aufschlitzte. Ein paar Tage später erreichten wir New Orleans am zweiten Tag des Mardi Gras. Die Stadt war außer Rand und Band. Tommy, Jake E. und ich gerieten in einer Bar auf der Bourbon Street in eine Messerstecherei, während Vince und Ozzy durch die Stripclubs streiften. Als wir betrunken und blutbespritzt ins Hotel zurückkehrten, wartete Mami schon wieder auf uns: Sharon war gekommen, und sie verbot uns, noch einmal mit Ozzy um die Häuser zu ziehen.

Wenn Sharon nicht in seiner Nähe war, brach Ozzy manchmal zusammen wie ein Kind, das seine Mutter verloren hat. In Italien kaufte er eine aufblasbare Gummipuppe, malte ihr ein Hitlerbärtchen und setzte sie hinten in unseren Bus. Auf der Fahrt nach Mailand hielt er sie offenbar für seinen einzigen Freund und sprach dauernd mit ihr. Er erzählte der Puppe, eine große Verschwörung sei im Gange, alle seien gegen ihn und planten, ihn zu töten. Als er an dem Abend auf die Bühne ging, trug er Gestapo-Stiefel, einen Damenslip samt BH und eine blonde Perücke. Zu Beginn schien er sich prächtig zu amüsieren, aber nach ein paar Songs hakte plötzlich etwas bei ihm aus, und er begann zu weinen. „Ich bin kein Tier", schluchzte er ins Mikrofon. „Ich bin kein Freak." Dann entschuldigte er sich bei den Zuschauern und verließ die Bühne.

An jenem Abend kam er in das Zimmer, das Mick und ich uns teilten, und fragte, ob er mal telefonieren könnte. Dann hob er ab und sagte: „Eine Verbindung nach England, bitte."

Ich riss ihm den Hörer aus der Hand und legte auf. „Alter, du kannst nicht nach England telefonieren. So viel Geld hab ich nicht."

Also meldete er ein R-Gespräch an, und Sharon übernahm die Kosten. „Ich wollte dich nur anrufen, um dir zu sagen, dass ich die Scheidung will", sagte Ozzy daraufhin so ruhig und ernsthaft wie möglich.

„Halt die Klappe, und geh ins Bett", schnauzte Sharon und legte auf.

Unser Tourmanager hatte aus irgendeinem Grund die clevere Idee gehabt, einen notorischen Unruhestifter wie mich mit dem ruhigen Mick zusammen in einem Zimmer unterzubringen. Bei uns ging es zu wie bei Oscar und Felix aus *Ein verrücktes Paar*. Mick hatte für manche Dinge einfach wenig Verständnis. Wenn ich beispielsweise aus Frust, weil ich beim Songschreiben einen toten Punkt erreicht hatte, mit meiner Gitarre im Flur alle Lampen zerschlagen hatte, kam ich mit meiner kaputten Klampfe zurück ins Zimmer und fragte Mick: „Sag mal, kann ich mir mal deine Gitarre leihen?" Wir gingen uns regelmäßig an die Kehle, meist, weil ich zu wild feierte oder Frauen mit aufs Zimmer brachte. Bei einem dieser Streite riss ich ihm ein Büschel Haare aus, und daraufhin bekam ich endlich mein eigenes Zimmer. Mick brachte das weniger Ruhe und Frieden als erwartet; wenig später wurde er nämlich verhaftet. Ein Gast hatte Tommy nackt im Flur erwischt und die Polizei gerufen, und die hatte Gitarrist und Schlagzeuger verwechselt und den armen Mick kassiert.

Ungefähr ein Jahr waren wir mit Ozzy unterwegs, wobei wir gelegentlich nebenbei Solokonzerte gaben oder mit Saxon auftraten. Zwischendurch bekamen wir unsere ersten Gold- und Platinschallplatten, hörten uns zum ersten Mal selbst im Radio und merkten, dass man uns erkannte, wenn wir durch Los Angeles bummelten. Es ging alles sehr schnell, und unsere festen Beziehungen litten alle unter dieser Entwicklung. Als die Tour zu Ende war, brachte mich unser Bus direkt vor das Haus, in dem Lita und ich wohnten. Ich stand zehn Minuten mit dem Koffer in der Hand vor der Tür und fragte mich, ob ich reingehen sollte oder nicht. Als ich mich dann schließlich dazu überwunden hatte, umarmte ich sie und sagte kein Wort. Ich stand einfach da und wusste nicht recht, was ich nun eigentlich tun sollte. Während der Tour hatte sich irgendetwas in mir abgeschaltet, und ich hatte keine Ahnung, wie ich das wieder in Gang bringen sollte.

Als Lita wenige Tage später selbst auf Tour ging, war ich erleichtert. Ich war nicht in der Verfassung, die Beziehung zu ihr aufrechtzuerhalten, zumal wir beide dauernd unterwegs waren, und ich hatte inzwischen vergessen, wie man mit einer Frau umging, die man respektierte. Als sie zurückkam, hatte ich meine Sachen gepackt und gegenüber bei Robbin Crosby Unterschlupf gesucht. Nach meinem Einzug dort war das Leben wieder so jenseits von Moral und Anstand, wie ich es von den Tourneen kannte. Er hatte nur ein Bett und war so nett, es mir zu überlassen, während er auf dem Boden pennte. Statt eines Kühlschranks hatte er eine mit Eisbeuteln gefüllte Kühlbox aus Styropor. Leider hatte das Ding ein Loch, aus dem ständig Wasser auf den Küchenfußboden tropfte. Der Hausmeister des Apartmentkomplexes dort hasste mich und erinnerte mich jeden Tag daran, dass er mich in meinen tätowierten Arsch treten und rauswerfen würde, sobald ich durch laute Partys, Alkoholkonsum am Pool oder sonst wie ungebührliches Benehmen auffallen sollte.

Zwar konnte ich mir keine neue Styropor-Kühlbox oder einen richtigen Kühlschrank leisten, aber für eine brandneue Corvette war Geld da. Als ich den Wagen abholte, fuhr ich als Erstes zum *Reseda Country Club* und riss dort ein Mädchen auf. Wir gingen auf den Parkplatz, wo ich sie dazu brachte, sich auf die Kühlerhaube zu legen; dann spreizte ich ihre Beine und begann sie zu vögeln. Allmählich versammelte sich eine kleine Menschenmenge, und der einzige Kommentar, an den ich mich erinnere, war: „Ey, Alter, toller Schlitten!"

Um Lita zu vergessen, verkroch ich mich zwischen den Schenkeln anderer Frauen. Ein paar Wochen nach meinem Einzug bei Robin bezog ein kleines Collegegirl eine Wohnung auf der anderen Seite des Gebäudekomplexes, so ein Studententyp mit Brille, aber durchaus attraktiv auf ihre etwas linkische und unhippe Art. Statt mit Robbin durch die Clubs zu ziehen, klemmte ich mir eines Abends also eine Flasche Champagner, ein paar Krümel Kokain und eine Handvoll Quaaludes unter den Arm und klingelte bei ihr. Wir feierten die ganze Nacht und landeten schließlich ganz nach Plan miteinander im Bett. Als ich um sieben Uhr früh in unser Apartment rüberging, begegnete ich dem Hausmeister, der die Blumenbeete wässerte. Um mich ein bisschen bei ihm einzuschleimen, winkte ich und lächelte ihn so unschuldig wie möglich an. Er drehte sich um, sah mich an und ließ den Schlauch fallen. Dann stand er wie vom Donner gerührt da. Ich konnte mir beim besten Willen nicht vorstellen, was für ein Problem er hatte. In unserem Apartment traf ich zufällig auf Robbin. „Alter, was hast du denn gemacht?", rief er, kaum dass sich seine Augen ans Licht gewöhnt hatten.

„Ich hab diese Studententussi gebumst. Wo ist das Problem?", fragte ich.

„Mann, guck dich mal im Spiegel an", sagte er.

Unser Spiegel war eine riesige, mehrfach gesprungene Scheibe, die wahrscheinlich mal jemand betrunken aus irgendeiner Lobby rausgeworfen hatte, und das Bild, das sie mir zeigte, überraschte mich selbst. Mein ganzes Gesicht war blutverschmiert, von der Nase bis runter zum Kinn. Offenbar hatte die Studentin ihre Regel gehabt, als ich es ihr besorgt hatte – so, wie es aussah, den ersten Tag. Ich war viel zu bedröhnt gewesen, um das zu bemerken.

Nachdem ich ein paar Wochen lang alles gevögelt hatte, was nicht schnell genug auf einen Baum kam, erfuhr ich, dass Lita durch einen kleinen Punk einen neuen Freund kennen gelernt hatte, einen gewissen Don, der bei einer Band namens Heaven spielte. Klar, ich wollte sie zwar nicht mehr, aber das hieß nicht, dass jemand anders sie haben konnte. Ich schäumte vor unlogischer und heuchlerischer Eifersucht und rief Tommy an. Wir trafen uns bei mir, griffen uns jeder eine schöne Holzlatte und gingen zu Lita rüber, um die Situation zu klären. Ich schloss auf, und dann standen wir mit unseren Waffen mitten im Raum. Außer dem kleinen Punkrocker war keiner zuhause; er kauerte sich in eine Ecke, als wir auf ihn losgingen und ihm gnadenlos unsere Bretter über Kopf und Brust zogen, bis sie über seinem

Rücken schließlich zerbrachen. Als wir wieder gingen, hockte er noch immer in der Ecke, und die Wände waren überall mit Blut bespritzt.

Ein paar Stunden später klingelte mein Telefon. „Fick dich!" Es war Lita. „Du bist so ein verdammtes Arschloch."

Ich erklärte ihr meine Sicht der Dinge, aber sie unterbrach mich mit ein paar wohlgesetzten Worten, die mir noch heute in den Ohren klingen: „Der Punk, den du da zusammengeschlagen hast, hatte mit Don und mir nicht das Geringste zu tun."

Ich hatte vor allem deswegen ein schlechtes Gewissen, weil ich Tommy in die Sache mit hineingezogen hatte, denn in der Nacht zuvor hatte ich seine Freundin gevögelt, Honey. Sie hatte mich angerufen und erzählt, dass sie Drogen hätte. Ich kam vorbei, um ein bisschen was davon zu schnorren, und dann führte eins zum anderen, bis ich schließlich nackt im Bad stand und nach irgendeiner Salbe suchte, um die Kratzspuren auf meinem Rücken zu verarzten. Das war auch so ein Bild, das ich bei ihrer Verlobungsfeier zu verdrängen suchte. Er war mein bester Freund und hätte das vielleicht auch verstanden. Aber ich brachte es nie über mich, ihm davon zu erzählen.

Kapitel 5

T O M M Y

IN DEM EIN SHOWGIRL AUS DEM SÜDOSTEN LERNT, DASS EIFERSUCHT
ZU HOHEN ZAHNARZTRECHNUNGEN FÜHRT.

Irgendjemand hatte mir von einer Party in Hollywood erzählt und gemeint, da würden viele heiße Schauspielerinnen anwesend sein. Klar also, weswegen ich dort auftauchte. An dem Abend lernte ich Honey kennen. Als Erstes fiel mir auf, was mir bei Frauen immer als Erstes auffällt: dass sie riesige Titten hatte. Sie war gebaut wie ein Dessousmodel, und genau das war sie auch. Darüber hinaus hatte sie ein hübsches Gesicht, auch wenn es nicht gerade sanft oder zart wirkte und von Narben gezeichnet war – nicht von sichtbaren körperlichen, sondern vielmehr von tiefer gehenden seelischen. Wir gingen beide ins Bad, um eine Linie zu ziehen, und ehe ich mich versah, war es schon Morgen, und wir waren immer noch da drin.

Damit hätte ich es besser bewenden lassen. Tja, Leute, aber so bin ich nun mal: Ich bau grundsätzlich Scheiße. Ich bin zu offen, lasse mich zu leicht beeinflussen und verliebe mich viel zu schnell und viel zu oft. Von Bullwinkle war ich total besessen, weil sie wie ein Rennpferd kam, und auf Honey fiel ich rein, weil sie ein Unterwäschemodel war und es mir wahnsinnig schmeichelte, dass sich ein echtes Model mit mir abgab. Nie schaffte ich es, mir meine Freundinnen mit ein bisschen Abstand anzugucken und zu erkennen, was sie wirklich waren: total verrückte, gestörte Weiber.

Honey war genauso krankhaft eifersüchtig wie Bullwinkle. Im *Troubadour* kam mal ein Mädchen auf mich zu und kniff mich in den Hintern. Honey sprach sie daraufhin gar nicht erst an, sondern fuhr sofort herum und machte ihre Zigarette im Auge der anderen aus. Dann schleppte Honey sie nach draußen und drehte ihr den Arm auf den Rücken, bis er gebrochen war. „Jetzt kneift es sich nicht mehr so schön", fauchte sie, als sie von ihrem Opfer abließ. Zwei Wochen später sah ich das Mädchen mit einem Gipsarm im *Rainbow*. Sie hatte so viel Angst, dass sie nicht mal hallo sagte.

Ratet mal, Leute, was danach passierte. Ich war so blöd und zog mit Honey zusammen. Wir fanden eine Eigentumswohnung an der Gower Street in Hollywood. Ich kam gerade mit meinen ersten Gold- und Platinplatten für *Shout At The Devil* nachhause und ahnte nichts Böses, als sie mich mit einem Eifersuchtsanfall begrüßte, weil sie ein Foto von irgendeiner anderen Frau gefunden hatte. Vor lauter Wut warf sie einen Teller nach mir, der prompt den Rahmen der goldenen Schallplatte zerbrach.

Mit Eifersucht hatte ich überhaupt kein Problem. Bei einer von RTBs Partys saßen wir mal alle zusammen im Whirlpool. Honey blies mir einen, und ich sagte, sie solle sich danach um RTB kümmern, weil ich es für einen cleveren Schachzug hielt, wenn man dem Produzenten mal einen Gefallen tat. Leider war ich zu breit, um mich daran zu erinnern, dass er auf solche Sachen überhaupt nicht abfuhr. Für die Drogen oder die Mädchen auf seinen Partys schien er sich nie zu interessieren.

Bloß auf der Ozzy-Tour wurde ich mal richtig sauer. In Buffalo – wo ich zum ersten Mal in meinem Leben echten Schnee sah, was mich total beeindruckte – kam backstage ein Fan zu mir und sagte: „Hey, Alter, deine Frau hat ja eine echt tolle Zuckerbüchse. Du bist ein richtiger Glückspilz."

Ich war bedröhnt und kam außerdem gerade von der Bühne, daher hielt ich ihn fest und fragte: „Was hast du gesagt?"

„Na dass deine Frau eine hübsche Möse hat."

Ich hatte keine Ahnung, was er mir da erzählen wollte, aber es klang nach einer ziemlich direkten Beleidigung. Also holte ich aus und traf ihn seitlich am Kopf, und er kippte bewusstlos um. Es war ein richtig solider, mächtiger Schlag, auf den ich richtig stolz war. Wir warteten im Tourbus, während unserer Manager Doug Thaler mit dem Typen redete, damit er keine Anzeige erstattete.

„Was hat der Kerl denn überhaupt gemeint?", fragte ich Doug, als er ebenfalls in den Bus kam. Und wie sich herausstellte, hatte Honey Fotos, die uns beim Ficken zeigten, an das Magazin *Celebrity Sex* verkauft und mir kein Wort davon erzählt.

Wir hielten am nächsten Zeitschriftenladen, wo ich eilig ein Exemplar der Zeitschrift vom Regal riss. Es war voller nackter Tatsachen, die ich selbst eines Nachts, als wir richtig gut dabei gewesen waren, abgelichtet hatte, und die Überschrift lautete: „Tommy Lees Freundin enthüllt alles." Die kleine Schlampe versuchte also, meinen Aufstieg in den Rockhimmel hintenrum für sich auszunutzen. Ich hätte sie am liebsten umgebracht. Aber das tat ich natürlich nicht.

Nach den Ozzy-Shows setzte mich der Tourbus vor unserer Wohnung ab. Ich kam zur Tür herein, die Flasche Whisky, aus der ich seit dem Vorabend immer mal wieder einen Schluck nahm, noch in der Hand. Honey wartete in der Küche auf mich; sie steckte in einem engen schwarzen Kleid mit beinahe überquellendem

Dekolleté. Ich wollte ihr gerade die Meinung sagen, als sie mich unterbrach. „Rate mal, was ich gemacht habe", sagte sie.

„Was denn?"

„Ich habe mit einem Pfarrer gesprochen, die Ringe gekauft und alles organisiert."

„Wofür denn?"

„Ich will heiraten."

„Wen, mich? Nachdem du gerade unsere verdammten Fickfotos an ein Pornoheft verkauft und mir nicht mal was davon erzählt hast?"

„Es sollte ein Geburtstagsgeschenk für dich sein. Und ich brauchte das Geld, um die Ringe kaufen zu können. Deswegen konnte ich es dir doch nicht verraten."

Einen Augenblick lang versuchte ich nachzudenken, aber der Alkohol vernebelte mir den Verstand. Prompt kamen die dümmsten Worte aus meinem Mund, die ich je gesagt habe: „Okay, scheiß drauf. Heiraten wir halt."

Meine Eltern waren entsetzt. Sie nannten mir hundert gute Gründe, um es nicht zu tun – ich war zu jung, mit ihrer Eifersucht würde es nur noch schlimmer werden, sie wollten keine Schwiegertochter, die unsere intimsten Fotos an ein Pornomagazin verkaufte. Ich wollte natürlich nichts davon hören, aber glücklicherweise funkte das Schicksal uns schon bald dazwischen.

Erste echte Probleme gab es, als wir dauernd Streit wegen eines Mädchens bekamen, das bei uns anrief und dann gleich wieder auflegte. Ich wusste nicht mal, wer das war, aber Honey war davon überzeugt, dass ich sie betrog. Nachdem wir uns eine Stunde lang angebrüllt hatten, beruhigte sie sich und räumte ein, dass es sich bei der Frau wahrscheinlich wirklich nur um einen durchgeknallten Fan handelte. Also ging ich in die Küche, um mir ein Erdnussbuttersandwich zu machen. Plötzlich stürmte sie herein, riss die Besteckschublade auf, schnappte sich ein Buttermesser und rammte es mir in den Rücken. Diese kleine Schlampe war so in Fahrt, dass die Schneide tatsächlich meine Haut aufritzte und direkt neben meinem Schulterblatt ins Fleisch drang. Wenig später saß ich im Auto und fuhr selbst mit einem Messer im Rücken zur Notaufnahme.

Bei Honey und mir gab es nur Extreme: Entweder vögelten wir wie Pornostars, oder wir kämpften wie Wrestler. Als wir eines Abends mit RTB zu einem der ersten WrestleMania-Kämpfe gingen, brach sie einen Streit mit mir vom Zaun, weil sie die Telefonnummer eines Mädchens in meiner Hosentasche gefunden hatte. Außerdem hatte meine Mutter sie irrtümlicherweise am Telefon Jessica genannt – also so, wie meine Ex Bullwinkle mit richtigem Namen geheißen hatte. Ich war zuvor noch nie bei einem Ringkampf gewesen und wollte mich darauf konzentrieren, aber Honey konnte nicht mal für zwei Sekunden die Klappe halten.

Nach dem Kampf quetschten Vince, Beth, Tom Zutaut, Honey und ich uns in RTBs Limousine und fuhren ins *Tropicana*, um uns noch ein bisschen Mud-Wrestling anzusehen. Honey hatte die ganze Zeit über ununterbrochen genörgelt und wurde, weil ich sie ignorierte, immer ausfallender und lauter, um mich zu einer Reaktion zu verleiten. „Deine Mutter ist sowieso eine blöde Fotze", schnappte sie schließlich. „Ich weiß gar nicht, wieso du überhaupt noch mit ihr sprichst."

„Rede bitte nicht so über meine Mutter", wehrte ich noch relativ ruhig ab.

„Sie ist aber eine Fotze."

Normalerweise dauert es eine ganze Weile, bis bei mir mal eine Sicherung durchbrennt; wenn ich etwas getrunken habe, geht das manchmal etwas schneller. Honey hatte mich so langsam an die Grenze der Belastbarkeit getrieben, und ich fühlte, wie sich mein Körper auf eine große Explosion vorbereitete. Bei Frauen wie Honey kommt es im Grunde darauf an, dass man sich nie von ihren provozieren lässt, denn sonst haben sie gewonnen. Bei mir gewinnen sie irgendwie immer. „Hör mal, du Schlampe." Ich starrte sie an. „Ich sag's nicht noch mal: So redest du nicht über meine Mutter."

„Sie ist eine Fotze, Fotze, Fotze!", schrie Honey.

„Das war's!" Ich wandte mich an den Fahrer. „Halten Sie an. Diese blöde Schlampe fliegt hier raus!"

Der Fahrer stoppte am Straßenrand, und ich befahl Honey, auszusteigen. Sie weigerte sich und begann auf mich einzuprügeln. Also schnappte sich sie mir und schleppte sie nach draußen auf den Bürgersteig. Dann holte ich ihre Handtasche aus dem Wagen und warf sie mit Schwung gegen die Mauer des Gebäudes hinter ihr, wobei der größte Teil des Inhalts auf den Boden kullerte.

Sie rannte schreiend auf mich zu. „Deine Mutter ist eine beschissene Fotze, und das weißt du! Bist du deswegen so ein blödes, verzogenes Bubi, weil du Mamis Fotze so sehr liebst? Fotze, Fotze, Fotze!"

Ich zog meinen Arm zurück, und bevor mir klar wurde, was ich da tat, hatte ich meine Hand zur Faust geballt und sie ihr volle Kanne in die Fresse geschlagen. Sie riss ihre Hände an den Mund und stürzte zu Boden. Ich stand wie gelähmt da, völlig schockiert darüber, dass ich dermaßen die Beherrschung verloren hatte – ich hatte zuvor noch nie eine Frau geschlagen, noch nicht einmal im Traum. Dann sprang ich in die Limousine und schlug die Tür zu. Als der Wagen sich wieder in Bewegung setzte, drehte ich mich um und sah, wie sie auf dem Bürgersteig kniete und ihre Zähne in die Hand spuckte, von der schleimige Blutfäden heruntertropften.

„Die hätte jeden von uns zur Weißglut gebracht", beruhigte mich Tom Zutaut. „Aber jetzt muss ihr irgendeiner dabei helfen, ihre Zähne wiederzufinden."

Er hielt den Wagen an und sprang heraus, um sie zu trösten und ihre Beißer einzusammeln.

Damit war unsere Verlobung offiziell gelöst.

NIKKI

IN DEM SICH UNSER HELD DEN SCHÖNEN ERINNERUNGEN AN DIE
REISEN MIT VAN HALEN, AC/DC, IRON MAIDEN UND ANDEREN
WOHLERZOGENEN JUNGEN MÄNNERN EXOTISCHER REPUTATION HINGIBT.

Als wir nach der Ozzy-Tour ein paar Headliner-Gigs gaben und für zusätzliche Unterhaltung die Jungs von Ratt mitnahmen, war die Welt – unsere Welt – nicht mehr dieselbe. Wohin ich auch kam, überall lief „Shout At The Devil", „Too Young To Fall In Love" oder „Looks That Kill"; wenn wir in einem Plattenladen Autogramme gaben, brach richtige Hysterie aus, und selbst wenn wir in Städten spielten, in denen wir zuvor noch nie gewesen waren, kamen die Kids zu tausenden. Wir waren in einer neuen Welt – einer Welt, in der ich hatte leben wollen, seit ich mein erstes Rockkonzert in der Turnhalle von Jerome gesehen hatte. Aber ich war bloß ein kleiner Bursche aus Idaho. Ich wusste nicht, was ich in dieser neuen Welt tun sollte oder wie man sich hier benahm. Also improvisierte ich.

Vor einem Gig im *Bronco Bowl* von Dallas, Texas, kamen eine Blondine und eine Brünette in Spandexhosen und trägerlosen Oberteilen in den Backstagebereich getaumelt und verkündeten, sie wollten es sich von der ganzen Band besorgen lassen. Entweder Vince oder ich kamen auf die großartige Idee, ihnen zu sagen, wenn sie das wollten, müssten sie sich die Ehre sozusagen verdienen. Wir nahmen eine Flasche Champagner von dem Buffet, das man für uns aufgebaut hatte, und sagten der Brünetten, wenn sie uns ficken wollte, dann müsste sie sich hier mitten im Zimmer die Flasche reinschieben.

„Wenn du nicht auf der Pulle sitzt, wenn wir wiederkommen, dann kannst du die Band nicht vögeln", sagte Vince, als wir für unseren Auftritt auf die Bühne gingen.

Nach der Show war sie noch da. Mitten im Raum. Auf der Flasche.

Vince schlich sich ins Organisationsbüro, um sich von zwei Mädchen gleichzeitig einen blasen zu lassen, dann brachten wir die beiden Spandex-Weiber nach draußen zum Bus.

Vince und Tommy nahmen die Vordersitze, Mick und ich gingen nach hinten. Die Mädchen klettern nach vorn zu Vince und Tommy und schälten sich aus ihren Klamotten, die so eng waren, dass das recht lange dauerte. Sie hatten das kaum geschafft, als Vince und Tommy sie auch schon von hinten vögelten. Die beiden Mädchen beugten sich dabei über die Lehnen der Sitze, und die Blonde griff nach meinen Hosen, während sie es besorgt bekam, und die Brünette kümmerte sich um Mick. Schließlich hatten sie die Reißverschlüsse, Schnallen, Haken und Ösen bewältigt und konnten uns einen runterholen.

Als wir beim Hotel angekommen waren, erklärten wir den Mädchen, sie müssten nun nackt bleiben. Wir nahmen den Fahrstuhl zu Vinces und Tommys Zimmer, wo wir uns so langsam betranken und auf blöde Gedanken kamen. Die Blonde saß mit weit geöffneten Beinen auf dem Bett, und das brachte uns auf ein paar unkonventionelle Ideen.

Tommy kam mit einer Tube Zahnpasta aus dem Bad, und die steckten wir ihr mit der Kappe voran rein. Dann überlegten wir, dass Zahnpasta ohne eine Zahnbürste keinen Sinn macht. „Was gibt es denn sonst noch?", fragte Tommy.

„Wie wär's denn mit dem verfickten Telefon?", schlug irgendjemand vor, wahrscheinlich ich.

Wir nahmen den Hörer ab und friemelten ihn rein, bis nur noch die Sprechmuschel hervorsah. Das Mädchen lachte die ganze Zeit und stöhnte gelegentlich, entweder weil sie das erregte oder weil sie uns das zumindest glauben lassen wollte.

„Ich habe Hunger", brummte Mick, der gelangweilt in einem Sessel saß und zusah. Erst wimmelten wir ihn ab, überlegten dann aber, dass vielleicht ein Kompromiss möglich war. Ich wählte die Nummer des Zimmerservice, und plötzlich ertönte eine dumpfe Stimme zwischen den Beinen der Blonden: „Zzzzimmsörvisss, Sssie wünschnnnn?"

Ich beugte mich nach vorn und sprach unsere Bestellung in den Schoß des Mädchens.

„Zzzzzimmrnummmr bitte?"

„Zimmer zwei zwei sieben", antwortete ich.

Die Brünette fing an zu lachen. Vince, dem dazu etwas einfiel, drehte sich plötzlich zu ihr um. „Was gibt es denn hier zu lachen?"

Sie hielt inne und starrte ihn mit leerem Blick an. „Weiß deine Mutter, wo du bist?", fragte Vince.

„Nein", antwortete das Mädchen.

„Meinst du nicht, dass sie sich Sorgen macht?"

„Kann sein. Ich weiß nicht."

„Vielleicht solltest du sie anrufen." Uns begann zu dämmern, welche Teufelei Vince im Schilde führte. „Wie ist denn ihre Nummer?"

Das Mädchen nannte sie, und Vince wählte. Ihre Mutter ging an den Apparat, und die Brünette beugte sich über die gespreizten Beine ihrer Freundin. „Hi, Mom. Ich wollte nur sagen, dass ich bald nachhause komme. Ich bin gerade bei Sherry. Okay? Danke."

In dieser Nacht verloren wir nicht nur den Respekt vor den Mädchen, sondern auch vor uns selbst.

Zurück in L. A., erhielt ich einen Anruf von meiner Halbschwester Ceci. Meine Mutter war endgültig durchgedreht und in eine psychiatrische Anstalt in Seattle eingewiesen worden. Ich hatte nicht mehr mit ihr gesprochen, seit sie mich vor sechs Jahren zur Greyhound-Station gebracht hatte, und obwohl ich nach wie vor Zorn und Bitterkeit in mir spürte, wollte ich sie dennoch sehen – vielleicht, um wieder eine Verbindung zu einem Stück meiner Vergangenheit herzustellen, bevor ich den Boden unter den Füßen völlig verlor. Also flog ich nach Seattle, wobei mich die Vorstellung, dass wir uns in einer psychiatrischen Klinik wiedersehen sollten, ziemlich traurig stimmte. Als ich dort ankam, erkannte ich sie fast nicht wieder. In den sechs Jahren hatte sie sich nicht zu ihrem Vorteil verändert. Früher war sie schön gewesen, talentiert und intelligent. Die Frau, die mir nun gegenüberstand, sah eher aus wie Ozzy, nicht wie meine Mutter. Dennoch lief ich auf sie zu und hätte sie beinahe umarmt. Sie sah mich mit stechendem Blick an, und ihre ersten Worte an mich waren: „Hast du dieses Lied über mich geschrieben?"

„Welches Lied?", fragte ich verwirrt.

„,Looks That Kill'!"

Das haute mich um. Da waren so viele Dinge, die ich ihr hatte sagen wollen, so viele Dinge, die ich von ihr hatte hören wollen. Aber doch nicht das. Ich regelte ihre Entlassung, setzte sie in ein Taxi und fuhr mit ihr zu meiner Schwester. Die ganze Zeit über sprachen wir kaum miteinander. Wir waren beide zu stolz und verstockt, um etwas zu erklären oder uns zu entschuldigen. Schließlich saßen wir bei meiner Schwester im Wohnzimmer und warfen einander hässliche, bösartige Blicke zu, während meine Schwester deutlich zeigte, wie widerlich sie unser beider Verhalten fand. Mir wurde wieder klar, weswegen ich damals abgehauen war. Ich gehörte dort einfach nicht hin. Und daher stand ich auf, ging und nahm den nächsten Flieger nach Los Angeles, wo die relative Normalität meiner Drogendealer auf mich wartete.

IN DER DARAUF FOLGENDEN WOCHE reisten wir nach England: Die *Monsters of Rock*-Festivals mit Van Halen, AC/DC und Dio standen an, und bei einer der Shows waren auch unsere alten Freunde von Y&T dabei. An meinem ersten Abend dort lag ich auf meinem *Novotel*-Bett in Nottingham, als ich ein leises Klopfen hörte, das vom Badezimmerfenster zu kommen schien. Zunächst versuchte ich das zu ignorieren, weil ich das Geräusch für Einbildung hielt. Aber es hörte nicht auf. Schließlich stand ich auf und sah nach. Auf dem Sims vor dem Badezimmerfenster stand eine langbeinige, schöne Blondine, die mich, nachdem ich das Fenster geöffnet hatte, von oben bis unten musterte. „Darf ich eintreten?", fragte sie so höflich und gelassen, als sei sie der Gemeindepfarrer, der zum Tee vorbeikam.

Mit elegantem Schwung kletterte sie zu mir herein und fragte dann artig: „Darf ich mein Höschen ausziehen?"

„Kein Problem, machen Sie nur", antwortete ich völlig perplex.

Natürlich versuchte ich mich möglichst gelassen zu geben, aber in Wirklichkeit war ich absolut überwältigt. „Das ist so verdammt cool!", dachte ich. „Ich bin in England, in der Heimat meiner ganzen Lieblingsbands – The Sweet, Slade, Bowie, Queen, The Sex Pistols –, und jetzt steigt noch ein Mädchen durchs Badezimmerfenster bei mir ein: Das ist ja genau wie in ‚She Came In Through The Bathroom Window' von den Beatles!"

Sie zog sich ihren Slip hinunter, bis er ihr lose um einen Knöchel baumelte. Ich setzte mich auf die Toilette, und sie nahm rittlings auf meinem Schoß Platz. Mit einer Hand umklammerte sie den Handtuchhalter, mit der anderen krallte sie sich in mein Haar und legte mächtig los. Als sie gekommen war, stand sie auf, zog sich ihr Höschen wieder hoch und verbeugte sich leicht. „Vielen Dank", sagte sie in ihrem vornehmen britischen Akzent. „Es war mir eine Ehre."

Dann kletterte sie auf die Fensterbank, trat auf den Sims und war verschwunden. Ich hängte mich erst einmal ans Telefon, um Mick, Tommy und Vince von dieser Überraschung zu erzählen und ihnen zu sagen, wie sehr ich England liebte.

Am nächsten Tag begann die *Monsters of Rock*-Minitour. Während unserer letzten US-Konzerte mit Ratt hatten wir uns angewöhnt, uns gegenseitig zu beißen. Tommy griff sich beispielsweise Vince oder einen der Sicherheitsleute und grub ihm die Zähne so lange in den Arm, bis er Blut schmeckte. Es war ein kleiner Zuneigungsbeweis, aber wenn man gerade nicht zugedröhnt war, tat es wirklich beschissen weh.

Ich war bei dieser ersten Show so betrunken und auf Koks, dass ich anfing, mich ein wenig mit Eddie Van Halen zu balgen. Dann hob ich den Kopf, zog ihm das Hemd hoch und biss ihn kraftvoll in den nackten Bauch. „Sag mal, hast du sie nicht mehr alle?", bellte seine Frau Valerie Bertinelli. „Du beißt meinen Mann? Du bist ja nicht mehr normal!"

Eddie stand auf, zog sich das Hemd herunter und verengte seine Schielaugen zu Schlitzen. Ich wusste nicht zu sagen, ob er nun angetört oder beleidigt war. Bevor ich mich aber hätte entschuldigen können, rannte Vince wie ein wilder Hund auf ihn zu und schlug ihm seine Zähne in die Hand. Und da rastete Valerie völlig aus: Niemand beißt die Hand, mit der Eddie Van Halen Gitarre spielt.

Wahrscheinlich biss ich auch Angus Young, denn sein Bruder Malcolm stürmte wütend auf mich zu. Ich trug Plateaustiefel, und Malcolms Gesicht war daher ungefähr auf der Höhe meines Bauchnabels. „Du blöder Wichser!", brüllte er meine Körpermitte an. „Du meinst also, du kannst einfach so meinen Bruder beißen, von mir aus! Aber wenn du das bei mir probierst, dann beiß ich dir deine Scheißnase ab, du hundsgesichtige Schwuchtel!"

Ich glaube, ich sagte so was wie: „Dann lauf mal los, und hol dir eine Leiter", denn er ging plötzlich auf mich los, kletterte an meinem Bein nach oben und versuchte mir wie eine Katze das Gesicht zu zerkratzen. Doc McGhee zog ihn schließlich von mir runter, packte ihn am Schlafittchen und warf ihn aus der Garderobe raus. Wir hörten, wie er von draußen an der Tür kratzte und fauchte, während Doug gute Nachrichten für uns hatte.

„Meinen Glückwunsch", sagte er. „Nach dieser Tour seid ihr Support für Iron Maiden."

„Geil, dann muss ich ja noch nicht nachhause", sagte ich und dachte dabei an meine mitternächtliche Besucherin von gestern.

„Und übrigens", fuhr Doc nun fort, „Bruce Dickinson würde euch gern kennen lernen."

Bruce war Iron Maidens neuer Sänger. Zwar war ich nie ein großer Fan seines schlicht gestrickten, schnellen Heavy Metal, aber er war einfach eine Legende.

Doc ging raus, hielt Malcolm mit der rechten Hand in Schach und winkte Bruce und seine Begleiterin herein. Als sie eintraten, rutschte mir mein Herz in die Hose, und meine Hoden schrumpften auf die Größe von Malcolms kleinen Fäusten. Vergebens versuchte ich, eine Begrüßung zu stottern; meine Zunge wollte mir nicht gehorchen. Da stand sie, die Frau, die gestern in mein Badezimmerfenster eingestiegen war. Und ich wusste nicht, ob sie nun Bruce Dickinsons Frau, Freundin, Managerin, persönliche Assistentin oder sonst was war.

Bei den *Monsters of Rock*-Festivals und der Iron-Maiden-Tour wurde uns das Rockstarleben allerdings erstmals langweilig. In Hollywood hatten die Livekonzerte auch unser Leben bestimmt, aber es war etwas völlig anderes, für längere Zeit auf Tournee zu sein. Wenn man in einem Club spielt, dann geht man danach nachhause. Tourneen sind eine endlose Aneinanderreihung anonymer Erlebnisse: gesichtslose Menschen, identisch wirkende Hotelzimmer, immer gleich aussehende

Städte – ständig anders und jedes Mal wieder gleich. In Amerika hatten wir während der Tour beobachtet, wie unser Stern langsam immer höher stieg, und das hatte uns entschädigt. Aber in Europa schien gar nichts mehr real oder wichtig zu sein. Auf früheren Tourneen hatte ich meinen Großeltern in Jerome, Idaho, eine Postkarte nach der anderen geschrieben und ihnen erzählt, wie einsam ich mich fühlte und wie sehr mir ein richtiges Zuhause fehlte. Seit ich meine Mutter wiedergesehen hatte, wollte ich aber gar kein Zuhause mehr. Ich wurde noch verrückter, noch rücksichtsloser und begab mich unbewusst auf denselben selbstzerstörerischen Weg, den meine Mutter vor mir gegangen war. In meiner Rock'n'Roll-Fantasie ging es nicht nur um Erfolg, Ausschweifungen und Rebellion, sondern auch um Schmerz und Tod. Ich war überzeugt, dass ich vor meinem fünfundzwanzigsten Geburtstag sterben würde. Das dachten wir wahrscheinlich alle.

Tommy und ich fingen an, uns gegenseitig Glasflaschen auf dem Kopf kaputtzuschlagen, oder wir drehten die Glühbirnen aus den Schminkspiegeln raus und verschluckten sie nur so aus Spaß. Wenn Vince auf dem Klo mit irgendeinem Groupie oder einer Kellnerin herummachte, schlichen wir uns hinein; nicht weil wir uns auch noch mit ihr amüsieren wollten, sondern weil wir Vince die Drogen aus den Hosentaschen zogen, während er anderweitig beschäftigt war. Für Vince als Sänger war es am schwierigsten, sich von der Dauerparty zu erholen – die meiste Zeit war er stimmlich so angegriffen, dass er die Shows nur überstand, wenn wir einen Arzt riefen, der ihm vor dem Konzert eine Ladung Kortison in den Arsch spritzte.

Im Pariser *Ritz* war Vince so zugedröhnt, dass er nicht wusste, wie er eine Glastür öffnen sollte, als man ihn wegen eines Anrufs an die Rezeption gerufen hatte. Also trat er sie kurzerhand ein, sodass das Glas in alle Richtungen flog und der Messingtürgriff auf den Boden segelte. Vince hob ihn auf, reichte ihn kommentarlos dem Empfangschef und nahm den Telefonhörer, als sei nichts geschehen.

In Deutschland bedröhnten wir uns mit Claude Schnell, dem Keyboarder von Dio, in seinem Hotelzimmer. Als er den Raum kurz verließ, um irgendwas zu besorgen, beschlossen wir, ihm einen Streich zu spielen. Wir nahmen die Betten – die uns in ihrem europäischen Maß ohnehin ziemlich klein erschienen – und warfen sie eins nach dem anderen aus dem Fenster. Stühle, Schreibtisch, Fernseher und Kommode gingen gleich hinterher. Unterhalb des Fensters parkten zwei nagelneue Mercedes-Benz, und jedes Möbelstück landete irgendwo auf dem Blech. Es dauerte nicht lange, und die deutsche Polizei stand mit ein paar Rottweilern vor Claudes Tür. Seine ganze Band musste packen und das Hotel verlassen; Dio bekam für ein paar Jahre dort Hausverbot. Wir standen schuldbewusst daneben. Zugeben, ihr *Intermission*-Album mag ich nicht besonders, aber ich weiß es sehr zu schätzen, dass sie die Schuld ohne weiteres auf sich nahmen.

In der Schweiz hatten wir im Anschluss an die Iron-Maiden-Tour nicht so viel Glück. Tommy und Vince hatten sich Leuchtpistolen gekauft und schossen eine davon in ihrem Zimmer ab. Eine riesige Feuerkugel schoss aus dem Lauf, prallte mehrfach von den Wänden ab und setzte schließlich Tommys Matratze in Brand. Das amüsierte ihn und Vince so sehr, dass sie losliefen, um Doc zu suchen, damit er sich das brennende Bett ansehen konnte. Als sie allerdings mit ihm im Schlepptau zurückkehrten, merkten sie, dass sie den Schlüssel innen hatten stecken lassen. Es dauerte, bis sie ein Zimmermädchen fanden, das bereit war, ihnen aufzuschließen; inzwischen drang schon Rauch unter der Tür hervor. Aus irgendeinem Grund wurden wir nicht gleich aus dem Hotel geworfen, sondern erst am nächsten Tag, als wir mit den dicken Metallkugeln an den Zimmerschlüsseln sämtliche Glastüren der Aufzüge einwarfen. Europa war wirklich scheißlangweilig.

Zusätzliche Spannung entstand auf der Maiden-Tour, weil meine mysteriöse Badezimmerbekanntschaft ständig in Bruce' Nähe war. Bruce, der sich sehr fürs Fechten interessierte, bot mir außerdem dauernd an, mich darin zu unterrichten – ein Angebot, das ich stets ablehnte, weil ich mir nicht sicher war, ob er eine solche Unterweisung vielleicht dazu benutzen wollte, einen kleinen „Unfall" zu inszenieren, weil ich seine Lady gevögelt hatte.

Als Nicko McBain, Iron Maidens Drummer, an der deutsch-französischen Grenze wegen Haschischbesitzes festgenommen wurde, machte sich niemand aus der Band die Mühe, uns zu warnen; wie immer waren wir zu der Zeit noch im Backstagebereich der letzten Show und feierten eine wilde Party. Mir erschien es wie ein beabsichtigter Racheakt: Als wir schließlich die Grenze erreichten, nahmen Zollbeamte mit Spürhunden den ganzen Bus auseinander, während wir eilig versuchten, alles Verdächtige noch schnell zu schlucken oder wegzuschniefen. Bei der Durchsuchung von Tommys Tasche rutschte ein riesiger Klumpen Haschisch auf den Boden und blieb wie ein Häufchen Dreck dort minutenlang liegen. Uns allen brach der Angstschweiß aus. Dann zog der Beamte, der sich Tommys Tasche vorgenommen hatte, den Reißverschluss zu, sah auf und ging hinüber zu Vince. Dabei trat er auf den Haschklumpen, der wie ein Kaugummi unter seinem Schuh haften blieb. Ich musste mich ausziehen und vornübergebeugt an die Wand stützen, damit die Beamten mir in den Arsch sehen konnten. Ich spannte meinen Schließmuskel und versuchte, ihnen auf den Kopf zu scheißen. Aber so sehr ich auch drückte, es kam nichts heraus.

Nach der Geschichte an der Grenze platzierten wir Wanzen in Iron Maidens Garderobe, weil wir erstens herausfinden wollten, ob sie für die Schikane an der Grenze verantwortlich waren, und zweitens, wer zum Teufel diese Frau nun wirklich war. Außer Nicko schien uns niemand von ihnen zu mögen. Am letzten Abend auf dieser Tour forderte Bruce Mick sogar zu einem Duell heraus. Wahrscheinlich hielt er Mick für denjenigen, der mit dem Mädchen rumgemacht hatte.

Die letzten Gigs dieser Europatour waren schlichtweg beschissen. Vince war jede Nacht so drauf, dass kein Arzt und kein Medikament seine Stimme sanieren konnten. Am schlimmsten war die allerletzte Show im Londoner *Dominion Theatre*. Wir sahen völlig albern aus, weil sich unser Stil von der Düsternis der *Mad Max*-Filme wegbewegt hatte und nun eher in Richtung bunter, kostümhafter Gaukleranzüge ging. Ich war beispielsweise ganz in Dunkelgrün gekleidet, hatte meinen Bass entsprechend bemalt und farblich passende Mokassins angezogen. Ich sah aus wie ein zu groß geratener Faun. Die Fans bewarfen uns während des ganzen Konzerts mit Schenkelknochen, Tierköpfen und komischen Würstchen; wahrscheinlich war irgendwo in der Nähe eine Schlachterei. Wir nahmen das als Kompliment, bis Tommys Schlagzeugtechniker, Clyde Duncan, plötzlich zu Boden ging und wir entdeckten, dass ein Dartpfeil in seinem Rücken steckte. Tommy zog das Wurfgeschoss mit einer Hand heraus, während er mit der anderen weiterspielte.

Wenige Augenblicke später explodierte die Trockeneismaschine. Ein strenger Geruch, der an Hot Dogs erinnerte, zog über die Bühne und legte sich auf meine Kleidung, während sich zu meinen Füßen eine kleine Pfütze bildete. Die Roadcrew goss wahrscheinlich als Abschlusswitz Würstchenwasser auf die Bühne. Ein ziemlich müdes Späßchen, dachte ich zunächst, bis ich Tommys panikerfülltes Gesicht sah. Wasser stand rings um sein ganzes Schlagzeug, und ich nahm an, dass man auch ihn begossen hatte.

Nachdem Vince sich durch den letzten Song gekrächzt hatte, pflügte ich durch das Wasser auf der Bühne zu Tommy hinüber. Er beugte sich über Clyde, und der Hot-Dog-Geruch war geradezu unerträglich. Als ich näher kam, entdeckte ich, woher er wirklich stammte: von Clydes brennender Haut. Die Trockeneismaschine war direkt vor seinem Gesicht explodiert, hatte sein Gesicht wie einen Hummer verbrannt und dann Wasser über die ganze Bühne ergossen. Clyde litt immer noch unter großen Schmerzen, als wir in die Staaten zurückflogen, aber glücklicherweise hatten wir genügend Stoff zur Betäubung dabei.

Zu dieser Zeit hielten wir Drogen nicht für Sucht erzeugend. Sie waren etwas, das wir gern und ständig zu uns nahmen, damit wir uns nicht langweilten. Wir waren nicht abhängig – wir konsumierten sie nur unablässig.

Auf der Heimreise musste ich an einen anderen Flug denken. Einige Monate zuvor war ich nach der Platinverleihung für *Shout At The Devil* nach Nantucket geflogen, um dort ein paar Mädchen zu besuchen – unter anderem Demi Moore, die ich bei den Award-Partys getroffen hatte. Als die Propellermaschine landete, empfing sie mich direkt auf dem Flughafen, wo sie zusammen mit Bobcat Goldthwait und anderen Schauspielern und Crewmitgliedern an einem neuen Film arbeitete. Mir war ziemlich schwindlig, weil ich während des Fluges viel getrunken und mir auch sonst allerlei reingezogen hatte. Beschwingt trat ich aus dem Flugzeug und auf die kleine Treppe, die hinunter auf die Rollbahn führte, dabei hielt ich die Awards in der linken und eine Flasche Jack Daniels in der rechten Hand, in meiner hinteren Hosentasche hatte ich ein paar breit gesessene Gramm Kokain. Ich stellte mir vor, wie ich auf sie wirken musste: wie ein richtiger Rockstar, mindestens wie Johnny Thunders.

Als ich die Treppe hinunterschritt, rutschte mein Schuh von der obersten Stufe ab, und ich verlor das Gleichgewicht. Reflexartig versuchte ich, mich am Geländer festzuhalten, und ließ dabei die Flasche Whisky fallen, die auf den Stufen unter mir in tausend Stücke zersprang. Sekunden später folgte ich ihr nach und kam in einem Knäuel von Glasscherben, Alkohol und Gliedmaßen unten an. Dabei knallte ich als Erstes auf den Asphalt, die Awards purzelten hinterdrein und trafen mich heftig am Kopf.

Das Erste, was ich sah, als ich die Augen wieder öffnete, war Demi Moore, die mir mit ihren Freunden beim Aufstehen half und äußerst missbilligend dreinblickte. Sie wussten aus eigener Erfahrung, was mit mir los war. An diesem Tag hörte ich das erste Mal von den Anonymen Alkoholikern. Als Demi und Bobcat mir nahe legten, ich solle mir das Programm doch einmal ansehen, wollte ich nichts davon wissen. Aber in ihren Augen und in der Art, wie sie die Köpfe schüttelten und sich ansahen, konnte ich es ablesen: Sie wussten, dass ich schon bald einer von ihnen sein würde. Bisher hatte ich bei meinem wilden Partyleben noch nie an irgendwelche Konsequenzen gedacht – für mich gab es keine Konsequenzen. Wir waren Mötley Crüe, wir hatten ein Platinalbum, wir waren größer, als die New York Dolls jemals gewesen waren. Wir waren jung, ständig voll drauf und wurden dafür verehrt. Wörter wie Konsequenzen, Verantwortung, Moral oder Selbstbeherrschung spielten für uns keine Rolle. Jedenfalls glaubten wir das.

Abb. 1

FÜNFTER TEIL

~SAVE OUR SOULS~

Kapitel **1**

M I C K

IN DEM TÄUSCHUNG, TRUNKENHEIT UND SELBSTBETRUG
EINEN VERZWEIFELTEN MANN
DEM NASSEN TOD ENTGEGENFÜHREN.

Haben Ihre Nachbarn auch schon mal die Polizei oder den Vermieter angerufen, weil Sie zu laut Musik gehört haben? Wie kann etwas so Großartiges die Leute nur so wütend machen? Wenn man zuhause sitzt, eine gute Platte genießt und das irgendeinen spitzfindigen Nachbarn stört, weil das angeblich den Ton seines Fernsehers übertönt, warum muss dann die Musik darunter leiden, dass der glotzen will? Ich finde, da muss der Nachbar durch.

Musik wird sowieso dauernd zensiert: Man kann nicht Scheiße sagen oder vom Pissen und Ficken reden, jedenfalls nicht, wenn man will, dass die Platte im Radio gespielt wird und bei Wal-Mart im Regal steht. Und wenn das Video im Fernsehen gezeigt werden soll, kommen bestimmte Klamotten nicht infrage, und Sachen wie

Waffen oder Leichensäcke dürfen nicht gezeigt werden. Ist Musik denn so gefährlich? Gefährlicher als die Todesfälle, Morde, Selbsttötungen und Vergewaltigungen, die ich dauernd im Fernsehen und im Kino mit ansehen muss? Wenn ein Liebeslied solche Themen auch nur erwähnt, dann steht Radio-Airplay sofort außer Frage. Und zuhause kann man den Titel dann auch nicht so laut hören, wie man will, weil dann die Nachbarn meckern. Tja, es liegt schon eine große Kraft in Musik, aber das finde ich gerade gut. Menschen können mir manchmal schon ziemlich auf die Nerven gehen. Musik nie.

Als ich mit Dem Ding in Manhattan Beach wohnte, hätte ich gern mal die Anlage ein bisschen aufgedreht oder Gitarre gespielt, aber das gab ständig Stress mit den Nachbarn, die in Ruhe Mord und Teenagersex im Fernsehen sehen wollten. Komischerweise beschwerte sich aber keiner, wenn Das Ding mich nach allen Regeln der Kunst zusammenschiss oder mich windelweich prügelte. Das war okay. Vielleicht gönnten sie mir das auch, weil ich immer so laut Musik hörte.

Als Kind hatte man mir beigebracht, dass man eine Frau niemals schlägt, nicht einmal, wenn sie zuerst zuhaut. Wenn Das Ding also ihre Koller kriegte, wehrte ich mich nicht. Schlimmer noch – ich zog mit ihr zusammen, denn ich fühlte mich so alt, dass ich dachte, ich würde nach ihr nie wieder eine halbwegs anständig aussehende Freundin abkriegen.

Frauen habe ich sowieso nie so richtig verstanden. Auf der *Monsters of Rock*-Tour in Schweden brachte einer von den AC/DC-Jungs ein Mädchen mit in die Hotelbar. Er war ziemlich besoffen und kotzte sie von oben bis unten voll. Der Hotel-Sicherheitsdienst brachte ihn daraufhin auf sein Zimmer, aber eine Viertelstunde später war er wieder da und verlangte an der Bar noch mehr Bier. Nachdem er genug getrunken hatte, dass ihm wieder übel wurde, fragte er das Mädchen, ob sie mit ihm auf sein Zimmer gehen würde. Sie hatte zwar noch immer seine Kotze auf ihrer Kleidung, aber sie sagte trotzdem ja. Das ist doch total abartig, oder? Schlimmer als Ozzy mit seiner Ameisenschnieferei. Ich möchte mal wissen, was in den Köpfen solcher Frauen wirklich vorgeht.

Nachdem wir einige Zeit in Manhattan Beach wohnten, zogen Vince und seine Frau Beth ganz in unsere Nähe. Das Ding hatte sich mit Beth angefreundet, und im Verein waren sie die härtesten Weiber, die mir je begegnet sind. Das Ding war eine von denen, die erst zuhauen und dann Fragen stellen; Beth war eine Nörglerin, die eine Sauberkeitsmacke und fürchterliche Angst vor Bakterien hatte. Ich weiß nicht, wie Vince es schaffte, mit seinen ganzen krummen Dingern bei ihr durchzukommen. Er ging gelegentlich ins *Tropicana*, ein Striplokal, wo es Wrestlingkämpfe mit nackten Frauen gab, die sich in Babyöl wälzten. Wenn er dann um zwei Uhr nachts nachhause kam und Beth ihn fragte, wieso er mit Öl beschmiert war, sagte Vince: „Oh, ich war im *Benihana,* und der Koch an unserem Tisch hat es wohl ein bisschen übertrieben." Und das war's. Ich ging nie in solche Clubs. Kein Interesse. Warum soll man sich etwas angucken, das man dann doch nicht anfassen darf?

Nach unserer Rückkehr von der *Shout*-Tour in England gab Vince anlässlich des offiziellen Startschusses zur neuen Platte eine Party. Ein oder zwei Tage nach dieser Fete kam Das Ding mit aufgekrempelten Ärmeln in unser Wohnzimmer. Ich hatte es mir auf dem Sofa gemütlich gemacht, wie immer total bedröhnt, und guckte mir im Schulfernsehen einen Beitrag über mathematische Theorien an. Ein paar Quaaludes hatte ich schon intus und spülte nun mit Jack Daniels und einigen Bellars nach. Der Bellar war eine Erfindung von meinem Freund Stick und mir: eine Mischung aus Kahlúa und Brandy.

Das Ding schlug mir auf den Kopf und erklärte, sie wolle jetzt sofort zu Vince und Beth. Ich hatte eigentlich keine Lust, aber es war immer noch besser, als zuhause zu bleiben und nur mit ihr zu streiten. Also fuhren wir zu Vince und stritten uns da. Es war so sinnlos. Bei ihr konnte man einfach nicht gewinnen. Inzwischen litt ich enorm darunter, dass sie so mit mir umging. Unsere Beziehung war diesen ganzen Ärger nicht wert, zumal mir ihre Freunde inzwischen erzählt hatten, dass sie hinter meinem Rücken mit irgendeinem Muskelprotz vögelte. Wahrscheinlich dachte sie, dass der mehr Geld hatte als ich.

Ich war so entnervt, dass ich allein zum Strand runterging. Mir gingen die ganze Zeit dieselben Worte durch den Kopf: „Mach Schluss, mach endlich Schluss." Das war im Grunde nicht meine Absicht. Ich hatte Schlimmeres überstanden. Ich wollte einfach nur meine Ruhe. Und so watete ich mit einem Bellar in der Hand ins Meer. Die Wellen waren kalt und klatschten gegen meine Kleidung, immer höher und höher, bis sie mir den Drink aus der Hand schlugen. Bald war mein Haar nass und klebte an meinem Hals. Und dann wurde mir schwarz vor Augen.

Mick

Kapitel **2**

T O M M Y

IN DEM EINE PARTY EIN BÖSES ENDE NIMMT.

ALS EINE VERSIEGTE QUELLE WIEDER ERSCHLOSSEN WERDEN SOLL.

*D*ie Hanoi Rocks waren in der Stadt, und wir machten mit ihnen Party –
Mick, Vince und ich. Der Alkohol floss in Strömen, alles andere auch, und wir amüsierten uns prächtig. Wahrscheinlich hatten wir schon drei oder vier Tage voller Bar-
becues, Sauferei und ziemlich wenig Schlaf hinter uns, als uns schließlich das Bier
ausging. Vince wollte mit seinem neuen Pantera angeben und fragte also, wer zum
Bierkaufen mitkommen wollte. Hanoi-Rocks-Sänger Razzle meldete sich als Erster,
und die beiden machten sich auf den Weg.

Der Getränkeladen war nur ein paar Straßen entfernt, aber sie blieben wahnsinnig lange weg. Mick war auch nicht mehr da, und niemand wusste, wohin er verschwunden war. Aber das war nicht weiter ungewöhnlich, dieser hinterlistige Wichser setzte sich ja öfter allein ab. Nikki war überhaupt nicht zu der Party gekommen,
und wo der war, wusste auch niemand.

„Hört mal", meinte ich zu den versammelten Frauen und Freundinnen, die
nebeneinander auf dem Sofa hockten, „selbst wenn Vince mit Razzle eine Spritz-
tour gemacht hat, sollten sie langsam wieder zurück sein. Der Getränkeladen ist
doch bloß um die Ecke, was treiben die denn?"

Wir begannen uns Sorgen zu machen. Was, wenn sie nun einen Unfall gehabt
hatten oder ausgeraubt worden waren? Das war ja möglich. Plötzlich hörten wir,
wie Krankenwagen am Haus vorbeirasten, um die Ecke schossen und mit quietschenden Bremsen anhielten. Das machte mich schlagartig nüchtern, und das ging
vermutlich jedem so. Wir zweifelten keinen Augenblick, für wen die Krankenwagen
gerufen worden waren.

Alle rannten aus dem Haus. Die Straße machte eine Biegung nach links, und daher konnten wir nicht sehen, was sich hinter dieser Kurve abspielte. Wir liefen und liefen und liefen – es kam uns vor wie eine Ewigkeit – und sahen nur das flackernde Rotlicht, das sich auf den nahe gelegenen Gebäuden abzeichnete.

Als wir um die Ecke bogen, standen dort Löschfahrzeuge, Krankenwagen, Polizeiwagen und dutzende von Gaffern in Shorts, die von der anderen Straßenseite aus hinüberstarrten. Ich folgte ihren Blicken, und das Erste, was ich sah, war der verdammte rote Pantera. Er war mit einem anderen Wagen zusammengestoßen, aber nicht frontal, sondern in einem leichten Winkel, und die Beifahrerseite war zusammengeschoben wie eine Ziehharmonika. Die Straße war mit Trümmern übersät: Glas, Metall, Plastik, und mittendrin lag ein Chuck-Taylor-Stiefel, wie Razzle ihn zu tragen pflegte.

Das alles machte für mich überhaupt keinen Sinn: Wieso lag Razzles Plateauschuh mitten auf der Straße? Wo war Vince? Was war passiert? Was sollte ich jetzt machen, sagen, denken oder schreien?

Dann sah ich Vince. Er saß an der Bordsteinkante, die Arme um die Knöchel geschlungen und bewegte den Oberkörper vor und zurück. Als ich auf ihn zurannte, nahm ich im Augenwinkel eine andere Bewegung wahr – Razzle. Er wurde auf einer Bahre in den Krankenwagen getragen. Wahrscheinlich war er okay, sagte ich mir, auch wenn er vermutlich behandelt werden musste, so, wie der Pantera aussah.

Vince war mit Blut besprizt, schaukelte hin und her und gab dabei ein eigenartiges Geräusch von sich. Es schien aus so tiefer Verzweiflung zu kommen, dass Weinen nicht der richtige Ausdruck dafür war. Mir war nicht klar, ob er Schmerzen hatte, unter Schock stand oder einfach ausgerastet war. Als ich mit ihm zu reden versuchte, schob ein Bulle mich weg. Er legte Vince Handschellen an und schob ihn in den Polizeiwagen. Ich fuhr mit Beth und den Hanoi-Jungs ins Krankenhaus.

Zweieinhalb Stunden warteten wir schweigend, bis endlich ein Arzt ins Wartezimmer kam. Seine Handschuhe waren blutbefleckt, und der Mundschutz baumelte um seinen Hals. Mir stiegen die Tränen in die Augen, noch bevor er etwas sagte. Die salzigen Tropfen hingen wie in einer Warteschleife da und legten eine kontaktlinsenähnliche Schicht über meine Augen, bis der Arzt uns die Mitteilung machte, die wir befürchtet hatten: „Ihr Freund Razzle hat es nicht geschafft." Dann brach der Damm, und die Tränen liefen über mein Gesicht.

IN DEM WIR MEHR VON DER UNGLÜCKSELIGEN PARTY ERFAHREN
UND EIN BREMSENQUIETSCHEN DIE GANZE WELT UND VOR ALLEM
DAS HERZ UNSERES FAHRERS ZERREISST.

ngefangen hatte es mit einer Party, mit der wir den Startschuss zum dritten Album hatten feiern wollen. Anschließend wollte niemand nachhause, und so ging die Fete tagelang weiter. Beth raufte sich die Haare, weil sie einen Sauberkeitsfimmel hatte und jedes Mal einen Anfall kriegte, wenn meine Freunde zu uns kamen und überall ihre Bakterien zurückließen. Der Grundstein unserer Ehe war nicht etwa Liebe, sondern Drogen, Alkohol und ihr 240Z – und ich war kreuzunglücklich. Ich blieb abends so lange weg wie möglich, und sobald ich aufwachte, begann ich zu trinken, damit ich ihr dauerndes Gemecker besser ertragen konnte.

Bei der Party gaben sich die Leute die Klinke in die Hand, aber ein paar blieben die ganze Zeit über da, beispielsweise ein paar Mädchen, die im gleichen Gebäude wohnten, mein direkter Nachbar (ein NBC-Nachrichtensprecher) und Tommy. Er hatte sich von Honey getrennt – glücklicherweise, weil es mir mittlerweile ziemlich schwer fiel, mit den beiden zusammen zu sein. Nicht etwa, weil sie dauernd stritten, sondern weil ich sie mindestens ein halbes Dutzend Mal hinter seinem Rücken gevögelt hatte. Mick tauchte am dritten Tag ebenfalls auf, was mich ziemlich überraschte, weil er selten mit uns trank. Er schloss sich lieber in seinem Zimmer ein, wo er es wahrscheinlich wilder trieb als wir alle zusammen; so, wie sein Körper langsam durch den Alkohol aufgeschwemmt wurde, war das jedenfalls zu vermuten.

Am dritten Abend legte ich mich endlich mal für ein paar Stunden hin. Als ich aufwachte, war es schon wieder Nachmittag. Von meinem Fenster aus entdeckte ich, dass am Strand etwas angespült worden war, das wie ein kleiner schwarzer Wal aussah. Schnell schlüpfte ich in Jeans und Hawaiihemd und ging nach unten, um mir das genauer anzusehen. Vor mir lag der besinnungslose Mick in seinen schwarzen Lederhosen, Lederstiefeln und Lederjacke und wurde von der heißen Mittagssonne geradezu gegrillt. Seine Klamotten waren unübersehbar nass geworden, jetzt aber wieder völlig trocken und hingen an ihm wie alte, faltige Haut. Es sah aus wie ein kranker E. T. – so, als würde sein Körper auf dem Sand verrotten.

Ich versuchte, ihn ins Haus tragen, aber er brummte irgendwas und wollte offenbar lieber liegen bleiben. Also ließ ich ihn, wo er war, und ging zurück zur Party.

An dem Abend ging uns der Alkohol aus. Ich hatte mir kurz zuvor einen 72er-Ford-Pantera gekauft, einen wunderschönen, schnellen Wagen, grellrot lackiert und mit eleganten schwarzen Ledersitzen, und Razzle wollte gern wissen, wie er auf der Straße lag. Wir waren beide völlig zugedröhnt und hätten nicht fahren sollen, zumal der Getränkeshop nur ein paar Straßen entfernt war und wir das kleine Stück ohne weiteres hätten zu Fuß gehen können. Aber darüber dachten wir überhaupt nicht nach. Razzle trug Plateaustiefel, Lederhosen und ein Rüschenhemd – er machte rund um die Uhr auf Rockidol und hätte sich nie wie ich mit Jeans und Hawaiihemd erwischen lassen.

Wir bretterten auf den Parkplatz und holten Bier und Schnaps für ein paar hundert Dollar, damit die Party wieder etwas in Schwung kam. Der Wagen hatte keinen Rücksitz, daher nahm Razzle die Tüten mit den Flaschen auf seinen Schoß. Auf dem Heimweg nahmen wir einen Umweg über eine gewundene Küstenstraße, die über ein paar Hügel führte. Es gab mehrere kurze Steigungs- und Gefällestrecken, und ich fuhr gerade einen kleinen Berg hinauf, vor dessen Kuppe die Straße eine leichte Biegung machte. Es war dunkel, und die Fahrbahn war aus irgendeinem Grund nass. Da ich an dem Abend nicht draußen gewesen war, war ich mir nicht sicher, ob es geregnet hatte oder ob die Fahrbahn vielleicht gerade gereinigt worden war. Kurz vor der Kurve entdeckte ich, dass der Rinnstein an der einen Straßenseite voll gelaufen war, sodass das Wasser quer über die Straße floss.

Als der Wagen die Kurve nahm, schaltete ich für das letzte Stück bis nachhause in den zweiten Gang. Aber in diesem Moment griffen die Räder nicht mehr, und das Auto rutschte seitlich auf die Wasserfläche nach links – auf die entgegengesetzte Fahrbahn. Ich versuchte gegenzusteuern, aber während ich noch mit der Lenkung kämpfte, blendete mich ein Paar Scheinwerfer. Da kam etwas über die Hügelkuppe und hielt direkt auf uns zu. Das war das Letzte, was ich sah, bevor ich das Bewusstsein verlor.

Als ich wieder zu mir kam, lag Razzle auf meinem Schoß. Ich zwang meinen Mund, ihn anzulächeln, als wollte ich sagen: „Gott sei Dank, uns ist nichts passiert", aber er reagierte nicht. Ich hob seinen Kopf und schüttelte ihn, aber er rührte sich nicht. „Razzle, wach auf!", rief ich immer wieder, weil ich dachte, er sei ebenfalls ohnmächtig geworden. Es war, als wären wir in unserer eigenen kleinen Welt. Mir war nicht einmal klar, dass wir in dem Pantera saßen, bis ein paar Leute von draußen zu uns hineinsahen und versuchten, Razzle aus dem Wagen zu ziehen.

Ich versuchte auszusteigen, aber die Sanitäter kamen sofort auf mich zu und brachten mich hinüber zum Fahrbahnrand. „Die riechen nach Alkohol!", rief einer von ihnen den Polizisten zu, während er meine Rippen bandagierte und die Schnittwunden im Gesicht versorgte. Eigentlich erwartete ich, dass sie mich nun ins Krankenhaus bringen würden, aber stattdessen ließen sie mich auf dem Fußweg sitzen.

Es kam mir vor wie ein böser Traum, und meine ersten Gedanken galten meinem Auto, das ich nun höchstwahrscheinlich als Totalschaden abschreiben konnte. Aber dann erschien Beth mit ein paar anderen Partygästen und flippte völlig aus. Allmählich dämmerte mir, dass etwas Schreckliches passiert war. An der Unfallstelle stand ein völlig demolierter VW, und die Sanitäter trugen einen Mann und eine Frau, die ich nicht kannte, in den Krankenwagen. Aber ich stand derartig unter Schock, dass ich nicht begriff, dass all das etwas mit mir und mit der Realität zu tun hatte.

Dann kam ein Polizist zu mir herüber. „Wie schnell sind Sie gefahren? Hier gilt eine Geschwindigkeitsbegrenzung von vierzig Stundenkilometern."

Ich könne mich nicht erinnern, antwortete ich, und das stimmte auch. Erst später fiel es mir wieder ein, dass die Tachonadel über hundert Sachen angezeigt hatte.

Der Polizist ließ mich ins Röhrchen blasen. Hätte ich nicht derartig neben mir gestanden, hätte ich mich geweigert; der Apparat zeigte 1,7 Promille. Dann klärte mich der Beamte über meine Rechte auf und führte mich, ohne mir Handschellen anzulegen, zum Polizeiwagen, wo er mich auf den Rücksitz schob. Auf der Wache starrten mich die Beamten bösartig an. Dauernd fragten sie mich, was passiert war, aber ich wiederholte ständig: „Wo ist Razzle?" Ich ging davon aus, dass man ihn in eine andere Zelle gebracht hatte, um ihn separat zu befragen.

Das Telefon klingelte, und der Dienststellenleiter verließ das Zimmer. Als er zurückkam, sagte er kalt: „Ihr Freund ist tot." Bei diesen Worten wurde mir die Bedeutung des Unfalls schlagartig klar – nicht nur gefühlsmäßig, sondern auch körperlich. Mir war, als würde ich mit hunderten von Whiskyflaschen geprügelt. Meine Rippen strahlten einen so dumpfen Schmerz aus, dass ich mich kaum bewegen konnte, und jedes Mal, wenn ich das Gesicht verzog oder etwas sagen wollte, fühlte ich ein heftiges Stechen im Gesicht. Meine Gedanken galten Razzle: Ich würde ihn nie wiedersehen. Wäre ich doch nur allein gefahren, zu Fuß gegangen oder hätte jemand anderen Alkohol kaufen geschickt, hätte ich den Getränkeladen doch nur dreißig Sekunden später verlassen oder wäre in einem anderen Winkel auf die Gegenfahrbahn geschleudert, sodass ich gestorben wäre und nicht er. Scheiße. Wie sollte ich jemals wieder den anderen – seiner Band, meiner Band, meiner Frau – ins Gesicht sehen? Ich wusste nicht, was ich machen sollte.

Als die Sonne aufging, schickte mich die Polizei nachhause, wo Beth und Tommy auf mich warteten. Sie versuchten mich zu trösten, aber ich reagierte nicht. Wie sollte ich diese neue Realität in das Leben integrieren, das ich noch vor zwölf Stunden geführt hatte? Ich war noch immer derselbe, aber um mich herum hatte sich alles verändert.

Am nächsten Tag stand das Telefon nicht still: Freunde, Verwandte, Reporter und Feinde riefen an und wollten wissen, was passiert war. Dann hörte der Telefonterror wieder auf, so plötzlich, wie er begonnen hatte. Nach einem Morgen unheimlichen Schweigens meldeten sich meine Manager: Die Behörden klagten mich wegen fahrlässiger Tötung an. Ich fuhr aufs Polizeirevier und stellte mich.

Bei meiner ersten Anhörung waren die Eltern des Pärchens, das in dem Volkswagen gesessen hatte, zugegen. Sie sahen mich an, als sei ich der leibhaftige Satan. Lisa Hogan, das Mädchen, das am Steuer gesessen hatte, war mit einer Hirnverletzung ins Koma gefallen, und ihr Beifahrer, Daniel Smithers, lag in einem Streckverband im Krankenhaus; er hatte ebenfalls eine Hirnverletzung erlitten. Dort vor Gericht erkannte ich, dass ich für das Geschehene ins Gefängnis gehörte, selbst wenn es rein technisch gesehen ein Unfall gewesen war. Wäre ich ein ganz normaler Typ gewesen, weder reich noch berühmt, dann hätte man mich vermutlich sofort hinter Gitter gebracht. Aber so wurde ich bis zur Verhandlung gegen zweitausendfünfhundert Dollar Kaution auf freien Fuß gesetzt, wobei man mir jedoch bereits mit auf den Weg gab, dass ich im ungünstigsten Fall mit sieben Jahren Freiheitsstrafe und dem Ende meiner Karriere rechnen musste.

Als ich nach der Verhandlung nachhause kam, eröffnete mir unser Manager Doc McGhee, ich müsse nun einen Entzug machen. Ich sei kein Alkoholiker, antwortete ich, und ich sah nicht ein, dass man mich behandelte, als hätte ich ein Problem. Schließlich war ich ja kein Penner, der im Rinnstein lag. Aber das Gericht bestand darauf, dass ich mich einer Behandlung unterzog, und Doc hatte eine Klinik gefunden, die eher an einen Countryclub erinnerte, wie er sagte – mit Tennisplätzen, Golfplatz und einem kleinen See mit Booten. Am nächsten Tag fuhr er mich dorthin, und ich ging friedlich mit, weil ich mir überlegt hatte, dass es ganz schön sein würde, etwas Abstand von den ganzen Schlagzeilen zu haben, in denen man mich einen Mörder schimpfte. Doc hielt schließlich am Van Nuys Boulevard, wo wir ein recht kalt aussehendes Krankenhaus mit vergitterten Fenstern betraten.

„Wo ist denn hier der Golfplatz?", fragte ich Doc.

„Tja", sagte er. „Ich habe eine gute und eine schlechte Nachricht."

Es gab keine gute: Das hier war ein schlichtes, kleines Krankenhaus, in dem ich mich dreißig Tage lang einer Entgiftung und einer intensiven Therapie unterziehen sollte. Es war grauenhaft. Die Therapeuten ließen mich den Unfall wieder und wieder durchleben; ich las Zeitungskommentare, in denen es hieß, dass ich lebenslänglich verdiente, um andere von betrunkenem Fahren abzuschrecken, und ich musste jedes Mal weinen, wenn ich an Razzle dachte, mit seinen hochhackigen Stiefeln und seinem unbekümmerten finnischen Akzent. In diesen dreißig Tagen dachte ich, mein Leben sei gelaufen.

Kurz nach meiner Einweisung hatte ich vielleicht einen Anruf von Tommy oder Nikki bekommen, aber das war's dann auch. Danach meldete sich keiner aus meiner Band bei mir. Entweder war ich ihnen egal, oder aber man hatte ihnen gesagt, dass sie Abstand zu mir halten sollten. Ich war allein, und sie machten vielleicht ohne mich weiter. Wer weiß, dachte ich, vielleicht hat Nikki schon neue Sänger getestet, und vor mir lagen sieben Jahre Gefängnis und die lebenslange Verachtung für einen Mörder, über den man in Talkshows Witze riss, bis ich eines Tages zur Hölle gehen würde.

NIKKI

IN DEM NIKKI ÜBER DAS URALTE RÄTSEL
„WAS KOMMT NACH DER ORGIE?" NACHDENKT UND
VON EINEM ZWEIFELHAFTEN BOTEN ERFÄHRT, DASS VINCE
DIE ANTWORT DARAUF GEFUNDEN HAT.

*A*ls ich von der *Shout*-Tour nachhause zurückkehrte, wusste ich nicht, was ich mit mir anfangen sollte. Wir waren dreizehn Monate lang unterwegs gewesen, und in dieser Zeit hatte ich meine Freundin, meine Wohnung und die meisten meiner Freunde verloren. Ich schlief auf einer vergammelten Matratze und aß Sachen aus einer Styropor-Kühlbox. Ich war einsam und deprimiert, und ich fühlte, wie ich langsam verrückt wurde. Das war nicht das Leben, das einem Rockstar geziemte.

Also beschlossen Robbin Crosby, ein Fotograf namens Neil Zlozower und ich, nach Martinique zu fahren. Es war ein ziemlich surrealer Trip, denn ich war gerade wieder in einer heftigen Drogenphase und völlig unfähig, irgendetwas selbst auf die Reihe zu kriegen. Irgendjemand brachte mich zum Flughafen und setzte mich in den Flieger nach Miami, da brachte mich jemand zu einem anderen Flugzeug, man führte mich durch den Zoll, und bevor ich mich's versah, stand ich an einer Poolbar auf einer wunderschönen Insel, auf der die Frauen die Sonne oben ohne genossen. Nie zuvor in meinem Leben war ich dem Paradies so nahe gewesen.

Eine Woche lang machten wir Party auf Martinique, dann flogen wir wieder nach Miami. Als ich aus dem Flugzeug stieg, rannte ein großer Mann in einem blauen Blazer auf mich zu. „Nikki, Nikki", rief er, „dein Sänger ist tot!"

„Was?!", fragte ich.

„Vince ist bei einem Autounfall umgekommen."

Meine Knie gaben nach, mir wurde schwindlig, und ich sackte auf einem Stuhl zusammen. Das gehörte nicht zu meinem Plan, das durfte nicht geschehen. Was war da passiert? Während meines Urlaubs hatte ich keine Zeitung gelesen, nicht ferngesehen oder mit irgendjemandem gesprochen. Ich wankte zu einem öffentlichen Telefon und rief beim Management an.

„Es gab einen Unfall", sagte Doc.

„O Gott, dann ist es also wahr!"

„Ja", sagte er. „Vince ist ziemlich am Arsch."

„Das kann man wohl sagen. Er ist tot, Alter."

„Wovon redest du denn da?", fragte Doc. Und dann erzählte er mir die ganze Geschichte: Razzle war tot, Vince war auf Entzug, und alle waren deprimiert, verwirrt und erschüttert.

Ich nahm den nächsten Flieger nach Los Angeles und fuhr zu der vergammelten Bude, die ich mit Robbin teilte. Dann rief ich Michael Monroe und Andy McCoy von Hanoi Rocks an: Tod, Drogen und Selbstzerstörung schufen zwischen uns eine seltsame, intensive Freundschaft, in die wir uns ganz fallen ließen. Michael saß den ganzen Tag nur da, kämmte sich die Haare und legte Make-up auf, nur um sich danach wieder abzuschminken.

„Vielleicht bist du wirklich ein Transvestit", sagte ich eines Tages zu ihm, als ich auf der Toilette des *Rainbow* nach ihm gesucht hatte und feststellte, dass er das Damenklo benutzte.

„Nein, Mann", sagte er, während er sich Grundierungscreme auftrug. „Mir gefällt es nur, so auszusehen."

„Aber deswegen musst du doch nicht aufs Damenklo gehen."

„Das tue ich immer", sagte er, „weil mich auf der Herrentoilette nämlich dauernd irgendwelche Kerle anpöbeln und mich eine Schwuchtel nennen, bloß weil ich mich vor dem Spiegel schminke."

Seit der Zeit, in der Vince mit Lovey herumhing und im Bademantel zu Konzerten kam, hatte ich eine Abneigung dagegen, Kokain zu spritzen. Aber zusammen mit den Jungs von Hanoi Rocks begann ich, mein Heroin dauernd damit zu vermischen. Ich rief nicht einmal bei Mick oder Vince an. Ich wusste einfach nicht, was ich mit mir anfangen sollte – viele meiner Träume hatte ich mit *Shout At The Devil* erfüllt. Das Leben war eine einzige Orgie aus Erfolg, Mädchen und Drogen; ganz, wie ich es mir erträumt hatte. Aber jetzt stand ich vor einem neuen Problem: Was kommt, wenn die Orgie vorbei ist?

Das Einzige, was mir dazu einfiel, war: eine zweite, noch größere Orgie, damit ich den Folgen der letzten nicht ins Gesicht sehen musste. Vince war jeden Tag in den Nachrichten, und ich war so breit, dass ich glatt fragte: „He, wieso ist Vince denn im Fernsehen?" Jemand antwortete dann: „Wegen dieser Sache mit der fahrlässigen Tötung." Und ich sagte dann „ach ja" und setzte mir den nächsten Schuss.

Vince war mein Bandkollege, mein bester Freund, mein Bruder. Wir kamen gerade von einer so erfolgreichen Tour, wie man sie als junge Band nur haben konnte, wir hatten gemeinsam großartige Zeiten erlebt, wir hatten alles geteilt, angefangen mit meiner Freundin und Tommys Frau bis zu den Groupies vom Zimmerservice. Und ich rief ihn nicht an, ich besuchte ihn nicht, ich unterstützte ihn in keiner Weise. Ich war wie üblich ganz damit beschäftigt, meinen eigenen Gelüsten nachzugehen. Warum war ich nicht für ihn da? Was war der Grund? Hatten die Drogen so viel Macht über mich? Wenn ich an Vince dachte, spürte ich kein Mitleid, ich war wütend, so als wäre alles allein seine Schuld, und die anderen Bandmitglieder wären unschuldige Opfer seines Fehltritts. Aber wir alle nahmen Drogen und fuhren betrunken Auto. Es hätte jedem von uns passieren können.

Aber es hatte Vince getroffen. Er saß jetzt in einer Klinik und dachte über sein Leben und über seine Zukunft nach, während ich nichts Besseres zu tun hatte, als zuhause zu hocken und über den nächsten Schuss Koks nachzudenken, den ich mir in die Venen jagen würde. Tommy machte Party im *Rainbow* mit Bobby Blotzer von Ratt, Mick saß wahrscheinlich vor seiner Haustür und kühlte sich sein Veilchen, und Mötley Crüe waren tot, bevor es richtig losgegangen war.

Abb. 2

Von links: Nikki und Robbin Crosby mit einem Führer auf Martinique

Kapitel **5**

M I C K

IN DEM MICK ZU DER BITTERSÜSSEN ERKENNTNIS GELANGT, DASS ER
SELBST DEM NASSEN GRABE ZWAR ENTRONNEN IST, DER TOD SICH AN
SEINER STATT JEDOCH EINEN SEINER FREUNDE GEHOLT HAT.

*I*ch war tot, da war ich sicher. Als ich am Strand erwachte, waren das Meer und der Himmel tiefschwarz. Von weitem sah ich den Schimmer eines Lichts und ging darauf zu. Es waren die Glasfenster von Vinces Haus. Im Wohnzimmer sah ich Beth, Tommy, Andy und ein paar andere Leute. Aber sie schienen nicht zu feiern. Sie saßen still da und sahen sehr traurig aus, als sei etwas Schreckliches passiert. Wenn sie sich unterhielten, geschah das im Flüsterton. Beth und Tommy hatten Tränen in den Augen. Wahrscheinlich weinten sie um mich, überlegte ich, weil ich da draußen ertrunken war und sie meine Leiche gefunden hatten. Jetzt war ich wohl eine herumirrende Seele, ein Geist oder sonst ein Schattenwesen, das auf der Erde herumirren musste, um für seine Sünden oder für den Selbstmord zu bezahlen. Aber wo war Das Ding? Warum weinte sie nicht auch mit ihnen? Schließlich hatte ich ihre Aufmerksamkeit erregen wollen, als ich ins Wasser ging. Aber vielleicht war sie im Leichenschauhaus, um mich zu identifizieren.

Da ich nun ein Geist war, konnten mir materielle Objekte ja nicht mehr im Wege stehen. Dachte ich jedenfalls und versuchte, durch das Glasfenster in den Raum zu gehen, um zu hören, was Tommy und Beth über mich sagten. Und dabei tat ich mir so richtig weh. Der Knall, mit dem ich gegen die Scheibe prallte, schreckte die Gruppe im Wohnzimmer auf. Sie rannten zum Fenster und sahen voller Panik nach draußen, wo ich inzwischen rücklings in den Sand gefallen war.

„Alter, wo warst du denn?", rief Tommy, als er mich sah.

Hm. Offenbar war ich wohl doch noch am Leben.

Als sie mir von dem Unfall erzählten, berichtete Beth, dass viele Leute geglaubt hatten, ich sei mit im Wagen gewesen: Razzle war so stark entstellt, dass er aussah wie ich. Es hätte keinen Unterschied gemacht, denn meiner Meinung nach war für Mötley Crüe nun sowieso alles vorbei. Ich war es gewöhnt, wie ein Penner durchs Land zu ziehen, und würde dann eben wieder bei Kumpels auf dem Sofa übernachten und mich irgendwie durchschnorren.

Als ich meine Wohnung wieder erreichte, war ich völlig fertig. „Alkohol ist Scheiße", dachte ich, um danach heftiger zu saufen als je zuvor. Das Ding machte sich bald darauf davon. Das merkte ich, als ich eines Abends mit dem Drummer von White Horse zusammensaß und von meiner kaputten Beziehung erzählte. Kurz zuvor hatte ich mir einen BMW 320i gekauft, und den wollte er gern mal sehen, aber als ich die Vorhänge aufzog und nach draußen sah, war der Wagen verschwunden. Ich rief die Bullen an und meldete, meine Freundin habe mein Auto geklaut. Sie erkannten, dass ich betrunken war, und schienen sich nicht übermäßig für die Sache zu interessieren. „Okay", sagten sie. „Wir gehen raus und suchen sie. Und wenn wir sie mit dem Auto erwischen, dann erschießen wir sie, geht das in Ordnung?"

„Ist schon gut", brummte ich.

„Die kommt schon wieder, machen Sie sich mal keine Gedanken", sagte der Cop und legte auf.

Aber sie kam nie zurück. Ich war meinen jeweiligen Freundinnen stets treu, denn wenn man anfängt, seine Frau oder Freundin zu betrügen, glaubt man sehr schnell, dass sie das genauso macht, und ruck, zuck zerstören Angst und Misstrauen die Beziehung. Allerdings waren meine Freundinnen nicht unbedingt immer der gleichen Ansicht: Sie zogen los, bumsten, wen sie wollten, kamen dann nachhause und fragten: „Baby, was geht ab?" Ich habe nie verstanden, wie man so etwas tun kann, wenn man seinen Partner wirklich liebt. Also musste ich davon ausgehen, dass sie mich nicht wirklich liebten. So war das auch mit Dem Ding. Eines Tages entdeckte ich mein Auto vor dem Haus eines Profiboxers. Als ich sie zur Rede stellte, konterte sie: „Fick dich. Ich bin jetzt mit ihm zusammen. Er ist viel jünger." Sie sagte es zwar nicht wörtlich, aber ich spürte, dass sie ihn für eine bessere Partie hielt und glaubte, dass er mehr Geld verdiente. Dabei hatte ich ihr immer gesagt, dass ich in ein paar Jahren Multimillionär sein würde.

„Dann viel Spaß beim Leben in Armut", sagte ich großmäulig, obwohl ich in Wirklichkeit so verwirrt war wie eine Nutte in der Kirche. Dann ging ich nachhause, zahlte die letzte Miete und erklärte dem Vermieter, dass ich nun auszog und Das Ding ab sofort für das Haus verantwortlich war.

Ich fühlte mich uralt, müde und nutzlos: zu alt, um je wieder eine junge, gut aussehende Freundin zu finden, und zu alt, um je wieder eine Band aufzubauen, wie Mötley Crüe sie gewesen waren. Keine Weiber, keine Millionen, keine Stadionkonzerte mehr – vorbei. Nun konnte ich wieder über Land ziehen und mich wie Robert Johnson als Straßenmusiker durchschlagen – ich musste nur meine Einstellung ändern. Ich suchte mir ein Apartment in Marina del Rey und begann eine ausgiebige Gehirnwäsche mit reichlich Alkohol. Wenn ich abends ins Bett ging, konnte ich regelrecht spüren, wie mich der Fusel immer mehr in ein aufgedunsenes, schwitzendes, ekliges Schwein verwandelte. Kein einziges Mal dachte ich daran, Vince in der Klinik zu besuchen. Ich war nicht sauer auf ihn, aber ziemlich durcheinander. Zwar war mir klar, dass es nicht seine Schuld gewesen war, aber ich konnte ihm trotzdem nicht verzeihen.

⊁⊶⊙⊷⊰

```
MAILGRAM SERVICE CENTER        ⊔⊔ Mailgram
MIDDLETOWN, VA. 22645      western union


1-000989S159002 06/08/82 ICS IPMRNCZ CSP LSAC
1 2134697465 MGM TDRN LOS ANGELES CA 06-08 1254A EST


    LITA FORD
    4659 COLDWATER CANYON AVE #6
    SHERMAN OAKS CA 91423


THIS MAILGRAM IS A CONFIRMATION COPY OF THE FOLLOWING MESSAGE:

   2134697465 TDRN LOS ANGELES CA 19 06-08 1254A EST
PMS NIKKI SIXX, CARE SHERITAN CARAVAN HOTEL ROOM 822
100 AVE 104 ST
EDMONTON AB CAN
TO NIKKI SIXX

I NEED YOU,
I WANT YOU,
I LOVE YOU,...
I MISS YOU....
KICK ASS 4 ME
   LITA FORD

00:53 EST

MGMCOMP
```

Abb. 3

Kapitel **6**

N I K K I

IN DEM UNSERE HELDEN ERNEUT
IHREM GRÖSSTEN FEIND BEGEGNEN: SICH SELBST.

$\mathcal{A}$ls Vince wieder im Studio erschien, gab es kein tränenreiches Wiedersehen. Stattdessen hing eine seltsame Traurigkeit in der Luft, so als ob deine Exfrau
plötzlich den Raum betritt. In den letzten Monaten war ich mit Robbin Crosby und
den Jungs von Hanoi Rocks durch L. A. gezogen, als ob mir die ganze Welt zu Füßen
läge, ohne auch nur einen Gedanken an die Band zu verschwenden. Zwar hatte ich
ein paar Songs geschrieben, aus denen sich später das Album *Theatre Of Pain* entwickeln sollte, aber ich hatte keine Ahnung, was ich tun, sagen oder spielen sollte;
ich war so fertig, dass ich mich kaum noch allein anziehen konnte.

Vince sagte leise hallo, und obwohl er gerade aus der Klinik kam, hatte ich
nichts Besseres zu tun, als ihm eine Linie anzubieten. Er sagte ja, wahrscheinlich,
um wieder dazuzugehören, rollte sich einen Dollarschein zusammen und schnupfte
sie. Dann hielt er sich die Hand vor den Mund und rannte zum Klo, wo er sich die
nächsten fünf Minuten übergab, bis sein Magen leer war.

Nikki

155

„Was zum Teufel war denn das?", fragte er schließlich.

„Smack, Mann", sagte ich.

„Smack? Warum nimmst du denn diesen Scheiß?"

„Weil es cool ist!"

„Ach du Scheiße, bist du fertig!"

Aber das waren wir alle. Vince begriff nämlich nicht, dass wir, während er clean geworden war, neue Gipfel der Abhängigkeit erklommen hatten. Nach der äußerst intensiven Tour waren wir völlig aus der Bahn geschleudert worden. Unsere Freundinnen und Frauen – Lita, Das Ding und Honey – hatten uns verlassen; wir waren allein. Mick betäubte sich mit hochprozentigen, selbst gemixten Cocktails, Tommy mit Literkrügen Wodka und Eightballs (einer achtel Unze – siebenundzwanzig Gramm – Kokain) und ich mit allem, was ich mir in die Adern jagen konnte.

Wenn ich aus dem Studio nachhause kam, wimmelte es in meiner Wohnung von Leuten, die Musik hörten, Drogen spritzten oder fickten. Ich schlängelte mich an ihnen vorbei, weil ich meist nicht die geringste Ahnung hatte, wer sie waren, und ließ mich aufs Bett fallen. Überall im Zimmer lagen Nadeln und Bücher. Ich las viel über den Zusammenhang zwischen Theater, Politik und Kultur, angefangen mit den düsteren Zeiten, als die Entertainer noch zum Tod verurteilt wurden, wenn der König nicht über ihre Späße lachte, bis hin zu neueren Konzepten wie Antonin Artauds Essay über das „Theater der Grausamkeit". Eigentlich wollten wir das Album *Entertainment Or Death* nennen, aber eine Woche, nachdem sich Doug Thaler diese Worte auf den Arm hatte tätowieren lassen, entschieden wir uns für *Theatre Of Pain*. Den Titel klaute ich entweder aus besagtem Artaud-Essay oder von Dinah Cancer von der Band 45 Grave, mit der ich ein paar Mal zusammen ausgegangen war, oder von beiden.

Niemand war mit dem Sound zufrieden, der aus den Mikrofonen, Bässen und Gitarren drang. Aber wir waren zu breit, um was daran zu ändern. Mick war genervt, weil er in dem Studio einen Gallien-Krueger-Verstärker statt seiner Marshall-Ausrüstung benutzen musste. Als Jeff Beck allerdings mal vorbeikam, um sich ein Plektrum zu leihen, machte er sich fast nass.

Zu dem Zeitpunkt hatte ich gerade mal fünf Songs geschrieben, von denen dementsprechend jeder ausgewählt wurde. Danach peppten wir noch ein paar alte Demos auf, damit überhaupt ein komplettes Album zustande kam. „Home Sweet Home" – einer der ersten Songs, die wir in Angriff nahmen – setzte sich mit dem Gefühl der Wurzellosigkeit, Einsamkeit, Verwirrung und Verzweiflung auseinander und spiegelte die Sehnsucht nach einer Art von Sicherheit, wie sie eine Familie, eine Beziehung oder sogar der Tod vermitteln mochte. Aber die Aufnahmen waren miserabel – wir kamen ins Studio, machten zwei Takes, fanden sie beide grässlich, und dann waren wir gelangweilt und genervt und gingen nachhause. Das ging eine ganze Woche so, und „Home Sweet Home" entwickelte sich quälend langsam zu einem großen Nichts.

Während wir an diesem Song arbeiteten, brachte unser Steuerberater eines Tages eine aufstrebende Schauspielerin namens Nicole ins Studio mit. Sie war sehr hübsch, hatte sich allerdings ihr Haar nach hinten gekämmt und mit viel Haarspray glatt fixiert. Zuerst hielt ich sie für eine dieser nervigen, verklemmten Anwaltszicken. Mädchen gegenüber war ich völlig desinteressiert. Sex mochte ich, schon, aber auf Tour ging ich nach meinem Orgasmus sofort aus dem Zimmer und klopfte bei irgendeinem meiner Bandkollegen an, um zu sehen, was da los war. Ich begriff nicht, warum überhaupt jemand auf mich stand: Ich war alles andere als ein Traummann. Ich war langweilig, konnte nicht treu sein und interessierte mich nur für Dinge, die irgendetwas mit mir selbst zu tun hatten.

Nachdem Nicole ein paar Tage lang bei unseren Proben aufgetaucht war, lud ich sie eines Tages zum Essen in ein Thai-Restaurant ein, ins *Toi,* das ganz in der Nähe der Wohnung lag, die ich mit Robbin teilte.

Wir kippten ein paar Flaschen Wein, und schließlich fragte ich sie: „Äh, hast du schon mal Smack probiert?"

„Nein", sagte sie.

„Und Koks?"

„Ja, schon öfter."

„Und wie sieht es mit Quaaludes aus?"

„Hm, ich glaube, ja. Vielleicht einmal."

„Weißt du was? Komm doch mit zu mir, ich habe ein bisschen Smack, ein bisschen Koks und ein paar Pillen. Ein paar Flaschen Whisky sind bestimmt auch noch da, dann könnten wir uns doch einen lustigen Abend machen."

„Okay", sagte sie. Es war deutlich zu spüren, dass sie gern für kurze Zeit aus ihrem Yuppie-Leben ausbrechen wollte, um eine Nacht mit einem bösen Jungen wie mir zu verbringen und dann in ihre wohlgeordnete Welt zurückzukehren, wo sie dann mit den anderen Karriereweibchen am Wasserautomaten über diese ungewöhnliche Erfahrung klatschen konnte.

Wir fuhren zu mir und vögelten die ganze Nacht. Aber aus irgendeinem Grund blieb sie da. Sie fand Geschmack an den Drogen. Sie machten Spaß, und uns beide verband nun unsere Schuld: Ich kannte ihr Geheimnis und sie meins. Jeden Abend nach den Proben gingen wir zu mir und setzten uns einen Schuss. Dann wachten wir morgens wieder auf und setzten uns den nächsten. Schließlich tauchte sie während der Proben auf, und egal, woran wir gerade arbeiteten, ich ging erst mal auf die Toilette oder raus zu ihrem Auto und setzte mir einen Schuss, wobei ich anschließend manchmal gar nicht mehr ins Studio zurückfand. Oberflächlich betrachtet waren wir ein Paar, aber im Grunde waren wir nur Drogenkumpel. Für uns war unsere Beziehung eine Ausrede, um Heroin zu nehmen, und wir stachelten uns gegenseitig an, bis unsere Abhängigkeit keine Grenzen mehr kannte. Wir hatten nicht mal mehr Sex: Meist schoben wir uns nur die Nadel in den Arm und pennten dann auf meiner versifften Matratze ein.

SEIT VINCES UNFALL WAREN WIR VIER langsam auseinander gedriftet; jeder führte nun sein eigenes Leben. Vor allem Vince. Wenn wir uns auf der *Theatre Of Pain*-Tour amüsierten, musste er zuschauen. Für uns war er immer noch der Schuldige, und das ließen wir ihn spüren. Er hatte Probleme, aber wir nicht. Wenn ich ihn mit einem Bier in der Hand sah, machte ich ihn dafür fertig. Einerseits war das korrekt, denn wenn man ihn mit Alkohol erwischte, hätte der Richter bei seiner Verhandlung keine Gnade walten lassen. Aber andererseits war ich natürlich genau der Richtige, um ihm Vorträge über ein Bier zu halten – mit einer Flasche Jack Daniels in der Hand und einer im rechten Stiefel verborgenen Spritze.

Wir waren alle so sehr damit beschäftigt, Vince vom Biertrinken abzuhalten, dass es niemandem auffiel, wie es mit mir immer weiter abwärts ging. Am Tag vor dem Videodreh zu „Home Sweet Home", das auf der Tour an einem konzertfreien Tag in Texas gedreht werden sollte, erwischte ich Vince in der Hotelbar und beauftragte unseren Sicherheitsmann Fred Saunders, Vince mit einem Mädchen zu versorgen und auf seinem Zimmer festzuhalten. Ich hatte einen Eightball Koks dabei, den ich gern mit etwas mischen wollte. Also schickte ich Fred nach ein paar Pillen. Er kam mit vier großen blauen Kügelchen zurück und warnte mich: „Nimm nicht mehr als eine davon. Die hauen dich um."

Ich bedankte mich bei ihm und beschäftigte mich mit einer blonden Stripperin in schenkelhohen Cowboystiefeln, engen Jordache-Jeans und mit riesigen falschen Titten, die aus einem roten Trägertop herausquollen. Wir gingen auf mein Zimmer, ich kippte reichlich Whisky, schnupfte und spritzte so viel Koks wie möglich und schluckte dann alle vier Pillen auf einmal hinunter. Dem Mädchen bot ich lediglich die Überreste der Koksportion an; sie war mir total egal. Inzwischen hatte ich mich daran gewöhnt, mir reinzuziehen, was in meiner Reichweite war, und den meisten Spaß machte es, alles Mögliche zu mischen und zu sehen, wie mein Körper darauf reagierte.

An dem besagten Abend kam ich allerdings an meine Grenzen. Als die Pillen zu wirken begannen, fing mein Kopf an zu brennen, und ich merkte, wie mich ein seltsamer Energieschub durchfuhr. Verschwommene Bilder von meinen Eltern tauchten vor meinen Augen auf. An meinen Vater hatte ich nicht mehr gedacht, seit ich meinen Namen geändert hatte, aber nun kochten der ganze einsame Groll und die Wut, die ich ihm nie gezeigt hatte, wieder in mir hoch. Meine Gedanken sind normalerweise wie ein Zug, der die ganze Zeit mit voller Geschwindigkeit voranprescht und vor nichts Halt macht. Aber plötzlich entgleiste er. Ich sprang auf den Tisch und fing an, mir schreiend die Haare auszureißen: „Ich bin nicht ich! Ich bin nicht Nikki! Ich bin jemand anders!"

Die Blondine war vermutlich mit mir gekommen, weil sie sich von Nikki Sixx hatte flachlegen lassen wollen. Stattdessen hatte sie nun einen völlig durchgedrehten Frank Ferrano am Hals, einen Highschool-Außenseiter, der gerade voller Panik aus seiner Rockstar-Verkleidung hervorbrach. Sie schnappte sich die Telefonliste der Hotelzimmer und rief Fred an. Der polterte wenig später in mein Zimmer und zerrte mich vom Mobiliar. Ich fiel zu Boden und wand mich in Zuckungen, während weißer Schaum von meinen Lippen troff. Fred versuchte, mir eine Rolle Klopapier zwischen die Zähne zu schieben, aber ich fing an zu brüllen. Mitten in einem Schrei wurde ich plötzlich ohnmächtig.

Als ich morgens zu mir kam, war ich etwas ruhiger, aber besser ging es mir eigentlich nicht. Eine Limousine fuhr mich zum Drehort, und irgendjemand steckte mich in mein schön glamrockiges *Theatre Of Pain*-Kostüm. Der Dreh sollte gegen Mittag auf einer Konzertbühne beginnen, und während wir noch warteten, schlenderte ich unter die Bühnenkonstruktion, wo ich einen Mann traf, mit dem ich mich lange über Familie, Musik und Tod unterhielt. Ich fand es äußerst ärgerlich, dass ich schließlich mitten im Gespräch zum Aufnahmebeginn gerufen wurde.

„Nikki", sagte Loser, mein Basstechniker, „mit wem redest du denn da?"

„Ich unterhalte mich gerade. Lass mich in Ruhe."

„Nikki, da ist niemand."

„Hau ab!"

„Hey, hey, bleib ganz ruhig. Ich glaube, du flippst aus."

Wir drehten ein paar Szenen backstage, wie wir beispielsweise Poster von Mädels wie Heather Thomas küssten, mit denen wir die Garderoben bei jedem Gig dekorierten, dann gingen wir auf die Bühne. Mir war, als sei ich gleichzeitig auf Acid und auf Speed, und ich kippte einen Whisky nach dem anderen, um ein wenig runterzukommen. Meine Augen verdrehten sich so weit nach oben, dass ich kaum etwas sehen konnte und bei den Aufnahmen eine Sonnenbrille tragen musste. Außerdem konnte ich kaum gehen, daher nahmen zwei Dutzend Leute vor der Bühne Aufstellung, um dafür zu sorgen, dass ich nicht runterfiel.

Vince war wirklich dafür zu bewundern, dass er kein einziges böses Wort über meinen Zustand verlor. Aber das lag wahrscheinlich daran, dass er die Freuden bunter Pillen gerade selbst entdeckt hatte. Die warf er unbemerkt gelegentlich ein und klinkte sich aus, um dem Druck zu entfliehen, den er spürte. Schließlich war da nicht nur die Tour mit uns. Er musste Vorträge an Schulen halten, ständig mit Therapeuten über den Unfall sprechen, durfte nichts trinken und wusste nie, ob er in der nächsten Woche im Knast oder weiterhin mit uns unterwegs sein würde.

Wir betrachteten uns eigentlich immer als Armee oder Gang. Deswegen kauften wir für diese Tour ein Privatflugzeug, ließen es schwarz anstreichen und hinten am Heck einen riesigen Schwanz mit dazugehörigen Eiern draufmalen. Wenn wir nun landeten, sah es aus, als kämen wir, um die Stadt zu ficken. Allerdings gebärdeten wir uns dabei nicht wie eine Invasionsarmee, sondern wie rivalisierende Kommandanten. Jeder von uns zog nach den Konzerten andere Soldaten an. Die Ausgebrannten, die Kiffer und die Typen, die dauernd „Alter" sagten, scharten sich um Tommy, der gerade von den Klamotten her seine „Sisters Of Mercy meet Boy George"-Phase hatte. Die nervigen Mucker, die nur ihre Gitarre interessierte, kamen zu Mick. Ich kriegte die Ausgeflippten, die mich in lange Gespräche über Bücher oder Platten verwickelten, und Vince zog sich in sich selbst zurück. Er riss irgendwo ein Mädchen auf und ging dann in den Bus oder ins Hotel, um sein Ding durchzuziehen.

Wahrscheinlich gab ihm das ein Gefühl von Sicherheit. Er konnte uns nicht mehr vertrauen, weil wir ihn im Stich gelassen hatten, deswegen nahm er sich lieber irgendeine Frau, die ihm eine Nacht lang ihren Körper und ihre Seele schenkte – das war eine vertraute Situation, die er kontrollieren konnte und die ihn ablenkte.

Ohne dass es uns klar wurde, hatten Tommy, Mick und ich eine Trennlinie gezogen und Vince auf die andere Seite verwiesen. Und je länger wir feierten und ihn gleichzeitig zur Enthaltsamkeit verdammten, desto dicker wurde diese Linie, bis die Erde darunter schließlich nachgab und Vince auf einem kleinen Felsstück zurückblieb, während sich zwischen ihm und uns anderen ein breiter Graben erstreckte, den er trotz aller Pillen, Mädchen und Therapeuten der Welt nicht überwinden konnte.

Kapitel 7

V I N C E

IN DEM VINCE DIE VIELSCHICHTIGKEIT DES ALLTÄGLICHEN DASEINS
IM MÖTLEY-QUARTIER AUF EINE EINFACHE MATHEMATISCHE FORMEL
BRINGT: DREI GEGEN EINEN.

Eigentlich hatte ich mich nie als Alkoholiker betrachtet, bevor ich als geheilt aus der Klinik entlassen wurde. Danach wurde ich wirklich einer. Vorher hatte ich gesoffen, um mich zu amüsieren. Aber nach dem Unfall begann ich zu trinken, um das Vergangene zu vergessen. Wenn ich in dieser Welt wieder als normaler Mensch funktionieren wollte, dann musste ich versuchen, nicht dauernd an die Schuld zu denken, die ich gegenüber Razzle, Lisa Hogan und Daniel Smithers auf mich geladen hatte.

In der Therapie ließ man mir dazu allerdings überhaupt keine Möglichkeit. Ich wurde gezwungen, den Unfall jeden Tag wieder zu durchleben, bis ich wirklich trinken wollte, um die Erinnerung daran auszulöschen. Es war ein Teufelskreis. Ich blieb zwar nüchtern, aber ich wusste, dass nur ein einziges Bier, ein einziges Glas Wein, eine einzige Flasche Jack genügen würde, um mich zu einem schlimmeren Alkoholiker zu machen, als ich je einer gewesen war.

Während ich auf die Verhandlung wartete, war ich quer durch die USA unterwegs, um Schulkinder vor den Gefahren durch betrunkenes Fahren zu warnen, und das half, den Dämon Alkoholismus in Schach zu halten, der durch meinen Kopf spukte. Aber um nüchtern zu bleiben, braucht man Menschen, die einen unterstützen. Und abgesehen von unseren Managern, die mir eine diamantenbesetzte goldene Rolex in Aussicht stellten, falls ich es drei Monate ohne einen Drink aushielt, gab es da niemanden.

Im Flugzeug drehten sich die Jungs zu mir um und fragten, während sie ein Whisky-Cola nach dem anderen kippten, ob ich ihnen nicht mal die Portion Koks von hinten rüberreichen könnte. Sie bliesen mir beim Kiffen ihren Haschischrauch ins Gesicht. So ging das die ganze Tour, und wenn ich mal schwach wurde und tatsächlich etwas trank, dann machten sie mich dafür zur Schnecke und behaupteten, mein Verhalten schade der Band. Während ich in der Klinik gewesen war, war Tommy völlig zugeknallt mit seinem Motorrad durch die Gegend gefahren, mit Joey Vera von Armored Saint auf dem Soziussitz. Auf dem Freeway war er dann ins Schleudern geraten und hatte sich ein halbes Dutzend Mal überschlagen; Joey hatte sich dabei so an der Hand verletzt, dass er eine Zeit lang nicht mehr Bass spielen konnte. Aber niemand machte Tommy deswegen einen Vorwurf. Er trank weiterhin, als ob es niemanden etwas anginge, und war schließlich so fertig, dass ihn unser Tourmanager Rich Fisher morgens aus dem Bett warf, wenn wir auschecken mussten, ihn auf einen Gepäcktrolley verlud, auf dem er ihn nach unten zum Bus rollte, und am Flughafen einen Rollstuhl auslieh, um ihn ins Flugzeug zu kriegen. Eines Abends fesselte Rich Tommy mit Handschellen ans Bett, um ihn am Saufen zu hindern, aber eine knappe Stunde später hatte Tommy sich schon wieder befreit und lag unten im Restaurant bewusstlos in einem Haufen Glassplitter, weil er die Trennwand zwischen zwei Sitzecken eingeschlagen hatte.

Das fanden die Jungs wahnsinnig lustig, aber wenn ich irgendwas tat, war das verkehrt. An Bord unseres Flugzeugs galt zum Beispiel die Regel: Hände weg von den Stewardessen. Aber ich langweilte mich in meinem nüchternen Zustand so sehr, dass ich jedes Mal mit einer von ihnen auf dem Klo, in dem kleinen Stauraum oder nach der Ankunft auf meinem Hotelzimmer landete. Wenn meine lieben Kollegen das herausfanden, warfen sie das Mädchen raus. Um mich in Schach zu halten, heuerten sie schließlich die Frau unseres Piloten als Flugbegleiterin an. Später wurde sogar ein zweiter Securitymann, Ira, engagiert, dessen Aufgabe nur darin bestand, mir eins auf die Mütze zu geben und mich in mein Zimmer zu schleppen, wenn ich in der Öffentlichkeit trank oder irgendwelchen Ärger machte.

Die anderen amüsierten sich währenddessen prächtig. Als wir für einen neuen Tourabschnitt probten, kam Tommy mit ein paar Polaroids, die er mit Heather Locklear im Bett gemacht hatte. Die zwei trafen sich seit neuestem, und wir genossen daher das Privileg, ihren Arsch in Großaufnahme sehen zu können.

Frauen waren auch mein neuestes Laster. Aber keine Frauen wie Heather Locklear. Seit mit Alkohol und Drogen nichts mehr lief, vögelte ich reihenweise Groupies. Und die standen bei uns Schlange. Jede Nacht trieb ich es mit vier oder fünf Mädchen. Ich hatte Sex vor der Show, nach der Show und manchmal auch während der Show. Das hörte nie auf, denn ich ließ keine Gelegenheit aus, und Gelegenhei-

Abb. 4

ten gab es immer. Wenn ich mich mal so richtig ablenken musste, stellte ich ein halbes Dutzend nackter Weiber mit dem Gesicht zur Wand in meinem Hotelzimmer auf und machte eine Art sexuellen Hindernislauf. Aber der Reiz des Neuen ließ dabei schnell nach. Zwar war ich mit Beth verheiratet, und wir hatten eine Tochter, aber wir kamen nicht besser miteinander aus als früher. Außerdem hatte ihr 240Z, den ich immer so geliebt hatte, mittlerweile den Geist aufgegeben. Also war es nur eine Frage der Zeit, bis auch unsere Ehe einen Kolbenfresser kriegte.

Es war, als stünde ich vor den Trümmern meiner sämtlicher Beziehungen. Dass die Band auf mich sauer war, konnte ich verstehen, aber das war nun mal passiert und nicht zu ändern. Als meine Bandkollegen hätten sie mich unterstützen sollen. Schließlich hatten wir gerade ein ziemlich schwaches Album eingespielt, das aber immerhin einen Hit enthielt, und der war meine Idee gewesen: „Smokin' In The Boys' Room", im Original von Brownsville Station, hatte ich schon mit meiner alten Band Rock Candy gespielt. Ich brachte den Titel auch live sehr gern, aber Nikki meckerte jeden Abend, dass er den Song bescheuert fand und ihn daher nicht spielen wollte. Der Rest des Albums war Scheiße, abgesehen von „Home Sweet Home", das auf MTV so oft lief, dass sie schließlich eine Art Verfallsdatum für neue Singles einführten, damit es nicht bei jeder Wunschsendung ins Programm gewählt wurde. Wenn ich allabendlich in meinen rosa Lederhosen über die Bühne sprang, hatte ich den Eindruck, dass ich als Einziger nüchtern genug war, um zu merken, wie beschissen ein paar der neuen Songs tatsächlich waren. Es schockierte mich, dass die Platte Doppelplatin holte, und vielleicht verstärkte das noch die Vorstellung, die Größten zu sein, weil wir sogar mit einem so grässlichen Album durchkamen.

Als wir zwischen den einzelnen Tourabschnitten zurück nach L. A. flogen, organisierte mein Anwalt ein Treffen mit dem Staatsanwalt und den Angehörigen der Unfallopfer. Um eine Verhandlung zu vermeiden, riet er mir, mich der fahrlässigen Tötung schuldig zu bekennen und einen Vergleich auszuhandeln. Er hatte sich überlegt, dass man die Party, bei der ja hauptsächlich Mitglieder von Mötley Crüe und Hanoi Rocks anwesend gewesen waren, als Geschäftstreffen deklarieren könnte, sodass die Haftpflichtversicherung für die Schadenersatzzahlungen aufkam; ich selbst hätte auf keinen Fall das Geld dazu gehabt. Daher stimmten die Angehörigen dem allgemein als überraschend mild angesehenen Urteil zu: dreißig Tage Haft, 2,6 Millionen Dollar Entschädigung für die Opfer und zweihundert Stunden gemeinnützige Arbeit, die ich mit meinen Vorträgen in Schulen und bei Radiosendern bereits abgeleistet hatte. Außerdem machte mein Verteidiger dem Staatsanwalt begreiflich, dass es von einem viel größeren allgemeinen Nutzen war, wenn ich diese Vorträge hielt, als wenn ich im Knast hockte. Das sah der Staatsanwalt ein und erklärte sich bereit, die Vollstreckung meines Urteils bis nach der Tour auszusetzen.

Das Urteil erleichterte mich sehr und zerstreute die schwarzen Wolken, die über mir gehangen hatten. Aber es hatte auch seine Nachteile, denn jetzt hasste man mich noch mehr als zuvor. Die Schlagzeilen der Zeitungen wurden noch gemeiner: „Mörderfahrer Vince Neil zu Tournee mit Rockband verurteilt."

N I K K I

DAS EINE WARNUNG FÜR ALLE LEICHT BEEINFLUSSBAREN LESER
ENTHÄLT, SICH MIT DER UNKONTROLLIERTEN EINNAHME VON
NARKOTIKA VORZUSEHEN – VOR ALLEM IN DER NÄHE VON
FEUERWAFFEN, POLIZEIBEAMTEN UND MÜLLCONTAINERN, DIE
GROSS GENUG SIND, UM MENSCHLICHE KÖRPER AUFZUNEHMEN.

An dem Tag, als Vinces Urteil ausgesprochen wurde, war ich mit Nicole zuhause, und als ich ans Telefon ging, steckte eine Nadel in meinem Arm. In ein paar Monaten sollten wir mit Cheap Trick durch Europa touren, und ich hatte Vince gegenüber mittlerweile so zugemacht, dass mir egal war, wie viele Jahre er in den Knast musste, solange diese Tour dadurch nicht gefährdet wurde; schließlich waren Cheap Trick einer meiner größten Einflüsse, und dass sie jetzt für uns den Aufwärmer machen sollten, war großartig. Als ich allerdings hörte, dass Vince nur dreißig Tage bekommen hatte, löste sich etwas von meiner Verbitterung, und ich bekam bei aller Härte feuchte Augen. Ihm würde es wieder gut gehen, und die Band würde ungeschoren davonkommen, auch wenn wir das eigentlich nicht verdienten. Dann setzte ich mir einen Schuss und dämmerte weg.

Weil der Heroinkonsum das kleine Geheimnis von Nicole und mir war, bekam die Band gar nicht mit, wie schlimm es schon um uns stand. Ich sagte nicht mal unserem Roadmanager oder den Sicherheitskräften, dass ich drückte; mein Heroin besorgte ich mir stets selbst. Bisher hatte ich mich auch noch einigermaßen im Griff, aber es war abzusehen, dass das nicht mehr lange so bleiben würde. Die Geschichte war besonders pikant, weil ich später herausfand, dass unser Steuerberater mich absichtlich mit Nicole zusammengebracht hatte, weil er davon ausging, diese saubere, gepflegt aussehende Dame würde mich auf den rechten Weg zurückführen. Er hatte meine Macht – oder auch meine Machtlosigkeit – heftig unterschätzt. Ich übrigens auch. Das wurde mir klar, als wir nach Japan reisten.

Ich hatte keinen Stoff mitgebracht, weil ich mir überlegt hatte, dass jetzt eine gute Gelegenheit zum Aufhören war, aber gegen Ende des Fluges begann ich mich immer schlechter zu fühlen. Als wir im Hotel angekommen waren, hatte ich Schweißausbrüche, mir lief die Nase, ich bekam Fieber und zitterte am ganzen Körper. So war es mir beim Verzicht auf eine Droge noch nie ergangen. Ich hatte stets geglaubt, ich sei stärker als jede Droge und viel zu clever, um wirklich von etwas abhängig zu werden; nur Idioten ohne Willenskraft wurden abhängig. Aber in diesem Moment in meinem Hotelzimmer wurde mir klar, dass ich entweder ein Idiot war oder mich geirrt hatte. Ich zog meinen kleinen Walkman aus meiner Reisetasche und legte das erste Lone-Justice-Album auf, das gerade erschienen war. Das hörte ich die nächsten vierundzwanzig Stunden immer wieder von neuem, während ich auf meinem Bett lag und mich so elend fühlte, dass an Schlaf nicht zu denken war.

Diese leichten Entzugserscheinungen hielten zwei Tage an, und nun war mir klar, dass ich tatsächlich abhängig war. Die Band, die früher einen optimistischen, auf Spaß ausgelegten Koboldcharakter gehabt hatte, war eine Gruppe verbitterter, abgestumpfter Nomaden geworden. Wir waren ausgelaugt und hatten uns seit Jahren keine Pause gegönnt, und ich war inzwischen derb und gemein geworden.

Aber jetzt war ich in einem Land, wo mir die Fans kleine Puppen schenkten oder Cartoons für mich zeichneten, wo sie mein Haar bewunderten oder weinend zu mir kamen. Weil es mir so schlecht ging, konnte ich zum ersten Mal etwas von der Liebe wahrnehmen, die ich durch Musik stets hatte erlangen wollen. Und als Gegenleistung führte ich mich in diesem Land auf wie ein Wilder, zerstörte alles, was mir in den Weg kam, und trank so viel wie möglich, um das zu vergessen. Liebe, Abhängigkeit und der Ekel vor mir selbst machten mich schwach.

Als die Tour schließlich in Europa zu Ende ging, hatte ich mich in einen gehässigen, von Selbsthass verzehrten Junkie verwandelt. Am Valentinstag spielten wir mit Cheap Trick in London, und die Jungs von Hanoi Rocks kamen zum Konzert. Backstage war auch Brian Connolly von The Sweet, der sich offenbar nicht mehr daran erinnerte, dass er mir vor vier Jahren nach Erhalt unserer London-Demos gesagt hatte, ich würde es nie schaffen. Als ich ihn sah, fühlte ich mich wieder so wütend und verletzt wie damals. Ich starrte ihn an und hoffte wohl irgendwie, dass er sich entschuldigen würde, aber er richtete kein Wort an mich. Auf der anderen Seite schaffte ich es auch nicht, ihn deswegen anzumachen, weil ich seit dem Frühstück keinen Schuss mehr gehabt hatte und total Scheiße aussah. Mir reichte es, dass mir die ganze Band erzählte, wie beschissen er sich an dem Abend aufgeführt hatte. Das gab mir Genugtuung.

Nach dem Konzert sprang ich mit Andy von Hanoi Rocks gemeinsam in ein schwarzes Taxi, um Heroin aufzutreiben. Der Clash-Song „White Man In Hammersmith Palais" ging mir unablässig durch den Kopf, als wir in den verfallenden Mietskasernen in der Nähe schließlich einen Dealer fanden.

„Das Zeug ist ziemlich stark", sagte der grinsend, wobei er große, vergammelte Zähne zeigte.

„Ich weiß schon Bescheid", sagte ich. „Ich bin ein alter Profi."

„Du siehst ziemlich fertig aus, Bruder", meinte er. „Soll ich dir das machen?"

„Ja, das wäre super."

Er rollte mir den Ärmel hoch und band eine Gummischlinge um meinen Oberarm. Ich spannte die Muskeln an, während er mir die Nadel in die Haut bohrte. Das Heroin schoss durch meine Venen, und in dem Moment, als es mein Herz erreichte, wusste ich, dass ich im Arsch war. Nie hätte ich zulassen sollen, dass mir jemand anders einen Schuss setzt. Das war's: Ich kratzte ab. Und ich war noch nicht so weit. Ich hatte noch Sachen zu erledigen, auch wenn ich nicht mehr wusste, was. Na schön. Scheiße.

Ich hustete, würgte und hustete wieder. Als ich wieder aufwachte, stand der Raum auf dem Kopf. Der Dealer hatte mich über seine Schulter geworfen und schleppte mich wie einen alten Müllsack aus der Tür. Wieder musste ich würgen, und Erbrochenes floss aus meinem Mund. Er warf mich auf den Boden. Mein Körper hatte sich blau verfärbt, in meinen Hosen fühlte ich das Eis, mit dem Andy versucht hatte, mich wiederzubeleben, und an den Armen und auf der Brust hatte ich blaue Flecken. Der Dealer war nämlich auf den schlauen Gedanken gekommen, mich mit einem Baseballschläger zu prügeln, damit der Schmerz meinen Kreislauf wieder in Schwung brächte. Als das nicht klappte, hatte er offenbar beschlossen, meine Leiche in den Müllcontainern hinter seinem Wohnblock abzulegen. Aber dann hatte ich ihm auf die Schuhe gekotzt. Ich war am Leben. Und das war mein zweites Geschenk an diesem Tag.

Natürlich zog ich aus der Geschichte keinerlei Lehren. Das schien in der Band niemand zu machen, ganz egal, wie viele Warnungen Gott uns schickte. Zwei Tage später war ich schon wieder so weit.

Rick Nielsen, der Cheap-Trick-Gitarrist, wollte uns Roger Taylor von Queen vorstellen, der zu Tommys Lieblingsschlagzeugern gehörte. Roger nahm uns mit in ein russisches Restaurant, in das Queen und die Rolling Stones öfter gingen, wie er sagte. Er führte Tommy, Rick, den Cheap-Trick-Sänger Robin Zander und mich in ein privates Hinterzimmer mit handgeschnitzter Eichendecke, und dort setzten wir uns an einen großen antiken Holztisch und probierten sämtliche Wodkasorten, die man kennen sollte – süß, gewürzt, mit Himbeer- oder Knoblauchgeschmack –, bevor ein festliches russisches Abendessen serviert wurde. Rick trug eine schwarze Gummijacke, und aus irgendeinem Grund erzählte ich ihm, ich würde gern mal draufpissen.

Nach und nach wurden wir satt und ziemlich betrunken, und während wir einander lachend versicherten, was für ein toller Abend das war, kam der Maître herein und erklärte: „Der Nachtisch ist serviert." Dann betrat ein ganzes Kellnerteam den Raum. Jeder von uns hatte seinen eigenen Servierer, der eine sorgfältig abgedeckte Silberplatte vor uns auf den Tisch setzte, und einer nach dem anderen hob den Deckel. Auf jeder Platte lagen sieben Linien Koks von echten Rockstar-Ausmaßen. Obwohl ich noch von der Nacht zuvor geschwächt war, schnupfte ich das ganze Zeug und trank unbeeindruckt weiter. Als ich wieder etwas mitbekam, waren wir in der Hotelbar, und Roger Taylor sprach mit Rick Nielsen, während ich hinter ihnen auf einem Barhocker saß. Ich kniete mich auf den Stuhl, zog meine Lederhosen runter und tat, was ich schon den ganzen Abend angedroht hatte: Ich pinkelte auf Ricks Jacke. Er merkte erst, was passierte, als ihm die Soße auf die Hose und dann auf den Boden tropfte. In dem Moment hielt ich das für richtig witzig, aber als ich danach auf mein Zimmer ging, fühlte ich mich grässlich: Ich hatte mein Idol angepisst.

Eigentlich wollte ich losgehen und Heroin auftreiben, aber ich zwang mich dazu, im Bett liegen zu bleiben und auf den Schlaf zu warten. Zwar wollte ich nicht ganz mit dem Smack aufhören, aber zumindest einen Gang herunterschalten. Also begann ich versuchsweise, meinen Konsum zu kontrollieren: Einen Tag drückte ich, den nächsten blieb ich sauber. Manchmal schaffte ich es sogar, drei Tage hintereinander nicht zu drücken. Aber ich machte mir selbst etwas vor. Das merkte ich, als ich kurz vor Ende der Tour keinen Stoff mehr hatte.

Bevor wir in Frankreich in den Flieger stiegen, rief ich meinen Dealer in L. A. an und sagte ihm, er solle mich am Flughafen abholen. Ich schickte eine Limo bei ihm vorbei, damit er auch auf alle Fälle pünktlich wäre. Den ganzen Flug über rutschte ich unruhig auf meinem Sitz hin und her und konnte an nichts anderes denken als an den süßen Kick, den ich nach so langer Zeit endlich wieder spüren würde. Nicht mal Sex interessierte mich noch. Die Mädchen konnte Vince behalten – solange ich die Drogen bekam.

Ich war der Erste, der aus dem Flugzeug stieg. „Tschüs, Jungs, wir sehen uns" – das war alles, was ich zu der Band sagte, mit der ich die letzten acht Monate unterwegs gewesen war. Dann ging ich zu meinem Dealer, sprang zu ihm in die Limo und hatte schon eine Nadel im Arm, bevor die Tür zuging. Anschließend trafen wir uns mit Nicole am Valley Vista Boulevard in Sherman Oaks: Sie hatte während der Tournee ein Haus für mich ausgesucht – mein erstes eigenes.

Früher hatte ich immer gedacht, die Schüchternheit und das geringe Selbstbewusstsein, die mir die dauernden Umzüge und Schulwechsel meiner Kinderzeit eingebracht hatten, würden sich mit zunehmendem Alter und Erfolg verlieren, aber im Grunde hatte ich mich überhaupt nicht verändert. Ich hatte diese Gefühle lediglich mit Alkohol und Heroin betäubt. Auf menschlicher Ebene wusste ich nach wie vor nicht, wie ich mich verhalten sollte; ich war noch immer das Kind, das keine Ahnung hatte, wie es mit seinen Cousins spielen sollte. Ich achtete inzwischen lediglich darauf, dass ich mich nur in Situationen begab, in denen ich den Ton angab. Es interessierte mich nicht, mich anderen Menschen zuliebe in ihr Umfeld zu begeben, über das ich dann keine Kontrolle hatte. Nachdem ich also mein Haus einmal betreten hatte, setzte ich kaum noch einen Fuß vor die Tür. Nicole und ich jagten uns täglich Drogen im Wert von fünfhundert bis tausend Dollar in die Adern. Wir konsumierten tütenweise Heroin, Kokain und Amphetamine und nahmen alles an Pillen, was wir bekommen konnten.

Zu Beginn war es eine einzige große Party, wenn zum Beispiel Izzy Stradlin zu einer Kugel zusammengerollt vor dem Kamin lag, irgendwelche Pornodarsteller im Wohnzimmer umkippten und Britt Eklund aus dem Badezimmer taumelte. Eines Abends kamen zwei Mädchen vorbei und sagten, ein gewisser Axl, der bei einer Band namens Guns N' Roses sei, wartete draußen und sei zu schüchtern, um zu fragen, ob er reinkommen dürfte.

„Ich glaube, von dem habe ich gehört", sagte ich. „Ich kenne seinen Gitarristen, wenn mich nicht alles täuscht."

„Kann er also rein?", fragten sie.

„Er nicht, aber ihr", erklärte ich. Und sie kamen.

Je mehr Kokain ich mir spritzte, desto paranoider wurde ich, und schließlich ließ ich kaum noch jemanden ins Haus. Nicole und ich saßen den ganzen Tag nackt da. Meine Venen gaben langsam auf, und ich musste meinen Körper stets nach neuen Stellen abchecken, in die ich eine Nadel bohren konnte – an den Beinen, den Füßen, den Händen, am Hals und, als schließlich gar nichts mehr ging, am Schwanz. Wenn ich gerade nicht drückte, dann suchte ich das Haus nach Eindringlingen ab. Allmählich sah ich Menschen in den Bäumen, hörte die Bullen auf dem Dach und bildete mir ein, das Sondereinsatzkommando zur Drogenbekämpfung sei bereits mit Hubschraubern im Anflug. Mit meiner Fünfunddreißiger-Magnum im Anschlag durchstöberte ich ständig die Wandschränke, schaute unter die Betten und in die Waschmaschine, weil ich sicher war, dass sich jemand bei mir im Haus versteckte. Den Sicherheitsdienst, der für mein Haus zuständig war, rief ich so oft an, bis man dort eine Notiz aushängte, dass ein Alarm bei mir mit Vorsicht zu genießen sei, weil ich schon einige der Angestellten mit geladener Waffe bedroht hatte.

Ich hatte vor zehntausend Leuten auf der Bühne gestanden, und nun war ich allein. Die menschliche Zivilisation hatte ich längst hinter mir gelassen; manchmal verkroch ich mich wochenlang mit Nadel, Gitarre und geladener Pistole in einer kleinen Abstellkammer. Und niemand von der Band besuchte mich, niemand rief an, niemand versuchte mir zu helfen. Ich konnte ihnen das nicht verübeln. Immerhin war Vince drei Wochen lang im Gefängnis gewesen, und ich hatte nicht einmal daran gedacht, mich um ihn zu kümmern.

DAS WEITERE ANEKDOTEN ERZÄHLT, WELCHE DIE FRAGE AUFWERFEN,
WARUM DIE GÖTTER SEXUELLER FREUDEN VINCE AUCH UNTER
UNWAHRSCHEINLICHEN UMSTÄNDEN WEITERHIN DIE STANGE HALTEN.

Zwei Wochen nach der *Theatre Of Pain*-Tournee legte ich meine brandneue Zwanzigtausend-Dollar-Rolex mit den Diamantsplittern auf der goldenen Fassung in die Schublade, nahm ein Taxi zur nächsten Polizeistation und trat meine Haftstrafe an. Ich wollte es hinter mir haben. Zum Absitzen meiner dreißig Tage wurde ich in ein ruhiges Gefängnis in Torrance gebracht.

Mein Zellennachbar war für den Diebstahl von Sportwagen verknackt worden, und wir beide waren Trusties, also Gefangene, die den anderen Essen bringen, Zellen sauber machen und Polizeiwagen waschen mussten. Dafür genossen wir einige Privilegien: Wir durften nicht nur fernsehen und Besucher empfangen, am Wochenende brachten uns die Wärter sogar Burger und Sixpacks. Jetzt hatte ich fast ein Jahr auf Tour versucht, trocken zu bleiben, und kaum war ich im Gefängnis, verleiteten mich die Wächter zum Saufen. Der Sergeant der Nachtschicht konnte mich zwar nicht ausstehen, aber alle anderen fragten mich nach Autogrammen und Fotos. Die Klinik, die Schuldgefühle, die Schlagzeilen und das Nüchternbleiben auf Tournee waren in vielerlei Hinsicht schlimmer gewesen als der Knast.

Eines Nachmittags kam ein blonder Fan zu Besuch, ein Mädchen, das irgendwie herausgefunden hatte, in welchem Gefängnis ich war. Sie trug Daisy Dukes und ein vorn zusammengebundenes Trägertop aus Lycra, und der Dienst habende Wachmann sagte, ich könnte sie auf eine Stunde mit in meine Zelle nehmen. Den anderen Gefangenen lief das Wasser im Mund zusammen, als ich mit ihr den Gang entlang zu mir ging. Dann machte ich die Tür hinter uns zu und vögelte sie auf meiner Pritsche. In den Augen meiner Mitgefangenen war ich danach über jegliche Kritik erhaben.

Am Tag, bevor ich in den Knast gegangen war, waren Beth und ich mit unserer zweieinhalbjährigen Tochter Elizabeth in ein Anderthalb-Millionen-Dollar-Haus in Northridge gezogen. In der ersten Woche besuchte Beth mich jeden Tag. Dann kam sie plötzlich nicht mehr. Dabei dachte ich mir zunächst einmal nichts Böses: Schon bei unserer Hochzeit war ich nicht in sie verliebt gewesen, und seitdem hatte sich die Lage eher verschlechtert.

Nach neunzehn Tagen wurde ich wegen guter Führung vorzeitig entlassen. Da ich von Beth nichts mehr gehört hatte, bat ich einen Kumpel, mich abzuholen. Er fuhr mich nach Northridge, aber ich konnte mich nicht daran erinnern, welches Haus nun unseres war. Nach einer Stunde intensiven Suchens fanden wir es schließlich. Ich ging zur Tür und klingelte. Es war niemand zuhause. Ich ging einmal rundherum und versuchte, in die Fenster zu sehen, aber die Vorhänge waren überall geschlossen. Vielleicht war es doch das falsche Haus.

Hinten im Garten meinte ich allerdings zumindest den Pool und die Terrasse wiederzuerkennen und beschloss einzubrechen. Die Terrassentür war aus Glas, und ich warf eine der Scheiben in der Nähe des Griffs ein, langte vorsichtig hindurch und öffnete sie, wobei ich betete, dass ich nicht gleich wieder wegen Einbruchs in den Knast wanderte. Ich trat ein und sah mich um. Es war mein Haus, aber es hatte sich einiges verändert: Die ganzen Möbel waren weg. Beth hatte alles mitgenommen – sogar die Eiswürfeltabletts aus dem Kühlschrank. Gütigerweise hatte sie mir meine Rolex und den Camaro Z28 gelassen, wobei die Schlüssel für den Wagen fehlten.

Ich rief bei Beth' Eltern, ihren Großeltern und ihren Freunden an, und sie alle behaupteten, sie nicht gesehen zu haben. Dabei war ich gar nicht so scharf darauf, mit ihr zu reden: Ich wollte nur die Scheidung, meine Autoschlüssel und irgendeine Möglichkeit, mit meiner Tochter in Kontakt zu bleiben. Beth sollte ich tatsächlich erst zehn Jahre später wiedersehen, als sie mit ihrem Mann und den gemeinsamen Kindern zu einem Konzert in Florida kam. Unsere Tochter Elizabeth ging später nach Nashville und versuchte, als Countrysängerin Karriere zu machen.

Mir gab das die Gelegenheit, nach einem Jahr gut überwachter Nüchternheit, Gefängnis, Therapie und Reue endlich mal wieder ein wenig verantwortungsbewussten Spaß zu haben. Ich ließ ein paar Kumpels bei mir einziehen, und statt neue Möbel zu kaufen, baute ich lieber ein Schlammbecken neben dem Pool ein, um Mudwrestling-Kämpfe veranstalten zu können. Dann lud ich alle Dealer, die ich kannte, zu mir ein, denn ich wusste: Wo es Drogen gab, waren die Mädchen nicht weit. Bei einer meiner Partys erschienen ein paar Typen in Anzügen, die ich noch nie zuvor gesehen hatte. Als sie später wieder gingen, gab mir einer eine Portion Kokain groß wie ein Golfball, legte die Finger an seinen Hut und sagte, als wäre er der Pate: „Vielen Dank für Ihre Gastfreundschaft." Danach kam er jeden Tag zu mir. Er hieß Whitey und war einer von den Dealern, die selbst mehr Koks konsumieren, als sie verkaufen, und ihn wurde ich praktisch nicht mehr los. Er hatte eine Zeit lang in New Mexico gelebt und brachte bald schon seine mexikanischen Kumpels mit, darunter einen verwegen aussehenden, großherzigen und ungewaschenen Burschen namens

Randy Castillo. Manche Nächte endeten damit, dass ein paar Mädchen in Unterwäsche dasaßen, während Whitey, Randy und ein paar ausgewählte Freunde nur noch Bademäntel trugen; manchmal brachte ich ein Dutzend Mädchen aus dem *Tropicana* mit, die zur Erbauung von mir und meinen Freunden anschließend nackt miteinander rangen. Ich wollte das letzte Jahr komplett vergessen und auch nicht mehr Vince Neil sein, sondern jemand anders werden – vielleicht Hugh Hefner.

Abb. 5

IN DEM UNSERE HELDEN IHRER NÄRRISCHEN NEUGIER NACHGEBEN
UND DABEI ERKENNEN, DASS SICH IHR UNTERNEHMUNGSGEIST IM
VERLAUF IHRER BISHERIGEN ABENTEUER GEÄNDERT HAT.

Zwei Tage hatten Nikki, unser Sicherheitsmann Fred Saunders und ich mit Saufen, Koksen und Pilzeschlucken verbracht. Wir waren irgendwo in Texas. Das Fenster war offen, und eine Brise ließ die Schatten im Zimmer herumtanzen. Dann plötzlich trug der Wind ein Geräusch zu uns herein. *Schuckaschuckaschuckaschuckaschuckaschuck.* Mann, da fuhr irgendwo ein Zug. Nikki sah mich an. Ich sah ihn an. Und wir mussten gar nichts sagen: Wir befanden uns in diesem seltsamen drogenberauschten Zustand, wo unsere Köpfe völlig synchron arbeiteten.

„Dann mal los", sagten wir zueinander – nicht laut, sondern eher telepathisch.

Fred konnte unsere Gedanken ebenfalls lesen und brüllte: „Nein, nein, nein!" Aber er bekam nur noch die Staubwolke zu fassen, die wir beim Durchstarten aufwirbelten. Wir rannten den Flur hinunter zum Fahrstuhl, bestrebt, Fred abzuschütteln, weil er nie zugelassen hätte, dass wir unsere Idee in die Tat umsetzten. Mit viel Schwung stürmten wir durch die Lobby und über den federnden, gepflegten Rasen vor dem Hotel. Immer weiter rannten wir, so schnell wir konnten, bis wir dachten, dass uns die Lunge aus dem Hals springen müsste. Fred war ein paar hundert Meter hinter uns und brüllte: „Nein, ihr Arschlöcher! Nein!"

Aber wir liefen weiter, bis wir den Zug sahen, wie er sauschnell vor uns über die Schienen stampfte. Ich lief ihm nach, bis ich ihn eingeholt hatte.

„Los, Nikki, komm schon!", brüllte ich. Er keuchte hinter mir her.

Ich packte einen kleinen Metallgriff am Ende eines Waggons, und der Zug riss mich von den Füßen. Schnell schwang ich meine Stiefel auf eine Stufe unten am Fahrgestell, und los ging's.

Nikki hatte fast aufgeholt. „Komm schon, Alter, komm schon!", schrie ich. Er sprang und erwischte das untere Ende der Stufe, auf der ich stand. Der Zug schleifte ihn nun mit, wobei er so manchen Puff abbekam, während seine Füße Halt suchend im Dreck strampelten. Ich packte ihn an den Armen und zog ihn zu mir hoch.

„O mein Gott, Alter! Das ist ja so geil!", riefen wir uns in telepathischer Über-einstimmung zu. „Wir sind auf unseren verdammten ersten Zug aufgesprungen!"

Die Begeisterung ließ allerdings langsam nach, als wir sahen, wie Fred und das Hotel immer kleiner wurden und langsam am Horizont verschwanden. Wir hatten keine Ahnung, wo wir waren, wohin wir fuhren, und wir hatten keinen Pfennig Geld. Der Zug wurde immer schneller. Jetzt sahen wir uns voller Entsetzen an. Wir mussten von diesem Ding runter, und es schien nicht die geringste Absicht zu haben, demnächst anzuhalten. Das konnten wir nicht bringen – wir hatten einen Auftritt am nächsten Tag.

„Okay. Eins, zwei, drei", dachten wir gemeinsam. Und bei „drei" ließen wir uns beide auf die Steine zu unseren Füßen fallen, was uns ein paar blaue Flecken, Prel-lungen und Schürfwunden einbrachte. Dann folgten wir den Schienen zurück nach-hause und erreichten das Hotel, als die Sonne aufging.

Vor der *Theatre Of Pain*-Tour hätten wir nie derart der Vernunft nachgegeben. Wir wären mit dem Zug bis ans Ende der Welt gefahren, wenn er uns so weit getra-gen hätte. Früher dachten wir nie im Vorfeld über eine Aktion nach. Das machten wir erst, wenn es a) zu spät war oder b) jemand verletzt wurde.

Aber seit Vinces Unfall war das nicht mehr so. Irgendetwas hatte sich geändert. Klar, wir machten noch immer Party, rasteten immer noch aus, dröhnten uns die Birne zu und steckten unseren Schwanz in alles, was stillhielt. Aber es war nicht mehr dasselbe: Durch die dauernden Partys wurde man abhängig, Abhängigkeit machte paranoid, und durch Paranoia kam es zu allen möglichen blöden Fehlern mit gravierenden Folgen. Selbst das Ficken machte nicht mehr so viel Spaß wie früher: Auf das Ficken folgte das Heiraten, nach der Ehe kam die Scheidung, dann die Zahlung von Alimenten, und letzten Endes trieben einen diese Verpflichtungen in den Ruin. Nach dem Unfall war alles anders. Wir wurden uns unserer Sterblich-keit bewusst – als Menschen und als Band.

Abb. 1

Bei der Release-Party für das Album
Girls, Girls, Girls *im Body Shop*

SECHSTER TEIL

✦ GIRLS, GIRLS, GIRLS ✦

Kapitel **1**

T O M M Y

IN DEM EINE GROSSE LIEBE IN EIN VERLÖBNIS MÜNDET – DANK DES
URALTEN SCHAUSPIELERTRICKS, DEN BEWERBER WARTEN, WARTEN
UND WARTEN ZU LASSEN.

„*Hi*", sagte ich.

„Hi", antwortete sie.

„Freut mich, dich kennen zu lernen."

„Tja, bis dann mal wieder."

„Wiedersehen."

Das war's, Leute. Das war der ganze Dialog. Aber so kurz und komisch er auch war, er veränderte mein ganzes verdammtes Leben. Wir standen im *Forum Club* bei einem REO-Speedwagon-Konzert, und die besagte Sie war niemand anders als

Heather Locklear. Mein Steuerberater Chuck Shapiro, der auch für REO Speedwagon arbeitete, hatte uns miteinander bekannt gemacht; er hatte mich zu der Show mitgenommen, und Heather Locklear kannte er über seinen Bruder, der nämlich ihr Zahnarzt war. So ist es ja immer bei diesen Dingen – Millionen von Zufällen kommen zusammen. Manche Leute nennen das Glück, aber ich glaube eher an Schicksal. Anders konnte es nicht sein. Schließlich machte ich mindestens eine Million Fehler, als ich versuchte, Heather rumzukriegen, und sie ließ sich trotzdem mit mir ein.

Direkt danach passierte erst einmal gar nichts. Erst eine Woche später geriet ich beim Zappen zufällig an eine Folge vom *Denver Clan,* in der Heather mitspielte. Und da klickte es: Ich rief sofort bei Chuck an und bettelte um ihre Telefonnummer, die er mir über seinen Bruder, den Zahnarzt, tatsächlich besorgen konnte. Am nächsten Tag machte ich es mir auf der Couch gemütlich, atmete tief durch und rief sie an. Das Gespräch war genauso verquer wie unser erstes. Im Hintergrund lief bei mir der stumm geschaltete Fernseher, und während wir uns durch eine Runde Smalltalk quälten, sah ich ihr Gesicht bei *Ein Colt für alle Fälle.* Ich nahm das als Zeichen, dass wir füreinander bestimmt waren.

„Hey, mach mal den Fernseher an", sagte ich zu ihr. „Du bist auf Kanal vier."

Sie schaltete ihr Gerät ein. „Hm", machte sie, „das bin nicht ich, das ist Heather Thomas."

Am liebsten hätte ich in diesem Moment aufgelegt, eine Knarre gegriffen und mir meine blöde Birne von den Schultern geschossen. Ganz egal, wie perfekt mir der liebe Gott alles zurechtlegt – ich schaffe es, trotzdem in jedes noch so gut versteckte Fettnäpfchen zu treten.

Aber ich tat ihr wohl irgendwie leid, und daher schlug sie vor, wir könnten am Freitag zusammen weggehen. Ich hatte mich noch nie mit jemandem wie Heather verabredet. Sie war keine von diesen Weibern, die man auf dem Rücksitz vernaschen konnte, so wie Bullwinkle, oder mit denen man im Whirlpool Gruppensex hatte, so wie Honey. Sie war eine richtige Frau, ein Mädchen aus gutem Haus und berühmter als ich – drei Dinge, die ich von meinen bisherigen Dates nicht kannte.

Ich war verdammt nervös vor diesem Treffen. Stundenlang machte ich mich vor dem Spiegel zurecht, zupfte an Reißverschlüssen, kämmte mir die Haare, fummelte an meinem Hemdkragen, verteilte Aftershave an strategisch wichtigen Stellen meines Körpers und achtete darauf, dass meine Tätowierungen verdeckt waren. Als ich schließlich vor dem Haus stand, in dem sie mit ihrer Schwester wohnte, war ich viel zu früh dran und ging nervös draußen auf und ab, bis es endlich sieben war. In meinem gestärkten, weißen, ordentlich zugeknöpften Hemd und den schwarzen Hosen kam ich mir ohnehin wie ein dressierter Affe vor. Schließlich klingelte ich, nervös von einem Bein aufs andere tretend, und ein Mädchen, das genau wie Heather aussah, öffnete die Tür. Ich wusste nicht, was ich sagen sollte, weil ich mir nicht sicher war, ob sie es nun selbst war oder ihre Schwester. Daher winkte ich nur schüchtern, trat ein und wartete darauf, dass sie mir mit irgendeinem Zeichen Aufschluss über ihre Identität geben würde. Dann sah ich ganz oben an der Treppe ein weißes Kleid. Ja, das war Heather. Sie kam langsam und wortlos herunter, wie in *Vom Winde verweht.*

Am liebsten wäre ich auf sie zugerannt, hätte sie an mich gezogen und ihr die Kleider vom Leib gerissen, so verdammt heiß sah sie aus. „Du bist wunderschön", sagte ich stattdessen und nahm zart ihren Arm. Ihre Schwester beobachtete mich genau, und ich merkte, wie sie sich darüber klar zu werden versuchte, ob ich für Heather der Richtige war oder nur irgendein Idiot.

Wir gingen italienisch essen und sahen uns danach eine langweilige Kabarettshow an; das war meine Vorstellung davon, was normale Leute bei einem ersten Treffen taten. An dem Abend redeten wir über Gott und die Welt. Sie war mit einer Reihe verklemmter Reichensöhnchen und mit zweitrangigen Schauspielern wie Scott Baio zusammen gewesen. Aber einen Rocker hatte sie noch nie gehabt. Das war eindeutig ein Pluspunkt für mich – das wurde mir klar, als sie mich fragte, ob ich ihr meine Tattoos zeigen würde. Sie war ein Mädchen aus gutem Haus, das von einem bösen Jungen träumte, und ich war mir bewusst, dass ich auch mit dem gestärkten Kragen und Herrenduft von Drakkar Noir noch immer ganz klar wie ein solcher wirkte.

Anschließend fuhren wir zu ihr und tranken Champagner, aber ich hatte viel zu viel Angst, um sie anzubaggern. Schließlich wollte ich nicht, dass sie dachte, ich wäre nur auf einen One-Night-Stand aus oder wollte unbedingt eine berühmte Schauspielerin pimpern. Aber wir schmiedeten unzählige andere Pläne, bevor ich mich schließlich verabschiedete.

Danach trafen wir uns allmählich öfter – wir gingen zusammen zum Essen, ins Kino, zu Partys. Schließlich blieb ich auch manchmal über Nacht. Aber sie ließ mich nicht an ihre Zuckerbüchse. Wochenlang versuchte ich auf jede erdenkliche Weise, sie betrunken zu machen und dann flachzulegen, aber sie ging nie bis zum Äußersten. Das war auch eine Erfahrung, die ich zuvor noch nie gemacht hatte, und gerade deswegen entwickelten wir eine große Vertrautheit und wurden Freunde. Sie hatte eine übersprudelnde Persönlichkeit, einen wunderbaren Humor und liebte kleine Streiche genauso sehr wie ich. Sie überschüttete mich mit Blumen, was ich nach erstem Zögern irgendwie toll fand. Ich kam zu dem Schluss: Jeder Typ, der behauptete, keine Blumen zu mögen, war sich seiner Männlichkeit nicht sicher.

Nach eineinhalb Monaten stand ich so unter Strom, dass ich es nicht mehr aushielt. Endlich gingen wir ficken, und nachdem sie mich so lange hatte warten lassen, genoss ich jede Sekunde doppelt – was auch ganz gut so war, weil die Sache nämlich nur Sekunden dauerte, so scharf war ich. Aber in der Nacht trieben wir es noch unzählige Male, und das überzeugte uns, wie verliebt wir ineinander waren, denn wenn man mit jemandem Sex hat, den man nicht liebt, dann reicht in der Regel ein einziges Mal.

Am nächsten Morgen aalte ich mich in meinen Boxershorts im Pool, als ihr Vater bei ihr vorbeikam. Heather flippte aus: Im Fernsehen spielte sie vielleicht die sexuell aktive, dominante Schlampe, aber privat war sie absolut prüde. Sie machte sich unglaubliche Sorgen, dass ihr Vater, der als Dekan den Maschinenbau-Studiengang an der UCLA leitete, von meinen Tattoos schockiert sein würde. Ich wickelte mich also in ein paar Handtücher. Ein bisschen Farbe sah man trotzdem, aber ihrem Dad schien das nichts auszumachen.

Nach dem ersten Sex erreichte unsere Beziehung eine neue Ebene. Eines Tages hatten wir uns Geländemotorradrennen im Fernsehen angesehen, und ich hatte erwähnt, wie gern ich das selbst einmal probieren wollte. Am nächsten Tag stand eine Geländemaschine vor meiner Tür. Niemand, weder Mann noch Frau, hatte mir jemals ein so großzügiges Geschenk gemacht. Langsam erkannten wir, dass wir eine lange, lange Zeit zusammen sein wollten – vielleicht sogar für immer.

Während der *Theatre Of Pain*-Tournee merkte ich, dass sich ganz ungewöhnliche Gefühle in mir regten, wenn wir „Home Sweet Home" spielten. Davon hatte ich immer geträumt: von einem Zuhause, einer Ehe, wie meine Eltern sie gehabt hatten. Bis dahin war ich ein Rumtreiber gewesen, der ganz L. A. nach einer Mutter- oder Vaterfigur absuchte. Der Grund dafür lag vielleicht auch in dieser Angst, die ich meinem Traumdeuter zufolge von meiner Mutter geerbt habe, in der Angst vor dem Alleinsein und vor der Isolation. Je länger die *Theatre*-Tour lief, desto sicherer war ich mir, was ich wollte.

Als ich in der Weihnachtspause zuhause war, fuhren Heather und ich in einer Limousine über den Ventura Freeway. Ich stand auf und steckte den Kopf durch das Sonnendach.

„Hey", rief ich Heather zu, „probier das auch mal, steh auf!"

„Was?"

„Steh auf!"

„Muss ich?"

Langsam und zögernd folgte sie mir. Sie hatte kaum den Kopf durch die Öffnung gesteckt und ihren Körper gegen meinen gepresst, als ich sie fragte: „Willst du mich heiraten?"

„Was?", fragte sie. „Es ist hier zu laut – ich kann dich nicht verstehen."

„WILLST DU MICH HEIRATEN?"

„Meinst du das ernst?" Sie sah mich skeptisch an.

Ich griff in meine Tasche und zog einen Diamantring hervor. „Wirklich."

„Was?"

„Wirklich!"

Als die Tour zu Ende ging, ließen wir uns auf einem Standesamt in Santa Barbara trauen. Ich trug einen weißen Leder-Tuxedo und sie ein weißes trägerloses Kleid mit weißen Ärmeln, die nur von den Oberarmen bis zu den Handgelenken reichten und daher ihre gebräunten Schultern und die zierlich hervortretenden Schlüsselbeine zeigten. Es war die größte Hochzeit, die ich je gesehen hatte: Fünfhundert Gäste waren geladen, Fallschirmspringer landeten mit großen Magnumflaschen Champagner, und nachdem wir uns das Jawort gegeben hatten, flogen weiße Tauben durch die Luft. Rudy, einer unserer Techniker, sprach den besten Toast: „Lieber Tommy, liebe Heather", sagte er und hob sein Champagnerglas, „ich wünsche euch, dass das einzige Auf und Ab in eurer Ehe im Bett stattfinden wird." Dann nahm er sein Glas und warf es hinter sich. Als ich zu den Tischen hinübersah, an denen Heathers Verwandte saßen, beschlich mich das komische Gefühl, dass sie die Hochzeit inzwischen für keine so gute Idee mehr hielten.

Es war einer der glücklichsten Tage meines Lebens. All meine Freunde waren da, darunter die halbe Szene vom Sunset Strip. Mittlerweile war fast jeder in einer großen Band: Ratt, Quiet Riot, Autograph, Night Ranger. Das einzige Problem an diesem Tag war Nikki. Ich hatte ihn gebeten, mein Trauzeuge zu sein, und er war in übelster Verfassung. Er war ausgemergelt, und Mann, seine Haut war total gelb. Dauernd rannte er ins Bad, und schließlich pennte er während der Zeremonie ein. Er war als Trauzeuge völlig unmöglich, weil er so auf Heroin war. Ich konnte es nicht glauben, dass er sich auf meiner Scheißhochzeit einen Schuss setzte.

Abb. 2

Tommy und Heather Locklear

IN DEM WIEDERUM EINE GROSSE LIEBE IN EIN VERLÖBNIS MÜNDET –
DANK EINER LISTIGEN MINNESÄNGERIN, DIE NIKKI MIT DROGEN ZU
LOCKEN WEISS.

An dem Tag, als ich von Tommys Hochzeitsfeier zurückkehrte, fand ich einen Brief von unserem Steuerberater Chuck Shapiro vor, der persönlich für mich in den Briefkasten gesteckt worden war. „Im Augenblick liegen deine täglichen Ausgaben bei fünftausend Dollar", schrieb er darin. „Fünftausend Dollar mal sieben sind fünfunddreißigtausend Dollar pro Woche. Im Monat wären das einhundertvierzigtausend. Das bedeutet, dass du in elf Monaten völlig pleite sein wirst – oder sogar tot."

Vor Tommys Hochzeit war es mir gelungen, meine Sucht vor den anderen zu verbergen, weil ich kaum jemanden aus der Band sah. Unsere Gang hatte sich inzwischen aufgeteilt und bewohnte verschiedene Häuser in verschiedenen Stadtteilen. Wir verbrachten unsere Zeit noch ganz ähnlich wie damals, als wir zusammenwohnten: Wir standen auf und dröhnten uns zu, bis wir wieder müde wurden – jeden Tag aufs Neue. Nur taten wir das inzwischen nicht mehr gemeinsam. Tommy lebte jetzt im Heatherland und hatte sich in einer Privatstraße ein Haus mit Sicherheitszaun und Torüberwachung für mehrere Millionen Dollar gekauft. Er fand es total aufregend, dass sein Nachbar rechter Hand ein Fondsmanager war, der im Jahr fünfundvierzig Millionen Dollar verdiente, und auf der anderen Seite ein Anwalt wohnte, der spektakuläre Mordfälle übernahm. Ich dachte dabei nur: „Mann, diese Leute waren früher unsere Feinde." Vince war entweder im Knast oder feierte bei sich zuhause mit Striplokalbesitzern, berühmten Sportlern oder halbseidenen Geschäftsleuten. Und Mick schirmte sich so sehr ab – er hätte Waffen in den Iran verschieben oder als Model über Laufstege wackeln können, ohne dass ich was davon mitgekriegt hätte.

Die Stärke einer Band liegt in der Solidarität ihrer Mitglieder. Wenn die sich sämtlich in ihre eigenen Welten zurückziehen, fangen damit normalerweise die Probleme an, die letztendlich zum Split führen. Wir waren deswegen zu Anfang so cool, weil Vince und Tommy aus Covina stammten, ich aus Idaho und Mick aus Indiana – alle vier waren wir Kleinstadt-Loser und Außenseiter, die es irgendwie zu Rockstarruhm gebracht hatten. Wir hatten unsere Träume verwirklicht. Aber der Erfolg nahm uns dann so gefangen, dass wir vergaßen, wer wir eigentlich waren. Vince machte auf Hugh Hefner, Tommy hielt sich seit seiner Nobelhochzeit und seinen neuen Freunden für Prinzessin Diana, und ich sah mich in der Rolle eines glamourösen Junkie-Künstlers wie William Burroughs oder Jim Carroll. Mick wollte wahrscheinlich immer Robert Johnson oder Jimi Hendrix sein, wobei er inzwischen so viel soff, dass er mehr wie Meat Loaf aussah.

Die Wirklichkeit holte mich mit einem harten Schlag bei Tommys Hochzeit ein. Ich versuchte mal wieder aufzuhören, erfolglos natürlich, und blamierte mich total, weil ich absolut keine soziale Kompetenz besaß und es mir keinen Spaß machte, mit Millionären zu tanzen. Während des Empfangs verriet ich unserem Tourmanager Rich Fisher, dass ich gelegentlich ein bisschen Heroin nahm – als ob das nicht ohnehin offensichtlich gewesen wäre. Er erzählte es dann dem ganzen Managementbüro. Als ich auf Chucks briefliche Warnung nicht reagierte, platzten meine Manager und der Drogenberater Bob Timmons – der schon Vince bei seinem Entzug geholfen hatte – bei mir zuhause rein und nahmen mich in die Mangel. Zuerst kotzte mich das unheimlich an. Aber nachdem sie stundenlang auf mich eingequatscht hatten, wurde ich langsam weich. Nicole und ich willigten ein, eine Entziehungskur zu machen; wir wurden dazu in dieselbe Klinik am Van Nuys Boulevard gebracht, in der auch Vince gewesen war.

Genau wie er war auch ich innerlich noch nicht bereit für den Entzug. Aber Vince hatte man mit Knast gedroht, wenn er nicht mitspielte, und so ein Druckmittel gab es bei mir nicht. Am dritten Tag dort wollte mir eine fette Frau mit Warzen im Gesicht begreiflich machen, dass ich an eine höhere Macht glauben müsse, wenn ich sauber werden wollte. „Scheiß auf dich und scheiß auf Gott!", brüllte ich sie schließlich an. Dann stürmte ich aus dem Zimmer, und sie rannte hinter mir her. Ich wirbelte auf dem Absatz herum und spuckte ihr ins Gesicht; dann brüllte ich wieder, sie solle sich verpissen. Diesmal tat sie's auch. Ich ging in mein Zimmer, schnappte mir meine Gitarre, sprang aus dem Fenster und spazierte in meiner Krankenhauskleidung den Van Nuys Boulevard hinunter. Meine Wohnung war etwa acht Kilometer entfernt; das war zu Fuß zu schaffen, glaubte ich.

Das Klinikpersonal rief sofort bei Bob Timmons an und erzählte, dass ich abgehauen war; wenig später holte er mich mit dem Auto auf dem Van Nuys Boulevard ein.

„Nikki, steig ein", sagte er, während er im Schritttempo neben mir herfuhr.

„Fick dich!"

„Nikki, es ist okay. Steig einfach ein. Wir sind dir nicht böse."

„Fick dich! Ich gehe dort nicht wieder hin!"

„Ich bringe dich nicht mehr in diese Klinik, das verspreche ich dir."

„Weißt du was? Fick dich! Ich gehe nie wieder dorthin zurück. Die Leute da sind verrückt! Die haben versucht, mir mit Gott und dieser ganzen Scheiße zu kommen, das war die reinste Gehirnwäsche!"

„Nikki, ich bin auf deiner Seite. Ich bringe dich nachhause, und dort können wir nach einer besseren Möglichkeit suchen, damit du clean wirst."

Ich gab nach und fuhr mit Bob zu meinem Haus. Dort warfen wir alle Nadeln, Löffel und sonstigen Drogenreste weg, und ich bettelte, dass er mir half, es allein zu schaffen, ohne Gott. Dann rief ich meine Großeltern an, denn das bisschen Vernunft, das ich besaß, hatte ich ohne Zweifel ihrer Erziehung zu verdanken, und ich hoffte auf ein wenig Unterstützung. Aber meine Großmutter war zu krank, um ans Telefon zu kommen. An diesem Abend schrieb ich „Dancing On Glass", wobei sich die Zeilen „Valentine's in London / Found me in the trash" auf meine kürzlich überstandene Überdosis bezogen.

Nicole blieb zwei Wochen länger in der Klinik. Als sie wieder zuhause war und sich ambulant weiterbehandeln ließ, war irgendetwas anders als früher. Wir waren sauber. Und dadurch wurde uns bewusst, dass wir uns eigentlich nicht besonders mochten. Ohne Heroin hatten wir nichts gemeinsam. Wir trennten uns sofort.

Um clean zu bleiben, engagierte ich einen persönlichen Assistenten namens Jesse James, der wie eine Zwei-Meter-Version von Keith Richards aussah und ständig eine SS-Mütze trug, mit der er, wie ich glaubte, ein Haarteil tarnte. Es dauerte jedoch nicht lange, bis aus meinem Babysitter mein Komplize wurde. Er zog los und besorgte mir Drogen, und als Belohnung durfte er sie mit mir gemeinsam nehmen. Meistens soffen wir und schnupften Kokain. Gelegentlich injizierte ich mir auch mal wieder ein wenig Heroin – um der alten Zeiten willen.

Nun, wo Nicole nicht mehr da war, wechselte ich die Mädchen wie Hemden. Jesse und ich saßen den ganzen Tag zuhause und sahen fern, ich versuchte, ein paar Songs fürs neue Album zu schreiben, und wenn das nicht klappte, überlegten wir uns, welche Hollywood-Tussi wir gern vögeln wollten, und riefen bei der an. Aber als wir durch die Liste unserer Lieblingsstripperinnen und -pornodarstellerinnen durch waren, wurde uns langweilig. Daraufhin fuhren wir durch die Nachbarschaft und warfen den Leuten Steine ins Fenster, aber auch das machte nur kurze Zeit Spaß. Eine Freundin musste her. Also sahen wir uns im Fernsehen die Mädchen an und fantasierten von bizarren Treffen an ungewöhnlichen Orten. Da gab es beispielsweise bei einem Lokalsender eine blonde Nachrichtensprecherin, die ich während der Werbepausen anrief, um ihr versaute Sachen zu sagen. Wenn sie dann wieder auf Sendung ging, versuchte ich zu erkennen, ob sie erregt, verwirrt oder schockiert aussah. Sie kam zwar nie bei uns vorbei, aber aus irgendeinem Grund nahm sie unsere Anrufe jedes Mal entgegen.

Eines Tages lief das Video zu „Nasty Girl" von Vanity 6 im Fernsehen, und wir beobachteten fasziniert, wie die drei Mädchen der Band sich beim Singen anzüglich streichelten. Die Frontfrau, Vanity, war ein Protegé von Prince und schien wie ein Wesen aus einer völlig anderen Welt. „Die zu ficken wäre cool", meinte ich zu Jesse.

„Dann probier's doch, Cowboy", sagte er.

Prompt rief ich bei unseren Managern an und erklärte, ich wolle Vanity treffen. Die setzten sich mit ihren Leuten in Verbindung, und kaum eine Woche später war ich auf dem Weg zu meinem ersten Date in ihrem Apartment in Beverly Hills. Schon als sie die Tür öffnete, fixierte sie mich mit einem verrückten, starren Blick. Ihre Augen schienen in den Höhlen geradezu zu tanzen, und noch bevor sie etwas sagte, war mir sonnenklar, dass sie komplett psychotisch war. Andererseits – das war ich auch. Sie bat mich in die Wohnung, die nur aus wenigen Zimmern voller Krempel, Klamotten und Kunstwerken bestand. Überall lehnten Anschlagbretter, auf die sie Zeitungsausschnitte, Eierpappen oder alte Blätter geklebt hatte. Das seien ihre Kunstwerke, sagte sie, und zu jedem gab es eine Geschichte.

„Dieses hier heißt *Der Erlöser*", erklärte sie und deutete auf eine unstrukturierte Collage. „Es stellt die Prophezeiung des Engels dar, der hinuntersteigt in die Stadt, denn er wird die Seelen erlösen, die in den Glühbirnen der Straßenlampen eingesperrt sind. Die kleinen Schweinchen werden die Straßen entlanggehen, und die Kinder werden lachen."

In dieser Nacht blieben wir die ganze Zeit in ihrer Wohnung. Nach den ganzen Mädchen, die ich auf die schiefe Bahn gebracht hatte, war es an der Zeit, dass zur Abwechslung mal ich selbst durch eine Frau an den Abgrund geführt wurde. Diese Kunstwerke, gab sie schließlich zu, produzierte sie immer dann, wenn sie tagelang aufgeblieben war, um Kokain zu freebasen.

„Freebasen?", fragte ich. „Das habe ich eigentlich noch nie richtig gemacht."

Und schon war ich der Spinne ins Netz gegangen. Mit dem Freebasen verlor ich das letzte bisschen Selbstbeherrschung, das ich seit der Klinik aufzubauen versucht hatte, und wurde völlig unzurechnungsfähig und paranoid. Eines Nachmittags hatten Vanity und ich uns in meinem Schlafzimmer eingeigelt, während im Wohnzimmer irgendwelche Leute feierten. Wir schalteten das Radio ein, das mit Lautsprechern im ganzen Haus verbunden war, und hörten Musik, während wir uns eine Base ansteckten. Während wir inhalierten, hörte die Musik auf, und ein Wortbeitrag begann. Ich zog meine 357er-Magnum und nahm noch einen Zug. Mit der Lunge voller Kokainbase brüllte ich das Radio an: „Ihr Arschlöcher, ich knalle euch ab. Verpisst euch von hier." Wahrscheinlich dachte ich irgendwie, die Stimmen aus dem Radio stammten von den Gästen nebenan im Wohnzimmer, das durch eine Tür mit dem Schlafzimmer verbunden war. Natürlich sprachen die Radiostimmen trotzdem weiter, und daher stieß ich ein kleines weißes Rauchwölkchen aus und ballerte die Ladung meiner 357er durch die Tür.

Aber das Gespräch lief weiter. „Ich bring euch um, ich mach euch alle!", brüllte ich. Dann trat ich die Tür ein und merkte schließlich, dass die Stimmen aus einer eins zwanzig hohen Box in der Ecke drangen. Also lud ich die Waffe erneut und durchlöcherte den Lautsprecher mit 357er-Magnum-Hohlspitzgeschossen, bis er auf die Seite fiel. Die Stimmen war jedoch immer noch da: „Hi, hier ist KLOS, am Apparat ist Doug …"

Jetzt rastete ich völlig aus, und als ich nun den unschuldigen Lautsprecher komplett auseinander nahm, verließen auch die letzten Gäste fluchtartig das Wohnzimmer. Und auf einmal schwiegen die Stimmen. Wahrscheinlich hatte Vanity in einem hellen Moment herausgefunden, wie man das Radio abschalten konnte.

Unsere Beziehung war selbst für meine Begriffe extrem seltsam und selbstzerstörerisch. Manchmal verbrachten wir eine ganze Woche mit Drogenexzessen, dann sahen wir uns wieder drei Wochen lang nicht. Vanity hielt mir mit der Crackpfeife in der Hand durchaus Vorträge darüber, dass Coca-Cola meine Magenwände angriff. Eines Nachmittags, als wir bei ihr waren, brachte ein Bote ein Dutzend Rosen von Prince, und auf der beigefügten Karte stand: „Lass ihn fallen. Komm zu mir zurück." Damals kaufte ich ihr die Nummer ab, aber inzwischen denke ich, es war nur ein Versuch, mich zu gängeln. Wahrscheinlich waren die Blumen überhaupt nicht von Prince.

Manchmal, wenn ich bei ihr war, schickte sie mich los, um Orangensaft zu kaufen, und wenn ich dann zurückkam, ließ mich der Wachmann unten im Haus nicht mehr rein.

„Aber ich war doch gerade erst oben", protestierte ich völlig verwirrt.

„Tut mir leid, Sir, ich habe ganz genaue Anweisungen. Sie dürfen nicht hinein."

„Was zum …"

„Wenn ich an Ihrer Stelle wäre, dann würde ich sowieso Schluss machen. Ich habe zwar keine Ahnung, was in diesem Apartment vor sich geht, aber das will ich auch gar nicht wissen."

Später erfuhr ich von einem ihrer Nachbarn, dass bei solchen Gelegenheiten oft ihr Dealer in der Nähe wartete und ihr Kokskristalle in die Wohnung brachte, sobald ich weg war. Sie verheimlichte mir das nicht etwa, weil es ihr peinlich gewesen wäre, den Umfang ihrer Sucht einzugestehen, sondern weil sie fürchtete, ich würde ihr zu viel davon wegrauchen.

Eines Nachts fragte mich Vanity, ob ich sie heiraten wolle. Ich sagte ja, weil ich total breit war und die Vorstellung so surreal anmutete; außerdem war ein Ja in dieser Lage leichter als ein Nein. Dabei drehte sich unsere Beziehung ausschließlich um Drogen und den Kick, nicht um Liebe oder Sex oder auch nur um Freundschaft. Aber irgendwann, als sie drauf war, erzählte sie bei einem Interview, wir seien verlobt. Sie fand immer Mittel und Wege, um mein Leben so schwierig wie möglich zu machen. Tommy saß in seiner Multimillionen-Dollar-Hütte in Hollywood, und ich hockte immer noch in Rock City. Kein Wunder, dass ich ständig den Eindruck hatte, dass er auf uns hinuntersah – wir verdienten das nicht anders.

Vanity und ich waren noch zusammen, als unsere Manager versuchten, die Band wieder so weit zusammenzubringen, dass die Produktion eines neuen Albums beginnen konnte. Zu der Zeit konsumierte ich nicht nur reichlich Freebase-Kokain, sondern war auch wieder voll auf Smack. Die Schäfte der Cowboystiefel, die ich über meinen knallengen Hosen trug, waren stets voller Spritzen und Stoff. Ich wollte zwar nicht mehr drücken und gab mir alle Mühe, wieder clean zu werden, aber ich schaffte es nicht. Als ich dann beschloss, mich an einem Methadonprogramm zu beteiligen, machte das alles nur noch schlimmer: Es dauerte nicht lange, und ich war süchtig nach Heroin und Methadon. Bevor ich morgens ins Studio ging, fuhr ich mit meiner brandneuen Corvette zur Methadonklinik und stellte mich mit all den anderen Junkies für den täglichen Methadonschluck an. Im Studio verbrachte ich dann trotzdem den halben Tag eingeschlossen auf dem Klo. Manchmal tauchte Vanity auf und blamierte mich vor der Band, indem sie Vorträge über die Schädlichkeit kohlensäurehaltiger Getränke hielt und Räucherstäbchen anzündete, die nach Pferdescheiße stanken.

Ein Studio weiter nahm Lita Ford ihr neues Album auf, und sie war entsetzt darüber, wie weit ich inzwischen heruntergekommen war. „Du wolltest es mal mit der ganzen Welt aufnehmen", sagte sie zu mir, „aber jetzt siehst du aus, als würdest du dich von ihr völlig unterkriegen lassen."

Obwohl es mir kaum gelang, halbwegs passables Material für das Mötley-Album zusammenzubekommen, schrieb ich mit ihr gemeinsam einen Song für ihre Platte, der den äußerst passenden Titel „Falling In And Out Of Love" bekam.

Während wir in zähem Ringen weiterhin nichts für unsere Platte zustande bekamen, riefen mich mein Großvater und meine Tante Sharon immer wieder an. Meiner Großmutter ging es immer schlechter, und sie wollten, dass ich sie besuchte. Aber ich war so drauf, dass ich ihre Bitten ignorierte – bis es zu spät war. Eines Tages war mein Großvater wieder am Apparat. Er weinte und beschrieb mir dann, wo am nächsten Samstag die Beerdigung stattfinden würde. Ich versprach ihm, ich würde da sein. Als besagter Samstag anbrach, war ich seit zwei Tagen ununterbrochen wach. Ich spritzte mir ein wenig Koks, damit ich überhaupt in der Lage war, einen Fuß vor den anderen zu setzen, hievte mich vom Sofa, zog mich an und suchte dann eine Stunde nach der Wegbeschreibung. Dann zog ich mich noch dreimal um und durchwühlte die Wohnung nach den Autoschlüsseln, während ich mir darüber Sorgen machte, dass ich den Trauersaal nicht finden würde, und schließlich stellte ich fest, dass das alles zu kompliziert war und ich das nicht auf die Reihe bekam. Ich sackte wieder auf die Couch, machte mich ans Freebasen und schaltete den Fernseher ein.

So saß ich da und schaute *Gilligan's Island,* während, wie ich wusste, meine ganze Familie am Grab meiner Großmutter stand, und die Schuldgefühle ließen nicht lange auf sich warten. Sie war diejenige gewesen, die sich um mich gekümmert hatte, als meine Mutter das nicht mehr schaffte, sie hatte mich quer durchs ganze Land von Texas nach Idaho geschleift wie ihren eigenen Sohn. Mir wurde klar: Ohne ihre Bereitschaft, mich jedes Mal wieder aufzunehmen, ganz gleich, ob sie nun gerade auf einer Tankstelle oder einer Schweinefarm lebte, würde ich nicht in dieser riesigen Rockstarvilla sitzen und mir einen Schuss setzen. Stattdessen täte ich dasselbe, aber unter einer Brücke in Seattle.

Am nächsten Tag beschloss ich aufzuhören. Ich wollte endlich wieder Songs schreiben können, und vielleicht würde ich es sogar schaffen, meinen Großvater anzurufen und ihn um Verzeihung für meine Ichbezogenheit zu bitten. „Nona" – das war der Name meiner Großmutter – war der erste Song, der daraufhin entstand. Tom Zutaut kam bei mir vorbei, und als ich ihm den Titel vorspielte – „Nona, I'm out of my head without you" –, füllten sich seine Augen mit Tränen. Ich träume heute noch oft von meiner Großmutter, von ihrer Krankheit und der Beerdigung, weil ich es so sehr bereue, dass ich für sie und für meinen Großvater damals nicht da war.

Tom arbeitete nicht mehr bei Elektra. Inzwischen war er zu Geffen gewechselt und hatte dort Guns N' Roses unter Vertrag genommen. Er wollte gern, dass ich ihr Album produzierte, weil er hoffte, ich könnte den Punk-Metal, den sie damals spielten, einen Hauch kommerzieller und melodischer gestalten, ohne dass sie ihre Glaubwürdigkeit darüber einbüßten. Eigentlich seien sie nur eine Punkband, sagte er mir, aber sie hätten das Zeug, die größte Rock'n'Roll-Band der Welt zu werden; sie brauchten dazu nur jemanden, der ihnen etwas mit den richtigen Melodien zur Hand ging. Leider ging es mir zu der Zeit zu dreckig, weil ich krampfhaft versuchte, meinen Drogenkonsum einzuschränken, deswegen zog ich sein Angebot nicht in Betracht. Aber dass Tom mir das überhaupt zutraute, gab mir beim Songwriting für unsere Platte wieder Auftrieb. Ich kaufte ein altes Buch von Bernard Falk aus dem Jahr 1937, das *Five Years Dead* hieß und mich zu dem gleichnamigen Song inspirierte, und konzentrierte mich darauf, mein Hirn wieder in Schwung zu bringen. Diese nüchterne Phase würde nicht lange dauern, das wusste ich, also musste ich schnell arbeiten.

Wie schon *Theatre Of Pain* hätte auch *Girls Girls Girls* eine phänomenale Platte werden können, wäre nicht jeder von uns zu sehr mit seinem persönlichen Scheiß beschäftigt gewesen. Man kann richtiggehend hören, welche Distanz mittlerweile zwischen uns herrschte. Wenn wir es nicht geschafft hätten, zumindest zwei überzeugende Songs aus uns herauszuquetschen – den Titeltrack und „Wild Side" –, hätte das Album vermutlich das Ende unserer Karriere bedeutet.

Im Studio konsumierten wir alle inzwischen unsere Drogen gewürzt mit neuen Zutaten, die uns bisher fremd gewesen waren: mit Schuldgefühlen, Lügen und Geheimnistuerei. Und diese drei Wörter bestimmen den Unterschied zwischen Hedonismus und Sucht. Tommy war in Heatherland, aber das war kein reines Paradies für ihn, weil er sich dort einer gewissen Disziplin unterwerfen und seine Drogen vor ihr verstecken musste. Das machte ihn langsam zu einem völlig gestressten Wrack. Vince bemühte sich, sauber zu bleiben, schaffte das aber nicht und versuchte dann, sich mit Mädchen und Mudwrestling von seinem Unglück abzulenken. Mick tat irgendwas hinter unserem Rücken, aber keiner von uns hatte auch nur die geringste Ahnung, was das war. Wir waren in den Monaten vor den neuen Aufnahmen so sehr mit den eigenen Dämonen beschäftigt gewesen, dass wir Mick komplett vergessen hatten. Als wir uns wiedertrafen, sah er aus, als hätte man seinen Kopf auf den Körper eines Sumoringers genäht: Seine Arme und sein Hals waren so aufgedunsen, dass wir fürchteten, er käme gar nicht mehr an sein Griffbrett. Er behauptete immer, er sei zu alt, um mit uns zu feiern; seine wilden Zeiten habe er als Teenager gehabt und nun längst hinter sich gelassen. Aber irgendwas war da los. Was, das verriet er uns nicht.

Abb. 3

Nikkis Großmutter Nona

Abb. 1

SIEBTER TEIL

ZU UNSEREN
BESTEN FREUNDEN
ZÄHLEN DIE
DROGENDEALER

Kapitel 1
M I C K

IN WELCHEM EIN GEWISSER BOB ALAN DEAL VON SEINEN JUGENDSÜNDEN
BERICHTET UND UNS VON EINER LANG VERGANGENEN ZEIT ERZÄHLT,
ALS DIE COWBOYS DURCH DAS WEITE LAND ZOGEN UND NOCH NIEMAND
JE VON DER PILLE GEHÖRT HATTE.

Zu meiner Zeit wurden Heuballen noch nicht mit Draht gebunden. Dazu nahm man eine bestimmte Art ungedrehten Seils, das, wenn man es flach drückte, etwa einen halben Zentimeter breit war. Eigentlich war es eher eine Art sehr starker Bindfaden, den wir zum Festwickeln der Heuballen verwendeten. Und auch dazu, meinen älteren Bruder aufzuhängen; glaube ich jedenfalls.

Mein jüngerer Bruder Tim und ich hatten mit besagtem Seil eine Schlinge von knapp einem halben Meter geknüpft und sie mit einem Henkersknoten versehen; ich warf sie über den Ast einer Eiche und band das untere Ende am Baumstamm fest. Tim fand einen Zwanzig-Liter-Kanister im Schuppen meiner Großmutter und stellte ihn unter das Henkersseil. Dann überredeten wir unseren Bruder Frank dazu, sich oben draufzustellen, legten ihm die Schlinge um den Hals und sorgten dafür, dass sie schön fest saß. Anschließend trat ich den Kanister unter seinen Füßen weg, und wir sahen zu, wie er baumelte.

Wir waren die Indianer, er war der Cowboy. Er schrie und zappelte, wie er da so in der Luft hing, und er griff immer wieder nach der Schlinge und versuchte, sie zu lösen. Als es uns langweilig wurde, ihm beim Brüllen und Schreien zuzusehen, gingen wir ins Haus.

„Wo ist denn Frank?", fragte Tante Thelma. Sie war höchstens eins fünfzig und die loyalste Tochter meiner Großmutter, bei der sie wohnte, bis sie mit fünfundfünfzig doch noch heiratete.

„Da draußen", sagte Tim und deutete hinaus auf den Hof.

„Ach du liebe Zeit!" Tante Thelma schnappte nach Luft und rannte hinaus, hob Frank hoch und zog die Schlinge von seinem Hals.

Damals war ich fünf Jahre alt. Und für mich war das kein Spiel. Nicht umsonst war ich von Geburt an B. A. D., böse, schon allein der Initialen wegen: Mein voller Name lautet Bob Alan Deal. Apropos Geburt: Menschen, die einmal dem Tod nah waren, erzählen oft davon, dass sie sich in einem Tunnel befanden, an dessen Ende Licht zu sehen war. Ich stelle mir immer vor, dass man durch diesen Tunnel geht, wenn man stirbt, und wenn man am anderen Ende herauskommt, ist man wiedergeboren. Der Tunnel ist der Geburtskanal, und das Licht am anderen Ende ist der Kreißsaal, wo das neue Leben wartet. Wenn jemand dem Tod nur nahe kommt und das Licht sieht, aber nicht das andere Ende erreicht, dann bringt irgendwo auf der Welt eine Frau ein totes Baby zur Welt, das eigentlich die Seele dieses Menschen hätte bekommen sollen.

Ich erzählte gern, ich sei in einem früheren Leben Buddy Holly gewesen, dann als Brian Jones von den Rolling Stones zurückgekehrt und schließlich als Mick Mars auf die Erde gekommen. Aber das meinte ich nie richtig ernst. Damit will ich nicht sagen, dass ich mir ein früheres Leben nicht vorstellen kann, aber ich frage mich, weshalb die Leute immer glauben, sie seien eine berühmte Figur aus der Geschichte gewesen. Was geschah mit den Schornsteinfegern, Bettlern oder Hausfrauen? Wurden die nicht wiedergeboren? Über meine früheren Leben klärte mich ein weiser alter abgefuckter Hippie auf, der als Midnight Gardener bekannt war und oft bei mir in den Bergen von Santa Monica auftauchte, um sich um ein Uhr nachts um meinen Rasen zu kümmern. Der Midnight Gardener sagte, ich sei einmal der König von Borneo gewesen, einmal ein Kannibale und einmal ein Sklave, der am Bau der großen ägyptischen Pyramiden beteiligt war. Wahrscheinlich war ich ein Weiberheld und Dieb und werde deshalb in diesem Leben dafür bestraft: Mit Frauen und Geld habe ich kein Glück. Meist hängt das miteinander zusammen; oft genug sind die Weiber schon mit meiner Kohle durchgebrannt.

Seit ich meinen Bruder aufgehängt hatte, wusste ich, was ich in diesem Leben werden wollte, denn in derselben Woche nahm Tante Thelma Frank, Tim und mich mit zum Jahrmarkt von Hiers Park in Huntington, Indiana, unserer Heimatstadt. Sie kaufte uns Eis am Stiel, und während wir daran lutschten, setzten wir uns ins Gras und hörten uns ein Konzert an. Ich war noch so klein, dass ich nicht einmal wusste, was ein Konzert war. Ich sah einen großen, dürren Mann in einem grell orangefarbenen, strassverzierten Cowboyanzug und mit weißem Hut; ein so tolles Kostüm hatte nicht einmal Frank getragen, als wir ihn lynchten. Der Mann auf der Bühne stellte sich als Skeeter Bond vor und fing an zu singen. Hinter ihm standen noch ein paar andere Cowboys, die Gitarre und Schlagzeug spielten und jede Menge Krach machten. Mir blieb der Mund offen stehen, und ich vergaß mein Eis vollständig, bis es mir auf meine Kleider tropfte. Ich wollte an seiner Stelle sein. Ich wollte auf einer Bühne stehen und Musik machen. Was für Musik, war mir herzlich egal. Musik war Musik: Das war alles toll, ob das nun Skeeter Bonds Cowboylieder waren oder die Elvis-Presley-Platten meiner Mutter.

Am Weihnachtstag in jenem Jahr rannten meine Brüder und ich morgens nach unten, um unsere Geschenke aufzumachen. Über dem Kamin hingen lange Strümpfe, und an einem davon war eine winzige Gitarre befestigt, die mit Gummibändern oder etwas Ähnlichem bespannt war. „Das ist meine!", brüllte ich und griff danach, bevor sie mir jemand wegnehmen konnte. Im nächsten Jahr zu Weihnachten – ich war sechs – kaufte meine Mutter mir eine Micky-Maus-Gitarre mit schwarzen runden Ohren am Kopf, die Disney-Songs spielte, wenn man an einer Kurbel drehte. Die interessierten mich allerdings überhaupt nicht. Stattdessen lernte ich, die Saiten so zu spannen, dass sie so ähnlich klangen wie der schwirrende Sound von Skeeter Bond, und ich fand heraus, wie man Melodien darauf spielte.

In der Nähe wohnte ein cooler Gammler um die zwanzig, den ich Sundance nannte. Er hatte eine alte Gitarre namens Blue Moon, und auf der brachte er mir meinen ersten richtigen Song bei: „My Dog Has Fleas" – „Mein Hund hat Flöhe". Manchmal frage ich mich, ob meine eigentliche Berufung nicht im Country gelegen hätte.

Nach und nach brachte Sundance mir bei, wie man Titel wie die Moritat „Hang Down Your Head Tom Dooley" zupft. Ich mochte die Melodien, weil sie aus Blue Moon geradezu hinauszuspringen schienen, und obwohl ich noch nichts von der Unterscheidung wusste, so hatte ich mich doch schon für die Leadgitarre entschieden; Rhythmusgitarre fand ich, weil sie stets im Hintergrund zu stehen schien, nicht so interessant.

Wenn Jesus nicht zur Welt gekommen wäre, hätte ich es in der Musik nie zu etwas gebracht. Denn einige Jahre später bekam ich – wieder zu Weihnachten – eine Stella-Gitarre, die mein Cousin in einer Pfandleihe für zwölf Dollar entdeckt hatte.

Wenig später wurde die erste Tochter meiner Eltern geboren: Susan, oder Bird, das Vögelchen, wie wir sie nannten. Ein Lungenflügel Birds arbeitete nicht, und um ihre Überlebenschancen zu verbessern, schlugen die Ärzte meinen Eltern vor, in eine Gegend mit trockenerem Klima zu ziehen, nach Arizona oder Kalifornien. Also quetschten wir uns zu zehnt – meine Brüder, meine Eltern, meine Schwester, meine

Tante, mein Onkel, meine Cousins und ich – in einen 59er-Ford. Nach dreieinhalb Tagen steifer Knochen und zu wenig Sauerstoff erreichten wir Garden Grove in Kalifornien. Es war wie in *Früchte des Zorns,* abgesehen davon, dass Kalifornien unserer Fantasievorstellung weitgehend entsprach: Überall standen Orangenbäume, und abends konnten wir das Feuerwerk vom nahe gelegenen Disneyland aufsteigen sehen. Countrymusic und Skeeter Bond waren in Kalifornien allerdings nicht angesagt. Hier wurde Surfmusik gespielt: Dick Dale, The Ventures, The Surfaris.

Mein Vater arbeitete bei Menasha Container, einer Firma, die Pappkartons für eins meiner Lieblingsunternehmen, Fender, herstellte, und meine Mutter bügelte am Wochenende Hemden, um ein wenig dazuzuverdienen – zwei Dollar pro Tag, wenn sie Glück hatte. Obwohl ich inzwischen noch einen jüngeren Bruder und eine Schwester dazubekommen hatte, schaffte sie es, genug Geld beiseite zu legen, um mir eine elektrische St.-George-Gitarre für neunundvierzig Dollar zu kaufen. Jetzt konnte ich endlich Surfmusik spielen, die wie tobende und brechende Wellen klang, genau wie Dick Dale. Lautstärke war für mich ebenfalls wichtig, aber meine Eltern hatten nicht genug Geld für einen Verstärker oder eine Stereoanlage. Daher nahm ich den kleinen Lautsprecher vom Plattenspieler meiner Schwester, zog die Drähte vom Tonarm ab und bastelte mir ein Kombigerät aus Verstärker und Anlage, sodass ich bei meinen Lieblingssurfsongs direkt mitspielen konnte.

Eines Tages beschloss mein Vater aus heiterem Himmel, Baptistenprediger zu werden. Als Kind hatte er unter einer schweren Krankheit gelitten, durch die seine Beine verkrüppelt waren. Die Ärzte erklärten, sie könnten nichts tun, da helfe nur beten. Als die Krankheit schließlich heilte, hatte sich der Gedanke an Gott wohl im Kopf meines Vaters festgesetzt, und das kam eines Morgens zum Ausbruch, als er in die Küche stürmte und verkündete, er habe seine Verirrung erkannt und wolle sein Leben von nun an Gott weihen.

Auch als religiöser Mensch versuchte mein Vater nie, mich von der Musik abzubringen. Dass ich so besessen war, lag für meine Eltern daran, dass man mir mit drei Jahren das Hirn gekocht hatte. Ich hatte Scharlach bekommen und drei Tage lang einundvierzig Grad Fieber gehabt. Der Arzt, der zum Haus meiner Großmutter gerufen wurde, wo ich fast schon tot im Bett lag, zog mich aus, hüllte mich in kalte Handtücher und packte Eis in mein Bett. Dann riss er alle Türen und Fenster im Haus auf, bis die Winterluft durch das Zimmer zog, und nach einer Stunde ging das Fieber herunter. Ich war so krank, dass meine Familie fürchtete, ich würde mich nie wieder erholen.

Surfmusik war für sie eine ganz ähnliche Krankheit. Sie wurde allerdings von einer noch viel ansteckenderen Seuche abgelöst: den Beatles. Über Nacht war Surfrock out; stattdessen regierte Pop mit Gesang – Melodien, Harmonien und Texte, bei denen man mitsummen konnte. Singen wollte ich auch, und das übte ich ein Jahr lang jeden Tag, bevor ich meiner Familie eine Kostprobe gab. Ich rief sie alle im Wohnzimmer zusammen und sang „Money" von den Beatles. Der Cousin, der mir meine erste richtige Gitarre gekauft hatte, bekam einen Lachkrampf. Er sagte, ich würde den Ton auch dann nicht halten können, wenn man einen Griff dranschraubte. Ich schämte mich so sehr, dass ich mich nie wieder zu singen traute – für den Rest meines Lebens.

Mit vierzehn war ich in meiner ersten Band, den Jades, die Beatles-Covers und ein paar im gleichen Stil gehaltene eigene Songs spielten. Zunächst übernahm ich den Bass, trat aber bald an die Stelle des Gitarristen. Unser erstes Konzert fand in der American Legion Hall in Westminster statt, und wir bekamen vierzehn Dollar, die wir brav unter uns aufteilten. Danach wurden wir dort nie wieder engagiert – entweder waren wir zu heavy oder einfach zu schlecht.

Einer meiner Freunde, ein Samoaner namens Joe Abbott, hatte der Surfgitarre die Treue gehalten und spielte inzwischen gnadenlos gut. Ich wollte mir seinen Verstärker und sein Echopedal leihen, aber er erklärte, dass beides den Garcia-Brüdern gehörte. Er gab mir deren Telefonnummer, und damit fing eigentlich alles an.

Als ich dort ankam, warteten gleich drei von ihnen auf mich – Tony, Johnny und Paulie. Sie waren alle groß, breit und fies, und sie befehligten eine Straßengang, die ihren Namen trug. Tony war Gitarrist und ließ jeden von seinen Brüdern zusammenschlagen, der behauptete, ihn musikalisch zu übertreffen. Paulie saß am Schlagzeug, war darüber aber ziemlich unglücklich, weil er lieber Gitarre gespielt hätte. Johnny spielte Bass; er hatte mit sechzehn bereits eine Jugendstrafe verbüßt, weil er zwei Polizisten aufgemischt hatte. Der vierte Mann, Paul – ein blinder Mundharmonikaspieler, der wie Jesus aussah –, gehörte als Einziger nicht zur Familie. Sie waren knallhart, und sie spielten weder Surfrock noch Beatles-Songs. Sie spielten Blues. Harten elektrischen Blues.

Von den Nachbarn wurden sie gehasst, denn jeder wusste, dass die Brüder dauernd in Drogengeschichten und Schlägereien verwickelt waren. Aus irgendeinem Grund waren stets ein paar Blinde, Taube oder Behinderte um sie herum, was ich als Zeichen dafür nahm, dass sie entweder innerlich doch gut und mildtätig waren oder aber einen ganz raffinierten Plan aussheckten. Eines Abends um neun nahm uns die Polizei wegen Lärmbelästigung fest, und ich wurde zur so genannten Sommerbewährung verknackt, nur weil ich Gitarre gespielt hatte. Deswegen habe ich wahrscheinlich heute noch so einen Kieker auf Nachbarn, die sich über Krach beschweren. Wir gründeten eine Band mit dem großspurigen Namen Sounds of Soul und spielten in den Jugendclubs von Orange County, beispielsweise im *Sandbox*.

In der Schule interessierte mich nichts außer Musik. Dort zählte ich zu den drei besten Gitarristen – der beste war Chuck Frayer, der Soli spielte, wie ich sie noch nie gehört hatte, und dabei die Saiten so dehnte, dass die Töne auf ewig in der Luft zu hängen schienen. Er wurde später eingezogen und musste nach Vietnam, aber danach sah ich ihn noch einmal im Fernsehen: Er trat als Mundharmonikaspieler in der *Gong Show* auf, wo er einen Anzug trug, mit dem er aussah, als hätte er zwei Köpfe. Dass man ihn ausgongte, war eine Frage von Sekunden, und darauf hätte man den Sparstrumpf seiner Oma wetten können. Ein weiterer guter Gitarrist hieß Larry Hansen. Und der Dritte war ich.

Die Schule war für mich die reinste Folter. Während des Unterrichts dachte ich nur an meine Gitarre und sehnte den Nachmittag herbei, wenn ich endlich wieder nachhause gehen und üben konnte. Ich hatte nur Musik im Kopf: Als wir im Englischunterricht ein Gedicht auswählen und darüber einen Aufsatz schreiben sollten, beschäftigten sich die meisten Kids mit Robert Frost oder Ralph Waldo Emerson, ich aber nahm den Text zu „Pressed Rat And Warthog" von Cream. Als wir die Hefte anderntags zurückbekamen, stand in meinem „6 – und das ist noch untertrieben". Daraufhin vermerkte ich bei einer der nächsten Klassenarbeiten in einer der Antworten, unser Lehrer, Mr. Hickock, sei ein spießiger, versnobter Musikhasser und setzte hinzu: „Und das ist noch untertrieben." Ich gab die Arbeit ab, und als Hickock das las, schickte er mich sofort zum Direktor. Der suspendierte mich für ein paar Tage, und auch das, sagte er, sei untertrieben, denn eigentlich hätte ich den Rauswurf verdient. Mir war das egal. Aber heute wünschte ich, ich hätte im Englischunterricht besser aufgepasst, denn wenn ich mit Leuten rede, mache ich mir oft Gedanken darüber, dass ich die falschen Wörter benutze und ungebildet erscheine.

Kaum durfte ich wieder am Unterricht teilnehmen, da warf mich ein Vertretungslehrer in Naturwissenschaften gleich wieder raus, weil ich Grifftabellen in mein Notizbuch geschrieben hatte, statt ihm zuzuhören. Als ich aus dem Klassenraum ging, drehte ich mich noch einmal zu ihm um und rief: „Ich weiß, wo Ihr Auto steht! Ich weiß, wo Sie wohnen! Sie sollten besser vorsichtig sein!" Ich konnte mir nicht vorstellen, dass das besonders bedrohlich wirkte, schließlich sah ich aus wie eine rothaarige Milchbart-Ausgabe von Duane Allman. Aber der Lehrer kriegte so eine Panik, dass er die Polizei alarmierte und die bei uns zuhause auftauchten.

Zu der Zeit wohnte ich in einem Gartenhäuschen auf dem Grundstück meiner Eltern, direkt an einem kleinen Bach. Hier konnte ich tun und lassen, was ich wollte – zu jeder Zeit Gitarre spielen, lange aufbleiben, Freunde bei mir übernachten lassen und ein bisschen Wein trinken. Die Bullen behaupteten, die Hütte sei nicht mal eines Hundes würdig, und hielten meinen Eltern einen langen Vortrag. Theoretisch durfte ich danach zwar wieder zur Schule, aber ich glaube, zu dieser Zeit hörte ich von mir aus auf hinzugehen. Wenn Schule damals so gewesen wäre wie heute – mit Kunstunterricht, Musikerziehung und Computern –, wäre ich wahrscheinlich geblieben. Aber damals gab es überhaupt nichts, was mich interessiert hätte.

Mädchen spielten für mich nie eine große Rolle. Meine erste Liebe traf ich bei den Garcia-Brüdern. Sie war vierzehn, und einer der jüngeren Garcias – es gab mindestens ein Dutzend – kannte sie von der Junior High School. Wir trafen uns gelegentlich, und schließlich war ich der Überzeugung, dass wir miteinander gingen.

Eines Abends wollte ich etwas mit ihr unternehmen, aber sie sagte, sie müsse ihrer Eltern wegen zuhause bleiben. Also ging ich mit Joe Abbey Bowling spielen – und sah sie dort prompt mit einem anderen Jungen. Ich war am Boden zerstört. Als ich sie fragte, was sie hier mache, lallte sie mir irgendetwas entgegen; sie war betrunken. Mein Testosteron schoss mir in den Kopf und brachte mein Blut zum Kochen, aber meine Freunde zogen mich nach draußen, steckten mich ins Auto und fuhren davon. Seit diesem Tag waren Frauen für mich unten durch. Alle Gedanken an Mädchen, Verabredungen und Sex schob ich nun weg, was mir umso mehr Zeit für meine Gitarre gab. Meine Tante Annie, die auch dann noch an mich glaubte, als

Abb. 2

Mick mit seinem Sohn Les Paul

meine Freunde und Verwandten mich längst abgeschrieben hatten, schenkte mir in diesem Jahr zu Weihnachten eine abgegriffene alte Les Paul für achtundneunzig Dollar. Im Mai gab mir ein Typ nach seinem Schulabschluss seine 54er-Stratocaster, weil er sowieso nie darauf spielte. Zu dieser Zeit zählte ich nicht mehr zu den drei besten Gitarristen in meiner Altersgruppe. Ich *war* der beste.

Bald darauf trennte ich mich von den Garcia Brothers – bei denen wurde es mir langsam zu gefährlich. Immer öfter beeinflussten die Gang-Geschichten auch das Geschick der Band, und häufig kamen rivalisierende Gangs vorbei, um Schlägereien anzuzetteln. Einer der Garcia-Brüder kam später in den Knast, nachdem er aus einem fahrenden Auto geschossen und dabei irrtümlich ein kleines Mädchen getötet hatte; ein anderer landete in der Band von Richard Marx. Ich sag's ja, das waren ganz üble Gestalten.

Gesungen hatte bei den Brüdern meist Antone, einer der besten schwarzen Shouter, die ich je gehört habe. Er erzählte mir von einer Band in Fresno, mit der er arbeitete und die einen Gitarristen suchte. Also packte ich meine beiden Gitarren ein, lieh mir von einem Freund einen Nachhallverstärker und ließ mich dann von den Jungs nach Fresno fahren.

Am Anfang war es sehr aufregend: Sie waren eine rein schwarze Band und wollten von mir etwas über Rhythmus und Soul lernen. Ich setzte mich den ganzen Tag mit ihnen hin und zeigte ihnen alles, was ich wusste; die Nacht verbrachte ich auf einem Billardtisch in ihrem Clubhaus. Sie wurden ungeduldig, als sie eine Woche lang geprobt hatten und noch immer nicht wie John Lee Hooker klangen – dabei sagte ich ihnen immer wieder, dass man Soul nur dann fühlen kann, wenn man cool und relax bleibt und abwartet. Wir saßen gerade auf der Veranda und übten Blues-Akkordfolgen, als ein alter Schwarzer in seinem 1960er-Cadillac mit einer abgestoßenen Akustikgitarre neben sich auf dem Sitz an uns vorüberfuhr. Er war so groß, dass seine Arme fast über den Boden schleiften, als er die Tür öffnete und ausstieg. „Das ist der Blues", sagte ich den Jungs von der Band. „Ihr lebt ihn." Aber sie konnten ihn nicht spielen, obwohl sie sich wirklich alle Mühe gaben. Für mich war das eine große Enttäuschung, und ich fühlte mich zu alt, um meine Zeit derart zu verschwenden. Ich fühlte mich immer zu alt, sogar schon mit siebzehn.

Ich war ohne Geld nach Fresno gefahren, weil ich davon ausging, dass bei ersten Konzerten schnell etwas zusammenkommen würde. Aber es gab keine Auftritte, und ich war pleite. Also borgte ich mir zehn Dollar vom Schlagzeuger, um mir was zu essen zu kaufen. Nach ein paar Tagen bekam ich das dauernd aufs Brot geschmiert: „Du schuldest mir zehn Dollar." Dabei gab ich ihnen umsonst Unterricht, aber sie dachten nur ans Geld. Damit ich mir ein bisschen Essensgeld verdienen konnte, pflückte ich in meiner Freizeit Wassermelonen, aber ich bekam nicht genug zusammen, um meine Schulden zu bezahlen. Und so war es mit der Band vorbei, bevor es richtig angefangen hatte. Sie fuhren mich nachhause, aber nur um die besagten zehn Mäuse von meiner Tante Thelma einzufordern, als sie die Tür öffnete. Nichts steht dem Erfolg so sehr im Weg wie Gier, gleich gefolgt von Selbstsucht.

Später konnte ich mich bei Tante Thelma revanchieren, die übrigens der größte Mötley-Crüe-Fan aller Zeiten wurde. Sie sammelte jeden Zeitungsschnipsel, abonnierte sämtliche Metal-Zeitschriften und ging zu jedem Konzert in ihrer Nähe, obwohl sie etwas taub war. Nach dem Tod ihres Mannes verschwand sie jedoch. Als ich sie schließlich aufspürte, lebte sie in einem Haus ohne Heizung, Kanalisation oder Teppich, mit leckendem Dach und abblätternder Farbe. Ich schickte ihr Geld für die Renovierung, und immer, wenn ich sie sah, steckte ich ihr ein paar Hunderter für die Öl- und Wasserrechnung zu. Sie schüttelte dann stets den Kopf darüber, dass überhaupt jemand so viel Geld haben konnte, wie ich ihr gerade gegeben hatte. Genau wie mein Vater erhielt auch sie sich eine gewisse kindliche Unschuld.

Als ich nach der Geschichte in Fresno wieder nachhause kam, wohnte mein Freund Ron im Schuppen hinter dem Haus meiner Eltern. Diese Unterkunft hatte ich mir in der Zwischenzeit sehr nett zurechtgemacht und mit ein paar Schwarzlichtbirnen ausgestattet, die meine roten und grünen Psychedelic-Poster an den Wänden gut zur Geltung brachten. Ich hatte einen Fernseher, den ich herrenlos an einer Straßenecke hatte stehen sehen, und benutzte noch immer die selbst gebastelte Anlage, die ich aus dem Plattenspieler meiner Schwester Sally gefertigt hatte. Ron und ich waren versessen auf Crosstops, kleine Pillen mit einer Kreuzmarkierung, die als Aufputschmittel für Trucker galten und in Hunderterpackungen für einen Zehner in jeder Apotheke zu haben waren. Wenn wir eine Hand voll davon geschluckt hatten, stoppten wir uns meist ein Auto und trampten irgendwohin, bis die Wirkung nachließ und wir im harten Licht der speedlosen Realität überlegen mussten, wie wir aus entlegenen Kaffs wir Whittier wieder nachhause kamen.

Nach Speed entdeckte ich Seconal, ein starkes Schmerzmittel, das ich mit Schlehenlikör runterspülte. Die Dinger schafften mich so, dass mein Arzt mir dringend riet, die Finger davon zu lassen, wenn ich nicht draufgehen wollte. Also hörte ich von einem Tag auf den anderen auf, und das war das Dümmste, was ich hätte machen können: Durch einen derart radikalen Schmerzmittelentzug hätte ich ins Koma fallen können. Wenn man älter wird, macht man sich über den Tod und die eigene Sterblichkeit weitaus mehr Gedanken als im Teenageralter. Aber jetzt, wo das Klonen in greifbare Nähe rückt – ich bin sicher, dass man das insgeheim schon längst an Menschen ausprobiert hat –, wird es ja nicht mehr lange dauern, bis gewisse Auserwählte (sprich: die Reichen) nach Bedarf in Labors wiederauferstehen werden.

Psychedelische Drogen fand ich nie so gut. Einmal, als ich per Anhalter unterwegs war, bot mir jemand einen Meskalintrip an. Die Tablette hatte etwa die Größe eines Hustenbonbons, und ich nahm zunächst nur eine Hälfte; als nichts passierte, schluckte ich auch noch die andere. Und dann traf es mich wie eine Keule. Drei Tage war ich total drauf. Die Leute schrumpften vor meinen Augen, gingen durch Wände oder flogen durch die Luft, und nichts schien mehr Sinn zu machen. Die ganze Zeit über hatte ich nur noch einen Wunsch: Ich wollte wieder runterkommen. Acid probierte ich auch einmal, und da ging es mir genauso.

Inzwischen war mein Lebenswandel so außer Rand und Band geraten, dass meine Familie mir immer öfter böse Blicke zuwarf und ich mich nach einer eigenen Bleibe zu sehnen begann. Geld hatte ich keins, also zog ich mit ein paar Bikern in Orange County zusammen. Prompt lief es da genauso wie zuvor bei den Garcia Brothers. Ich war einfach zu mickrig und unschuldig. Wenn sie Bier verschütteten, wischten sie es mit meinen langen Haaren auf. Sie wollten sich ihre Levi's nicht dreckig machen, hieß es dann. Und ich wollte keinen Streit. Sie waren allesamt schwer bewaffnet, um sich gegen andere Bikerclubs zu verteidigen, die ihre Motorräder klauten, die Fahrgestellnummern rausfeilten und sie entweder behielten oder weiterverkauften.

Heute habe ich genug Erfahrung, um schnell vorauszusehen, wann Ärger in der Luft liegt. Und dann gehe ich in Deckung, weil ich nämlich weiß, was passiert, wenn man in die Schusslinie gerät. Aber damals funktionierte mein Ärgeralarm noch nicht. Und deswegen tauchte ich auch nicht ab, als Mike Collins, einer meiner Freunde, seine Exfreundin zu einer unserer Partys mitbrachte. Sharon war eine hübsche Brünette von nicht mal eins sechzig, mit einem Gesicht wie Ali McGraw und leicht rötlichem Haar.

Wir verabredeten uns gleich am ersten Tag, wobei sie das Ganze wesentlich ernster nahm als ich. Ihre Eltern hatten sich getrennt, als sie noch klein gewesen war, und daher sehnte sie sich schon mit sechzehn nach der Sicherheit, die sie als Kind nie kennen gelernt hatte. Vom ersten Tag an wollte sie heiraten; mir dagegen war klar, dass die Rolle des Ehemanns für mich nicht infrage kam. Ich wollte Gitarrist sein – das war mein großes Ziel. Ich war erst neunzehn und hatte nicht die geringste Absicht, einen Job zu suchen und sesshaft zu werden. Sicher, mit der erfolgreichen Rockkarriere würde es eine Weile dauern, aber diese Zeit wollte ich durchaus investieren. Trotzdem passierte das Unvermeidliche: Eines Tages kam sie von der Arbeit, lächelte mich ein wenig unsicher an und eröffnete mir: „Ich bin schwanger."

„O nein", antwortete ich. „Ich lasse mich nicht einfangen. Du weißt genau, wie meine Pläne aussehen."

Sie wollte das Baby behalten und vermittelte mir einen Job in dem Waschsalon, in dem sie arbeitete. Zu der Zeit spielte ich mit einer Band namens Wahtoshi – was, wie wir dachten, auf Chinesisch „Nummer eins" hieß – bis sechs Uhr morgens in Clubs, dann schlief ich zwei Stunden, ging um acht zum Waschsalon und arbeitete, bis ich wieder auf die Bühne ging. Nur wenige Monate nach der Geburt von Les Paul – klar, wer diesen Namen ausgesucht hatte – war Sharon wieder schwanger. Mein Traum rückte in immer weitere Ferne.

Jetzt steckte ich in genau der Falle, die ich stets hatte vermeiden wollen: eine Frau, zwei Kinder und ein stinknormaler Job in einem grässlichen Waschsalon. Ich war noch nicht bereit, so viel Verantwortung zu tragen, und ich hielt den Druck nicht aus. Immer öfter bekam ich schreckliche Hitzeattacken, bei denen meine Körpertemperatur von einem Augenblick zum nächsten auf Fieberhöhe anstieg und ich mich fühlte, als sei ich geradewegs in die Hölle geraten. Oder ich hatte Blackouts, nach denen mir die Erinnerung an ganze Stunden fehlte: Plötzlich kam ich im Bett oder auf der Bühne oder auf der Straße zu mir und hatte keine Ahnung, wie ich dort hingekommen war. Offenbar durchlief ich eine gewisse Entwicklung: Entweder wurde ich verrückt, oder ich steckte in einer Art geistigem Kokon, der zum Erwachsenwerden dazugehörte.

Ich wusste mir nicht mehr zu helfen. Meine Frau konnte ich jetzt, wo sie wieder schwanger war, nicht verlassen, aber ich wollte mich erst recht nicht von dem Traum, eines Tages ein großer Blues- oder Rockgitarrist zu werden, verabschieden. Also wandte ich mich an den Einzigen, von dem ich mir Hilfe erhoffte: Gott. Ich begann mit ihm zu sprechen, ich bat um Gnade, um Unterstützung und Rat. Auch wenn ich nicht weiß, wie wir auf diese Erde gekommen sind – vielleicht wurden wir von außerirdischen Wissenschaftlern ausgesetzt, vielleicht sind wir ein Experiment, das eine Herrenrasse in dieser Petrischale, die wir als unsere Welt bezeichnen, durchführt –, aber irgendjemand hat die ganze Sache ja offenbar in Schwung gebracht, und damals konnte ich nur glauben, dass Gott dahinter steckte. Denn wenn ich nicht an Gott glauben konnte, konnte ich an gar nichts glauben. Und welchen Sinn hätte mein Leben dann gehabt?

Ausgerechnet in dieser Zeit besuchte mich ein Freund meines Vaters, ein älterer Diakon, der sich einen Bart hatte wachsen lassen, damit er seriöser wirkte, obwohl ihn das nur noch älter erscheinen ließ. Noch schlimmer ist es, wenn sich Glatzköpfe einen Bart stehen lassen, dann sieht es nämlich immer aus, als hätten sie ihre Haare verkehrt rum auf. Er erkannte schnell, dass ich kurz vor einem ernsten Nervenzusammenbruch stand. „Möchten Sie sich taufen lassen?", fragte er, während er sich den grauen Bart strich. Ich nickte und sagte ja, das wolle ich.

Er brachte mich zu seiner Kirche und stellte mich in ein metertief mit Wasser gefülltes Bassin. „Ich taufe dich im Namen des Vaters, des Sohnes und des Heiligen Geistes", deklamierte er, während er mir die Nase zuhielt und mich rückwärts ins Wasser tunkte. „Ich hoffe, das hilft", dachte ich, als ich als Getaufter wieder aufstand.

Heute glaube ich nicht mehr an die christliche Vorstellung von einem Gott, der die Menschen erschaffen hat, um sie richten und bestrafen zu können. Wenn „Du sollst nicht töten" zu den Zehn Geboten gehört, ist Gott dann nicht ein Heuchler, wenn er eine Sintflut über die Welt hereinbrechen lässt oder Sodom und Gomorrha zerstört? Aber damals brauchte ich das Gefühl der Vergebung und die Vorstellung, dass jemand meine Vergangenheit wegwischen und ich von vorn anfangen könnte. Eine Weile klappte das. Ich gründete sogar eine Gospelband. Aber genau wie Seconal brachte mir das nur kurzzeitig Erleichterung. Der Schmerz wurde für gewisse Zeit betäubt, um danach mit größerer Intensität zurückzukehren. Jedes Mal, wenn ich in die Kirche ging, bekam ich das üble Gefühl, dass ich ganz woanders sein sollte, weil mich nämlich das hier noch fester an die Normalität kettete: Jetzt hatte ich eine Frau, zwei Kinder, einen beschissenen Job und musste auch noch jeden Sonn- und Feiertag zur Kirche.

Eines Nachmittags stand ich übermüdet wie immer in der Wäscherei und beförderte eine Dreihundert-Kilo-Wanne mit nasser Wäsche von der Waschmaschine zum Trockner. Die Wanne war an einem Haken befestigt, der wie in einer Fleischfabrik an einer Art Fließband unter der Decke entlanglief. Als ich die Wanne in Richtung Trockner zog, rutschte ich ab; dabei schwang das schwere Ding gegen mich zurück und zerquetschte mir die linke Hand. Mein erster panischer Gedanke war: Was, wenn ich nie wieder würde Gitarre spielen können?

Ich ließ mir meine Hand im Hauptbüro bandagieren, machte für den Tag Schluss – und kehrte nie wieder dorthin zurück. Zu Wahtoshi übrigens auch nicht – meine Hand heilte zwar wieder, aber in der Zwischenzeit hatten die Jungs sich einen anderen Gitarristen gesucht.

Nie wieder wollte ich einen so genannten anständigen Job annehmen. Das sagte ich Sharon, deren Gesicht aus Zorn, Ekel und Abscheu so oft die Farbe wechselte, dass es wie ein Testbild flimmerte. Da hatte sie mir den guten Job in der Wäscherei besorgt, und ich warf ihn einfach so weg. Sie hatte es satt, gleichzeitig die Mutter- und die Vaterrolle zu übernehmen, aber es war klar, dass ich nicht in der Lage war, sie zu unterstützen – ich konnte nicht mal auf mich selbst aufpassen. Und so klemmte sie sich Les Paul und unsere fünf Monate alte Tochter Stormy – die mich dreimal zum Großvater machen sollte, bevor ich vierzig wurde – unter den Arm und verließ mich zu Weihnachten, an diesem Tag, an dem sich so viele der bedeutungsvollen Dinge meines Lebens ereignet hatten.

Jetzt musste ich auch noch zweihundert Dollar Alimente zahlen. Mit meiner Musik verdiente ich keinen Penny. Pleite und verschuldet, sah ich keine andere Möglichkeit mehr, als meine Eltern zu bitten, dass ich wieder bei ihnen einziehen dürfte. Sie waren einverstanden, und so landete ich wieder dort, wo ich einmal angefangen hatte: in dem Schuppen hinter dem Haus. Ich hatte einen langen Weg hinter mir, aber ich war im Kreis gegangen. Schließlich tauchten – genau wie damals in der Highschool – die Bullen auf, und diesmal führten sie mich wirklich ab und steckten mich in den Knast, weil ich die Alimente nicht bezahlte. Zwei Nächte lang wehrte ich mich gegen Typen, die mich entweder in den Arsch ficken oder meine Matratze anzünden wollten. Und dann, als ich dachte, dass es für mich nicht weiter abwärts gehen konnte, erfuhr ich etwas, das mir mein Leben dauerhaft zur Hölle machen sollte.

Abb. 3

Kapitel **2**

M I C K

IN DEM EIN GROSSES GEHEIMNIS GELÜFTET WIRD, DAS DEM
KRITISCHEN LESER EVENTUELL GRÖSSERES VERSTÄNDNIS FÜR EINEN
STILLEN HELDEN VERMITTELT, DER EINEN UNGEWÖHNLICHEN KAMPF
AUSTRAGEN MUSS.

*M*it neunzehn spürte ich es zum ersten Mal. Meine Hüften taten mir so weh, dass ich bei jeder Drehung dachte, jemand würde ein Feuerwerk in meinen Knochen anzünden. Für einen Arztbesuch hatte ich nicht genug Geld, und daher versuchte ich es mit meiner üblichen Methode und ging mit aller Willenskraft dagegen an. Aber es wurde nur schlimmer.

Als wir noch verheiratet waren, schickte Sharon mich schließlich zum Arzt. Der sagte mir, es läge an meiner Lebensweise, und die Probleme würden verschwinden, wenn ich mehr Sport triebe. Dieser Rat kostete mich fünfzig Dollar. Ich wusste, dass dieser Schmerz eine andere Ursache hatte als meine Trägheit. Aber welche, das wusste ich nicht – hatte ich vielleicht beim Gitarrespielen die falsche Körperhaltung? Machten mir die Crosstops und die anderen Pillen langsam die Gelenke kaputt?

Dann, eines Tages, als ich gerade meine Wäsche machte, bekam ich plötzlich Atembeschwerden. Zuerst fühlte es sich an, als ob mir jemand ein Messer in den Rücken stäche. Aber in den folgenden Wochen wanderte der Schmerz über meinen ganzen Rücken. Danach bekam ich brennende Magenschmerzen und begann zu fürchten, dass mein ganzer Körper langsam auseinander fiel. Vielleicht war ein Loch in meinem Magen, aus dem Säure austrat, die meine anderen Organe und meine Knochen zerstörte? Um den Rückenschmerzen zu begegnen, versuchte ich, meine Wirbelsäule zu entlasten, indem ich mich beispielsweise an einem Türgriff festhielt, die Beine in den Boden stemmte und dann mit den Armen zog. Bei Konzerten konnte ich schließlich das Topteil nicht mehr von meinem Verstärker nehmen, weil mein Rücken so weh tat, dass ich die Arme nicht mehr hoch genug heben konnte. Meine Wirbelsäule fühlte sich an wie ein versteinerter Kaktus.

Nach meiner Entlassung aus dem Gefängnis brachte mich Tante Thelma zu einem Spezialisten. Und dort hörte ich zum ersten Mal die Wörter, die mich für den Rest meines Lebens zum Außenseiter machen sollten: Spondylitis ankylosans. Schon der Ausdruck allein machte mir Angst und gab mir das Gefühl, dass ich verloren hatte.

Spondylitis ankylosans ist eine Krankheit, die das Knochengerüst angreift und offenbar erblich ist, obwohl ich nicht wüsste, dass jemand von meinen Verwandten sie je gehabt hätte. Sie befällt normalerweise die Rückenwirbel und die Bänder, die das Rückgrat beweglich machen, und verursacht dort Steifheit und Entzündungen. Man kann es vielleicht so beschreiben: Es ist, als ob heißer, schnell aushärtender Zement im Inneren der Wirbelsäule anwächst, die dadurch über die Jahre so schwer wird, dass sie den Menschen zu Boden zieht. Von mir denken viele, ich ginge so gebückt, weil ich schüchtern bin, aber in Wirklichkeit zwingt mich meine Wirbelsäule langsam zu Boden.

Der Arzt diagnostizierte eine besonders seltene Form dieser Krankheit, die im Teenageralter beginnt, aber mit Mitte dreißig meist zurückgeht. Allerdings ist es bis heute noch nicht besser geworden, und über Mitte dreißig bin ich längst hinaus. Es heißt ja, dass die Zeit alle Wunden heilt, aber in meinem Fall ist wohl die Zeit die Wunde.

Bevor mir die Ärzte bestimmte Schmerzmittel verschrieben, schluckte ich fünfzehn Advil-Pillen auf einmal, und das reichte noch immer nicht aus. Zum Gitarrespielen musste ich einen klaren Kopf behalten, also konnte ich mich nicht so zudröhnen, wie ich es gern getan hätte. Es wurde für mich immer wichtiger, dass ich eine Karriere startete, bevor die Krankheit meine Handgelenke befiel und mir das Einzige nahm, was mir überhaupt Spaß machte: Gitarrespielen.

Ich war wieder oft per Anhalter unterwegs. Mein Freund Ron hatte geheiratet und lebte genau das Leben, das ich zu vermeiden suchte, und ich ging daher mit Mike Collins auf die Walz. An den Wochenenden zogen wir durch die Nightclubs von Orange County und suchten nach guten Bands, mit denen man jammen konnte. Im *Pier 11* entdeckte ich White Horse. Die Band spielte zwar nur Coversongs wie „Free Ride" und „Rock And Roll, Hoochie Koo", aber wesentlich besser als jede andere Band, in der ich bisher gewesen war.

Als ich mitbekam, dass sie ihren Gitarristen offenbar loswerden wollten, ließ ich mich bei jedem ihrer Auftritte blicken, kam schon eine halbe Stunde früher und blieb auch danach noch ein wenig, selbst wenn mein Rücken so schmerzte, dass ich ihnen nicht beim Abbau der Anlage helfen konnte. Das ging ein halbes Jahr so, und danach hatte ich sie überzeugt, dass ich es ernst meinte; sie gaben mir schließlich den Job.

Daraufhin zog ich aus dem Schuppen bei meinen Eltern aus und teilte mir mit dem Drummer und dem Keyboarder von White Horse eine kakerlakenverseuchte Wohnung in Hollywood. Nachts schlief ich im Schlafsack auf dem Boden, was meinem Rücken überhaupt nicht gut tat, und verschanzte mich hinter einer Mauer aus Instrumenten und Verstärkern, damit ich Ruhe vor den Kakerlaken und Ratten hatte, die mir sonst übers Gesicht gelaufen wären. Sieben Jahre lang spielte ich immer wieder mit White Horse, und in dieser Zeit nahmen die Schmerzen stetig zu: Erst breiteten sie sich in meinen Knien, Knöcheln und Handgelenken aus. Dann krochen sie in meine Schultern und zwischen die Schulterblätter, bis mir jedes Gelenk so wehtat, dass ich nicht mehr ausgestreckt auf dem Rücken oder auf dem Bauch liegen konnte. Schlaf fand ich nur noch, wenn ich eine halb sitzende Position einnahm.

Nach und nach versuchte ich White Horse dazu zu bringen, eigene Songs zu spielen, aber die Jungs waren auf das schnelle Geld aus. Schließlich nahm der Sänger mich beiseite und meinte, ich solle besser aussteigen, da die anderen mich ohnehin demnächst feuern würden. Ich beschloss, das auszusitzen, und zwei Tage später machte der Keyboarder reinen Tisch. Er warf den Sänger, den Bassisten und mich raus und funktionierte White Horse zur Discoband um. Weil ich mir die Miete nicht leisten konnte, musste ich auch die Wohnung aufgeben; nun pennte ich wieder in besetzten Häusern in Nord-Hollywood oder auf Parkbänken und kroch sogar bei meiner ehemaligen Schwägerin unter. Dann fand ich einen Job in einer Motorradfabrik, obwohl ich oft so große Schmerzen hatte, dass ich kaum arbeiten konnte.

Wenig später kam meine neue Freundin Marcia – die ich nach einem White-Horse-Konzert im *Pier 11* kennen gelernt hatte – mit diesem ungewissen Lächeln, das ich schon mal bei einer Frau gesehen hatte, auf mich zu und hatte mir etwas zu sagen, was mir ebenfalls bekannt vorkam: „Ich bin schwanger." Natürlich wollte sie das Kind behalten. Wieder schloss sich der Kreis, und wieder steckte ich tief im Dreck. Wieder schien es, als ob mir mein Traum aus den Händen glitt, obwohl er sich schneller erfüllen sollte, als ich damals ahnte.

Den ersten Schritt in die richtige Richtung machte ich bereits, indem ich mich entschloss, nicht zu heiraten. Ich arbeitete in einer Reihe von Bands, wobei ich bei Vendetta mit zwei ehemaligen White-Horse-Mitgliedern zusammentraf, und ging schließlich nach Alaska, um mit dem Spielen aktueller Hits ein wenig Geld zu verdienen. Als ich schließlich die Anzeige im *Recycler* aufgab, auf die Tommy und Nikki sich meldeten, ging ich davon aus, dass ich wieder in einer Coverband landen und mich mit den üblichen Ego- und Geldproblemen herumschlagen würde. Aber sobald Vince an Bord war, wusste ich, dass ich das Ziel erreicht hatte, das ich fast dreißig Jahre lang – seit dem Konzert von Skeeter Bond – in einer Odyssee der verschiedenen Bands, Drogen, Sofas und Beziehungen verfolgt hatte. Ich hatte meinen Platz gefunden.

Aber je mehr Erfolge sich einstellten, desto weniger konnte ich sie genießen. Immer neue Symptome der Spondylitis ankylosans machten sich bemerkbar, beispielsweise die so genannte Iritis, die dazu führte, dass ein stechender Schmerz durch meine Augen fuhr, wenn ich in helles Licht blickte, und das tat ich auf der Bühne jeden Abend. Der untere Teil meiner Wirbelsäule wurde völlig unbeweglich, und das führte zu einer Verkrümmung, die mich so weit beugte, dass ich sieben Zentimeter kleiner war als zu meiner Highschoolzeit. Deswegen bin ich nie ohne Plateauschuhe unterwegs. Ich will nicht wie ein Pygmäe wirken.

Die Krankheit sucht sich Spalten oder Hohlräume zwischen oder in den Knochen – Rippen, Gelenke, Bänder – und beginnt dort zu wachsen. Eine operative Entfernung macht keinen Sinn, weil sie so schnell nachwächst wie ein abgebrochener Fingernagel. Wenn ich sterbe, wird mein Skelett vermutlich völlig starr sein, und wenn man es in einem Hörsaal aufstellen wollte, bräuchte man es nicht einmal mit Drähten zusammenhalten.

Das Schlimmste an der Krankheit sind jedoch nicht die Schmerzen oder die krumme Haltung. Am schlimmsten ist es, auf die Bühne zu gehen und die ganzen begeisterten Menschen zu sehen, ohne darauf reagieren zu können. So oft schon wollte ich in den Graben vor der Bühne, aber ich könnte nicht wieder zurückklettern; Vince oder Nikki müssten mich hochheben. Und wenn mich ein Fan – was Gott verhüten möge – ins Publikum zöge, wäre ich danach wahrscheinlich ein Pflegefall. Mich macht es fertig, wenn ich allabendlich sehe, wie Nikki und Vince über die Bühne wirbeln. Ich kann nur ein wenig hin und her tappen oder, wenn jemand in der ersten Reihe vor Begeisterung ausflippt, mal lächeln, hey sagen und vielleicht ein Plektrum rüberwerfen.

Vor kurzem habe ich mich in einer Filmaufnahme gesehen: Ich sah aus wie eine Statue, deren Hände durch irgendeinen Zauber zum Leben erwacht sind. Wenn ich mich zu bewegen versuche, sieht das unglaublich blöd aus. Wenn ich still stehen bleibe, ist es besser. Manchmal, wenn der Gitarrengurt beim Spielen nicht richtig an meinem Hals liegt, fühlt es sich nach einer Weile an, als bekäme ich Muskelkater, und schließlich verkrampft sich mein gesamter Rücken. Wenn das passiert, kann ich bis zum Ende der Show nicht mal mehr den Kopf bewegen, um Fans zuzunicken. Es ist so total beschissen. Man hält mich für schüchtern oder komisch oder fies, weil ich mich auf der Bühne eben auf diese Weise gebärde, und die Leute meinen wohl, ich hätte mir dieses Verhalten ausgedacht, um distanziert oder überheblich zu erscheinen. Aber in Wahrheit bin ich in meinem eigenen Körper gefangen.

Während der *Girls, Girls, Girls*-Tour machten mich die Schmerzen schließlich so fertig, dass ich chronische Depressionen bekam. Von Psychologen bekam ich Antidepressiva, und Schmerztherapeuten versuchten es mit Betäubungsmitteln, aber nichts davon wirkte. Daraufhin probierte ich meine eigene Medizin: Alkohol. Nikki war wieder voll auf Heroin, Tommy war so drauf, dass er höchstens die Hälfte der Tour mitbekam, Vince trainierte jeden Abend Komasaufen, und das wusste jeder. Ich wollte meine Sorgen lieber für mich behalten. Aber mit Geheimnissen ist es leider immer so: Es kann einem niemand helfen, wenn niemand weiß, was für ein Problem es gibt. Und auf dieser Tour gab es jede Menge.

DAS DEN KOMPLETTEN ABLAUF DER ALLTÄGLICHEN GESCHÄFTE
UNSERER HELDEN IM WEITEREN VERLAUF IHRER REISE MIT
PEINLICHER GENAUIGKEIT BESCHREIBT.

*W*ir hatten einen riesigen Privatjet, Geld ohne Ende und konnten machen, was uns in unsere blöden Köpfe kam. Die Tour zu *Girls, Girls, Girls* war die verrückteste Zeit meines Lebens, oder jedenfalls vermute ich das, denn ich kann mich an nur wenige Einzelheiten erinnern, sondern nur an eine verschwommene Kette völlig irrer Ereignisse. Nach unserem Partyverhalten konnte man die Uhr stellen. Wenn man wissen wollte, was für Scheiße bei uns lief, musste man sich nur die aktuelle Uhrzeit in unserer jeweiligen Zeitzone ausrechnen, und dann war das klar.

Eine Zeit lang folgte ein Drogengroßhändler in einem ausgefallenen Excalibür-Modell, dessen Nummernschild die Buchstaben DEALER trug, dem Tourbus. Wo auch immer wir anhielten, dauerte es nicht lange, und dieser Typ mit seiner diamantenverzierten Rolex, Goldkettchen und ein paar Vorzeigemädels an jedem Arm tauchte auf und verteilte Kokspäckchen an Band und Crew. Nebenbei war er mehr als nur ein halber Zuhälter, und wo er war, da war die Party nicht weit. Leider rastete die Plattenfirma wegen ihm ziemlich aus und teilte uns mit, dass wir uns von ihm fern halten sollten, weil er die Bullen – und Ärger jeder Art – durch seine auffällige Erscheinung anzog wie Scheiße die Fliegen. Wir fanden das ziemlich schade, aber andererseits waren Zuhälter, Dealer und Partyfreaks auf dieser Tour ohnehin keine Mangelware.

Jeder Tag war geprägt vom ständig neuen Kampf zwischen einer Band auf Zerstörungskurs und einer Plattenfirma, die verzweifelt versuchte, ihre Musiker unter

Kontrolle zu halten. Und auch wenn wir einige dieser Schlachten gewannen – den Krieg verloren wir. Es war die letzte Tour dieser Art für uns. Die letzte Tour, auf der die Tage nach folgendem Muster abliefen:

17 bis 18.30 Uhr: Das Telefon klingelt. Man wacht auf. Keine Erinnerung an gar nichts. Am Apparat ist ein Radiomoderator oder ein Zeitungsjournalist, und man kämpft sich müde durch ein Interview. Wenn man allein im Bett liegt, gut. Wenn nicht, auch gut. Falls man während des Interviews kotzen muss: kurz die Hand auf den Hörer legen und auf den Boden spucken. Falls da noch irgendwelche bewusstlosen Gestalten rumliegen, versucht man am besten, die nicht zu treffen.

Wenn das Interview länger als eine Viertelstunde dauert, dreht man sich an den Bettrand, der der Wand am nächsten ist, und fängt an zu pissen. So kann das Interview wenigstens ebenfalls weiterlaufen.

Während des zweiten Interviews kommt der Zimmerservice, den der Roadmanager bestellt hat. Wenn einem nicht zu schlecht ist, isst man was, um dann noch mal zu kotzen. Dann ist wahrscheinlich auch das Interview vorbei.

18.30 bis 18.45 Uhr: Das Gepäck wird abgeholt. Es klopft an der Tür. Der Page holt die Koffer ab, die noch genauso dastehen, wie er sie am Abend zuvor abgestellt hat. Rein in dieselben Sachen wie am Vortag. Es dauert zehn Minuten, die Scheißsonnenbrille zu finden.

18.45 bis 19 Uhr: Raus aus dem Zimmer. Nach einer gewissen Zeit findet man auch den Weg in die Lobby. Da ist schon der Rest der Band. Kurzes Gespräch: „Ey, Leute, war ein super Abend gestern, was?" – „Geile Party, Mann." – „Yeah." Dann geht's im Kleinbus oder mit der Limo zur Halle.

19 bis 20 Uhr: Ankunft an der Halle. Soundcheck. Backstage muss erst mal der Kater vom Vortag behandelt werden, dann bestellt man was zu essen. Kurze Massage, um ein bisschen was von den ganzen Giften aus dem Körper zu bekommen. Die Zeit geht rum mit saufen, Musik hören, labern. So langsam fühlt man sich wie ein Mensch. Irgendwelche Penner von der Plattenfirma oder von Radiosendern sind auch da. Einer fragt: „Hey, weißt du gar nicht mehr, dass du gestern gegen diesen Streifenwagen gepisst hast?" Die ehrliche Antwort: „Äh, nee."

20 bis 21 Uhr: Die Supportband spielt ihren Set. Also ran an den Bühnenkoffer. Runter mit den Straßenklamotten (schwarze Lederhose und schwarzes T-Shirt) und rein in die Bühnenklamotten (schwarze Lederhose und schwarzes T-Shirt). Eine Runde Vince-Verarschen, weil der als Einziger der Band duscht. Dann setzt man sich auf den Schlagzeughocker und macht die Schminkbox auf. Rasieren wäre vielleicht auch mal wieder was.

21 bis 21.15 Uhr: eine Runde saufen oder Koks schnupfen mit der Supportband, die gerade von der Bühne kommt.

21.15 bis 21.20 Uhr: Der Production-Manager gibt das Zeichen: noch fünf Minuten bis zur Show. Man stemmt schnell noch mal ein paar Gewichte, um sich aufzuwärmen und noch ein paar Giftstoffe auszuschwitzen. Der Production-Manager brüllt: „Showtime!"

Tommy: *Dieses Foto entstand backstage nach der ersten Show als Vorgruppe für Ozzy Osbourne 1984. Bei dieser Tour hatte ich den ersten Vorgeschmack auf den großen Erfolg und erlebte, wie es ist, wenn man jeden Abend vor zwanzigtausend Menschen spielt. Das war vor allem angesichts unserer Herkunft ein richtig großes Ding.*

Mick: *Dieses Foto stammt genau wie das darunter aus den so genannten „Blut"-Sessions mit dem Fotografen Neil Zlozower. Es erinnert mich an den ersten Gig in Edmonton, als wir vor hundert Leuten in der Disco Scandals auftraten. Nikki hatte sich an einer Bierflasche die Hand verletzt, während er spielte, und er begann, das Publikum mit Blut zu bespritzen. Irgendein Zuschauer versuchte, Tommy anzugreifen, aber unser betrunkener Manager schnappte sich den Kerl, hielt seinen Kopf mit beiden Händen fest und knallte ihm auf sein Knie, wobei er dem Typen die Vorderzähne ausschlug.*

Mick: Das sind Nikki und ich im Whisky A Go-Go 1981. Das Banner im Hintergrund war das ungewaschene Bettlaken von Nikki oder Tommy, auf dem sogar noch die Blutflecken der Mädchen, mit denen sie geschlafen hatten, zu sehen waren.

Das obere Foto stammt aus der Zeit von Girls, Girls, Girls, und das untere ist eine typische Liveaufnahme von der Shout At The Devil-Tour. Nachdem alle möglichen anderen Bands versuchten, unseren Look zu kopieren, orientierten wir uns optisch immer mehr an Mad Max 2 und Die Klapperschlange. Der ganze Bühnenaufbau während dieser Tour war von den beiden Filmen inspiriert, von den nietenbeschlagenen Schulterstücken, der Kriegsbemalung unter den Augen, den zackenförmig aufgestellten Verstärkern, dem aus Schuttblöcken gestalteten Schlagzeugpodest bis zum Bühnenbild, das eine verfallene Großstadt-Skyline zeigte.

Nikki: *Wir wollten unbedingt eine Fotosession mit Mick Rock machen, weil er unsere ganzen Idole abgelichtet hatte. Kurz bevor dieses Foto hier entstand, hatten Tommy und ich uns jeweils zehn Kubikzentimeter Heroin injiziert. Vince war völlig zugekokst, und Mick war so besoffen, dass wir aufpassen mussten, dass er uns in der Wanne nicht ertrank.*

Tommy: Das sind die supersauberen Mötley Crüe während der Japankonzerte auf der Dr. Feelgood-Tour, die sich so verdammt in die Länge zog, dass wir am Schluss kurz davor standen, uns gegenseitig umzubringen. Beim letzten Gig warfen wir etwa acht Songs aus dem Programm und saßen schon im Flugzeug nach L. A., bevor der Nachhall der Becken verklungen war.

In Stockholm auf der Monsters Of Rock-Tour 1984 waren wir alle total drauf, und aus irgendeinem Grund hatten wir zu der Zeit die Angewohnheit, uns gegenseitig zu beißen. Nikki und ich bissen Eddie Van Halen in die Hand. Er konnte danach zwar noch spielen, aber er war total sauer. Später an dem Abend zog Nikki, der mit seinen Plateauschuhen mindestens eins neunzig maß, Malcolm Young von AC/DC am Hals an der Wand unserer Garderobe hoch.

Vince: Das Foto könnte für jeden beliebigen Tag in der Karriere von Mötley Crüe stehen. Wir besaßen Flugzeuge, Hubschrauber, Trucks, Busse und eine riesige Crew. Es war reinster Rock'n'Roll-Zirkus vor einem völlig verrückten Publikum. Bei einem Gig in Connecticut beugte ich mich einmal zu weit zu den Zuschauern hinunter, und sofort packten die Mädchen in den vorderen Reihen die Tücher und Schals um meinen Hals und zogen mich halb erstickt von der Bühne. Als die Security mich endlich zu fassen bekam, war ich abgesehen von meinen Stiefeln splitternackt. Ich hielt mir die Hand vor meinen Schwanz und rannte in die Garderobe.

Nikki: *Für das 1994 veröffentlichte Album Mötley Crüe hatte ich einen Song darüber geschrieben, dass man Menschen nicht aufgrund eines ersten Eindrucks beurteilen soll. Daher brachten wir auf den Bühnenseiten große drehbare Hakenkreuze an, die in früheren Kulturen als Friedenszeichen verwendet worden waren, und ich erklärte ständig, dass man keine vorschnellen Urteile fällen sollte. Gleichzeitig wollte ich auch die Medien verarschen. Aber sie urteilten natürlich auch sofort aufgrund des ersten Eindrucks. Unsere Plattenfirma ließ fünfhunderttausend CD-Booklets wieder einstampfen, als sie dieses Foto darin entdeckte. Anschließend wurde das Artwork so retuschiert, dass man die SS-Abzeichen nicht sah.*

Nikki: *Ich glaube, dass diese Band gerade davon lebt, dass sie eben nicht perfekt funktioniert. Uns macht es stark, dass wir stets am Rand des Zusammenbruchs stehen, dass es oft harte körperliche Auseinandersetzungen gibt. Die Drogen und die Überdosen treiben uns an. Wir ziehen Energie daraus, dass einer von uns ein Problem hat und daher als Sündenbock abgestempelt werden kann. Ich weiß nicht, ob andere Bands auch so sind.*

Vince: *Wir richteten eine Schaufensterpuppe so her, dass sie wie Wendy O'Williams von den Plasmatics aussah, und ich sägte ihr bei einem Konzert mit einer Kettensäge den Kopf ab. Das war im Pasadena Civic Center, noch bevor wir einen Plattenvertrag hatten, und das Equipment, die pyrotechnischen Effekte, die verdammten Nonnen auf dem Schlagzeugpodest und der ganze Kram kosteten unseren ersten Manager ungefähr zwei Riesen. Wegen der Zahlungen für unsere Shows, unsere Wohnung und die Autos, die wir demolierten, ging er schließlich bankrott und wurde fast verrückt.*

Mick: Ich werde mich immer älter fühlen als die anderen in der Band. Als sie auf der Feelgood-Tour meinten: „Mann, bin ich kaputt", konnte ich nur sagen: „Da seht ihr mal, wie ich mich auf der ersten Tour gefühlt habe." Aber trotzdem, ich könnte mir nichts Besseres vorstellen, als Musik zu machen – außer vielleicht zur Tankstelle zu fahren und Zigaretten zu kaufen.

Tommy: Ich hatte für mein Schlagzeug schon immer echte Monster-Konstruktionen entwickeln lassen. Dauernd wurde ich gefragt: „Du hast dich gedreht, du hast schon über Kopf gespielt – was kommt als Nächstes?" Und ich hatte zuerst wirklich keine Ahnung! Dann kam mir die Idee, für die Feelgood-Tour das Schlagzeug über die Köpfe des Publikums fliegen zu lassen. Tja, aber wie kann man das nun noch übertreffen? Indem ich mich selbst in die Luft sprenge? Ich weiß es nicht.

Tommy: Wenn ich jetzt wieder eine Frau treffe, dann werde ich gleich zu Anfang versuchen, ihre Mutter kennen zu lernen. Denn ob Heather Locklear (oben im Bild) oder Pamela Anderson (unten im Bild) oder jedes andere Mädchen, mit dem ich je zusammen war – sie sind alle genau wie ihre Mütter. Das wollte ich erst gar nicht glauben, aber es hat sich jedes Mal wieder bestätigt.

Vince: *Heidi ist die einzige Frau, mit der ich je zusammen war, die sich in der Gesellschaft meiner Freunde wohl fühlt und kein Problem damit hat, Stripperinnen Geldscheine unter die Stringtangas zu schieben oder mit Mel Gibson an unserem letzten gemeinsamen Abend vor der Hochzeit Zigarren zu rauchen. Nikki Sixx wurde mein Trauzeuge bei unserer Hochzeit. Nach der Zeremonie fuhren Heidi und ich zu unserem Haus in Beverly Hills und nahmen zwei Schäferhunde auf, die liebend gern Jagd auf Nikki machten.*

Nikki: *Ich ließ meine Frau Donna D'Errico zu einem Konzert in Austin, Texas, einfliegen, und sie trug dieses fantastische durchsichtige Oberteil. Die Männer hatten Angst, sich mit ihr zu unterhalten, weil sie der Anblick so nervös machte. Ich bat Donna immer wieder, zu meinen Bandkollegen zu gehen und sie etwas zu fragen, weil die dabei richtige Qualen litten.*

21.20 bis 22 Uhr: Nicht so einfach, auf der Bühne in Schwung zu kommen. Die ersten Songs sind „All In The Name Of", „Live Wire" und „Dancing On Glass".

22 bis 23 Uhr: Langsam springt der Funke über, und das Adrenalin strömt durch den Körper. Jetzt kommen Songs wie „Looks That Kill", „Ten Seconds To Love", „Red Hot", „Home Sweet Home" und „Wild Side", und die kommen richtig gut. Beim Bass- und Schlagzeugsolo teilt man sich die Whiskypulle mit Nikki. Backstage spült Vince ein paar Schlaftabletten mit Bier runter, und Mick kippt ein Wasserglas voll reinen Wodkas und grinst, weil er denkt, die Band würde tatsächlich glauben, das sei Wasser.

23 bis 23.15 Uhr: Das Konzert geht mit „Helter Skelter" und „Girls, Girls, Girls" zu Ende. Völlig betäubt und hyperventilierend kommt man von der Bühne. Der erste Griff: die Sauerstoffmaske. Dann starrt man auf das inzwischen gelieferte Essen, rührt aber nichts davon an.

23.15 bis 23.45 Uhr: Endlich fragt jemand: „Hat einer von euch 'ne Linie?" Die Drogen werden vorbereitet und dann geschnupft. Die verschwitzte Bühnenleder-hose wandert wieder in den Koffer, die verschwitzte Alltagslederhose wieder an die Beine. Dann geht's in den Hospitality Room, wo die Fans schon warten. Der Rest der Band geht auf die Jagd nach menschlichem Entertainment. Wäre vielleicht eine Idee. Aber erst mal rein ins Produktionsbüro, Heather anrufen.

23.45 bis 24 Uhr: Eine Tour durch die Stadt wäre jetzt geil, aber die Manager haben schon die Weiterreise ins nächste Kaff geplant. Man verlegt sich aufs Betteln. Sie bleiben hart. Schließlich wird der Vorwurf laut, der Reiseablauf sei mit Absicht so arrangiert, dass die Band just immer dann auf dem Weg zur nächsten Stadt ist, wenn die Striplokale und Bars geöffnet haben. Was die Manager gern bestätigen, um sich daraufhin fast ein paar Schläge einzufangen. Rein in den Kleinbus oder die Limo und ab zum Flughafen.

0 bis 3 Uhr: Ankunft am Flughafen. Alle warten, bis Vince auf dem Klo mit dem Mädchen fertig ist. Auf dem Rollfeld Treffen mit Dealern. Dann rein in die Gulfstream One, eine Maschine mit schwarzer Lederausstattung. Rauf auf den gewohnten Platz, wo die Stewardess hoffentlich die richtigen Drinks und die richtigen Drogen auf dem Tablett bereitgestellt hat. Mick kriegt Wodka, ich einen Cock-tail und Zombie Dust (eine Mischung aus Halcion, einem Beruhigungsmittel, das aufs zentrale Nervensystem einwirkt, und Kokain, das wiederum aufputschend wirkt; beide Stoffe werden zerstoßen und gemischt, um beim Konsum den Körper zu aktivieren und das Gehirn gleichzeitig auszuschalten).

3 bis 4 Uhr: Ankunft in der nächsten Stadt. Wenn die örtlichen Gesetze Alko-holausschank bis vier Uhr erlauben, kann man den vor Ort verantwortlichen Plat-tenfirmenmenschen fragen, wie weit es bis zum nächsten Stripladen ist. Meist sagt der dann so was wie „eine Dreiviertelstunde", was die Plattenfirma garantiert absichtlich so dämlich geplant hat. Wenn der Typ das bestätigt, kann er gleich auch noch was auf die Fresse kriegen. Trotz der blöden Lage wird der Chauffeur bestürmt, die Band zu diesem Bums hinzufahren, egal, wie lange das dauert.

4 bis 9 Uhr: Ankunft im Hotel. Treffen in der Lobby, um die Alkohol- und Dro-genversorgung abzuchecken. Wenn es da nichts gibt, muss der Roadmanager eine

Portion aufs Zimmer bringen. Dort wird die dann konsumiert. Anschließend gemeinsames Ausrasten im Zimmer, auf dem Dach oder auf dem Parkplatz, bis man erwischt, ins Zimmer eingeschlossen oder vom Roadmanager mit Handschellen ans Bett gefesselt wird. Dann eine Runde brüllen und schreien und den Arschlöchern drohen, ihnen zu kündigen. Schließlich setzt man sich allein noch einen Schuss. (Wenn Heather zu uns stieß, was bei ihrem vollen Terminkalender ziemlich selten vorkam, sah der Ablauf nach der Ankunft im Hotel anders aus. Dann war das Muster wie folgt: Treffen mit Heather in der Lobby. Ficken. Schmusen. Das dauernde Klopfen an der Tür muss man dabei ignorieren, genau wie Nikki, der draußen brüllt: „Ey, Tommy, ich hab einen Eightball!" Wenn dann nichts passiert, ruft er nach einer Pause: „Bloß weil die da ist, heißt das doch nicht, dass wir nicht feiern können." Am besten ignoriert man ihn weiter. Meist ist man aber irgendwann mürbe, wenn er zehn Minuten lang vor der Tür herumrandaliert, und macht auf. Heather ist dann genervt und mault: „Ich bin doch bloß für einen Tag hier. Muss er dann unbedingt dabei sein?" Ruck, zuck gibt's Streit, und man ist sauer auf Heather, sauer auf Nikki und sauer auf sich selbst.)

9 bis 17 Uhr: Koma.

17 bis 18 Uhr: Das Telefon klingelt. Man wacht auf. Keine Erinnerung an gar nichts. Und weiter geht's im gleichen Rhythmus.

Abb. 4

Kapitel **4**

M I C K

IN DEM MICKS MUSIKALISCHE WEGGEFÄHRTEN VON DER AUSSCHWEIFUNG
IN DIE ABHÄNGIGKEIT RUTSCHEN UND MICK DER VERSUCHUNG NICHT
WIDERSTEHEN KANN, ES IHNEN GLEICHZUTUN.

Crossroads, die Legende von Robert Johnson, ist einer meiner Lieblingsfilme. Er erzählt, wie Johnson eines Nachts an einer Wegkreuzung am Mississippi den Teufel trifft und ihm seine Seele verkauft, um so Gitarre spielen zu können wie kein anderer. Der Schluss zeigt, wie der Teufel zu Johnson zurückkehrt, der auf dem Tiefpunkt seines unglücklichen Lebens angekommen ist, und triumphierend sagt: „Du hast bekommen, was du wolltest. Du wolltest ein Bluesman sein."

Das sage ich mir selbst auch immer: „Du hast bekommen, was du wolltest. Du wolltest ein Rockstar sein. Jetzt sieh zu, wie du damit klarkommst." Meine Träume waren wahr geworden, aber sie waren nicht, was ich mir von ihnen erhofft hatte.

Bei den Aufnahmen zu *Girls, Girls, Girls* tauchte Tom Zutaut gelegentlich im Studio auf und bekam mit, wie ich betrunken und durch die Schmerzmittel völlig weggetreten vornübergebeugt dastand und spielte. Als er uns unter Vertrag genommen hatte, nannte er mich den „lila Menschenfresser", weil ich angeblich eine lila Aura hatte. Aber jetzt sagte er erschüttert zu mir: „Der lila Menschenfresser in dir wird immer blasser. Er verwandelt sich in dieses verrückte alkoholkranke Ding."

„Stimmt doch gar nicht", nuschelte ich. Aber er hatte Recht. Während ich die Stakkatogitarre am Schluss des Titelsongs aufnahm, fiel ich von meinem Stuhl, weil ich so besoffen war. Wir nahmen den Take trotzdem, weil uns zum einen der Sound gefiel und ich zum anderen auch vor Schmerzen nicht in der Lage war, einen zweiten einzuspielen.

Inzwischen hatten wir Millionen von Platten verkauft, und ich war trotzdem noch pleite. Die anderen Jungs amüsierten sich bei ihren Partys und warfen ihr ganzes Geld für Drogen raus; ich schlug mich stattdessen mit Anwälten, Steuerberatern und meinen gierigen Exfreundinnen herum, die wegen der Alimente hinter mir her waren. Als ich auf Tour ging, stellte ich mein Auto bei einem Freund ab, und der zerbeulte mir nicht nur die ganze rechte Seite, sondern hatte auch noch die Stirn, fünfhundert Dollar Parkplatzmiete zu verlangen. Wenn du Erfolg hast, denkt jeder gleich, du hättest Geld wie Heu. Ich besaß nicht mal genug Kohle, um mir ein neues Auto zu kaufen. Außerdem kostete mich die Geschichte den letzten Freund, den ich zu haben geglaubt hatte. Seitdem gibt es für mich keine Freundschaften mehr.

Bevor ich auf die Bühne ging, schüttete ich sechs Schnapsgläser Wodka in eine offene Coladose und kippte diese Mischung auf Ex. Während des Konzerts genehmigte ich mir dann ein großes Glas Wodka, das die Jungs für Wasser hielten. Und danach mixte ich mir einen Krug Mars Spezial mit Tequila, Orangensaft und Grenadine.

Alkohol brachte Charaktereigenschaften in mir zum Vorschein, von denen ich nicht mal wusste, dass ich sie hatte. Ich war beispielsweise ziemlich besoffen, als wir im *Lexington Queen* in Japan waren. Der Besitzer hatte zufällig eine Godzilla-Maske, und die zog ich mir über den Kopf, sprang auf die Tanzfläche und verfiel in eine Mötley-Crüe-Spezialität, den so genannten Ritzentanz, bei dem man sich die Hose so weit runterzieht, dass die Arschritze gut zu sehen ist (Ritzen-Bowling war eine ebenfalls beliebte Variante). Dann bekam ich es plötzlich in den Kopf, mit der Godzilla-Maske nach draußen zu gehen, um ahnungslose japanische Zivilisten zu erschrecken und ein paar Bürogebäude zu zertrampeln. Mit der Hose um die Knöchel und der Maske über dem Kopf rannte ich über die Straße, brüllte schauerlich und schnappte nach den Leuten, die mir über den Weg liefen. Die anderen liefen lachend hinter mir her; so hatten sie mich noch nie erlebt. Außerdem hatte mir irgendjemand erzählt, dass es in Japan erlaubt ist, dass Männer an den Straßenrand pinkeln, und das musste ich natürlich ausprobieren.

Ich hielt mich für unglaublich lustig. Aber als ich in mein Hotelzimmer kam und mich im Spiegel sah, erschrak ich – vor mir stand ein hässlicher, dreckiger Typ mit einem dicken, riesigen Bauch. Seit Vinces Unfall trank ich heftig, und dadurch war ich langsam aufgedunsen wie ein Ballon. Eigentlich hätte man mich aufspießen, grillen und mir einen Apfel in den Mund schieben müssen, in so ein Schwein hatte ich mich verwandelt.

Deswegen hätte ich eigentlich misstrauisch werden müssen, als Emi Canyon plötzlich anfing, nett zu mir zu sein. Sie war eine unserer neuen Backgroundsängerinnen, die wir engagiert hatten, weil die Rolling Stones mit Merry Clayton und Humble Pie mit Madeline Bell und Doris Troy uns das so vorgemacht hatten. Sie war dünn, durchtrainiert und schön, ich dagegen alt, hässlich und kränklich. Keine Frau, die halbwegs beisammen war, hätte etwas mit mir anfangen wollen.

Die Jungs hatten außerdem die Regel: „Man scheißt nicht in den eigenen Garten" – um Nikkis Worte zu benutzen – „und man schläft nicht mit jemandem, mit dem man arbeitet."

Als die anderen schließlich zu jeder Tages- und Nachtzeit Emis Stimme aus meinem Zimmer hörten, rasteten sie aus. Angefacht durch Jack Daniels und Halcion, wurde ihre Wut so groß, dass sie uns wesentlich härter bestraften, als wir es verdienten. Sie redeten nicht mehr mit uns, warfen uns hässliche Blicke von der Seite zu, schütteten Drinks über uns aus und schmierten Essen über unser Gepäck. Emi war sehr religiös, und gerade das machten sie zum Ziel ihrer Gemeinheiten. Wenn wir mit unserem Flugzeug in Turbulenzen gerieten, standen sie auf, zogen sich die Hosen runter und fingen an, „Scheiß auf Gott! Lieber abstürzen!" zu singen, nur um sie so fertig zu machen, bis sie nach ihrem Halskettchen mit dem Kreuz griff, sich bekreuzigte und zu beten begann. Wenn ich die Jungs davon abzuhalten versuchte, schlugen sie mit Whiskyflaschen nach mir.

Das ärgerte mich vor allem wegen der Verlogenheit, die dahinter steckte. Bevor Emi mit Donna McDaniel, der anderen Hälfte der Nasty Habits, zu uns gestoßen war, hatte uns die Sängerin Brie Howard begleitet. Sie besaß eine dreckige Bluesröhre wie Tina Turner und hatte zuvor mit Robbie Nevil und Jimmy Buffett gearbeitet. Und sie war kaum ein paar Tage bei uns, als Nikki sie eroberte.

Daher war ich ziemlich enttäuscht und genervt, als Nikki und die anderen mich wegen meiner Affäre so unter Druck setzten. Wahrscheinlich hatten sie das Vertrauen zu mir verloren, aber das ging mir genauso – als Freunde und Kollegen konnte ich sie seitdem nicht mehr schätzen. Wenn ich nicht so gern Gitarre gespielt hätte, wäre ich in dieser Zeit aus der Band ausgestiegen.

Ich war stets bereit, wieder dorthin zurückzukriechen, wo ich einmal hergekommen war. Die meisten Leute können das nicht: Sie glauben, dass nur andere schreckliche Schicksalsschläge erleiden. Meine Erfahrungen sind da anders, deshalb versuche ich, mich nur auf mich selbst zu verlassen. In unserer Gesellschaft kann alles Mögliche passieren, und mit großer Wahrscheinlichkeit wird es das auch – von einem Erdbeben bis zu einem Börsencrash. Viele sagen: „Oh, ich habe einen tollen Job, jede Menge Geld, eine gute Sozial- und Krankenversicherung. Ich fühle mich großartig und sicher." Aber was passiert, wenn der Preis für Brot durch eine Wirtschaftskrise oder Nahrungsmittelknappheit plötzlich auf fünfzig Dollar steigt? Wie würden diese Leute dann ihre Familie ernähren? Könnten sie noch so ums Überleben kämpfen wie unsere Vorfahren? Wohl kaum!

Wenn du durch die Gegend rennst und um ein paar Essensreste bettelst, dann sind Drogen und Mädchen plötzlich gar nicht mehr so wichtig. Die Ausschweifungen, die Schmeicheleien oder die harten Drogen, denen sich der Rest hingab, waren daher nie so sehr mein Ding. Sie nannten mich gern Eightball Mars, weil ich eine Zeit lang dauernd sagte: „Gib mir einen Eightball, und frag nicht, warum." Kokain war neu für mich, aber als die Droge für mich zum Problem wurde, hörte ich sofort damit auf. Im Gegensatz zu Nikki.

Ich war stinksauer, als ich das erste Mal mitbekam, dass er Heroin nahm. Bei einem Auftritt in der Long Beach Arena auf der *Shout At The Devil*-Tour schnupfte er eine Prise Pulver. „Was zum Teufel ist das?", fragte ich, und er sagte, es sei Smack. „Spritzt du diesen Dreck etwa auch schon?", wollte ich wissen. Das würde er natürlich nie tun, sagte er, aber ich rauchte trotzdem vor Wut. Ich wusste genau, wohin ihn das führen würde, und während der *Girls*-Tour kam es auch so.

Aber wie kann man jemanden wie ihn vor sich selbst schützen? Mich konnte auch niemand davor zurückhalten, zu saufen und fett zu werden, und Elvis ließ sich nicht am Pillenschlucken hindern, auch wenn ihn das schließlich umbrachte.

Genau daran musste ich denken, als ich während einer Tourneepause den gefürchteten Anruf bekam. Unser Tourmanager war total zugeknallt und heulte, als er mir Bescheid sagte. Ich sollte für ihn in England anrufen und die dortigen Gigs absagen. Warum ausgerechnet ich?

Ich war verkatert, verwirrt, verstört und wütend – auf Nikki und auf mich selbst, weil ich ihn nicht stärker gebremst hatte. Aber ich rief das britische Metal-Magazin *Kerrang* an und sagte das Erste, was mir durch den Kopf ging: „Wir können nicht nach Europa kommen, weil wir von den schweren Stürmen gehört haben, die es jetzt dort gibt, und, äh, wir haben so viel Equipment, dass wir befürchten, dass da was zusammenbricht. Ähm, weil, wenn da Schnee auf dem Dach ist oder so."

Ich hatte keine Ahnung, was ich da brabbelte. Ich wusste nur, dass ich auf keinen Fall mit der Geschichte kommen durfte, die Rich mir in Wirklichkeit erzählt hatte: Nikki war tot.

Abb. 5

NIKKI BEGEGNET DAS SCHICKSAL IN VERSCHIEDENER GESTALT: ALS
JAPANISCHER GESCHÄFTSMANN, ALS URALTER WAHRSAGER, ALS
HÖCHST ENTGEGENKOMMENDER DROGENDEALER, ALS ZWEI WEIBLICHE
FANS UND ACHTHUNDERT FREUDENMÄDCHEN.

u Beginn der *Girls*-Tour machte ich Schluss mit Vanity. Jedes Mal, wenn
sie uns unterwegs besuchte, nervte sie mich, die Band und die ganze Roadcrew,
indem sie beispielsweise während einer Probe mit einem Fahrrad auf der Bühne
herumkurvte oder irgendwas anderes Blödes tat. Wir hatten sowieso keine richtige Beziehung. Sie hatte durch die Drogen mittlerweile eine Niere verloren, und
ihre Augen und ihr Gehör waren ebenfalls bereits beeinträchtigt. Jahre später erfuhr
ich, dass sie es geschafft hatte, das Ruder herumzureißen. Sie war weg von den Drogen, hatte zu Gott gefunden und war Predigerin geworden; außerdem trug sie wieder ihren Geburtsnamen, Denise Williams.

Jetzt war ich wirklich ganz allein. Ich hatte keine Freundin, meine Großmutter
war tot, mein Vater aller Wahrscheinlichkeit nach auch, und zu meiner Mutter hatte
ich keinen Kontakt. Innerhalb der Band war ich der Einzige ohne Familie, Freundin,
Frau oder überhaupt irgendeine Beziehungsperspektive, aber ich war viel zu sehr
drauf, um das zu bemerken. Was die Musik betraf, so fand ich selbst die beiden letzten Alben, die ich geschrieben hatte, grässlich. Berufliche Anerkennung gab es keine:
Die Kritiker hassten uns. Ich kam mir vor wie der *McDonald's* des Rock 'n' Roll: Ich
lebte ein Wegwerfleben. Man konnte mich nach dem Genuss in den Müll werfen.

Nach einem halben Jahr auf Tour war ich derart heruntergekommen, dass sich jeder wache Moment um Drogen drehte: Ich ging auf die Bühne, um Drogen zu nehmen, war backstage sofort auf der Suche nach mehr, ich gab mein ganzes Tagegeld für Drogen aus und zog von Stadt zu Stadt, um herauszufinden, ob es vielleicht irgendwo eine neue Mischung gab. Heroin, Koks, Freebase, Whisky, Zombie Dust und ihre Freunde hatten mein Leben seit einem Jahr fest im Griff. Es war wie in einer kaputten Beziehung: Je länger sie Teil meines Lebens waren, desto schneller ging es mit mir abwärts und desto weniger Kontrolle hatte ich selbst.

Bald wusste jeder, was bei mir lief. Als wir nach einem Konzert in unser Flugzeug stiegen, klemmte an der Windschutzscheibe eine Nachricht der Aerosmith-Gründer Steven Tyler und Joe Perry. Wir seien drauf und dran, uns mit unseren Exzessen selbst zu zerstören, stand da, und weil sie diese Situation aus eigener Erfahrung kannten, wollten sie uns gern helfen. Früher hatten wir Aerosmith als unsere Idole verehrt, aber wir lachten trotzdem über ihre Warnung, ignorierten sie und gaben uns weiter den selbstzerstörerischen Exzessen hin.

Kurz bevor wir nach Japan reisten, gab es in Los Angeles ein Erdbeben. Ich war drei Tage ununterbrochen wach gewesen, und als ich aus dem Haus rannte, griff ich in der Eile nach nichts anderem als meiner Freebase-Pfeife – so wichtig war mir die inzwischen geworden. Ich nahm nicht einmal die Hausschlüssel mit und musste später meine Hintertür aufbrechen, um wieder in die Wohnung zu gelangen. Mir war bewusst, dass mich ein Strudel in die Tiefe riss. Aber wie weit unten wir schon waren, begriff ich erst auf unserer zweiten Tournee durch ein höfliches, zivilisiertes Land wie Japan, wo wir mit unseren groben Späßen auffielen wie Clowns auf einer Beerdigung.

Schon auf dem Weg von Osaka nach Tokio mit einem der superschnellen Bullet Trains verwandelten Tommy und ich uns in unsere übermächtigen Alter Egos, die Terror Twins. Erfüllt von den magischen Kräften des Zombie Dust, fühlten wir uns stärker als ein Hochgeschwindigkeitszug und konnten riesige Linien auf einmal wegschnupfen; das Zauberpulver gab uns außerdem den Röntgenblick, mit dem wir jede Flasche Sake aufspüren konnten, die sich in diesem Zug befand. Wir rannten durch die Gänge und retteten die Welt, indem wir unsere Erzrivalen, die kopulierenden Superschurken Emi und Mick – beziehungsweise Jona und der Wal, wie wir sie nannten –, mit Reis und zuckerbestäubten Donuts bewarfen.

„Wir hätten euch im Krieg alle umbringen sollen!", brüllte Tommy unvermittelt. Daraufhin schnappten wir beide uns Sakeflaschen und verpassten einigen Passagieren eine reinigende Dusche. Tommy war angezogen wie eine Domina mit Indiana-Jones-Tick, und während er durch die Gänge rannte, war von ihm jeder Zentimeter Haut von einem tief ins Gesicht gedrückten Hut, hautengen Handschuhen und einem Mantel aus Jeansstoff, Leder und Kokain verdeckt, der wie das Cape eines Racheengels hinter ihm herwehte.

Unser japanischer Promotor, Mr. Udo, war außer sich. „Bitte beruhigen Sie sich", sagte er streng. „Fick dich!", schrie ich zurück. Dann warf ich eine Pulle Jack nach ihm. Die Flasche flog nicht einmal grob in die von mir beabsichtigte Richtung.

Stattdessen traf sie einen entsetzten Pendler, der mit einer blutenden Wunde am Kopf zu Boden ging.

Mr. Udo zuckte mit keiner Wimper. „Ich möchte etwas für Sie tun", sagte er ruhig. „Aber zunächst einmal setzen Sie sich bitte hin."

Ich ließ mich wieder auf meinen Platz fallen, und er drückte mir den Daumen heftig auf eine Stelle an meinem Nacken. Es war ein Gefühl, als ob irgendetwas durch meinen Körper strömte, eine Flüssigkeit, Blut vielleicht, und ich sackte völlig entspannt in meinem Sitz zusammen. Meine Superkräfte hatten mich verlassen. Mr. Udo ging zu Tommy hinüber und tat bei ihm dasselbe. Wie wir so dasaßen, wurde uns klar, dass die Aktion kein bisschen lustig gewesen war. Stattdessen hatten wir auf den Nerven aller anderen herumgetrampelt, vor allem auf Micks, der so aussah, als würde er den ganzen Kram jeden Augenblick hinschmeißen wollen. Die Tour näherte sich langsam ihrem Ende, und jedem hing die Show zum Hals raus. Nicht die Konzerte, aber die Show – die von Tommy und mir, den Terror Twins, zwei Kerlen, die so blöd waren, dass außer ihnen selbst niemand über ihre Späße lachte.

In Tokio warteten tausende von Fans auf uns, als wir aus dem Zug stiegen. Ich wollte sie begrüßen, doch nun löste sich eine Abordnung Polizisten aus der Menge und kam auf mich zu. „Nikki-san", sagte Mr. Udo, „Sie müssen ins Gefängnis. Sie verstehen, nicht wahr?"

„Fick dich!"

„Nein, Nikki-san, das ist sehr ernst. Sie müssen ins Gefängnis."

Jetzt schaltete sich Doc McGhee ein. „Ich bin sein Manager", erklärte er den Bullen, die ihn prompt zu Boden warfen und ihm Handschellen anlegten.

Dann kreisten sie mich ein, und vor all den wartenden Fans wurde auch ich zu Boden gestoßen und in Handschellen gelegt; dann führten sie mich zum Streifenwagen. Tommy rannte hinter uns her, nervte die Polizisten und schrie: „Nehmt mich auch mit! Wenn er in den Knast muss, dann geh ich auch, verdammt noch mal!"

„Nein, nein, nein!", bellte Doc, der versuchte, eine gewisse Autorität zu vermitteln, was aus seiner Position mit gefesselten Händen auf der Rückbank eines Polizeiautos nicht besonders einfach war. „Reg dich nicht auf. In einer Stunde ist er wieder draußen."

Ein paar Stunden später brachte man Doc und mich in das Büro des Dienst habenden Sergeants. Ich trug Lederhosen, hochhackige Schuhe, ein zerrissenes T-Shirt und Make-up; außerdem war ich verschwitzt und noch immer total high. Es war nach Mitternacht, und auf der Polizeiwache war es dunkel, daher nahm ich meine Sonnenbrille ab.

„Setz die lieber wieder auf", meinte Doc. „Deine Augen sind blutunterlaufen, und dir läuft das Make-up übers ganze Gesicht."

Also schob ich mir die Sonnenbrille wieder auf die Nase und die Füße auf den Schreibtisch vor mir. Es war mir scheißegal, was mit mir passierte. Der Beamte kam herein und sagte etwas auf Japanisch. Mr. Udo hatte einen Übersetzer zu uns geschickt, und der dolmetschte nun: „Er sagt, Sie sollen bitte die Füße von seinem Tisch nehmen."

„Hey, kann ich Sie was fragen?", fuhr ich nun den Polizisten an, der mich durch den Übersetzer wissen ließ, ich könne fragen, was ich wollte.

„Okay", sagte ich. „Wenn meine Eier auf Ihrem Kinn lägen, wo wäre dann wohl mein Schwanz?"

Der Polizist sah den Übersetzer erwartungsvoll an. Der seufzte und begann, etwas auf Japanisch zu erzählen.

„*Arigato gozaimasu*", antwortete nun der Sergeant. „Vielen Dank."

„Gern geschehen", nickte ich. Die beiden redeten weiter, und schließlich nahm mich der Übersetzer beim Arm und führte mich nach draußen.

„Was zum Teufel ist da gerade passiert?", fragte ich, als wir zum Hotel unterwegs waren.

„Ich habe ihm gesagt, Sie hätten gesagt, die Flasche sei Ihnen unabsichtlich aus der Hand geglitten und zerbrochen. Und dass Ihnen dieses Missverständnis sehr unangenehm ist, weil Sie Japan und die Japaner so lieben, und dass Sie sich darauf freuen, zuhause der amerikanischen Presse davon zu erzählen, wie gastfreundlich unser Land ist."

„Von meinen Eiern haben Sie nichts gesagt?"

„Nein."

„Sie taugen wohl nicht viel als Übersetzer, was?"

Am nächsten Abend war es an Vince, uns zu blamieren. In einem Roppongi-Restaurant hatte er einen Literkrug mit Mördercocktails weggesoffen und war so breit, dass er nicht mehr zu reden aufhörte. Das Problem war nur, dass niemand auch nur ein Wort davon verstand. Am Nebentisch saßen vier Yakuza-Gangster in Anzügen. Vince sprang plötzlich auf und nuschelte: „Daffss warsssss!" Er ging rüber zu den Yakuza, schob seine Hände unter die Tischplatte und kippte das ganze Ding um. Die Gangster ließen sich auf den Boden gleiten, zogen ihre Waffen aus den Gürteln und schoben deren Läufe über die Tischkante, sodass sie direkt auf Vince gerichtet waren. Fred Saunders, unser Bodyguard und Kindermädchen, stürzte sich auf Vince, als sei er eine entschärfte Handgranate und zog ihn aus dem Restaurant.

„Wieso zum Teufel hast du das gemacht?", donnerte er Vince draußen an.

„Diese Typn ham Scheißßße über mmmmich ersssählt", lallte Vince.

„Wie kommst du darauf, dass die über dich reden? Die haben Japanisch gesprochen."

„Jabbanisch?" Vince starrte Fred verständnislos an.

„Ja, wir sind in Japan."

„Oh." Vince zog die Stirn in Falten und wurde plötzlich still. Ich glaube, er hatte überhaupt keine Ahnung, wo er war – und dass er noch auf Bewährung draußen war, hatte er vermutlich auch vergessen.

Später gingen wir ins *Lexington Queen*, wo selbst der sonst so ruhige Mick plötzlich ausrastete, mit runtergelassenen Hosen und einer Godzilla-Maske durch die Gegend rannte, Gläser zertrat und versuchte, Feuer aus dem Arsch zu blasen. Vince ging mit der Freundin von irgendeinem Yakuza aufs Zimmer, und ich blieb da und geriet von einem Faustkampf in den nächsten: Der erste war mit Tommy (der heute noch behauptet, ich hätte ihn auf den Mund getroffen, obwohl er so blau war, dass er umfiel, bevor ich überhaupt die Chance hatte, ihn zu berühren) und der letzte mit einem amerikanischen Touristen, der schließlich mit dem Kopf gegen einen stählernen Mast knallte. Am nächsten Morgen wachte ich auf und stellte plötzlich fest, dass ich über die Schlägereien und das Gefängnisabenteuer gestern völlig vergessen hatte, meinen Geburtstag zu feiern. Als Vince zur gleichen Zeit wieder zu sich kam, lag er nackt auf dem Boden seines Zimmers, und seine geliebte Rolex war verschwunden. Die Rache der Yakuza.

Nach den drei Konzerten im *Budokan* wollten wir die Weihnachtstage zuhause verbringen und ein wenig ausspannen; danach sollte es in Europa mit der Tour weitergehen. Tommy war ganz wild auf sein erstes Weihnachten mit Heather in seiner sündhaft teuren Villa. Mick und Emi freuten sich darauf, zuhause eine richtig normale Beziehung zu beginnen. Vince erzählte dauernd von Sharise, einer Mudwrestlerin aus dem *Tropicana,* mit der er kürzlich angebändelt hatte. Und ich ... ich hatte niemanden. Keine Freundin, keine Familie und keine Freunde außer Dealern. Was sollte ich zuhause – Weihnachten allein dasitzen und Drogen nehmen?

Also erzählte ich jedem, ich würde auf Solotour gehen. Keine Konzertreise, sondern eine Drogen-und-Nutten-Tour. Auf meinem Tourplan standen Hongkong, Malaysia und Peking, und für den großen Abschiedsgig hatte ich Bangkok vorgesehen. Meinen Koffer sollte Doc gleich nach Los Angeles schicken. Ich brauchte nichts außer einer Lederhose, einem T-Shirt und meiner Brieftasche. Wenn ich mich umziehen wollte, würde ich mir was kaufen, es eine Zeit lang tragen und dann wegwerfen. Scheiß drauf. Ich brauchte gar nichts.

„So eine Tour kommt überhaupt nicht infrage", sagte Doc.

„Du wirst schon sehen", fauchte ich. „Und wenn du mir dabei im Weg stehen willst, bist du gefeuert, du Wichser."

Eine halbe Stunde lang stritten wir, bis wir uns fast an die Kehle gingen. Dann schritt Mr. Udo ein. „Ich komme mit Ihnen", sagte er.

„Was?!" Doc und ich sahen ihn beide ungläubig an.

„Wir gehen zusammen auf Tour."

„Okay." Doc machte eine abwehrende Geste mit seinen pummeligen Händen. „Dann gehe ich auch." Damit stürmte er aus dem Zimmer und brummte böse vor sich hin, dass ihm nicht einmal über die Feiertage ein wenig Urlaub gegönnt war.

Am nächsten Tag bestiegen wir drei ein Flugzeug nach Hongkong. Ich war so ungewaschen, dass niemand in meiner Reihe sitzen wollte. Schließlich nahm Mr. Udo in seinem Businessanzug neben mir Platz.

„Nikki-san, ich muss mit Ihnen reden", flüsterte er mir leise zu. „Als mein Freund so war wie Sie, ist er gestorben."

„Das tut mir leid", sagte ich, wobei mich das nicht wirklich interessierte.

„Mein Freund war Tommy Bolin."

„Echt?" Jetzt horchte ich auf.

„Sie erinnern mich sehr an Tommy-san", fuhr er fort. „Sie tragen viel Schmerz aus der Vergangenheit in sich. Und wenn man Schmerz in sich einschließt so wie Sie, dann das tut oft sehr weh. Sie sind sehr kreativ, genau wie Tommy-san. Aber Sie töten Ihre Kreativität. Ich habe viel Zeit mit Tommy-san verbracht, und ich sagte ihm, ich sei sein Freund, und er müsse aufhören. Er könne nicht, sagte er. Er starb noch im gleichen Jahr. Deswegen möchte ich Ihnen jetzt sagen: Hören Sie auf. Sie werden sterben. Ich bin Ihr Freund. Sie sind wie Tommy, und ich möchte Sie nicht auch noch verlieren."

„Ach was, Mr. Udo", wehrte ich ab. „Ich amüsiere mich doch nur ein bisschen."

Er machte ein sorgenvolles Gesicht. Dieser äußerst professionelle japanische Geschäftsmann hatte mich irgendwie in sein Herz geschlossen, obwohl ich ihm nichts als Ärger bereitet hatte; nun wollte er mich vor dem Grab retten, auf das ich zielstrebig zuwankte. Er sah, dass dieses Grab genau auf meinem Weg lag, aber dieser Weg war für mich dunkel. Niemand außer meinem Schöpfer wusste, wann sich der Boden plötzlich vor meinen Füßen auftun und ich abstürzen würde, so schnell, dass mir keine Zeit mehr bliebe zu bedauern, einen so gefährlichen Weg ohne ein einziges mich leitendes Licht eingeschlagen zu haben.

IN JENER NACHT VERLIESS ICH DAS HOTEL ALLEIN und ging in ein Striplokal, das eigentlich ein verkapptes Bordell war, wie mir der Empfangschef im Hotel gesagt hatte. Dort gab es vier verschiedene Säle: In einem spielte eine chinesische Band amerikanische Charthits, in einem anderen saßen Triadengangster in kleinen Nischen, und in einem weiteren wirbelten Tänzer über die Bühne. Ich setzte mich in den vierten, durch den eine Phalanx von Frauen marschierte, die Zahlen von eins bis achthundert trugen. Für jeden Fetisch, den man sich nur vorstellen konnte, gab es alle möglichen asiatischen Mädchen, von zierlichen Nymphen mit Babymützchen, die an Lollies lutschten, bis zu gut gebauten Frauen in ledernem S & M-Outfit. Ich winkte der Hostess und bestellte aus dieser Auswahl wie nach einer Speisekarte. „Ich nehme Nummer vierzehn, Nummer sieben und Nummer acht. Schicken Sie mir die bitte aufs Zimmer." Dann bestellte ich zehn weitere Mädchen für Doc und ein Dutzend für Mr. Udo. Ich glaubte tatsächlich, ihnen einen Gefallen zu tun, sozusagen als Entschädigung dafür, dass sie mich auf meiner Solotour betreuten.

Nachdem ich für die Mädchen bezahlt hatte, ging ich auf mein Zimmer und kippte dort um. Falls in der Nacht jemand an meine Tür klopfte – ich hörte es nicht. Oder vielleicht doch, vielleicht ließ ich sie rein, um mich von einer fetten Koreanerin versohlen zu lassen. Ich kann mich nicht erinnern; Sex war jedenfalls das Letzte, woran ich dachte. Erst am Nachmittag kam ich wieder zu mir und musste mich als Erstes übergeben. Anschließend setzte ich mir mit dem verbliebenen Kokain einen Schuss, zog meine Lederhosen an und traf mich mit Doc und Mr. Udo in der Lobby.

„Und, habt ihr meine Geschenke bekommen?", fragte ich.

„Nikki." Doc zog eine Grimasse. „Du bist ja krank, Mann. Als ich die Tür aufmachte, standen da zwei Mädchen in Naziuniform und eine Nonne. Was ist bloß los mit dir?"

„Scheiße, Doc, ich hatte einfach nur ein wenig Spaß. Was meinen Sie, Mr. Udo? Hatten Sie Spaß mit meiner kleinen Aufmerksamkeit?"

„Meine Frau ist wie die Luft um mich herum", sagte er.

„Hä?"

„Ohne sie kann ich nicht leben. Sie ist die Luft, die ich atme."

Allmählich fühlte ich mich wie ein echter Vollidiot. Ich hatte versucht, seine Atemluft zu verschmutzen.

„Sie fahren jetzt nachhause", sagte Mr. Udo. „Sie fahren nicht mehr nach Bangkok. Sie sind fertig. Okay?"

„Okay", krächzte ich. Endlich hatte ich jemanden gefunden, der als Vaterfigur agieren wollte, und in nur vierundzwanzig Stunden war es mir gelungen, ihn gründlich zu enttäuschen und anzuwidern. Ich verdiente es, erneut im Stich gelassen zu werden.

Mr. Udo flog noch am gleichen Tag nach Tokio zurück; Doc buchte sich für den nächsten Morgen einen Flug nach New York und einen für mich nach Los Angeles. In der Nacht durchstreifte ich mit meiner Übersetzerin die belebten, überfüllten Straßen von Hongkong und war auf der Suche nach Drogen. Als wir von der Wanchai Road abbogen, gerieten wir in eine lange, schmale Gasse, an deren Ende eine einsame Laterne im Wind schaukelte. Aus einem Kanaldeckel davor stieg Dampf auf. Das Ganze wirkte wie eine Szene aus einem Horrorfilm, und daher sagte ich der Übersetzerin natürlich, ausgerechnet hier entlanggehen zu wollen.

Am Ende, unter der Laterne, fanden wir nichts außer einem kleinen, alten Chinesen in einem braunen Gewand. „Wer ist das?", fragte ich die Übersetzerin.

„Er ist der Wahrsager."

„Oh, cool", meinte ich. „Kann er mir die Zukunft vorhersagen?"

Sie sprach mit ihm und sagte dann zu mir, ich solle ihm vier Hongkong-Dollar geben und ihm meine Hand zeigen. Entschlossen schob ich ihm meine Handfläche unter die Nase. Er strich darüber, dann schloss er meine Finger ruckartig und schubste sie weg. Sein Gesicht war verzerrt, als habe er gerade saure Milch getrunken. Er sagte etwas zu der Übersetzerin und schickte uns mit einer Geste weg.

„Was hat er gesagt?", fragte ich die Übersetzerin.

„Das wollen Sie nicht wissen", antwortete sie, wandte sich ab und ging voraus.

„Moment." Ich versuchte sie einzuholen. „Was hat er gesagt?"

„Er sagte, Sie werden vor Jahresende sterben, wenn Sie Ihr Leben nicht ändern." Wir hatten den 21. Dezember. „Er sagte auch, dass Sie nicht in der Lage seien, Ihr Leben zu ändern."

Mehr Warnungen, als ich in den letzten Tagen erhalten hatte, konnte Gott mir wahrscheinlich nicht schicken. Mein Leben bestand nur noch aus einsamer, trauriger Abhängigkeit, und das war jedem klar, gesetzten Geschäftsleuten wie Mr. Udo genauso wie dem verrückten alten Wahrsager. Jedem außer mir. „Mann", brüllte ich die Übersetzerin an, „auf diesen Scheiß habe ich zehn Dollar verschwendet!"

Nach meiner Rückkehr ins Hotel rief ich meinen Dealer in L. A. an und traf die übliche Vereinbarung: „Ich komme morgen an und treffe dich dann gleich. Bring Smack und Koks für ein paar tausend Dollar mit, Spritzen und eine Pulle Schampus. Bevor es nach Europa geht, habe ich ein bisschen Zeit, und die möchte ich so gut wie möglich ausnutzen."

Kurz nach der Landung in Los Angeles stieg ich in die silberne Limo, die mich zu meiner Wohnung brachte, und war in wenigen Minuten wieder drauf. Manchmal merkt man nicht, wie sehr man sich verändert, bis man sich zuhause im Spiegel wiedersieht und sich daran erinnert, in welcher Verfassung man das letzte Mal hineingeblickt hat. Ich hätte heulen können. Langsam bekam ich ein aufgedunsenes Säufergesicht, wie Jimmy Page oder Mick Mars. Meine Arme waren klapperdürr und mit langen, farblosen Einstichnarben bedeckt; der Rest meines Körpers war weich und schwammig. Mein Gesicht erinnerte an diese Kinderspielzeuge, deren Oberfläche von einer Plastikhaut gebildet wird, unter der eine Flüssigkeit herumschwimmt, wobei das Spielzeug, an das ich bei meinem Anblick denken musste, offenbar einem Gör gehörte, das mit irgendeinem schweren Gegenstand drauf eingedroschen hatte. Sogar die Haare fielen mir büschelweise aus, und die Spitzen waren gespalten und fisselig. Ich begann mich aufzulösen.

Um meinem Verfall und meiner Einsamkeit zu entfliehen, musste ich raus in die Szene. Ich blätterte mein Adressbuch nach alten Freunden durch. Erst rief ich Robbin Crosby an, dann Slash, denn Guns N' Roses sollten nach der Europatournee für uns in den USA als Vorgruppe spielen. Robbin holte ich zuhause in der silbernen Limousine ab, die ich öfter mietete, und gab ihm ein bisschen Koks. Auf dem Weg zum *Franklin Plaza Hotel,* wo die wohnungslosen Jungs von Guns N' Roses allesamt abgestiegen waren, kotzte ich den ganzen Wagen voll. Vorsichtig wischte ich die Brocken von dem antiken Zylinder aus Biberhaar ab, den ich für Slash gekauft hatte, und gab ihm den Hut zusammen mit einer Flasche Whisky an seiner Tür. Im Hotel wohnten auch ein paar Musiker von Megadeth, die sich später ebenfalls in unsere Limo quetschten. Robbin kaufte bei seinem Dealer etwas Heroin, obwohl der Typ überhaupt nicht glücklich darüber war, dass dieser auffällige Schlitten vor seinem Haus anhielt; wir nahmen danach Drogen, bis wir nichts mehr wussten.

Später fuhren wir zum *Cathouse,* wo wir für reichlich Aufruhr sorgten, und als wir zum Wagen zurückwankten, folgten uns Scharen von Fans. Im *Franklin* wartete Robbins Dealer wieder auf uns. Er erklärte, etwas persisches Heroin bekommen zu haben, während wir weg waren, und fragte, ob wir davon etwas wollten. „Klar", antwortete ich. „Aber du musst es mir setzen." Mittlerweile war ich bereits so drauf und zittrig, dass ich mir das selbst nicht mehr zutraute. Dabei hatte ich mir zuvor nur ein einziges Mal von jemand anderem einen Schuss setzen lassen – bei den Wohnsilos von Hammersmith, als man mich beinahe in einem Müllcontainer entsorgt hatte.

Der Dealer rollte mir den Ärmel auf, band mir den Arm mit einem Gummischlauch ab und pumpte mir den Perser in die Venen. Das Heroin schoss in mein Herz, explodierte in meinem ganzen Körper, und in Sekundenschnelle lief ich blau an.

Ich verlor das Bewusstsein. Als ich die Augen öffnete, konnte ich Licht, Farben und Bewegungen nur verschwommen sehen. Ich lag auf dem Rücken und schien mich durch eine Art Korridor zu bewegen. Ein Geräusch wurde brausend und tosend mal leiser, mal lauter, und nachdem ich zunächst in diesem weißen Rauschen nichts ausmachen konnte, schälte sich schließlich eine Stimme heraus.

„Wir verlieren ihn, wir verlieren ihn", sagte sie.

Ich versuchte mich aufzusetzen, um herauszufinden, was hier los war. Eigentlich erwartete ich, dass es schwer sein würde, meinen Körper hochzuhieven. Aber zu meiner Überraschung schoss ich in eine aufrechte Position, als sei ich schwerelos. Dann fühlte es sich an, als nähme etwas Sanftes meine Hand und zöge mich nach oben. Über mir war alles von gleißendem Weiß. Ich blickte nach unten und merkte, dass ich meinen Körper verlassen hatte. Nikki Sixx – beziehungsweise die dreckige, tätowierte Hülle, die ihn einmal umschlossen hatte – war von Kopf bis Fuß mit einem Laken bedeckt und lag auf einer Bahre, die von Sanitätern in einen Krankenwagen geschoben wurde. Die Fans, die uns die ganze Nacht gefolgt waren, hatten sich auf der Straße versammelt und reckten die Hälse nach dem Geschehen. Und ganz in der Nähe sah ich die silberne Limousine, mit der wir den ganzen Abend unterwegs gewesen waren, bis zu meinem …

In diesem Augenblick packte etwas weniger Sanftes als die Hand auf meinem Kopf, etwas Ruppiges und Ungeduldiges, meinen Fuß. Pfeilschnell schoss ich durch die Luft, durch das Dach des Krankenwagens und landete mit einem schmerzhaften Ruck in meinem Körper. Es kostete viel Energie, die Augen zu öffnen, aber als ich es schaffte, sah ich zwei Adrenalininjektionen – nicht nur eine, wie in *Pulp Fiction*, sondern zwei –, von denen eine in der linken Seite meiner Brust steckte, die andere in der rechten. „In meinem Krankenwagen krepiert keiner", hörte ich einen Mann sagen. Dann fiel ich in Ohnmacht.

Als ich wieder aufwachte, leuchtete man mir mit einer Taschenlampe direkt in die Augen. „Woher hattest du deine Drogen?", bellte eine Stimme. „Du bist heroinsüchtig!" Ich bewegte den Kopf und versuchte, dem blendenden Lichtstrahl auszuweichen, der sich mir in den Schädel brannte. „Woher hattest du die Drogen?" Ich konnte nichts sehen. Aber ich fühlte, wie man mir einen Schlauch in die Nase schob und Nadeln an meinen Armen festklebte. Wenn es ein Gefühl gab, das ich selbst im Delirium wiedererkannt hätte, dann war es eine Nadel im Arm. Genauso schnell erkannte ich einen Bullen. „Antworte, du dreckiger Junkie!"

Ich öffnete den Mund und tat einen Atemzug, der mir vorkam, als sei er der erste in meinem ganzen Leben. Fast wäre ich daran erstickt. Ich hustete und fragte mich, weshalb ich eine zweite Chance bekam. Ich war am Leben. Was konnte ich tun, um dieses kostbare Wunder eines zweiten Lebens zu feiern? Was konnte ich sagen, um meiner Wertschätzung angemessen Ausdruck zu verleihen?

„Fick dich ins Knie!"

„Hör mal, du blödes Junkie-Arschloch!", brüllte der Bulle zurück. „Wer hat dir die Drogen gegeben!"

„Fick dich!"

„Jetzt reicht's. Wenn du uns nicht sagst …"

„Haben Sie mir etwas Konkretes vorzuwerfen?"

„Äh … nein." Glücklicherweise hatte ich keine Drogen bei mir gehabt, als ich umfiel. Robbin oder sonst irgendjemand hatte wohl alles ins Klo geworfen, was noch da gewesen war.

„Dann verpiss dich." Wieder wurde ich bewusstlos.

Als ich zu mir kam, stand ich halb nackt auf dem Parkplatz des Krankenhauses. Zwei Mädchen saßen am Straßenrand und heulten. Ich ging zu ihnen hinüber und fragte: „Was ist denn passiert?"

Das Blut wich ihnen aus dem Gesicht. „Du lebst!", stammelte eine der beiden schließlich.

„Was redet ihr denn da? Natürlich lebe ich!"

Sie wischten sich die Tränen ab und starrten mich sprachlos an. Sie waren echte Fans.

„Sagt mal, könntet ihr mich vielleicht nachhause fahren?"

Diese Vorstellung begeisterte sie so sehr, dass sie zu schwitzen begannen, und sie verfrachteten mich nervös auf den Beifahrersitz ihres Mazda.

Kapitel **6**
V I N C E

IN DEM EIN NÄCHTLICHER TELEFONANRUF EINEM UNSERER NOCH
LEBENDEN PROTAGONISTEN DAS BLUT IN DEN ADERN GEFRIEREN LÄSST.

*I*m Halbschlaf drehte ich mich auf die Seite und nahm den Hörer ab. Ich war der Erste, der es erfuhr.

„Nikki ist im Krankenhaus. Er hat sich eine Überdosis gesetzt." Am anderen Ende war unser Tourmanager Rich Fisher.

„O Gott. Was heißt das? Ist er tot?"

„Ich weiß es nicht", sagte Rich.

„Ruf mich sofort an, sobald du etwas erfährst. Okay?"

Schnell zog ich mich an, um ihn gegebenenfalls im Krankenhaus zu besuchen – falls er noch am Leben war. Das Telefon klingelte erneut. Es war Boris, der Chauffeur, der gewöhnlich für Nikki arbeitete. Er erzählte, dass Nikkis Dealer vor seinen Augen aus dem Fenster eines Hotelzimmers gesprungen war und dabei gebrüllt hatte: „Ich habe Nikki Sixx umgebracht!" Dann war ein Krankenwagen gekommen, und ein paar Sanitäter hatten Nikki auf einer Bahre mit einem Laken über dem Gesicht abtransportiert.

Eigentlich weine ich nie. Aber in dieser Nacht war das anders. Mir liefen die Tränen über das Gesicht, um zum ersten Mal seit einer Ewigkeit dachte ich einmal nicht an mich. Zwar hatte ich mit ihm oft richtig viel Ärger gehabt, aber ich liebte diesen arroganten Hurensohn. Ich starrte das Telefon an und wusste nicht, wen ich anrufen oder was ich tun sollte. Dann klingelte es wieder. Chuck Shapiro meldete sich; ihn hatte ein Journalist geweckt, der ein Zitat für seinen Nachruf auf Nikki brauchte. Also stimmte es.

Chuck war zwar selbst voller Panik, aber er behielt wie immer einen kühlen Kopf, und er sagte, ich solle dranbleiben, während er auf der anderen Leitung mit dem Cedars-Sinai-Krankenhaus telefonierte, in das Nikki eingeliefert worden war.

„Ich rufe an wegen Nikki Sixx", sprudelte Chuck hervor, kaum dass sich die Rezeption gemeldet hatte.

„Der ist gerade gegangen", bekam er zur Antwort.

„Gegangen? Was soll das heißen? Ich dachte, er sei tot."

„Ja, er ist gerade weg. Er riss sich die Schläuche aus der Nase und den Tropf aus dem Arm und sagte allen, sie sollten sich verpissen. Und dann ging er. Er trug nichts als Lederhosen."

Kapitel 7
N I K K I

IN DEM NIKKIS ERLEBNISSE ZU EINEM ABSCHLUSS KOMMEN, DER
UNSEREN EMPFINDSAMEREN LESERN ANS HERZ GEHEN WIRD: DER
SCHNITTER IST IHM NOCH IMMER AUF DEN FERSEN UND HAT SEINE
SENSE STETS PARAT.

Auf dem Weg nachhause hörten wir im Radio die ersten Berichte von meinem Tod. Die Mädchen sahen mich mit großen nassen Augen an und fragten mich voll echter Besorgnis: „Du wirst mit den Drogen aufhören, Nikki, nicht wahr?"

Noch auf der letzten Tour hatte ich mich so allein und ausgestoßen gefühlt und den Eindruck gehabt, dass sich niemand um mich und mein Schicksal kümmerte. Jetzt stellte ich in diesem Auto fest, dass ich zu den glücklichsten Menschen auf der Welt zählte: Millionen nahmen Anteil an meinem Leben, und ich beeinflusste auch das ihre. „Na klar", sagte ich aus tiefstem Herzen.

Mir kam das Gerücht über meinen Tod so witzig vor, dass ich zuhause meinen Anrufbeantworter sofort mit einer neuen Ansage besprach: „Hey, hier ist Nikki. Ich bin nicht zuhause, denn ich bin tot." Dann ging ich ins Bad, zog ein Klümpchen Heroin aus dem Medizinschränkchen, rollte mir den Ärmel hoch, band mir den Arm ab und erkannte mit dem Druck auf die Spritze, dass nicht einmal die Liebe und Fürsorge von meinen Millionen Fans so viel Befriedigung brachte wie ein einziger guter Schuss Heroin.

Am Tag darauf wurde ich wieder wach; ich lag auf dem Badezimmerfußboden, und die Spritze steckte noch immer in meinem Arm. Die Fliesen waren voller Blut. Meinem Blut. Mir wurde wieder schwarz vor Augen.

Irgendwo in weiter Ferne klingelte ein Telefon.

„Hey, hier ist Nikki. Ich bin nicht zuhause, denn ich bin tot."

Abb. 1

Doc McGhee (Mitte) und Doug Thaler (rechts)
mit einem Konzertveranstalter

ACHTER TEIL

~ ZU UNSEREN ~
BESTEN FREUNDEN
~ ZÄHLTEN FRÜHER DIE ~
DROGENDEALER

Kapitel **1**

D O C   M^c G H E E

IN DEM EINER DER HAUPTAUFPASSER VON MÖTLEY CRÜE DAS KONZEPT
DES „HAUTNAH-MANAGEMENTS" ERLÄUTERT.

Den größten Fehler, den ich in meiner Managerlaufbahn machte, war dieser: Ich ließ Vince in dem Glauben, er dürfe sich alles leisten. Das wurde mir klar, als Vince und ich nach dem Unfall mit Razzle mit den Anwälten zusammensaßen und die ihm erklärten: „Der Richter wird Sie eine Weile in Haft nehmen." Vince sah sie an, und ich werde nie vergessen, wie er sagte: „Das geht nicht."

„Wie, das geht nicht?", fragte ich.

„Na ich muss doch auf Tour."

Doc McGhee

„Ach Scheiße, ja." Ich schlug mir die Hand gegen die Stirn. „Warum habe ich nicht dran gedacht, das in die Verteidigung mit einzubauen? Mein Klient, Vince Neil, ist des Totschlags nicht schuldig und kann sowieso nicht ins Gefängnis, weil er ein paar Konzerte geben muss. Der Fall ist abgeschlossen."

Vince dachte wirklich, er stünde über dem Gesetz. Und da ihn diese Katastrophe nicht mehr kostete als ein paar Wochen in einem Luxusknast und seine Zwölftausend-Dollar-Rolex, änderte sich an seiner Haltung überhaupt nichts. Jetzt konnte er erst recht tun und lassen, was ihm gefiel – jetzt konnte ihn nichts mehr aufhalten. Jemand wie Mick, der in den ersten fünf Jahren, in denen ich die Band managte, höchstens sieben Wörter mit mir sprach, hatte so viel Scheiße erlebt, dass er wusste, wie es war, wenn man gar nichts hatte. (Wobei Mick durch diese ganzen Geschichten ganz schön depressiv geworden und ständig bemüht war, anderen einen Gefallen zu tun. Er hätte seine eigene Fernsehshow kriegen sollen, vielleicht mit einem Motto wie „Wie nutzt man mich am besten aus".)

Richtig albtraumhaft wurde meine Arbeit mit der Band, als ich dafür zu sorgen versuchte, dass Vince während seiner Bewährungszeit die Finger vom Alkohol ließ. Während der *Theatre Of Pain*-Tour nervte er uns mit seinen Streichen so sehr, dass wir ihn in Orlando, Florida, mit zwei Bodyguards in einem Hotelzimmer einschlossen und denen sagten, sie sollten ihn windelweich prügeln. Er war sich immer selbst der größte Feind; als er sich einmal backstage in Rochester ein Sandwich machen wollte und dafür nur Senf der Firma Gulden anstelle seiner Lieblingsmarke French's vorfand, schleuderte er vor Wut das Glas gegen die Wand und durchtrennte sich dabei mehrere Sehnen seiner rechten Hand. Wir mussten das Konzert absagen und ihn mit einem Hubschrauber in eine Spezialklinik in Baltimore fliegen lassen.

Natürlich war Vince nicht allein schuld daran, dass er sich so verhielt. Doug und ich ließen ihm eine Menge durchgehen, vielleicht, weil die Band so populär war. Aber schließlich mussten wir einschreiten. Was uns am meisten schockierte, war dabei, dass es gar nicht um Vince ging. Es ging um Nikki.

Nikki, König der Loser, bewegte sich seit der *Girls*-Tour langsam, aber sicher dem Abgrund entgegen. Weder Doug noch ich waren gern in seiner Nähe, deshalb losten wir aus, wer die Band nach Japan begleiten musste. Ich zog den Kürzeren: Mr. Udo, der dortige Promotor, ist einer meiner besten Freunde. Er wirft seinen ganzen guten Ruf in die Waagschale, wenn er eine Band nach Japan bringt. Das war bei Mötley Crüe nicht anders. Nur war das der Band leider scheißegal. Sie waren eine Horde unzivilisierter Wilder mit viel Geld, die auf niemanden Rücksicht nahmen, noch nicht einmal aufeinander.

Nach unserer Ankunft in Japan wurde Tommy als Erstes mit Haschisch erwischt, das in seinem Schlagzeug gefunden wurde. Mr. Udo holte uns da raus. Ein paar Tage später stiegen wir nach einem Konzert in Osaka in den Bullet Train. Unsere Clowns trugen ihre Bühnenkostüme mitsamt dem verschmierten Make-up und stellten ihre Ketten und Tattoos gut sichtbar zur Schau. Nikki und Tommy rasteten völlig aus. Ich stellte mir vor, wie die Szene im Film gewirkt hätte, wenn man dem Zug mit einem Hubschrauber gefolgt wäre: Zunächst hätte man vermutlich gesehen, wie die Japaner wie Kakerlaken aus dem Wagen, in dem wir saßen, in andere Abteile flüchteten. Beim Heranzoomen hätte die Kamera offenbart, wie Nikki eine Flasche Jack Daniels warf und damit einen japanischen Geschäftsmann am Hinterkopf traf. Bei einer Tonaufnahme wären auch die Schreie dieses Mannes zu hören gewesen, als ihm das Blut über den Kopf strömte. Es war reine Gewalt. Brutal.

Als der Zug im Bahnhof von Tokio einlief, warteten schon mehrere Hundertschaften Polizei draußen. „Hey, Nikki", sagte ich, „dein Fanklub ist da." Er war so bedröhnt, dass er nicht einmal kapierte, dass man eine Spezialeinheit zu seiner Verhaftung geschickt hatte; er hielt die vielen Menschen draußen tatsächlich für japanische Fans.

Die Polizisten schleppten Nikki und mich ins Gefängnis. Und während wir da saßen, sagte er zu mir: „Hey, Alter, was hältst du von diesen Tattoos? Meinst du, die Cops finden sie auch so cool?"

Für einen Augenblick kam mir mein früheres Leben in Miami in den Sinn. Bevor ich an die Westküste gezogen war und diese Jungs zu managen begann, war es mir dort beruflich nämlich recht gut gegangen. Ich spielte Gitarre, produzierte Platten für Styx, die Ohio Players oder die Average White Band und managte nette Leute wie Pat Travers. Damals war das Leben wirklich ruhig und einfach gewesen. „Ich weiß es nicht", antwortete ich Nikki. „Aber das eine sag ich dir: Wenn sie mir die Handschellen aufschließen, werde ich dir richtig auf die Fresse hauen."

Nikki provozierte die japanischen Ordnungshüter zwar nach Kräften, wurde aber schließlich um fünf Uhr früh wieder auf freien Fuß gesetzt. Ich blieb auf der Wache und kümmerte mich den ganzen Tag über um den Papierkram, und als ich endlich abends wieder im Hotel war und kurz vor dem Kollaps stand, trommelte Vince an meine Tür. Er war total besoffen und hatte versucht, die Freundin eines Yakuza-Gangsters zu bumsen. Zur gleichen Zeit war seine kreuzdämliche Freundin aus L. A. in Japan eingetroffen und saß nun in seinem Hotelzimmer. Und weil er nicht wusste, wie er aus der Scheiße, in die sein Schwanz ihn wieder mal reingeritten hatte, herauskommen sollte, war er erst einmal abgehauen.

„Schmeiß die Reisevermittlung raus", lallte er sabbernd.

„Was?"

„Schmeiß die blöde Olle raus, die unsere Reisen bucht!"

Das brachte das Fass nach diesem Tag endgültig zum Überlaufen. Ich knallte ihm eine, schloss die Tür und sank endlich in friedlichen Schlaf. So lief das mit diesen Jungs: Wir prügelten uns dauernd. Ich hatte dafür den Ausdruck „Hautnah-Management" erfunden.

Als Nikki ein paar Tage später verkündete, er wolle nur mit ein paar Gummis bewaffnet nach Hongkong, Thailand und Malaysia reisen, hätte ich am liebsten gleich noch mal zugeschlagen. Mir war klar, wenn er das tat, dann musste ich mit und den Babysitter spielen, damit er auf dem Trip nicht draufging oder vielleicht als weißer Sklave verkauft wurde. Glücklicherweise kam er nur bis nach Hongkong, wo er an zwei Tagen ungefähr einhundertfünfzig Prostituierte kommen ließ. Ich hätte ihn am liebsten umgebracht, als ein kicherndes Dutzend von ihm bezahlter Nutten vor meiner Tür auftauchte, während ich gerade mit meiner Familie telefonierte.

Nikki hatte zu der Zeit natürlich überhaupt keinen Sex. Wahrscheinlich quatschte er nur unentwegt auf diese armen Mädels ein, bis die irgendwann zu der Auffassung kamen, dass kein Geld der Welt für diese Quälerei entschädigen konnte. Er war ein völlig abgewichster Junkie, und ihm ging es ziemlich dreckig. Wir waren kaum wieder in Kalifornien, als mich die Sicherheitsfirma, die sein Haus betreute, ein ums andere Mal anrief, weil bei ihm dauernd Alarm ausgelöst wurde und er mit einer Knarre im Garten herumlungerte, wenn die Mitarbeiter nachsehen kamen.

Kurz vor Weihnachten traf ich mich mit Bob Krasnow von Elektra zum Essen. „Na", meinte er, „wie läuft's denn bei den Jungs?"

„Die kommen ganz gut zurecht", erwiderte ich, „vorausgesetzt, sie bleiben am Leben."

Noch am selben Abend, kurz nach dem Essen rief Doug bei mir an. Nikki hatte sich in irgendeinem Hotel eine Überdosis gesetzt, und es hieß, er sei tot. Eigentlich hätte mich das nicht überraschen sollen, aber das tat es. Auf den Schock folgte ein Gefühl des Ekels. Und Enttäuschung. Ich schämte mich vor mir selbst, dass ich mit einer solchen Band zu tun hatte, und gewissermaßen auch dafür, dass ich nicht eingeschritten war, als sie sich wie die Wilden benahmen. Vor allem nun, da sich einer der Wilden umgebracht hatte.

Als ich herausfand, dass Nikki noch lebte und aus dem Krankenhaus geflüchtet war, wusste ich, was zu tun war. Ich rief Doug zu mir ins Büro und erklärte: „Ich mache hier nicht mehr mit. Ich gucke nicht dabei zu, wie sich jemand umbringt."

Anfang des nächsten Jahres war eine große Europatour geplant, und mir schien die Chance, dass Mötley Crüe davon nicht in einer Concorde, sondern im Sarg zurückkamen, verdammt groß. Daher sagten wir die Tour ab und gingen zunächst einmal auf die Suche nach Nikki. Zwar ging bei ihm niemand ans Telefon, aber die Ansage hatte sich geändert – also musste er zwischendurch mal da gewesen sein. Wir fuhren zu ihm und fanden ihn bewusstlos im Badezimmer auf dem Fußboden; die Wände waren voller Blut. Er lag dort, nur in seinen Lederhosen und ohne Hemd, war völlig weggetreten und nicht ansprechbar. Langsam konnte ich ihn dazu überreden, mit zu mir zu kommen und einen Entzug zu beginnen. Das Problem mit Nikki ist meist, dass er sich von nichts und niemandem beherrschen lassen will. Er hat alles im Griff. Allerdings stellte sich nun heraus, dass das Heroin eine Gewalt über ihn hatte, der er nichts mehr entgegensetzen konnte.

Nikki blieb fast eine Woche in meinem Haus in Tarzana. Bob Timmonds kam jeden Tag vorbei, um ihn beim langsamen Entgiften zu unterstützen, und Steven Tyler von Aerosmith, der offenbar einen Narren an Nikki gefressen hatte, rief regelmäßig an, um ihn in seiner eigenen ruppigen Art zum Entzug zu überreden. „Du wirst draufgehen", sagte er ihm. „Das musst du einsehen." Schließlich brach Nikki zusammen. Er gab uns gegenüber zum ersten Mal zu, dass er seine Sucht nicht mehr kontrollieren konnte. Daraufhin gab es ein Treffen in meinem Wohnzimmer, zu dem auch die anderen Bandmitglieder kamen. Sie boten allesamt einen erbärmlichen Anblick. Nikki war kurz davor abzukratzen, Tommy war dauernd bedröhnt und hatte Zoff mit seiner Frau, Vince war völlig außer Rand und Band, und Mick verbrachte seine Tage damit, sich gleich nach dem Aufwachen so lange in Alkohol und Selbstmitleid aufzulösen, bis er wieder umfiel. Und dieser traurige Haufen sollte eine der größten und fantastischsten Rockbands der Welt sein.

Doug und ich verkündeten als Erstes, dass die Entschädigung für die geplatzte Europatournee aus eigener Tasche bezahlt werden musste. Und dann stellten wir ihnen ein Ultimatum: Entweder sie bekamen sich in den Griff, oder sie würden sich nach neuen Managern umsehen müssen. Wir bildeten eine gemeinsame Front – und hatten Erfolg. Zum ersten Mal sah Nikki ein, dass er einen Entzug in einer Klinik würde machen müssen. Tommy, der so leicht beeinflussbar ist, dass er Limonade trinken würde, wenn ihm jemand einredete, das sei cool, war natürlich sofort zu allem bereit. Vince, störrisch und uneinsichtig wie immer, scharrte mit den Füßen und laberte um die Sache herum. Und Mick sah uns nur komisch von der Seite an.

Abb. 2

Kapitel **2**

T O M M Y

DAS VON EINEM KAMPF MIT EINEM LEINENSACK SOWIE
VERGELTUNGSSCHLÄGEN FÜR ZAHLLOSE ABENTEUER ERZÄHLT.

*I*ch musste als Erster gehen. Das widerstrebte mir zwar zum Teil, aber wir lebten wirklich alle zu wild. Also schlossen wir einen Pakt, und weil ich nun mal verdammt viel beschissenen Teamgeist habe, meldete ich mich als Erster in einer Reha-
Klinik an.

Mit mir war es noch nicht so schlimm wie mit Nikki oder Vince, aber ich soff
wie ein Loch, rauchte Pot, und alle Jubeljahre setzte ich mir mit Sixx zusammen
auch mal einen Schuss Heroin. Diese Droge war so verdammt gut, dass es mir Angst
machte.

Eigentlich hatte ich keine Probleme – jedenfalls glaubte ich das, bevor ich mich
in die Cottonwood-Klinik in Tucson begab. Einer der Ärzte dort brachte diese ganze
Scheiße zum Vorschein, über die ich nie richtig nachgedacht hatte.

An zweiten Tag blieb der Doc hinter mir stehen, als ich mich setzte. In dem
Zimmer war weiter nichts als ein leerer Stuhl, der mir gegenüber stand. Den Stuhl
sollte ich mir nun ansehen und so tun, als ob meine Sucht darauf säße. Dann sagte
der Arzt alle möglichen Sachen, von denen ich mir vorstellen sollte, dass meine
Sucht sie mir entgegenhielt.

Zuerst schien mir das ziemlich blöd, aber nach einer Weile fing ich an, daran
zu glauben. „Ich weiß, du liebst mich", sagte meine Sucht. „Du denkst die ganze Zeit
nur an mich. Du kannst nicht ohne mich leben."

Plötzlich brach die ganze Wut aus mir heraus – ich sprang auf und flippte aus.
„Hör mal", brüllte ich den leeren Stuhl an, „fick dich! Ich kann sehr wohl ohne dich
und deine Scheiße leben!"

„Sehr gut. Widersprechen Sie Ihrer Sucht", sagte der Doc. „Seien Sie wütend
auf sie. Zerstören Sie sie. Sie ist nicht auf Ihrer Seite, sie ist Ihre Feindin."

Dann tauschte er den Stuhl gegen einen schweren Leinensack aus und gab mir einen Baseballschläger. Ich stürmte auf den verdammten Sucht-Sack zu und fing an, wie ein Wilder darauf einzuschlagen. Mann, mir liefen dabei echt die Tränen übers Gesicht.

„Zeigen Sie, wie Sie sich fühlen", spornte mich der Arzt noch weiter an. „Die Sucht will Ihnen wehtun. Vertreiben Sie sie aus Ihrem Leben."

Immer weiter prügelte ich auf den Sack ein und heulte dabei wie ein Baby. Es war echt wie ein Exorzismus, Leute. Diese verdammte Erfahrung werde ich nie vergessen, weil mir dabei klar wurde, dass mich jahrelang eine andere Macht kontrolliert hatte, mit der ich nun das erste Mal direkt in Verbindung trat. Ich hatte zuvor nicht gewusst, wie weit die Stärke dieser Macht reichte und wo ihre Grenzen waren. Denn Sucht ist nur so stark, wie du selbst sie sein lässt, und ich hatte sie viel zu mächtig werden lassen.

In Cottonwood hing ein Schild an der Wand, auf dem stand: „Schweigen = Tod". Diese Gleichung werde ich nie vergessen, weil sie mich so an meine Kindheit erinnerte. Meine Eltern waren im Prinzip wirklich cool, aber sie hatten die Angewohnheit, mich mit Schweigen zu bestrafen, wenn ich etwas falsch gemacht hatte. Sie schickten mich auf mein Zimmer und gaben mir keine Antwort, wenn ich wissen wollte, warum. In meinem Zimmer grübelte ich dann immer wieder darüber nach, was ich wohl getan haben könnte und wieso niemand mit mir redete. Meine Eltern wollten mir auf diese Weise eine Lehre erteilen; für mich wurde Schweigen dadurch zu einer Strafe. Als ich älter wurde, regte mich nichts so auf, als wenn man nicht mit mir sprach. Es macht mich immer noch fertig, wenn mich ein Mädchen nicht zurückruft oder wenn ich von einem Freund angeschwiegen werde, weil ich mich nicht korrekt verhalten habe. Mann, dann würde ich mich jedes Mal am liebsten in einem Loch verkriechen und sterben. Als ich also dieses Schild mit „Schweigen = Tod" sah, sagte ich zu mir: „Weißt du was? Genau so hat es sich für mich angefühlt, als ich klein war."

Jeder in der Band nahm an einem anderen Programm teil. Aber nach etwa einer Woche beschloss Bob Timmons, dass es der Band gut tun würde, gemeinsam clean zu werden, und ließ die anderen ebenfalls nach Tucson fliegen. In der Klinik bildeten wir mit ein paar anderen Leuten einen Kreis, legten uns die Arme auf die Schultern und sangen zusammen „You Can't Always Get What You Want", was wahrscheinlich gerade für eine Band wie uns die richtige Botschaft war, weil wir uns inzwischen total daran gewöhnt hatten, alles zu kriegen, was uns gerade in den Sinn kam.

Bei diesem Lied gingen bei mir gleich wieder alle Schleusen auf, und ich guckte Nikki an und schluchzte: „Ist das nicht der schönste Song der Welt?" Aber er sah mich bloß an, als sei ich durchgedreht, und dann wandte er sich an Mick und flüsterte, ich sei jetzt wohl total auf diese Therapiescheiße reingefallen. Ich glaube, niemand in der Band hat mich je ernst genommen. Die anderen betrachteten mich immer wie einen jungen Hund mit zu großen Pfoten, der ständig über irgendwas stolperte.

Nach dem Singen setzten wir uns dann alle hin. Unser Betreuer sagte, wir sollten uns vorstellen, dass wir wieder Kinder seien, und ganz plötzlich brach Nikki zusammen. Er wurde ganz rot im Gesicht und schien fast zu ersticken; jedenfalls bekam er keinen Ton raus. Später sagte er, er habe sich selbst an einem Ende einer Straße gesehen, während seine Mutter am anderen Ende stand, und die ganze unverarbeitete Bitterkeit und Ablehnung, die er gegenüber seinen Eltern fühlte, seien wieder in ihm hochgekommen. So wie die anderen die Traurigkeit gesehen hatten, die ich hinter meinem Clownsgesicht verbarg, so lernten wir jetzt auch Nikki von einer anderen Seite kennen. Er war nicht mehr nur der wilde Stier, der alles auf die Hörner nahm, sondern hatte eine empfindsame Seite mit echten, tiefen Gefühlen.

Selbst Vince, der von uns allen am wenigsten von sich preisgab, begann sich zu öffnen und Tränen zuzulassen. Zum ersten Mal entdeckte ich eine Schwäche bei Mötley Crüe, die mir noch nie aufgefallen war. Wir verwandelten uns in verletzte kleine Kinder, außer Mick, der seltsam stur und verschlossen blieb. Wenn wir sangen oder meditierten oder eine der anderen Übungen machten, bei denen wir lernen sollten, mit unseren Gefühlen umzugehen, machte er stets ein Gesicht, als wollte er gleich kotzen.

Kapitel **3**

M I C K

IN DEM SICH DER STANDHAFTE MICK WEDER VON TEMPERENZLERN,
KULTGRUPPEN NOCH DER VERLOCKUNG TEURER FREMDENZIMMER
BEEINDRUCKEN LÄSST.

ie Sache war ganz einfach: Ich merkte, wie hässlich und aufgedunsen ich aussah. Ich merkte, dass Nikki an der Schwelle des Todes stand. Ich merkte, dass wir unsere Manager so sehr nervten, dass sie kurz davor waren, das Handtuch zu werfen. Das konnte ich gut verstehen, denn mich selbst kotzte die Band inzwischen so an, dass ich ernsthaft über den Ausstieg nachdachte, wenn sich da nichts änderte.

Also hörte ich auf zu trinken. Das funktioniert nur, wenn man es wirklich will. Und ich wollte es. Mir gefiel dieses Gefühl von Verletzlichkeit nicht, das ich hatte, wenn ich blau war, weil man in diesem Zustand nämlich schnell ausgenutzt werden kann. Außerdem hatte ich meine Knochen ziemlich in Mitleidenschaft gezogen, wenn ich volltrunken eine unvorsichtige Bewegung machte. Oft wachte ich dann am nächsten Morgen mit lähmenden Schmerzen wieder auf, die ich sofort mit mehr Alkohol betäubte, bis ich mit besoffenem Kopf die nächste Dummheit machte.

Nachdem ich trocken geworden war, nahm ich in nur wenigen Wochen zehn Kilo ab, und ein großer Teil der Falten verschwand ebenfalls. Wenn ich merkte, dass mich die Lust auf einen Drink überkam, oder wenn ich genervt war, hielt ich ein imaginäres Schnapsglas fest, brüllte „Wumm!" und riss die Hand an den Mund, als wollte ich einen Tequila kippen. Dieses „Wumm" war meine Therapie. Wahrscheinlich habe ich damit jede Menge Leute erschreckt, aber mir hat es geholfen. Außerdem war es billiger als ein Entzug in der Klinik.

Nikki, Tommy und Vince waren in dieser Zeit so oft in irgendwelchen Reha-Maßnahmen, dass ich die Übersicht verlor, wer wann wo steckte. Nikki glaubt zwar, dass diese Entzüge der Band gut getan haben, aber ich halte nichts davon. Ich besuchte die anderen in der Klinik und bekam mit, wie diese Therapeuten sie aus-

Mick

237

einander nahmen, bis sie sich wie Nullen fühlten. Sie wurden erniedrigt und klein gemacht und saßen mit Leuten zusammen, die echte Probleme hatten, die vom Vater vergewaltigt worden waren oder miterlebt hatten, wie die Mutter umgebracht wurde. Tommy, Vince und Nikki hatten keine solchen Probleme: Sie waren noch so beschissen jung, dass sie mit ihrem Leben noch nicht mal richtig angefangen hatten. Für Tommy war dieser ganze Prozess am schwersten, glaube ich, weil er inzwischen zu Wutausbrüchen neigte, wenn er was getrunken hatte, und nachdem die Situation bei ihm zuhause zu Weihnachten eskaliert war, musste er unbedingt trocken werden, um seine Ehe zu retten. Er war noch ein Kind, als es mit der Band losging, und wahrscheinlich verliert man leicht den Boden unter den Füßen, wenn man schon als Teenager zum Millionär wird.

Wir trafen daher eine Vereinbarung: Bevor es mit den Aufnahmen zur neuen Platte losging, wollten wir alle trocken und clean sein. Also machten die Jungs einen Entzug, zogen sich anschließend wieder jede Menge Drogen ein, und dann gingen sie für eine Woche in die Klinik, um sich zu erholen. Das war wie eine besonders teure Art von Urlaub, denn diese ganzen Therapeuten und Klinikbetreiber kassierten dafür eine schöne Stange Geld – egal, ob die Jungs dabei von ihrer Sucht geheilt wurden oder nicht. Wenn man Glück hatte, kriegte man als Gegenleistung für die zehntausende von Dollars vielleicht nach neunzig drogenfreien Tagen einen Schlüsselanhänger geschenkt. Meiner Meinung nach kann man seine Sucht nur dann überwinden, wenn man wirklich dazu entschlossen ist, und die ganzen Entzugsprogramme können einem dabei herzlich wenig helfen. Das ist jedenfalls meine Meinung – denn für mich hat der Entzug auch ohne Klinik bestens funktioniert. Ich habe jetzt nur noch ein einziges Laster: Ich sammle alte Gitarren. Vielleicht bin ich deswegen der Langweiler der Band.

Obwohl ich allein mit dem Trinken aufhörte, musste ich trotzdem zu den Gruppensitzungen und zur Therapie. Unser Management wollte die Band offenbar komplett umkrempeln, und wir mussten alle zur Gehirnwäsche bei irgendwelchen Psychofritzen, die uns andere Verhaltensmuster beibringen wollten. Einmal die Woche mussten wir zur Beziehungsberatung, wie ein altes, verbittertes Ehepaar. Da lernten wir dann, wie wir miteinander reden konnten, ohne uns gleich an den Hals zu gehen, sprachen über unsere Gefühle oder diskutierten aktuelle Vorkommnisse.

Mir ging das wahnsinnig auf den Nerv. Erstens machte es mir den Tag kaputt, dass ich da hingehen und meine Zeit absitzen musste, obwohl ich nicht dran glaubte. Zweitens konnte ich es kaum mit ansehen, dass die anderen nicht stark genug waren, diesen oberflächlichen Therapiescheiß zu durchschauen und ihre Probleme auf eigene Faust in den Griff zu bekommen. Jeder Therapeut wollte uns dazu bringen, unseren Gefühlen freien Lauf zu lassen und zu heulen, und diese Heulerei hasse ich. Erwachsene Männer, die in einer verdammten Krise das Heulen kriegen, werden untergehen, weil der Gegner nämlich garantiert nicht flennt. Wenn du heulst, wird man dich gründlich in deinen verdammten Heulsusenarsch treten und dich fertig machen. Mein Vater sagte zu mir: „Wenn du ein Kind bist, handle wie ein Kind. Wenn du ein Mann bist, handle wie ein Mann." Es nervte mich unglaublich, dass sich jeder in der Band plötzlich in Tränen auflöste. Wenn du so weich bist, dass du heulst, geh am besten zurück in den Kindergarten.

Die Grundsätze, die in diesen teuren Therapien vermittelt wurden, waren so einfach: Halte dich fern von Alkohol und Drogen und anderen Sachen, unter deren Einfluss du dich danebenbenimmst. Denk nach, bevor du auf einen negativen Impuls reagierst. Sprich über deine Gefühle, anstatt sie in dich hineinzufressen, weil sie dich und dein Umfeld sonst irgendwann zerstören. Das wussten wir vorher auch schon alles. Die einzige schlechte Angewohnheit, die wir hatten, war die Therapie. Aber ich ging trotzdem brav jede Woche hin: Ich brauchte nämlich keinen Therapeuten, um zu wissen, dass wir wieder wie eine Band zusammenhalten mussten, wenn wir zusammen wieder Großartiges machen wollten.

Die Aufnahmen zum neuen Album fanden in Kanada statt, und die Drogenmissbrauchstherapeuten kamen mit – auf unsere Kosten. Später, als wir nach Abschluss der Arbeit wieder in L. A. waren, bummelte ich eines Tages mit Emi durch ein Einkaufszentrum in Beverly Hills und suchte nach Möbeln für das neue Haus, das ich uns gekauft hatte, obwohl es eigentlich zu teuer war. „Mick!", rief eine Frau von der anderen Straßenseite herüber und kam auf uns zu. Sie sah aus wie eine Obdachlose und roch nach Alkohol. Sie war so breit, dass sie kaum gehen konnte. Ich sagte hallo und ging schnell weiter.

„Was war das denn für eine kaputte Frau?", fragte Emi.

„Die?", gab ich zurück. „Das war unsere Therapeutin."

Abb. 3

Von links: Bob Timmons, Vince, Mick, Rich Fisher

Kapitel
N I K K I

IN DEM UNSER HELD UNVERHOFFT VON DER LIEBE ÜBERFALLEN WIRD,
ALS ER SEINE MUSE UM INSPIRATION FÜR DIE LANGE VERNACHLÄSSIGTE
KUNST DES SONGSCHREIBENS BITTET.

*M*onatelang quälte ich mich durch das Auf und Ab von Entzug und Rückfall, bis ich es endlich geschafft hatte. Und die Erste, die mir danach begegnete, war komischerweise Demi Moore, die mir damals als Erstes was von den Anonymen Alkoholikern zugeflüstert hatte. Sie drehte in Vancouver gerade einen Film, als wir dort an *Dr. Feelgood* zu arbeiten begannen. Und es kursierten Gerüchte, dass Demi und Bruce Willis sich trennen wollten. Wir waren beide bei meinem Produzenten Bob Rock zum Essen eingeladen, und anschließend fragte sie mich, ob ich sie zu ihrem Hotel begleiten wollte. Manchmal geht es in solchen Fällen ja wirklich nur ums Nachhausebringen, aber als Rockstar ging ich natürlich davon aus, dass dieses Angebot etwas anderes bedeutete.

Ich wusste, dass ich meine Sucht wirklich überwunden hatte, als ich nicht auf ihr Angebot einging. Der Grund dafür hieß Brandi Brandt. Seit meinem siebten Lebensjahr, als ich zum ersten Mal in Mexiko Pot geraucht hatte, war kaum ein Tag vergangen, an dem ich mir nicht mit irgendetwas den Kopf zugedröhnt hatte. Zwanzig Jahre lang war ich der Realität erfolgreich aus dem Weg gegangen. Als ich also endgültig vom Heroin runterkam, wusste ich mit mir überhaupt nichts anzufangen. Das nüchterne Leben machte mir Angst. Ich musste unglaublich viel nachholen. Und ich hatte keine Ahnung, wo ich dabei anfangen sollte.

Schon seit längerem ging ich nicht mehr in Clubs, und ich war auch schon so lange mit niemandem mehr im Bett gewesen, dass ich praktisch mit meiner rechten Hand verlobt war. Schließlich war ich so durcheinander und fürchtete mich so vor der Welt draußen, dass ich zu einem Psychiater ging. Die ganzen Entzüge und die Therapien hatten meine Schutzschichten so weit heruntergepellt, dass ich mir überhaupt nicht mehr wie Nikki Sixx vorkam. Jetzt fühlte ich mich wieder wie der kleine Junge in Idaho, der Außenseiter, der mit Allan Weeks befreundet war. Ich musste erst einmal lernen, wie man sich als erwachsener Mann verhielt, denn mir wurde klar, dass ich mich die ganze Zeit wie ein Kind aufgeführt hatte: unreif, impulsiv und höchst zugänglich für alles Böse dieser Welt.

Der Therapeut schlug vor, dass ich es mit einem neuen Medikament namens Prozac probieren sollte. Eigentlich widerstrebte es mir, zu einer Droge zu greifen, auch wenn diese jetzt legal war, aber der Arzt erklärte mir, dass in meinem Körper durch den jahrelangen Drogenkonsum ein chemisches Ungleichgewicht entstanden und die Produktion eines bestimmten Stoffs, Serotonin, in meinem Gehirn gestört sei. Er gab mir zwei Schachteln, die jeweils zehn Stück der neuen Wunderpille enthielten. Als ich ging, warf ich zwei davon ein, und als ich zuhause ankam, fühlte ich mich wieder ruhig.

Vielleicht war es nur ein Placebo, aber nach zwei Tagen traute ich mich wieder aus dem Haus und nahm sogar Kontakt zu Freunden auf. Ich ging einmal mit Lisa Hartman aus, obwohl sich dann nichts weiter zwischen uns entwickelte; sie sagte, sie hätte nur wenig Zeit – wobei die, wie ich später feststellte, für Clint Black sehr wohl gereicht hatte. Wie ich bald merkte, hatten die meisten meiner so genannten Freunde keine Zeit mehr für mich. Ein paar von den Metallica-Jungs kamen im *Cathouse* zu mir rüber und wollten mich zu einem Drink einladen, aber als ich sagte, dass ich trocken sei, rückten sie wieder ab und redeten nicht mehr mit mir. Genauso war es mit Slash und mit allen anderen.

Glücklicherweise hatte Eric Stacy, ein alter Freund, der bei Faster Pussycat Bass spielte, ebenfalls gerade einen Entzug gemacht, und ich fragte ihn, ob er nicht bei mir einziehen wolle: Dann könnten wir zusammen trocken rumhängen und uns wie Idioten fühlen. Gelegentlich gingen wir abends in Clubs und versuchten, Weiber abzuschleppen. Aber entweder hatten wir vergessen, wie das ging, oder wir hatten es überhaupt nie gewusst. Erst sagten wir „Hi", dann sagten sie „Hi", und darauf folgte ein unbehagliches Schweigen, bis wir schließlich aufgaben: „Na, auch egal."

Rikki Rachtman, der *Cathouse*-Manager, hatte schließlich Erbarmen mit mir und meiner rechten Hand und organisierte mir ein Blind Date mit der damaligen Miss October – obwohl das Date ja nicht so blind ist, wenn man weiß, dass man sich mit einem Playmate des Monats trifft. Zu der Zeit war ich noch ein emotional wenig belastbarer Rockstar auf Prozac, der erstmals die nüchterne Realität erforschte, und sie war ein Playmate, das gerade in einem Karriereknick steckte. Eine schlechte Kombination. Brandi, eine üppige Brünette mit funkelnden, unschuldigen Augen, hatte sich gerade von Taime Downe von Faster Pussycat getrennt, weil sie bei ihm im Mülleimer einen benutzten Gummi gefunden hatte.

Wir hatten erstmals bei ihr miteinander geschlafen, als das Telefon klingelte. Brandis Mutter war am Apparat, und ich konnte mithören, wie sie von einem Typen namens Nikki erzählte, den sie vor einiger Zeit getroffen hatte und nun mal wieder anrufen wollte, weil sie ihn wirklich gemocht hatte.

Die Stimme kannte ich: Sie gehörte Brie Howard, die sich für die *Girls*-Tour als Backgroundsängerin beworben hatte. Ich hatte sie völlig vergessen. Ein paar Nächte hatten wir ein bisschen Spaß miteinander gehabt. Aber das hatte ich nicht gewusst: War sie etwa Brandis …?

„Äh, Mama", sagte Brandi. „Ich würde Nikki nicht anrufen. Melde dich doch lieber bei dem netten Produzenten, mit dem ich dich neulich gesehen habe."

Mein Leben fühlte sich so fremd an ohne Drogen, dass ich gern zuließ, dass Brandi die entstandene Leere füllte. Es war so aufregend, mal wieder mit jemandem vom anderen Geschlecht zusammen zu sein, und es machte so viel Spaß, dass ich mich in eine richtige Beziehung stürzte. Aber ich war noch immer ein Kind: Ich brauchte das Gefühl, jemanden zu lieben und geliebt zu werden. Seit ich clean war, spürte ich meine Emotionen plötzlich wieder, aber ich hatte noch immer nicht gelernt, wie sie zu interpretieren waren.

Brandi und ich kannten uns erst ein paar Wochen, als ich wegen der Arbeit am *Dr. Feelgood*-Album nach Vancouver musste, und durch die Entfernung wurde die Illusion des Verliebtseins nur noch verstärkt. Zwar fühlte ich mich ohne sie einsam und deprimiert, aber da ich nicht mehr das Bedürfnis verspürte, dauernd auf die Jagd nach Drogen oder Weiberröcken zu gehen, nutzte ich meine Zeit jetzt kreativ und schrieb wieder Songs. Dafür gab es nach den Erlebnissen des letzten Jahres mehr als genug Stoff; die Überdosis, die mich fast umgebracht hatte, inspirierte mich zum ersten Song des Albums, „Kickstart My Heart" – ich habe bisher aus jeder Überdosis einen Song herausgeholt. Diesmal war es nicht wie bei *Girls, Girls, Girls*, wo ich immer nur so lange mit den Drogen aufgehört hatte, bis ich wieder einen Füller fürs Album zustande brachte. Stattdessen hatte ich Zeit und Durchblick genug, um Überflüssiges abzuschleifen, mich mit der Band abzusprechen und die Songs durch die Mötley-Maschine zu schicken, wo sie so lange diskutiert und verändert wurden, bis wir alle mit ihnen zufrieden waren. Bei den Treffen in den vergangenen Monaten hatte die Band mir vorgeworfen, dass ich mich wie ein Diktator aufführte, was meine Songs und meine Vision betraf, also hörte ich den anderen zum ersten Mal zu und ging auf ihre Vorschläge ein. Dadurch, dass Tommy sich immer mehr in den Prozess des Songschreibens mit einbrachte, vertiefte sich unsere Freundschaft; er weckte mich oft schon frühmorgens, um mit mir über neue Ideen zu sprechen. Echte Freundschaften hatte ich bisher immer vermieden – wahrscheinlich wegen der Sache mit meinem Vater –, und daher wurde Tommy mein erster und einziger Freund in dieser Zeit. Jetzt, mit klarem Kopf, hatten wir auch die Geduld, uns andere Bands als nur Sweet, T. Rex, Aerosmith und die New York Dolls anzuhören – ich begann, mich für alles Mögliche, von Miles Davis bis Whitney Houston, zu öffnen, und ich erkannte, dass es ein ganzes Universum aus Klängen und Gefühlen, verzwickten Melodien, Basslinien und Rhythmen zu entdecken gab, das ich bisher völlig ignoriert hatte.

Allmählich bekamen wir alle das Gefühl, dass dieses Album unser bisher bestes werden konnte. Das Studio war zur Abwechslung mal nicht dazu da, um Mädchen flachzulegen oder Partys zu feiern; diesmal wurde hier gearbeitet. Und zwar richtig. Wir hatten Bob Rock als Producer engagiert, weil uns die Alben gefielen, die er für Kingdom Come, The Cult und Ted Nugent abgeliefert hatte. Er hatte nun die Aufgabe, uns nach einem Jahrzehnt voller Drogen, Tod, Beziehungen und Entzügen wieder zu Mötley Crüe zu machen.

Wo Tom Werman „Okay, das reicht" gesagt hatte, trieb Bob Rock uns an wie Galeerensklaven. Sein Lieblingsspruch war: „Das könnt ihr besser." Nichts war ihm gut genug. Bei *Shout At The Devil* hatte Mick die gesamten Gitarrenparts in zwei Wochen aufgenommen; jetzt brachte Bob Rock ihn dazu, zwei Wochen lang an einem einzigen Gitarrenelement zu arbeiten, bis es perfekt in sich stimmig war. Aber auch wenn Mick deswegen ziemlich gereizt und frustriert war, er hatte es immer noch leichter als Vince, der an manchen Tagen nur ein einziges Wort auf Band brachte, mit dem Bob zufrieden war. Bob war kritisch, fordernd und achtete wie besessen auf Pünktlichkeit. Dieses strenge Regime zu einer Zeit, wo wir erstmals versuchten, dauerhaft ein Leben ohne Drogen zu führen, brachte uns alle an unsere Grenzen, und wir mussten lernen, mit den heftigen und unberechenbaren Stimmungsumschwüngen der anderen fertig zu werden. Wenn wir morgens ins Studio gingen, wussten wir nie, in welcher Stimmung wir es abends wieder verlassen würden – ob als die beste Band der Welt oder als vier grantige Idioten, die nicht mal ihre Instrumente beherrschten.

In acht Karrierejahren und bei Millionen von verkauften Alben hatten wir niemals richtig im Studio gearbeitet. Niemand hatte uns zuvor bis an die Grenzen unseres Könnens geführt oder mehr von uns verlangt, als wir glaubten, geben zu können – nur damit wir feststellten, dass wir tatsächlich noch mehr leisten konnten. Wir hatten es nur noch nie versucht. Neben uns im Studio waren Aerosmith mit den Aufnahmen zu *Pump* beschäftigt, und sie hatten denselben Drogenberater wie wir, Bob Timmons. Nach der Arbeit trafen wir uns gelegentlich, um uns gemeinsam den spannenden Unternehmungen hinzugeben, die man sich als drogenfreier Rockstar gönnen konnte: genussvolles Mineralwassertrinken oder eine Runde Jogging rund um den nahe gelegenen See.

Diese gesamte Vorgehensweise war das genaue Gegenteil des Punk-Prinzips, das mir als Teenager so wichtig gewesen war. Lauter, rauer, schlampiger Rock 'n' Roll voller Fehler begeisterte mich immer noch. „Same Ol' Situation" sollte vor Schmierigkeit triefen, für „Dr. Feelgood" wollte ich einen Groove, der Köpfe einschlagen konnte, „Kickstart My Heart" sollte so wild sein wie ein Speedball, und „Don't Go Away Mad (Just Go Away)" plante ich als den idealen Soundtrack, um ein Zimmer in Schutt und Asche zu legen. Aber gleichzeitig wollte ich auch endlich ein Album abliefern, auf das ich stolz sein konnte.

In der Klinik hatte man mir gesagt, die einzige Möglichkeit, die Sucht zu überwinden, läge darin, die Hilfe einer höheren Macht anzurufen, die das Leben wieder in die richtigen Bahnen lenkt. Die meisten Menschen wählen Gott oder die Liebe.

Ich wählte die einzige Frau, die mich mein ganzes Leben lang nie im Stich gelassen hat: die Musik. Und jetzt war es an mir, mich für ihr Vertrauen und ihre Geduld erkenntlich zu zeigen.

Ich handelte dennoch in blindem Glauben. Wir waren so begeistert von dem Material, an dem wir so hart gearbeitet hatten, dass wir gar nicht mitbekommen hatten, dass man uns innerhalb der Musikindustrie nach *Girls, Girls, Girls* ziemlich abgeschrieben hatte. Wir waren schon seit zehn Jahren aktiv, und offenbar war den meisten das lange genug. Die Achtziger waren fast vorbei, in Seattle entwickelten sich völlig neue Dinge, und wir waren eine bloße Pudelrocker-Band, die mit ein paar Singles Glück gehabt hatte. Das Business hielt uns für alt und abgehangen.

Aber das sollte sich gründlich als Irrtum erweisen.

T O M M Y

IN DEM EIN UNTERNEHMEN, DAS URSPRÜNGLICH VOLL VERANTWOR-
TUNGS- UND PFLICHTBEWUSSTSEIN BEGANN, GRÜNDLICH SCHEITERT
UND DEN BITTEREN GESCHMACK VON VERRAT, TREULOSIGKEIT UND
GESALZENEN FLUGZEUGIMBISS-ERDNÜSSEN ZURÜCKLÄSST.

*K*urz vor der *Girls, Girls, Girls*-Tour verursachten Heather und ich den Sturz eines der größten Kokaindealer in ganz Amerika. Und das alles nur, weil wir nicht allein nach Jamaika hatten fliegen wollen.

Unser Manager Doc McGhee hatte eine Menge zweifelhafter Freunde auf den Cayman-Inseln – verrückte, durchgeknallte Typen, die alle nur Vornamen zu haben schienen. Diese Jerrys, Leighs und Tonys brachten riesige Koffer voll mit Koks und Bargeld auf die Insel, wo die Kohle dann gewaschen und am Finanzamt vorbeigemogelt wurde.

Leigh, ein gebräunter und gepflegter Südstaatler, zählte zu den Coolsten unter Docs Freunden. Das erste Mal traf ich ihn auf den Caymans, als Vince und ich dort für ein paar Tage Urlaub machten. Leigh kam mit einem Diplomatenkoffer in das Haus, das Doc für uns gemietet hatte, und unsere ersten Worte waren: „Oh, pack aus, pack aus!" Denn wir wussten, was in dem Scheißkoffer drin war: bergeweise weißes Pulver, in das wir unsere Nasen richtig tief reinhängen konnten.

Leigh öffnete den Deckel und gab uns eine kleine Portion Koks zum Rauchen.

„Ist das alles, was du für uns hast?", brüllte Vince ihn an.

„Pass mal auf", erwiderte Leigh. „Wenn ihr den Koffer aufkriegt, könnt ihr mehr bekommen." Er zwinkerte uns dabei zu, ließ die Schlösser einschnappen und verdrehte die Zahlenrädchen.

Sein Geschenk hatten wir innerhalb von zehn Minuten konsumiert, und wie das dann immer so ist, bekamen wir sofort richtig heftig Lust auf mehr.

Vince und ich schnappten uns den Koffer und probierten jede Zahlenkombination aus, die es gab. Wir waren so drauf, dass wir tatsächlich glaubten, jede einzelne Einstellung getestet zu haben, die bei drei Ziffern möglich war. „Warte", schrie Vince, als ihm wieder etwas einfiel. „Haben wir es schon mit 666 versucht?"

Letzten Endes ging ich in die Küche, nahm ein großes Fleischermesser und schnitt einfach den Deckel von Leighs Tausend-Dollar-Koffer auf. Drinnen glitzerte es wie weißes Gold: Dutzende großer Plastikbeutel voller Schnee lagen vor uns. Wir schlitzten sie auf und stürzten uns auf sie, als gingen wir Äpfel klauen.

Eine Stunde lang hatten wir uns in diesem verschneiten Paradies ausgetobt, als Doc zur Tür hereinkam. „Was zum Teufel macht ihr da?"

Vince, dessen Gesicht weiß von Koks und nass von Sabber war, sah zu ihm hoch. „Na ja, Leigh hat gesagt, wir könnten das Zeug haben, wenn wir den Koffer aufkriegen. Also haben wir uns bedient."

Doc war stinksauer und warf uns aus dem Apartment. Wenn ich mich recht erinnere, mussten wir die Drogen, die wir vernichtet hatten, letzten Endes von unseren Tantiemen bezahlen.

Wenig später wurde Leigh hochgenommen. Er pflegte sich auf den Caymans mit richtig superheißen Weibern zu treffen, immer wieder anderen, die er jeweils zu zweit für ein paar Tage einfliegen ließ; wir dachten deswegen, er wäre ein Zuhälter oder so was. Tatsächlich nutzte er sie als Drogenkuriere, um seinen Stoff in die USA einzuschmuggeln. Einmal kamen zwei rattenscharfe Blondinen aus New Orleans, um eine Weile mit Doc, Leigh und den Jungs von Bon Jovi abzuhängen, die Doc ebenfalls managte. Als die Mädels wieder abfliegen sollten, klebte Leigh ihnen Drogenpäckchen am ganzen Körper fest und brachte sie dann zum Flughafen. Es war ihr erster Schmuggelversuch, und eine der beiden hatte die schlaue Idee, sich auch eine Schere auf die Haut zu kleben, weil sie sich überlegte, falls sie geschnappt würde, könnte sie die Drogen damit schneller losschneiden.

Als Miss Superschlau und ihre Freundin durch die Kontrollen gingen, löste die Schere natürlich den Metalldetektor aus. Sie wurde durchsucht, und die Beamten fanden das Koks, dann nahmen sie sich auch ihre Freundin vor. Die Insel ist recht klein, und daher wusste man, wo die Mädchen gewesen waren: bei Leigh und den Bon-Jovi-Jungs, die schon einen früheren Flug genommen hatten. Daraufhin ging die Polizei auf die Suche nach Leigh, der sich mit seiner Privatmaschine schnell auf eine der anderen Inseln absetzte und einstweilen entkam.

Und hier kamen Heather und ich ins Spiel. Wir wollten nach Jamaika. Aber wir kannten dort unten niemanden, und Leigh war schließlich mit der ganzen verdammten Karibik auf Du. Also baten wir Doc, ihn für uns anzurufen, und er willigte ein, sich mit uns in Jamaika zu treffen und uns die Gegend zu zeigen. Was wir jedoch nicht wussten, war, dass das FBI einen Deal mit der jamaikanischen Regierung hatte, und sein Flugzeug hatte kaum auf dem Rollfeld in Kingston aufgesetzt, als man ihn auch schon umstellte, aus der Maschine holte und in den nächsten Jet nach Tampa verfrachtete, wo er dann verhaftet wurde. Heather und ich fühlten uns entsetzlich: Wir hatten jetzt keinen Jamaika-Führer mehr.

Für Leigh ging die Sache dann aber doch noch ganz gut aus. Er wurde zu einer lebenslangen Freiheitsstrafe verurteilt, schrieb uns noch ein paar Mal, und dann hörten wir nichts mehr von ihm. Aber dann, als wir auf der *Decade Of Decadence*-Tour in Tampa waren, tauchte er doch glatt dort auf, von Kopf bis Fuß superedel in Armani gehüllt. Er wollte mir nicht verraten, weshalb er trotz lebenslänglich schon nicht mal zehn Jahre später wieder draußen war, aber er behauptete, mit Schnee habe er nichts mehr zu tun. Ich zu der Zeit allerdings auch nicht mehr.

Und auch unser Manager Doc McGhee nicht. Vor seiner Arbeit mit uns hatte er offenbar ein Doppelleben geführt, dessen Geheimnisse plötzlich ans Licht kamen, als er wegen Beihilfe zum Schmuggel verhaftet wurde: Zwanzigtausend verdammte Kilo Haschisch waren mit seiner Hilfe von Kolumbien nach North Carolina gelangt. Das war nicht die einzige Geschichte, wegen der er mit dem Gesetz in Konflikt kam: Man warf ihm außerdem vor, Anfang der Achtziger mit einigen verrückten Geschäftemachern, die offenbar gute Kontakte hatten, gemeinsame Sache gemacht zu haben, um rund zweihundertfünfzigtausend Kilo Kokain und Gras in die USA einzuschmuggeln. Während wir gerade mit unseren jeweiligen Entzugsprogrammen beschäftigt waren, wurde Doc zu einer Geldstrafe von fünfzehntausend Dollar und fünf Jahren auf Bewährung verknackt. Nachdem er sich wegen der Sache in North Carolina schuldig bekannt hatte, bekam er außerdem die Auflage, eine Anti-Drogen-Organisation zu gründen, die „Make a Difference Foundation".

Doc war klar, dass jeder andere wegen dieser Geschichten mindestens zehn Jahre eingefahren wäre, und beschloss also, der ganzen Welt möglichst deutlich zu beweisen, dass er als freier Mann einen nützlichen Beitrag zur Gesellschaft leisten konnte. Und dabei kam ihm die Idee, anlässlich des zwölften Jahrestags von Woodstock das Music-Peace-Festival in Moskau zu organisieren, um bei diesem Riesenspektakel ein Zeichen gegen Drogenmissbrauch und für die Liebe zwischen den Menschen zu setzen – mit uns, Ozzy, den Scorpions und Bon Jovi. Der Erlös sollte an Organisationen wie die „Make a Difference Foundation" gehen, die sich dem Kampf gegen Drogen und Alkohol verschrieben hatten.

Aber das Unternehmen stand unter einem schlechten Stern, und das fing schon an, als wir das Flugzeug bestiegen. Wir hatten untereinander vereinbart, dass wir allesamt drogenfrei bleiben und unsere Musik mit klarem Kopf bis an die Spitze der Charts bringen würden. *Dr. Feelgood* sollte in ein paar Wochen erscheinen, und Doc hatte uns erklärt, ein Aufwärmkonzert in Moskau sei dazu der ideale Einstieg. Wie er sagte, waren alle Bands bei diesem Festival gleichberechtigt, es sollte keine Headliner geben, und jeder würde einen schlichten Auftritt von fünfzig Minuten haben, ohne Effekte, ohne großen Bühnenaufbau. Erst sollten die Scorpions spielen, dann Ozzy, dann wir und schließlich Bon Jovi.

In dem Moment, als wir in Docs Flugzeug stiegen, das innen mit den psychedelischen Hippiebildern von Peter Max dekoriert war, überwältigte uns die Erinnerung an die Tourneen zu *Theatre Of Pain* und *Girls, Girls, Girls*. Vor uns lag eine eintägige Flugreise, und wir hatten nichts zu tun. Allerdings war ein so genannter Doktor mit an Bord, der die nicht so enthaltsam lebenden Bands mit dem versorgte, was sie gerade so brauchten. Es war klar: Dieses Festival war die größte Heuchelei unter der Sonne. Selbst Mick war während des ganzen Flugs in richtiger Scheißlaune: Seit einem Jahr zahlte er nun schon brav für die Drogenprobleme seiner Band, und jetzt war er auf dem Weg nach Moskau, um die Rechnung zu begleichen, die seine Manager – die Typen, die eigentlich auf uns aufpassen sollten – mit ihren Drogengeschichten hatten auflaufen lassen.

Als wir in Moskau ankamen, wurde schnell klar, dass es in jeder Hinsicht Scheiße lief und dass Doc jeder Band was anderes erzählt hatte, damit sie bei dem Festival mitmachte. Jon Bon Jovi hielt den Gig für eine weitere Station seiner eigenen Welttournee, während wir davon ausgegangen waren, dass jede Band nur einen eingeschränkten, sparsamen Set bringen würde. Dann teilte uns der Production Manager mit, dass wir degradiert worden waren: Wir sollten nun vor Ozzy und den Scorpions spielen. Ich war außer mir vor Wut. Als unser Manager hätte Doc dafür sorgen sollen, dass wir die besten Bedingungen für unseren Auftritt hatten. Stattdessen gab er Bon Jovi, die er noch nicht so lange betreute, den Vorzug vor uns und den Scorpions, die zu der Zeit in Russland enorm erfolgreich waren.

„Fick dich, Doc", fauchte Nikki ihn an. „Wir sind nicht bis nach Russland geflogen, um hier den Opener zu machen, während die Wichser von Bon Jovi eineinhalb Stunden lang als Headliner spielen dürfen. Was läuft hier eigentlich?"

„Alter, wir fahren nachhause!", brüllte ich Doc entgegen. Ich war richtig angepisst. „Hier geht's doch überhaupt nicht um uns, hier geht's doch nur um Bon Jovi!"

„Das könnt ihr doch nicht machen", bettelte Doc. „Das wäre eine Schweinerei."

„Hey", sagte Nikki. „Es sind nicht wir, die sich hier nicht korrekt verhalten. Du hast uns was erzählt, was überhaupt nicht stimmt. Du hast gesagt, alle wären gleich bei dieser Show, und jetzt darf jede andere Band länger spielen als wir. Das soll ja wohl ein Witz sein."

Schließlich gelang es Doc, uns zu beruhigen, und wir gaben nach – allerdings hauptsächlich aus Respekt vor Ozzy, der uns schließlich mit auf Tour genommen hatte, als uns noch niemand kannte, und bei dem jetzt unser Freund Randy Castillo am Schlagzeug saß.

Am ersten Abend lieferten wir eine gute Show, und es war geil, zum ersten Mal „Dr. Feelgood" und „Same Ol' Situation" aus den Boxen zu hämmern. Ozzy war verrückt und großartig wie immer, und bei den Scorpions rasteten die Russen total aus. Nach deren Auftritt begann das Publikum – wohl um die einhundertfünfundzwanzigtausend Leute –, langsam die Halle zu verlassen. Doch dann hatte Kollege Bon Jovi seinen großen Auftritt: Er ging mitten durch die Halle, flankiert von russischen Polizisten, die dafür sorgten, dass sich die Zuschauermassen vor ihm teilten wie das Rote Meer. Als er an der Bühne ankam, gab es einen enormen Donnerschlag, und Feuerwerk, Lichtblitze und alle möglichen pyrotechnischen Spielereien explodierten. Das Publikum raste vor Begeisterung, und ich schiss mir fast in die Hosen.

Man braucht eine offizielle Erlaubnis, um derartige Feuerwerkskörper nach Russland einführen zu dürfen, und daher war klar, dass Doc die ganze Zeit über schon gewusst haben musste, wie die Show von Bon Jovi geplant war. Der Donnerknall war noch nicht verklungen, als alle anderen, die Crew und die Bands, zu uns herübersahen. Sie wussten, dass es jetzt richtig Ärger geben würde. Ich machte mich auf die Suche nach Doc und erwischte ihn hinter der Bühne. Dort baute ich mich vor ihm auf und gab ihm einen kräftigen Stoß gegen seinen kleinen, fetten Oberkörper, sodass er wie ein Streichholz zusammenknickte und zu Boden stürzte. Als er da vor uns lag, erklärte Nikki: „Doc, du hast uns schon wieder angelogen. Und deswegen bist du jetzt gefeuert.“

Wir blieben anständig und traten am nächsten Tag trotzdem noch einmal auf; anschließend hatte uns unser Tourmanager einen Heimflug mit Air France gebucht. Wir hatten die Nase voll davon, Doc dabei zu helfen, seine gerichtlichen Auflagen zu erfüllen.

Über Paris und New York flogen wir dann nachhause, wo wir mit Doug Thaler über Docs Rauswurf sprachen und überlegten, wie er seine eigene Managementfirma aufbauen könnte, um uns weiterhin zu betreuen. Den ganzen Rückflug über kamen wir uns einerseits bescheuert vor, weil wir überhaupt nach Russland gefahren waren, aber wir fühlten uns erst recht wie Idioten, als wir darüber nachdachten, dass wir unseren Manager genau zu der Zeit rausgeschmissen hatten, als wir die erste Platte an den Start bringen wollten, auf die wir richtig stolz waren. Ich igelte mich mit Heather zuhause ein und kämpfte jeden Tag aufs Neue mies gestimmt

gegen die Versuchung an, mir eine Riesenladung Fusel ins Haus liefern zu lassen. Ich gab Interviews, hörte ein bisschen Radio und bekam langsam den Eindruck, dass Mötley Crüe wieder ein wenig im Gespräch waren. Aber was sich da wirklich aufbaute, ahnte ich nicht im Geringsten. Am 3. Oktober, meinem siebenundzwanzigsten Geburtstag, bekam ich dann ein Fax. Es war von Nikki.

Wenn es nur ein Geschenk zu deinem Geburtstag gäbe –
mit dem die ganze Welt versteht
dass es für uns nach vorne geht
mein größter Wunsch wär dann für dich
ein Nummer-eins-Album sicherlich.
HERZLICHEN GLÜCKWUNSCH ZUM GEBURTSTAG, TOMMY.
DEIN ALBUM IST AUF PLATZ EINS DER BILLBOARD-CHARTS.

Ich fuhr zum nächsten Zeitschriftenladen, kaufte mir das Musikbranchenblatt *Billboard* und ließ mir die beigelegte Chart-Tabelle mit Folie überziehen und rahmen. Dann rief ich jeden an, den ich kannte.

>─<◆>─O─<◆>─<

IN DEM EIN MANAGER SEINEN UNVERBESSERLICHEN SCHÜTZLINGEN
MIT GEMISCHTEN GEFÜHLEN ADIEU SAGT.

Es war eine dunkle Zeit in meinem Leben, aus der ich irgendwie herauszukommen versuchte. Ich wollte etwas Gutes für alle anderen tun: für die ganze Welt, für die Bands und für mich selbst. Die Organisation des Moskauer Music-Peace-Festivals unterschied sich völlig von einem Festival in Poughkeepsie oder Woodstock. Das war etwas ganz Neues. Und das kapierte niemand. Für die Bands zählte nur ihre eigene Rolle, wer wann und wie lange auftreten konnte, wer die größte Garderobe bekam und wie es passieren konnte, dass jemand pyrotechnische Effekte zündete.

Als die Show endlich losging, hatte ich von dem Getratsche und Gemecker schon gründlich die Nase voll. Mir war seit Nikkis Überdosis klar geworden, dass die Mötleys und ich irgendwann getrennte Wege gehen mussten, und zwar aus einem einfachen Grund: Ich mochte sie nicht. Es gab nichts, was mir an ihnen sympathisch war. Ich hatte begonnen, mich um mein eigenes Leben zu kümmern und um die Bands, die sich von mir betreuen lassen wollten. Mötley Crüe waren nie bereit, meine Hilfe anzunehmen; stattdessen gab es eher Prügel.

Zehn Jahre hatte ich gebraucht, um diesen Punkt zu erreichen. Vom ersten Treffen an, als ich sie im Santa Monica Civic Center sah und mit einem leeren Truck nachhause fuhr, weil die Jungs die ganze Merchandise-Palette, jedes Poster und jedes T-Shirt, verkauft hatten, war mir klar gewesen, dass es für sie nur nach oben gehen konnte. Jedenfalls, was ihre Karriere betraf. Menschlich ging es steil nach unten, aber das ahnte ich zu der Zeit nicht. Ich habe als Manager für Mink DeVille, James Brown, die Scorpions, Skid Row, Bon Jovi und Kiss gearbeitet, und dabei habe ich mit vielen Geisteskranken zu tun gehabt und wirklich üble Scheiße erlebt. Aber keine andere Band hat mir so viel Ärger gemacht wie Mötley Crüe. Einmal versuchte Mick, aus einem Fenster zu springen. „Warum machst du das?", fragte ich.

„Weiß ich nicht."

Dann prügelte Nikki einen Anzugtypen von einem Barhocker runter.

„Warum machst du das?"

„Weiß ich nicht."

Ein anderes Mal trat mich Tommy, der irgendwie noch in der Kindergarten-phase steckte, in den Hintern.

„Warum machst du das?"

„Weiß ich nicht."

So ging das jeden Tag. Das war der Normalfall. In jeder Stadt wurden wir aus den Hotels geworfen. Es gibt eben einen Unterschied zwischen Hühnerdreck und Hühnereiern. Sie waren nicht wie Poison, die sich wie die Wilden aufführten, weil sie eben meinten, dass das zum echten Rockstarleben gehörte. Mötley Crüe mach-ten irgendwelchen Unsinn, weil sie eben Mötley Crüe waren. Gründe gab es nicht, nur das Mötley-Gesetz. Sie mussten sich nicht einmal Mühe geben: Ihr Leben war Rock 'n' Roll per se.

Vom Potenzial her hätten sie die Led Zeppelin ihrer Zeit werden können. Aber dazu strengten sie sich nie genug an. Selbst heute noch glaube ich daran, dass sie alle überraschen und mit etwas völlig Neuem daherkommen könnten, mit dem sie perfekt umsetzen, wo sie in ihrem Leben gerade stehen. Aber wenn ihnen das eines Tages gelingen wird, dann nicht mit meiner Hilfe. Ich habe schon zehn Jahre mei-nes Lebens darauf verwendet, mich ständig für diese Band zu entschuldigen. Das war alles, was ich als ihr Manager tat: mich entschuldigen. Das hängt mir heute noch nach. Wenn ich in eine Hotelhalle komme und der Typ an der Rezeption meinen Namen ruft, dann stürze ich sofort an den Tresen, falle auf die Knie und sage: „O Gott, es tut mir wirklich sehr leid."

Dann sieht man mich meistens komisch an: „Nein, es ist alles in Ordnung. Hier ist ein Telefongespräch für Sie."

Und dann atme ich erleichtert auf und danke Gott dafür, dass ich nicht mehr Manager von Mötley Crüe bin.

Abb. 4

Kapitel **7**

V I N C E

IN DEM VON EINEM ÄUSSERST UNGALANTEN DUELL MIT AXL ROSE
BERICHTET WIRD, DER WENIG ROSIGES AN SICH HAT.

*S*harise war eine typische Mudwrestling-Kämpferin: blonde Haare, große Titten und ein fantastisch durchtrainierter Körper. Wenn die Mädels aus dem *Tropicana* zu mir kamen, um Kämpfe vor meinen Freunden auszutragen, zeigte sie stets mehr Power als die anderen. Sie gewann jedes Mal und sah noch dazu höllisch gut aus dabei. Sie war absolut mein Typ.

Als wir schließlich zusammen waren, gab sie den Job auf. Stattdessen legte sie sich ein neues Hobby zu: einkaufen. Sie brachte locker zwanzigtausend Dollar im Monat durch. Und statt mit den anderen Frauen zu ringen, kämpfte sie dauernd mit mir. Die anderen Jungs hatten es wahrscheinlich leichter, sauber zu bleiben – mich ließ mein Leben jeden Abend wieder zur Flasche greifen.

Bevor das *Feelgood*-Album erschien, ging ich mit ein paar Freunden für zehn Tage nach Idaho, um Wildwasserfahrten auf dem Snake River zu machen. So konnte ich am ehesten dem Alkohol fern bleiben: weit weg von Sharise, dem Telefon, der Band, den Bars. Dort draußen gab es nur Sonnenschein, Stromschnellen und körperliche Betätigung.

Als wir dann in die Zivilisation zurückgekehrt waren, rief ich Sharise an. Sie war in Tränen aufgelöst.

„Ich war im *Cathouse*", schluchzte sie. „Und Izzy hat mich geschlagen."

„Izzy Stradlin?"

„Ja, er war total breit. Ich sagte ihm, er solle seine Hände bei sich behalten, schließlich sei ich deine Frau. Dann hielt er mein Hemd fest und zog es mir runter."

„Dieses verdammte Arschloch!"

„Aber das ist noch gar nicht das Schlimmste. Ich hab ihm natürlich eine geknallt. Und daraufhin hat er mir einen Karatekick verpasst, so richtig heftig. In den Magen. Mir blieb total die Luft weg. Es hat wirklich wehgetan. Und jeder bekam das mit."

„Dieser kleine Wichser! Wenn ich dieses blöde Schwein das nächste Mal sehe, bringe ich ihn um!"

„Ach, ich hatte es fast vergessen", fügte sie dann hinzu. „Deine Platte ist auf Platz eins."

Es war lange her, dass sich jemand mir gegenüber so respektlos gezeigt hatte: Die Letzten waren wohl die Biker gewesen, die Beth und Linda damals vor dem *Whisky* angemacht hatten. Aber Izzy war kein Biker. Er war der Gitarrist von Guns N' Roses. Ich hatte seine Scheißband als Support-Act bei ein paar Konzerten der *Girls*-Tour spielen lassen, als noch niemand an sie glaubte. Damals waren sie richtig nett gewesen: Axl war ein schüchterner, bescheidener Typ, mit dem man viel Spaß haben konnte. Aber inzwischen fingen sie an, ihrer eigenen Presse zu glauben, und dieser Typ, der eigentlich mein Freund hätte sein sollen, machte meine Frau blöd an.

„Hast du gehört? Deine Platte ist auf Platz eins."

Izzy hatte sich die falsche Zeit ausgesucht, um sich mit mir anzulegen: Ein paar Wochen später fanden die MTV Video Music Awards im *Universal Amphitheater* statt. Während der Show ließ ich den Rest der Band draußen in ihren Limousinen warten und trieb mich backstage herum, während Guns N' Roses mit Tom Petty spielten.

Als Izzy – von der Optik her eine Kreuzung aus Eric Stoltz in *Die Maske* und Neil Young – von der Bühne kam, wartete ich auf ihn. „Du blöder Drecksack hast meine Frau geschlagen!"

„Na und?", gab er verächtlich zurück.

Mein Blut schoss in meine Faust, und ich schlug zu. Und ich traf richtig auf die Zwölf, mitten ins Gesicht. Izzy ging zu Boden wie eine besoffene Kuh.

Fred Saunders hielt mir die Arme fest. „Wenn du sie noch einmal anrührst, bring ich dich um!", brüllte ich Izzys schlaffen Körper an, als Fred mich von ihm wegzog. Auf dem Weg zur Tür schüttelte ich Fred ab. Noch bevor wir flüchten konnten, hechelte Axl hinter uns her wie ein herausgeputzter Dobermann. „Komm her, du Arschgesicht, ich mach dich fertig!", brüllte er uns nach.

Ich wirbelte herum. Sein Gesicht war verschwitzt und verzerrt. „Dann lass dich nicht aufhalten!", sagte ich zu ihm. Und mir war es Ernst damit. Immer noch pulsierte das Blut in meinen Fäusten. Er sah mich an und quiekte wie eine kleine Schlampe: „Vergreif dich ja nicht noch mal an meiner Band, okay?" Dann haute er ab.

Daraufhin startete Axl eine Hetzkampagne gegen mich in der Presse. Wäre ich eine Platte gewesen, hätte er mich millionenfach verkauft. In jedem Artikel, den ich zu Gesicht bekam, jedes Mal, wenn ich den Fernseher einschaltete, behauptete er, ich hätte Izzy eine reingehauen und Guns N' Roses schon seit Jahren dauernd beleidigt; er wollte mich jetzt an den Ort befördern, an den ich gehörte, nämlich zwei Meter unter die Erde. Man hätte glauben können, es ginge nicht um Rock 'n' Roll, sondern um die World Wrestling Federation.

Es war echter Verrat. Ich hatte alles Recht der Welt, Izzy in den Arsch zu treten, und Axl ging das verdammt noch mal nichts an. Auf der *Girls*-Tour war Axl noch zu mir gekommen, wenn er Halsschmerzen hatte, und ich hatte ihm gezeigt, mit welchen Tricks ich meine Stimmbänder nach durchzechten Nächten wieder fit machte. Und jetzt ließ er mich in knappen Botschaften wissen, dass er auf dem Parkplatz von Tower Records am Sunset oder auf der Promenade von Venice Beach auf mich warten würde. Das war zwar echtes Schulhofgehabe, aber ich tauchte jedes Mal bei diesen Treffpunkten auf. Es gab nur eins, was mich jetzt noch mehr befriedigt hätte als eine Nummer eins in den Albumcharts: Axl Rose die Nase zu brechen.

Aber Axl ließ sich niemals blicken. Schließlich ging ich dazu über, gar nicht mehr selbst zu diesen Treffen zu gehen, sondern Freunde hinzuschicken, die mich benachrichtigen sollten, falls Axl tatsächlich erschien. Jeder andere hätte die ganze Sache wahrscheinlich auf sich beruhen lassen, nachdem Axl ein paar Mal gekniffen hatte. Aber mich nervte es, dass er sich der Presse gegenüber gebärdete, als ob ihm die ganze Welt gehöre, und behauptete, ich könne sowieso nicht kämpfen, während er den roten Gürtel oder sonst was hatte. In Wirklichkeit war er zu feige, um zu seinem Wort zu stehen. Schließlich gab ich über MTV Folgendes bekannt: Wenn Axl gegen mich kämpfen wollte, dann sollte er in der Öffentlichkeit gegen mich antreten. Beispielsweise am folgenden Montag im *Forum*, wo sowieso immer Kämpfe angesetzt waren. Nach drei Runden würden wir ja wissen, wer von uns der Feigling war.

Ich war zu allem bereit. Inzwischen ging es mir auch überhaupt nicht mehr um Izzy. Mit dem war ich fertig. Außerdem hatte er sogar angerufen und sich bei Sharise entschuldigt. Mit Slash und Duff McKagan waren wir trotz alledem weiterhin gut befreundet – die wussten auch, was für ein Arschloch Axl war. Nur zu gern hätte ich dem kleinen dreckigen Punk die Fresse poliert und ihm endgültig das Maul gestopft. Aber er meldete sich nie: weder an besagtem Tag noch in jenem Monat oder in jenem Jahr oder Jahrhundert. Aber meinerseits steht das Angebot immer noch.

Kapitel **8**

T O M M Y

IN DEM UNSERE HELDEN FESTSTELLEN, DASS ES IHNEN SO GEHT WIE
WEILAND DEM BERÜHMTEN ODYSSEUS: HÖHERE MÄCHTE VERSUCHEN,
SIE ALS VERSCHOLLEN GELTEN ZU LASSEN.

*W*ir gingen nicht aus, wir feierten keine Partys, wir steckten unsere Schwänze nirgendwo mehr rein, wo sie nicht hingehörten. Stattdessen flogen wir in eine Stadt, spielten uns den Arsch ab und verpissten uns schnell wieder. Zum ersten Mal funktionierten wir wie eine gut geölte Maschine und gebärdeten uns nicht mehr wie vier ungezähmte Tiere. Aber daraufhin fing man an, uns wie eine Maschine zu behandeln.

Die Tour fing an wie ein wunderschöner Traum: Wir hatten unsere erste Nummer eins in den Albumcharts, und die Platte war so erfolgreich, dass jeder verdammte Song davon als Single ausgekoppelt wurde. Wir waren auf dem Cover aller möglichen Zeitschriften. Und wir hatten eine riesige Bühnenshow, für deren Transport dutzende von Trucks nötig waren und die all unsere Fantasien überstieg, die wir im Mötley House beim Nikki-Anzünden entwickelt hatten. Dazu gehörten sechsunddreißig Marshall-Verstärkertürme, noch mal sechsunddreißig SVT-Verstärkertürme und ein abgefahrenes fliegendes Schlagzeug, von dem ich mein ganzes Leben lang geträumt hatte.

Die Zuschauer waren absolut fanatisch. Sie kannten jeden Text, jeden Akkord, jeden Beat von jedem Album. Und zum ersten Mal waren wir auch klar genug, um das mitzukriegen. Und verheiratet genug. Wir alle hatten Freundinnen oder Frauen, denen wir treu bleiben wollten: Ich hatte Heather, Mick war mit Emi verlobt, Vince hatte Sharise, und Nikki hatte Brandi gefragt, ob sie ihn heiraten wollte – obwohl er dem Thanksgiving-Fest bei ihrer Mutter wahrscheinlich mit gemischten Gefühlen entgegensah. Mötley Crüe bestanden nun aus vier Kerlen, die körperlich in so guter Verfassung waren wie seit ihrer Geburt nicht mehr.

Aber auf den Herbst folgte der Winter, nach dem Winter kam der Frühling und schließlich der Sommer, und wir waren immer noch auf Tour; kein Ende war in Sicht. Aus dem Album veröffentlichte Elektra eine Single nach der anderen, und Doug Thaler, der uns inzwischen im Alleingang managte, hatte für ein weiteres Jahr durchgehend Konzerte und Festivals gebucht.

Nach einer Weile spielte es keine Rolle mehr, wie viel Kohle wir scheffelten oder wie viele Wochen unser Album in den Top Forty gewesen war; es fiel uns immer schwerer, abends aufs Neue in unsere Lederhosen zu steigen. Vielleicht hätte es die Moral ein wenig verbessert, wenn wir mit cooleren Support-Acts unterwegs gewesen wären, mit Iggy Pop vielleicht oder mit Hüsker Dü; so aber machten peinliche Pop-Metal-Angeber wie Warrant oder Whitesnake für uns die Aufwärmer. Hätten wir zwischendurch mal eine Woche frei gehabt, um auf den Bahamas abzuhängen, ein bisschen Energie nachzutanken, dann hätten wir diese Tour vielleicht trotzdem heil überstanden. Aber jetzt, wo gerade alles so gut für uns lief, hatte die Plattenfirma Angst vor einer Pause; wer wusste, was danach kam? Wir waren eine Maschine zum Gelddrucken, und die sollte laufen, bis sie kaputtging. Was sie schließlich eines Tages tat.

Der Anfang vom Ende war das fliegende Schlagzeugsolo beim Gig in New Haven, Connecticut. Für mich war es immer wahnsinnig wichtig, dass die Leute sehen konnten, was ich beim Spielen eigentlich tat. Zu Beginn unserer Karriere hatte ich es mit Spiegeln probiert, aber das hatte nie so richtig funktioniert. Vor der *Girls*-Tour hatte ich dann diesen verrückten Traum, in einem Käfig Schlagzeug zu spielen und mich dabei wie ein Kreisel oder ein Rad zu drehen. Daraufhin entwickelten wir eine Vorrichtung, bei der ein Gabelstapler das Schlagzeug zum Bühnenrand trug, wo es dann von einem Motor gedreht wurde, sodass ich teilweise sogar kopfüber hängend spielte.

Auf der *Feelgood*-Tour wollte ich noch näher an das Publikum herankommen – diesmal in einem fliegenden Schlagzeug. Und das lief wunderbar – bis zu dem Konzert in New Haven. Ich weiß bis heute nicht, was da eigentlich passierte. Zuerst lief alles genau wie immer. Während Micks Solo schlich ich mich in diesen langen Schlauch aus Tuch, wickelte Hand und Fuß um das dort hängende Seil und ließ mich von einer Winde langsam bis unter die Dachbalken des *New Haven Coliseum* ziehen. Dort oben, in fast dreißig Meter Höhe, hatte ich einen hervorragenden Ausblick auf Mick bei seinem Solo und auf das Publikum, das mich noch nicht sehen konnte. Norman, einer unserer Gerüsttechniker, hielt mich fest, als ich schließlich hochsprang, das Schlagzeug schnappte und mich auf den Sitz schwang. Unter mir machte Mick absolut abgefahrenes Zeug mit seiner Gitarre, aus den Lautsprechern klang es, als würde gleich was explodieren – *ggttsschggttssch*. Und dann tauchte zu dieser absolut dramatischen Musik das Schlagzeug – *wuuuuusch* – plötzlich über den Köpfen der Zuschauer auf.

Das Publikum rastete völlig aus, während ich auf die elektronischen Drum-Pads einschlug – *blawumm, blamm, blamm, blawumm* –, und das Schlagzeug schoss auf einer unsichtbaren Bahn aus dreißig Meter Höhe auf die Leute hinunter. Ich raste über die Köpfe hinweg, sauste dann an die Rückseite der Halle, sodass jetzt auch die Jungs ganz hinten, die ansonsten eher die Stevie-Wonder-Karte gezogen hatten, plötzlich in der ersten Reihe saßen. Ich schwöre, so wahr ich hier sitze, dass sich so ein Typ in Jeansjacke wirklich in die Hosen schiss, als ich nur wenige Zentimeter vor seinem Gesicht plötzlich auftauchte und trommelte. Dann drehte ich mich herum, und die Bahn wurde wieder so ausgerichtet, dass ich zurück unters Dach der Halle gezogen werden konnte. Oben angekommen, schob ich meinen Fuß wieder in die Schlaufe und griff nach dem Seil, das mich ursprünglich nach oben gebracht hatte. Dann machte ich mich zum Sprung bereit, während ein Geräusch zu hören war, als ob etwas aus großer Höhe hinunterfällt oder jemand von einer Brücke springt. Norman war dafür verantwortlich, im letzten Moment die Handbremse zu ziehen, damit ich etwa eineinhalb Meter über dem Publikum aufgefangen und dort an diesem elastischen Seil auf und nieder schaukeln würde. Ich machte gern Dinge, die derart verrückt wirkten. Das war nicht zu vergleichen mit dieser alten Gene-Simmons-Nummer, der sich wie Peter Pan übers Publikum fliegen ließ. Ich wollte richtig im freien Fall hinunterstürzen.

Also sprang ich von dem Balken – *Aaaahhhhhhhhhhhhhhhhhhhhh.* Die Luft peitschte mein Gesicht – *wussschhhhhhhhh.* Dann bereitete ich mich geistig auf den Moment vor, in dem Norman die Bremse ziehen sollte. Aber als ich auf den Boden zuflog, verlor ich aus irgendeinem unerklärlichen Grund das Vertrauen in ihn. Ich glaubte nicht mehr, dass er mich rechtzeitig abfangen würde, und geriet in Panik: Ich wollte einen Rückzieher machen, und zwar sofort. Daher ließ ich das Seil los und versuchte, meinen Fuß aus der Schlinge zu ziehen. Wahrscheinlich hatten die Erschöpfung und die zahllosen aneinander gereihten Shows meine Urteilskraft getrübt. Als Norman jedoch merkte, dass ich mich von dem Seil befreien wollte, trat er sofort auf die Bremse. Mein Fuß, der noch in der Schlinge steckte, wurde dadurch mitten in der Luft abgefangen, während der Rest meines Körpers weiterhin nach unten sauste. Knappe zwei Meter über den Köpfen des Publikums machte es plötzlich *kkrrksss.* Mein Schädel war mit viel Schwung gegen die Birne eines Zuschauers gekracht. Und weil das Seil so elastisch war, knallte ich danach mit dem Kopf voran auf den Fußboden und wurde bewusstlos. Das Nächste, was ich hörte, war so was wie *tatüüü-tataaa.* Was passiert war, wusste ich nicht mehr; mir war nur klar, dass irgendwas gründlich falsch gelaufen war.

„Was ist passiert?", fragte ich.

„Du bist abgestürzt, Kumpel."

„Echt?"

„Du bist auf den Kopf geknallt."

„Wo?"

„Bei dem Konzert."

„Das Konzert. Scheiße, ich muss auf die Bühne!" Jetzt bekam ich Panik. Meine Gedanken machten keinen Sinn. An einen Sturz konnte ich mich nicht erinnern. Ich wusste nur, dass ich unbedingt auf der Bühne sein musste. Nicht in …

„Wo bin ich?"

„In einem Krankenwagen. Wir bringen dich ins Krankenhaus."

„Aber …"

„Das Konzert ist vorbei, Kumpel. Jetzt beruhige dich."

Schließlich mussten wir ein oder zwei Konzerte absagen, damit ich meine Gehirnerschütterung auskurieren konnte. Drei Tage später stand ich schon wieder oben unter einem Hallendach und hing an dem elastischen Seil. Norman bremste den Fall nun stark ab, sodass ich ziemlich langsam von der Decke schwebte, eher wie die gute Fee als wie ein verrückter Rock 'n' Roller, und etwa sieben Meter über dem Boden war Schluss, nicht erst bei zweien wie zuvor. Trotzdem brauchte ich eine ganze Weile, um meine Angst zu überwinden.

Der Rest der Band freute sich über die unverhofften freien Tage, aber anschließend lief die endlose Tour wieder weiter. Als sich die ersten Zeichen von Erschöpfung und Durchdrehen zeigten, bekam auch unser Privatleben ernste Risse. Als Erstes tauchten wieder Weiber auf. Vor der Zugabe ruhten wir uns meist in einem kleinen Zelt hinter der Bühne aus und erfrischten uns mit kaltem Mineralwasser, und einmal, als wir uns dort entspannten, fiel Nikki auf, dass mitten im Raum aus irgendeinem mysteriösen Grund ein Katzenklo stand. Während wir noch darüber nachdachten, wer wohl so blöd war, eine Katze hier hinter der Bühne zu halten, hörten wir lautes Miauen. An Halsband und Leine führte ein Roadie ein Mädchen herein, das auf Händen und Knien auf das Katzenklo zukroch. Vince sah mich fragend an, ich blickte zu Nikki, Nikki zu Mick und Mick wieder zu Vince. Keiner von uns hatte eine Ahnung, was hier abging. Das Mädchen kniete sich über das Katzenklo, zog sein Kleid hoch, pinkelte in den Sand und kratzte dann so lange, bis die Urinspur nicht mehr zu sehen war.

Es war eine willkommene Ablenkung von dem öden und endlosen Tourneeleben, Psychospielchen zu spielen und unserer Roadcrew dabei zuzusehen, wie die Jungs immer tiefer sanken. Die Katzengeschichte wurde weiter vertieft – Ausgangspunkt war offenbar die Zeile „here kitty, kitty" in „Same Ol' Situation" gewesen. Die Roadies stellten sich im Kreis auf und wichsten, bis sie in ihre Hände spritzten, und dann musste irgendein armes, aber williges Mädel von einem zum anderen kriechen und das Sperma wie Milch von ihren Fingern lecken. Nikki fand das witzig, aber Nikki hat auch irgendwie einen Mutterkomplex.

Was als saubere und anständige Tour begann, entwickelte sich zum Ende hin zu einem kranken Sexzirkus. Wir nahmen weiterhin keine Drogen und hatten sonst nichts zu tun, also amüsierten wir uns mit Mädchen. Wir stellten sehr schnell fest, dass die Weiber zu allem bereit waren, um auf sich aufmerksam zu machen: Sie trugen Ledermasken mit Kugelknebeln, Nonnentrachten mit Löchern, die freien Blick auf ihre Titten boten, Schwesternuniformen mit Einlaufspritzen, knallenge rote Teufelskostüme mit Dildos statt Hörnern und Cowboyanzüge, in deren Gürteln Rasierschaumdosen statt Pistolen steckten. Die Schwächeren von uns gaben unter dem Druck allmählich nach und bedienten sich backstage bei Mädchen, wenn die irgendwas anbieten konnten, was man zuvor noch nicht probiert hatte.

Die Shows begannen damit, dass wir mit einer besonderen Vorrichtung unterhalb der Bühne wie vier riesige Toastscheiben nach oben in die Sichtweite der fünfundzwanzig- bis hunderttausend Konzertbesucher geschossen wurden. Diese Vorrichtung wurde zu einer Metapher für die ganze Tour. Wenn man sich gerade ausruhen oder mal schlafen wollte, dann drückte plötzlich jemand auf den Knopf, und – *plopp* – schon waren wir wieder da, standen vor einer Halle voller begeisterter Fans, die nun auf die gleichen Songs und Showeinlagen warteten, die wir schon hundertmal gezeugt hatten. Sicher, wir alle hatten unser ganzes verdammtes Leben lang davon geträumt, genau da zu sein, wo wir jetzt waren; aber nach zwei Jahren fingen wir an, diesen Job zu verabscheuen und zu hassen. Nikki verglich ihn gern mit einer Erektion: So für ein paar Minuten ist es ein geiles Gefühl, aber wenn sie nach ein paar Stunden angestrengten Wichsens nicht mehr verschwindet, dann tut das so fies weh wie nichts anderes auf der Welt.

Wir bekämpften den Schmerz auf unsere typische Art und Weise. In Australien kriegte Vince seinen Durchhänger. Nachdem man uns dort wieder vom Fußboden gekratzt und nach Japan verschifft hatte, wurde Nikki weich. Und als man uns nach Hawaii weiterschleppte, ging ich mit Vince in ein Striplokal und fiel auf eine Kellnerin mit Riesentitten und einem Tablett voller leuchtend bunter Reagenzgläser mit Alkohol rein. Nach und nach gingen unsere privaten Beziehungen durch die Entfernung und den Zeitmangel den Bach runter, und wir alle fingen an, Alkohol an den anderen vorbeizuschmuggeln, heimlich Drogen zu kaufen und wieder in unsere alten, selbstzerstörerischen Gewohnheiten zu verfallen; alle außer Mick wahrscheinlich, weil dessen Verlobte ja mit uns als Backup-Sängerin unterwegs war.

Kurz vor Ende der Tour schickte Elektra ein Kamerateam zu uns raus. Bei einer großen Vertriebskonferenz mit den Einkäufern der einflussreichsten Handelsketten waren sie auf die Idee gekommen, wir könnten doch ein Video mit einem Gruß an die Händler aufnehmen und uns für die Unterstützung bedanken. Wir nahmen also backstage vor der Filmcrew Aufstellung, die Kameras liefen an, und wir sagten wie gute Marionetten unser Sprüchlein auf: „Hi, wir sind Mötley Crüe, und wir möchten uns dafür bedanken, dass ihr unsere Platte zur Nummer eins gemacht habt." Aber dann plötzlich rissen die Marionettenfäden. „Und wir möchten euch sagen, dass wir euch hassen, genau wie Elektra. Ihr Typen gönnt uns keine Ruhe. Ihr seid ein Haufen geldgieriger Arschlöcher, und wir wissen, wo wir euch finden können, um euch die Kehlen aufzuschlitzen, wenn ihr uns nicht endlich zu unseren Familien lasst."

Die Kameras gingen wieder aus, und wir brachen zusammen und fingen an zu schluchzen. Wir konnten nicht mal sprechen, denken oder fühlen, so erschöpft und ausgelaugt waren wir.

Doug Thaler sah uns an, schüttelte den Kopf und sagte: „Vielleicht sollten wir euch mal eine kleine Pause gönnen."

Mann, ihr könnt euch nicht vorstellen, wie schnell wir daraufhin unserer eigenen Wege gingen.

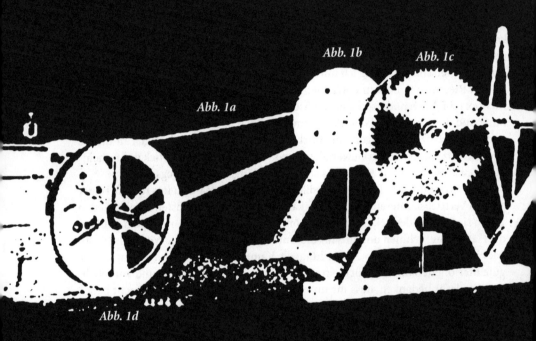

Abb. 1b

Abb. 1c

Abb. 1a

Abb. 1d

Abb. 1

NEUNTER TEIL

DON'T GO AWAY MAD

Kapitel **1**

IN DEM VIER PROFESSOREN, WOHL STUDIERT IN DER WISSENSCHAFT
DES ROCK 'N' ROLL, IHRE ERKENNTNISSE AUS LANGEN REISEN MIT
MEHR MUSSE ALS ROCK 'N' ROLL-LIFESTYLE IN EINER DISSERTATION
VORSTELLEN.

**DIE ZAHNRAD-THEORIE UND IHRE ANWENDUNG AUF DIE
ENTWICKLUNG UND DEN REIFEPROZESS DER GEMEINEN ROCKBAND**
*von dipl. dr. Tommy Lee, dipl. git. Mick Mars, dipl. voc. Vince Neil &
dipl. bg. Nikki Sixx,* Zentrum für angewandte Klangkonstruktion, Dissonanz-
Universität, Los Angeles, USA

Zusammenfassung: Einführung in die Zahnrad-Theorie

Die Zahnrad-Theorie wurde zur Entschleierung der geschäftlichen Vorgänge
in der Unterhaltungsindustrie sowie zur Untersuchung mechanischer Erfolgs-
strukturen entwickelt.

Den Ausgangspunkt bildet die Annahme, dass alle Künstler im Musikbusiness
einen Apparat durchlaufen, im Folgenden „die Maschinerie" (siehe Abb. 1) genannt.
Entsprechend dem Geschick, das der oder die Künstler beim Passieren der komplizierten Zahnräder, Getriebe, Hämmer und Quetschen der Maschinerie bewei-

sen, entwickeln sich die Erfolgskurve und die Gestalt ihrer Karriere. Die Navigation innerhalb der Maschinerie erfordert Talent, Timing, Glück und eine kräftige körperliche Konstitution.

Die Zahnrad-Theorie in der Praxis am Beispiel Mötley Crüe: eine Analyse in einzelnen Abschnitten

A) Erster Abschnitt: Plattform und Fließband

Auf der untersten Ebene der Maschinerie befindet sich eine Plattform. Hier wartet eine Reihe von Künstlern darauf, die Leiter erklimmen zu dürfen, die auf ein Fließband führt. Haben sie dieses Fließband erreicht, können sie während dessen Lauf eine Schallplatte aufnehmen und sie veröffentlichen. Am Ende des Fließbands werden mehrere ineinander greifende Zahnräder sichtbar, wobei das kleinste vorn liegt, während die sich dahinter anschließenden einen jeweils größeren Durchmesser besitzen. Springen die Künstler im richtigen Moment vom Fließband ab, können sie das erste Zahnrad erreichen. Die meisten verfehlen jedoch den Absprung und landen wieder auf der Plattform, um sich am Ende der Reihe anzustellen; in einigen Fällen stürzen sie auch in den Abgrund. Mit dem Independent-Release *Too Fast For Love* gelang Mötley Crüe der Sprung auf das erste Rädchen nicht.

B) Zweiter Abschnitt: Das erste Zahnrad

Sobald die Künstler das erste Zahnrad erreichen und einen Vorgeschmack auf den Erfolg bekommen, können sie die Maschinerie nicht mehr verlassen – nun bewegt sich das Getriebe, und das Zahnrädchen dreht sich unaufhaltsam (siehe Abb. 1a). Bald wird ein zweites, größeres Rad sichtbar, dessen Zähne in die des kleineren ersten fassen und selbiges antreiben. Die Künstler müssen hier wieder genau zur rechten Zeit hinüberspringen, ansonsten werden sie von dem Mechanismus zwischen den beiden Rädern aufgerieben und fallen entweder wieder auf die Plattform zurück oder beginnen eine zweite Runde auf dem ersten Rad. Mit *Shout At The Devil* kamen Mötley Crüe auf das erste Zahnrad, das sie im rechten Moment auf das zweite beförderte.

C) Dritter Abschnitt: Das zweite Zahnrad

Haben die Künstler erst einmal das zweite Rad erreicht, befinden sie sich auf einer Höhe, die einen Fall zurück auf die Plattform höchst schmerzhaft werden lässt (siehe Abb. 1b). Hier erkennen sie nun, dass die Maschinerie wesentlich stärker ist als die lebenden Menschen, die nun hier festsitzen und ihr ausgeliefert sind. Der Apparat zerfetzt die Haut, zerreibt die Knochen und unterwandert und infiziert nach und nach das Gehirn. Handelt es sich bei den betroffenen Künstlern um eine Band, so kommt es häufig vor, dass die Maschinerie die einzelnen Mitglieder auseinander treibt und sie einzeln zerstört. Auf diesem zweiten Rad erfährt die Band wahren Ruhm. Aber um das nächste Zahnrad zu erreichen – das große, das höchste Rad, das den wirklich außergewöhnlichen Phänomenen vorbehalten ist –, sind nicht nur perfektes Timing und ein langer, kraftvoller Sprung nötig. Es liegt nicht allein in der Macht der Band, dieses Rädchen zu erreichen. Diese Macht hat nur der Gott der Zahnräder, ein launischer, rachsüchtiger und unberechenbarer Gebieter, der die Maschinerie steuert.

Mötley Crüe drehten eine Runde nach der anderen auf dem zweiten Zahnrad – mit *Shout At The Devil*, *Theatre Of Pain* und mit *Girls, Girls, Girls*, und bei jeder Runde mussten sie erneut aufpassen, nicht zerquetscht oder wieder nach unten geworfen zu werden. Mit *Dr. Feelgood* erwischten sie dann endlich das große.

D) Vierter Abschnitt: Das große Zahnrad

Dieses Rad erreichten beispielsweise Guns N' Roses mit *Appetite For Destruction* oder Metallica mit ihrem schwarzen Album. Hier finden sich Künstler wie Mariah Carey, die Backstreet Boys und Eminem. Es wird von einem mächtigen, alles zerquetschenden Mechanismus angetrieben, und wenn ein Künstler darauf gerät, hat er keinerlei Einfluss mehr auf sein eigenes Geschick. Er kann sich hinstellen und brüllen: „Ich hasse die ganze Welt, ihr nervt mich alle, und wenn ihr nur eine einzige Platte von mir kauft, bringe ich euch eigenhändig um" – selbst das würde nur dazu führen, dass noch mehr Leute wegen seiner Alben in die Läden rennen. Es ist zwecklos, dieses Zahnrad verlassen zu wollen; Fluchtversuche machen die Runden auf dem Rad nur umso schmerzhafter (siehe Abb. 1c).

Die Fahrt auf dem großen Zahnrad ist aufregend, aber auch erschütternd. Schon das zweite Zahnrad kann die Nerven eines Künstlers schwer in Mitleidenschaft ziehen, aber dieses hier ist in der Lage, sie in kleine Stücke zu zerfetzen. Das große erfüllt den Künstlern all ihre Träume und gibt ihnen alles, was sie wollen – alles außer Privatleben, Ruhe, Freundschaft, Stabilität, Liebe (weder in der Familie noch in den Beziehungen) und Seelenfrieden.

Nachdem Mötley Crüe mit *Dr. Feelgood* auf dem großen gelandet waren, konnten sie praktisch nichts mehr falsch machen. Jede daraus ausgekoppelte Single terrorisierte die Radiosender, jedes Konzert war ausverkauft, und jede ihrer Bewegungen sorgte für eine Schlagzeile in der Presse. Als die Band frisch auf das Zahnrad geriet, ließ sie sich gern von ihm mitnehmen. Aber Menschen werden irgendwann müde; die Maschinerie bewegt sich jedoch unentwegt weiter. Schließlich konnte die Band nicht mehr mit ihr Schritt halten, und daraufhin zerstörte das große Zahnrad die einzelnen Mitglieder: Es zerbrach ihre Ehen und ruinierte jede Chance, je wieder ein normales Leben zu führen, Freunde zu haben oder zu wissen, wie man sich im Alltag verhält, wenn man nicht in der Maschinerie steckt und Platten aufnimmt oder auf Tournee geht.

Als die Band es schließlich müde wurde, eine Runde nach der anderen auf dem großen Zahnrad zu erleben, drehte sich die grausame und unmenschliche Maschinerie mit ihnen an Bord trotzdem weiter. Für die Compilation *Decade Of Decadence* gab es fast keine Promotion, und dennoch verkaufte sich die Platte zweieinhalb Millionen Mal. Die Geschäftsleute, die ähnlich wie auf dem Börsenparkett die Maschinerie von außen beobachten, um zu sehen, welcher Künstler sich auf welchem Rad befindet und vielleicht eine Investition lohnt, erklärten Mötley Crüe daraufhin, sie würden das größte Live-Ereignis des kommenden Sommers sein. Das war das Letzte, was die Band hatte hören wollen. Aber wenn Künstler es bis aufs große Zahnrad geschafft haben, ist es nicht im Interesse jener, die mit ihnen Geld verdienen, dass sie neue Musik einspielen oder neue Platten machen, denn das ist erfahrungsgemäß der schnellste Weg, um vom Rad hinunterzufallen und unter die Quetsche zu geraten.

E) Fünfter Abschnitt: Die Quetsche

Am Ende der großen Runde lauert eine lange, schwere Stange, etwa von den Ausmaßen eines dicken Baumstamms, die in unregelmäßigen Abständen nach unten stößt und die Künstler zerquetscht, die gerade vom großen Rad gefallen sind. Manche Bands haben ein enormes Durchhaltevermögen; sie können jahrelang mit dem Rad Schritt halten und der Quetsche entgehen. Aber die meisten zermürbt das große Rad. Sie werden von der Quetsche nach unten gestoßen und fallen entweder auf ein kleineres Rädchen oder aber wieder auf die Plattform, wo sie auf den erneuten Aufstieg aufs Fließband warten – wenn sie nicht im Abgrund verschwinden. Manche – wie Kurt Cobain, Jimi Hendrix oder Janis Joplin – werden von der Quetsche völlig zermalmt. Und in gewisser Hinsicht gewinnen sie so tatsächlich das Spiel. Man kann die Maschinerie nur überwinden, indem man stirbt; nur so kommt man aus dem Räderwerk heraus. Wenn man es schafft und das große Zahnrad erreicht, dann ist das kein Sieg, sondern eine Niederlage. Von dort aus kann man nur noch fallen, und das ist immer äußerst schmerzhaft, ganz gleich, unter welchen Umständen.

Künstler, die das große Zahnrad überleben, sind nach ihrem Sturz nicht mehr sie selbst. Sie leiden an postmaschinellem Stress, einer Krankheit, die – wie beispielsweise im Fall von Axl Rose – dazu führen kann, dass man sich einbildet, noch immer auf dem großen mitzufahren.

Auf den folgenden Seiten werden wir erleben, was passierte, als das große Zahnrad Mötley Crüe hinunterwarf und zermalmte, wie das Leben und die Beziehungen der Mitglieder zerstört wurden und der postmaschinelle Stress zu tragischen Entwicklungen führte.

Schlussfolgerung: Ein neuer Anfang

Es besteht keine Möglichkeit, lebend aus der Maschinerie herauszukommen. Es ist wie mit Sex: Man möchte dieses Hochgefühl wieder und wieder erleben, selbst wenn der Körper dazu nicht mehr in der Lage ist. Erfolg – oder die Sehnsucht nach Erfolg – kann eine Sucht hervorrufen, die nur schwer besiegt werden kann. In der Maschinerie kann eine Band eine zweite, dritte oder auch achtzehnte Chance erhalten. Die Rolling Stones springen seit Jahren zwischen den einzelnen Zahnrädchen hin und her. Madonna war schon mindestens dreimal auf dem großen. Und Santana verbrachte nach 1969 ein paar Jährchen auf dem zweiten, rutschte dann jahrzehntelang auf dem Fließband herum, bis sein Album *Supernatural* plötzlich jedes Zahnrad mitnahm und ihn das große ganz nach oben zog.

Wir werden auf den folgenden Seiten des Weiteren erleben, wie Mötley Crüe wieder auf dem Fließband landeten, wie sie wieder ein paar Rädchen erwischten und wie die Maschinerie sie so zerquetschte und herumwirbelte wie nie zuvor – ein Weg, der durch Knastzellen, Krankenhausbetten, VIP-Hochzeiten und noch Schlimmeres führen sollte.

Literaturhinweise:

Dannen, Frederic, *Hit Men.* Vintage Books, 1991.

Kravilovsky, William M., und Sidney Shemel, *This Business of Music.* Billboard Books, 1995.

Sanjek, Russel, *Pennies from Heaven: The American Popular Music Business in the Twentieth Century.* Da Capo, 1996.

Whitburn, Joel, *Top Pop Albums: 1955–2000.* Record Research, 2000.

Guns N' Roses, *The Spaghetti Incident?* Geffen Records, 1992.

Demnächst vom gleichen Autorenteam:

„Scheidung durch Download: Eine Untersuchung des drahtlosen Übertragungssystems, das weibliche Wesen miteinander vernetzt und ihnen die konstante telepathische Überwachung ihrer Geschlechtsgenossinnen ermöglicht."

DOUG THALER

*R*onnie James Dio veränderte mein Leben, und zwar gleich zweimal. Das erste Mal ereignete sich, als ich 1967 gerade meinen Abschluss an der Cortland State University in New York gemacht hatte und in seiner Band Ronnie Dio And The Prophets spielte. Auf dem Weg nach Great Barrington, Massachusetts, prallten wir mit unserem Bus direkt auf ein entgegenkommendes Fahrzeug, und ich verlor bei dem Unfall fast ein Bein. Ich lag noch in einem Streckverband im Krankenhaus von Hartford, als ich meine Einberufung nach Vietnam bekam. Der Arzt lächelte mir aufmunternd zu: Zumindest würde ich nicht in den Krieg ziehen müssen.

Jahre später, im Sommer 1982, war ich in Manhattan als Tourveranstalter für Contemporary Communications Corp. tätig, als sich Tom Zutaut bei mir meldete. Er erzählte von einer Band namens Mötley Crüe, die er gerade unter Vertrag genommen hatte und nun gern als Support für Aerosmith auf Tour schicken wollte. Außerdem ließ er durchblicken, dass hier vielleicht auch die Möglichkeit bestand, als Manager einzusteigen. Leider hatte ich gerade schon einen meiner Klienten, Pat Travers, für die Aerosmith-Tour gebucht; Zutaut kam zu spät. Davon abgesehen hielt der Boss unserer Firma, David Krebs, nicht viel davon, wenn ein New-Yorker Unternehmen Künstler aus L. A. betreute.

Von Mötley Crüe hatte ich schon vor Zutauts Anruf einmal gehört, als mir nämlich Hernando Courtright von A&M Records die noch auf Leathür Records erschienene *Too Fast For Love* gezeigt und mir erzählt hatte, dass er die Platte großartig fand und die Band gern unter Vertrag nehmen wollte. Das Cover zeigte ein schlampig bearbeitetes Bild; wie ich später erfuhr, hatte es ein Hochzeitsfotograf gemacht, der den Jungs im Nachhinein noch mehr Haare hinzuretuschiert hatte. Es sah ziemlich komisch aus, und ich war nicht besonders beeindruckt.

Und da trat Ronnie James Dio erneut in mein Leben. Er erzählte mir von einer Band mit einem heißen Drummer, der ihm gut gefiel. Zur gleichen Zeit machte mir

Pat Travers' Manager Doc McGhee das Angebot, in seine Firma einzusteigen. In meinem alten Job gab es für mich kaum Aufstiegschancen, daher ging ich ohne lange zu überlegen darauf ein. Als Erstes fuhren Doc und ich gemeinsam nach Los Angeles, um uns die Band anzusehen, von der Dio geredet hatte. Es waren wieder Mötley Crüe, und diesmal waren wir begeistert. Die Band wirkte nicht halb so billig und aufgesetzt, wie ich zuerst gedacht hatte. Der Sänger hatte eine einzigartige Stimme und verströmte eine raue Energie, die Musik hatte einen großen Pop-Appeal, und die Show war unglaublich. Ihr Erfolg war garantiert; diese Truppe konnte man überall in der Welt vor ein Publikum stellen und sich darauf verlassen, dass sie die Leute mitreißen würde. Als ich die Jungs sah, begriff ich plötzlich: Alles, was ich zuvor gemacht hatte, war eine Art Lehrzeit gewesen, die mich darauf vorbereitet hatte, was ich nun mit dieser Band leisten sollte.

Bereits bei ihrer Tournee mit Kiss offenbarte die Band eine Arbeitsmoral, die ich kein bisschen erwartet hatte. Auf der Bühne verwandelten diese Typen sich in Tiere. Vince rannte über die ganze Bühne, Nikki explodierte geradezu vor Böse-Buben-Charme, und sie brachten eine derart überwältigende Show, dass sie Kiss problemlos in den Schatten stellten. Diese Qualität lieferten sie konstant auch auf den folgenden Touren zu *Shout At The Devil, Girls, Girls, Girls* und *Theatre of Pain*. Auch die ersten zwei Drittel der *Feelgood*-Tour waren so großartig, dass es bei jedem Gig, von zwei oder drei vielleicht einmal abgesehen, einen Moment gab, an dem einem Schauer über den Rücken liefen.

Aber es war nie leicht, diese Band abseits der Bühne zu betreuen. Alle vier sind extreme und labile Persönlichkeiten. Vince ist ein kalifornischer Surfrocker, der eitelste aller Pfauen, der nie wirklich für seinen Erfolg arbeiten musste. Dass die anderen ihm gegenüber so negativ eingestellt waren, begann wahrscheinlich nach dem Unfall mit Razzle. Die Band war bereit, Benefizshows für ihn zu geben, und er bedankte sich dafür, indem er sich betrank, mit Mädchen rumbumste und ständig die Zukunft von Mötley Crüe gefährdete. Dass Alkoholismus eine Krankheit war, erkannte damals niemand.

Mick Mars war das genaue Gegenteil von Vince: Er hatte sein ganzes Leben lang nur Scheiße erlebt und war dankbar, endlich einmal auf der Sonnenseite des Lebens zu stehen; dabei war er sich bewusst, dass diese Zeit von einem Tag auf den anderen vorbei sein konnte. Nikki war im Grunde ein stiller, linkischer Außenseiter, der nur auftaute, wenn er genug Jack Daniels intus hatte – was allerdings fast jeden Abend der Fall war. Und Tommy war wie ein kleiner Junge, der stets auf der Suche nach einer Mutter- oder Vaterfigur war. Er war entweder der netteste, großzügigste Kerl der Welt – oder aber eine absolut verwöhnte, jähzornige kleine Kröte. Die größte Gefahr für die Band lag jedoch hauptsächlich in Vinces Verhalten und Nikkis Drogenproblemen.

Das änderte sich, als die Band sich für *Dr. Feelgood* von den Drogen lossagte. Das Album war ein unglaublicher Triumph. Das ungewohnte drogenfreie Leben, der private Beziehungsstress und das bisher ungekannte Ausmaß des Erfolgs, der alles übertraf, was sie bisher erlebt hatte, begannen die Band allmählich zu verändern. Angst, Erschöpfung und Unausgeglichenheit machten sich breit, und Tommy und Vince schlugen immer öfter über die Stränge. Nikki, der ein Mädchen geheiratet hatte, das er aufgrund seines vollen Terminkalenders zuvor kaum gesehen hatte, wurde im Umgang extrem unangenehm. Jeder blies ihm Zucker in den Arsch, und er fing langsam an, daran zu glauben, was ihm die Schmeichler sagten. Nikki war zu seinen besten Zeiten selbst ein Marketinggenie gewesen; inzwischen rief er im Büro an und kanzelte die Angestellten ab, weil einer seiner Handwerker meinte, *Feelgood* hätte sieben statt viereinhalb Millionen Exemplare verkaufen sollen. Wir konnten dann sagen, was wir wollten – er ließ sich nicht beruhigen.

Ich wollte der Band viel Zeit geben, bevor sie mit dem nächsten Album anfangen musste. Mir war klar, wie schwer es sein würde, einen adäquaten Nachfolger zu *Dr. Feelgood* zu erschaffen, und es war durchaus möglich, dass die Jungs – wenn sie lange genug warteten – einen neuen Vertrag bei Elektra unterzeichnen könnten, der ihnen fünfundzwanzig Millionen Dollar einbringen würde. Außerdem brauchten sie alle eine Auszeit, um sich um ihren Nachwuchs zu kümmern: Erst bekamen Vince und Sharise ihre Tochter Skylar, und wenige Monate später brachte Brandi Nikkis Sohn Gunner zur Welt. Tommy, der sich aus dieser heilen Familienwelt ausgeschlossen fühlte, wollte daraufhin unbedingt ein Kind mit Heather.

Während wir mit Elektra über den neuen Deal verhandelten, spitzten sich die Probleme innerhalb der Band langsam zu. Vince fing wieder an zu trinken. Bei den Proben zum neuen Album tauchte er völlig besoffen auf und ging oft vorzeitig, weil er auf dem Heimweg noch irgendeine Pornodarstellerin beglücken wollte. Im Frühjahr 1991 musste ich ihm schließlich mitteilen, dass er im Studio erst wieder willkommen sein würde, wenn er sich im Griff hatte. Daraufhin klemmte sich Vince eine seiner Pornomiezen unter den Arm und flog nach Hawaii, ohne uns ein Wort zu sagen, wo er seine Kreditkarten molk, bis nichts mehr aus ihnen rauszuholen war und er wieder nachhause zu Sharise musste, die ungeduldig darauf wartete, ihn einen Kopf kürzer zu machen. Er schaffte es schnell, sie zu beruhigen – darin war er Meister. Selbst wenn ich mit eigenen Augen gesehen hätte, wie er meine Frau bumst – Vince besaß das seltene Talent, andere innerhalb von fünf Minuten von seiner Unschuld zu überzeugen. Anschließend nahm er den nächsten Flieger nach Houston und ließ sich in einer Klinik ausnüchtern.

Um ihn zu unterstützen, trafen wir uns alle dort mit ihm und ermutigten ihn, die Band wieder in den Mittelpunkt seines Lebens zu rücken. Wir würden für ihn da sein, wenn er seinerseits bereit wäre, auch alles für die Band zu geben. Vince schwor, dass er sich diesmal wirklich bessern wollte.

Anschließend stand in Europa die *Monsters of Rock*-Tour mit AC/DC, Metallica und Queensryche an, und dabei merkte ich das erste Mal, dass ich keine Gänsehaut mehr bekam, wenn ich die Band spielen hörte. Sie hatten so viele Hits in petto, dass sie fast alle anderen locker hätten von der Bühne fegen können, aber es fehlte einfach das gewisse Etwas: Sie kamen nicht mehr authentisch rüber, und die Bandaufzeichnungen, die sie anstelle echter Backgroundsängerinnen benutzten, wirkten auf die Fans unecht und künstlich.

Als die Band wieder in den Staaten war und *Decade Of Decadence* erschien, verbrachte Nikki jede zweite Nacht im Hotel, weil er zuhause Streit mit seiner Frau hatte. Vince begann sich für Autorennen zu interessieren, und das war zunächst ein nettes Hobby, bis ihm irgendein Idiot aus Long Beach den Floh ins Ohr setzte, für ein Indy-Lights-Team zu fahren. Wenn dieses Rock'n'Roll-Arschloch dort auf der Piste auftauchte, würden die anderen Fahrer alles daransetzen, um ihn von der Bahn zu drängen, da war ich sicher. Schließlich verbrachte Vince jedes Wochenende bei irgendwelchen Rennen, und wir hörten, dass da die ganze Nacht gesoffen wurde.

Im Dezember 1991 steckte ich Mötley Crüe wieder ins Studio, wo im Zwei-Wochen-Rhythmus – zwei Wochen arbeiten, zwei Wochen frei – das neue Album entstehen sollte. Aber wenn ich mal nach dem Rechten sah, war Vince nie da. Meist blieb er nur ein paar Stunden und verschwand dann wieder; er behauptete, er sei zu müde zum Singen.

Der Rest der Band sah sich das eine Zeit lang an. Im Februar war es mit ihrer Geduld vorbei.

Kapitel **3**

N I K K I

*K*alifornien erlebte einen der schlimmsten Stürme des Jahrhunderts. An einem Montag begann das Wasser zu steigen, bis es den Ventura Freeway überflutete und das Sepulveda Bassin zum Überlaufen brachte. Sechs Menschen kamen ums Leben, hunderte hielten sich an Dachantennen fest oder kletterten auf Telefonmasten, um nicht weggespült zu werden. Im Radio erklärte Gouverneur Pete Wilson unseren Teil Kaliforniens zum Katastrophengebiet. Tommy und mich ließ das jedoch ziemlich kalt. Wir brauchten zwei Stunden vom Westlake Village bis zu unserem Studio in Burbank, und Mick, der irgendwo oben in den Bergen wohnte, hatte sogar eine noch schlimmere Fahrt hinter sich. Im Vorraum des Studios warteten wir dann auf Vince. Die Nachrichten zeigten Bilder vom Burbank Boulevard, wo sich Menschen schwimmend aus ihren Autos befreiten. Eine Stunde verging. Zwei Stunden. Drei Stunden. Vier. Alle halbe Stunde riefen wir bei Vince an, aber es war dauernd besetzt.

Je länger wir warteten, desto mehr fingen wir an, uns über ihn zu ärgern. Wir hatten uns durch den Sturm hindurchgequält, weil für uns die Probe wichtig war, und Vince wohnte wesentlich näher als wir. Dieses Album war zudem besonders wichtig – schließlich war es der Nachfolger zu unserem bisher größten Erfolg –, aber er schien die Sache nicht richtig ernst zu nehmen. Meist nahm er sich donnerstags und freitags frei, um zu Rennen zu gehen, und kam erst spät am Montag wieder. Das ließ uns ganze zweieinhalb Tage Studiozeit, in der wir mit ihm arbeiten konnten.

Schließlich schickte Mike Amato, der Rich Fisher als Tourmanager ersetzt hatte, Vince per Fax die Aufforderung, seinen Arsch endlich zur Probe zu bewegen. Eine Viertelstunde später klingelte das Telefon.

„Hey, Leute, tut mir leid", sagte er.

„Wo steckst du denn?", fragte ich. „Wir versuchen dich seit vier Stunden zu erreichen. Das ist doch Scheiße, Alter."

„Ich weiß. Die Telefonleitungen waren gestört."

Das brachte mich in Rage. „Die Leitungen waren gestört? Und wie zum Teufel ist dann dieses Fax zu dir durchgekommen? Du hattest den Hörer neben den Apparat gelegt, weil du keinen Bock hattest, hier aufzutauchen! Wir haben uns durch dieses Wetter hierher durchgekämpft, und dir ging das alles am Arsch vorbei!"

„Alter, nimm's locker. Ich dachte, dass die Probe wegen des Sturms sowieso nicht stattfinden würde."

„Tut sie aber! Und jetzt trag deinen Arsch hierher, bevor wir richtig sauer werden."

Während wir darauf warteten, dass er endlich anrauschte, erzählte irgendjemand, dass er Vince in der Nacht zuvor gegen drei Uhr morgens völlig besoffen irgendwo gesehen hatte. Ob das nun stimmte oder nicht, spielte keine Rolle. Die Meuterei lag bereits in der Luft. Außer Mick waren wir zwar allesamt längst wieder vom rechten Weg abgekommen, aber Vince war der Einzige, der mit seinen Ausschweifungen unsere Arbeit beeinträchtigte, der sich dauernd erwischen ließ und der ständig deswegen log. Als er endlich auftauchte, war uns allen bereits ein hässlicher Gedanke gekommen: dass Vince ein Bremsklotz war, der unserem Erfolg im Weg stand.

Vielleicht wäre noch einmal alles gut gegangen, wenn Vince sich nach seiner Ankunft dafür entschuldigt hätte, dass er in der vorangegangenen Nacht über die Stränge geschlagen und daher verpennt hatte. Aber das tat er nicht.

„Was zum Teufel läuft hier eigentlich?", brüllte er stattdessen, als er die Tür zu dem kleinen Vorraum aufriss und pitschnass und schmollend vor uns stand.

„Weißt du was?", sagte ich. „Wir haben mal wieder laut über einen neuen Leadsänger nachgedacht. Wir sind hier, um zu arbeiten, und wir sind gern hier. Wir kommen aber nicht weiter, wenn du keinen Bock mehr hast und wir dich jedes Mal aus dem Bett prügeln müssen, weil du die ganze Nacht gesoffen hast."

„Vielleicht würde ich ja öfter kommen, wenn ich das Material besser fände."

„Das hättest du ja mal sagen können."

Jetzt konnte Tommy sich nicht mehr zurückhalten: „Vielleicht würde dir das Material auch besser gefallen, wenn du ein paar Mal ins Studio gekommen wärst, um dich an seiner Entstehung zu beteiligen. Wenn du dich mal hierher verirrst, dann schaust du dauernd auf die Uhr, weil du wieder bei irgendeinem Scheißgolfturnier oder beim Fahrtraining sein musst! Was soll die Kacke denn eigentlich?"

„Ich schaue auf die Uhr, weil mich das hier alles ankotzt. Das Album ist blöd. Mit den Keyboards, die ihr da einbaut, klingen wir wie echte Weicheier."

„Vince, wir arbeiten seit 1983 mit Keyboards", gab ich wütend zurück.

Die Anschuldigungen flogen hin und her wie beim Tennis, bis Vince sozusagen den Schläger ins Netz warf. „Ich stehe hier doch nicht rum und höre mir diese Scheiße an!", brüllte er uns entgegen. „Ich hau hier ab, verdammt noch mal! Ich steig aus!"

Er stürmte zur Tür hinaus und drehte sich noch einmal um. „Ihr könnt mich ja anrufen, wenn ihr es euch überlegt habt!"

Später erzählte er, wir hätten ihn gefeuert; ich sage, er ging von selbst. Das Henkersbeil hatte sowieso schon lange über seinem Kopf geschwebt, und jetzt hatten wir einen guten Grund zum Zuschlagen.

Wenn ich heute an die Situation zurückdenke, glaube ich, wir waren einfach fertig. Nach *Feelgood* und *Decade Of Decadence* waren wir ununterbrochen auf Tournee; anschließend waren wir sofort ins Studio gegangen. Ich weiß nicht, ob die Plattenfirma, unser Management oder unsere eigene Unsicherheit daran schuld war, aber wir standen viel zu sehr unter Druck. Es wäre schön gewesen, wenn zu dieser Zeit jemand von außen erkannt hätte, wie stark der Stress für uns war, und wir einen Monat zum Ausruhen auf die Bahamas in die Sonne gefahren wären. Vince war gar nicht das Problem – er war nur der Sündenbock. Aber bei Mötley Crüe hatten wir schon immer so viel Raketenbenzin im Tank, dass wir sofort, wenn die Ampel grün wurde, das Gaspedal bis zum Bodenblech durchtraten und so schnell zum Tor hinausschossen, dass keine Zeit blieb, um zurückzublicken. Bis es zu spät war.

Kapitel 4

D O U G T H A L E R

IN DEM DIE LETZTE CHANCE, DIE NAHENDE TRAGÖDIE ABZUWENDEN,
OHNE SKRUPEL VERSCHENKT WIRD.

Am 12. Februar 1992 wurde bei Nikki zuhause ein Meeting einberufen, an dem Chuck Shapiro, David Rudich sowie Mick, Nikki und Tommy teilnahmen. Vince hatte an besagtem Abend niemanden mehr angerufen, und man hatte ihn nicht eingeladen. Vielleicht hätte ich ihm Bescheid geben sollen, aber ich wusste selbst nur ungenau, was überhaupt passiert war, und hatte keine Ahnung, was ich ihm hätte sagen können.

Wir versuchten, der Band eine Trennung von Vince auszureden. Sie hatten gerade erst ihren Fünfundzwanzig-Millionen-Dollar-Deal mit Elektra abgeschlossen. Die Firma konnte Vinces Ausstieg durchaus dazu nutzen, diesen Vertrag zu ihren Gunsten umzumodeln und der Karriere von Mötley Crüe damit einen herben Schlag zu versetzen.

Aber Tommy und Nikki blieben hart: Sie hatten die Nase voll von Vince und wollten ihn loswerden. Also wurde abgestimmt, und das Ergebnis war eindeutig: Vince war raus.

Ich fuhr ins Büro, sagte den Mitarbeitern, was passiert war, und setzte mich an den Schreibtisch. Kurz darauf klingelte das Telefon. Es meldete sich ein gewisser Tony, der sich als Prominentenanwalt und Mitbesitzer des *Roxy* vorstellte.

„Ihr Klient, Vince Neil, hat am Samstag seinen Geburtstag in meinem Night-club gefeiert", begann Tony und klang dabei recht aufgebracht. Wie er dann weiter ausführte, war Vince mit Robert Patrick dort gewesen, der in *Terminator 2* den halb als Mensch, halb als Maschine dargestellten Bösewicht gespielt hatte, und schließlich war es zu einer Schlägerei gekommen, die man für keinen Western schöner hätte inszenieren können. Tische flogen durch die Gegend, Gläser gingen zu Bruch, und mittendrin war Vince, der schließlich eine Flasche zerbrach und dem *Roxy-*

Manager mit der Schnittkante das Gesicht aufschlitzte. Man warf ihn raus, und Vince brüllte aus Leibeskräften, das könne man mit ihm nicht machen – er sei schließlich Vince Neil.

„Sie verstehen sicherlich mein Problem", fuhr Tony fort. „Der Schaden hier ist ziemlich groß. Es wird mindestens fünfzigtausend Dollar kosten, um den Club wieder so weit herzurichten, dass wir öffnen können, und ich würde nur ungern offiziell Anklage wegen Sachbeschädigung und ungebührlichen Benehmens gegen Ihren Klienten erheben."

Ich hörte mir all das ruhig an, bevor ich zu einer Antwort ansetzte. „Ich weiß nicht recht, wie ich Ihnen das jetzt sagen soll. Aber seit ein paar Stunden ist diese Sache nicht mehr mein Problem."

Dann legte ich auf. Und für einen kurzen Moment hatte ich das Gefühl, dass nicht mehr das Gewicht der ganzen Welt auf meinen Schultern lastete.

Kapitel **5**

M I C K

IN DEM DIE ZU MICKS KINDERZEIT MEIST NOCH ALS FLACHES UND
UNRUNDES OBJEKT BETRACHTETE WELT DIE TYPISCH KNAPPE REAKTION
DES MÖTLEY-GITARRISTEN AUF DEN GERADE ERLEBTEN VERLUST ZU
HÖREN BEKOMMT.

*I*ch habe vergessen, wie das passierte. Ich glaube, Nikki war irgendwie sauer auf Vince, weil er zu spät kam, und schickte ihm deswegen ein Fax oder so. Es lag ziemlich viel Spannung in der Luft, die sich schon seit Jahren langsam aufgebaut hatte. Jeder Mensch hat seine guten und seine schlechten Seiten. Und es war wohl so, dass wir uns irgendwann mehr auf die schlechten konzentrierten, statt darauf zu achten, wo die Qualitäten jedes Einzelnen lagen und was tatsächlich jeder zur Band beitrug.

Als Vince schließlich zu der Probe erschien, war er in einer richtigen Scheißlaune. Genau wie Nikki. Zwar war ich mit der Einstellung, die Vince in der Zeit zeigte, auch nicht besonders zufrieden, aber es war eigentlich egal, ob er zur Probe kam oder nicht. Ich arbeitete sowieso an der Musik, und die muss erst mal fertig sein, bevor man überhaupt anfangen kann, den Gesang oben drüberzulegen.

DAS VON DEN VERWICKLUNGEN BERICHTET, IN DIE UNSER
FRISCH GEBACKENER HELD HINEINGERÄT, ALS IHM DIE GATTIN SEINES
ARBEITGEBERS DIE MÖGLICHKEIT BIETET, ZWEI DER ZEHN GEBOTE
ZU VERLETZEN.

*S*teven Tyler verglich mich mit diesem Typen, der im Zirkus aus dieser großen Kanone herausgeschossen wird. Und so fühlte ich mich auch. Ich setzte meinen Sturzhelm auf, legte mir den Superhelden-Mantel um die Schultern, kletterte ins Rohr und wartete darauf, dass die drei Zirkusdirektoren hinter mir Feuer an die Lunte legen würden. Als ich dann durch die Luft sauste, war das ein unvergleichliches Gefühl: Es war der glücklichste Moment meines Lebens. Bis zur Landung. Die war schmerzhafter als alles, was ich zuvor gespürt hatte.

Angefangen hatte alles mit einem Artikel im *Spin,* in dem Nikki erzählte, dass er das Album meiner ersten Band The Scream, *Let It Scream,* fantastisch fand. Ich war kein großer Fan von Mötley Crüe, ich hatte keines ihrer Alben und war auch noch nie auf einem Konzert gewesen, aber ich wollte ihn trotzdem mal anrufen und mich bei ihm für die Erwähnung meiner Band bedanken. Außerdem verfolgte ich damit noch eine andere Absicht: Ich wollte ihn fragen, ob er nicht Lust hätte, mit mir ein paar Songs für das zweite Scream-Album zu schreiben.

Mein Manager gab mir die Nummer von Doug Thalers Büro. Dort erreichte ich zunächst seine Assistentin Stephanie; ich stellte mich vor und erklärte, dass ich Nikki gern sagen würde, wie sehr mich seine Würdigung gefreut hatte. Dabei erwartete ich im Grunde, dass sich mich abwimmeln würde wie einen besessenen Fan, aber stattdessen gab es eine komische Pause, so als sei sie über meinen Anruf richtig glücklich. „Äh, geben Sie mir doch bitte eine Nummer, unter der man Sie erreichen kann", stotterte sie dann. „Ich leite Ihre Nachricht an ihn weiter."

Ich legte auf und fing an, mich auf den Auftritt vorzubereiten, den meine Band am Abend in Orange County geben sollte – den letzten, der auf unserer gemeinsamen Tour mit den Dangerous Toys auf dem Programm stand. Es war Valentins-

Abb. 2

tag, daher stellte ich meiner Frau einen Blumenstrauß und eine kleine Nachricht hin, bevor ich die Schlüssel zu meinem Ford Taurus schnappte, den ich noch zwei Jahre lang weiter abzahlen musste. Als ich die Tür hinter mir ins Schloss zog, hörte ich ein Klingeln. Ich schloss trotzdem ab, aber dann überlegte ich es mir noch einmal, drehte den Schlüssel erneut und sprintete zum Telefon.

„Hey Mann, hier ist Nikki Sixx."

„Und Tommy, Alter!"

Eigentlich hatte ich keinen Rückruf erwartet; so schnell schon gar nicht. „Äh, ja, wie geht's denn?", gab ich zurück und fragte mich immer noch, ob das vielleicht ein Scherz sein sollte.

Wir unterhielten uns ein bisschen über besagten *Spin*-Artikel, und dann fiel Nikki mir plötzlich ins Wort. „Pass auf, wir haben einen Vorschlag. Du musst uns versprechen, dass du niemandem davon erzählst, denn wir haben noch keine offizielle Erklärung rausgegeben, aber Vince hat die Band verlassen. Deswegen haben Tommy und ich uns gefragt, ob du Lust hättest, bei uns rumzukommen und mit uns zu jammen."

„Du meinst, sozusagen bei euch vorzusingen?"

„Genau."

„Okay, Mann, klar. Kein Problem. Äh, danke."

Daraufhin rief ich meinen Manager an und fragte, wie ich mich nun verhalten solle. Am besten sei es, meinte er, ganz normal das Konzert mit The Scream zu geben und kein Wort über die Angelegenheit zu verlieren, bis ich mehr wusste. Abends im Club machten wir also Soundcheck wie immer, und ich erzählte, dass ich mit Nikki gesprochen und mich für die Erwähnung unserer Platte bedankt hatte. Mehr sagte ich nicht.

Vor der Show hatten wir noch einen Termin für ein Live-Interview und einen Acoustic-Set bei einer örtlichen Radiostation. Die Sendung hatte gerade erst begonnen, als jemand Long Paul, dem Moderator, ein Blatt Papier reichte. Er las es durch, hob eine Augenbraue und verkündete: „Hier ist gerade per Fax folgende Nachricht reingekommen: Mötley Crüe haben sich von Vince Neil getrennt. Ist denn das zu glauben?"

Niemand von uns gab eine Antwort. Stattdessen drehte sich die ganze Band zu mir um und starrte mich an. Instinktiv wussten sie, dass da was im Busch war. Aber ich tat ganz harmlos. „Im Ernst?", fragte ich. „Sie haben ihn rausgeworfen?"

DREI TAGE SPÄTER WAR MEIN GROSSER AUFTRITT gekommen. Die Testsession. Ich hatte keine Ahnung, wie ich die überstehen sollte, denn zum einen war ich völlig unbeleckt, was das Material von Mötley Crüe betraf, und zum anderen ist Vinces Stimme wesentlich heller als meine. Er singt hoch und sehr sauber, ich dagegen klinge eher dunkel und rau. Als ich das Studio in Burbank betrat, waren sie schon da, die drei großen Unbekannten, und improvisierten zu Hendrix' „Angel". Es klang laut, dreckig und sehr aufregend. Sie waren eine gut eingespielte Band. Und in dem Raum stand so viel Equipment wie in einem Instrumentenladen.

Um das Eis zu brechen, erzählte ich, dass ich erwogen hatte, mich auszuziehen und nackt zum Vorsingen zu kommen. Es war eine ziemlich blöde Bemerkung, aber Tommy lachte. „Das hättest du mal machen sollen! Da hätten wir vielleicht geschaut!"

Ein wenig beruhigt atmete ich aus und entspannte mich. Ihre eigenen Titel kannte ich zwar nicht, aber ich war in meiner Heimatstadt Philadelphia in mehr als fünfzig Coverbands gewesen und hatte daher sämtliche Fremdkompositionen drauf, die sie spielten. Als Erstes probierten wir „Helter Skelter". Ich griff zum Mikro, fing an zu singen, und nach der ersten Strophe hörten sie schlagartig auf.

Mir stockte der Atem, und ich machte mich darauf gefasst, dass meine Chance vorbei war.

„Alter, das ist ja total geil", sagte Tommy und lachte ungläubig. Ihm hatte es gefallen.

Nach „Helter Skelter" nahmen wir uns weitere Covers vor: „Jailhouse Rock" und „Smokin' In The Boys' Room". Tommy war ganz kribblig vor Begeisterung, weil der Sound durch die rauere Stimme und die zweite Gitarre viel heavier klang, aber Nikki und Mick hielten sich bedeckt. Sie erklärten, sie würden am folgenden Tag noch andere Sänger ausprobieren, und ich sollte dann noch einmal wiederkommen.

Als ich zum zweiten Vorsingen erschien, waren Doug Thaler, Chuck Shapiro und David Rudich dabei. Rudich, der Mötley-Anwalt, hielt mir einen langen Vortrag über allerlei rechtlichen Kram, den ich nicht kapierte, und dann stürzten wir uns wieder in dieselben Songs. Anschließend schüttelten mir die Anzugtypen die Hand und bedankten sich für mein Kommen, wobei sie sich höchst nüchtern und geschäftsmäßig gebärdeten und vorsichtig darauf achteten, weder eine positive noch eine negative Tendenz vorweg erkennen zu lassen.

John Corabi

„Hört mal", sagte ich zu der Band, nachdem die Geschäftsleute sich wieder aufgemacht hatten, „jetzt waren wir doch erst für eine Dreiviertelstunde hier. Habt ihr noch Lust auf eine Session?"

Mick und ich spielten gemeinsam eine Reihe von Bluesphrasen, und dann zeigte ich den Jungs ein Riff, an dem ich gerade arbeitete. Am Schluss der Probe war die Basis für „Hammered" entstanden, und wir hatten die Akustikeinlage für „Misunderstood" konstruiert. Nikki hatte ein paar neue Textzeilen fertig, die ich probeweise einmal sang; danach entschuldigte ich mich und ging kurz zur Toilette. Als ich zurückkam, saßen die drei auf dem Schlagzeugpodest und sahen mich an.

„Hey, ich glaube, das merkt ein Blinder mit einem Krückstock", sagte Tommy und stand auf. „Du bist unser Mann!"

„Aber du solltest es noch niemandem sagen", fügte Nikki hinzu. „Wir müssen vorher noch sehr viele rechtliche Geschichten regeln."

„Kann ich's meiner Frau erzählen?", fragte ich.

Die drei lächelten. „Klar, das kannst du natürlich."

Zuhause wartete Valerie mit ein paar Freunden auf mich: Robert, der in meiner ersten Band Angora am Schlagzeug gesessen hatte, seine Freundin Gina und Neil Zlozower – der zufällig auch mit Nikki befreundet war – mit seiner Frau Denise. Sie hatten schon zwei Flaschen Dom Pérignon kalt gestellt. „Ich habe eine gute und eine schlechte Nachricht", sagte ich Valerie. „Die gute ist, dass die Probe bestens für mich gelaufen ist. Die schlechte ist: Vor euch steht der neue Sänger von Mötley Crüe."

Das war zwar eigentlich ein Witz, aber für Valerie stellte sich die Nachricht tatsächlich als schlecht heraus. Ich war nun in der Höhle des Löwen, und das war uns beiden klar. Dabei fing alles recht gut an. Die Band schickte Valerie am nächsten Tag eine wunderschöne Kristallvase mit zwei Dutzend Rosen und einem Kärtchen mit der Aufschrift „Herzlich willkommen in der Familie". Aber durch die vielen Proben war ich nun immer weniger zuhause, und das war für Valerie besonders deswegen sehr hart, weil bei unserem Sohn gerade Diabetes diagnostiziert worden war. Nikki tauchte auch schon mal völlig besoffen vor der Tür unserer Einzimmerwohnung auf, wenn er sich mit Brandi gefetzt hatte, und lallte: „Los, Crab, du ziehst jetzt mit mir los, oder ich schmeiß dich raus." Oder Tommy fuhr mitten in der Nacht in einer Limousine vor, um sich mit mir gemeinsam eine Tätowierung machen zu lassen. Ich ließ mir den Namen des kommenden Albums, *Till Death Do Us Part*, in die Haut ritzen; ein bisschen ärgerlich, da der Titel wenig später in das schlichte *Mötley Crüe* geändert wurde.

Einmal nahm ich Valerie auf einen unserer Ausflüge mit, und sie war nicht besonders begeistert, als sie feststellte, dass die Mädchen uns umschwärmten wie Fliegen einen Haufen Scheiße. Wir landeten schließlich im *Mondrian Hotel,* wo Nikki sich ein Zimmer nahm, weil er nicht nachhause wollte. Wir warteten in der *Sky Bar,* und Valerie, die ziemlich betrunken war, schlief schließlich ein. Sie wurde ausgerechnet wieder wach, als ich auf dem Klo war; sie dachte, ich sei zu Nikki gegangen, und zog los, um uns zu folgen. Das erfuhr ich, als ich vom Klo zurückkam, und wir suchten uns ungefähr eine Stunde lang gegenseitig. Ich war gerade wieder oben in Nikkis Zimmer, als es klopfte. Draußen stand der Sicherheitsdienst des Hotels mit Valerie. „Diese Frau behauptet, sie sei mit John verheiratet", sagte er und schüttelte sie am Hals, als sei sie eine betrunkene Nutte. „Soll ich sie rauswerfen?"

„Valerie!", schrie ich, und der Wachmann ließ sie los. Sie stürzte auf mich zu und haute mir ziemlich schlapp eine runter. Mir schoss vor Wut das Blut ins Gesicht. Ungestüm zog ich Valerie hinter mir her und schubste sie unten wieder ins Auto. Auf der Fahrt nachhause stritten wir die ganze Zeit.

Damals wohnten wir in einem ziemlich verrufenen Viertel, und jemand wie Tommy hatte Angst, mich zu besuchen, weil oft Schüsse zu hören waren. Wie gefährlich es war, bekam ich eines Abends zu spüren, als ich Milch kaufen wollte und auf dem Rückweg vom Supermarkt von drei Mexikanern überfallen wurde. Einer schlug mir seine Pistole auf den Hinterkopf, und ein anderer stach mich immer wieder mit einem großen Schraubenzieher in die Hand und in den Rücken. Sie rissen mir seltsamerweise meinen Schmuck vom Hals, vergriffen sich aber nicht an meiner Brieftasche. Nachdem ich es blutverschmiert bis nachhause geschafft hatte, klappte ich im Wohnzimmer zusammen. Ich war fix und fertig: Bei all dem Ärger hatte ich die Milch auf dem Pflaster liegen lassen.

Als die Band von den Geschehnissen erfuhr, liehen sie mir und Valerie genug Geld, damit wir nach Thousand Oaks ziehen konnten, wo es eine wesentlich bessere Schule für die Kinder gab. Außerdem spendierten mir die Jungs eine brandneue Harley-Davidson Heritage Softail Classic, damit wir alle zusammen durch die Gegend fahren konnten. Aber für Valerie und mich kam das alles schon zu spät.

Ich hatte sie mit achtzehn kennen gelernt, als ich mit ihrem Bruder zusammen in einer Coverband spielte. Die nächsten vierzehn Jahre gab ich mir alle Mühe, trotz der unchristlichen Arbeitszeiten als Rockmusiker ein guter Ehemann und Vater zu sein. Aber in der Höhle der Mötley-Löwen schaute ich zum ersten Mal in einen schwarzen, gähnenden Abgrund und sah, dass dort abgefahrene, dekadente Sachen liefen, von denen ich während meines braven Ehelebens überhaupt nichts mitbekommen hatte. Davon mal abgesehen, musste ich als Frontmann dieser Bestie größer, lauter und gemeiner sein als die anderen Jungs. Valerie und ich wussten beide nicht, wie wir mit dieser neuen Entwicklung fertig werden sollten. Die schlechten Zeiten ohne Geld und mit viel Pech hatten wir gemeinsam gemeistert. Dafür scheiterten wir, als sich unser Schicksal zum Besseren wandelte.

Unsere Ehen zerbrachen alle zur gleichen Zeit: Micks, Nikkis, Tommys, meine, sogar die von Vince. Kurz bevor Valerie und ich uns trennten, trafen wir uns mit der ganzen Band in Catalina. Mick saß in Hörweite, als seine Frau Emi zu mir rüberkam, mich am Arm packte und mir etwas von einer Wohnung erzählte, die sie und Mick in Marina del Rey besaßen. Ich begriff nicht, was sie von mir wollte – suchte sie einen Untermieter für das Apartment, sollte ich es für sie kaufen, oder war es ein Angebot, dort mit ihr die Nacht zu verbringen?

Ich bedankte mich vorsichtig und wandte mich ab. Schließlich war ich erst seit einem Monat in der Band, und ich wusste nicht recht, wie ich mich verhalten sollte.

Aber anschließend machte Emi sich jedes Mal an mich heran, wenn wir uns begegneten und sie etwas getrunken hatte, und sie erzählte stets, ihr Psychiater habe gesagt, ein gut aussehender Mann mit dunklen Locken würde in ihr Leben treten. Bei nächster Gelegenheit sprach ich mit Tommy und Nikki darüber. „Wisst ihr, für mich ist das die Chance meines Lebens, und die möchte ich mir nicht verbauen. Aber ich fürchte, Micks Frau steht auf mich. Falls das mal ein Problem zwischen mir und Mick werden sollte, möchte ich, dass zumindest ihr wisst, dass ich unschuldig bin, was diese Sache mit seiner Frau angeht."

Micks Ehe ging wenig später in die Brüche. Er ist einer der nettesten Typen, die ich je im Musikbusiness getroffen habe; aber gerade weil er so nett ist und niemandem Schwierigkeiten machen will, wird er immer ausgenutzt und verarscht. Emi hatte zum Beispiel eine eigene Band, Alice in Thunderland, und Mick kaufte für sie Lautsprechertürme, Bassverstärker, ein neues Schlagzeug, schenkte dem Gitarristen eine Flying V und bezahlte lange Studioaufenthalte. Während er dann in Vancouver am neuen Mötley-Album arbeitete, kam ihm langsam der Verdacht, dass seine Frau mit eben dem Gitarristen schlief, den er gerade mit der Flying V beglückt hatte.

Mick war total passiv; als seine Frau ihn fragte, ob sie nicht dauerhaft in besagtes Apartment in Marina del Rey ziehen könnte, schenkte er es ihr sogar. Er dagegen blieb in der alten Wohnung, und ich zog bei ihm im Gästehaus ein, nachdem ich mich von Valerie getrennt hatte. Emi wollte offenbar alles von Mick, was er besaß, und verschmähte nur das wertvollste Gut: ihn selbst.

Kurz vor dem Beginn der neuen Aufnahmen holten wir Bob Rock nach L. A., um erste Ideen durchzusprechen. Am Tag des besagten Meetings konnte ich allerdings niemanden in der Band erreichen. Ich fuhr mit meinem Sohn bei Tommy vorbei und sah, dass Nikkis Wagen auf der Auffahrt stand; es machte den Anschein, als liefe das Treffen ohne mich. Als niemand auf mein Klingeln öffnete, kletterte ich über den Zaun und trommelte gegen die Tür. Nach einer Ewigkeit tauchten Tommy und Nikki auf – völlig zugedröhnt. Von Nikki sah man nur einen wilden schwarzen Haarschopf und eine Reihe weißer Zähne, wenn er grinste.

„Hey, Mann, was machst du denn hier?", fragte Tommy.

„Soll denn heute nicht das Treffen stattfinden?"

„Klar, Alter, wir warten ja drauf, dass Bob Rock hier auftaucht."

Wie sich herausstellte, waren Tommy und Nikki am Abend zuvor mit ihren Frauen unterwegs gewesen. Sie hatten erst ein Glas Wein zusammen getrunken und sich dann überlegt, vielleicht ein bisschen Hasch zu rauchen. Eins führte zum anderen, und schließlich hatten sie ihre Frauen weggeschickt und zwei Eightballs bei ihrem alten Dealer bestellt, um dann die ganze Nacht lang in Nikkis Zimmer Koks zu rauchen, bis ihnen die Sinne schwanden.

Als Rock gegen eins zu Mittag dort auftauchte, bekam er einen ziemlichen Schock wegen dem, was er zu sehen bekam. Das letzte Mal, dass er mit Tommy und Nikki gearbeitet hatte, waren beide sauber gewesen, aber jetzt stanken sie nach Alkohol, ihnen lief wegen der Kokserei der Rotz aus der Nase, und sie konnten keinen

Satz gerade rausbringen. Nikki ging mitten in der Besprechung raus und pennte nebenan auf dem Sofa ein, und das gab Rock den Rest – er sah keine Möglichkeit, mit dieser Band eine Platte zu machen, wenn die Jungs sich nicht zusammenrissen. Bevor er ging, sagte er das auch noch zu Thaler und Bob Timmons, die nun versuchten, rettend einzugreifen. Aber glücklicherweise war es nur ein kurzer Ausraster, eine geplante Orgie. Nikki und Tommy mussten einfach mal wieder Dampf ablassen. Ob ihre Frauen ihnen das allerdings verziehen, weiß ich nicht.

Kapitel 7
TOMMY

DAS DAVON ERZÄHLT, WIE ABENTEUER AN NACKTBADESTRÄNDEN UND
ZU LANGE BLICKE UNSEREN SENSIBLEN HELDEN SEINE LIEBE KOSTEN.

*E*s ist doch immer wieder dasselbe. Erst verlieben sich die Weiber in mich, weil sie diesen tätowierten, wilden Rockstar sehen, der ein total verrücktes, unkontrolliertes Leben führt und sie dieser Lifestyle total fasziniert. Aber nach einer gewissen Zeit finden sie es Scheiße, wie ich lebe, und versuchen, mich zu ändern.

Jede Frau, die sich in mich verliebt, sollte sich darüber klar sein, dass Musik bei mir an erster Stelle steht. Das Problem ist: Wenn man das offen sagt, denken die Frauen gleich, sie würden deswegen nur die zweite Geige spielen. Aber so war das nicht: Heather war mir genauso wichtig. Ich hatte sozusagen zwei Spitzenreiter. Die Musik und ich sind nun mal unzertrennlich; daran muss sich eine Frau bei mir gewöhnen. Ich brauche nämlich eine Partnerin und niemanden, der mich gängelt. Wenn man mich und meine Musik gleichermaßen akzeptiert, geht alles klar.

Leider tat Heather das nicht. Wir führten eine typische Promi-Ehe: Zuerst dachten wir, alles sei perfekt, denn wir beide kannten die Anforderungen und den Stress, die die eigene Berühmtheit mit sich bringt. Wir dachten, dass wir nur mit jemandem glücklich werden könnten, der unsere Situation aus eigener Erfahrung kannte und ebenfalls stark beruflich engagiert war. Aber letzten Endes scheiterte unsere Beziehung an unserem Narzissmus und an unserer Karrierebesessenheit.

Es war schwierig, Heather dazu zu bringen, in der Öffentlichkeit ganz locker zu sein. Das wurde mir klar, als wir Urlaub auf den griechischen Inseln machten und ich mich gern auf einem Nacktbadestrand entspannen wollte. Dort angekommen, zog ich mich sofort aus und sprang ins Wasser. Als ich mich umsah, stand sie noch immer da, und inmitten dieser wunderschönen Insel voller nackter Leute trug sie einen Badeanzug. Sie hatte unglaubliche Angst, dass ein Fotograf hinter einem der Felsen lauerte; vielleicht war das durchaus berechtigt, aber mir war das scheißegal. In ihrer Gesellschaft fühlte ich mich oft gehemmt: Sie machte jedes Mal einen Riesenaufstand, wenn ich über die Stränge schlug, was ja vielleicht auch richtig war, und sie war absolut dagegen, dass ich mir das flächendeckende Riesentattoo auf dem Rücken machen ließ, von dem ich träumte.

Ich fühlte mich besonders deswegen in die Enge getrieben, weil sie einerseits wollte, dass ich ein ruhigeres Leben führte, aber nicht bereit war, sich auf all das einzulassen, was für mich zu einem ruhigen Leben als Familienvater gehörte: Nikki hatte ein Baby, und das zweite war unterwegs; Vince hatte drei Kids von drei verschiedenen Frauen, und Mick war sogar schon Großvater. Ich liebte Kinder, und zusammen mit Heather Nachwuchs zu haben wünschte ich mir mehr als alles andere auf der Welt. Aber sie sagte jedes Mal nein. Angeblich ging es nicht wegen ihrer Karriere; sie könne sich eine Schwangerschaft nicht leisten, sagte sie. Davon abgesehen, schien sie von Kindern nie besonders begeistert: Sie regte sich schnell auf, wenn Kids über die Polstermöbel kletterten oder Schokolade an den Fingern hatten.

Vielleicht war sie zu jung, vielleicht war es für sie nicht der richtige Zeitpunkt, oder vielleicht wollte sie keine Kinder von jemandem wie mir – es gab mir ziemlich zu denken, dass sie sich von Richie Sambora schwängern ließ, kaum dass sie zusammen waren –, aber ganz gleich, woran es lag, mir ging ihre Haltung richtig auf die Nüsse. Ich hatte einige Jahre an unserer Beziehung gearbeitet, und nun überlegte ich, ob es vielleicht besser war, den Hut zu nehmen, bevor ich noch mehr Gefühle investierte. Als ich zur Welt kam, war mein Vater schon so alt, dass er kaum noch mit mir Fußball spielen konnte. Das wollte ich anders machen; ich wollte jung genug sein, um mit meinen Kindern rumzurennen, dieselben Interessen zu pflegen, sie zu verstehen und ein Teil ihres Lebens zu sein, bis sie erwachsen wurden.

Wenn ich verliebt bin, dann bin ich blind für alles andere. Dann interessieren mich noch nicht mal andere Frauen. Aber sobald ich begann, meine Ehe mit Heather etwas kritischer zu betrachten – was sie ganz sicher auch tat –, guckte ich auch mal wieder woanders hin. Und wenn man anfängt, woanders hinzugucken, dauert es nicht lange, und man fasst auch mal woanders hin. Und wenn man seine Hände mal woanders gehabt hat, ist das der Anfang vom Ende. Wir hatten sieben verrückte Jahre überstanden – mit allen Hoch- und Tiefpunkten in unserer beider Karrieren, mit meinen Drogen- und Alkoholexzessen und den Quälereien mit den Entzugskliniken, mit der verrückten Zeit, die der Wahnsinnserfolg von *Dr. Feelgood* uns gebracht hatte. Das soll uns erst einmal jemand nachmachen. Wenn man das bedenkt, haben wir es ganz schön lange miteinander ausgehalten.

Nach meiner Trennung von Heather passierte etwas Komisches. Eines Abends wurden Corabi und ich von ein paar betrunkenen Arschlöchern auf der Straße angepöbelt und verprügelt. Als ich später auf dem Bett eines Hotelzimmers lag und versuchte, mich davon zu erholen, hörte ich ein Geräusch. Ich sah auf, und in der Tür stand Honey, die ich seit neun Jahren nicht mehr gesehen hatte. Sie ging zum Bett, beugte sich über mich, blies mir einen und verschwand dann wieder, ohne ein Wort zu sagen. Ich habe sie seitdem nicht wieder gesehen.

Wie ich so dalag, verwirrt und ausgesaugt, wurde mir klar, wie einsam ich mich ohne Heather fühlte. Wenn man nach sieben Jahren Ehe wieder zu sich kommt und sich umsieht, stellt man fest, dass die meisten alten Freunde nicht mehr da sind. Gleichzeitig fühlte ich aber auch ein aufregendes Kribbeln. Ich freute mich darauf, mich aufs Neue zu verlieben; nicht in ein anderes Mädchen, sondern in Musik. Inzwischen waren viele neue Bands auf der Szene aufgetaucht, die, wie Pantera oder Prong zum Beispiel, richtig hart und heftig abrockten, und nachdem Vince nun nicht mehr bei uns war und wir einen tätowierten Drecksack wie Corabi mit an Bord hatten, waren wir endlich gerüstet, um ebenfalls richtig zur Sache zu gehen.

IN DEM EIN FRISCHLING NACH EINER ENTWÜRDIGENDEN NACHT MIT
DEN HUREN DER STADT DEN WAHREN CHARAKTER DER ÄLTEREN
DIENSTGRADE ERKENNT.

Nach Tommys und Nikkis Entgleisung wurden beide wieder völlig abstinent: Sie wollten unbedingt versuchen, den Erfolg von *Dr. Feelgood* mit Bob Rock in Vancouver zu wiederholen. Für sie gab es nur Schwarz oder Weiß: Nicht nur Alkohol und Drogen waren verboten, sondern auch Rind- und Schweinefleisch, Zigaretten und Koffein. Wir warfen den ganzen Tag Vitaminpillen ein und trafen uns morgens zum Workout mit einem Trainer.

Aber natürlich gab es zwischendurch immer wieder Nächte, in denen wir über die Stränge schlugen. Das erste Mal geschah das, als Snake von Skid Row zu Besuch kam. Tommy, Nikki, Snake und ich zogen abends los – erst in einen Stripclub und dann in eine Bar. Nikki war schon ziemlich breit, als er die Kellnerin fragte, was die Schnäpse, die so genannten Kamikazes, kosteten. Drei Dollar fünfzig, sagte sie. Daraufhin griff er in seine Tasche, schob ihr ein paar zerknitterte Dollarnoten in die Hand und erklärte: „Ich will so viele Kamikazes, wie ich dafür kriege."

Eine Viertelstunde später kam ein ganzes Rudel Kellnerinnen mit neun Tabletts voller Schnapsgläser und stellte die auf unseren Tisch. Wir kippten eins nach dem anderen, bis wir nicht mehr konnten; dann kletterten wir wieder in den Bandbus. „Crab", fragte Tommy mich, „hast du schon mal eine Nutte gehabt?"

„Nein", stammelte ich.

„Na, dann wird's aber Zeit."

Wenn diese Kerle nüchtern waren, war das Leben mit ihnen so normal und einfach, aber wenn sie was intus hatten, quetschten sie in nur zwölf Stunden so viel Abenteuer, Durcheinander und Dekadenz, wie andere Leute im ganzen Leben nicht erfahren. Auf dem Weg zur Richard Street, wo die Prostituierten standen, warfen wir unser Geld zusammen. Ich hatte hundert Dollar, Tommy achtzig, der arme Snake ganze sechshundert; bei Nikki waren nach der Kamikaze-Orgie gerade noch zwölf Dollar übrig. Wir suchten uns vier niedliche Nutten aus und fuhren sie mit dem Bus ins Hotel, um zu feiern. Tommy brachte die Mädels mit ein bisschen Hasch in Schwung, Nikki zog ein paar Flaschen Jack hervor, und wir fingen an, uns locker zu machen. Tommy hatte sich zwar schon von Heather getrennt, wollte sie aber trotzdem anrufen und sich kurz melden. „Wenn ich zurückkomme", sagte er, „dann geht die Party hier erst richtig los."

Eine halbe Stunde später stürzte er mit heruntergelassenen Hosen zur Tür herein, brüllte wie ein Stier und machte sich daran, eine der Prostituierten von hinten zu nehmen. In genau diesem Moment sah eine ganz besonders rotzfreche Nutte auf ihre Uhr und erklärte: „Das kostet euch jetzt noch mal zweihundert pro Nase."

Ganz plötzlich wurde es ruhig im Raum, und die dunkle, bedrückende Wolke, die stets am Horizont erscheint, wenn von Geld die Rede ist, zog über unsere Köpfe.

„Was soll das heißen, zweihundert Dollar?", fragte ich.

„Die erste Stunde ist rum, und die Stunde kostet zweihundert Dollar."

Nikki drehte völlig durch. Er warf seine Flasche Whisky quer durchs Zimmer an die gegenüberliegende Wand, wo sie direkt über der großmäuligen Nutte zersplitterte. Dann rannte er hinter ihr her und drohte, sie in Stücke zu schneiden. Nie hatte der Titel „Don't Go Away Mad" – „Geh nicht im Zorn" – besser gepasst als hier: In weniger Zeit, als man zum Singen dieser Zeile brauchte, waren alle Mädchen aus dem Zimmer verschwunden.

Zurück blieben wir vier traurigen Gestalten auf dem Sofa. Die Nutten waren mit unserem ganzen Haschisch und dem ganzen Geld getürmt, und Nikki hatte die letzte Flasche Whisky gegen die Wand geknallt. Snake knackte ein Bier aus der Minibar und schüttelte den Kopf. „Leute, was war das denn gerade?" Dann grinste er gehässig: „Die bösen Rocker von Mötley Crüe und Skid Row mussten sich gerade für achthundert Dollar ein paar Weiber kaufen, die mit ihnen reden. Wir sind echt lächerlich."

Tommy und Nikki hatten währenddessen beschlossen, dass die Nacht noch nicht vorbei war, aber davon ahnte ich noch nichts. Während Snake mich in ein lockeres Gespräch verwickelte, schlichen sie sich in die Hotelküche und klauten ein Hundertfünfzig-Liter-Fass mit Tomatensauce. Dann entwendeten sie meinen Zimmerschlüssel bei der Rezeption, zogen das Laken von meinem Bett, schmierten die Matratze mit Tomatensauce voll und richteten das Bett dann wieder her.

Als ich spätnachts in mein Zimmer ging, fiel mir auf, dass es irgendwie nach Spaghetti roch, aber ich dachte mir nichts dabei. Ich zog die Decke zurück und fasste mit der Hand aufs Bett, wobei ich eine eigenartige, glibberige Masse berührte. Dann sah ich, dass meine Hand mit etwas Rotem beschmiert war, das aussah wie aus der Kulisse von *Der Exorzist*. In meinem besoffenen Kopf dachte ich allerdings, wenn ich das Tomatenzeug ignorierte, würde ich Tommy und Nikki damit beweisen, dass mir ihr blöder Streich nichts ausmachte. Ich legte mich also mitten rein und schlief.

Am nächsten Morgen stellte ich eine Schachtel Cremetörtchen vor Nikkis Tür und klingelte. Er öffnete die Tür, sah sich um und bemerkte dann die Törtchen. Eine Stunde später sah ich nur noch die leere Schachtel auf dem Flur. Im Fitnessraum musste er dem Trainer dann erst mal erklären, weshalb er sich heute für die Übungen nicht recht in Form fühlte.

Das war der Startschuss für den richtigen Krieg mit Nikki. Er schleppte mich in eine Bar und machte mich betrunken, und während ich dort mit einem Mädchen redete, fuhr er mit einem Taxi wieder zum Hotel, sabotierte mein Schlüsselloch mit Sekundenkleber und zerbrochenen Streichhölzern und kam dann zu der Bar zurück. Als ich dann so richtig breit war, brachte er mich ins Hotel und beobachtete durch den Spion, wie das Personal meine Tür aus den Angeln heben musste, damit ich irgendwo pennen konnte.

Dafür rächte ich mich, indem ich eine aufblasbare Sexpuppe an Nikkis Tür befestigte und sie mit einem Schild versah, auf dem „Seeleute herzlich willkommen" stand; zusätzlich stellte ich überall im Hotel Schilder auf, die männliche Singles zu seinem Zimmer dirigierten. Nikki drehte daraufhin richtig auf: Während ich schlief, brachte er mehrere Stunden damit zu, ein komplettes Zimmerservice-Tablett an meine Tür zu kleben, ordentlich versehen mit Tellern, Serviette, Besteck und allem, was dazugehörte. Er füllte sogar ein Glas mit Leim, sodass es aussah, als sei es voll Milch. Dann besprühte er die ganze Tür mit Haarspray, zündete sein Werk an, klopfte bei mir und rannte schnell zu seinem Zimmer. Mick war zu clever, als dass ihm irgendjemand solche Streiche hätte spielen können: Er bestäubte den Flur bis zu seiner Zimmertür mit Mehl, sodass er anhand der Fußspuren feststellen konnte, wer versucht hatte, sich mit ihm anzulegen.

Dieses Jahr war wohl die schönste Zeit meines Lebens. Jeder war dabei, neue kreative Bereiche für sich zu entdecken und blöde, harmlose Späße zu machen. Mick hatte zuvor noch nie mit einem zweiten Gitarristen gearbeitet, Nikki noch nie mit einem anderen Texter, und die Entwicklung von Songs bei Jamsessions war Neuland für die ganze Band. Wir konnten es kaum erwarten, den Mötley-Fans die Früchte unserer Arbeit vorzustellen. Unserer Meinung nach hatten wir ein intelligentes Mötley-Crüe-Album gemacht, das sich intensiv mit den verrückten Sachen auseinander setzte, die in der Welt passierten, von den Unruhen nach dem Rodney-King-Urteil in L. A. bis zu der Debatte über Zensur in der Musikszene.

Der letzte Song, den ich für die Platte schrieb, war „Uncle Jack", und er handelte von einem meiner Verwandten, der meine Brüder und Schwestern sexuell belästigt hatte. Als wir mit den Aufnahmen begannen, wurde er verhaftet und des Missbrauchs von zwanzig Kindern angeklagt, wobei er seine Taten selbst mit Fotos dokumentiert hatte. Aber nur zwei Monate später war er schon wieder auf freiem Fuß, weil das Gefängnispersonal befürchtete, die anderen Insassen würden ihn umbringen. Und er fand ruck, zuck wieder einen Job – in einer katholischen Grundschule.

Wir waren mit den Aufnahmen fast fertig, als meine Mutter mich anrief und erzählte, dass er erneut festgenommen worden war. Er war bei einer Frau mit zwei Söhnen im Alter von acht und drei Jahren eingezogen. Sie arbeitete nachts, und er war tagsüber an dieser Schule als Lehrer beschäftigt, sodass er oft allein mit den Kindern zuhause war. Ein paar Monate später kam die Frau bei einem Autounfall ums Leben, und als ihr Exmann wieder zu seiner Familie zurückkehrte, stellte er fest, dass dieser Typ aus meiner Verwandtschaft sich an beiden Jungen vergangen hatte. Ich war unglaublich wütend und entsetzt, dass ein solcher Triebtäter immer noch draußen war und das Leben anderer Menschen zerstören konnte. Nikki meinte daraufhin: „Warum schreibst du keinen Song darüber?"

Ich wollte den Titel als Single veröffentlichen und das Geld an Hilfseinrichtungen für missbrauchte Kinder spenden. Wir wollten uns engagieren und der Welt beweisen, dass Mötley Crüe zwar immer noch echter Rockzirkus waren, aber Zirkus mit Herz und Bewusstsein.

Im Anschluss an die Aufnahmen gingen wir auf Promo-Tour, und überall, wohin wir kamen, warteten begeisterte Fans auf uns, die völlig aus dem Häuschen waren. In Mailand fiel ein Grüppchen Fans, das bei einem Wettbewerb ein Treffen mit uns gewonnen hatte, über mich her und riss mir die Kleider als Souvenirs vom Leib. Ich sah zu Nikki hinüber. „Gewöhn dich dran, Crab", strahlte er. „So wird es für dich jetzt immer sein."

Abb. 3

Nikki, Mick und Tommy mit John Corabi

V I N C E

IN DEM VINCE, NUN ALLEIN IN DER GROSSEN, WEITEN WELT, IN DIE
ARME VON PLAYMATES, SCHOSSTIERCHEN UND ERFOLGREICHEN
SCHAUSPIELERINNEN FLÜCHTET UND DABEI FESTSTELLT, DASS DAS
LEBEN GAR NICHT SCHÖNER SEIN KÖNNTE.

*E*s war genau die richtige Zeit für eine Midlifecrisis. Gerade war ich dreißig geworden, und eigentlich war das ja gar nicht so alt. Aber inzwischen wimmelte es in der Musikszene von neuen jungen Rockbands, und im Vergleich mit ihnen fühlte ich mich schließlich wie ein Dinosaurier. Dann war ich auch noch aus der Band geflogen, mit der ich die letzten zehn Jahre verbracht hatte, und ich hatte mich von meiner Frau getrennt. Seit Sharise und ich ein großes Anwesen in Simi Valley bezogen hatten, um dort unsere Tochter Skylar großzuziehen, war es immer häufiger zu Streit gekommen. Die schlimmste Auseinandersetzung hatte es gegeben, als sie Robert Patrick und mich an meinem Geburtstag dabei erwischt hatte, wie wir im *Roxy* mit Lenay, einem aufstrebenden Pornosternchen, sprachen – Sharise hatte mir ein Glas auf die Nase geschlagen und damit ein solches Handgemenge ausgelöst, dass wir beide aus dem Club geworfen wurden.

Schon lange hatte ich Doug um Hilfe angebettelt. Ich hatte ihm gesagt, wie durcheinander ich war, dass ich Stress mit meiner Frau hatte und dass mir mein Alter zu schaffen mache. Mir ging es elend, und das machte ich ihm klar. Wenn die Jungs in der Band darüber sauer waren, dass ich nicht regelmäßig zu den Proben kam, dann sollten sie wissen, dass das nichts mit ihnen zu tun hatte. Ich liebte Mötley Crüe. Ich hätte alles für die Band getan.

Ich weiß nicht, ob Doug den Jungs jemals etwas von unserem Gespräch erzählte. Denn kurz darauf, direkt nach dem Streit bei der Probe während des Unwetters, rief Doug mich an und sagte: „Die Band will dich nicht mehr dabeihaben. Ich bin bereit, dich aus deinem Managementvertrag zu entlassen, wenn du willst." Das warf mich um. Ich war davon ausgegangen, dass wir uns nach einer Woche des Schmollens alle wieder abregten, dass Nikki bei mir anrief und wir dann weiter miteinander arbeiteten. „Okay", murmelte ich geschockt und legte auf. Was hätte ich sonst sagen können?

Wenn Doug ein Typ mit mehr Profil gewesen wäre, hätte er die Band retten können. Er hätte nur sagen müssen: „Komm zurück, wir reden drüber. Du kriegst einen Therapeuten und redest mit ihm über deine Situation." Es lag doch auf der Hand, dass ich im Grunde kein Alkoholproblem hatte, sondern seelische Schwierigkeiten, die daran schuld waren, dass ich trank und die Proben schwänzte. Aber Doug rief mich nur an, warf mich raus und sagte, ich solle mit keinem aus der Band reden. Das war alles. Wie hätte ich auf diese Behandlung reagieren sollen? Ich hatte die Wahl: mich umzubringen oder mit einer Stripperin nach Hawaii zu fahren und die Sache zu vergessen. Ich entschied mich für Letzteres.

Die erstbeste Frau, die mir für den Hawaiitrip begegnete, war das Pornosternchen Savannah, eine umwerfende Blondine mit weichen, perfekten Kurven. Zwar wichsten sich Millionen von Männern bei ihren Filmen einen ab, aber sie war trotzdem sehr unsicher, wie ein kleines Mädchen, das sich verlaufen hatte. Nachdem ich nun mit der Band nichts mehr zu tun hatte, gab es für mich keinen Grund, drogenfrei zu leben, und daher nahmen wir so viel Pillen und Koks mit, wie wir tragen konnten. Vier Tage machten wir im *Maui Hilton* ununterbrochen durch, aber danach schluckte Savannah eine Pille zu viel und wand sich in Krämpfen auf dem Fußboden. Ich rief einen Krankenwagen und begleitete sie ins Krankenhaus. Niemand hätte nach einer Überdosis schöner und unschuldiger aussehen können als sie, wie sie bewusstlos auf der Trage der Sanitäter lag.

Als sie am nächsten Tag wieder entlassen wurde, machten wir genau dort weiter, wo wir aufgehört hatten, und feierten ungehemmt. Allerdings war ich inzwischen älter und konnte mich nicht mehr so zudröhnen; vor allem aber erholte ich mich nicht mehr so schnell von solchen Exzessen. Als ich nach L. A. zurückkehrte, war ich vollkommen erledigt, und ich beschloss, in die Klinik in Tucson einzuchecken, um wieder auf die Beine zu kommen. Savannah schickte mir jeden Tag ein anderes Pornofoto von sich, bis die Kontrolleure der Klinik mein Zeug fanden und mich hochgehen ließen. Als ich die Klinik wieder verließ, hatte Savannah mich gegen Pauly Shore eingetauscht.

Einige Jahre später bat sie mich, sie zur Pornopreisverleihung der *Adult Video News* in Las Vegas zu begleiten. Ich sagte zu, aber dann kam mir in letzter Minute ein anderes Mädchen dazwischen. Ein paar Tage darauf wurde sie tot in ihrer Garage gefunden. Ein Autounfall hatte sie entstellt, und schließlich war sie nachhause gefahren, hatte ihre Beretta gezogen und sich in den Kopf geschossen. Sie hatte damals noch viele andere Probleme, und ich wusste, dass es nicht passiert war, weil ich sie versetzt hatte, aber ich fühlte mich trotzdem schrecklich. Viele Mädchen aus dieser Branche sind echte Goldgräberinnen, aber so war sie nie. Sie wollte immer nur einen Menschen, der sie liebt.

Mit Savannah stieg ich erstmals hinunter in die Abgründe von Hollywood-Babylon. Seit wir alle gemeinsam im Mötley House gewohnt und die echten Könige des Sunset Strip gewesen waren, war ich nicht mehr richtig in der Szene unterwegs gewesen. Damals hatten wir gedacht, dass uns die Welt zu Füßen lag, und obwohl das überhaupt nicht stimmte, waren wir in unserer Unwissenheit glücklicher als jetzt. Hollywood hatte sich in den letzten zehn Jahren sehr verändert.

Sharise und Skylar hatten das Haus in Simi Valley behalten, und ich war bei Rob Lowe eingezogen, der eine Junggesellenbude in den Hollywood Hills besaß. Wir hatten uns klischeegerecht beim montäglichen Promi-Treffen mit unserem Entzugsberater getroffen und uns miteinander angefreundet. Ein Paar wie wir war natürlich ein gefundenes Fressen für die Sensationspresse: der wilde Leadsänger von Mötley Crüe und der Schulmädchenschwarm, der gerade über ein Videoband gestolpert war, das ihn bei einem flotten Dreier mit einer Sechzehnjährigen zeigte. Da Robs Beziehung aus leicht ersichtlichen Gründen auch gerade in die Brüche gegangen war, stürzten wir beide uns kopfüber in das verrückte Leben. Ich nahm ihn mit ins *Rainbow,* damit er sich unter den Rockgroupies was Hübsches aussuchen konnte, und er lud mich zu den dekadenten Filmpartys ein, die in den riesigen Villen in den Hollywood Hills und in Bel Air gefeiert wurden. In unserer Wohnung waren immer ein paar Mädchen; es war genau wie früher im Mötley House, mit dem Unterschied, dass dieses Apartment sauber war. An den Wochenenden nahm ich mir Zeit für Skylar, was ich genauso sehr brauchte wie sie – für mich war das die einzige Möglichkeit, dem Hexenkessel von Ausschweifungen zu entkommen, in den Rob und ich hineingerieten.

Nach einem halben Jahr kam Robs Exfreundin wieder zu ihm zurück, und seine Junggesellenzeit war vorbei. Inzwischen hatte ich mit Bruce Bird einen neuen Manager gefunden, und er organisierte mir Studiotermine mit Tommy Shaw und Jack Blades, um einen Song für den Soundtrack des Pauly-Shore-Projekts *Encino Man* zu machen. Nikkis und Tommys Theorie, dass Musik mich nicht mehr interessierte, war damit gründlich widerlegt: Ich ging mit einer Platte an den Start, noch bevor sie ihrerseits irgendetwas veröffentlicht hatten. Aber diese Beleidigung hatte ich noch im Kopf, als ich sie auf fünfundzwanzig Prozent ihrer zukünftigen Einkünfte und fünf Millionen Schadenersatz verklagte. Dass ich das tat, war Ehrensache, sagten meine Anwälte.

Mein Rechtsberater schloss für mich gleichzeitig einen Vier-Millionen-Dollar-Deal mit Warner Bros., wo Mo Ostin meinte: „Wisst ihr, was wir machen sollten? Warum stecken wir Vince nicht in eine Band mit diesem anderen Rocker, den wir unter Vertrag haben, David Lee Roth?"

„Aber Dad", protestierte sein Sohn Michael, „sie sind doch beide Sänger."

Ich wusste trotzdem noch nicht so recht, was ich mit mir anfangen sollte – noch immer hatte ich keine neue Band; ich hatte noch nicht einmal eine Wohnung. Stattdessen zog ich in das noble *Bel Age Hotel.* Dort durfte ich meine drei Ferraris, den Rolls-Royce und mein Motorrad parken – ich sagte ja schon, dass ich in einer ziemlichen Midlifecrisis steckte –, und außerdem stand das dortige Restaurant, das *Diaghilev,* im Anschluss an die normalen Öffnungszeiten zu meiner privaten Verfügung.

Nach wie vor zog ich abends gern durch L. A. und kippte Drinks, und das brachte mich auf die Idee, einen eigenen Club zu betreiben. Mit ein paar Freunden kaufte ich mich im versnobten Geheimtipp *Bar One* ein, der praktischerweise gleich gegenüber vom Hotel gelegen war. Der Club bestand aus einem Fünf-Sterne-Restaurant auf der einen Gebäudeseite, auf der anderen befand sich eine Bar mit Tanzfläche. Vor der Tür lauerte stets ein Spalier von Paparazzi, das auf Promis wartete. Mötley Crüe hatte ich nach einer Weile total vergessen; *Bar One* bot mehr als genug Ablenkung.

Der Club war ideal, um Leute kennen zu lernen. Mal ging ich mit Sylvester Stallone essen, mal traf ich mich im privaten Hinterzimmer mit Tori Spelling und Shannen Doherty. Mit Shannen sah ich bei mir zuhause zum ersten Mal *Vom Winde verweht* an, nachdem ihr die Rolle der Margaret Mitchell, der Autorin des Buchs, angeboten worden war. Ich konnte während des Films allerdings nur daran denken, wie gern ich meinen Schwanz in ihrem Arsch versenkt hätte, nachdem mir besagter Körperteil prominent auf meinem Sofa präsentiert wurde. Wir blieben dennoch gute Freunde; ich gab sogar Ashley Hamilton, mit dem sie seit fünf Monaten verheiratet war, die Möglichkeit, im Club zu spielen. Nach Shannen traf ich mich ein paar Mal mit Vanessa Marcil aus *General Hospital.* Wir sahen uns *Les Misérables* an, glaube ich. Dann traf ich Christy Turlington in der Bar und fuhr mit ihr zur Eröffnung des Hard-Rock-Casinos nach Las Vegas. Zufällig begegnete mir dabei auch Tommy Lee, und wir nickten uns von weitem zu und lächelten kurz. Ich war etwas abgelenkt, weil nämlich Christy gerade auf meinem Schoß saß und ich ihr beibringen wollte, wie man Roulette spielt, aber weiter ergab sich nichts, weil ich nachher so breit war, dass ich umkippte und von ein paar Freunden auf mein Zimmer gebracht werden musste.

Kaum war ich zurück in L. A., als mir im *Bar One* eine Schauspielerin namens Pamela Anderson über den Weg lief, die mir auch schon als Playmate aufgefallen war. Wie sich herausstellte, betrieb ihr Bruder eine Autopflegefirma und hatte früher gelegentlich meine Sportwagen gewaschen. Pam spielte gerade in der Fernseh-Sitcom *Hör mal, wer da hämmert* und nahm mich bei unserem ersten Treffen mit zum Set, damit ich Tim Allen bei seinen typischen Slapstickeinlagen bewundern konnte. Sie ging zu der Zeit mit verschiedenen Leuten aus, genau wie ich. Bei mir stand gerade der Videodreh für die frisch aufgenommene Solosingle „Can't Have Your Cake" an, und ich ließ Pamela in dem Clip mitspielen – zusammen mit Skylar und ein paar anderen Mädchen, mit denen ich auch gerade was laufen hatte – wobei sie das natürlich nicht voneinander wussten. Wahrscheinlich wollte ich damit klarstellen, dass man eben doch kein Ei zerschlagen muss, um sich ein Omelett zu backen, aber wie sich bald herausstellte, stimmte das leider doch nicht. Pamela und ich trafen uns noch ein paar Mal, dann ging sie zu Bret Michaels von Poison, und ich machte mich auf Playmate-Jagd.

Das Playmate des damaligen Monats hatte in ihrem Steckbrief als eines ihrer Ziele angegeben: „Eines Tages einen Rockstar heiraten." Wenig später fand bei Hugh Hefner die jährliche „Midsummer Night's Dream"-Party statt, eine Art Schlafanzug-fete für Erwachsene: Die Frauen waren gehalten, in Dessous zu erscheinen, die Männer in Bademänteln. Ich schnappte mir also einen seidenen Morgenmantel und ein paar Boxershorts und donnerte in meinem Ferrari Testarossa zur Party. Meine Mission dabei war schlicht und einfach: Ich ging rein, suchte das Mädchen von dem Poster und sagte: „Hier ist dein Rockstar."

Sie trug einen weißen Teddy mit Strümpfen und sah unglaublich aus, während sie mich anblickte und lächelte.

„Komm, wir verschwenden hier nur Zeit", sagte ich. „Lass uns abhauen."

Wir waren noch immer bettfertig angezogen, als wir im *Bar One* einliefen. Als die Nacht sich dem Ende neigte, war sie so drauf, dass sie in ihrem Negligé auf dem Pooltisch tanzte. Ich brachte sie ins Hotel und wollte mit ihr auf mein Zimmer gehen. „Nein", kreischte sie, „erst will ich mit dem Ferrari fahren." Seufzend gab ich ihr die Schlüssel. Sie fuhr aus der Garage, dann bog sie auf den Sunset und folgte schließlich dem San Vicente Boulevard in südlicher Richtung. Wir waren am Fountain angekommen, als sie plötzlich hart aufs Gas trat. Wahrscheinlich wollte sie ausprobieren, wie schnell der Wagen beschleunigte, aber das sollte man besser nicht tun, wenn man gerade um eine Kurve fährt. Das Auto drehte sich um dreihundertsechzig Grad und krachte gegen einen Truck, der gerade die Kreuzung überquerte. Der Aufprall schleuderte uns auf die entgegengesetzte Spur des San Vicente Boulevard, und mein Postermädchen kriegte es mit der Angst und versuchte abzuhauen. Wir kamen ungefähr eineinhalb Meter weit, bis wir in einen Lieferwagen hineinfuhren, der meinem Ferrari den Rest gab.

Das Mädchen kletterte in ihrer Unterwäsche aus dem Wagen und stolperte auf den Randstreifen zu. Ich kam ihr nach, betrachtete den Rauch, der aus dem Schrotthaufen stieg, der einmal mein ganzer Stolz gewesen war, und bedachte sie mit allen möglichen Flüchen, die mir in den Sinn kamen, während meine Boxershorts im Wind flatterten. Sie brach in Tränen aus und heulte, bis die Polizei kam und sie wegen Alkohols am Steuer auf die Wache brachte. Wie sie so in Unterwäsche auf dem ledernen Rücksitz des Bullenautos saß, mit Handschellen und verschmiertem Make-up unter ihrem zerzausten Haar, wirkte sie unglaublich verführerisch. Mich brachte ein Polizeiwagen zurück ins *Bel Age*. Dort zog ich mich um, dann zahlte ich ihre Kaution und holte sie von der Wache ab; und letzten Endes gingen wir dann doch noch miteinander ins Bett. Die Ereignisse jener Nacht hatten uns einander so nahe gebracht, dass wir eine Weile miteinander ausgingen. Dabei stellte ich fest, dass sie doch keins von diesen Mädchen war, die alles zerstören, was sie anfassen. Sie zerstörte nur, was mir gehörte.

In dieser chaotischen Zeit entstand schnell und schmerzlos mein erstes Album, *Exposed*. Zu der Band, mit der ich im Record-Plant-Studio arbeitete, gehörte unter anderem Billy Idols früherer Leadgitarrist Steve Stevens, der gerade die gemeinsame Band mit Mike Monroe von den Hanoi Rocks verlassen hatte, der Schlagzeuger

Vikki Foxx von Enuff Z'Nuff, Rhythmusgitarrist Dave Marshall und Bassist Robbie Crane, der vielfach als Tontechniker bei Pornofilmen tätig gewesen war. Später feuerte ich Foxx und holte Randy Castillo, einen durchgeknallten, langhaarigen Rocker, der nicht nur zu meinen Mudwrestling-Partys kam, sondern sich durch sein Spiel mit den Motels und Lita Ford einen guten Namen gemacht hatte und von Tommy kürzlich an Ozzy Osbourne vermittelt worden war.

Ron Nevison und ich waren gerade mit dem Abmischen einer Schlagzeugspur beschäftigt, als wir einen unerwarteten Anruf bekamen. Bruce, mein Manager, hatte eine Gehirnblutung erlitten und war zusammengebrochen. In der kurzen Zeit, die wir zusammen verbracht hatten, war Bruce mir wie ein Vater ans Herz gewachsen. Ron und ich marschierten in eine Bar in der Nähe, kippten reichlich Drinks und weinten uns an der Schulter des anderen aus; dann fuhren wir ins Krankenhaus, um ihn zu besuchen. Zu spät: Er war tot. Als Bert Stein, ein gemeinsamer Freund, hörte, was passiert war, bot er mir an, einstweilen als Manager einzuspringen. Er managt mich heute noch, und inzwischen haben wir gemeinsam mehr dunkle Tage und Todesfälle erlebt, als wir je für möglich gehalten hätten.

ALS WIR SCHLIESSLICH MIT DEN AUFNAHMEN fortfuhren, lud jemand das Pornostarlet Janine Lindemulder zu uns ein, mit der ich daraufhin eine kurze Affäre hatte und die später in einem meiner Videos auftrat. Ich hatte etwas mit jedem Model, das in meinen Clips auftauchte.

Den Abschluss der Platte feierte ich mit ihr und einem befreundeten *Penthouse*-Model auf Hawaii. Eine von ihnen hatte eine Videokamera dabei, und als wir genug Drogen intus hatten, beschlossen wir, unser Schlafzimmerabenteuer zu filmen. Nach dem Trip verlor ich die Mädchen aus den Augen, bis ich sie Monate später in Palm Springs wiedertraf. Die beiden waren inzwischen ein Paar. Ich hatte sie verkuppelt. Man sollte nicht glauben, wie oft so was vorkommt.

Ich hatte die Mädchen schon völlig vergessen, als Jahre später das Sexvideo von Pamela und Tommy die Runde machte und plötzlich auch mein Band auf den Markt kam. Erst dachte ich, Janine hätte vielleicht Geld gebraucht; ich selbst hatte nie eine Kopie der Aufnahmen besessen. Zwar war ich ziemlich sauer auf sie, aber ich verzichtete darauf, sie zu verklagen oder sie öffentlich anzugreifen, weil ich nicht noch mehr Aufmerksamkeit auf das Band ziehen wollte. Es war gut, dass ich nichts unternahm, denn wie ich später über den Vertreiber dieser Videos herausbekam, war das andere Mädchen für den Verkauf des Materials verantwortlich. Als ich den Film selbst zu sehen bekam, stellte ich fest, dass ihr Gesicht darin unkenntlich gemacht worden war.

Nach meiner Rückkehr aus Palm Springs ging ich häufig in einen Club namens *Denim and Diamonds,* wo man sowohl Biker als auch Models traf, und ich beschloss, im *Bar One* eine ähnliche Nacht zu organisieren. Als Sponsor konnten wir Jägermeister gewinnen, und die Firma unterstützte uns nicht nur finanziell, sie schickte auch die Jägermeister-Girls vorbei. Das Zeug an sich hatte ich noch nie probiert, und daher wusste ich auch nicht, wie stark es war. An die Geschehnisse des Abends, an dem ich das herausfand, kann ich mich heute nicht mehr genau erinnern – irgendwie schaffte ich es aber wohl nach draußen, wo ich auf meine Harley kletterte und in voller Fahrt durch die Eingangstür donnerte, aus der ich gerade gekommen war. Der Laden war gerammelt voll, und als ich den Motor aufheulen ließ und auf die Tanzfläche fuhr, rutschte mir das Motorrad seitlich weg und schlitterte gegen ein paar Tische. Ich landete rücklings auf dem Boden und wurde ohnmächtig.

Als ich wieder zu mir kam, war mir die Sache ziemlich peinlich. Mir war schlecht, und ich war dankbar, dass ich weder mich noch jemand anderen bei dem Stunt umgebracht hatte. So betrunken war selbst ich zuvor noch nie gewesen, und ich lag zwei Tage lang schwitzend und kotzend mit einer Alkoholvergiftung im Bett. Daraufhin war Schluss mit der Midlifecrisis. Mir war klar, dass ich mich nicht weiter so aufführen konnte. Jetzt musste ich endlich erwachsen werden und mich meiner Verantwortung stellen, wobei ich allerdings weiterhin meinen Spaß haben wollte.

Aus dem *Bel Age* zog ich aus, und ich kaufte mir in Malibu das Anwesen Sea Manor, ein großes Haus im gotischen Stil. Ich wollte nicht nur raus aus Hollywood, ich wollte auch ein Zuhause, in dem Skylar sich wohl fühlen konnte. Die Besuche in Hollywood hatten ihr nie sehr viel Spaß gemacht. Nun richtete ich ihr ein Zimmer mit einem kleinen Schreibtisch und einem Kindercomputer ein, und sie kam gern zu mir. Morgens warf sie mich früh aus dem Bett und schleppte mich an den Strand, wo wir Sandburgen bauten, die so groß waren wie sie selbst, und stundenlang Geschichten über die Könige und Königinnen und Rockstars erzählten, die darin wohnten.

In Malibu hatte ich auch die nötige Ruhe, um eine neue Band für die Promo-Auftritte zu *Exposed* zusammenzustellen. Das Album war in den Popcharts bis auf den dreizehnten Platz gekommen, und daraufhin bekamen wir das Angebot, als Supportband für Van Halen auf Tour zu gehen. Es war eine ernüchternde Erfahrung – schließlich hatte ich seit Jahren nicht mehr als Aufwärmer gespielt, und Van Halen hatten gerade erst den Leadsänger gewechselt und räumten ziemlich ab. Mit Sammy Hagar, der David Lee Roth ersetzte, verband mich bald eine enge Freundschaft, und wir entwickelten die angenehme Gewohnheit, erst vor meiner Show gemeinsam ein paar Kamikazes zu kippen, um dann vor seiner einige Margaritas nachzulegen. Er hatte dabei stets das Nachsehen, weil er nach den Drinks noch auf die Bühne musste und dann meist ziemlich breit war.

Nachdem wir uns mit Van Halen die ersten Hörner abgestoßen hatten, startete unsere eigene Tour, und das war noch ernüchternder, weil ich seit den Zeiten mit Rock Candy nicht mehr in so kleinen Hallen gespielt hatte. Jetzt, als Solosänger, musste ich alles selbst erledigen: Interviews geben, Songs schreiben, Setlists zusammenstellen, mir Gedanken übers Marketing machen und die Coverillustrationen abnicken. Durch dieses Album und die darauf folgende Tour lernte ich mehr als in meiner ganzen Zeit mit Mötley. Aber der Stress laugte mich auch recht schnell aus, und ich kehrte nur zu gern wieder nach Malibu zurück, um etwas Zeit mit Skylar zu verbringen.

In diesem Haus lebte ich so luxuriös wie nie zuvor. Mittendrin befand sich eine Wendeltreppe, die von einer Glaskuppel gekrönt wurde. Es war die ideale Kulisse für einen Pornofilm, fand ich, und daher vermietete ich das Haus gern für Porno-drehs und *Penthouse*-Fototermine, wenn meine Tochter nicht zu Besuch war. Für mich bot das eine gute Gelegenheit, mich anschließend mit den Frauen anzufreun-den. Es war wieder so wie in den alten Zeiten vor meiner Ehe mit Sharise, als ich mich wie ein kleiner Hugh Hefner gebärdet hatte. Ich lud meine ganzen Freunde ein, und wir machten es uns gemütlich und sahen bei den Aufnahmen zu. Wenn die Crew in Ordnung war, organisierten wir danach eine Strandparty, bei der oft auch andere Nachbarn wie Jon Lovitz und Charlie Minor auftauchten.

Bei einem der *Penthouse*-Termine war eine Make-up-Assistentin namens Alexis dabei, die auch die großen *Playboy*-Shootings betreute. Sie zeigte mir ein paar ihrer Polaroids, und mir rann ein Schauer über den Rücken, als ich das Titel-modell für die *Playboy*-Aprilausgabe sah. Sie war blond, dünn und hatte trotzdem enorm große Titten. Und mehr brauchte ich nicht zu wissen. „Die muss ich unbe-dingt kennen lernen", sagte ich zu Alexis.

Alexis konnte mir nichts versprechen; das Mädchen war eine Schauspielerin aus Palm Beach. Allerdings hatte sie nur wenig später in der Stadt zu tun und rief mich tatsächlich während ihres Aufenthalts in der *Playboy Mansion* an. Heidi Mark – so hieß sie – willigte ein, sich an dem Abend mit mir zu treffen, obwohl sie nicht viel Zeit hatte, weil am nächsten Morgen um sieben Uhr ein Fototermin anstand. Also holte ich sie ab und fuhr mit ihr zur Geburtstagsfeier eines Freundes. Zu meiner Überraschung war Heidi kein bisschen entsetzt, als wir Hundertdollarscheine wie Konfetti nach den Stripperinnen warfen. In ihrem hübschen Barbiekörper steckte ein echter Wildfang, und sie genoss das ganze Spektakel. Anschließend bot ich ihr an, sie zu Hef zurückzubringen, aber sie erklärte: „Ich muss dort nicht unbedingt wieder hin. Seit Hef geheiratet hat, ist in der *Mansion* sowieso nichts mehr los."

„Aber du hast doch morgen um sieben einen Termin, oder?"

„Das habe ich nur so gesagt, damit ich hätte abhauen können, falls du mir nicht gefallen hättest." Sie lächelte.

Später fuhren wir zu mir, und sie blieb für eine ganze Woche, bis sie zu den Aufnahmen der Show *Thunder In Paradise* nach Orlando reiste. Danach trafen wir uns auf den Bahamas. Michael Peters, der Besitzer der Striplokal-Kette *Pure Platinum,* war seit langem ein guter Freund von mir. Als die Single „Girls, Girls, Girls" entstand, spielte ich ihm das Tape dazu vorab auf einer Fahrt in meinem Lamborghini vor, und er versprach sofort, dass der Titel stündlich in jedem seiner Läden laufen würde – ein Versprechen, das er bis zum heutigen Tag gehalten hat. Nach meiner Woche mit Heidi flogen Michael und ich fünfzehn Mädchen – von denen jedes sämtliche Körperöffnungen dazu nutzte, um möglichst viel Kokain ein-zuschmuggeln – in zwei Learjets nach Hurricane Hole, wo Michaels Dreißig-Meter-Yacht vor Anker lag und eine Filmcrew darauf wartete, den Spaß dokumentarisch festzuhalten. Am dritten Tag schoss ich auf einem Jetski über die Wellen in der Bucht, während sich eine scharfe Blondine oben ohne an mir festkrallte, als ich zufällig zum Strand hinübersah. Dort saß eine Frau auf einem Stapel Koffer, die Arme verärgert über der Brust verschränkt, und sie kam mir ziemlich bekannt vor.

Es war Heidi. Ich hatte vergessen, dass sie an diesem Tag zu uns stoßen wollte. Spontan riss ich den Ellenbogen hoch und gab dem Mädchen hinter mir einen Schubs ins Wasser, dann glitt ich hinüber zum Strand. Wenn ich allein bei ihr ankam, dachte ich, würde sie die barbusige Blondine mit etwas Glück für eine Täuschung der hellen Nachmittagssonne halten.

Nachdem wir ein paar Tage mit vielen nackten Frauen auf Michaels Boot verbracht hatten, kam Heidi zu folgendem Schluss: Wenn wir jemals eine richtige Beziehung aufbauen wollten, dass mussten wir uns eine eigene Unterkunft abseits von den anderen suchen. Daraufhin wurde Michaels Haus unser Liebesnest, jedenfalls, bis mein Jetski gegen ein Korallenriff prallte und ich mir bei dem Sturz zwei Rippen brach.

Unsere Beziehung geriet danach von einer Katastrophe in die andere. Nach der Geschichte auf den Bahamas übernahm es Michael höchstpersönlich, Heidis Vater über uns beide aufzuklären. Er suchte sich die Adresse von dessen Büro in Palm Beach heraus und schickte ihm eine ganze Wagenladung Aufmerksamkeiten von *Doll House, Pure Platinum* und *Solid Gold*, von T-Shirts bis zu Softpornos. Er war schon so lange in dem Business, dass er dachte, dass jeder echte Mann begeistert sein würde, wenn er eine derartige Großauswahl Stripper-Präsente erhielte. Leider wusste er nicht, dass Heidis Vater ein bekannter Scheidungsanwalt war und ihre Großmutter in seinem Büro am Empfang saß. Als die alte Dame das Paket öffnete, bekam sie einen Anfall. Zu allem Unglück hatte Michael noch einen Zettel beigelegt, auf dem stand: „Lieber John, danke, dass du so ein tolles Mädchen großgezogen hast. Liebe Grüße, Michael." Prompt dachte Heidis ganze Familie, Michael sei ihr neuer Freund. Als dann alle Zeitungen davon berichteten, dass Michael in Florida wegen Drogenbesitzes, Geldwäsche und Verstoßes gegen die Bestimmungen für Alkoholausschank verhaftet worden war, wurde sie beinahe enterbt. Das einzig Gute daran war: Als sie feststellten, dass Heidi mit mir zusammen war, waren sie tatsächlich erleichtert.

Nachdem ich nun nicht mehr solo war, zog ich mich aus der Leitung des *Bar One* zurück; meine Partner arbeiteten gerade daran, eine Lizenz für das einzige Striplokal in Beverly Hills, den *Beverly Club*, zu bekommen. Ich verbrachte meine Zeit lieber mit Heidi in einem Restaurant in Malibu, dem *Moonshadows*, wo auch Fran Drescher, Gary Busey und Kelsey Grammer oft zu sehen waren. So langsam normalisierte sich mein Leben wieder, abgesehen von der Post, die ich bekam. Einmal die Woche trudelte ein brauner Umschlag mit einem Foto von uns ein, das Heidi und mich am Pool oder im Bett zeigte. Erst dachte ich, das sei das Werk eines eifersüchtigen Fans, der uns auflauerte, aber dann sagte mir Heidi, dass ihr Ex ein ehemaliger Beamter der Antidrogenstaffel war, der die Hubschrauber seiner Kollegen nutzte, um uns nachzuspionieren. Das nahm ich als Warnung und spülte erst mal das ganze Kokain, das noch im Haus war, im Klo hinunter.

Michael Ostin, der bei Warner Bros. für mich zuständig war, brachte mich für mein nächstes Album mit zwei Produzenten zusammen, die sich Dust Brothers nannten. Sie hatten mit den Beastie Boys eine tolle Platte abgeliefert, aber mit Beck und Hanson hatten sie keine Treffer erzielt, und die Arbeit mit ihnen war unglaublich frustrierend. Während ich mit dem einen der beiden aufnahm, ging der andere zum Kiffen raus. Wenn wir dann fertig waren, kam er zurück und sagte, das sei alles Scheiße. Dann tauschten sie die Plätze, und das Spielchen ging von neuem los. Man hätte genauso gut mit Cheech und Chong arbeiten können. Songs oder die Produktion interessierten sie überhaupt nicht. Sie waren Computerbastler, die Musik am PC zusammenstückelten, und daher hörte sich das Zeug, das ich abends fertig gestellt hatte, am nächsten Morgen meist völlig anders an.

Es war eine nervtötende Erfahrung, aber irgendwie schaffte es die gute Marihuana-Fee, ein ziemlich cooles Album aus dem ganzen Kram zu machen. Es enthielt bereits einen Mix aus Rap-Beats und Rockgitarren – acht Jahre vor Kid Rock und Limp Bizkit. Weil aber niemand zu der Zeit solche Musik machte, wussten die Typen bei Warner nichts damit anzufangen. Während noch darüber diskutiert wurde, fanden in den Chefetagen größere Umstrukturierungen statt, ein Machtkampf entbrannte, und einige Leute flogen raus. Plötzlich saß ich da mit einem Label, bei dem ich keinen Ansprechpartner mehr hatte und niemand mehr auf meiner Seite war, und hatte eine fertige Platte im Gepäck, deren Veröffentlichungstermin immer wieder nach hinten verschoben wurde.

Am liebsten wäre ich wieder auf Tour gegangen, aber ich hing völlig in der Luft. Seit meinem Abschied bei Mötley interessierte ich mich für Autorennen, und nun stürzte ich mich in diese Welt. Ich war schon eine halbe Saison beim Indy-Lights-Team gefahren und war davon begeistert. Die Konzentration, die Fans und der Kick waren ganz ähnlich wie bei einem Rockkonzert. Wenn man einen Fehler machte, konnten ihn alle sehen. Beim Long-Beach-Grand-Prix stieß ich in der dritten Runde mit einem anderen Wagen zusammen. Mein Fahrzeug rutschte zur Seite weg und donnerte mit dem Spoiler gegen die Barriere; die Klammer, die das Metall mit der Karosserie verband, riss dabei ab. An der Box nahm die Crew den Spoiler ab, und ich versuchte, das Rennen ohne zu beenden; das war nicht ohne Risiko, da der Spoiler das Heck davon abhält, vom Boden abzuheben, wenn man fährt. Ich lenkte den Wagen aus der Box und in die Gerade, und als ich über eine Bodenwelle fuhr, legte ich den dritten Gang ein. Der Wagen geriet sofort außer Kontrolle und schleuderte gegen die Barriere. Die Menge brüllte, aber ich kam unverletzt davon, wenn man mal von einem herben Kratzer an meinem Ego absah.

Das Team, bei dem ich mitfuhr, wurde P.I.G. genannt, weil es sich zum größten Teil aus aktiven und ehemaligen Bullen zusammensetzte. Die Crew bestand aus ehemaligen Mitgliedern von Sondereinsatzkommandos, und ich hatte mehrere Millionen Dollar in meine Autos, Motoren und in einen Trailer gesteckt. Eines Tages verschwand einer der Polizisten, die das Team anführten, und mir wurde mitgeteilt, dass er verhaftet worden war, weil er Kokain aus dem Beweismittellager der Polizei verkauft hatte; damit hatte er vermutlich das Team finanziert. Jetzt war er pleite. Alles, was ich mit eingebracht hatte, wurde beschlagnahmt. Der Kerl tauchte später wieder bei Rennen auf, aber meine Autos sah ich nie wieder.

Nach der Albumproduktion mit den Dust Brothers stürzte ich mich auf Prominenten-Amateurrennen. Im April, kurz nach dem vierten Geburtstag meiner Tochter Skylar, fuhr ich noch einmal beim Grand Prix von Long Beach mit. Ich machte den zweiten Platz und ging völlig begeistert von der Strecke. An dem Abend gab es in dem Hotel, in dem die meisten Fahrer abgestiegen waren, eine Party, und ich feierte gern mit. Nach einer Stunde wildem Spaß kam ein Hotelangestellter zu mir und sagte, dass er in der Lobby ein Telefongespräch für mich angenommen habe.

Wahrscheinlich Heidi, dachte ich, als ich den Hörer nahm. Ich wollte ihr unbedingt sagen, wie gut ich abgeschnitten hatte. Aber es war nicht Heidi. Es war Sharise, meine Ex, und sie weinte so sehr, dass ich kaum etwas verstehen konnte.

„Skylar liegt im Krankenhaus." Zwischen einzelnen Schluchzern versuchte sie krampfhaft, klare Worte hervorzubringen. „Sie hatte einen Blinddarmdurchbruch. Sie ruft nach ihrem Daddy."

Abb. 4

Vince mit seinem Sohn Neil

IN DEM VOM KAMPF ZWISCHEN OPTIMISMUS UND PESSIMISMUS – UND
DEM UNVERMEIDLICHEN SIEGER – DIE REDE IST.

*D*ie Produktion von *Theatre Of Pain* hatte keine zweihunderttausend Dollar gekostet. Das Budget von *Dr. Feelgood* lag bei sechshunderttausend. Und in beiden Fällen hatten wir etwas für unser Geld gekriegt. In das Album mit Corabi hatten wir schon nach wenigen Monaten eine höhere Summe hineingesteckt als in sämtliche andere Mötley-Platten zusammen. Aber mit den Jungs konnte keiner mehr reden. Selbst Chuck Shapiro hatte Angst vor ihnen.

Daher berief ich in Vancouver ein Bandmeeting ein und teilte ein paar Unterlagen aus, die Chuck erstellt hatte. „Jungs, ihr habt seit fünf Monaten an dieser Platte gearbeitet, und das hat mehr als eine Million Dollar verschlungen", erklärte ich. „Hier ist eine Auflistung, wofür diese Million verwendet wurde, und darin sind die letzten fünf Wochen noch nicht eingeschlossen."

Nikki nahm die Unterlagen und warf sie mir ins Gesicht. „Du bist total negativ", brüllte er. „Mit dieser Scheiße machst du meine Kreativität kaputt." Daraufhin stürmte er aus dem Zimmer. Das Treffen war beendet.

Nach vierzehn Monaten war die Platte endlich fertig – die Kosten beliefen sich auf zwei Millionen Dollar. Sie stieg auf Platz sieben in den Popcharts ein, und ich wischte mir erst mal den Schweiß von der Stirn – vielleicht hatte sich das alles ja doch gelohnt und die Band hatte es wirklich noch drauf. In der nächsten Woche bekam ich den Anruf eines Freundes, der die Charts stets recht früh erhielt. „Du wirst es nicht glauben", sagte er. „Dein Album ist von sieben bis auf achtundzwanzig abgerutscht."

Danach war wirklich Schluss mit lustig.

Kapitel **11**

IN DEM UNSERE HELDEN AN EINEM SCHEIDEWEG IHRES ABENTEUERS
LEICHTEN HERZENS AUF GUTE PROMOTION VERZICHTEN UND SICH AUF
EIN DUELL MIT EINER UNBESIEGBAREN KREATUR EINLASSEN: MIT DEM
MÄCHTIGEN, UNBERECHENBAREN MTV.

TABITHA SOREN, NEWS-MODERATORIN BEI MTV: Mötley Crüe melden sich zurück. Im Juni werden sie wieder auf Tour gehen, mit ihrem neuen, selbstbetitelten Album im Gepäck. Es ist ihr erstes seit vier Jahren und ihr erstes mit dem neuen Sänger John Corabi. Bei unserem Treffen erzählten uns die Mötleys ein bisschen was zu ihrem neuen Album, dem neuen Sound und dem neuen Sänger. Als wir nach den alten Zeiten fragten, wurde die Lage allerdings ziemlich kritisch. Seht selbst.

SPRECHER: Mötley Crüe sind zurück – mit einem neuen Sänger und mit einem neuen Album, das noch besser und kraftvoller klingt als ihr früheres Material. Aber spielt das in einer Zeit, in der Metalbands es in den Popcharts schwer haben, überhaupt eine Rolle? Es ist noch nicht lange her, da hieß der Frontmann der Band Vince Neil. Jetzt präsentieren sie erstmals ihren neuen Sänger John Corabi, der früher bei The Scream am Mikrofon stand.

TOMMY: Das ist eine ganz normale Entwicklung. Wir suchten einen Sänger, und John stellte sich bei uns vor. Er kam rein und hängte sich gleich 'ne Gitarre um. Wir so: „Hey, was geht ab?" Und dann fingen wir an zu jammen, und er so: „Hey, ich spiel euch mal ein Riff vor." Irgendwie war das für uns total natürlich, da einzusteigen und zu jammen, und der Sound war auf einmal doppelt so fett. Das hat sich einfach so entwickelt, da kam eins zum anderen.

SPRECHER: Wo es mit Corabi jetzt so gut läuft, wollten wir natürlich trotzdem wissen, was es mit der Trennung von Vince Neil auf sich hat, über die so viel berichtet wurde.

INTERVIEWER: Was passierte zwischen euch und Vince?

NIKKI: Äh, das erzählen wir, wenn irgendwann mal unser Buch erscheint.

TOMMY: *(lacht)*

NIKKI: Darüber wollen wir nicht reden. Das interessiert sowieso kein Schwein.

SPRECHER: Wie haben sie reagiert, als sich ihr früherer Mitstreiter vor ein paar Wochen bei einem Unfall mit einem Jetski mehrere Rippen brach und innere Verletzungen erlitt?

NIKKI: *(lacht)*

MICK: Mir bricht es fast das Herz. *(Pause.)* Hey, ich hoffe, das Korallenriff hat nicht allzu viel abgekriegt.

NIKKI: O Mann, wenn drei Zentner Speck auf so ein Riff prallen, dann hat es bestimmt ganz schön gestaubt.

MICK *(wandelt Cyndi Laupers alten Hit um in „Girls Just Wanna Have Lunch" und singt):* „... how come they don't weigh a ton?" [Wie kommt's, dass sie noch keine Tonne wiegen?]

NIKKI: Jetzt ist gut, Mann. Du weißt doch, dass sie das bestimmt senden.

SPRECHER: Zumindest bewiesen die Jungs, dass sie noch immer Humor haben, als sie nach den Hauptbestandteilen ihrer letzten Videos – Frauen, Feuer und Haarspray – gefragt wurden.

NIKKI: Alter, das ist eine echt dämliche *(piep)*-Frage.

TOMMY: „Dr. Feelgood" war überhaupt nicht so! Und „Same Ol'" auch nicht!

NIKKI: Wisst ihr was? Das Interview können wir abbrechen. Das wird jetzt langsam wirklich zu *(piep)* blöd. Frauen, Haarspray und Feuer?! *(Er zieht das angeklemmte Krawattenmikrofon vom Jackenaufschlag und steht auf.)*

(Es folgt ein Zusammenschnitt verschiedener Szenen aus Mötley-Crüe-Videos: Frauen in einem Striplokal aus dem Clip zu „Girls, Girls, Girls", Haarspray, das in „Home Sweet Home" gegen die Kamera gesprüht wird, und die Feuerexplosionen rund um Tommy Lees Schlagzeug aus dem Video zu „Wild Side". Im Hintergrund läuft eine Bandschleife, in der Nikki unentwegt die Wörter „Frauen ... Haarspray ... und Feuer?" passend zu den gezeigten Bildern wiederholt.)

NIKKI: Mann, wer hat denn diese Fragen zusammengestellt? *(Der Rest der Band steht auf und geht raus.)*

IN DEM UNSERE NAIVEN MÖTLEY-JUNGS BEGREIFEN, DASS DIE BITTERE
FRUCHT DES SCHEITERNS TATSÄCHLICH EIN VERGIFTETER APFEL IST.

*D*as Album mit John Corabi wurde großartig, und wir waren sicher, dass es
sich millionenfach verkaufen und uns noch berühmter machen würde als *Dr. Feelgood*. Die Tour sollte diesmal ohne pyrotechnische Effekte, tanzende Weiber und
rotierende Schlagzeugpodeste auskommen und das Publikum trotzdem von den
Stühlen reißen. Wir wollten ihnen zeigen, dass wir ohne einen Frontmann, der ständig im Scheinwerferlicht herumtänzelte, härteren Rock bringen konnten als je
zuvor. Die Texte, in denen wir uns mit Themen wie Faschismus oder Stereotypi-
sierung auseinander setzten, sollten eine zusätzliche Herausforderung bieten. Wir
wollten tun und machen, was uns gefiel, denn immerhin waren wir ja Mötley Crüe.

Oder vielleicht nicht?

Ein Konzert – das erste auf der Tour – genügte, um diese Hoffnungen und Erwartungen komplett zu zerschlagen. Für den Gig in Tucson, Arizona, waren vorweg nur
viertausend der insgesamt fünfzehntausend Karten verkauft worden. Kurz vor dem
Auftritt gab ich den Fans live im Radio bekannt: „Es ist der Auftakt dieser Tour, und
deswegen möchte ich heute mal etwas Besonderes machen. Wer nach dieser Sendung
hier bei der Radiostation auftaucht, den setze ich persönlich auf die Gästeliste."

Hätte ich so was 1989 gesagt, hätten sich Sekunden später zehntausende von
Teenagern auf dem Parkplatz gedrängt. An diesem Tag kamen zwei mexikanische
Jungs. In diesem Moment erkannte ich, dass es vorbei war.

Es war viereinhalb Jahre her, dass *Dr. Feelgood* erschienen war, wir hatten einen
neuen Leadsänger, und Alternative Rock hatte in dieser Zeitspanne nicht nur seinen Einzug gehalten, er war sogar schon wieder ausgezogen. Die Welt wartete weiß
Gott nicht gespannt auf ein neues Album von Mötley Crüe.

Es kam erschwerend hinzu, dass bei unserer Plattenfirma niemand mehr hinter uns stand, seit Krasnow und viele andere aus der Führungsetage von Elektra und Warner ihre Jobs gekündigt hatten, nachdem es im Aufsichtsrat zu massiven Auseinandersetzungen gekommen war. Und geschickt, wie wir nun mal waren, hatten wir uns mit den Einzigen angelegt, die unser Album nun noch hätten retten können: MTV. Netterweise hatten sie den Teil des Interviews rausgeschnitten, wo ich gedroht hatte, dem VJ die Zähne einzuschlagen, wenn er uns noch mal eine Frage zu Frauen, Haarspray und Feuer stellte.

Zum nächsten Konzert kamen ganze sechzehnhundert Leute, am Tag darauf nur noch achthundert. Es dauerte nicht lange, und wir mussten ein paar der Trucks nachhause schicken und die Shows verlegen; aus Stadien wurden Hallen, aus Hallen wurden Clubs. Beim letzten Mal waren wir mit Jets angereist und hatten in ausverkauften Stadien gespielt. Jetzt mussten wir uns gelegentlich im Bus umziehen, wenn es backstage keine Garderobe gab, und unsere Instrumente durch den engen Gang im Bus schleppen; später standen wir dann auf einer winzigen Bühne, die von der Bierreklame an der Bar erhellt wurde, und spielten vor fünfzig Kids.

Zwischendurch gab es immer wieder mal angenehme Überraschungen. In Mexiko-Stadt war das Stadion voll besetzt mit zwanzigtausend Fans, und wir spielten einen Set, der des Rahmens absolut würdig war. Als wir von der Bühne kamen, war Chuck Shapiro am Telefon und sagte uns, dass die Tour kurz vor dem Scheitern stand. „Was?" Ich war nicht bereit, mich geschlagen zu geben. „Wir haben gerade vor zwanzigtausend begeisterten Fans gespielt. Spinnst du total?"

Am nächsten Tag hielten wir ein Bandmeeting. Ich stellte einen Scheck über fünfundsiebzigtausend Dollar aus, um die Tour weiterhin zu finanzieren, Tommy investierte dieselbe Summe, und Corabi erklärte sich bereit, für den Rest der Tour auf seine Gage von zehntausend Dollar pro Woche zu verzichten. Mick konnte sich leider nicht beteiligen, weil Emi mit seinem ganzen Geld abgehauen war – dabei hatten wir ihn alle davor gewarnt, sein eigenes Nest zu beschmutzen und mit einer Frau aus unserem Tross anzubändeln.

Aber unser Einsatz war vergebens. Mexiko-Stadt war eine Ausnahme, und nach ein paar weiteren deprimierenden Shows in kleinen Clubs sagten wir die ganze Tour ab und fuhren zurück nachhause, wo wir uns alle möglichen Entschuldigungen ausdachten, um uns selbst und anderen das Erlebte zu erklären.

Zehn lange Jahre waren wir unbesiegbar gewesen. Niemand konnte uns etwas anhaben. Tommy und ich hatten eine betrunkene Frau in einem Wandschrank vergewaltigt, und sie hatte die Geschichte vergessen. Vince hatte jemanden bei einem Autounfall getötet und war damit durchgekommen. Wir hatten zwei Alben eingespielt, ohne dass wir uns später an die Aufnahmen erinnern konnten, und die hatten sich wie bescheuert verkauft. Als nach meiner Überdosis die Europatour abgesagt werden musste, hatte uns das niemand übel genommen; unsere Popularität war sogar noch gestiegen. Unsere Egos waren daraufhin geradezu explodiert. Scheiß auf Vince Neil, hatten Tommy und ich gedacht. Der schreibt keine Songs, er säuft wie ein Loch, und er nervt ohne Ende. Wir dachten, es ginge nur um uns, Nikki und

Tommy, die Terror-Twins. Wir hatten vergessen, dass wir ein Team waren, und Vince war unser Quarterback. Wir hatten vergessen, was Mötley Crüe ausmachte: das zufällige Aufeinandertreffen von vier sehr besessenen, sehr gestörten und sehr unterschiedlichen Persönlichkeiten.

Abb. 5

Abb. 1

ZEHNTER TEIL

→WITHOUT YOU←

Kapitel **1**

V I N C E

IN DEM VINCE AUF SEINE JUGEND ZURÜCKBLICKT, DIE DEN GROSSEN
DRAMEN DES LETZTEN JAHRHUNDERTS UM NICHTS NACHSTEHT UND
DURCHAUS MIT „BOYZ N THE HOOD" ODER „DANGEROUS MINDS"
VERGLEICHBAR IST.

Während meiner Solozeit versuchte ich, zwei Dingen aus dem Weg zu
gehen: zum einen, Songs von John Corabi zu hören, was aber nicht sehr schwierig
war, weil die eh nie im Radio liefen. Zum anderen, meine eigenen Presseausschnitte
anzuschauen. Mir hing es zum Hals raus, dass die Band stets darauf herumritt, wie
selbstsüchtig ich sei, dass ich immer meinte, die Welt müsste mir zu Füßen liegen,
und dass ich als verwöhnter Hübschling dauernd den anderen Ärger gemacht, selbst

aber nie etwas hatte aushalten müssen. Nikki war cool, der war ja auf der Straße aufgewachsen, und Mick war cool, weil er sich so lange mit so vielen Bands durchgebissen hatte. Aber über mich wusste niemand etwas. Meine Herkunft war den anderen egal. Und ich kam wirklich aus der übelsten Gegend, die man sich vorstellen kann: aus Compton.

Mein Vater Odie – halb indianischer Abstammung und dem schönen Geschlecht völlig ergeben – war ein Automechaniker aus Paris, Texas, und hatte für die L. A. County Mechanical Division Polizeifahrzeuge repariert. Meine Mutter Shirley war eine Halbmexikanerin aus New Mexico, die in einer Max-Factor-Fabrik arbeitete. Sie hatten beide so wenig Geld, dass sie jedes Jahr in eine schlechtere Gegend umzogen: von Inglewood ging es nach Watts und dann nach Compton, wo meine jüngere Schwester Valerie und ich in den Kindergarten kamen. In der Grundschule ging uns beiden dann zum ersten Mal auf, dass wir anders waren als die anderen: Wir waren die einzigen weißen Kids in der ganzen Schule und im ganzen Viertel.

Eine große Gruppe der Crips nutzte ein Apartment gegenüber unserer Wohnung als Clubhaus, und in einem Gebäude am Ende der Siedlung traf sich eine andere L.-A.-Gang, die AC Deuceys. Die Crips und die AC Deuceys lagen in einem andauernden Kampf miteinander, bekriegten und beschossen sich, und wenn wir aus dem Haus gingen, pflegte meine Mutter sich zu bekreuzigen und darum zu beten, dass niemand von uns von einer verirrten Kugel getroffen wurde.

Das Viertel schien jeden Tag weiter runterzukommen. Aber meine Eltern weigerten sich umzuziehen, selbst dann, als eine Kugel mitten in der Nacht das Fenster von Valeries Zimmer durchschlug. Als ich einmal von der Schule kam, beobachtete ich, wie vier Kids auf einen gut gekleideten Teenager zuliefen, ihn erschossen, seine Turnschuhe klauten und ihn auf dem Pflaster liegen ließen. Er konnte nicht einmal mehr sprechen, weil ihm das Blut aus dem Mund quoll.

Ein paar Tage darauf wartete ich vor unserem Haus auf den Eismann, als ich die besagten vier Kids auf der anderen Straßenseite in der Nähe des Crip-Apartments sah. Ich betrachtete meine Turnschuhe und stellte erleichtert fest, dass sie ihnen wohl zu klein sein würden; demnach war ich nicht in Gefahr. Sie sahen mich an und kamen langsam über die Straße, genau auf mich zu. Vielleicht wollten sie auch nur ein Eis, betete ich. Auf der linken Seite der Gruppe ging ein großer Junge mit einem schwarzen T-Shirt und roten Narben, die seine Arme emporliefen, und er starrte mich unverwandt an. Ich spürte, wie meine Kehle trocken wurde und mir der Schweiß an den Seiten hinunterlief, während ich wie angewurzelt innehielt.

Er löste sich aus der Gruppe, ging zu mir herüber und lächelte. Dann schnappte er mich, wirbelte mich so herum, dass er hinter mir zu stehen kam, schob die Hände in meine Hosentaschen und klaute mein Eisgeld. Das ging so schnell, dass ich nicht einmal fühlte, wie mir eine Klinge von einem Ohr zum anderen übers Gesicht gezogen wurde. Im ersten Moment dachte ich, er hätte mir die Kehle durchgeschnitten, und als er mich losließ und wegrannte, taumelte ich zu Boden. Ich war tot, da war ich sicher.

Niemand aus der Nachbarschaft kam mir zu Hilfe. Alle starrten mich nur an, als sei ich ein Müllsack, den man zur Abholung vor die Tür geworfen hatte. Langsam stand ich auf und fuhr mir mit der Hand an den Hals. Überall war Blut. Aber der Typ hatte die Halsschlagader nicht erwischt und mir nur in die Wange und ins Kinn geschnitten. Und das wegen fünfzehn Cent. Im Krankenhaus bekam ich dann wenigstens Eis umsonst.

Am nächsten Tag in der Schule kümmerte sich meine Lehrerin Mrs. Anderson so rührend um mich, dass sich die Sache fast gelohnt hatte. Schon vor der Pubertät hatte ich ein Näschen für Playmates: Mrs. Anderson war tatsächlich mal eins gewesen und sah noch immer danach aus. Sie hatte langes, glattes, braunes Haar und eine Figur, bei der ich mich fühlte wie der Wolf aus den Warner-Cartoons, dem die Zunge aus dem Mund und über den Boden rollt, wenn er das Showgirl aus der großen Stadt sieht. Dank Mrs. Anderson erkannte ich bereits früh, welcher Gedanke mein Leben später grundlegend bestimmen sollte: Weiber sind geil. Ich hatte zwar keine Ahnung, was eigentlich Titten waren oder was man als sexy bezeichnete, aber irgendwo tief in mir war mir klar, was auch immer diese Wörter bedeuten mochten: Sie trafen unbedingt auf Mrs. Anderson zu. Jede Gelegenheit, die sich bot, nutzte ich, um ihr nahe zu sein; ich habe heute noch das Playmate-Buch, in dem sie abgebildet ist.

Wenn man sich in ihrer Klasse gut betrug, mit ordentlich gefalteten Händen auf seinem Platz saß und mit guter Betonung laut vorlas, dann durfte man beim Aufstellen in die erste Reihe und die Schüler anführen, wenn es in die Pause oder zum Mittagessen ging. Und da sie der Klasse voranging, nahm Mrs. Anderson einen dann an die Hand. An jenem Schultag durfte ich wieder Mrs. Andersons Hand halten: Sie hatte keine Ahnung, was mir dabei durch den Kopf ging. Beim Elternabend war ich so durcheinander, dass ich sie jedem als meine Mutter vorstellte. Ich wollte ihr Geliebter sein oder ihr Sohn. Was von beiden, war mir egal.

Sie brachte mich auf Gedanken, die ich danach nie wieder vergaß. Ihr war es zu verdanken, dass ich nur ein Jahr später im Alter von zehn Jahren mit einer gewissen Tina in eine Hundehütte kroch, wo ich ihr unter den Rock griff und ertastete, was ich dort vorfand. Von Sex hatte ich überhaupt keine Vorstellung; ich dachte, dass man eben so etwas mit Mädchen machte. Trotz unserer zarten Jahre waren wir alles andere als unschuldig. Die Kids in meiner Klasse traten bereits in Gangs ein und hatten Messer in ihren Brotboxen; einige Sechstklässler besaßen bereits Schusswaffen. Ich lernte dabei eine wichtige Überlebensregel: Freunde dich mit Größeren an. Mein Klassenkamerad Andrew Jones war solch ein Riese, und darüber hinaus war sein großer Bruder ein Anführer der Crips. Das schützte mich vor jeglicher Anmache durch die Gang auf der anderen Straßenseite.

Nachdem mich die coolen Kids erst einmal akzeptiert hatten, kam ich schnell genauso auf die schiefe Bahn wie sie. Ich warf Steine auf Autos und zündete in der Schule Papierkörbe an. Einige meiner Mitschüler besaßen Luftgewehre, und wir trafen uns auf einem verlassenen Industriegelände und spielten dort Soldat. Fast jeden Tag kam ich mit einer blutenden Wunde am Kopf, an der Brust oder an den Armen nachhause, weil ich von einem Luftgewehrgeschoss getroffen worden war. Als die Gegend immer weiter verlotterte, entstanden billige Lagerhäuser auf diesen Brachgeländen. Einmal versuchten drei schwarze Kids, ein Samoaner und ich, nach der Schule über den Stacheldrahtzaun zu klettern und an den zwei Wachmännern vorbei in ein Gebäude zu kommen, in dem kistenweise Strandsouvenirs – große Muscheln, Schwämme und Korallenketten – lagerten. Wir stopften unsere Rucksäcke mit dem Zeug voll und verkauften es an einer Straßenecke. Wäre ich in einer normalen Gegend aufgewachsen, hätte ich vielleicht einen Limonadenstand gehabt, anstatt heiße Ware zu verticken.

Das Geld aus diesem Coup gab ich auf dem Comptoner Flohmarkt für meine erste Cassette aus: *Cloud Nine* von den Temptations. Daraufhin begann ich mich für Soul zu begeistern: Al Green, The Spinners, The Temptations, The Four Tops. Das war damals Ghettomusik. Mein zusätzlich verdientes Geld – und die fünf Dollar Taschengeld, die ich dafür bekam, dass ich für meinen Dad den Ford sauber machte und die Fenster putzte – verwendete ich nun auf Matchbox-Autos und Singles wie „Smoke On The Water", „Dream On", „Hooked On A Feeling", „The Night Chicago Died"; mein absoluter Lieblingssong dieser Zeit war „Clap For The Wolfman".

Allerdings konnte ich meinen Reichtum nicht allzu lange genießen, denn eines Tages erwischte mich die Polizei, wie ich mit einem Karton frisch geklauter Sämereien aus einem Lagerhaus rannte, legte mir Handschellen an und brachte mich zu meinen Eltern. Als ich am nächsten Tag zuhause erzählte, dass ein Lehrer in der Schule von ein paar Kindern aus dem Fenster geworfen worden war, hatten meine Eltern ein für alle Mal genug gesehen und gehört. Sie waren beide berufstätig, und es ging nicht an, dass ihre beiden Kinder unbeaufsichtigt durch Compton streunten, Blumenzwiebeln klauten und ihren Lehrern beim Fenstersturz zusahen. Sie brachten meine Schwester und mich zu meiner Tante nach Glendora, bis sie das Haus in Compton verkauft hatten.

Meine Mutter bekam schließlich einen besser bezahlten Job bei einem Zahnspangenhersteller und fand eine Wohnung in Glendora, wo ich an der Sunflower Junior High angemeldet wurde. Abgesehen von den Stunden bei Mrs. Anderson, war ich in der Schule sehr schlecht gewesen, und der Unterricht an der Sunflower war wesentlich anspruchsvoller als in Compton. Mir war es fast unmöglich, auch nur einen einfachen Satz zu schreiben; erst später wurde erkannt, dass ich Legastheniker war. Statt mich diesem Problem zu stellen, blieb ich der Schule lieber fern, lernte surfen und verdiente mir wie schon in Compton etwas Geld mit krummen Dingern. Auf dem Weg zur Schule fand ich eines Tages ein Taschenbuch voller Hardcore-Pornofotos. Als ich den anderen Kids davon erzählte, wollten sie die Bilder natürlich alle sehen. Aber es war nicht ihr Buch – es gehörte mir. Und wenn sie etwas davon sehen wollten, dann mussten sie dafür bezahlen. Ich versteckte das Buch im Schuppen auf dem Grundstück unserer Nachbarn, riss jeden Tag zehn Seiten raus, brachte sie mit in die Schule und verkaufte sie für einen Vierteldollar das Stück. Nach ungefähr siebzig Seiten kam mir unser Sportlehrer auf die Schliche: Er hatte von ein paar Jungs, die sich die Bilder in ihren Spind geklebt hatten, erfahren, dass ich mit diesen Sexfotos handelte.

Nachdem ich wegen dieser Geschichte suspendiert worden war, beschloss ich, das ganze Buch für fünf Dollar zu verscherbeln. Aber als ich es aus dem Schuppen holen wollte, war es verschwunden. Ich weiß noch immer nicht, wer es geklaut hat. Wahrscheinlich Tommy Lee.

Ich war noch keine fünfzehn, und einen Führerschein hatte ich auch nicht, als mir mein Dad seinen 54er-Chevy-Pickup gab, um damit zur Schule zu fahren. Der Wagen war mein Schlüssel zur Freiheit, und ich entdeckte Drogen, Alkohol und Sex. Meist fuhr ich zum Strand, verbrachte den Vormittag mit Surfen und trank hochprozentige Cocktails, und nachmittags lag ich ausgeknockt im Sand. Meist schlief ich dabei mit der Hand auf dem Bauch ein, sodass mein sonnengebräunter Körper zu meiner Teenagerzeit stets in der Körpermitte von einem weißen Tattoo in Form einer Hand geziert wurde.

Mein Surferkumpel John machte mich mit meiner ersten Droge, Angeldust oder auch PCP, bekannt. Wir saßen mit vier Freunden zusammengequetscht in einem 65er-Nova und sahen uns *Trans America Express* im Autokino an, als ich das Zeug zum ersten Mal probierte. John hatte etwas Haschisch mit PCP versetzt und ließ mich einen Zug nehmen. Ich wusste nicht, wie viel ich inhalieren sollte, aber ich wollte auf keinen Fall hinter John zurückstehen. Schließlich war ich so stoned, dass ich mich kaum noch bewegen oder etwas sagen konnte, und ich sehnte mich danach, dass dieser Zustand endlich wieder aufhörte. Ein Sicherheitsmann vom Kino klopfte plötzlich ans Fenster, und ich war überzeugt, er würde die Bullen rufen, vor allem, nachdem John die Scheibe heruntderdrehte und der ganze Rauch nach draußen quoll.

„Entschuldigen Sie", sagte der Sicherheitsmann. „Bitte nehmen Sie den Fuß von der Bremse. Ihre Bremslichter blenden die Leute hinter Ihnen."

„Oh, das habe ich gar nicht gemerkt", sagte John und nahm brav seinen Fuß vom Pedal.

Etwas später machte ich mich auf den Weg zur Snackbar am Ende des Parkplatzes. Obwohl der Boden nur leicht anstieg, kam es mir vor, als müsste ich einen Berg erklimmen. Mir brach der Schweiß aus, und ich geriet außer Atem, während ich mit großer Anstrengung einen Fuß vor den anderen setzte. Der Weg dauerte ewig, weil ich immer wieder innehielt, mich an ein Auto lehnen und ausruhen musste. Auf dem Rückweg schien es so steil abwärts zu gehen, dass ich kaum laufen konnte. Ich fiel ungefähr achtmal hin und schürfte mir die Knie und die Arme auf, während ich versuchte, vorsichtig von diesem Mount Everest wieder herunterzukommen, der nüchtern betrachtet nicht einmal acht, geschweige denn achttausend Meter hoch war. Als ich endlich wieder am Auto ankam, hatte ich die Getränke und das Popcorn längst verschüttet, aber ich war so stoned, dass mir das überhaupt nicht klar war und ich die leeren Becher so vorsichtig wie möglich zu meinen Freunden balancierte.

Es dauerte nicht lange, und John sorgte dafür, dass ich auch in der Schule ständig drauf war. Im Englischunterricht war ich derart in meiner eigenen Welt gefangen, dass ich völlig bewegungslos dasaß, wenn mich die Lehrerin ansprach, und überhaupt nicht reagierte. Wenn sie mich zum Direktor schickte, schaffte ich es nicht einmal bis zu seinem Büro und wanderte stattdessen ziellos durch die Gegend, bis man mich zwei Stunden später auf dem Sportplatz entdeckte. Ich wusste überhaupt nicht, wo ich war.

Als Nächstes zeigte John mir Crosstops, kleine, weiße Aufputschpillen mit einem weißen Kreuz, die mich in einen sabbernden Irren verwandelten, wenn ich sie mit PCP kombinierte. In diesem Zustand bemerkte ich eines Tages, dass mein Surfbrett, das ich gewöhnlich auf dem Dachgepäckträger meines Autos transportierte, verschwunden war. Ich machte mich wie besessen auf die Suche und entdeckte es schließlich im Wagen eines Footballspielers namens Horace. Wutentbrannt stürmte ich in die Schule, wo ich ihn schließlich bei den Schließfächern zu fassen bekam. Er war ein muskelbepackter Sportler mit Pottdeckelschnitt, der sich seine Nägel und Zähne spitz feilte, um die kleineren Schüler in Angst und Schrecken zu versetzen. Erst leugnete er fünf Minuten lang, mein Brett überhaupt gesehen zu haben, und dann kam er auf mich zu, drückte mir seine Brust gegen das Gesicht und sah auf mich herab. „Und wenn's so wäre, was würdest du dann machen?", bellte er, während sein Atem meine Haare streifte.

Ohne nachzudenken ballte ich die Faust und schlug ihn ins Gesicht. Sie traf ihn mit enormer Wucht, und ein hässliches Knacken war zu hören. Horace stürzte wie ein Affe, den man aus einem Baum geschossen hat, und knallte mit dem Kopf auf den Boden. Er verdrehte die Augen und war weg. Dass ich ihn so heftig getroffen hatte – ich hatte ihm die Nase und den Wangenknochen gebrochen – schockierte mich selbst.

Noch ganz aufgedreht ging ich zum Unterricht. Zwar bluteten meine Knöchel, aber ich gab mich, als sei nichts passiert. Zehn Minuten später erschien der Direktor, warf einen Blick auf meine Hände, brachte mich in sein Büro und ließ mich dann wegen Körperverletzung verhaften. Meine Mutter holte mich von der Polizeiwache ab, und obwohl keine Anzeige gegen mich vorlag, wurde ich vier Tage suspendiert. Als ich danach in die Schule zurückkehrte, wagte es niemand, sich mit mir anzulegen, und die Footballspieler, die Horace ohnehin gehasst hatten, feierten mich als ihren Helden.

Um Mädchen aufzureißen, gingen John und ich gern zu einer Rollschuhbahn in der Nähe der Schule, dem so genannten *Roller City*. Dort entdeckte ich zum ersten Mal, dass ich gern auf einer Bühne stehen wollte. Im *Roller City* gab es jeden Tag einen Playback-Wettbewerb, für den John, ein anderer Freund und ich uns anmeldeten. Wir warfen uns mächtig in Schale, um uns in Rockstars zu verwandeln: Schlaghosen, grell gemusterte Hemden, natürlich weit aufgeknöpft, Perücken und andere Accessoires. Der Song des Tages war „Let It Ride" von Bachman-Turner Overdrive, und ich sprang dazu auf der Bühne herum wie ein Wilder, spielte Luftgitarre und warf das Mikrofon durch die Luft. Das Publikum fuhr total darauf ab, und wir gewannen. Aber nicht nur das: Ich konnte an dem Abend auch ein Mädchen abschleppen. Daraufhin begannen wir, bei verschiedenen Playback-Wettbewerben in Cucamonga oder Diamond Bar die Runde zu machen. Zwei Wochen später gewann ich – im Stil von Ray und Dave Davies bei „You Really Got Me" gekleidet – noch einmal. Aber im Gegensatz zu den früheren Wettbewerben sang ich dabei selbst. Und ich war gut. Das überraschte mich selbst – von diesem Talent hatte ich nichts geahnt.

Jetzt hatte ich also nicht nur ein Auto und lange Haare, ich war auch noch so etwas wie ein Sänger, und die Mädchen standen bei mir Schlange. Da meine vertrauensvollen Eltern den ganzen Tag zur Arbeit waren, konnte ich meine Bekanntschaften zu mir nachhause einladen und sie in der Mittagspause vögeln. Eine Zeit lang ging ich mit einer Kifferin namens Jodie, und danach mit einem Mädchen, das tatsächlich Candy Hooker hieß (ihr Vater hatte die Hooker Headers für Rennwagen konstruiert). Wenn man bedachte, dass ich noch zur Schule ging, dann lief es für mich ganz gut, fand ich. Fast ein bisschen zu gut.

Nachdem ich mir auf der Rollschuhbahn in Glendora das Bein gebrochen hatte, begann sich ein Mädchen namens Tami für mich zu interessieren, das ich während einer großen Pause ein einziges Mal draußen auf den Parkplatz kräftig rannahm, während sie auf der Kühlerhaube meines Pickups lag. Das war alles. Danach hatte ich sie schnell vergessen, bis sie zwei Monate später wieder auf mich zukam. Sie nahm mich nach der Schule zur Seite, und ich dachte zunächst, sie hätte vielleicht wieder einmal Lust. Hatte sie aber nicht. Stattdessen sagte sie mir, sie sei schwanger, und sie wolle ihr Kind behalten. Ich liebte sie zwar nicht, und ich war auch nicht scharf auf eine Freundin, aber sie war sehr entschlossen, und ich beschloss, ihr beizustehen. Wir verbrachten viel Zeit miteinander, und ich unterstützte sie nach Kräften, als sie von der Schule flog, nachdem ihre Schwangerschaft bekannt wurde. Wir landeten schließlich beide auf derselben Förderschule.

Ich war sechzehn, als sie unseren Sohn Neil zur Welt brachte, und als meine Mutter mir die frohe Nachricht überbrachte, dass ich Vater geworden sei, half ich gerade beim Bühnenaufbau für ein Runaways-Konzert. Obwohl ich die letzten sieben Monate mit Tami verbracht hatte, wurde mir die Tragweite dieser neuen Situation erst klar, als ich dieses süße, winzige, kahle, sabbernde Wesen sah, dem mein Samen das Leben geschenkt hatte. Ich sah ihn an und war von Liebe überwältigt. Dann setzte der Schock ein – ich wusste überhaupt nicht, wie ich mich ihm gegenüber verhalten sollte. Glücklicherweise halfen Tamis und meine Eltern uns dabei, ihn aufzuziehen, und ich war der einzige Schüler an der Charter Oak High School, der Alimente zahlte.

In jenem Jahr kam ein Junge namens James Alverson an die Schule. Er war Gitarrist, und der Unterricht an sich interessierte ihn offenbar nicht besonders; er wollte eine Band gründen. Dementsprechend nahm er vom ersten Tag an jeden, der dafür vielleicht infrage kam, wie ein Talent-Scout unter die Lupe. Schließlich fiel seine Wahl auf mich. Dafür musste ich nicht einmal bei ihm vorsingen – er mochte mich, weil ich die längsten Haare der ganzen Schule hatte.

Der passende Bassist dazu hieß Joe Marks, der Schlagzeuger Robert Stokes; beide waren Surfer mit langen Koteletten. Schon die erste Probe lief vom Gefühl her bestens. James war ein sehr guter Gitarrist mit ebenso langem blondem Haar wie ich, der sich stilistisch an Eddie Van Halen orientierte und auf der Bühne mit seiner energiegeladenen Art an Rick Nielsen erinnerte. Ich passte mit meinem Gesang perfekt dazu, denn ich klang wie Robin Zander, dem man die Eier abquetschte. James gab uns den Namen Rock Candy, und für unseren ersten Gig bei einem Collegeball probten wir Titel wie „I Want You To Want Me" von Cheap Trick, „Sweet Emotion" von Aerosmith und „Smokin' In The Boys' Room" von Brownsville Station.

Wir entdeckten alsbald eine gute Methode, um zu Geld zu kommen: Wir suchten uns ein armes Schwein, das an der Schule keine Freunde hatte, fanden heraus, wann seine Eltern nicht zuhause sein würden, und warfen unseren Köder aus, was ungefähr so klang: „Hör mal, wir wissen, dass du gern an der Schule beliebt wärst. Wir wüssten dazu einen ganz einfachen Weg. Wenn deine Eltern nicht da sind, gibst du zuhause eine Party. Wir spielen umsonst und werden dafür sorgen, dass richtig viele Mädchen kommen. Du musst nur zuhause sein und uns vielleicht ein bisschen was zu trinken besorgen – du bekommst eine Band zum Nulltarif und kannst dir von den Mädchen irgendeins aussuchen und sie im Schlafzimmer deiner Eltern flachlegen. Na, was hältst du davon?"

Sie sagten immer ja. Wir sorgten dafür, dass sich die Party an der Schule herumsprach, kassierten von jedem einen Dollar Eintritt, und wenn drei- oder vierhundert Leute aufgetaucht waren, riefen wir selbst die Bullen an und konnten die paar Hunderter unter uns aufteilen.

Neben Rock Candy, surfen, Tami, Neil, Crosstops und PCP hatte ich nicht mehr viel Zeit, um mich um die Schule zu kümmern, und es dauerte nicht lange, bis man mich rauswarf. Daraufhin arbeitete ich zunächst als Mädchen für alles in einem Plattenstudio, damit Rock Candy dort gelegentlich proben durften. Aber ich merkte bald, dass das auf Dauer keine Perspektive bot, und beschloss ausnahmsweise, dem Rat meiner Eltern zu folgen und die Highschool zu beenden. Bei meiner Anmeldung an der Royal Oak High in Covina nannte ich die Studioadresse als meine eigene, damit meine Eltern meine Zeugnisse und Verweise nicht zu Gesicht bekommen würden, und tauchte dort vormittags auf, um ein paar Bier zu trinken. Nachmittags ließ ich den Unterricht meistens ausfallen und jammte mit Tommy Lee, einem dürren, leicht zu begeisternden Typen, der in einer anderen Lokalband spielte, U.S. 101. Obwohl mich an der Schule schon wegen Rock Candy jeder kannte, war Tommy Lee der Einzige, mit dem ich mich wirklich abgab und den ich mochte. Mit allen anderen hatte ich ständig Zoff.

Als meine Eltern einmal übers Wochenende wegfuhren, organisierte ich ein Rock-Candy-Konzert bei uns zuhause und nahm der Band das Versprechen ab, diesmal ausnahmsweise nicht die Polizei zu rufen. Es kamen fast vierhundert Leute, und die Bullen ließen sich tatsächlich nicht blicken – dafür kamen meine Eltern unerwartet zurück, als die Party noch in vollem Gang war. Komischerweise waren sie überhaupt nicht sauer. Sie sahen sich meinen Auftritt an, und anschließend flirtete mein Dad mit den Schülerinnen, während meine Mutter die Drinks servierte.

Auch später verloren sie nie ein Wort über die Feier. Wahrscheinlich hatten sie in Compton schon so viel erlebt, dass sie einfach nur froh darüber waren, dass ich am Leben war und Spaß hatte. Oder sie wussten, dass ich abhauen und im Studio oder bei Tommy schlafen würde, wenn sie versuchten, mich zu kontrollieren.

Jedenfalls ließen sie mir alles durchgehen und regten sich nicht einmal auf, als ich von der Schule flog.

Meine Eltern konnten mich nicht aufhalten, mein Direktor nicht, und selbst unser Supersportler Horace nicht. Das gab mir wahrscheinlich ein Gefühl der Unverwundbarkeit, das durch meine Erfahrungen mit Mötley Crüe später weiter bestärkt wurde. Sonst hätte ich vermutlich nie das Selbstbewusstsein gehabt, um Frontmann einer so kaputten und versoffenen Truppe wie Mötley Crüe zu werden. Nachdem wir mit der Band berühmt geworden waren, mietete ich mir eine weiße Limousine und ließ den Chauffeur zu meiner alten Schule fahren, wo ich meinen Lehrern den Stinkefinger zeigte und aus dem Fenster so laut wie möglich „Ich scheiß auf euch, ihr Arschlöcher!" brüllte. Meiner Ansicht nach hatten sie mich im Stich gelassen. Jetzt brauchte ich sie nicht mehr.

Damals meinte ich, dass mir nichts und niemand eine Lehre erteilen konnte. Ich brauchte keine Lehren. Lesen, schreiben, denken – das war nichts für mich. Ich lebte einfach. Was einmal passiert war, konnte man ohnehin nicht ändern, und was kommen musste, würde kommen. Mich interessierte nur der Augenblick. Als dann der Tag der Abrechnung kam, hatte ich mich vierunddreißig Jahre lang für unverwundbar gehalten. Ich konnte mir nicht einmal vorstellen, dass das nicht ewig so bleiben würde. Aber das Schicksal weiß die schwachen Stellen zu finden, die einem selbst nicht einmal bewusst sind, offenbart sie in mitleidlosem Licht und stößt dann ohne Gnade an der Stelle zu, wo es am meisten schmerzt.

Kapitel **2**

T O M M Y

DAS DAVON BERICHTET, WAS ZWISCHEN TOMMY UND VINCE GESCHAH
UND WIE TOMMY GEWISSENSBISSE WEGEN EINER FLÜSSIGKEITSATTACKE
AUF DAS ABBILD DES BESAGTEN SÄNGERS BEKAM.

*W*ir dachten: Scheiß auf Vince, Alter. Er war ein faules Schwein, ihm war alles egal, er leistete keinen Beitrag zur Band, und er brachte uns nicht den Respekt entgegen, den wir verdienten. Er wurde zum Sündenbock – alle im Verein gegen das Arschloch Vince. Wir hängten sogar ein Foto von ihm hinter dem Klobecken auf, damit wir ihm aufs Gesicht pinkeln konnten.

Aber letzten Endes war es so, dass Vince uns bis zum Schluss die Stange gehalten hatte. Wir hatten ihn im Stich gelassen, nicht umgekehrt. Also, wer war nun das Arschloch, er oder wir?

Nachdem er die Band verlassen hatte, redete ich drei Jahre, sechs Monate und sechs Tage kein Wort mehr mit ihm. Bis zu dem Tag, an dem ich hörte, dass seine Tochter Skylar ins Koma gefallen und gestorben war. Da rief ich bei ihm an. Nicht einmal seine Stimme klang mehr nach dem Vince, den ich einmal gekannt hatte. Er schluchzte, brabbelte unverständliches Zeug und beschimpfte sich über eine Stunde lang selbst. Es war furchtbar.

„Das ist gegen die Regeln", brüllte er und schleuderte den Hörer gegen irgendetwas Hartes. „Es ist gegen das Gesetz des Universums."

Ich verstand kaum etwas von seinem verrückten Gerede. Ich wusste nur eins: Ihm ging es extrem dreckig, und er war offenbar auf den Grund einer Flasche getaucht, um dem Schmerz zu entfliehen. Es wird mir immer ein Rätsel bleiben, wie er das überstanden hat und wieder ein normaler Mensch wurde. Wahrscheinlich kann er sich nicht mal an meinen Anruf erinnern.

IN DEM EINE GESCHICHTE ERZÄHLT WIRD,
DIE SICH AUSNAHMSWEISE EINMAL NICHT IN EINEM IRONISCHEN SATZ
ZUSAMMENFASSEN LÄSST.

Sharise dachte zuerst, es wäre eine Grippe. Skylar hatte über Magenschmerzen, Kopfweh und Übelkeit geklagt, und Sharise hatte sie daraufhin ins Bett gesteckt. In der Nacht ging es Skylar immer schlechter. Ihr tat der Bauch so weh, dass sie sich richtiggehend zusammenkrümmte. Als Sharise sie zur Toilette bringen wollte, konnte sie vor Schmerz nicht einmal mehr laufen. Sie strich ihrer Tochter das schmutzig blonde Haar aus dem Gesicht, wischte ihr die Tränen mit einem Papiertaschentuch ab und fuhr sie ins Krankenhaus.

Von dort aus rief sie mich bei der Feier nach dem Long-Beach-Grand-Prix an. Auf dem Weg zum West Hills Medical Center fuhr ich schneller und unter mehr Adrenalin als während des Rennens; als ich ankam, saß Sharise in der Notaufnahme und hatte ihren Kopf weinend an die Schulter ihrer Mutter gelegt. Die letzte Stunde sei ein Albtraum gewesen, sagte sie. Die Ärzte waren zunächst von einem Blinddarmdurchbruch ausgegangen. Nachdem sie Skylar anästhesiert und mit der Operation begonnen hatten, entdeckten sie jedoch, dass der Blinddarm völlig in Ordnung war. Stattdessen war eine bösartige Geschwulst im Unterleib aufgeplatzt, wodurch sich die Krebszellen in ihrem ganzen Körper verbreiten konnten. Der Tumor hatte die Größe eines Tennisballs. Ich begriff überhaupt nicht, wie ein derart großer Tumor in Skylar hatte heranwachsen können – Krebs war für mich eine Krankheit, die alte Menschen befiel. Nicht meine vierjährige Tochter.

Nach einer weiteren Stunde kam Skylar auf die Intensivstation, und Sharise und ich durften zu ihr. Als ich sie dort liegen sah, umgeben von all den Schläuchen und Maschinen, fühlte ich mich zum ersten Mal in meinem Leben völlig hilflos. Vor mir lag meine Tochter, und Geräte hielten sie am Leben. Vor einer Woche war sie noch im Kreis um mich herumgerannt, um mich schwindlig zu machen.

Zum ersten Mal seit zwei Jahren saßen Sharise und ich ohne ein Wort nebeneinander; wir warteten darauf, dass Skylar sich rührte. Nach einer Stunde drehte sie sich auf die Seite und murmelte etwas von Cinderella, bevor sie wieder einschlief. Sharise und ich sahen uns an und hätten beide am liebsten vor Erleichterung geweint.

Am nächsten Tag war Skylar ansprechbar und fast völlig klar. Die Schläuche und Geräte machten ihr genauso viel Angst wie mir, als ich sie zum ersten Mal gesehen hatte. Sie wollte wissen, wo sie war, warum sie dort war und was für Apparate das waren. So sanft wie möglich versuchten wir ihr zu erklären, dass in ihrem Bauch etwas gewachsen war, wie eine Blume, das da aber nicht hingehörte, und deswegen hätten die Ärzte es herausgenommen. Sie lächelte schwach und sagte, sie wolle nachhause.

Auf meine Frage, wann Skylar entlassen werden würde, antworteten die Ärzte, sie solle zunächst noch einige Tage im Children's Hospital verbringen, damit man dort überprüfen könnte, ob der Tumor komplett entfernt worden war. Von dem Krankenhaus hatte ich bereits gehört; es wird von der T. J. Martell Foundation geleitet, die sich speziell für Kinder mit Leukämie, Krebs und Aids engagiert. Da Mötley Crüe sich an vielen Wohltätigkeitsaktionen für die Foundation beteiligt hatten – bei einem Benefiz-Softballspiel waren wir beispielsweise gegen Fleetwood Mac angetreten (und hatten gewonnen) –, rief ich unter Tränen bei Tony Martell an, und er sorgte dafür, dass Skylar die bestmögliche Behandlung erhielt.

Ich begleitete Skylar bei der Fahrt zum Children's Hospital, wo man sie sofort nach unserer Ankunft einer Computertomografie unterzog. Dass sie in ihrem zarten Alter bereits einer so heftigen Röntgenstrahlung ausgesetzt wurde, machte mir schwer zu schaffen, aber wir hatten keine Wahl. Heidi war mittlerweile aus Florida zurück und wartete mit Sharise und mir auf die Ergebnisse. Es war eine angespannte, seltsame Situation, die uns allen an die Nieren ging. Als der Arzt schließlich zu uns kam, war jeder Anflug von Eifersucht oder Vorwurf angesichts der schrecklichen Nachricht wie weggeblasen. Skylar hatte Tumore in beiden Nieren, und eine neuerliche Operation war nötig, um sie zu entfernen. Als wir Skylar das erzählten, verbarg sie ihr Gesicht an Sharise' Busen und fragte noch einmal, wann sie nachhause dürfte. „Bald", sagten wir, „ganz bald."

Aufnahmestudios, Striplokale, Konzerthallen und alle anderen Erinnerungen an meine Vergangenheit verblassten gegen das Krankenhaus, das nun zum Mittelpunkt meines Lebens wurde. Selbst die Scheidung, um die Sharise und ich seit zwei Jahren kämpften, wurde einstweilen ausgesetzt. Jeden Tag waren Sharise oder ich, unsere Eltern oder Heidi in Skylars Krankenzimmer und beteten, dass sie endlich entlassen werden würde. Wir sagten immer wieder: nur noch diese eine Operation, nur noch diese eine Behandlung, nur noch dieser eine Tag, dann ist es vorbei. Aber die Nachrichten wurden jeden Tag schlimmer.

Als Skylar schließlich wieder auf dem Operationstisch lag und die Ärzte sie öffneten, machten sie eine schreckliche Entdeckung. Die Tumore waren bereits so groß, dass sie unmöglich entfernt werden konnten, ohne Skylars Leben zu gefährden. Die Ärzte nähten die Operationswunde wieder zu und erklärten, bevor sie etwas tun könnten, müssten die Tumore zunächst bestrahlt werden, bis sie so weit geschrumpft seien, dass man sie gefahrlos herausschneiden konnte.

Nach und nach begann ich wieder zu trinken, um den Schmerz zu vergessen. Ich blieb im Krankenhaus, solange man mich ließ, dann fuhr ich geradewegs ins *Moonshadows* in Malibu und betrank mich dort mit den Stammgästen, bis ich nicht mehr wusste, wie ich hieß. Am nächsten Morgen fuhr ich gleich nach dem Aufwachen wieder ins Children's Hospital und blieb den ganzen Tag, manchmal auch über Nacht, und dann ging es wieder ins *Moonshadows*. Ich wusste, dass es falsch war, jetzt zu trinken, aber es war die einzige Möglichkeit, nicht verrückt zu werden. Mein Leben wurde von drei Gefühlen beherrscht: Angst, Niedergeschlagenheit und Wut. Ich stand ständig unter Strom. Als ich auf dem Pacific Coast Highway von einem blauen BMW geschnitten wurde, trat ich auf die Bremse und brüllte: „Fick dich!" Der Fahrer hielt an und stieg aus; ich tat dasselbe. Heidi, die auf dem Beifahrersitz saß, schrie entsetzt: „Was ist los mit dir?" Also setzte ich mich wieder in den Wagen, spuckte vor Zorn gegen die Windschutzscheibe und wollte gerade wieder starten, als sich der BMW-Fahrer über meine Kühlerhaube legte und sich weigerte, aufzustehen.

„Das reicht!", brüllte ich Heidi an. Wieder stürmte ich aus dem Wagen, knallte die Tür mit so viel Wucht zu, dass der Spiegel abfiel, zog den Typen am Hemdkragen hoch und schlug ihn vor den Augen der inzwischen versammelten Gaffer ins Gesicht. Der Schlag war so hart, dass die Haut über meinen Knöcheln aufplatzte und die Knochen zu sehen waren. Der Fahrer ging zu Boden, und das Blut lief ihm übers Gesicht, als hätte man ihn mit einer Axt gefällt. Passanten riefen einen Krankenwagen, und die Sanitäter kratzten ihn schließlich vom Asphalt. Noch bevor die Polizei eintraf, fuhr ich zum Krankenhaus. Ich war nicht bereit, noch mehr Zeit wegen dieser Scheiße zu verschwenden.

Als ich im Krankenhaus ankam, bebte ich noch vor Zorn, und meine Hände klebten vor geronnenem Blut. Die Ärzte mussten gar nicht erst fragen, was passiert war. Sie brachten mich zum Röntgen und stellten fest, dass ich mir die Hand gebrochen hatte. Ich erhielt einen Verband und erfuhr zu meiner Überraschung, dass ich nichts dafür bezahlen musste. Im Krankenhaus wusste man, was ich durchmachte, und offenbar kamen extreme Reaktionen wie meine öfter vor, wenn vielleicht auch nicht in dieser selbstzerstörerischen Heftigkeit.

Immer öfter schlief ich weinend und durcheinander an Skylars Bett ein. Es machte mich fertig, dass ich dem wachsenden Krebs hilflos gegenüberstand, der das Leben meiner Tochter, mein Leben, unsere gemeinsame Zukunft zerstörte. Jedes Mal, wenn ich kam, hatte Skylar stärkere Schmerzen und war weniger ansprechbar. Wir sahen uns gemeinsam *Eine schrecklich nette Familie* an. Nur einen Monat zuvor hatte sie noch alles stehen und liegen lassen, um zu der Titelmelodie, Frank Sinatras „Love And Marriage", durchs ganze Haus zu tanzen. Jetzt starrte sie nur reglos und vom Morphium betäubt auf den Bildschirm. Wenn wir Glück hatten, zog ein Lächeln über ihr Gesicht und ließ uns für einen Augenblick aufleben.

Aber als der Tumor in Skylars rechter Niere langsam gegen die Lunge zu drücken begann, wussten wir, dass wir ihr dieses Lächeln nicht mehr lange würden erhalten können. Ich brachte Skylar ihre Lieblingsspielsachen und Kleidungsstücke, in denen sie gern getanzt hatte. Wir sahen uns gemeinsam Disney-Filme an und sangen Kinderlieder. Da ich inzwischen bei Warner Bros. Records unter Vertrag stand, nutzte ich meine Verbindungen und ließ Entertainer vorbeikommen, die als Bugs Bunny oder Silvester verkleidet Skylar und den anderen Kindern Geschenkkörbe brachten. Zu Ostern kauften Heidi und ich tütenweise Süßigkeiten und Malutensilien zum Dekorieren von Ostereiern. Und ich tat etwas, das ich trotz allen Bittens und Bettelns für Mötley Crüe niemals gemacht hätte: Ich schlüpfte in das Kostüm einen riesigen, plüschigen Osterhasen.

Skylar erkannte mich erst, als ich anfing zu reden, und dann brach sie in Gelächter aus. Mir traten die Tränen in die Augen, und während sie sich mit dem Schweiß mischten, der sich unter dem Kostüm sammelte, drehte ich mich um und sagte: „Gibst du mir bitte die Eier, Sharise?"

„Wie hast du mich gerade genannt?", kam Heidis kurze und verärgerte Antwort. Sharise war nicht einmal im Krankenhaus, und in einer Beziehung ist es eine unverzeihliche Sünde, die Namen der Freundin und der Exfreundin zu verwechseln, selbst wenn das am Krankenbett eines Kindes passiert. Für die nächsten paar Minuten verwandelte sich Ostern in Halloween, und wir boten den Kindern eine ganz andere Art von Show. Für Heidi, die noch sehr jung und erst seit kurzem mit mir zusammen war, war die Situation äußerst schwierig: Zum einen wurde ihr deutlich vor Augen geführt, dass ich noch verheiratet war, zum anderen trafen wir uns nicht zu gemütlichem Zusammensein in der Gegenwart von Freunden oder allenfalls Kellnern, sondern umgeben von Krankenschwestern und meiner Exfrau Sharise. Zuerst hielt sie jeder für eine blöde Blondine. Aber schließlich, nachdem sie die Kinder auf der Station monatelang mit Schneewittchen-Darstellern unterhalten, an Skylars Bett gewacht und ihre Hand gehalten hatte und sie es in der ganzen Zeit sensibel vermied, mit Sharise zu konkurrieren oder sich in ihre Angelegenheiten zu mischen, wurde Heidi von den Ärzten und von Sharise' Angehörigen akzeptiert, wenn auch nicht so weit, dass sie wie ein Mitglied der Familie behandelt wurde.

„Daddy", sagte Skylar, als sie eines Morgens aufwachte, „ich darf nie wieder nachhause, oder?"

„Doch, natürlich kommst du wieder nachhause", versprach ich. Und das war nicht gelogen. Die Ärzte hatten mir gesagt, dass Skylar entlassen werden konnte; sie musste nur zur Chemotherapie regelmäßig in die Klinik. Einen Monat hatte sie in einem Krankenhausbett verbracht, und nun war sie endlich wieder in ihrem vertrauten Kinderzimmer. Aber leider konnte sie das nicht lange genießen. Sie schlief jede Nacht weniger, stattdessen weinte sie immer mehr und klagte über Bauchschmerzen. Wenn sie zur Toilette musste, schrie sie vor Schmerz, der sie stärker quälen musste als alles, was ich in meinem achtmal längeren Leben je erfahren hatte.

Nach nur vier Nächten brachten wir Skylar wieder ins Krankenhaus zurück. Die Ärzte entdeckten, dass sich durch die letzte Operation Narbengewebe gebildet hatte, das in den Darm hineinwucherte. Als Sharise unserer Tochter sagte, dass sie noch eine Operation über sich ergehen lassen müsste, sagte Skylar mit einer so schwachen, traurigen und unschuldigen Stimme, wie ich sie nie zuvor gehört hatte: „Mami, ich will nicht sterben." Sie wusste, dass all das, was ihr widerfuhr, nicht normal war, dass es gespielt war, wenn Sharise und ich lachten und Späße machten, und dass Verwandte und Freunde früher nicht geweint hatten, wenn sie sie besuchten.

„Die netten Ärzte werden dafür sorgen, dass du ein bisschen schläfst, während sie dich noch einmal operieren", sagte Sharise und wischte Skylar die Schweißtröpfchen von der Stirn. „Und wenn du wieder aufwachst, sind Mami und Papi hier und warten auf dich. Wir haben dich lieb, mein Schatz. Und alles wird wieder gut. Bald sind wir alle wieder zuhause." Ich klammerte mich ebenso verzweifelt an die Wahrheit von Sharise' Worten wie Skylar. .

Nach der Operation sah meine kleine Tochter noch schlechter aus als zuvor. Zum ersten Mal fiel mir auf, dass das ganze Leben aus ihrem Gesicht gewichen zu sein schien. Ihre Atemzüge klangen kurz und hart, und jedes Gramm Babyspeck war verschwunden, sodass ihre Knochen sich unter der Haut abzeichneten. „Daddy", bat sie schwach, „lass nicht zu, dass sie mich noch einmal aufschneiden."

Ich wusste nicht, was ich ihr antworten sollte. Die Ärzte hatten mir bereits gesagt, dass ihre rechte Niere herausgenommen werden musste. Drei Tage später lag sie schon wieder auf dem Operationstisch. Und als man sie wieder herausbrachte, war es nicht wie in diesen Fernsehserien, wo es immer heißt: „Die Operation ist gut verlaufen." Stattdessen hörte ich: „Es tut mir leid, Mr. Neil. Aber es gab Komplikationen. Der Krebs hat ihre Leber, die Gedärme und die Rückenmuskulatur befallen."

„Haben Sie die Niere entfernt?"

„Nein. Wir konnten nicht einmal den Tumor entfernen. Er spricht nicht gut auf die Chemotherapie an, und er hat sich so eng mit der Niere verbunden, dass bei dem Versuch, ihn wegzuschneiden, ein tödlicher Blutverlust eintreten würde. Aber das heißt nicht, dass es keine Hoffnung gibt. Wir haben noch andere Möglichkeiten, und mit Gottes Hilfe wird es uns gelingen, dieses Ding endgültig herauszuholen."

Aber „dieses Ding" wuchs weiter und fraß das kleine Mädchen auf, das ich zu spät viel zu sehr lieben gelernt hatte. Am 3. Juni rief mich der Onkologe an, der mit Skylars Ärzten zusammenarbeitete. Wenn man jeden Tag im Krankenhaus verbringt, ist es das Allerschlimmste, wenn man zuhause den Hörer abnimmt und ein Arzt sich meldet, denn das kann nur eins bedeuten. Skylar hatte zu atmen aufgehört, sagte der Onkologe. Die Ärzte hatten sie an ein Beatmungsgerät angeschlossen und ihr ein Mittel gespritzt, das sie in einen künstlichen Schlaf versetzte, damit sie keine unnötige Energie verbrauchte. Sie konnte nicht mehr lachen, sich nicht bewegen, nicht mehr sprechen. Innerhalb von vier Monaten hatte sie sich von einer glücklichen kleinen Vierjährigen in eine traurige, an Kabel und Schläuche angeschlossene Puppe verwandelt. Sie hatte ihr Leben noch nicht gelebt und war schon schlimmer dran als die meisten Menschen in den Altersheimen. Sicher hatte der künstliche Schlaf seinen Sinn, aber sie war jetzt wie tot, nur dass ihr Herz noch schlug, obwohl ich mich selbst davon zu überzeugen versuchte, dass diese Maßnahme nur von kurzer Dauer sein würde.

Skylar hatte große Widerstandskraft, und ihr Körper kämpfte weiter tapfer gegen den Krebs. Ihre Körperfunktionen stabilisierten sich, ihre Herzfrequenz nahm zu, und gelegentlich holten ihre Lungen sogar von selbst Luft. Nachdem sie eineinhalb Monate in diesem Zustand verbracht hatte, beschlossen die Ärzte, dass ihnen keine Wahl blieb. Sie mussten versuchen, den Tumor zu entfernen, bevor sie noch länger zwischen Tod und Leben hin- und herschwankte. Die Operation war extrem riskant, aber wenn Skylar sie überstand, waren die Chancen groß, dass sie danach gesund werden würde.

Sharise' Familie, meine Familie, Sharise, mein Sohn Neil, Heidi und ich saßen nervös im Krankenhaus, holten abwechselnd etwas zu essen und warteten auf eine Nachricht der operierenden Ärzte. Wir konnten nicht stillsitzen, und keiner von uns brachte einen Satz heraus, ohne in Tränen auszubrechen. Ich dachte darüber nach, dass es in der Familie meiner Mutter einige Krebserkrankungen gegeben hatte, und fragte mich, ob das alles meine Schuld war. Vielleicht hätte ich auch nicht zulassen sollen, dass die Ärzte es mit der Chemotherapie versuchten. Ich hätte verlangen sollen, dass sie die Niere gleich entfernten. Ich hätte sie schon vor einem halben Jahr ins Krankenhaus bringen sollen, als sie das erste Mal über Bauchschmerzen geklagt hatte. Die unterschiedlichsten Gedanken gingen mir durch den Kopf, und sie alle enthielten dieses eine giftige und machtlose Wörtchen *hätte*.

Nach acht Stunden Angst und Sorge kamen endlich die Ärzte und sagten, dass man Skylar wieder in ihr Krankenzimmer gebracht hatte. Der Tumor war erfolgreich entfernt worden: Er wog sechseinhalb Pfund – so viel wie Skylar selbst bei ihrer Geburt. Ich konnte mir überhaupt nicht vorstellen, wie etwas so Riesiges in ihr hatte heranwachsen können.

Ich wollte das Ding sehen, das meine Tochter tötete. Die Ärzte hatten den Tumor aufbewahrt, und sie brachten mich hinunter in die Pathologie, um ihn mir zu zeigen. Mir drehte sich der Magen um. So etwas hatte ich noch nie zuvor gesehen: Es war das personifizierte Böse. In einer flachen Metallschüssel lag ein ölig glänzender, glibberiger Fußball, der durch die Tiefen der Hölle gerollt war und sich dabei in Erbrochenem, Galle und jedem anderen Exkrement der Verdammten gewälzt hatte, das seinen Weg gekreuzt hatte. Es war in jeder Hinsicht das genaue Gegenteil der Tochter, die Sharise und ich aufgezogen hatten.

Um den Tumor zu entfernen, hatten die Ärzte auch die rechte Niere, die halbe Leber, ein Stück des Zwerchfells und einen Rückenmuskel herausnehmen müssen. Konnte ein kleines Mädchen den Verlust so vieler Organe verkraften und weiterleben? Aber sie atmete, und der Krebs war entfernt. Sie erholte sich jeden Tag ein wenig mehr, bis sie wieder sprechen und lächeln konnte. Jede ihrer Gesten – ein Zwinkern, ein Lächeln, das Wörtchen *Daddy* – war wie ein Geschenk. Jetzt würde alles wieder gut werden, dachte ich, der Albtraum war vorbei, Skylar würde wieder ein ganz normales Kind sein dürfen. Ich betrank mich nun nicht mehr im *Moonshadows,* sondern begann, mein Haus und mein Leben wieder in Ordnung zu bringen, um auf Skylars Rückkehr vorbereitet zu sein.

Sechs Tage nach der Operation, als ich gerade mit einem riesigen Stoffpanda das Krankenhaus betrat, warteten die Ärzte auf mich. Sie sahen mich mit diesem

Blick an, in dem so viel und doch gar nichts liegt, der Blick, den man aufsetzt, wenn es einem schwer fällt, eine unvermeidliche schlechte Nachricht zu überbringen. Ich versuchte mich zu wappnen und wusste dennoch, bevor ein Wort gefallen war, dass ich am Abend wieder im *Moonshadows* sitzen würde.

„Mr. Neil", sagte der Onkologe. „Vermutlich hat sich eine Infektion an Skylars linker Niere entwickelt."

„Das ist doch alles, was sie noch hat. Was bedeutet das?"

„Ich fürchte, wir müssen sie noch einmal operieren und die Umgebung der Niere säubern."

„O Gott. Sie haben meine Kleine doch schon fünfmal operiert. Kann sie das überhaupt noch aushalten?"

Sie konnte es nicht. Nach der Operation verschlechterte sich ihr Zustand rapide: Ihre Lungen, die linke Niere und ihre Leber gaben nacheinander auf. Es war eine Gnade, dass sie bald darauf ins Koma fiel. Ihr kleiner Körper konnte einfach nicht mehr ertragen. Er war so oft aufgeschnitten und wieder zusammengenäht, mit Drogen voll gepumpt und von Röntgenstrahlen durchbohrt worden und hatte mehr erlitten, als man einem Menschen zumuten sollte. Man hatte ihn aufgeschlitzt, gestochen, in ihm herumgekratzt und -geschoben und so viel von seinem Inhalt entfernt, dass er nun wie eine Bremse, auf die man zu oft getreten ist, verschlissen war und die einzelnen Teile nicht mehr aufeinander ansprachen. Wenn der Körper seinen Geist aufgibt, dann kann man den Motor nicht mehr reparieren. Man kann ihn nur noch eine Weile weiterlaufen lassen. Und manchmal frage ich mich, ob es richtig war, dass ich Skylar so lange am Leben erhielt und ihr fünf Monate lang diese Schmerzen zumutete, bis sie ein Zehntel ihres Lebens in diesem Zustand verbracht hatte.

Ich trank wieder so heftig, dass es meist keine Stunde dauerte, bis ich im *Moonshadows* umkippte oder Kelsey Grammer voll kotzte. Ich bot einen lächerlichen Anblick: ein Vater, der nicht mit dem schmerzvollen Wissen zurechtkommt, dass er demnächst die schlimmste Tragödie erleben wird, die Eltern durchmachen können, und seine eigene Tochter begraben wird. Ich hatte Skylar alles gegeben, was ich konnte, sogar mein eigenes Blut für Transfusionen. Ich hätte mein Leben gegeben, wenn das etwas geholfen hätte. So ein Gedanke war mir zuvor niemals gekommen – weder für meine Frauen, meine Eltern oder sonst irgendjemanden. Vielleicht wollte ich mich deshalb mit Alkohol umbringen, damit ich eine Art Märtyrertod sterben und ihr Leid auf mich nehmen konnte. Am Morgen danach saß ich verkatert an ihrem Bett und las ihr Geschichten vor, machte Späße und gab mich tapfer – so, als könnte doch noch alles gut werden.

Es hätte mich nicht überraschen sollen, als der Onkologe mich schließlich bat, ihre Freunde und Verwandten zu holen, damit sie sich von ihr verabschieden konnten. Aber es war das erste Mal, dass die Ärzte zugaben, dass überhaupt keine Hoffnung mehr bestand. Zuvor hatte es stets wenigstens eine kleine oder eine gute, eine winzige oder eine passable Chance gegeben, dass sie sich wieder erholen würde. Aber niemals hatte es geheißen, dass alle Hoffnung vergebens war. Vielleicht hatte ich Skylar so oft zu beruhigen versucht, dass ich schließlich selbst daran glaubte, sie würde eines Tages wieder nachhause kommen und wir würden wieder Sandburgen am Strand bauen. Nach dem Gespräch ging ich mit Heidi in Skylars Zimmer und sah, dass sich Blut auf ihrer Lippe gesammelt hatte. Heidi war außer sich darüber, dass die Schwestern sie in diesem Zustand einfach so liegen ließen. Sie nahm ein Taschentuch aus ihrer Handtasche und beugte sich über mein Kind, um das Blut wegzuwischen. Aber der Fleck blieb, das Blut war bereits geronnen. Heidi wischte weiter daran herum und weinte: „Bring das in Ordnung, bring das in Ordnung." In diesem Moment brachen wir beide zusammen.

Wir blieben bis in den späten Abend und gingen schließlich kurz ins *Moonshadows,* um etwas zu essen; Sharise und ihre Familie waren währenddessen bei Skylar. Wir hatten uns kaum an den Tisch gesetzt, als der Barmann mich ans Telefon rief. „Vince, komm sofort ins Krankenhaus", hörte ich Sharise' zitternde Stimme am anderen Ende. „Ihre Lebenszeichen werden immer schwächer. Es geht sehr schnell." Ich brach nicht in Panik aus und weinte auch nicht, ich machte nur so schnell wie möglich.

Aber ich kam zu spät. Als ich das Krankenhaus erreichte, war Skylar schon von uns gegangen. Und ich hatte keine Möglichkeit gehabt, mich von ihr zu verabschieden und ihr noch einmal zu sagen, wie sehr ich sie liebte.

SHARISE SAGTE, Skylar sei friedlich eingeschlafen. Als ihr Herzschlag sich verlangsamte, hatte sie einen Augenblick lang ängstlich die Augen geöffnet und fragend ihre Mutter angesehen. „Hab keine Angst, mein Liebling", hatte Sharise gesagt und ihr die Hand gedrückt. „Schlaf jetzt ein. Es ist alles gut." Und sie war eingeschlafen. Zu dieser Zeit stand ich im Stau auf dem Pacific Coast Highway, und für eine Sekunde setzte mein Herz aus. Aber ich war so mit dem Gedanken beschäftigt, an Skylars Krankenbett zu kommen, dass ich nicht darauf achtete. Aber im Nachhinein begriff ich, dass mein Herz gespürt hatte, wie das Mädchen, das ich mehr liebte als alles auf der Welt, uns verließ und für einen Moment mit ihr hatte gehen wollen.

Ich verließ das Krankenhaus, fuhr direkt ins *Moonshadows,* borgte mir ein paar Schmerztabletten von Schauspieler David Leisure und trank. Abgesehen vom Krankenhaus war diese Bar der Mittelpunkt meines gesamten Lebens geworden. In der Nacht, als Skylar starb, umnebelte ich mir absichtlich den Verstand mit Alkohol und Pillen, damit ich nicht darüber würde nachdenken müssen. Ich war ihr Vater, und ich musste sie beschützen. Nun hatte ich alles getan, was in meiner Macht stand – alles –, und die bittere Wahrheit war, dass ich keinerlei Macht besaß. Sie war tot, ich war am Leben, und daran konnte ich nichts ändern. Ich selbst konnte allein eines ändern: die Tatsache, dass ich am Leben war. Aber ich hatte nicht den Mut, mich umzubringen; ich hoffte, der Alkohol und die Pillen würden schließlich dafür sorgen. Täglich schluckte ich zwanzig Zehner-Valium und trank Bier und Whiskey für hunderte von Dollar. Mir war scheißegal, was aus mir wurde. Manchmal wünschte ich mir, ein Auto würde mich überfahren, ein Verrückter würde mich erschießen oder ich würde aus dem Fenster springen. Ich wollte nur bei ihr sein.

Heidi und ein Diamantenhändler, den ich über Tommy und Heather kennen gelernt hatte und der einstweilen bei mir wohnte, da sein Haus bei einem Erdbeben beschädigt worden war, kümmerten sich um die Beerdigung und betreuten mich, als sei ich ein Pflegefall. Ich war nicht in der Lage, zu duschen, mich umzuziehen oder irgendetwas anderes selbst zu regeln. Noch nie zuvor hatte ich jemanden verloren, der mir so nahe stand. Bisher war ich noch nicht einmal auf einer Beerdigung gewesen, und nun musste ich meine eigene Tochter zu Grabe tragen. So sollten die Dinge nicht sein.

Skylars Großeltern hatten bestimmt, dass die Trauerfeier am geschlossenen Sarg stattfinden sollte, aber irgendjemand hatte den Deckel geöffnet. Die Gestalt, die dort lag, sah nicht aus wie meine Tochter. Ihre Augenlider waren so geschwollen, dass ich nicht sehen konnte, wo die Wimpern begannen. Das sollte nicht das letzte Bild sein, das ich von ihr haben würde, und so starrte ich während der Zeremonie auf meine Füße. Ich brachte es nicht über mich, sie anzusehen, wie sie so dalag in ihrem rosa Sarg. Er war so klein. Sie war so klein.

Nach der Trauerfeier wurde ich richtiggehend entführt. Eine Limousine fuhr vor, und als ich wieder zu mir kam, war ich in der Drogenklinik Anacapa in Oxnard. Heidi hatte unsere Einmann-Krisenhotline, Bob Timmons, angerufen. Noch am gleichen Tag setzte ich mich wieder ab, fuhr nachhause nach Malibu, schluckte einen Pillencocktail, den ich mir aus dem Medizinschränkchen zusammenmischte, und kippte um. Als ich aufwachte, lag ich in einem fremden Bett. Irgendwie hatte ich mein Haus verlassen und im *Universal City Sheraton Hotel* eingecheckt, wo ich mich weiter betäubte.

Aber egal, was ich nahm, es reichte nie. Jede Nacht wachte ich schreiend auf. Ich hatte schreckliche Albträume. Dämonen und Teufel tanzten auf Skylars Grab. Ihr Grabstein war schon bestellt, aber er war noch nicht angefertigt worden, und es machte mir schwer zu schaffen, dass nichts ihr Grab kennzeichnete. In anderen Albträumen wuchs ihr Tumor bis auf die Größe eines Menschen, griff mich an und umgab mich mit seinen Krebsgeschwülsten. Wenn mich der Tumor dann erstickte, nahm ich einen starken Geruch wahr – nicht den Gestank von Verwesung oder Tod, sondern den süßen, warmen Geruch meiner Tochter. Ich hatte die Decke, unter der sie im Krankenhaus gestorben war, mitgenommen und schlief jede Nacht darunter, weil der Geruch mich glauben ließ, sie weilte noch in dieser Welt.

Mindestens eine Woche verbrachte ich in diesem albtraumhaften Zustand, oftmals ohne zu wissen, wann ich bei Bewusstsein war und wann nicht. Schließlich überredeten mich Heidi und Bob Timmons dazu, mich in der Betty-Ford-Klinik anzumelden. Ich willigte ein, sagte allerdings, dass ich noch Golf spielen wolle, bevor ich ginge. Irgendwie glaubte ich, das würde mich wieder zu einem Menschen machen. Ich flog ins entlegene Palm Desert und nahm mir ein Zimmer im *Marriott*. Eine Woche lang trank ich allein, ich spielte allein Golf, ich war allein, wenn ich abends ins Koma fiel. Dann schloss ich meine Koffer und meine Golfschläger im Zimmer ein und rief ein Taxi, das mich zur Betty-Ford-Klinik brachte.

Nach drei Tagen Therapie war ich kurz davor, endgültig den Verstand zu verlieren. Ich kam weder mit den Psychologen noch mit der Disziplin oder der Schuld zurecht, die sie auf meine Schultern luden. Schließlich ging ich ins Hauptbüro und sagte: „Ich verschwinde von hier.“ Die Verwaltung bestand auf der vollen Zahlung der fünfzehntausend Dollar Therapiekosten. Ich schrieb einen Scheck und fuhr zurück ins *Marriott*. Die Psychologen konnten mich am Arsch lecken.

Einen Monat lang spielte ich wieder Golf und trank mich allabendlich um den Verstand. Die Welt um mich herum nahm ich nicht mehr wahr. Ich selbst hatte mich in eine unwirkliche Situation gebracht – äußerlich wirkte sie wie das Paradies, doch für mich war sie die Hölle. Als ich eines Tages ein Handicap von sechsundsiebzig erreichte, war ich von meiner Begeisterung schockiert. Ich durfte nicht so glücklich sein. Skylar war tot. Was tat ich hier eigentlich? Ich war auf der Flucht und versteckte mich. Ich spielte Golf in einem Ferienort.

Das brachte mich dazu, selbst bei Heidi und Bob Timmons anzurufen. Sie brachten mich erst nach L. A. zurück und dann in die Anacapa-Klinik in Oxnard. Bei der Behandlung ging es nicht so sehr um die Entwöhnung von Alkohol und Tabletten, sondern um eine Strategie zur Bewältigung meiner Trauer. Ich musste einen Weg finden, um mit meinen Gefühlen zurechtzukommen, um sie anders anzugehen als mit einer Flasche oder einem Fünfer-Eisen. Ich schrieb Skylar einen Brief und verbrannte ihn, wobei ich zusah, wie der Rauch in den Himmel stieg. Damit begann ich langsam zu akzeptieren, dass ich die Vergangenheit nicht ändern konnte. Nach und nach begann ich Skylars Leben in einem anderen Licht zu sehen und Gott für die vier Jahre zu danken, die er ihr geschenkt hatte und die ich mit ihr hatte verbringen dürfen. Ich nahm mir vor, einen größeren Teil der Zeit, die mir noch bleiben würde, für Wohltätigkeitsarbeit zu verwenden und Eltern und Kindern zu helfen, die Ähnliches durchmachten, damit Skylars Tod nicht umsonst gewesen war. Als ich mit meinen Eltern und mit Heidi telefonierte, konnten sie bereits an meiner weniger zitternden und schluchzenden Stimme erkennen, dass ich das Gröbste überstanden hatte. Endlich konnte ich es über mich bringen, an ihr Grab zu gehen, das ich zu ihrem Geburtstag mit Blumen und Konfetti dekorierte, und ich lächelte wieder, wenn ich mich an die lustigen Dinge erinnerte, die sie früher getan hatte.

An Mötley Crüe hatte ich eine halbe Ewigkeit nicht mehr gedacht, und offenbar hatte die Band auch keinen Gedanken an mich verschwendet. Klar, wir hatten uns nicht im Guten getrennt, aber nach dem, was ich inzwischen durchgemacht hatte, erschien der ganze Streit im Nachhinein lächerlich und albern. Die Jungs, denen ich eine Zeit lang näher gestanden hatte als meiner eigenen Schwester, schafften es nicht einmal, mich anzurufen. Vielleicht wussten sie nicht, was sie hätten sagen sollen. Aber es würde ihnen bald etwas einfallen müssen, denn als ich aus der Klinik kam, stand unser erstes Treffen seit viereinhalb Jahren an – vor Gericht. Während der letzten dramatischen Monate hatte ich völlig vergessen, dass ich sie verklagt hatte.

Von Sharise hatte ich mich noch während der Therapie scheiden lassen, und nun zog Heidi, mit der mich nach den schrecklichen Geschehnissen mehr verband, als ich je gedacht hätte, zu mir in mein Haus in Malibu. Sharise und ich fanden es schwierig, miteinander zu reden. Skylars Krankheit hatte ein starkes Band zwischen uns geschmiedet, das sich jedoch nach ihrem Tod sofort wieder gelöst hatte.

Kürzlich haben wir uns allerdings erneut einander angenähert. Auf meine Fragen, warum Skylar an Krebs erkrankt war, hatten die Ärzte erklärt, dass bestimmte Nahrungsmittel, Chemikalien, zu viel Sonnenstrahlung und was nicht alles Krebs verursachen konnten. „Aber sie ist erst vier", wiederholte ich stets. „Sie ist vier Jahre alt. Wie kann eine Vierjährige Krebs bekommen? Sie isst nicht so viel Zucker. Sie reibt sich mit Sonnenmilch ein. Sie ist ein ganz normales Kind."

Ich fand keine Antwort und akzeptierte schließlich ihren Tod als einfache Tatsache. Bis ich eines Tages im Fernsehen eine Sendung sah, laut der im Auftrag der Regierung nördlich von Malibu in Simi Valley Raketentests durchgeführt und chemische Abfälle entsorgt worden seien. Genau dort hatte ich mit Sharise gewohnt. Wir hatten das Haus gekauft, weil es auf einem Hügel lag und das Gebiet, wie uns der Makler erklärt hatte, der Regierung gehörte und niemals zur Bebauung freigegeben würde. Das gefiel mir; ich wollte nicht auf eine Baustelle oder später auf Reihen gleich aussehender Fertighäuser schauen. Stattdessen blickten wir jeden Morgen auf wunderschöne Felder und ein weites Tal. Wir hatten keine Ahnung, dass hier die Firma Rocketdyne Propulsion & Power alte Atomreaktoren auseinander baute und radioaktiven Müll entsorgte und dass eine ungewöhnlich hohe Zahl der Anwohner an verschiedenen Krebserkrankungen gestorben war, darunter eben auch unsere Skylar. Das Gift war in der Luft, im Wasser und in unseren Häusern. Mehr als zweitausend Menschen hatten sich zu einer Sammelklage gegen Rocket-dyne zusammengefunden, und Sharise und ich beauftragten ebenfalls einen Anwalt.

All das wird Skylar natürlich nicht zurückholen. Wir werden uns nicht ein-mal besser fühlen. Aber vielleicht können wir dazu beitragen, dass Großunterneh-men verantwortungsbewusster handeln und anderen Menschen das erspart bleibt, was wir durchmachen mussten. Ich stelle mir oft vor, dass Skylar noch bei mir ist, dass sie neben mir im Auto sitzt oder sich warm auf dem Bett an mich schmiegt. Der Gedanke macht mich verrückt, und gleichzeitig bewahrt er mich davor, durch-zudrehen.

Kapitel 4
M I K E   A M A T O

IN DEM EIN ROADMANAGER, DER DER POSSENREISSEREI UNSERER HELDEN
LANGE ZEIT MIT ERNSTEM GESICHT ZUGESEHEN HAT, ÜBER DIE ZUKUNFT
EINES KÖRPERS NACHDENKT, DER KEINEN KOPF MEHR BESITZT.

Also, Nikki und ich saßen in einem Aufzug in London auf dem Fuß-boden. Der Aufzug fuhr rauf und runter, rauf und runter, rauf und … ihr versteht schon. Nikki sagte: „Was mache ich nur mit John? Was mache ich mit diesem Kerl? Holen wir Vince zurück? Schmeißen wir John raus?"

Ich wollte eigentlich eher einen Witz machen, aber wir kamen beide zur selben Zeit auf dieselbe Idee: Warum probierten wir es nicht einmal mit zwei Sängern?

Hm. Wir haben nie wieder darüber geredet.

Kapitel 5

N I K K I

DAS VON DEN WOHLGESETZTEN WORTEN BERICHTET, DIE MÖTLEY CRÜE MIT
JENEN UNTERHALTUNGSMAGNATEN WECHSELTEN, DEREN WOHLWOLLEN
FÜR DIE KARRIERE UNSERER HELDEN UNERLÄSSLICH IST.

*W*ir feuerten sie alle. Steuerberater Chuck Shapiro, der uns seit fast fünfzehn Jahren die Treue gehalten hatte – und tschüs. Producer Bob Rock, der für unseren größten Erfolg und für den größten Misserfolg unserer Karriere verantwortlich
war – auf Wiedersehen. Manager Doug Thaler, der uns schon betreut hatte, als wir
noch echte Szene-Idioten gewesen waren, die in Polizeiwagen pissten – servus. Wir
suchten die Schuld für das Debakel der Corabi-Tour bei jedem in unserem Umfeld,
und wir entließen alle. Es war das erste Mal, dass wir derartig gescheitert waren, also
konnte es ja wohl nicht an uns liegen. Sie waren zu dieser Zeit wahrscheinlich alle
froh, von uns wegzukommen, denn wir waren jetzt das Schlimmste, was es in der
Unterhaltungsbranche gibt: eine Band auf dem Weg nach unten, die sich weigert,
ihre Situation zu erkennen und etwas dagegen zu unternehmen.

Während wir über die hundert verschiedenen Richtungen nachdachten, die
wir für das nächste Album einschlagen konnten, suchten wir einen neuen Manager
und entschieden uns für Allen Kovac, weil uns vor allem seine Skrupellosigkeit
beeindruckte. Er hatte Duran Duran aus dem Strudel der untergehenden New-
Wave-Bewegung gezogen, und er hatte nicht nur dafür gesorgt, dass Meat Loaf seine
Tantiemen von Epic Records bekam, nein, er hatte ihm auch noch einen Hit verschafft. Wir sagten ihm, dass der Mötley-Crüe-Sänger unmissverständlich John
Corabi hieß, damit er die Zusammenarbeit mit uns nicht unter falschen Voraus-
setzungen begann. „Natürlich", versicherte er. Aber tief in meinem Inneren wusste
ich bereits, dass er nur zugestimmt hatte, uns zu managen, um schnellstmöglich
Corabi rauszudrängen und Vince zurückzuholen.

Einige Wochen später bestellte uns Doug Morris, der Geschäftsführer von Warner Music (zu deren Imperium Elektra gehört), zu einem Treffen nach New York.
Nachdem wir seiner Firma Millionen von Dollar eingebracht hatten, wurden wir jetzt

zum ersten Mal mit dem Respekt behandelt, der uns gebührte: Eine Limousine holte uns zuhause ab und brachte uns zu einem Privatflughafen, wo der Firmenjet von Warner – mit dem wir noch nie geflogen waren – auf dem Rollfeld bereitstand.

Corabi war nicht zu dem Treffen eingeladen worden, aber wir gingen davon aus, dass es sich dabei um ein Versehen handelte, und nahmen ihn mit, weil Mick sowieso lieber zuhause bleiben wollte, um sich die Wiederholungen der *Stooges*-Serie im Fernsehen anzusehen. Corabi und ich trafen im Flugzeug auf Allen Kovac, seine Assistentin sowie Tommy und Pamela Anderson, die nach einer stürmischen, uns alle völlig überraschenden Romanze gerade geheiratet hatte. Pamela benahm sich ziemlich merkwürdig und weigerte sich standhaft, sich hinzusetzen. Stattdessen lag sie die ganze Zeit auf dem Rücken, murmelte unzusammenhängendes Zeug und drehte sich von einer Seite zur anderen, als sei sie krank. Tommy und ich sahen uns Ferkelbilder an, die wir auf unsere Computer heruntergeladen hatten, und versuchten, Kovac' Assistentin damit zu schockieren. Für uns lief alles prächtig. Wir saßen hier mit unserem neuen Manager, bekamen Krabbencocktails und Champagner serviert und flogen mit dem Firmenjet zu einem Label, das uns jedes Mal viereinhalb Millionen Dollar gab, wenn wir Lust hatten, eine Platte aufzunehmen. Daher gingen wir davon aus, dass Doug Morris uns ein wenig moralische Unterstützung zukommen lassen und uns erzählen wollte, wie stolz er war, dass wir trotz der katastrophalen Tour und des Durcheinanders beim Label noch immer die Fahne hochhielten. Endlich sah es wieder so aus, als würde unsere Karriere wieder aufwärts gehen. Dämlicher hätten wir gar nicht sein können.

Als wir bei Warner ankamen, erfuhren wir als Erstes, dass Corabi nicht mit uns in Morris' Büro gelassen werden sollte. Er musste zusammen mit Kovac' Assistentin draußen in der Lobby warten.

Die Einrichtung des Büros, das wir nun betraten, hatte vermutlich so viel gekostet wie mein ganzes Haus. Das Zimmer war mit Teakholz getäfelt und mit Gemälden dekoriert, und in einer Ecke stand ein schön poliertes Klavier aus dem neunzehnten Jahrhundert. Morris saß auf einer noblen Samtcouch, vor der ein Teakholztisch stand, und rauchte eine Zigarre, die vermutlich ebenfalls sauteuer war. Wir nahmen ihm gegenüber Platz. Man hatte vier Stühle für uns aufgestellt: einen für Tommy, einen für mich, einen für Kovac, und einer blieb einstweilen leer. Morris war ein sehr gerissener und schlauer Mann.

Er lehnte sich zurück auf die Samtpolster, wobei er für einen Augenblick mit seiner kahlen Rundlichkeit ebenso viel Reichtum vermittelte wie das Zimmer. Dann verlagerte er sein Gewicht wieder nach vorn und fixierte uns mit seinem Blick. „Also", begann er, während er eine Wolke giftigen Zigarrenrauchs ausatmete. „Wir haben uns gefragt, was am besten zu tun wäre."

Daraufhin machte er eine Pause und betrachtete die Spitze der Zigarre, als ob er überlegte, sie erneut anzuzünden. Wir saßen da und waren uns nicht sicher, ob er uns nun etwas gefragt hatte und vielleicht auf eine Antwort wartete. Dann fuhr er fort: „Und wir sind zu dem Schluss gekommen, dass der Typ verschwinden muss, der offensichtlich kein Star ist."

Dann erzählte er uns von den vielen Malen, bei denen er Bands in unserer Situation einen Tipp gegeben hatte, aus dem ein Hit entstanden waren. „Ich sag euch was. Ruft euren alten Sänger an. Holt ihn wieder ins Boot. Darauf stehen die Leute. Wir veröffentlichen ein Livealbum, und ihr geht eine Weile auf Tour. Danach organisieren wir neue Studioaufnahmen für euch." Er besaß nicht einmal den Anstand, John oder Vince bei ihren Namen zu nennen.

Wir widersprachen und versuchten zu erklären, dass Vince uns gebremst hatte und der Sound mit Corabi weitaus mehr in die Richtung ging, die momentan in der Rockszene angesagt war, aber er unterbrach uns sofort. „Damit sind wir durch", sagte er knapp. „Das ist Blödsinn."

Ich war kurz davor, auszurasten. Aber bevor ich aufstehen und in meine übliche „Leck mich, wir brauchen dich nicht"-Tirade ausbrechen konnte, meldete Morris' Empfangsdame Sylvia Rhone. Rhone hatte Bob Krasnow im Vorsitz von Elektra abgelöst und war seitdem die höchstrangige Frau im ganzen Plattengeschäft. Nach dem, was wir gehört hatten, besaß sie nicht unbedingt das richtige Verständnis für die philosophischen und humanistischen Hintergründe von Songs wie „Girls, Girls, Girls".

Zu unserer Überraschung machte sie sich dennoch für uns stark. „Sie brauchen Vince nicht, Doug", erklärte sie. „Die Band ist großartig, so wie sie ist. Mit John klingen sie sehr aktuell. John ist sehr aktuell."

„Ja, ja", nickten wir alle. „John hat eine viel organischere Stimme. Wir können heute nicht mehr genauso klingen wie in den Achtzigern. Das ist doch jetzt eine andere Zeit."

„Absolut", plapperte Rhone uns nach, „es ist eine ganz andere Zeit."

Morris machte seine Zigarre aus und sah Sylvia an. „Meinen Sie das wirklich?"

„Absolut", sagte sie noch entschlossener.

„Na gut", erwiderte er. „Ich stimme Sylvia zu."

Begeistert sah ich Kovac an. Dieses Treffen, das so katastrophal begonnen hatte, verwandelte sich in einen Triumph. Aber Kovac war anderer Meinung. Er machte einen besorgten Eindruck und warf mir einen Blick zu, aus dem ich deutlich herauslesen konnte: „Da ist doch etwas im Busch. Das läuft zu glatt."

Auf dem Weg nach unten holten Kovac und ich Sylvia ein. „Kaufen Sie ihm das wirklich ab?", fragte Kovac. „Sie wissen ja, wenn Sie die nächste Mötley-Platte machen wollen, dann sind Sie vertraglich daran gebunden, für Promotion und Marketing sehr große Ressourcen frei zu machen. Ich denke, Sie wissen genau, wie viel Geld das kosten wird. Deswegen möchte ich sichergehen, dass Sie es ernst mit uns meinen."

Rhone nickte die ganze Zeit und sagte: „Klar, Baby, sicher, Baby, absolut. Wir werden das durchziehen." Sie klang nicht besonders überzeugend, zumal sie ständig auf ihre Uhr sah. Schließlich unterbrach sie ihn: „Machen Sie sich keine Sorgen, die Angelegenheit ist in besten Händen. Jetzt muss ich leider los, ich habe gleich noch einen Termin."

„Okay", sagte Kovac. Als wir uns umdrehten und zum Ausgang gingen, sahen wir einander an und seufzten gleichzeitig: „Wir sind im Arsch."

In der Lobby saß Corabi zusammengesunken auf seinem Stuhl, knetete seine Hände und schwitzte. Ich lächelte ihn schwach an und sagte: „Du bist dabei."

Er grinste ebenso schwach zurück, und wir gingen nach draußen und stoppten ein Taxi. Kovac, der auf dem Beifahrersitz Platz genommen hatte, drehte sich wütend zu Corabi um: „Du bist kein Star. Und wir stecken ganz schön in der Scheiße. Ihr müsst es jetzt rausreißen! Ihr anderen müsst das beste Album eures ganzen Lebens machen, denn wenn nicht, dann gehen wir alle miteinander unter. Von dieser Frau kriegen wir kein bisschen Promotion. Wir sind ein Abschreibungsposten für die Steuer, das kann ich riechen. Die verarscht uns."

Doug Morris hatte uns die Hand gereicht, um uns vorm Untergang zu retten, und Sylvia Rhone war dazugekommen, hatte seine Hand weggeschlagen und uns zurück in den Abgrund gestoßen. In den folgenden Wochen mussten wir ständig dem Geld hinterherlaufen, das sie uns für das neue Album geben sollte. Wir bekamen einen kleineren Betrag und fingen mit den Aufnahmen an, aber plötzlich versiegte der Geldstrom wieder, und wir mussten aufhören. Es schien, dass sie uns unter Druck setzen und demoralisieren wollte – wahrscheinlich, weil sie von ihrem Vorgänger einen Vertrag übernommen hatte, laut dem sie einer Band, die sie für gescheitert hielt, eine ziemlich große Summe zahlen musste. Wenn wir uns auflösten, würde der Vertrag jedoch ungültig, und das Geld konnte den Sängern und Bands zukommen, auf die sie wirklich setzte.

Wir mussten in dieser Zeit lernen, wie man von einem hohen Ross wieder heruntersteigt. Vom Erfolg mit *Dr. Feelgood* verwöhnt und von Brandi, deren Materialismus genau im gleichen Maß wuchs, in dem unsere Liebe schwächer wurde, dazu angestachelt, hatte ich mir eine echte Drogendealer-Villa zugelegt, mit allem Drum und Dran. Meine Ausgaben lagen bei vierzigtausend Dollar im Monat, wobei damit nur die Raten für das Haus und die Nebenkosten abgedeckt wurden. Allein die Stromrechnung für die Klimaanlage verschlang zweitausendfünfhundert Dollar monatlich; außerdem bestand ich darauf, die Temperatur im Pool konstant auf fünfunddreißig Grad zu halten. Diese Ausgaben machten sich höchst unangenehm bemerkbar, als Tommy und ich schließlich begannen, die Aufnahmen aus eigener Tasche zu zahlen; Mick war dank Emi schon seit langem pleite. Zur gleichen Zeit erblickte mein drittes Kind das Licht der Welt – jedes Mal, wenn Brandi und ich kurz vor der Trennung standen, kam wieder ein Baby, das uns für kurze Zeit zusammenschweißte –, und Skylar, die einzige Tochter von Vince und Sharise, lag im Sterben. Mir wurde plötzlich klar, dass ein Happyend nicht in jedem Fall garantiert war. Das Leben war voller Fallen, und meine Zukunft, mein Glück und Mötley Crüe hatten sich sämtlich in ihnen verfangen.

Tommy und ich beschlossen, das Album in seinem Haus gemeinsam mit dem Toningenieur Scott Humphrey aufzunehmen, der bei *Feelgood* mit Bob Rock zusammengearbeitet hatte. Im Grunde hätten wir jemanden gebraucht, der uns begreiflich machte, dass ein Electro-Grunge-Album mit Corabi reiner Selbstbetrug war. Aber Scott Humphrey war dazu nicht der Richtige. Er war Toningenieur und ein absoluter Fachmann, wenn es um das computergesteuerte Schnittprogramm Pro-

Tools ging, aber er hatte noch nie eine Band produziert. Scott nahm mich gelegentlich beiseite und meinte: „Die ganzen großartigen Mötley-Songs stammen doch aus deiner Feder. Ich will nicht, dass Tommy Songs schreibt. Er meint, er kann das, aber er hört sich doch nur an, was gerade aktuell angesagt ist, und kopiert das. Seine Texte haben überhaupt nichts mit dem Geist von Mötley Crüe zu tun."

Wenn er allein mit Tommy zusammensaß, flüsterte er ihm ein: „Nikki ist doch ein Ewiggestriger. Der hängt noch immer in den Achtzigern. Du musst das Songschreiben übernehmen, Drumloops und Technobeats einbauen und der Musik einen aktuellen Touch geben. Du weißt doch, was im Moment ankommt."

Er war absolut nicht in der Lage, mit den beiden Riesen-Egos von Tommy und mir umzugehen. Er kroch immer dem in den Arsch, mit dem er gerade zu tun hatte. Außer Mick, weil der kein Ego hatte. Scott redete uns ein, Mick sei ein schlechter Gitarrist. Wenn Mick nachhause ging, brachte Scott mich dazu, ein paar Gitarrenlicks einzuspielen; er bastelte einen Loop daraus, schickte das Ganze durch ein paar Filter und ersetzte Micks Aufnahmen damit. Zum ersten Mal in unserer Karriere wandten wir uns gegen Mick und glaubten nun, er würde uns bremsen, weil er nach wie vor daran festhielt, dass Blues und klassische Rockmuster das einzig Wahre sind.

Es dauerte nicht lange, und die Schizophrenie, die nun bei Mötley Crüe herrschte, produzierte scheußliche Klänge, die sich anhörten, als hätte man die Beatles mit den Ausschussharmonien von Alice in Chains gepaart. Wir hatten keinen blassen Schimmer, was wir da eigentlich trieben. Deswegen nannten wir diese, unsere neunte, Platte wahrscheinlich *Personality #9* – wobei wir den Titel später, inspiriert durch den Schriftsteller Hunter S. Thompson, in *Generation Swine* änderten.

Schließlich übersiedelten wir in meine Drogendealer-Villa. Das Schlagzeug bauten wir in meinem eichengetäfelten Büro auf, das Mischpult kam ins Badezimmer, und die Marshall-Verstärker säumten die mit Marmor gefliesten Flure, während meine drei Kinder uns die ganze Zeit terrorisierten und Brandi mit der Regelmäßigkeit eines Weckers mit Schlummertaste Streit mit mir vom Zaun brach; ich stellte sie zwar immer wieder ab, aber zehn Minuten später quäkte sie mir erneut in die Ohren.

Tommy und ich gingen währenddessen weiterhin in zwei völlig unterschiedliche Richtungen, Mick glaubte langsam selbst daran, dass er nichts zur Band beitragen konnte, und Corabi behandelten wir, als sei er daran schuld, dass es mit unserer Karriere abwärts ging. Jeden Tag ließen wir unseren Frust an ihm aus: Wir befahlen ihm, er solle sich die Haare schneiden oder in einem völlig anderen Stil singen. Und im Wochenrhythmus stellten wir das ganze Konzept für das Album um. Wir versuchten viel zu angestrengt, eine großartige Platte zu machen, aber wir wussten längst nicht mehr, was eigentlich großartig war, weil wir viel zu viel Angst davor hatten, wir selbst zu sein.

Eines Tages hatte Corabi schließlich genug. „Ich bin kein Sänger", beklagte er sich. „Ich bin ein Gitarrist. Ich bringe das nicht mehr."

Jetzt standen wir da, mit zwei Gitarristen und ohne Sänger. Wir hatten uns in eine Band verwandelt, die wir selbst nicht mehr erkannten. Und diesen Moment nutzte Kovac, der lange im Hintergrund auf der Lauer gelegen hatte, für seinen Angriff.

Kapitel **6**

T O M M Y

Als Kovac ein Treffen mit Vince vorschlug, war ich absolut dagegen. Genau wie Nikki, der nach echter Punkmanier mit einem T-Shirt in die Besprechung kam, auf dem in Großbuchstaben „JOHN" stand.

Aber die Anwälte und Manager kriegten uns klein. Sie behaupteten, wenn wir uns einfach mal mit Vince träfen, würde er seine Anklage zurückziehen, und organisierten ein Meeting in einer Suite des *Hyatt-Hotels* am Freeway 405. Nikki und ich tauchten mit zwei ausgebufften Rechtsanwälten auf; Vince saß gemütlich in einem Sessel und hatte ebenfalls zwei Rechtsberater und seinen Manager mitgebracht. Die Situation ähnelte einem Scheidungsverfahren in einem Millionärshaushalt, aber der Plan der Anzugtypen sah nicht nur vor, dass Vince die Klage fallen ließ, sondern auch, dass wir alle wieder gemeinsam ins Studio gehen und als Band an einem Album arbeiten würden. Diese schmierigen Arschlöcher wollten nur ihr Geld; unsere Gefühle waren ihnen scheißegal. Mit Vince an Bord war Mötley Crüe eine Maschine zum Gelddrucken; ohne Vince war die Band nichts wert.

Vince war richtig fett geworden, seit ich ihn zum letzten Mal gesehen hatte; er sah aus wie Roseanne Barr, mit einem ballongroßen Kopf und dicken Speckfalten, die unter seiner Armbanduhr herauskrochen. Er trug blaue Hosen, in die er ein kurzärmeliges Frackhemd hineingesteckt hatte. Seine Haut hatte diese seltsam gelbbraune Farbe, die einerseits durch alkoholbedingte Leberprobleme, andererseits durch lange Faulenzertage in der Sonne von Hawaii bedingt wird. Es war vier Uhr nachmittags, aber ich hätte meine Eier darauf verwettet, dass er besoffen war. Wahrscheinlich war er nicht besonders scharf darauf, uns zu sehen, aber inzwischen war er fast pleite: Die Krankheit seiner Tochter, sein geplatzter Deal mit Warner Bros., das Auseinanderbrechen seiner Soloband und seine Scheidung hatten ihn einen Haufen Geld gekostet, und außerdem musste er sein Haus in Simi Valley weiterhin abzahlen, auch wenn Sharise es mittlerweile bei unzähligen Partys fast komplett zerstört hatte.

„Mit dem Typen will ich nichts zu tun haben", flüsterte Nikki mir zu. „Der ist doch ein Paradebeispiel für Uncoolness."

Nikki und ich versuchten nett zu sein. Ich sagte irgendwas wie „Schön, dich mal wieder zu sehen, Alter", was schlichtweg gelogen war. Und als er auf so arrogante und schnippische Art reagierte, wie nur Vince es fertig bringt, und spöttisch „Glaub ich aufs Wort, Kumpel", erwiderte, gingen Nikki und ich durch die Decke.

„Leck mich, wir hauen ab", erklärte Nikki und packte mich am Arm. Die ganzen Scheißanwälte streckten ihre kleinen fettigen Hände nach uns aus, als seien wir Millionenschecks, die geradewegs ins Feuer flatterten. „Nein!", schrien sie. „Es hat so lange gedauert, euch wieder zusammenzubringen."

„Ich gehe", fuhr Nikki sie an. „Ich brauche dieses fette Arschloch nicht, der aussieht, als käme er gerade aus einer Rentnerkolonie in Florida."

Zwei der Anwälte zogen Nikki in ein angrenzendes Zimmer und versuchten ihn zu beruhigen, während die zwei anderen sich Vince vornahmen. Es war, als seien wir Marionetten, die plötzlich anfingen, sich aufzulehnen und selbst zu denken. Als gute Marionetten hätten wir natürlich zulassen sollen, dass sie an unseren Fäden zogen.

„Wenn Nikki noch einen Ton sagt, schlag ich ihm die Fresse ein", tobte Vince, der vor Wut kochte.

Selbst nach zwei Stunden Hin und Her entschuldigte sich niemand von uns. Wir sagten Vince, dass wir ein fast fertig aufgenommenes Album hätten, für das uns bloß noch ein Sänger fehlte. Unsere Manager – der für uns agierende Kovac und Vinces Bert Stein – versuchten, uns immer näher aneinander heranzumanövrieren, wobei sie fast vor Gier sabberten, als sie merkten, dass ihre Hühner vielleicht doch wieder ein goldenes Ei legen würden.

Je weiter die Besprechung fortschritt, desto mehr begann ich mich abzuregen, ich gewöhnte mich fast ein wenig an den Gedanken, wieder mit Vince zu arbeiten. Wenn eine Band fünfzehn Jahre lang zusammen ist und sich dann plötzlich ein wichtiges Element ändert, dann ist ja klar, dass die Fans das übel nehmen. In Interviews hatte ich früher oft genug gesagt, dass wir uns auflösen würden, wenn einer von uns die Band verließe, weil wir dann nicht mehr Mötley Crüe wären. Die Notwendigkeit dieser Unterredung verstand ich daher durchaus, auch wenn ich innerlich mit John sehr zufrieden war.

Bevor wir gingen, vereinbarten wir ein Treffen mit Vince und versprachen, die alten Geschichten so lange ruhen zu lassen.

Obwohl Corabi offiziell als Sänger ausgestiegen war, arbeiteten wir im Studio weiterhin mit ihm. An einem Sonntag, an dem keine Session mit ihm geplant war, kam Vince. In meinem Kopf wiederholte ich ein ums andere Mal: „Das ist verkehrt, das ist verkehrt." Aber ich sagte kein Wort; wir hatten uns schließlich geeinigt, die ganzen alten Vorwürfe und Ressentiments ruhen zu lassen, ganz gleich, wie lebendig sie immer noch in uns toben mochten. Ich versuchte zu akzeptieren, dass Mötley Crüe nun einmal aus vier Leuten bestanden: Nikki, Mick, Vince und Tommy. Nachdem wir uns darauf geeinigt hatten, machten wir uns daran, Corabis Stimme von jedem Track zu löschen und Vince alles neu singen zu lassen.

Als Vince am Abend wieder ging, rief ich Corabi an und lud ihn zum Sushi-Essen ein. Ich weinte offen. „Alter", begann ich, während mir die Tränen über die Wangen kullerten. „Ich weiß nicht, wie es dazu kommen konnte. Aber sie wollen dich wirklich nicht mehr dabeihaben."

Corabi hatte ihnen einen Vorwand geliefert, um Vince zurückzuholen, und den hatten sie genutzt. Jetzt ließen ihn im Regen stehen. Ich glaube nicht, dass er die Band wirklich verlassen wollte. Er arbeitete gern mit uns, er hatte nur die widersprüchlichen Anforderungen nicht ausgehalten, die wir an ihn gestellt hatten. Aber er hatte gehofft, wenigstens als zweiter Gitarrist oder Sänger dabeibleiben zu können.

„Es tut mir leid", versicherte ich ihm zum zehnten Mal an jenem Abend. „Ich bin nur ein Viertel dieser Maschinerie. Scheiß-Mehrheitsentscheidung! Aber bei den momentanen Machtverhältnissen kann ich es nicht ändern. Ich wollte dir nur sagen, dass ich das nicht gewollt habe."

Es war ein wirklich schwerer Tag, Leute.

▷━╂━◆▷━○━◁◆━╂━◁

Kapitel **7**

JOHN CORABI

IN DEM EIN ERSATZMANN VON SEINEM VORGÄNGER ERSETZT WIRD.

*G*egen Ende der Japan-Tournee merkte ich zum ersten Mal, das etwas in der Luft lag. Ganz gleich, was diese Jungs anfassten – das Unglück folgte ihnen wie eine schwarze Wolke. Bevor ich zu der Band stieß, hatte ich nie Ärger gehabt, und nun waren Schlägereien, Katastrophen und Polizeieinsätze praktisch an der Tagesordnung. Mr. Udo, der japanische Veranstalter, begann in dem Moment zu zittern, als er uns sah. Offenbar hatte er mit der Band vor meiner Zeit bereits seine Erfahrungen gemacht. Als sich die Tour dem Ende neigte – und zahllose Hotelzimmer zerstört worden waren, Nikki die Fans bei jeder Show aufforderte, zu tausenden die Bühne zu stürmen, und Tommy den wahnsinnig lustigen Einfall hatte, beim Konzert in Hiroshima „You Dropped The Bomb On Me" zu spielen –, bestellte sich Mr. Udo nicht nur einen einzigen Kamikaze, sondern gleich einen ganzen Eimer von dem starken Zeug. Seine Hände bebten so sehr, dass er sich wahrscheinlich in ein Sanatorium begeben würde, sobald wir wieder auf dem Heimweg waren.

Nach dem letzten Konzert im *Budokan* überließ ich den zitternden Mr. Udo seinem Kamikaze-Krug in der Hotelbar und machte mich auf zum *Lexington Queen*, um mir selbst einen hinter die Binde zu gießen. Im Club gab es ein großes Anschlagbrett, auf dem die Konzerte sämtlicher amerikanischer und britischer Bands angekündigt wurden, damit die ganzen jungen Models wussten, wo sie zur Stelle sein mussten. Dort entdeckte ich, dass die Vince Neil Band nächste Woche in Tokio spielte. „Ach du Scheiße", platzte ich heraus. „Vince Neil kommt."

In meiner Begleitung war ein großes, klapperdürres ungarisches Model mit braunem Haar, das ich an dem Abend kennen gelernt hatte. „Ich weiß", gab sie zurück. „Ich gehe auf alle Fälle hin."

Spaßeshalber sagte ich: „Hey, wenn du ihn triffst, grüß ihn schön von mir."

Gegen drei Uhr früh gingen wir zu ihr. Die Wohnung hatte drei Zimmer und zwölf Betten, und elf ihrer Modelkolleginnen rannten dort nackt und betrunken durch die Gegend. Zwischen den Jungs, die sie irgendwo aufgesammelt hatten, lagen überall benutzte Kondome und Koks herum. Es war ein einerseits ekliges, anderseits auch unglaublich faszinierendes Szenario. Ich vögelte das Mädchen und zwei ihrer Freundinnen – immerhin war ich bei Mötley Crüe und hatte einen Ruf zu verteidigen – und verabschiedete mich am nächsten Morgen, um nach L. A. zurückzufliegen.

Eine Woche später klingelte bei mir zuhause das Telefon. Es war das ungarische Model, und sie war betrunken. „Sag mal, wolltest du mich verarschen?", fragte sie.

„Was?"

„Vince Neil kam nach dem Konzert ins *Lexington Queen*, und ich sagte: ‚Hey, wie geht's? John Corabi lässt dich grüßen.' Und Vince fragte: ‚Wer?' Ich sagte: ‚John Corabi, der Sänger von Mötley Crüe, hat mich gebeten, dich zu grüßen.' Und daraufhin ist er total ausgerastet."

„Wieso, was hat er gemacht?"

„Er sagte zu mir: ‚Ich bin der Sänger von Mötley Crüe.' Dann nannte er mich eine Nutte und warf eine Bierflasche nach mir. Ich solle aus dem Club verschwinden, brüllte er, und warf noch eine Flasche. Ich glaube, er war betrunken."

Das hätte mir bereits die Augen dafür öffnen sollen, dass Vince Neil sich immer noch als Mötley-Sänger betrachtete und in mir einen Eindringling sah, der bald Geschichte sein würde. Als wir wieder ins Studio gingen, hieß es zunächst, dass wir zu unseren Wurzeln zurückkehren und eine raue, geradeaus gespielte Rockplatte machen sollten. Gemeinsam mit Bob Rock schrieben wir Songs mit Titeln wie „The Year I Lived In A Day" und „La Dolce Vita", und die Musik rockte derartig heftig, dass wir nach den Sessions allesamt einen Steifen hatten. Aber plötzlich änderte sich die Lage. Nikki und Tommy flippten aus und feuerten die ganze Mannschaft, einschließlich Bob Rock; angeblich war er zu teuer und glättete die Musik zu stark.

Tommy, Nikki und Scott Humphrey übernahmen die Produktion daraufhin gemeinsam, und für meine beiden Bandkollegen wurde es ein echter Egotrip. Die Arbeit mit diesem dreiköpfigen Produzententeam brachte mich bald an die Grenze der Belastbarkeit. Die Songs änderten sich täglich; Tommy und Scott feilten an ein paar Drum-Effekten herum, bis die ganze Schlagzeugbasis anders klang, die Bass- und Gitarrenparts angepasst werden mussten und Nikki entsprechend neue Texte schrieb. Wenn ich dann versuchte, den Song nach der Melodie zu singen, die ich nach unseren Demos zwei Wochen lang geprobt hatte, stellte ich fest, dass der ganze Song nicht mehr derselbe war.

Sie steckten mich trotzdem in die Kabine und meinten: „Probier doch einfach mal, was dir so einfällt."

Dann saß ich bei Nikki zuhause, wo die Hälfte des Equipments noch nicht einmal richtig angeschlossen war, und gab mir schreckliche Mühe, die anderen zufrieden zu stellen. Nikki meldete sich über meinen Kopfhörer und erklärte: „Crab, ich denke da von der Atmosphäre her so an frühen Bowie oder die Sisters of Mercy." Dann drückte Scott auf den Knopf und sagte: „Aber schon so mit einem Hauch Cheap Trick und Nine Inch Nails." Und Tommy rundete das ab mit: „Soll aber so einen vollen Klang haben wie Oasis." Während ich versuchte, das irgendwie auf eine Linie zu bringen, hörte ich Tommy wieder: „Ey, Alter, ich hab's beinahe vergessen, der Track soll natürlich auch echt hart sein, so Pantera-mäßig."

Ich hatte keine Ahnung, was die Jungs mir damit eigentlich sagen wollten. Keinen Schimmer. Immer wieder bat ich darum, mir eine genauere Vorstellung von dem zu geben, was sie in ihren Köpfen eigentlich hörten, aber sie wollten nicht. Sie sagten nur: „Das ist schwer zu erklären, aber es war auf keinen Fall das, was du gerade gesungen hast."

Das ging ein paar Wochen so, und schließlich kam Tommy, der mich bisher stets am meisten unterstützt hatte, und sagte: „Alter, wo kommst du eigentlich her? Du klingst Scheiße!"

Ich war völlig erledigt. Vor zwei Jahren hätte ich einen Furz lassen können, und die Jungs hätten das für den tollsten Sound aller Zeiten gehalten. Jetzt war ich plötzlich der beschissenste Sänger der Welt. Es war ein bisschen wie in einer Beziehung, wenn deine Freundin merkt, dass sie ihre Freiheit braucht, dir das aber nicht sagen will, um dich nicht zu verletzen. Stattdessen wird sie zickig und gemein und kritisiert dich in einer Tour, in der Hoffnung, dass du von selbst Schluss machst. Das Jahr in Vancouver, als wir *Mötley Crüe* aufgenommen hatten, war für mich die beste Zeit meines Lebens gewesen – diese Aufnahmen entwickelten sich langsam zur schlimmsten. Mit den Jungs kam ich nicht mehr zurecht, und dann starb auch noch meine Mutter. Sie hatte bereits seit zwei Jahren an Krebs gelitten, und ihre niedrige Krankenversicherung ließ nur gewisse Behandlungen zu. Daher verkaufte ich meine Harley und alles andere, auf das ich verzichten konnte, um ihr beim Bezahlen der Arztrechnungen zu helfen. Ich lieh mir sogar Geld von einem Onkel in Philadelphia und versprach ihm, den Kredit zurückzuzahlen, sobald ich den ersten Verlagsvorschuss für die neue Mötley-Platte erhalten hatte.

Außerdem war ich gerade mit meiner neuen Freundin Robin zusammengezogen, einem leicht gestörten Model, in das ich sehr verliebt war. Aber die Beziehung ging schnell den Bach runter. Sie wusste selbst nicht recht, was sie mit ihrem Leben anfangen wollte, und saß den ganzen Tag zuhause, wo sie ihre schlechte Laune an mir ausließ. Mein Sohn kam währenddessen wegen seines Diabetes ein ums andere Mal ins Krankenhaus. Es war, als ob alles, worauf ich mich in meinem Leben je gestützt hatte – meine Mutter, meine Freundin, mein Sohn, meine besten Freunde und meine Band –, plötzlich zusammenbrach. Ich war in einem Zimmer gefangen und musste zusehen, wie nacheinander die Wände einbrachen.

Mit Mötley wurde die Lage ständig bizarrer. Bei einem Treffen, das einer der Bosse unserer Plattenfirma in New York mit uns vereinbart hatte, wurde ich in letzter Minute nicht mit hineingelassen. Danach warfen sie mir vor, ich sei kein Star, was immer das bedeuten sollte. Niemand kann sich selbst zum Star machen: Die Fans entscheiden, wer einer ist und wer nicht. Nur so werden die unwahrscheinlichsten Leute zu Sexsymbolen, nur weil sie berühmt sind. Trotzdem sollte ich Gesangsstunden nehmen, tanzen lernen und mich von jemandem durchstylen lassen, weil ich angeblich nicht auf dem gleichen Level war wie der Rest der Band. Es war, als ob sie plötzlich einen Leadsänger verlangten, der eine Ausbildung wie im Musical *Fame* absolviert hatte.

Eine Woche nach dem Treffen sollte ich zusammen mit der Band bei der Eröffnung des Hard-Rock-Casinos in Las Vegas erscheinen. Zwar war ich pleite und hatte dauernd Streit mit Robin, aber wir entschlossen uns dennoch zu fahren und kauften uns neue Klamotten für die Party; wir hofften, der gemeinsame Trip würde uns gut tun. Einen Tag vorher rief Nikki bei uns an und erklärte, wir bräuchten nicht zu kommen. Das Casino hatte mir keinen Gästepass geschickt, sagte er; sie seien nur an den wichtigeren Bandmitgliedern interessiert. Diese Worte tun mir heute noch weh. Noch kurz zuvor hatten sie stets dafür gesorgt, dass ich überall mit eingebunden wurde, und hatten betont, dass bei Mötley Crüe Demokratie herrschte und alle etwas zu sagen hatten.

Mir graute jeden Tag aufs Neue davor, ins Studio zu gehen, weil sie mich dauernd daran erinnerten, dass ich ihnen nicht das Wasser reichen konnte und dass ich nichts taugte, und mir graute ebenso davor, wieder nachhause zu kommen, weil meine Freundin mir da genau dasselbe erzählte. Eines Tages brannte schließlich meine Sicherung durch. Nachdem man mir stundenlang gesagt hatte, dass es nicht richtig war, wie ich sang, nahm ich mir schließlich eine Gitarre und begann ein paar Akkorde zu spielen, die Tommy bei „Confessions" weiterhalfen. Er freute sich riesig. „Crab", strahlte er, „das ist super. Geradezu perfekt, Alter."

Ich drehte mich um und erwiderte: „Vielleicht sollte ich dann nur doch Gitarre spielen. Offenbar kann ich euch da ja bieten, was ihr hören wollt." Wir lachten beide, und ich dachte mir nichts weiter dabei. Bis zum nächsten Tag.

Als ich ins Studio kam, saß dort die ganze Band samt Manager Allen Kovac. „Crab", sagte Nikki, „ich war ja ziemlich überrascht, als ich das gehört habe. Du willst wirklich aufhören zu singen und nur noch bei uns Gitarre spielen?"

Ich sagte natürlich, meine Bemerkung sei sarkastisch gemeint gewesen, aber ich glaube, sie hatten die ganze Zeit schon darauf gewartet, dass ich endlich das Handtuch warf. Daher nahmen sie meine scherzhaften Worte nur allzu gern ernst.

Einige Wochen später traf ich mich mit Tommy zum Billardspielen. Wir redeten über das nächste Album und die nächste Tour und überlegten, wie wir einen Kompromiss finden könnten zwischen dem, was wir waren, und dem, was wir sein wollten. Alles schien in Ordnung. Am nächsten Tag im Studio lauerten sie schon wieder mit einem ihrer Meetings auf mich, aber nach dem Abend mit Tommy fühlte ich mich jeder Diskussion über das neue Album und die folgende Tournee gewachsen. Aber es war Freitag, der 13. September. Kovac musste es aussprechen: „Es sieht folgendermaßen aus: Wenn sich die Band nicht wieder im Original-Line-up formiert, wird die Plattenfirma das nächste Album nicht promoten. So einfach ist das. Bitte glaub mir, dass das nichts mit dir zu tun hat und wir nichts gegen dich haben; wenn Paul McCartney an deiner Stelle wäre, würde es ihm auch nicht anders gehen. Sie wollen nun mal nichts davon hören. Ich muss Vince wieder zurückholen."

Einerseits war ich am Boden zerstört, andererseits aber auch erleichtert. Damit musste ich dem Zorn des gottgleichen Triumvirats Scott, Nikki und Tommy nicht mehr dauernd gegenübertreten und mir anhören, wie unfähig und unwillkommen ich war. Der Albtraum war vorbei.

Allerdings war die Band sich in diesem Punkt nicht einmal einig. Nikki kam zu mir und sagte, es täte ihm leid, aber sie hätten es tun müssen, weil ich ihnen im Studio eben nicht das hätte liefern können, was sie hatten hören wollen. Tommy ging mit mir Sushi essen und meinte, es hätte nichts mit der Band oder dem Label zu tun, sondern sei allein Kovac' Idee gewesen. Tommy hätte es angeblich begrüßt, wenn ich als fünftes Mitglied, als Gitarrist, geblieben wäre, aber mir war klar, dass das völlig außer Frage stand.

Komischerweise riefen die Jungs mich ein paar Tage später schon wieder an. Aus Mick sei nichts Vernünftiges herauszuholen, sagten sie und fragten, ob ich am Morgen nicht ein paar Gitarrenspuren einspielen wollte, bevor Vince ins Studio kam. Das machte ich ein paar Tage lang, bis Mick eines nachmittags auftauchte und fragte: „Hey, Crab, was machst du denn hier?"

„Ich spiele ein bisschen Gitarre", sagte ich. Und er rastete völlig aus – offenbar hatte ihm niemand erzählt, dass ich seine Tracks neu aufnahm.

Es kam schließlich sogar zu der bizarren Situation, dass ich Vince beibringen sollte, wie ich mir den Gesang zu „Kiss The Sky" gedacht hatte. Die ganze Trennung war höchst seltsam, weil ich plötzlich der Einzige war, an den sie sich wenden konnten, wenn sie Probleme mit den Vocals hatten oder wenn Vince und Tommy sich in die Haare gerieten. Nach einer dieser Auseinandersetzungen rief mich Nikki oder Tommy – wer, weiß ich nicht mehr genau – an und sagte: „Ich werde nie, nie wieder mit Mick Mars oder Vince Neil eine Platte aufnehmen."

Nach ein paar Wochen wurden die Anrufe seltener. Dann hörten sie völlig auf. Meine Dienste wurden nicht mehr benötigt.

Es mochte Zufall sein oder nicht, aber kurz nachdem mir Mötley den Stuhl vor die Tür gestellt hatte, erklärte mir auch meine Freundin Robin, dass unsere Beziehung am Ende war, und zog aus. Vier Tage später erzählte mir ein gemeinsamer Freund, dass er gerade von ihrer Hochzeit kam – sie hatte einen Videoregisseur geheiratet, von dessen Existenz ich überhaupt nichts gewusst hatte. Zum Schutz meiner seelischen Gesundheit halte ich noch heute an der Überzeugung fest, dass sie ihn erst kennen lernte, nachdem wir uns getrennt hatten.

Ich verkroch mich in ein dunkles Loch in meinem Bewusstsein. Angesichts der Erfahrungen mit meiner Freundin, meiner Mutter, meinem Sohn und meiner ehemaligen Band fragte ich mich, was ich verbrochen hatte, dass ich dieses Geschick verdiente. Als ich einmal zu meiner Exfrau fuhr, um meinen Sohn zu besuchen, brach ich auf dem Sofa beinahe zusammen, und mein Leben kam mir vor, als entstammte es einem schlechten Drehbuch. Mein Sohn sah fern, als er mich plötzlich anblickte, auf meinen Schoß sprang, mich umarmte und mich damit aus meinem Selbstmitleid riss. „Danke, dass du gekommen bist und mit mir fernsiehst, Dad", sagte er. „Ich hab dich lieb."

Ich lächelte und antwortete, dass auch ich ihn liebe. Und ich erkannte, dass nichts anderes eine Rolle spielte. Mein Sohn liebte mich. Das reichte.

Wenn ich die Zeit zurückdrehen und die Phase mit Mötley Crüe noch einmal durchleben könnte, würde ich an der ersten Hälfte nichts ändern – die ersten Treffen, die Aufnahmen in Vancouver und die Promo-Tour quer durch die USA waren eine großartige Erfahrung. Aber bei der zweiten Hälfte – beim Einspielen des zweiten Albums – würde ich vielleicht doch ein paar Sachen anders machen. Zunächst einmal würde ich mich wehren. Aber vor allem würde ich ihnen mitteilen, was ich ihnen damals die ganze Zeit schon sagen wollte, mich aber nicht traute. Ich hatte zu viel Angst, sie würden mich rausschmeißen, deswegen hielt ich die Klappe und sprach es nie aus, auch wenn mir die Worte fast Löcher in die Lippen brannten.

JOHN *Kapitel* **8** CORABI

IN DEM DER ZEITWEILIGE MÖTLEY-CRÜE-SÄNGER NACH JAHREN DES
SCHWEIGENS ENDLICH DAMIT HERAUSRÜCKT, WAS ER IM LETZTEN JAHR
SEINER DRANGSAL WIRKLICH SAGEN WOLLTE.

ENTSCHEIDET EUCH ENDLICH, VERDAMMT NOCH MAL!

Kapitel **9**

V I N C E

IN DEM EIN KÖRPER SEINEN ALTEN KOPF ZURÜCKERHÄLT.

llen Kovac war ein wirklich hinterhältiger kleiner Bastard, wobei „Bastard" für mich im Grunde keine Beleidigung darstellt; wahrscheinlich habe ich selbst eine Menge gezeugt. Als ich zu einem Pressetermin für die Platte, die mein letztes Solowerk sein sollte, mit meinem Manager Bert Stein nach New York geflogen war, trafen wir ihn in der Hotelhalle. Kovac versuchte den Eindruck zu vermitteln, dass es sich hier um einen Zufall handelte, lud uns auf sein Zimmer ein und ließ den Zimmerservice kommen. Bert und ich nahmen Platz, und Kovac begann uns zu umgarnen:

„Vince, bitte nimm mir die Frage nicht übel, aber hast du dir schon einmal überlegt, ob du als Solokünstler wirklich ein Star bist?"

Ich antwortete ihm mit einem Blick, der weder ja noch nein sagte, aber deutlich das Wörtchen „Hass" buchstabierte. „Lass mich das einmal weiter ausführen", fuhr er fort. „Als einer von vier Typen in einer Band namens Mötley Crüe bist du ein echter Star. Und das Publikum bekommt was für sein Geld. Kriegen die Leute, die ihre Tickets für die Vince Neil Band kaufen, wirklich das, was sie sehen wollen?"

Er redete in dieser Richtung noch eine Weile weiter, bis mir klar wurde, dass er sich ein klares Bild von unserer Situation gemacht hatte, die folgendermaßen aussah: Ich würde es als Solokünstler ebenso wenig schaffen, wie Mötley Crüe ohne mich zur erfolgreichen Alternative-Band avancieren konnten. Ich fragte ihn, ob er das schon mit Nikki und Tommy besprochen habe, und er erklärte, sie wüssten noch nichts, aber er könne sicherlich etwas in die Wege leiten.

Vince

349

Vor dem Treffen wollte ich eigentlich nicht wirklich wieder zu Mötley Crüe zurück. Ich wollte nur das Kriegsbeil begraben, meine fünfundzwanzig Prozent Anteil an der Marke sichern, die ich mit ins Leben gerufen hatte, und dann weiter an meiner Karriere arbeiten. Aber mit seinem dummen Gequatsche streute Kovac eine Saat, die schließlich aufging. Als ich Nikki und Tommy Monate später im *Hyatt* traf, gewöhnten wir uns allmählich an die Idee, dass wir zusammengehörten und dass der ganze andere Zirkus – die Anwälte, die Beschimpfungen, die Klagen – eigentlich albern war. Meine bisherigen Anwaltskosten beliefen sich bereits auf dreihundertfünfzigtausend Dollar, und sie würden sich verdoppeln, wenn ich die Klage weiter verfolgen ließ. Daher erklärte ich am Ende des Treffens meinen Rechtsberatern: „Wir wollen die Band wieder auf die Beine bringen. Ihr werdet dafür sorgen, dass das klappt, und wenn ihr das nicht schafft, seid ihr gefeuert."

Eine Woche später fuhr ich zu Nikkis Haus, wo die Band zu der Zeit an der Platte arbeitete, und hörte mir die Tracks an. Komischerweise entwickelten Nikki und ich schnell einen guten Draht zueinander. Aber Tommy hielt sich schon während seiner Ehe mit Heather für einen Filmstar. Seit er Pamela Anderson geheiratet hatte, war das noch schlimmer geworden. Er dachte wohl, er stünde über allen anderen, und er machte deutlich, dass ich gegen seinen Willen zur Band zurückgekehrt war. Ein paar Mal war er derart herablassend, dass ich den anderen sagte: „Leckt mich, Leute. Von mir aus könnt ihr das Album ohne mich machen. Das Ganze geht mir am Arsch vorbei." Vielleicht war er eifersüchtig, weil Nikki und ich uns so gut verstanden. Keine Ahnung, was ihm durch den Kopf ging.

Das Album, das sie mit meinem Nachfolger aufgenommen hatten, hatte ich nie gehört, aber kurz nachdem wir wieder gemeinsam im Studio arbeiteten, kam Corabi mal vorbei. Wir tranken ein paar Bier und redeten ein bisschen. Er sei froh, dass ich zurückgekommen war, sagte er; das letzte Jahr sei ziemlich hart für ihn gewesen. Und ich stellte zu meiner großen Überraschung fest, dass ich ihn mochte. Er war ein ziemlich cooler Typ.

Nach der ersten Aufnahmewoche kamen sich die meisten von uns ziemlich blöd vor. Alles klang genauso, wie es sollte. Alles klang total nach Mötley. Wir waren wieder eine Band. Und so sollte es auch sein. Sogar Tommy schien sich in sein Schicksal zu ergeben und erklärte, wenn auch zunächst ungern, dass ihm die Songs gefielen. Alle waren zufrieden – außer Mick, der offenbar kurz davor stand, seine Gitarre hinzuschmeißen und auszusteigen.

Kapitel **10**

M I C K

IN DEM VON DINOSAURIERN, KOMODOWARANEN UND
BASEBALLMÜTZEN DIE REDE IST UND MICK ERKLÄRT, WIE MAN AM
BESTEN EINE FRAU ERSCHIESST.

Wer oder was hat die Dinosaurier getötet? Ich glaube, sie starben am Ebolavirus, der ja angeblich so alt ist wie die Welt. Da es sich um einen Fleisch fressenden Virus handelt, könnte er doch sicher ohne Probleme von einem Wirt zum nächsten wechseln, und das würde erklären, weshalb die Dinosaurier so plötzlich und so vollständig ausgelöscht wurden. Innerhalb von fünf bis zehn Tagen kann der Virus den größten Teil des Fleisches, Organe, Blutgefäße und Gehirnmasse befallen, bis der Körper des Lebewesens kollabiert und ausblutet, während sich die Organe auflösen und aus jeder Körperöffnung austreten. Es ist wesentlich wahrscheinlicher, dass dieser tödliche Virus am Aussterben der Dinosaurier schuld ist als ein Meteoritenhagel, zumal die Erde für spätere Lebensformen weiterhin bewohnbar blieb.

Und wo wir gerade bei Dinosauriern sind: Welches Yuppie-Arschloch hat eigentlich gesagt, dass sie alle so schön freundlich bunt anzusehen waren? Etwa Martha Stewart? Wie sie ausgesehen haben mögen, ergibt sich doch wohl aus einer Rekonstruktion der Skelette, und nichts weist darauf hin, dass sie Farben wie Kinderspielzeug hatten. Der Komodowaran, ein besonders giftiger Nachfahre der Dinos, ist nicht bunt. Und wenn die Dinosaurier selbst so auffällig gefärbt gewesen wären, hätten sie sich nie im Leben so gut an ihre Beute anschleichen oder vor Raubtieren fliehen können. Seit der Zeit, als Corabi die Band verließ, denke ich oft an Dinosaurier – und begann, mich selbst wie einer zu fühlen. Aber es war nicht der Ebolavirus, der mich schaffte, sondern Scott Humphrey, ein Spezialist, wenn es darum ging, andere Leute klein zu machen. Erst legte er auf Corabi an

Mick

und drängte ihn aus der Band. Und als er mit dem durch war, machte er sich über mich her. Er schien stets seine eigenen Schwächen über andere Menschen zu kompensieren.

Bevor wir einen neuen Song im Studio entwickelten, nahm ich abends das Tape mit nachhause und arbeitete bis zwei Uhr früh an den Gitarrenspuren. Am nächsten Tag stellte ich meine Ideen vor, und dann schüttelte Scott der Große regelmäßig den Kopf und sagte: „Nein." Wenn ich ihn fragte, ob er wusste, was er stattdessen gern hören wollte, sagte er auch: „Nein." Wenn ich fragte, ob er wusste, in welcher Tonart der Song eigentlich war, sagte er: „Nein." Egal, was für einen Sound ich ihm anbot, er sagte immer wieder dasselbe: „Nein, nein, nein, nein." Vor Tommy und Nikki stand ich da wie ein Idiot, und Scott verstand es, den Anschein zu erwecken, als trüge ich nichts Sinnvolles zur Platte bei. Er überzeugte sie schließlich, dass ich als alter Rock-Dinosaurier die Band blockierte, weil ich immer noch gern Blues und Hendrix hörte und das momentan wohl nicht so angesagt war. Ich hätte sie gern daran erinnert, dass ich der Band ihren Namen gegeben und aus Nikki überhaupt erst einen richtigen Songwriter gemacht hatte, dass ich unnötigen Ballast aus dem Bandgefüge entfernt und Vince zu uns geholt hatte. Aber ich hielt wie immer meine Klappe, denn ich habe eins gelernt: Selbstüberschätzung und Arroganz sind ein und dasselbe. Und überhebliche, eingebildete Menschen sind die schwächsten und wetterwendischsten überhaupt. Wenn man weiß, was man wert ist, muss man es nicht jedem beweisen. Selbstgefällige Leute sind meiner Meinung nach die unfähigsten Schwächlinge, die seit dem Brontosaurus mit seinem Erbsenhirn die Erde bevölkern.

Es gab ein paar Leute im Studio, die mit der Arroganz der anderen ein Problem hatten. Um ihr Selbstbewusstsein zu wahren, versuchten sie, ihre eigenen Probleme auf andere zu projizieren – bis ich schließlich am liebsten ausgestiegen wäre. Wie oft muss man ein Nein hören, bevor man selbst daran glaubt? Ich war schließlich selbst überzeugt, kein guter Gitarrist zu sein. Statt Corabi hätten sie besser mich rauswerfen sollen. Vince als Sänger und Corabi als Gitarrist – dann wären doch alle glücklich gewesen.

Aber wenn ich gegangen wäre, hätte sich Scott vielleicht als Nächstes auf Nikki gestürzt und ihn aus der Band gedrängt. Unser so genannter Produzent wusste selbst nicht, was er wollte. Bei *Dr. Feelgood* war es sein Job gewesen, die Songs mit Pro-Tools zu bearbeiten und beispielsweise die Tonhöhe der Vocals anzupassen. Das war auch seine Stärke. Aber nun hielt er sich plötzlich für einen Musiker. Ich hätte ihm am liebsten gesagt: „Dann schreib mal einen Song, du Arsch." Während der ganzen Zeit mit Mötley Crüe war ich nie so aufgebracht gewesen.

Er sagte sogar Tommy, er sei ein besserer Gitarrist als ich, oder er ließ einen Bassisten wie Nikki meine Gitarrenspuren einspielen. Ich kaufte mir kistenweise Bücher über Ausgrenzung und Abwertung und versuchte mir eine Strategie zu überlegen, mit der ich diese Erfahrung überstehen und mir genug Selbstbewusstsein für die Liveauftritte erhalten konnte. Der Tropfen, der das Fass zum Überlaufen brachte, fiel jedoch, als Scott ein großes Treffen mit Kovac und Co. ankündigte. Der Grund für diese Besprechung war meine Kopfbedeckung. Er sagte, er könne den Anblick der Baseballmütze, die ich den ganzen Tag trug, nicht länger ertragen. Sie sei ein Problem für ihn. So fertig war dieser Scheißtyp. Dann erzählte er dem ganzen Management, dass ich angeblich nichts zum Album beitrug.

„Und wenn?", schoss ich schließlich zurück. „Warum schmeißt du mich dann nicht einfach raus?"

Ich war drauf und dran, John Corabi Gesellschaft zu leisten. Vielleicht konnten wir zusammen eine Bluesband gründen oder dergleichen.

Es gibt nur zwei Gelegenheiten, bei denen ich zur Feder greife: erstens, wenn ich einen Gedanken zu gesellschaftlichen oder politischen Entwicklungen zu Papier bringen will. Dabei kann es sich um widersprüchliche Ansätze zu Weltereignissen handeln – wie zum Beispiel, dass die *Titanic* den Eisberg absichtlich rammte, weil Captain Smith kurz vor dem Weltkrieg gehalten war, die damals neu entwickelten, spezialverstärkten Stahlplatten und wasserdichten Kabinen zu testen. Oder aber ich formuliere eher zusammenhanglose Gedanken darüber, wie blöd die Menschen generell sind – beispielsweise, dass dicke Leute so oft rote Kleidung tragen, obwohl sie damit wie der Weihnachtsmann aussehen. Das passiert vor allem dann, wenn ich mit den Nerven am Ende bin, und nach diesem Businessmeeting war ich fix und fertig.

Lieber Nikki,

ich habe sehr viel Zeit mit dir zusammen verbracht und auf jedem unserer Hits Gitarre gespielt. Plötzlich heißt es, dass ich nicht mehr gut genug bin. Sehen wir uns doch einmal an, was sich zwischen damals und heute verändert hat. Was ist jetzt anders geworden? Nur ein einziges Element, und das ist Scott Humphrey. Du hast mich nicht mehr am Songwriting beteiligt, weil die Songs nicht so gitarrendominiert sein sollten, dir hat nichts von dem, was ich beitragen wollte, gefallen, du hast meine gesamten bisherigen Aufnahmen für die Platte ersetzt. Es fehlt nur noch, dass du mich jetzt selbst ersetzt. Vielleicht kann Scott Humphrey die Gitarre übernehmen, nachdem er Tommy schon gesagt hat, er wäre sowieso viel besser als ich. Du musst nun entscheiden: Bin ich heute ein schlechterer Gitarrist als früher, oder hast du inzwischen deine Menschenkenntnis verloren?

Dein Freund und Bandkollege

Bob Deal

Ich kann nicht so gut mit Worten umgehen, aber irgendwie musste ich ihnen ja klar machen, was wirklich lief. Scott war Tommy und Nikki so tief in den Arsch gekrochen, dass sie nicht einmal mehr sahen, wie viel Scheiße er im Gesicht hatte. Nach dem Brief hatten wir wieder eins unserer berühmten Treffen, und dabei erklärte ich der Band, dass dieses mein letztes Album war, weil ich nicht mehr mit ihnen arbeiten konnte.

Aber inzwischen war aus mir wohl ein alter, gebrochener Feigling geworden. Während ich bei der *Girls*-Tour wirklich drauf und dran gewesen war, die Band zu verlassen, als die Jungs mich wegen der Beziehung mit Emi fertig machten, hatte ich nun zu viel Angst, um den Ausstieg durchzuziehen. Was hätte ich denn danach machen sollen? Ich hatte verfolgt, wie es Vince bei seinen Soloversuchen ergangen war, und ich hatte bei zahllosen anderen Bands erlebt, dass einer der Jungs aussteigt und danach sang- und klanglos untergeht. Es gab für mich keine andere Möglichkeit, als Gitarrist von Mötley Crüe zu bleiben. Selbst wenn ich mich dafür weiterhin von ihnen beschimpfen und demoralisieren lassen musste.

John Corabi war nach den Problemen mit seiner letzten Freundin wieder in mein Gästehaus gezogen, und ich nutzte die Gelegenheit, wenn ich abends aus dem Studio kam, um mit ihm zusammen über die Band abzulästern. Danach fuhren wir oft in den Wald und reagierten uns bei Schießübungen ab. Bevor er die Band verließ, hatte er ein paar Stripperinnen kennen gelernt, die wir zu einem dieser Ausflüge mitnahmen.

Wir fuhren bis hinter Lancaster, wo die Wüste beginnt. Dort setzten wir unsere Schutzbrillen und Ohrenschützer auf, zogen Handschuhe an und packten unsere Schießeisen aus. Wenig später kamen ein paar Sheriffs aus der Nähe dazu, die meine Gewehre bewunderten. Einer von ihnen nahm einen Metallteller, stellte ihn in fünfundzwanzig Meter Entfernung auf und sagte: „Los, versuchen Sie mal, den zu treffen." Er hatte den Teller den ganzen Tag als Ziel für seine Zweiundzwanziger benutzt und wollte nun sehen, was passierte, wenn man mit einer schwereren Waffe darauf schoss.

Der Teller schleuderte hoch, als ich direkt in die Mitte traf. In diesem Moment hörte ich hinter mir einen Schrei. „Au! Mich hat eine Wespe gestochen!", jammerte eins von Johns Mädchen. Aber ich wusste, was es in Wirklichkeit gewesen war: Ein winziges Stück der Kupferbeschichtung der Kugel war von dem Teller abgeprallt, an meinem Gesicht vorbeigeflogen und hatte sie leicht an der Seite verletzt.

„Das war keine Wespe", erklärte ich. Als ich ihr die Hand vom Bauch wegzog, quoll Blut hervor. Ich säuberte die Wunde – im Grunde nur ein Kratzer, der keinen Zentimeter lang war. Der Patronensplitter war etwa so groß wie ein Fingernagel, aber ich hatte schon genug Erfahrungen mit Menschen ihres Schlags gemacht, um zu wissen, dass sie mich verklagen würde, wenn ich mich nicht um sie kümmerte. Ich fuhr sie in meinem Wagen ins Krankenhaus, während John ihre Hand festhielt. Sie erklärte anschließend, ihr ginge es gut und sie würde auf keinen Fall vor Gericht gehen.

Nach der Behandlung brachte ich sie nachhause. Ich sagte ihr, dass ich die Arztrechnung übernähme, und falls doch eine Narbe bliebe, sei ich bereit, eine kosmetische Operation zu bezahlen. Kurz, ich kümmerte mich um alles. Auf dem Heimweg entschuldigte ich mich bei Corabi.

„Ach was, nicht so schlimm", sagte er. „Sie war sowieso eine echte Schlampe."

Ich wusste allerdings nicht, dass sie schon im Krankenhaus Anrufe von zahllosen Anwälten erhalten hatte. Nach kurzer Zeit meldete sie sich wieder und behauptete, sie sei entstellt worden, und die zwei Millimeter lange Narbe hätte ihre viel versprechende Karriere als exotische Tänzerin zerstört. Sie bekämpfte mich ebenso gierig wie meine Exfrauen und behauptete, Corabi und ich hätten an besagtem Tag Alkohol getrunken und gekifft. Das war wirklich echter Blödsinn. Letzten

Endes zahlte ich ihr bei einer außergerichtlichen Einigung um die zehntausend Dollar – so ziemlich das letzte Geld, das mir geblieben war. Wahrscheinlich ließ sie sich von der Kohle ihre Titten runderneuern.

Die Geschichte sprach sich natürlich herum, und es dauerte nicht lange, da berichteten die Zeitungen, ich hätte absichtlich auf meine Freundin geschossen. Deswegen glaube ich niemals, was in der Zeitung steht. Denn sollte ich einmal jemanden erschießen wollen, würde ich nicht auf die Hüfte zielen. Sondern auf den Kopf. So eine verdammte Fleischwunde bringt schließlich nichts.

IN DEM DER VIEL GESCHMÄHTE PRODUZENT ZUR ABWECHSLUNG
SELBST ZU WORT KOMMT.

Was war dein erster Eindruck von der Arbeit mit der Band?

Die Band ist auf ihre Art schon recht, na ja, einzigartig. Zuerst war es ziemlich cool, mit ihnen zu arbeiten, weil es ständig Action gab; das war am Anfang recht lustig. Außerdem sah ich Tommy gern beim Schlagzeugspielen zu, wie er zum Beispiel ein Becken zerbrach und einen Trommelstock nach dem anderen ruinierte. Aber dann saß ich plötzlich auf dem Produzentensessel, und die Jungs waren einfach nicht dazu zu bewegen, pünktlich zu erscheinen, abgesehen von Mick Mars. Nach einer Weile einigten wir uns auf ein Bußgeldsystem: Für jede Stunde Verspätung waren einhundert Dollar fällig. Wenn sie endlich im Studio saßen, musste ich sie von ihren Handys loseisen, und das war genauso schwierig. Ein Tag nach dem anderen wurde verschwendet, ohne dass wir etwas geschafft hätten.

Nach dem Umzug in Nikkis Villa wurde es noch schlimmer. Nikki selbst verschwand dauernd während der Aufnahmen und kümmerte sich um den Gärtner, die Poolreinigung, die Fischlieferantin, den Autowäscher oder um die Hausangestellten, die zweimal täglich erschienen, um für das Frühstück und das Abendessen zu sorgen und Botengänge zu erledigen. Es war eine Unzahl von Leuten nötig, um dieses Haus zu führen.

Eine Sache, die mich interessiert, ist die Geschichte mit Micks Mütze.

Micks Mütze? Was?

Er sagte, du hättest ein Treffen mit dem Management einberufen, um dich über seine Mütze zu beschweren.

Das bestätigt auf alle Fälle einige der Geschichten, die ich von Mick Mars gehört habe. Das ist völlig lächerlich.

Seine Mütze hat dich also nie gestört?

Das ist doch unmöglich. Mick Mars trägt immer eine Mütze, außer manchmal, wenn er auf der Bühne steht. Aber wen interessiert denn, ob er eine trägt oder nicht?

Ich kann mir aber auch nicht vorstellen, dass Mick sich das ausgedacht hat.

Wenn das jemals so gewesen sein sollte, dann erinnert sich außer Mick sicher niemand mehr daran. Das ist wirklich komisch. *[Pause.]* Obwohl, mir fällt gerade etwas ein … er hatte immer so eine Rennfahrermütze auf, die mir sehr gut gefiel. Ich habe ihn einmal gefragt, ob er mir so eine besorgen kann. Ein paar Monate später brachte er mir tatsächlich eine mit. Ich sehe mal in meinem Schrank nach, ich glaube, die habe ich noch. Ich war so auf diese Mütze fixiert, weil sie mir gefiel, nicht weil ich ein Problem damit hatte.

Hier ist sie, ich habe sie gefunden. Eine schwarze Ledermütze, schon ein wenig eingestaubt. Vorn sind ein Totenschädel mit gekreuzten Knochen und zwei Rennflaggen drauf. Jetzt kann ich mich wieder genau erinnern. Irgendwie hat er mich wohl missverstanden – die Mütze war absolut in Ordnung. Da muss etwas anderes nicht gestimmt haben.

Nun, er hatte das Gefühl, du hättest ihn als Gitarristen diskreditieren wollen.

Das hatte mit mir eigentlich nichts zu tun. Tommy und Nikki gefiel, wie John Corabi spielte, und dementsprechend ermutigten sie ihn, sich stärker einzubringen. Als Produzent möchte man natürlich sehr offen sein und jeden seine Ideen beisteuern lassen. Aber Mick wollte nicht, dass jemand anders Gitarre spielt. „Ich bin hier der Gitarrist", brüllte er. Ich versuchte dann zu vermitteln: „Okay, du bist der Gitarrist, aber hier sind noch zwei andere Leute, die gern John Corabi hören möchten." Manchmal klingt es auch sehr gut, wenn zwei Gitarristen dasselbe spielen, so wie bei AC/DC.

Komisch, dass er heute meint, ich hätte seine Gitarrenarbeit abgelehnt, denn ich wollte eigentlich eine Platte im alten Mötley-Crüe-Stil machen. Ich hatte eine große Schwäche für den ungeschliffenen Gitarrensound von Mick Mars. Ich habe Mick stets ermutigt, und er brachte mir oft Cassetten mit einzelnen Ideen mit, die ihm zuhause eingefallen waren. Die Qualität von Mötley Crüe lag ja unter anderem darin, dass Mick Gitarrenriffs entwickelte, die Nikki zu einem Song ausbaute und Vince schließlich sang. Das war die Erfolgsformel. Die meisten Riffs, mit denen wir arbeiteten, stammten allerdings aus Gitarrenelementen von John Corabi, die in eine bluesige Led-Zeppelin-Richtung gingen. Die alte Mötley-Methode kam im Grunde überhaupt nicht mehr zum Einsatz. Corabi hasste mich wahrscheinlich von Anfang an, weil er die Band dazu gebracht hatte, die Songs in Jams zu entwickeln, während ich sie zur alten Art klassischen Songschreibens zurückführen wollte.

Also warst du derjenige, der eine richtig ungeschliffene, typische Mötley-Platte machen wollte? Und die anderen Jungs wollten mehr nach Zeitgeist klingen?

Ganz genau. Nikki wollte den einen Tag auf eine Linie mit Nine Inch Nails, den nächsten in Richtung von *Zooropa* von U2. Nikki und ich gerieten dauernd aneinander. Vor allem über die Texte haben wir viel gestritten. Nikki mochte es nicht, wenn man seine Lyrics auseinander nahm. In dem Song „Glitter" gab es die Zeile „Let's make a baby inside of you". Ich sagte ihm, dass die Zeile unmöglich auf die Platte kommen konnte. Das war lächerlich. Er dagegen hielt sie für das Beste, was ihm je eingefallen war.

Was hat denn Nikki über mich gesagt?

Ich glaube, er hatte das Gefühl, du hättest mit Psychospielchen angefangen und versucht, ihn gegen Tommy auszuspielen. Er sagte, er hätte einen stärkeren Produzenten gebraucht, der ihn bremste, wenn eine Idee Scheiße war.

Wirklich? Die meisten Leute werden sich wahrscheinlich daran erinnern, dass ich derjenige war, der ihm sagte: „Hör doch auf damit, Trent Reznor sein zu wollen. Setz dich einfach mit der Gitarre hin und schreib ein paar Songs." Mir ging es darum, ein Erfolgsalbum zu produzieren. Ich wollte, dass sich die Platte verkauft, sonst nichts. Nach dem ganzen Stress, den wir bei den Aufnahmen hatten, war das für mich das Mindeste.

Die Band hatte wohl den Eindruck, dass du mit der Arbeit nie zufrieden warst.

Das war auch so. Die Platte hört sich uneinheitlich an, und dass sie sich nicht verkaufte, beweist für mich, dass sie nicht gut genug war.

Wurde die Lage durch Vinces Rückkehr einfacher?

Nein. So, wie die Songs geschrieben waren, eigneten sie sich nicht für Vinces Gesangsstil und entsprachen nicht einmal seiner Stimmlage. Deswegen hätten wir zu der Zeit mehr denn je gerade Mick gebraucht, damit er die Band verdammt noch mal zusammenhält. Sie waren so gut, wenn sie miteinander arbeiteten und sich nicht als dämliche Einzelkämpfer gegenseitig sabotierten.

Mit John hatten wir das Problem, dass die Energie seiner Stimme schnell verpuffte. Bei Vince gab es andere Schwierigkeiten. Bei ihm gab es den so genannten Vince-Neil-Funktionsmoment. Der lag irgendwo zwischen dem dritten und dem sechsten Bier. Da war er gerade warm geworden und hatte den richtigen Spiegel, um seinen Kater zu vergessen, war aber noch nicht so betrunken, dass er nicht mehr stehen konnte.

Aber dieser Moment konnte sehr schnell vorbei sein. Manchmal hatten wir nur eine halbe Stunde oder zwanzig Minuten, wo er in der richtigen Stimmung war. Und wenn man ihn bat, einen Song mehrmals zu singen, schnauzte er schnell „Leck mich" und haute ab. Wenn ich Vince nachmachen wollte, hob ich das Handgelenk und schaute auf die Uhr. Er hatte keine Lust auf die Studioarbeit, er wäre lieber auf dem Golfplatz gewesen.

Also verhielt er sich selbst nach seiner Rückkehr nicht, als sei er Teil der Band?

Ich glaube, er war eifersüchtig, weil Nikki und Tommy als Koproduzenten agierten, und das wäre er auch gern gewesen. Wir hätten ihn gern hinzugerufen, aber er wir konnten ihn schon kaum ins Studio locken, um zu singen, von der Betreuung der Produktion mal gar nicht zu reden. Vince ist einer dieser Typen, die man einfach nicht in die Zange nehmen kann. Wenn er kommt und tatsächlich mal was tut und das dann zufällig auch noch gut ist, tja, dann kann man sich glücklich preisen, aber mehr geht nicht.

War Pamela Anderson während der Aufnahmen dabei?

Oh, mit Pamela hatten wir gelegentlich lustige und gelegentlich weniger lustige Zeiten. Freitags tauchte sie zum Beispiel immer mit einer Flasche Wodka im Studio auf und meinte dann: „Okay, Jungs, heute ist Freitag, heute besaufen wir uns." Sie bestand sozusagen darauf, dass Tommy sich jeden Freitag betrank. Ich war schon ziemlich verblüfft, als ich sie ein paar Monate später bei Jay Leno in der Show sah und sie jammerte, dass ihr Mann Alkoholiker sei. Das war schon ein ziemlich starkes Stück.

Was ging dir während der Aufnahmen durch den Kopf? „Holt mich raus aus diesem Albtraum"?

Es war ziemlich schwierig, denn wenn es gut lief, hatte ich zwei Koproduzenten, und wenn nicht, dann ließen sie mich mit der Arbeit sitzen. Letzten Endes bin ich schreiend rausgerannt. Ich werde nie vergessen, wie meine Mutter zu Weihnachten neben mir saß, als ich mit Nikki telefonierte. Ich sagte zu ihm: „Wenn ihr keine bessere erste Single vorweisen könnt, dann könnt ihr eure Karriere vergessen, und ich weiß jetzt schon, dass ihr mir in einem halben Jahr die Schuld daran geben werdet." Er antwortete: „Ach was, ich weiß genau, was ich tue. Der Titel ist perfekt als erste Single." Zu der Zeit war ich schon sicher, dass das Comeback von Mötley Crüe keine großen Wellen schlagen würde, weil das Material einfach nicht viel taugte. Mit der richtigen Platte hätten sie ohne weiteres Doppel- oder Dreifachplatin holen können.

Also weist du alle Verantwortung von dir?

Was hätte ich tun können? Irgendwann hat man keine Lust mehr, „nein, nein, nein" zu sagen und sich dauernd mit den Leuten zu streiten. Als die erste Single nicht durchstartete, rief Nikki mich an und sagte: „Ich glaube, wir haben den falschen Song ausgekoppelt."

„Du blödes Arschloch!", brüllte ich ihn an.

Es spielte sowieso keine Rolle mehr, weil Mötley Crüe zu der Zeit bereits eine Berühmtheit erlangt hatten, wie sie es sich nicht einmal in ihren schlimmsten Träumen vorgestellt hatten. Ich fand das ziemlich seltsam, aber plötzlich wurde ihr Privatleben wesentlich wichtiger als ihre Musik.

Abb. 1

Tommy mit der Tänzerin Jozie auf der
Greatest Hits-Tour 1999

ELFTER TEIL

WAFFEN, WEIBER, EGO-WAHN

Kapitel 1

T O M M Y

IN DEM DIE VERRÜCKTE GESCHICHTE VON DER GABEL
UND DEM GESCHIRRSPÜLER ERZÄHLT WIRD.

Für mich war sie die lustigste Frau auf der Welt. Sie hätte Comedy-Schauspielerin werden sollen. Bei ihr war immer Action, und sie redete schneller als jedes andere Mädchen aus meinem Bekanntenkreis. Sie war schlicht verrückt, und ich fuhr total auf sie ab.

Unsere erste gemeinsame Nacht verbrachten wir während der Corabi-Tour, als wir ein paar Tage frei hatten. Sie lebte in Reseda mit ihrer Tochter Taylar, die aus der Ehe mit dem Warrant-Sänger Jani Lane stammte. Schon als ich das Video zu „Cherry Pie" sah, konnte ich kaum glauben, dass eine so scharfe Frau frei herumlief. Sie war perfekt: blondes Haar, große Rehaugen, ein üppiger Schmollmund und riesige Titten – wen interessierte es, ob das alles echt war oder nicht? Sie hieß Bobbie Brown, und ich verliebte mich in sie, kaum dass sie zum ersten Mal den Mund aufmachte.

Ich lag schlafend im Bett nach unserem ersten Treffen, als ich unverhofft um vier Uhr früh erwachte. Das ganze Bettgestell bebte, und ich begriff erst überhaupt nicht, was los war: Hatte ich schlecht geträumt, oder versuchte vielleicht irgendjemand einzubrechen? Doch dann kam ich langsam zu mir und merkte, dass das ganze Haus erzitterte. Bobbie und ich waren nackt und noch völlig durcheinander, als sich die Schrankwand nach vorn neigte, umkippte und die Bildröhre des Fernsehers in tausend kleine Stücke zersprang.

„Taylar!", schrie Bobbie. Ihre Tochter war allein in ihrem Zimmer auf der anderen Seite des Hauses, und wir hatten keinen blassen Schimmer davon, was dort vor sich ging. Wir rutschten zitternd vor Panik vom Bett auf den Boden. Vorsichtig öffneten wir die Tür und krochen hinaus in den Flur. Das Haus wurde noch immer so stark erschüttert, dass Gegenstände zu Boden fielen und wir gegen die Wände geschleudert wurden. Je näher wir Taylars Tür kamen, desto mehr wackelte alles, bis das Dach fast einzustürzen schien. Wir hatten das Zimmer kaum erreicht, als hinter mir ein Riss das ganze Haus spaltete. Die Küche und das Wohnzimmer brachen weg, und nur gähnende Dunkelheit blieb zurück. Ich wusste, wir würden sterben.

Taylar lag weinend auf dem Boden und wurde von dem Erdbeben hin und her geschüttelt. Ich riss sie an mich und brüllte: „Scheiße, nichts wie raus!" Auf dem Weg zur Haustür versuchten wir, uns so weit wie möglich von der Seite fern zu halten, auf der das Haus eingestürzt war und wo jetzt vielleicht ein tiefer Abgrund gähnte. Die Haustür war herausgefallen, und wir stürzten durch den leeren Rahmen hinaus auf die Straße. Langsam begann das Beben nachzulassen, und wir stellten uns zu den jammernden Nachbarn, deren Häuser ebenfalls schwer in Mitleidenschaft gezogen worden waren.

Wenn die erste gemeinsame Nacht so abläuft, gibt es kein Zurück. Bobbie und Taylar zogen in meine Wohnung am Strand. Nach einem halben Jahr voller Partys steckte ich ihr einen Verlobungsring für fünfzehntausend Dollar in den Schokoladenkuchen, den sie sich gerade in einem Diner bestellt hatte, ging auf die Knie und fragte sie, ob sie mich heiraten wolle. Sie sagte ja, und seit diesem Tag ging es mit unserer Beziehung langsam abwärts. Allerdings so langsam, dass ich das zuerst gar nicht merkte.

Als Scott Humphrey mich eines Tages besuchte, um sich das Material anzuhören, an dem ich gerade schrieb, bekam er mit, wie Bobbie mich anschnauzte, weil ich die Haare nach dem Rasieren nicht aus dem Becken gewaschen hatte. „Sag mal, Alter", meinte Scott, „du lässt dir gefallen, dass sie so mit dir redet?"

„Wie meinst du das?"

„Sie behandelt dich ja, als hättest du überhaupt keine Gefühle. Ist sie immer so?"

„Na ja, schon", murmelte ich. Und das öffnete mir die Augen für eine Reihe von Dingen, die ich in meiner Verliebtheit nicht hatte sehen wollen. Bobbie benahm sich oft seltsam: Sie schlich durchs Haus, versteckte Sachen vor mir, verschwand gelegentlich unter eigenartigen Vorwänden, wurde von Typen angerufen, die ich nicht kannte, und wenn ich morgens aufwachte, lag sie meist nicht mehr neben mir. Jeder andere Kerl wäre wahrscheinlich auf den Gedanken gekommen, dass man ihn betrog. Aber ich kannte Bobbie zu gut, um das zu glauben.

Nachdem ich die rosarote Brille einmal abgenommen hatte, fiel mir auch auf, dass sie körperlich abbaute und dauernd schlechte Laune hatte. Wenn ich aus dem Studio oder von einer Tour nachhause kam, fand ich sie manchmal auf dem Boden sitzend, umgeben von Bastelmaterial. Sie klebte Früchte und Blumen mit Heißkleber zusammen oder besprühte eine Schüssel Potpourri mit goldener Farbe.

Als ich eine ihrer Freundinnen allein zu fassen bekam, fragte ich schließlich: „Sag mal, nimmt Bobbie Speed?"

„Das kann ich dir nicht beantworten", erwiderte sie. „Aber sieh doch mal in ihre Handtasche oder in ihr Schminktäschchen. Aber wie gesagt, den Tipp hast du nicht von mir."

Natürlich durchsuchte ich sofort ihre Handtasche, und natürlich fand ich dort Speed. Das rückte unsere ganze Beziehung in ein neues, beschissenes Licht, und es erklärte mir ihre Stimmungsschwankungen, die sie in letzter Zeit oft an mir ausgelassen hatte. Als ich sie zur Rede stellte, stritt sie zunächst alles ab; dann warf sie mir vor, dass ich zu viel trank, und gab mir die Schuld daran, dass sie Speed konsumierte. Wir bekamen einen riesigen Streit, der damit endete, dass ich die Nacht wie ein Hund auf dem Fußboden verbringen musste.

Danach überschüttete Bobbie mich täglich mit Vorwürfen, die sich offenbar schon lange in ihr aufgestaut hatten. All das, was mir bei ihr aufgefallen war, störte sie auch an mir. Für sie war ich derjenige, der unausgeglichen, schlecht gelaunt, misstrauisch und im täglichen Umgang sehr schwierig geworden war und hinter ihrem Rücken zwar nicht mit Drogen, dafür aber mit anderen Frauen herummachte. Besonders wütend war sie darüber, dass ich sie gebeten hatte, ihre Karriere als Model und Schauspielerin aufzugeben, weil ich nach den schlechten Erfahrungen mit Heather davon träumte, dass sich meine Frau ganz der Familie und den Kindern widmete. Bald rastete Bobbie jedes Mal aus, wenn Heather anrief, mit der ich nach wie vor befreundet war; ich wurde genauso aggressiv, wenn sie einen Anruf von einem Typen bekam. Als ich ein paar Tage vor Weihnachten auf eine Party gehen wollte, eskalierten unsere Eifersucht und unser Misstrauen in Taylars Gegenwart, und es kam zu einer hässlichen, überaus heftigen Auseinandersetzung.

Wir stritten inzwischen jeden Tag, und das konnte für Taylars Entwicklung nicht gut sein. Und für meine natürlich auch nicht. Ich versuchte, einen einzigen Grund zu finden, aus dem Bobbie ein Teil meines Lebens bleiben sollte, und mir fiel nichts ein. Selbst ihr wunderbarer Humor, den ich am Anfang so geliebt hatte, war bei all den Anschuldigungen und negativen Gefühlen verloren gegangen.

Schließlich sagte ich, sie solle gehen. Bobbie bekam einen Anfall; ohne ihre Kleider und ihre Möbel ginge sie nirgendwohin, schrie sie. „Weißt du was", erwiderte ich. „Du kannst dein Zeug haben, wenn du mir meinen Verlobungsring wieder gibst. Denn eins sag ich dir: Wir werden nicht heiraten, darauf kannst du Gift nehmen."

„Du kannst mich mal", schoss sie zurück und ließ eine Maschinengewehrsalve wüster Beschimpfungen los.

„Na gut, dann kriegst du deinen Kram eben nicht." Damit schob ich sie aus der Tür. Komischerweise musste ich dabei keinerlei Gewalt anwenden. Sie ging beinahe zu willig, und das wunderte mich doch ein wenig; bisher hatte sie stets zu kämpfen gewusst.

Eine Stunde später klopfte es laut an meine Tür. Ich sah durch den Spion nach draußen, und dort stand Bobbie mit der Polizei. Das beunruhigte mich zunächst nicht so sehr; die Bullen würden sicherlich fair sein, denn schließlich war es mein Haus, und ich hatte alles Recht, Bobbie von meinem Grund und Boden zu verweisen. Aber da irrte ich mich. Und wie. Sie hatte den Bullen eine herzzerreißende Story erzählt und mich richtig tief in die Scheiße geritten.

„Mister Lee", sagte einer der Beamten über die Gegensprechanlage. „Sie müssen die Dame hineinlassen, damit sie ihre Sachen abholen kann."

„Hört mal, Leute", protestierte ich, „sie hat meinen Ring."

„Das geht uns nichts an", wehrte er ab. „Sie muss trotzdem ihre Sachen holen können."

Ich gab nach und öffnete die Tür. Der Bulle stürmte herein, Bobbie kam gleich hinter ihm. Sie ging direkt ins Schlafzimmer. Als ich ihr folgen wollte, hielt mich der Beamte auf.

„Sie gehen dort nicht hinein."

Jetzt hatte ich endgültig genug. „Was soll das denn heißen? Das ist mein verdammtes Schlafzimmer! Und dort sind persönliche Sachen von mir!"

„Sie bleiben hier stehen und verhalten sich ruhig."

„Das ist doch Schwachsinn! Ich will ihr doch nichts tun!"

„Haben Sie mich verstanden, Mr. Lee?"

„Klar hab ich Sie verstanden! Ich will nur aufpassen, dass sie nicht mit meinem Scheiß durchbrennt! Das ist ja wohl mein gutes Recht, oder nicht?"

Das war es offenbar nicht. Denn ich hatte kaum ausgesprochen, als man mich zu Boden warf, mir Handschellen anlegte und in den Streifenwagen schleppte.

„Weswegen bringen Sie mich auf die Wache?", brüllte ich, als wir losfuhren.

„Körperverletzung."

„Was?"

„Die Dame hat gesagt, Sie hätten versucht, sie zu erwürgen."

Es war Freitagabend, und daher blieb ich das ganze Wochenende über in U-Haft. Bobbie hatte währenddessen Zeit genug, um meine ganze Bude auszuräumen. Als ich Montagmorgen zurückkehrte, waren alle Zimmer leer – Stühle, Tische, das Bett, alles war weg. Es überraschte mich eigentlich nicht. Mich wunderte nur, dass sie eine Umzugsfirma gefunden hatte, die am Wochenende hatte arbeiten wollen. Hoffentlich hatten die Jungs wenigstens ein hübsches Sümmchen für die Überstunden verlangt, dachte ich grimmig; schließlich hatten sie einiges zu schleppen gehabt. Bobbie hatte mir nichts gelassen außer einer Gabel, die noch im Geschirrspüler steckte.

ABER LIEBE IST JA SCHON EIN KRANKES GEFÜHL. Ich vermisste sie trotzdem. Und sie mich auch. Schon wenige Tage nach meiner Entlassung aus dem Knast fand ich mich in der Wohnung wieder, die sie nach dem Auszug aus meinem Haus gemietet hatte, und vögelte sie auf meinem alten Bett. Wir waren zwar nicht mehr fest zusammen, aber richtig getrennt waren wir auch nicht. Stattdessen entwickelten wir eine dieser Beziehungen, die man eigentlich wie einen lahmen Gaul erschießen sollte, um sie von ihrem Elend zu erlösen. Wir hinderten uns daran, wieder ein normales Leben anzufangen und andere Leute zu treffen, aber dennoch konnten wir voneinander nicht genug bekommen.

Bei unserem zweiten oder dritten Treffen nach dem Knast fing sie wieder mit mir Streit an, weil sie argwöhnte, dass ich auf eine ihrer scharfen Freundinnen stand. Stundenlang brüllte sie durchs ganze Haus. Zunächst versuchte ich lachend zu erwidern, dass an der Geschichte nichts dran sei, und das machte sie nur noch wütender. Dann verlegte ich mich darauf, sie zu ignorieren, aber das stachelte sie weiter an. Und als ich vernünftig mit ihr reden wollte, kam ich auch nicht weit. Schließlich hielt ich es nicht mehr aus. Ihr verdammtes Geschrei machte mich fertig. Entnervt riss ich eine Vase vom Tisch und schleuderte sie zu Boden. „Du bist so ein Arschloch", schrie ich noch und haute dann ab. Die Auseinandersetzung hatte mich unheimlich mitgenommen. Es war mir weder möglich, mich von dieser verrückten blöden Kuh zu lösen noch meine verdammten Gefühle ihr gegenüber in den Griff zu bekommen, und ich fühlte mich furchtbar hilflos. Ich wollte raus aus dieser Situation, sie vergessen, ihr Geschrei nicht mehr hören. Warum verschwendete ich überhaupt meine Zeit an eine Schlampe, die mich bei den Bullen derartig in die Scheiße geritten hatte?

Völlig frustriert fuhr ich zu einem Freund namens Sedge, der genauso ein Scheißjunkie war wie Nikki Sixx; als ich bei ihm eintrat, erhitzte er gerade etwas Stoff. „Hey, Mann, mach mir auch einen Schuss fertig", bettelte ich. „Ich will nichts mehr fühlen müssen."

„Kein Problem", erwiderte er und rieb seine Finger zusammen, als wolle er schnipsen, aber durch die Droge war er schon so schlapp, dass er dazu nicht mehr genug Reibung erzeugte.

Ich rollte mir den Ärmel hoch, band mir den Arm mit einem Gummischlauch ab, der auf dem Tisch lag, und wartete, dass er die Spritze präparierte. Er senkte die Nadel in die Flüssigkeit auf dem Löffel und zog zwei Kubikzentimeter hoch.

„Alter, ich bin nicht wie du", protestierte ich. „Ich mach das nicht so oft. Das könnte für mich zu viel sein."

„Mach dir mal keine Sorgen", gab er beinahe heftig zurück. „Das ist schon in Ordnung. Vertrau mir, Mann. Ich bin ein Junkie. Ich weiß, was ich tue."

„Na gut. Wie du meinst." Diese Worte – „Vertrau mir, ich bin ein Junkie" – hätten mir zu denken geben sollen. Ich meine, er war abhängig, und es war klar, dass er wesentlich mehr vertrug als ich.

Er stach mir die Nadel in den Arm, drückte die zwei Kubikzentimeter in meine Adern, zog die Nadel wieder raus und band den Schlauch los. Ich tauchte ab ins

Paradies. Ich war so wahnsinnig glücklich. Endlich kein Gefühl mehr. Mein Körper entspannte sich, die beiden Wörtchen *Bobbie* und *Brown* verschwanden aus meinem Bewusstsein, und ein überwältigendes Glücksgefühl strömte aus meinem Herzen über meinen ganzen Körper. Ich ließ mich ins Sofa zurückfallen und schloss die Augen.

Kapitel **2**

N I K K I

IN DEM NIKKI EINER FAULEN SACHE AUF DIE SPUR KOMMT UND
EINEN WEG ZU IHRER BESEITIGUNG ERSINNT.

Auf unserer Tour mit Corabi gaben wir eine Pressekonferenz in Italien. Dabei stand eine unglaublich schöne italienische Journalistin auf und sagte: „Ich habe eine Frage an Nikki." Sie hatte echte Oralsexlippen, welliges, dunkelbraunes Haar und sah aus wie Raquel Welch als personifizierte Lust in dem Film *Mephisto 68*. „Dankst du Gott manchmal dafür, dass er dich so gut aussehend schuf?"

„Nein", antwortete ich. „Ich verfluche ihn, weil er mir einen so kleinen Schwanz gegeben hat."

Nach der Pressekonferenz lud sie mich ein, mit ihr Kaffee zu trinken, damit wir noch ein wenig reden konnten. „Ich bin verheiratet, weißt du", erklärte ich.

„Nein, nein. Nur reden", sagte sie, und noch immer sah sie aus, als habe sie Lust. „Vielleicht können wir ja morgen etwas zusammen unternehmen."

„Ruf mich an."

Stattdessen stand sie am nächsten Morgen gleich vor meiner Tür. Ich kroch aus dem Bett, um zu öffnen, und sie schwebte an mir vorbei, um sich unverzüglich ihre Stiefel, den Rock und den engen Pullover auszuziehen. Ihr Körper war unglaublich: Sie hatte perfekte, bronzefarbene Haut, und ihr Haar fiel wie in einer Shampoo-werbung über volle Brüste, die ein roter Push-up-BH stützte. Meine Morgenlatte drückte sich gegen meine Unterwäsche. Sie warf mich aufs Bett und sagte: „Lass mich sehen, ob Gott dir wirklich so wenig mitgegeben hat." Dann begannen wir miteinander herumzutollen. Als ich schließlich kurz davor stand, alle guten Vorsätze zu vergessen und sie doch zu vögeln, hielt sie inne: „Hast du einen Gummi?"

„Nein, leider nicht."

„Dann warte, ich bin gleich zurück." Sie schlüpfte wieder in ihre Kleider.

Das gab mir einen Augenblick, um nachzudenken. Was tat ich da? Fast wäre ich mit dieser Frau ins Bett gegangen. Ich war verheiratet, ich hatte Kinder. Es war reine Zeitverschwendung, diese sündhaft schöne Italienerin zu bumsen, auch wenn sie mich unglaublich erregte. Seufzend zog ich mich an und klopfte gegenüber bei Mick. Als sie mit den Gummis zurückkehrte, war das Zimmer leer.

Einige Wochen später war ich mit meiner Frau Brandi in London. Unsere Plattenfirma hatte eine Party für uns organisiert, auf der außer englischen Rockstars noch völlig schräge Typen wie Zwerge oder Stelzenläufer herumhingen. Plötzlich gab es Unruhe an der Tür, und eine Frau rief: „Ich lasse mich nicht so behandeln. Ich bin von der Presse." Es war die aufregende italienische Journalistin. Sie schob sich an den Sicherheitskräften vorbei und kam direkt auf mich zu. „Wohin zum Teufel bist du das letzte Mal verschwunden?", fragte sie energisch. Brandi sah mich an, und ich spürte, dass ich rot anlief. Zwar versuchte ich zur Hintertür zu flüchten, aber Brandi kam mir nach und überschüttete mich mit Vorwürfen. In dieser Nacht lernte ich eine wichtige Lektion: Wenn ich die Italienerin einfach flachgelegt hätte, anstatt den treuen Ehemann zu spielen, wäre mir diese Peinlichkeit erspart geblieben.

Zu dieser Zeit war meine Ehe ohnehin fast am Ende. Die Liebe, die ich – verwirrt durch meine ungewohnt nüchterne Lebensweise rund um *Dr. Feelgood* – für sie gefühlt hatte, erwies sich als eine kurzlebige Besessenheit, die durch die Tatsache, dass wir einander kaum sahen und ich Brandi im Grunde kaum kannte, weiter angefacht wurde. Als wir feststellten, dass wir nicht zusammenpassten, war sie bereits schwanger mit unserem ersten Sohn, Gunner. Ich tröstete mich darüber hinweg, indem ich so viel Zeit wie möglich mit unseren Kindern verbrachte; sie tröstete sich so gut wie möglich mit meinem Geld. Nicht zuletzt deswegen landete ich in einer Villa mit eintausendsechshundert Quadratmeter Wohnfläche, zwanzig Meter hohen Decken, Marmorböden und gefliesten Swimmingpools. Es war ein Albtraum.

Aber ich brachte es nicht über mich, sie zu verlassen, weil ich mich selbst nur zu gut daran erinnerte, wie es war, ohne Vater aufzuwachsen. Dass ich so viel Zorn und Gewaltbereitschaft in mir spürte und derart zur Selbstzerstörung durch Drogen neigte, führte ich darauf zurück, dass ich noch immer mit meinem Vater haderte, weil er mich im Stich gelassen und mich zu einem unruhigen Nomadenleben an der Seite meiner Mutter und ihren wechselnden Ehemännern verdammt hatte. Mit Mötley Crüe hatte ich zwar viel erlebt, aber die Narben heilten trotzdem nicht; sie wurden nicht einmal blasser. Ich wollte nicht, dass meine drei Kinder mit denselben Narben gezeichnet wurden.

Während wir noch mit Corabi die Bonus-EP *Quaternary* – was „hoch vier" bedeutet – einspielten, schrieb ich einen Song mit dem Titel „Father" und verlor mich dabei ganz in der Musik. „Father, where are you?" – „Vater, wo bist du?", fragte ich im Refrain. Schließlich kam ich zu der Überzeugung, dass das Loch, das er in meinem Leben hinterlassen hatte, sich wahrscheinlich ebenso in seinem Leben fand und es schwer für ihn sein musste, einen Sohn zu haben, zu dem er keinerlei Verbindung hatte.

Das letzte Mal hatte ich 1981 versucht, mit ihm zu sprechen, damals, als er mich verleugnet und ich daraufhin meinen Namen geändert hatte. Das war mehr als zehn Jahre her. Ich war jetzt selbst Vater und dachte, er wüsste vielleicht gern, dass er Großvater geworden war. Vielleicht konnten wir die Kluft zwischen uns sogar ein wenig überwinden. Ich war jetzt siebenunddreißig, und im Grunde war es an der Zeit, die Teenagerängste zu begraben, die mich mein ganzes Leben lang dominiert hatten.

Als ich das letzte Mal von ihm gehört hatte, war er bei einer Firma in San Jose beschäftigt, die Swimmingpools baute. Daher ließ ich mir deren Nummer geben, rief an und fragte, ob Frank Ferrano noch dort arbeitete.

„Wer sind Sie denn, bitte schön?", fragte eine Stimme.

„Ich bin sein Sohn. Ich versuche ihn zu finden."

„Randy?"

„Wer ist Randy?"

„Tja, wer auch immer Sie sein mögen – Frank Ferrano ist tot. Schon seit langem."

„Warten Sie."

„Rufen Sie hier nicht wieder an." Klick. Der Jemand am anderen Ende hatte aufgelegt.

Daraufhin setzte ich mich wieder mit meiner Mutter in Verbindung und fragte, ob sie etwas über das Schicksal meines Vaters wisse. Sie war sich sicher, dass er noch am Leben war. Aber als ich versuchte, weitere Informationen aus ihr herauszulocken – beispielsweise, ob sie etwas mit dem Namen Randy anfangen konnte –, biss ich bei ihr auf Granit. Der Text, den ich für „Primal Scream" von *Decade Of Decadence* geschrieben hatte, ging mir wieder durch den Kopf: „When daddy was a young man / His home was living hell / Mama tried to be so perfect / Now her mind's a padded cell." Ich zwang mich, den Hörer aufzulegen, bevor ich anfing, sie anzuschreien. Ich wollte nicht mehr zulassen, dass es meiner Mutter jedes Mal wieder gelang, die Tretminen zu zünden, die sie vor Jahren in mir ausgelegt hatte. Dazu war ich jetzt zu alt. Mein ganzes Leben war für mich selbst stets undurchschaubar gewesen, und es sah nicht so aus, als ob meine Mutter irgendetwas dazu beitragen wollte, dass ich in absehbarer Zeit mehr über mich und meine Familie erfuhr.

Am nächsten Tag eröffnete Brandi mir, dass sie Urlaub machen wolle. „Wohin sollten wir denn fahren?", fragte ich. Aber ich hatte sie missverstanden – sie wollte allein losziehen. Ein paar Freundinnen planten einen Trip nach Hawaii, erzählte sie, und sie wollte mitfahren und sich über einige Sachen klar werden.

„Die letzte Zeit war ziemlich hart", sagte sie. „Ich weiß zwar nicht, wonach ich eigentlich suche, aber ich muss zu mir selbst finden."

„Wenn es das ist, was du willst, sollten wir vielleicht ein bisschen Zeit gemeinsam verbringen. Wir könnten einen Babysitter für die Kinder engagieren, zusammen wegfahren und versuchen, mit uns ins Reine zu kommen."

Doch Brandi bestand darauf, allein zu fahren, und da merkte ich zum ersten Mal, dass an der Sache etwas faul war. Ich beauftragte einen Privatdetektiv, und er fand heraus, dass sie nicht so sehr auf der Suche nach sich selbst gewesen war, als vielmehr nach einem Mann mit dem passenden Namen Adonis. Warum ist der schicksalhafte andere immer ein Adonis, ein Thor oder ein Jean-Claude? Noch schlimmer war, dass besagter Adonis der Bruder einer Angestellten unserer Plattenfirma war, mit der ich mich öfter traf. Ich hatte Adonis daher mit seiner Schwester und seinem Bruder bei verschiedenen Gelegenheiten bei mir zuhause begrüßt, ihn ganz unschuldig willkommen geheißen und wie einen Freund behandelt. Ich fühlte mich wie ein Idiot, dass Brandi mir derart Hörner aufgesetzt hatte. Ich hatte versucht, unsere Ehe zu retten, und jetzt ließ sie mich mit den Kindern im Stich, um sich mit irgendeinem griechischen Playboy am Strand von Honolulu zu amüsieren – mit meinem Geld. Wahrscheinlich wusste jeder bei Elektra, was da hinter meinem Rücken lief. Warum hatte ich nur die italienische Journalistin nicht gevögelt?

Der Privatdetektiv sagte, er habe Fotos gemacht, aber ich wollte sie nicht sehen. Es passte alles zu gut zusammen: Adonis, erinnerte ich mich jetzt, hatte ein Haus auf Hawaii. Er hatte auch ein Haus in Santa Monica. Der Detektiv berichtete wenige Tage später, dass die beiden nach Los Angeles zurückgekehrt waren. Brandi hatte sich noch immer nicht bei mir gemeldet, und ich geriet schließlich derart darüber in Wut, dass sie mich so plump betrog, hinterging und erniedrigte, dass ich beschloss, dieses Adonis-Arschloch umzubringen, mit dem sie sich herumtrieb. Ich nahm mein doppelläufiges Gewehr, sprang in meinen Porsche und raste zum Pacific Coast Highway. Während ich den Berg hinuntersauste, plante ich im Kopf genau, was nach meiner Ankunft geschehen sollte. Ich würde klingeln und erklären: „Hallo, du erinnerst dich vielleicht an mich. Ich heiße Nikki, und du hast meine Frau gefickt." Dann würde ich ihm mit zwei Kugeln die Eier abschießen.

3

Kapitel

T O M M Y

IN DEM UNSER HELD LETZTEN ENDES ENTDECKT, DASS LIEBE
NICHT MIT GELD ZU BEZAHLEN IST – ES SEI DENN, MAN VERSUCHT ES IM
SEXSHOP „PLEASURE CHEST".

ls ich wieder aufwachte, war alles ganz anders. Nur wenige Zentimeter von mir entfernt war das bebrillte Gesicht eines Mannes ganz in Weiß, und seine ersten Worte waren: „Sie haben wirklich Glück, dass Sie noch am Leben sind, mein Lieber. Wirklich riesengroßes Glück."

Wahrscheinlich war ich noch in irgendeinem Junkietraum gefangen, dachte ich, zwinkerte und versuchte herauszukriegen, was um mich herum ablief. „Wo bin ich?"

Niemand antwortete. Der Typ war wieder weg. War er nur ein Traum gewesen, ein Irrer oder ein Schutzengel, der mir eine Botschaft hatte überbringen sollen? Ich lag in einem weiß gestrichenen Raum, schon ein bisschen wie im Himmel, aber gleichzeitig sah es etwas nach einer Anstalt aus. Es war … ein Krankenhaus. Jetzt spürte ich es auch: Ich hatte schreckliche Schmerzen, und meine Haut hatte sich bläulich verfärbt. Allmählich kehrte die Erinnerung an die vorangegangenen Stunden wieder zurück: Sedge, dieser Wichser, hatte mich beinahe umgebracht.

Gegen Abend besuchte mich Sedge in Begleitung von Doug, einem weiteren Freund. Sedge warf eine Tüte mit Kleidern aufs Bett und sagte: „T, wir holen dich erst mal hier raus."

„Warum das denn, Alter?"

„Wenn du noch ein bisschen länger bleibst, kriegt die Presse Wind davon, und für die bist du ein gefundenes Fressen. Also halt jetzt die Klappe, und komm mit. Vertrau mir."

Tommy

371

In meinem halb bewusstlosen Zustand erinnerte ich mich, diese Worte schon mal irgendwo gehört zu haben, aber wo, das wusste ich nicht mehr. Sedge und Doug zogen die Infusionsnadeln aus meinen Armen und nahmen die Drähte ab, die mich mit Apparaten verbanden, von deren Funktion ich absolut keine Ahnung hatte. Klar hatte ich Angst, dass mich die ganzen Schläuche und Drähte am Leben erhielten und dass ich sterben müsste, wenn man sie löste. Aber dann dachte ich, wenn ich klar genug bin, dass ich mir über solche Dinge Sorgen mache, dann bin ich wahrscheinlich einigermaßen in Ordnung. Sedge und Doug halfen mir in ein Paar Hosen, Stiefel und ein T-Shirt, und dann rannten wir über den Flur und verschwanden so schnell es ging aus dem Krankenhaus. Niemand hielt uns auf, niemand sagte etwas, und niemand erfuhr etwas davon, nicht einmal Bobbie.

Bobbie sah ich zwei Tage später, zu Silvester, wieder, als ich mit ein paar Kumpels im *Sanctuary Club* feierte. Wir hatten es uns in einer Sitzecke gemütlich gemacht und warfen ein E ein, tranken Champagner und benahmen uns wie wild gewordene Idioten. In einer Stunde brach das Jahr 1995 an, aber mit etwas Glück wären wir bis dahin so breit, dass wir uns nicht einmal mehr an das Datum erinnern könnten. Plötzlich kam die Bedienung an unseren Tisch und sagte: „Tommy, hier ist ein kleiner Goldschläger-Schnaps für dich. Mit besten Grüßen von Pamela Anderson."

„Pamela Anderson?"

„Ja, ihr gehört der Club zusammen mit ein paar anderen Leuten."

„Ist sie da?"

„Dort drüben." Die Bedienung deutete auf einen Tisch in der Ecke, an dem tatsächlich Pamela mit ihren Freunden saß. Wie war es möglich, dass sie mir bisher nicht aufgefallen war? Sie war ganz in Weiß, ihr Haar hatte einen so perfekten Blondton, wie ich ihn noch nie gesehen hatte, ihre Zähne glänzten in wunderbarem Weiß durch ihre Lippen, wenn sie lachte, und sie überstrahlte alle anderen in ihrer Gesellschaft, als ob sie von oben in schwarzes Licht getaucht wurde. Ich hob das Schnapsglas und machte irgendeine blöde Geste, grinste wahrscheinlich oder zwinkerte ihr zu und kippte den Drink. Dann setzte ich die Flasche Schampus an die Lippen und soff daraus wie ein glückliches Schwein. Nachdem ich abgesetzt hatte, ging ich zu ihrem Tisch hinüber und sprengte die ganze Gesellschaft.

„Hey, Pamela, ich heiße Tommy", stellte ich mich elegant vor. „Aber das weißt du ja wahrscheinlich, du hast mir ja gerade den Drink spendiert", fuhr ich etwas weniger elegant fort. „Danke."

Von diesem blöden Satz musste ich mich erst einmal erholen. Also schwang ich mich in ihre Sitzecke, schob mich über die Knie ihrer Freundinnen und drückte mich in eine kleine Lücke neben ihr. Dann nahm ich ihr Gesicht in beide Hände und leckte ihr die Wange vom Kinn bis hinauf zur Schläfe ab. Wäre ich nüchtern gewesen, hätte diese Geste wahrscheinlich ziemlich aufdringlich gewirkt. Aber ich war auf Ecstasy, und alles war gut, ich wirkte nicht unhöflich, sondern unschuldig und überwältigt von der Liebe, die ich empfand und die ich mit allen anderen Menschen teilen wollte. Sie lachte und zögerte keine Sekunde, um sich umzudrehen und das Gesicht des neben ihr sitzenden Mädchens zu lecken. Sekunden später leckten sich alle am Tisch gegenseitig.

Auf Ecstasy sieht selbst Joan Rivers aus wie Pamela Anderson, also kann man sich ja vorstellen, wie Pamela Anderson in diesem Zustand wirkt. Sie war so schön, dass ich ihren Anblick nicht einmal mit dem Gedanken an Sex entweihen wollte. Ich starrte sie nur den ganzen Abend lang an, und sie schaute zurück. Wahrscheinlich redeten wir währenddessen über irgendwas, aber ich kann mich nicht mehr erinnern, worüber. Ich merkte nicht einmal, dass das neue Jahr angebrochen war, bis Bobbie zehn Minuten nach Mitternacht an dem Tisch auftauchte und so schnippisch wie möglich „Frohes neues Jahr!" wünschte. In ihren Augen lag die ganze negative Energie, die sie vermutlich spürte, aber dank der Ecstasy-Pille war ich dagegen weitgehend immun. Ich wünschte Bobbie ebenfalls ein frohes neues Jahr, dann wandte ich mich wieder Pamela zu, der ich auf keinen Fall den Eindruck vermitteln wollte, dass Bobbie und ich etwas miteinander hätten – zumal unsere Beziehung sich inzwischen längst auf Überdosen und nächtliche Anrufe bei der Polizei reduziert hatte; ich hatte ja keine Ahnung, was mir noch bevorstand. Ich wollte endlich wieder etwas anderes erleben, und ich hoffte aus ganzem Herzen, dass Pamela etwas damit zu tun haben könnte.

Nachdem Bobbie ihr von der Bar aus die ganze Zeit finstere Blicke zugeworfen hatte, sagte Pamela gegen halb zwei, sie müsse gehen. Ihre Freundinnen waren müde und wollten nachhause. Leider habe ich trotz meiner reichen Erfahrungen noch immer kein probates Mittel gefunden, um eine Frau, für die ich mich interessiere, von ihren blöden Freundinnen loszueisen, die sich langweilen, weil sie nicht selbst im Mittelpunkt stehen. Ich brachte Pamela zum Auto ihrer Freundin Melanie, fragte zum zehnten Mal in dieser Nacht nach ihrer Nummer (und bekam sie endlich) und verabschiedete mich mit einem nassen, dicken Kuss. Das Ecstasy und der Schampus hatten mich wirklich mutig gemacht. Wie ich später erfuhr, hatte Pamela die Autotür noch nicht einmal ganz geschlossen, als Melanie sie ansah und sagte: „Vergiss das ganz schnell wieder."

„Wovon redest du?", fragte Pamela unschuldig.

„Ich sage dir, der Typ ist ein verdammter Irrer."

Pamela lächelte schuldbewusst. Melanie sah erneut zu ihr hinüber und wiederholte mit Bestimmtheit: „Nein!"

Mit neuen Bekanntschaften ist es in Los Angeles so eine Sache. Die meisten Leute sind zu beschäftigt, um andere Menschen kennen zu lernen. Sie denken vor allem an ihre Karriere – sich mit jemandem anzufreunden oder abends mit jemandem auszugehen steht auf der Liste wichtiger Dinge vielleicht an sechster Stelle. Das fiel mir wieder ein, als ich Pamela anrief und sie sich nicht auf ein Treffen festlegen wollte. Wahrscheinlich, so dachte ich, würde sich trotz des viel versprechenden Starts doch nicht mehr entwickeln als eine dieser typischen L.-A.-Bekanntschaften, die gewöhnlich irgendwann im Sand verlaufen, wenn man ein paar Mal telefoniert und sich immer wieder auf die nächste Woche vertröstet. Irgendwann hat man sich wieder weit voneinander entfernt, und der Funke, der beim ersten Treffen übersprang, verlischt. Aber so war es nicht.

Nachdem wir sechs Wochen miteinander Katz und Maus gespielt hatten, hörte ich eines Tages endlich die Nachricht auf meinem Anrufbeantworter, auf die ich die ganze Zeit gewartet hatte. „Tommy. Mist, jetzt bist du nicht da. Hier ist Pamela. Ich habe vierundzwanzig Stunden Zeit, und die würde ich gern mit dir verbringen. Ruf mich heute Abend um sechs im *Hotel Nikko* an, und dann verabreden wir uns."

Mann, ich war total hin und weg. Aus meiner Zeit mit Heather wusste ich, dass anständige kleine Schauspielerinnen auf böse Buben stehen, und daher gab ich mir nicht die Mühe, mir etwas Neues zum Anziehen zu kaufen und so aus dem Ei gepellt auszusehen wie Pamela selbst. Stattdessen suchte ich meine dreckigsten Lederhosen heraus, zog mir ein altes, nach Schweiß stinkendes T-Shirt über und verzichtete aufs Duschen und Rasieren. Meine Zähne putzte ich allerdings.

Anschließend fuhr ich zu einem Sexshop namens *Pleasure Chest* und gab dort vierhundert Dollar für Sexspielzeug und Reizwäsche aus. Ich war zu allem bereit: In einer Hand trug ich die Tasche mit meinen Sachen für die Nacht, in der anderen eine riesige Plastiktüte voller Gleitmittel, Klitorisstimulatoren und Liebeskugeln. Heute Nacht würde ich die Grundfesten ihrer Welt erschüttern. Eine Minute vor fünf rief ich im Hotel an, weil ich es einfach nicht erwarten konnte. Der Empfangschef sagte, sie sei noch nicht da.

Also fuhr ich ein bisschen durch die Gegend, versuchte mir die Zeit zu vertreiben, und fünf Minuten später meldete ich mich erneut. Sie war noch immer nicht gekommen. Ich holte mir etwas zu essen und rief wieder an. Ohne Erfolg. Als ich aufgegessen hatte, versuchte ich es zum vierten Mal, aber sie war noch immer nicht da. Inzwischen war es sechs, und weil ich es nicht mehr aushielt, fuhr ich direkt zu ihrem Hotel und wartete eine weitere Stunde in der Lobby. Sie kam nicht. Frustriert kehrte ich nachhause zurück und überschüttete das Hotel alle fünf Minuten mit weiteren Anrufen, bis ich den Angestellten an der Rezeption schließlich leid tat. „Sie ist noch immer nicht da", bedauerte die Dame am Empfang. „Das wird schon noch. Sie wird sicher jeden Augenblick auftauchen. Wenn Sie mir Ihre Nummer geben, sage ich Ihnen sofort Bescheid, wenn sie kommt."

„Aaaaaaaargh!"

„Wie bitte?"

Überall hinterließ ich Nachrichten – in ihrer Wohnung, bei ihren Freunden. So wie ich viele Jahre zuvor mein erstes Mädchen – das mit der roten Beere – verfolgt hatte, so jagte ich jetzt Pamela. Um zehn Uhr abends ging sie endlich ans Telefon. Sie war überhaupt nicht in dem Scheißhotel, sie war zuhause.

„Hey, was gibt's denn?", fragte sie und klang, als sei sie von meinem Anruf völlig überrascht.

„Sag mal, was treibst du denn im Moment?" Jetzt explodierte ich wirklich. Ich wollte sie unbedingt sehen.

„Ich bin schon wieder fast aus der Tür."

„Was soll das heißen?"

„Ich fliege heute Abend nach Cancún; morgen früh findet dort eine Fotosession statt."

„Aha, ist ja interessant. Und was ist mit mir?"

„O nein", sagte sie. „Wir wollten uns ja heute Abend treffen, nicht wahr?"

„Ja, so war das wohl."

„Das tut mir so leid. Hör mal, wir holen das nach, wenn ich wieder da bin. Versprochen."

„Wir könnten uns ja vorher schon sehen", schlug ich vor.

„O nein", protestierte sie. „Wage es nicht, auch nur daran zu denken."

„Was meinst du damit?", fragte ich unschuldig.

„Komm nicht auf den Gedanken mitzufahren. Ich muss sehr viel arbeiten, ich bin für achtzehn Stunden am Tag eingeplant. Da bleibt keine Zeit zum Spielen."

„Na ja, ist schon in Ordnung", gab ich nach. „Viel Spaß. Wir hören voneinander, wenn du wieder da bist."

Ich legte auf und rief sofort danach zwei Freunde an: „Packt eure Sachen. Wir fahren nach Cancún." Anschließend buchte ich mir einen Flug mit American Airlines, und am nächsten Tag rief ich sie vom Flugzeug aus an. „Ich sitze gerade in einem Flieger und trinke Cocktails", sprach ich ihr aufs Band. „Ich bin auf der Suche nach deinem süßen Arsch." Wahrscheinlich wünschte sie inzwischen, mir nie ihre Privatnummer gegeben zu haben.

Eine halbe Stunde später hörte ich meinen Anrufbeantworter ab, und tatsächlich: Sie hatte sich gemeldet. Lautstark. „Du spinnst ja wohl! Komm nicht hierher. Ich bin nicht zum Spaß hier, ich muss arbeiten!"

Aber es war zu spät. Nach meiner Ankunft rief ich in jedem infrage kommenden Hotel an und erkundigte mich nach ihr. Das sechste Hotel auf meiner Liste war das *Ritz-Carlton,* und als man mir sagte, ja, eine Pamela Anderson sei bei ihnen abgestiegen, machte ich mir vor Aufregung fast in die Hosen. Sie war natürlich nicht auf ihrem Zimmer, aber ich hinterließ ihr eine Nachricht – sechs, genauer gesagt – und fragte, ob sie abends mit mir etwas trinken wollte.

Offenbar hatte sie nicht die geringste Lust, mich zurückzurufen, weil sie richtig sauer war. Aber diesmal waren ihre Freundinnen auf meiner Seite: Sie sahen, wie sehr ich mich bemühte, und überredeten sie schließlich: „Komm schon, auf einen Drink kannst du schon mit ihm ausgehen. Das tut doch niemandem weh." Tja, falsch gedacht. Vier Tage später waren wir verheiratet.

Am Abend tauchte ich in einem ärmellosen T-Shirt, zerrissenen Jeans und deutlich sichtbaren Tattoos in der Lobby des *Ritz-Carlton* auf. Dort weigerte man sich, mich auch nur in die Nähe der Bar oder des Restaurants zu lassen, und daher beschlossen wir, diesem beschissenen Spießerhotel den Rücken zu kehren und uns anderswo zu amüsieren. Als ich ihr die Taxitür aufhielt, sah ich sie einen Augenblick lang an. Und konnte den Blick danach nie wieder von ihr abwenden.

Wir landeten schließlich im *Señor Frog's,* einem Laden, der nach verschüttetem Bier und erbrochenen Margaritas stank. Nach dem ganzen Hin und Her, das unserem Treffen vorausgegangen war, waren wir nun beide schüchtern und linkisch, aber nach und nach wurde aus dem *Señor Frog's* ein kleines Paradies, der Zauber zwischen uns kehrte auch ohne Ecstasy zurück, und die Außenwelt verblasste um uns herum. Sie bestellte sich den einen Drink, den sie mir versprochen hatte, und auf diesen einen folgte ein zweiter und dann noch viele andere, und auf diese ganzen Drinks folgte unsere erste gemeinsame Nacht in ihrem Bett. Als wir endlich einschliefen, war das der erste Augenblick an dem ganzen Abend, an dem wir uns nicht mehr in die Augen sahen.

Danach waren wir jeden Abend und jede Nacht zusammen. Wir gingen in Clubs, Restaurants, Bars, an den Strand, und wir taten nichts anderes, als uns anzusehen und zu küssen. Dann fuhren wir nachhause und liebten uns. Sie hatte das Penthouse gemietet, das vom Fahrstuhl aus direkt zu erreichen war und das einen Pool und einen kleinen Wasserfall besaß, was wir weidlich ausnutzten.

Ich hatte nie geglaubt, dass ich je so glücklich sein würde. Das Gefühl war stärker als alles, was ich je auf Ecstasy gespürt hatte – es war unmöglich, einen negativen Gedanken zu fassen, nicht einmal, was mich selbst, Mötley oder sogar Vince betraf; ich verwandelte mich in ein richtiges Weichei. Es war, als hätte man unsere Herzen mit Heißkleber aneinander geschweißt. Wenn sie arbeiten musste, saß ich regungslos in meinem Hotelzimmer und wartete darauf, dass mich ihr Anruf wieder ins Leben zurückrufen würde. Ich rief sogar meine Eltern an und dankte ihnen dafür, dass sie so einen verzogenen Bengel großgezogen hatten, der es nicht ertragen konnte, wenn er nicht bekam, was er wollte, denn sonst hätte ich nie das Selbstbewusstsein besessen, Pamela derart nachzustellen.

Als die Fotoaufnahmen beendet waren, beschlossen wir, noch zwei weitere Tage in Cancún zu bleiben. Am Abend saßen wir in einer Disco namens *La Boom,* und ich zog meinen Ring vom kleinen Finger, steckte ihn ihr an und machte ihr einen Heiratsantrag. Sie sagte ja, umarmte mich und schob mir ihre Zunge in den Mund. Am nächsten Morgen wurden wir uns darüber klar, dass wir es beide ernst gemeint hatten, und erkundigten uns im Hotel, ob jemand in der Nähe die Zeremonie durchführen könnte. Dann machten wir den obligatorischen Bluttest, fanden heraus, wo wir das Aufgebot bestellen konnten, und wurden noch am gleichen Tag am Strand in Badesachen getraut. Statt Eheringen entschieden wir uns für eine dauerhaftere Variante: Wir ließen uns den Namen des anderen um den Finger herum tätowieren.

Am nächsten Morgen flogen wir zurück nach Los Angeles. Je näher wir der Landung kamen, desto mehr wurden wir uns der Realität bewusst. Es war Wirklichkeit geworden. Wir waren verheiratet.

„Sag mal", wandte Pamela sich an mich. „Wo wollen wir anschließend hin? In mein Haus oder deins?"

„Ich wohne in Malibu, direkt am Strand ..."

„Okay, dann gehen wir zu dir."

Wir waren kaum aus dem Flugzeug gestiegen, als die Hölle über uns hereinbrach. Der ganze Flughafen wimmelte von Fotografen. Wir kämpften uns bis zu meinem Auto durch und fuhren dann zu meinem Haus. Als ich zu den nahe gelegenen Hügeln hinübersah, lauerten dort überall Typen mit Kameras. Aus der paradiesischen Freiheit in Cancún waren wir direkt in die schwärzeste Hölle des Sündenpfuhls Hollywood geraten. Wir beauftragten ein Sicherheitsteam, das uns rund um die Uhr bewachte, aber wir konnten trotzdem nicht einmal aufs Klo, ohne dass dieser verdammte Lynchmob uns nachspionierte.

Es wurde noch schlimmer, als Pamela zuhause anrief und ihrer Familie von den Geschehnissen berichtete. Ihre Mutter flippte völlig aus und verlangte, sie solle sich sofort wieder scheiden lassen; ihr Bruder wollte wissen, wo ich wohnte, um mir persönlich in den Arsch zu treten. Ihre Familie war nicht bereit, unsere Ehe anzuerkennen, und Pamela wurde schlicht enterbt. Damit nicht genug: Bobbie hatte mir in der Zwischenzeit zwanzigmal auf den Anrufbeantworter gequatscht. Sie hatte aus den Nachrichten erfahren, dass Pamela und ich geheiratet hatten, und sie war richtig sauer. Ihrer Meinung nach waren wir nämlich noch zusammen.

>−+◆>−○−<◆+−<

Kapitel 4

N I K K I

IN DEM EIN WÜSTLING, DER IN DER VERGANGENHEIT NICHT MIT DER
WIMPER ZUCKTE, WENN EIN TELEFONHÖRER DIE INTIMSTEN TEILE
EINER JUNGFER ENTWEIHTE, FESTSTELLT, DASS ER VERLERNT HAT, WIE
MAN SICH EINER FRAU UNTER NORMALEN UMSTÄNDEN NÄHERT.

Als ich den Berg hinunterrollte, an dessen Fuß der Pacific Coast Highway auf die Kanan-Dume Road trifft, hob sich der Schleier von meinen Augen, und ich hatte einen klaren Moment. Mit quietschenden Reifen kam ich vor dem World Gym zum Stehen, und dort riss ich die Tür auf und ballerte die Ladung meiner Flinte auf ein Stoppschild. Natürlich war ich trotzdem noch sauer, aber ich war nicht so blöd wie O. J. Simpson. Ich wollte nicht zulassen, dass Brandi mein Leben noch mehr zerstörte, als sie es schon getan hatte.

Dort an der Straße stiegen mir die Tränen in die Augen. Ich hielt es einfach nicht mehr aus. Sie machte mich kaputt, mich und auch die Kinder. Diese teuer erworbene neue Information machte es mir unmöglich, ihre Einkaufsorgien weiter hinzunehmen und zu den Gemeinheiten zu schweigen, die sie mir zuhause entgegenschleuderte. Eine Trennung war unvermeidlich. Ich hatte mir so sehr gewünscht, dass Brandi und ich als Eltern so sein würden, wie ich mir meine eigenen immer gewünscht hatte, aber das war jetzt, wo unsere Beziehung nur noch ein Scherbenhaufen war, nicht mehr möglich.

Als ich Brandi zur Rede stellte und die Scheidung verlangte, entbrannte sofort ein heftiger Ehekrieg. Sie rauschte vor Wut kochend davon und drohte damit, mir alles, was mir lieb und teuer war, zu nehmen. Mir war zuvor nie klar geworden, wie einsam es in der Villa war. Nicht nur, dass ich allein dort wohnte und um das Sorgerecht für meine Kinder kämpfte, ich sprach auch nicht mit meiner Mutter und hatte keine Ahnung, ob mein Vater überhaupt noch lebte. Und in der Band, dem einzigen tragfähigen Beziehungsgeflecht, das ich in meinem ganzen Leben gekannt hatte, kriselte es ebenfalls heftig – bei den Aufnahmen zu *Generation Swine* fühlte ich mich wie in einer Folge von *Dynasty*, wo jeder hinter dem Rücken des anderen seine Intrigen spinnt.

Ich war so deprimiert wie nie zuvor, als ich einem befreundeten Toningenieur den „Song To Slit Your Wrists By" vorspielte – „ein Lied, um sich die Pulsadern aufzuschneiden". Für ihn war daraufhin klar, dass ich aus dem Haus unbedingt einmal rausmusste, und er versuchte mich dazu zu überreden, mit einem befreundeten Mädchen aus Pasadena auszugehen. „Sie ist eine tolle Frau", versprach er.

„Ich weiß nicht", meinte ich zögernd. „Eigentlich habe ich den Kopf überhaupt nicht frei, um jemanden kennen zu lernen. Mich interessiert momentan nur das Sorgerecht für die Kinder."

„Nikki, du brauchst jemanden. Du musst mal auf andere Gedanken kommen. Sie ist wirklich nett. Ihr werdet euch verstehen."

Schließlich gab ich nach und rief sie an. Sie klang wirklich so freundlich, dass ich sie zum Essen einlud. Es war völlig anders als früher, vor meiner Ehe, wo es gereicht hatte, mich im *Starwood* lasziv gegen die Wand zu lehnen und cool auszusehen, wenn ich eine Frau aufreißen wollte. Die Fahrt zu ihr nach Pasadena dauerte eineinhalb Stunden. Ich klopfte, die Tür ging auf, und – verdammt, die Frau hatte einen Silberblick. Genau wie die Mitbewohnerin von Angie Saxon. Sie sah aus wie eine betrunkene Geena Davis. Ich hatte kaum einen Fuß in ihre sorgfältig auf Abriss gestylte Wohnung gesetzt, da hätte ich mich am liebsten wieder umgedreht und wäre abgehauen. Das war überhaupt nicht mein Ding.

Aber nun war ich die ganze Strecke zu ihr hergefahren, und sie sah so verzweifelt und erwartungsvoll aus. Also gingen wir in ein angemessen angesagt-abgerissenes Lokal, wo sie einen Scotch nach dem anderen kippte, während ich ihr dabei zusah; schließlich konnte ich nichts trinken, weil ich später noch den ganzen Weg zurückfahren musste. Je mehr sie trank, desto lauter und aufdringlicher wurde sie. Normalerweise wäre ich genauso betrunken und laut gewesen, aber in meinem nüchternen Zustand konnte ich das kaum ertragen. Ich zog den Kopf ein und wurde auf meinem Stuhl immer kleiner.

Nachdem ich sie wieder nachhause gebracht hatte, zog sie mich in die Wohnung und fragte, ob ich noch ein wenig mit ihr fernsehen wollte. Zwar flüchtete ich mich in eine Ausrede, aber sie drückte mich dennoch aufs Sofa und schaltete das Gerät an. „Das ist meine Lieblingsserie", erzählte sie. Es war *Cops*.

Vorsichtig nahm ich so weit entfernt von ihr wie möglich Platz. Während einer Werbepause arbeitete sie sich auf die Sofamitte vor. Nach ein paar Minuten Schweigen fragte sie: „Willst du was trinken?"

„Äh, ein Wasser vielleicht."

Als sie aus der Küche zurückkam, rückte sie mir noch enger auf den Pelz. Mein Bedürfnis, dieser Situation zu entfliehen, wurde so stark, dass mir der Schweiß die Schläfen hinunterlief. Sie rutschte an mich heran. Schließlich sagte ich: „Ich muss los, ich muss noch ziemlich lange fahren."

„Bleib doch noch, und sieh dir mit mir *Cops* an", erwiderte sie. „Das ist eine richtig gute Folge."

„Nein, ich sollte besser gehen. Der Weg ist ziemlich lang."

Als ich aufstand, pflanzte sie sich schielend und in voller Größe vor mir auf. Ich versuchte mich an ihr vorbeizudrücken, aber sie schob sich zwischen mich und die Tür und machte einen Kussmund. Ich wich zurück, aber sie bedrängte mich weiter. Langsam wurde ich panisch: Eine schielende Geena Davis griff mich an. Meinen Freund hätte ich am liebsten umgebracht. Schließlich konnte ich mich endlich losmachen und zu meinem Wagen laufen, wobei ich mich nicht einmal verabschiedete oder „Vielen Dank, war nett" sagte. Ich war noch keine Minute gefahren, als mein Handy klingelte. Sie war dran. Die Geschichte entwickelte sich zum echten Horrorfilm.

„Warum bist du gegangen?", fragte sie.

„Na ja …"

„Du kannst heute Nacht hier bleiben, wenn du möchtest. Ich mache alles, was du willst. Alles."

„Nein, ich kann wirklich nicht."

„Ich würde deine Sklavin sein", bettelte sie. „Ich würde es dir sooo schön machen."

„Es tut mir leid. Vielleicht ein anderes Mal."

„Was ist denn los?"

„Na ja, weißt du, du hast einen Silberblick."

So viel zu meinen Erfahrungen mit Blind Dates. Ich erwischte eine schielende Geena Davis, und als Nächstes traf ich eine schielende Meg Ryan. Mit der schlief ich allerdings.

Tommy hatte Pamela Anderson geheiratet und saß deswegen ziemlich auf dem hohen Ross. „Alter, du musst dich nicht immer mit diesen normalen Mädels abgeben", sagte er. „Du musst dir jemanden suchen, der dich versteht, der selbst eine Karriere hat und dieselbe Scheiße erlebt wie du. Du brauchst jemanden, der auch berühmt ist. Blättere doch einfach durch ein paar Zeitschriften, und überlege, wer dir gefällt. Jemand Interessantes."

Also kaufte ich mir die Celebrity-Blätter *Details* und *Premiere*. Mit Drew Barrymore konnte man sicher Spaß haben. Cindy Crawford machte als Begleiterin natürlich auch viel her. Jenny McCarthy war wahrscheinlich ein ziemlich wildes Mädchen, die mich im Bett zum Lachen bringen könnte. Daraufhin schrieb ich einen Musterbrief, den Kovac für mich an die Agenten dieser Mädchen faxte, wobei ich allerdings keine Ahnung davon hatte, dass Jenny McCarthy mit ihrem Manager zusammen war. Es war keine besonders brillante Idee – nicht nur, dass ich keine Antwort bekam; mit diesen Faxen sollte ich später noch ziemlichen Ärger haben.

Während wir jedoch dem Album den letzten Schliff gaben, entdeckte ich im Studio eines Tages einen *Playboy*, der auf der letzten Seite das Foto einer *Baywatch*-Schönheit zeigte. Sie war hübsch, das sah ich sofort, aber ich dachte mir weiter nichts dabei. Einen Tag später sagte Tommy: „Pam möchte dir jemanden vorstellen."

„O Gott, wen denn? Einen schielenden David Hasselhoff?"

„Nein, ein Mädchen, das bei *Baywatch* mitspielt. Eine richtig heiße Frau, Alter."

Ich hatte keine Lust, mich mit einer selbstverliebten blöden Blondine zu treffen, und versuchte, mich aus der Sache herauszuwinden. Außerdem hatte Pamela mich nie richtig leiden können; eine Zeit lang hatte ich mich zwar darum bemüht, dass sie sich mit Brandi anfreundete, aber genauso gut hätte man versuchen können, Öl und Wasser miteinander zu vermischen. Wie immer meldete sich Scott Humphrey zu Wort und erklärte, wenn ich mich mit der Frau nicht treffen wollte, dann würde er gern statt mir gehen. Das weckte meinen Trotz.

Später ärgerte ich mich zwar über mich selbst, dass ich mich schon wieder darauf eingelassen hatte, von meinen Freunden verkuppelt zu werden, aber ich fuhr trotzdem zum *Baywatch*-Dreh. Aus dem Hintergrund sah ich bei einer Szene am Rettungsschwimmerturm zu, als eine Frau mit wunderschönem blondem Haar und einem bunten Strandkleid auf dem Set erschien. Es war das Mädchen aus dem *Playboy*. „Das ist sie, Alter", stupste Tommy mich an.

„Vergiss es. Die lässt sich nie im Leben mit mir ein." Schon jetzt hatte ich die grausige Vorstellung, wie ich sie beim Essen tödlich damit langweilte, dass ich ihr lange Vorträge über die Arbeit an *Generation Swine* hielt. Sie würde mich abweisen, da war ich mir sicher, und ich überlegte, wie ich mich davonstehlen könnte, um mir die peinliche Situation zu ersparen. Sie war ein richtig solides, anständiges amerikanisches Mädchen und passte überhaupt nicht zu einem abgefuckten Wichser wie mir.

Nach dem Dreh bummelte ich den Weg zum Strand hinunter, und als wir uns auf halbem Weg begegneten, stellte Pamela uns einander vor. Das *Playboy*-Mädchen hieß Donna und legte unübersehbar wenig Wert auf meine Bekanntschaft. Sie sah mich nicht mal an, sondern nickte nur, wandte sich ab und ging zu ihrem Wohnwagen. Wahrscheinlich kam ein tätowierter, notorisch untreuer Heroinabhängiger mit drei Kindern, der sich noch immer nicht von seiner gescheiterten Ehe erholt hatte, für sie absolut nicht infrage.

Auf dem Weg zu Pams Garderobe hoffte ich inständig, dass es nicht zu spät war, um mich aus der Situation herauszuwinden. Donna überlegte sich offenbar dasselbe, denn als sie wenig später zu uns stieß, sagte sie: „Wisst ihr was? Ich kann nicht mit. Ich habe nichts anzuziehen."

Offenbar hatte sie nur das lange, weite Oberteil dabei, das sie bei der Arbeit getragen hatte. „Von mir aus kannst du das anbehalten", sagte ich. „Das ist doch okay." Sie warf mir einen bösen Blick zu, verließ den Wohnwagen und kehrte wenig später in besagtem Strandkleid zurück.

„Na schön", sagte sie. „Scheiß drauf. Gehen wir."

Schon bevor es richtig losging, war dieses Blind Date eine echte Katastrophe. Tommy und Pam fuhren mit ihrem Wagen zum *Dragonfly* voraus, ich fuhr ihnen hinterher, und Donna bildete in ihrem Pathfinder das Schlusslicht. Es war eine richtig typische L.-A.-Verabredung – wir fuhren Kolonne. Immer wieder bog ich abrupt ab oder überfuhr gelbe Ampeln, weil ich hoffte, ich könnte sie abhängen. Als wir uns dem *Dragonfly* näherten, konnte ich sie im Rückspiegel nicht mehr entdecken. Ich war in Sicherheit – dachte ich. Eine Minute später, als ich gerade ausstieg, fuhr sie neben mir auf den Parkplatz. Ich saß in der Klemme.

Nach und nach kamen wir miteinander ins Gespräch. Später am Abend fuhren wir zu einem Club voller betrunkener Tänzer; wir allein blieben nüchtern und unterhielten uns in einer Ecke über Musik und über unsere Kinder. Und das machte wirklich Spaß mit ihr. Gegen Mitternacht brachte ich sie schließlich wieder zu ihrem Wagen. Langsam wusste ich nicht mehr recht, was ich erzählen sollte, und daher fing ich an, von dem Haus und dem Pool zu berichten, den ich gerade bauen ließ.

„Wirklich, ein Pool?" Donna heuchelte Interesse.

„Ja, und zwar soll der die Form einer Möse kriegen. Ich wollte schon immer einen Swimmingpool in Mösenform, damit ich dann … ach, vergiss es."

Sie verdrehte die Augen, und ich begriff, dass ich gerade jede Chance verspielt hatte, die ich je bei ihr gehabt hatte. Das Ganze war mir so peinlich, dass ich nicht mal versuchte, ihr zum Abschied einen Kuss zu geben.

Als ich wieder allein und isoliert in meinem großen Haus saß, fühlte ich mich allerdings so einsam und leer, dass ich sie dennoch anrief. Ich wollte sie gern näher kennen lernen und herausfinden, ob sie wirklich so cool war, wie ich dachte. Wir verabredeten uns für den nächsten Abend im *Bamboo*, einem Restaurant in Malibu.

Den darauf folgenden Morgen verbrachte ich mit meinen Kindern im Vergnügungspark von Malibu. Dort traf ich Tommy und Pamela, die ihren Sohn Brandon auf dem Arm hatte; ihr Gesicht war rot vor Wut. Tommy, der hinter ihr herwankte, war offenbar völlig betrunken, und sie war stinksauer. Als ich ihr erzählte, dass ich mich noch einmal mit Donna verabredet hatte, tätschelte sie mir herablassend den Kopf.

Später setzte ich die Kinder bei Brandi ab, zog mich um – ich hatte nur noch wenige vorzeigbare Klamotten – und holte Donna ab. Und bei einem etwas misslungenen Nudelessen im *Bamboo* spürte ich in mir dieses Gefühl, das entweder als echte Liebe oder das verzweifelte Festklammern an einem romantischen Gedanken in einer ansonsten recht desolaten Situation zu deuten war. Sicher war ich mir nicht; mit Brandi war es auch so schnell gegangen, und wie sehr hatte ich da mit der Einschätzung meiner Gefühle daneben gelegen. Ich traute mich kaum, Donna anzusehen, weil mich ihre Schönheit richtiggehend nervös machte. Als sie aufs Klo ging, gratulierten mir ein paar Typen vom Nebentisch zu meiner heißen Begleiterin. Zwölf Jahre zuvor wäre so etwas völlig von mir abgeprallt, aber inzwischen hatte meine Ehe mein Selbstwertgefühl stark untergraben.

Mit Donna war alles anders als bei den Silberblick-Dates, die ich zuletzt gehabt hatte. Am liebsten wäre ich mir ihr an den Strand gefahren, um dort die ganze Nacht mit ihr zu reden. Wir hatten so viel gemeinsam: Wir kamen beide aus einer Kleinstadt, wir beide liebten Kinder, sie wurde wegen ihrer *Baywatch*-Rolle allgemein als Sexsymbol betrachtet, und so sah man mich in der Rockwelt schließlich auch. Allerdings waren wir selbst uns darüber völlig im Klaren, dass wir tief in unserem Inneren noch dieselben Außenseiter waren wie früher – Highschool-Loser, die es durch Bluffen bis an die Spitze geschafft hatten. Schließlich sagte ich zu Donna: „Hör mal, ich wohne ganz in der Nähe. Hast du Lust, noch mit zu mir zu kommen? Ich habe ein bisschen Wein, wir können relaxen, und ich zeige dir die Pläne für den Pool."

„Warum nicht, wenn es nicht so weit ist", meinte sie.

„Es sind keine fünf Minuten Fahrt."

Bis zu mir waren es vierzig Kilometer, und das wusste ich sehr wohl. Sie fuhr mir in ihrem Pathfinder den Pacific Coast Highway hinterher, und als wir die Berge erreicht hatten, forderte sie mich blinkend zum Anhalten auf. „Sag mal, wie weit ist es denn noch?", fragte sie nervös.

„Wir sind fast da."

Ich fuhr voraus, durch Westlake Village und North Ranch, immer in der Angst, sie würde zwischendurch die Nase voll haben und einfach umdrehen. Schließlich bretterten wir auf meine Auffahrt.

„Was zum Teufel ist denn das?", rief sie aus, als sie meine Luxusvilla sah. Drinnen nahm sie auf dem Zehntausend-Dollar-Sofa Platz, zu dessen Kauf Brandi mich überredet hatte, und nippte an einem Glas Wein. Die Situation überwältigte mich so, dass ich keinen Tropfen hinunterbekam: Ich konnte nicht glauben, dass diese wunderbare Frau auf meinem Sofa saß, in einem Haus, das ich lediglich mit Ehe, Kindern und der schlimmsten Studioerfahrung meines Lebens in Verbindung brachte. Am liebsten hätte ich sie geküsst, aber ich wusste nicht einmal, wie ich das anstellen sollte, weil das letzte Mal so lange her war. Ich war ein echter Loser, Frank Ferrano junior. Schließlich fragte ich sie linkisch: „Darf ich dich umarmen?"

Ich durfte, und fünf Minuten lang schmolz ich in sie hinein. Ich vergrub meinen Kopf in ihrem blonden Haar und begann zu träumen wie ein alter, geiler, sentimentaler Narr, der zum ersten Mal seit einem halben Jahrhundert das Aroma einer Achtzehnjährigen einsaugt.

Die Weinflasche war fast leer, und das meiste davon hatte sie getrunken, daher schlug ich vor, dass sie über Nacht bei mir blieb. Damit sie gar nicht erst auf den Gedanken kam, dass ich ihr damit ein anzügliches Angebot machen wollte, setzte ich sofort hinzu, dass sie natürlich im Gästezimmer schlafen würde, während ich in meinem eigenen Bett blieb. Ich zeigte ihr das Zimmer und wollte gerade wieder gehen, als sie mich zu sich aufs Bett zog. In meinem nüchternen Zustand konnte ich jede Berührung, jede Sekunde genießen, und während wir miteinander herumtollten, wurde ich vor Lust fast wahnsinnig. Wahrscheinlich war ich so geschickt wie ein Hund, der sich an einem Türgriff reibt. Es war so lange her, dass ich mich gegen eine schöne Frau gedrängt hatte, die ich wirklich mochte und respektierte. Mein Verlangen, sie jetzt und hier zu vögeln, war unglaublich stark, aber ich war so geil, dass ich Angst hatte, es würde nur ein paar Sekunden dauern, und dann würde sie mich verabscheuen, weil ich ein so verdammt schlechter Liebhaber war.

„Ich gehe besser rüber in mein Zimmer", sagte ich daher.

„Nein", flüsterte sie. „Bleib."

Ich war es nicht mehr gewohnt, so lange aufzubleiben, und von daher ziemlich geschafft, aber als ich neben ihr lag, regte mich die Nähe dieser nur mit ihrer Unterwäsche bekleideten Superfrau dermaßen auf, dass ich stundenlang keinen Schlaf fand. Als ich erwachte, ging die Sonne auf, und der Platz neben mir war leer.

Schnell stand ich auf, zog mir einen Bademantel über und fand Donna draußen auf der Veranda oberhalb des geplanten Mösenpools, wo sie eine Zigarette rauchte. Sie wandte mir den Rücken zu und sah zu den Multimillionärsvillen meiner Nachbarn hinüber. „Was machst du hier draußen?", fragte ich, als ich auf die Veranda hinaustrat.

Erschrocken drehte sie sich um und sah sich einem hässlichen Rockstar im Bademantel gegenüber, wie er gerade aus einem riesigen Marmorpalast trat, den die Morgensonne erleuchtete. Es war wie eine Szene aus *Scarface.*

„Das ist alles ein bisschen zu viel für mich", sagte sie. „Ich muss hier raus."

„Bitte geh nicht, bitte geh nicht weg", bettelte ich.

Sie schnappte den Rest ihrer Klamotten und rannte zu ihrem Auto, und ich lief ihr im Bademantel nach und versprach ihr alles, was sie wollte, wenn sie nur blieb. Als sie von der Auffahrt fuhr, war ich allein, und ich verstand urplötzlich, wie sich die schielende Geena Davis gefühlt haben musste, als ich so unvermittelt abgehauen war. Ich war ein Monster, das auf dieses Mädchen nur wegen des Weins zwei Stunden lang halbwegs attraktiv gewirkt hatte. Traurig setzte ich mich aufs Bett und begann zu schreiben: „She's so afraid of love / Is so afraid of hate / What's she running / From now?"

Der Song hieß „Afraid", und er handelte von uns beiden. In nur achtundvierzig Stunden hatte sie meine Welt auf den Kopf gestellt – erst hatte sie mir einen Korb gegeben, dann hatte ich mich in sie verliebt, und sie hatte mein Herz gebrochen; jetzt hätte ich mir selbst am liebsten einen Korb gegeben. Ein paar Stunden verbrachte ich in unruhigem Schlaf, dann hinterließ ich ihr eine Nachricht. Zwar soll man ja der Frau, die man begehrt, nicht zeigen, wie verrückt man nach ihr ist, aber ich sagte ihr trotzdem, dass ich mich seit langem nicht mehr so lebendig gefühlt hatte, und bat inständig um einen Rückruf. Und der kam. Sie entschuldigte sich dafür, so überstürzt gegangen zu sein. Sie war so betrunken gewesen, sagte sie, dass sie nicht einmal mehr wusste, ob wir es miteinander getrieben hatten oder nicht. Ich erzählte ihr, dass wir die ganze Nacht lang gevögelt hätten und sie anschließend gesagt hatte, sie hätte noch nie so guten Sex gehabt.

Daraufhin verabredeten wir uns wieder und trafen uns einige Male. Unsere Beziehung begann sich gerade wieder zu entwickeln, da fuhr Donna eines Tages auf meine Auffahrt und hielt mir wutentbrannt ein Fax unter die Nase, das ich selbst geschrieben hatte. Wie sich herausstellte, arbeitete der Freund und Manager von Jenny McCarthy mit Donnas Manager zusammen, hatte von dem neuen Mann in ihrem Leben erfahren und prompt den Brief herausgekramt, in dem ich Jenny um ein Treffen bat. Das reduzierte mich in Donnas Augen in Blitzgeschwindigkeit von dem einsamen, liebenswerten Rockstar, für den sie mich zunächst gehalten hatte, zu einem menschenverachtenden Idioten, dem es nur darum ging, Stars flachzulegen.

Die Situation verschärfte sich noch, als wir nachmittags mit meinem Sohn Gunner spielten und Brandi hereinplatzte, weil sie der Meinung war, dass sie laut Vereinbarung in dieser Woche das Anrecht auf die Kinder hatte. Gunner hatte gerade sehr viel Spaß mit uns und wollte nicht mit ihr mitgehen, aber Brandi bestand darauf. Dass Gunner zu schreien und zu weinen begann, schien sie nicht zu interessieren. Stattdessen begann sie, mich vor Gunner und Donna anzuschreien und niederzumachen. Schließlich stürmte ich in mein Zimmer, lud meine Neun-Millimeter-Pistole und schwor mir, diesmal würde ich es wirklich tun. Ein Kopfschuss, und diese eiskalte Schlampe wäre für immer erledigt. Gunners Geschrei hallte im ganzen Haus wider. Mein logischer Verstand setzte komplett aus, und eine Welle des Zorns übermannte mich.

Ich stürzte hinaus in den Flur, aber Donna hielt mich auf. „Überleg dir, was du tust, Scarface", sagte sie.

Einige Minuten lang stritten wir, dann gab ich ihr schließlich die Pistole und schob mich an ihr vorbei ins Kinderzimmer. Aber Brandi und Gunner waren bereits gegangen. Ich ließ mich auf das Bett meines Sohnes fallen und brach in Tränen aus. Ich war ein kompletter Versager, und wahrscheinlich hatte ich nun auch Donna ein für alle Mal verschreckt.

Aber Frauen sind schon komisch: Je mehr Fehler man macht, desto mehr mögen sie einen. Sie erkannte, dass ich trotz der dämlichen Faxe und meiner unkontrollierbaren Wutausbrüche im Grunde meines Herzens ein einsamer kleiner Junge war, der dringend Hilfe brauchte – und sie war bereit, sie mir zu geben. Am nächsten Tag gab sie mir ein hübsch verpacktes Geschenk, ein aus fünfzehn CDs bestehendes Archiv zum Erstellen eines Familienstammbaums. Ich tippte meinen Namen ein und dann den meines Vaters. Die CD-ROM surrte im Laufwerk, und die Namen meiner Eltern erschienen auf dem Bildschirm. Unter ihnen stand mein Geburtsname und der meines Bruders, Randy Ferrano. Moment! Mein Bruder Randy? Ich hatte keine Brüder.

Abb. 2

Von links: Storm, Nikki, Gunner, Decker,
Donna D'Errico und Rhyan D'Errico

IN DEM DER LESER VON TOMMY LEES STAHLKASSETTE UND IHREM
BRISANTEN INHALT ERFÄHRT.

*N*iemand erwartete, dass es funktionieren würde. Aber das tat es, jedenfalls eine Zeit lang. Pamela und ich waren so verdammt glücklich – unsere Charaktere schienen geradezu ineinander zu verschmelzen. Ihr größter Wunsch war ein Kind, und genau das war mir seit meiner Ehe mit Heather ebenfalls unglaublich wichtig geworden. Pamela war davon abgesehen wesentlich einfacher und lustiger im Umgang. Wir beide hatten alle möglichen verrückten Ideen und wollten mal Möbel designen, mal eine Modelinie entwickeln oder mal ein Drehbuch schreiben. Unsere Ehe schien unseren Ehrgeiz nicht zu bremsen, sondern vielmehr anzufachen. Ihre Mutter und ihr Bruder entschuldigten sich schließlich bei uns und akzeptierten unsere Verbindung, und damit war alles gut. Abgesehen von den Scheißfotografen, die uns überallhin folgten.

Diese Paparazzigeschichte verstand ich im Grunde nicht; mit Heather hatte ich so etwas Verrücktes nie erlebt. Damals hatte man uns etwas zivilisierter aufgelauert. Bei Pamela nahm die Belästigung durch diese Leute abnorme Ausmaße an. Wenn wir aus dem Haus gingen, stürzten plötzlich Fotografen hinter den Büschen hervor und verfolgten uns in höchster Geschwindigkeit über den Freeway. Wenn wir nackt am Strand gelegen hätten, wäre mir das noch halbwegs verständlich gewesen, aber was war so aufregend daran, wenn wir einfach nur die Straße hinuntergingen oder aus einem Auto stiegen?

Überall, wo wir auftauchten, rief irgendjemand „Pamela" oder „Tommy", und wenn wir uns umdrehten, entlud sich ein Blitzlichtgewitter. Wenn wir uns nicht umdrehten, fingen sie an, uns auszubuhen und zu beschimpfen. Wir versuchten diese Leute mit immer ausgefalleneren Tricks abzuhängen: Wir schickten Pams Assistentin mit einer blonden Perücke voraus oder wechselten die Autos, um sie von unserer Spur abzubringen. Nach ein paar Wochen dieses Terrors betrachteten wir die Paparazzi nur noch als widerliche, lästige Insekten. Ich hätte sie am liebsten alle umgebracht. Dabei war der Verlust der Privatsphäre gar nicht mal das Schlimmste; viel mehr störte mich, dass sie keinerlei Respekt vor uns als Menschen hatten. Als Pamela eine Fehlgeburt erlitt – meine Mutter meinte, das sei der Fluch der Familie Lee –, versuchten diese Blutsauger um jeden Preis Fotos zu bekommen und den Krankenwagen aufzuhalten, der Pam in die Klinik brachte. Mann, Leute, ich konnte ja noch halbwegs damit umgehen, dass diese Arschlöcher ungebeten bei unseren Partys auftauchten. Aber dass sie nicht mal unseren Krankenwagen in Ruhe ließen, war für mich das Allerletzte.

Die Geschichte machte mich ziemlich fertig, vor allem, weil ich mir schon so lange Kinder wünschte. Ich war sehr eifersüchtig auf Nikki, der so wunderbare Kinder hatte. Wenn ich ihn besuchte, verwandelte ich mich ruck, zuck wieder in einen Zweijährigen und spielte stundenlang mit ihnen. Es war schön, sich wieder auf eine Zeit zu besinnen, als das Leben noch voller Unschuld und Leichtigkeit war.

Pamelas Fehlgeburt machte mir monatelang schwer zu schaffen. Damit wir auf andere Gedanken kamen, organisierte Pamela für dreihunderttausend Dollar eine Überraschungsparty zu meinem dreiunddreißigsten Geburtstag. Als ich an dem Abend nachhause kam, erklärte sie: „Ich will dich kleiden wie einen König!"

Sie holte einen völlig abgefahrenen purpurnen Mantel und eine verrückte Krone, dann puderte eine Make-up-Assistentin mein Gesicht ganz weiß, bis ich aussah wie The Crow. Pamela selbst setzte sich einen Zylinder auf und übernahm die Rolle der Zeremonienmeisterin; sie nahm mich an der Hand und führte mich nach draußen, wo ein über und über mit Geburtstagsbannern dekorierter Tourbus stand. Drinnen warteten neun Kleinwüchsige, die „Happy Birthday" sangen, sowie ein Dutzend meiner Freunde, die sich als Frauen verkleidet hatten.

Die Champagnerkorken knallten, und wir fuhren zehn Minuten zu einem Etablissement namens *Semler Ranch*, wo ich den Eindruck bekam, in meinen ureigensten Fellini-Film geraten zu sein. Zwei Reihen kleiner Feuer erstreckten sich gut hundert Meter weit in die Dunkelheit. Kleinwüchsige verkündeten mit ihren Fistelstimmen „Willkommen im Tommyland, willkommen im Tommyland, hihihi", während sie zwischen den beiden Feuerreihen einen roten Teppich ausrollten. Nun tauchten Clowns und Akrobaten auf und warfen Konfetti in die Luft. Ohne dass ich irgendwelche Drogen genommen hatte, fühlte ich mich plötzlich high.

Zeremonienmeisterin Pamela führte mich und meine Freunde in einer Prozession über den Teppich. Vor uns ging ein Riese auf Stelzen, der wie der Teufel angezogen war, und die vor ihm herumwuselnden Kleinwüchsigen machten ihm eilig Platz. Hinter ihm war ein Schild zu sehen, auf dem „Tommyland" stand und das mit einem verrückt aussehenden Clown dekoriert war. Während wir uns näherten, begriff ich, dass Pamela einen ganzen Vergnügungspark für mich aufgebaut hatte. Es gab Riesenräder, Achterbahnen, Schlangenmenschen stiegen aus Kisten, Löwen brüllten in ihren Käfigen, und Pumpen sprühten Schaum auf Tanzflächen. Unter einem riesigen Zelt war eine Konzertbühne errichtet worden, auf der ein komplettes Schlagzeug und alle möglichen anderen Instrumente für eine Jamsession bereitstanden. Dort befand sich auch mein Flügel, den Pamela mit Blattgoldzeichnungen von Koi-Karpfen und maßgefertigten schmiedeeisernen Füßen hatte verzieren lassen. Der alte Slash und die Jungs von Guns N' Roses waren da, ebenso wie unser Freund Bobby von Orgy mit seiner neuen Band, den Electric Love Hogs. Pam hatte auch die Typen des Cirque du Soleil, die wir so geil fanden, eingeladen, und über die PA lief Radiohead, unsere damalige Lieblingsband. Was das Herz auch begehrte, es war alles da: Gourmetgerichte, Designerdrogen, Tahiti-Tänzerinnen, Trommler aus Bali, eine ausgeklügelte Lichtanlage und eine Filmcrew, die dieses fantastische Erlebnis für die Nachwelt dokumentieren sollte. Um drei Uhr morgens präsentierte mir Pamela eine Torte mit Mighty Mouse, der am Schluss immer das Mädchen bekommt, und dann spielten wir Zwergenfußball auf den Knien.

Es war eine völlig großartige, höllisch abgefahrene Party. Am Schluss, als ich wegen der Drogen und des Alkohols nicht mehr ganz beisammen war, schreckte mich Sirenengeheul auf, und ich griff nach Pamelas Arm. „Was zum Teufel ist da los?", fragte ich voller Panik, als ein Dutzend Krankenwagen auf das Gelände fuhr.

„Keine Sorge", sagte sie. „Die habe ich bestellt, um die Gäste nachhause zu fahren. Schließlich wusste ich, dass sie alle zu benebelt sein würden, um sich ans Steuer zu setzen." Ich selbst wurde um sieben Uhr früh auf einer großen Trage in mein Schlafzimmer transportiert.

Für mich war klar: Sollte ich eines Tages nicht mehr in einer Rockband spielen, dann würden Pamela und ich eine Eventfirma gründen und Partys veranstalten. Sie hatte ein unglaubliches Geschick dafür, völlig verrückte, ausgeklügelte Feiern zu organisieren, bei denen alles reibungslos lief.

Zehn Tage nach meinem Geburtstag sagte mir Pamela, dass sie in der vierten Woche schwanger sei. Ich war wahnsinnig glücklich. Die Geburt sollte ganz natürlich stattfinden, ohne Medikamente, hässliches Kreißsaallicht und die ganze Klinikatmosphäre mit dem Klaps auf den Hintern, dem Wiegen, dem Messen und den Spritzen. Bei sanfter Musik, Kerzenlicht und begleitet von zwei Hebammen brachte Pamela am 6. Mai 1996 um 3.02 Uhr Brandon Thomas Lee zur Welt. Hinter ihr lagen siebzehn Stunden Wehen, hinter mir vierhundert Zigaretten. Mir liefen die Tränen übers Gesicht, als ich sah, wie dieser kleine Mensch aus meiner Frau schlüpfte – und das in dem Schlafzimmer, in dem wir ihn gezeugt hatten. Ich half sogar dabei, ihn herauszuziehen. Das war ohne jeden Zweifel der großartigste Tag in meinem Leben. Eine halbe Stunde später saß ich am Klavier, und der Song „Brandon" sprudelte geradezu aus mir heraus.

Zu der Zeit war ich so überglücklich, dass ich nicht bemerkte, dass es in unserem Paradies durchaus Schattenseiten gab. Pamela und ich waren so darauf konzentriert, gemeinsam Kinder zu haben, dass wir unserer Beziehung an sich kaum Zeit gaben, sich zu entwickeln. Addierte man die Zeit für unsere Elternpflichten zu den Anforderungen durch unsere jeweiligen Karrieren, dann blieb kaum eine Minute übrig. Später fragte ich sie einmal, weswegen wir nie mehr an unserer Partnerschaft gearbeitet hatten.

„Dafür hatten wir keine Zeit", antwortete sie. „Ich war ja dauernd schwanger."

Wenn du in jemanden verliebt bist, dann wünschst du dir nichts mehr, als ein gemeinsames Kind in die Welt zu setzen – aber genau damit gibst du deiner Liebe den Todesstoß. Denn mit einem Kind erschaffst du dir den größten Rivalen: einen Menschen, den deine Frau mehr lieben wird als dich. Eine Ehe beruht auf Absprachen und Zugeständnissen: Eheverträge, Heiratsurkunden, Blutuntersuchungen; die Liebe einer Mutter zu ihrem Kind ist dagegen völlig kompromisslos. Indem sich unser größter Wunsch erfüllte und wir einen wunderhübschen Jungen (und wenig später einen zweiten Sohn) bekamen, wurde gleichzeitig unsere Beziehung zum Scheitern verurteilt.

Zusätzlich belasteten uns weitere Umstände, an denen wir wenig ändern konnten, wie beispielsweise die Sache mit dem Video. Eines Abends hatten Pamela und ich uns gerade etwas zu essen gemacht und zappten durch die Fernsehkanäle, als wir in einer Nachrichtensendung unsere Namen hörten. Der dazugehörige Film zeigte, wie in einer Filiale von *Tower Video* die Regale mit neuen Kassetten befüllt wurden. Und wir wussten sofort, was für Bänder das waren.

Einige Monate zuvor hatten wir für fünf Tage auf einem Hausboot am Lake Mead Urlaub gemacht. Wie immer hatte ich meine Videokamera dabei. Wir wollten keinen Porno drehen, sondern nur unseren Urlaub dokumentieren. Zuhause sahen wir uns den Film einmal an, und dann taten wir ihn in den Safe, ein monströses, fünfhundert Pfund schweres Ding, das unter einem Teppich verborgen in den Boden des kleinen Studios eingelassen war, das im Keller an meine Garage grenzte. In diesem Raum hatten wir bereits einen Teil der Tracks für *Generation Swine* abgemischt.

Über Weihnachten fuhren Pamela und ich nach London, während an unserem Haus ein paar Arbeiten durchgeführt wurden. Anschließend stellte ich die Aufnahmen fertig und baute das Studio im Keller ab. Als ich den Teppich hochhob, gähnte dort, wo einmal der Safe gewesen war, ein großes Loch. Die Schlösser und Fenster waren unversehrt, also musste der Dieb Zugang zum Haus gehabt haben. Die Einzigen, die einen Schlüssel hatten, waren meine Assistentin und die Handwerker, zu denen, wie ich mich nun erinnerte, ein Elektriker gehörte, der früher in Pornos mitgespielt hatte und sich in dem Business gut auskannte. Ich ging davon aus, dass sie den Safe mit einem Kran herausgezogen und ihn abtransportiert hatten, um ihn in Sicherheit aufzuknacken oder aufzusprengen. Wahrscheinlich waren sie scharf auf die Waffen und den Schmuck gewesen, aber sie hatten gleichzeitig alles erbeutet, was uns an persönlichen Dingen lieb und teuer war, von Erbstücken bis zu Fotos.

Ich bekam einen Tobsuchtsanfall und entließ als Erstes meine Assistentin; dann hetzte ich den Handwerkern meinen Anwalt auf den Hals. Das war kaum geschehen, als mich ein Pornohändler, der für die so genannte Internet Entertainment Group arbeitete, anrief. Er habe das Tape gekauft, sagte er, und nun wolle er es im Internet ausstrahlen. Wir schickten ihm durch Pamelas Anwälte eine Unterlassungsklage, aber die kam aus irgendeinem Grund nicht rechtzeitig durch. Um den Schaden so gering wie möglich zu halten, rieten uns die Anwälte, einen Vertrag zu unterschreiben, der es der Firma gestattete, dieses Band ein einziges Mal in einem Webcast zu senden; Verkauf, Kopieren oder weiteres Ausstrahlen war danach jedoch verboten. Da die Firma uns in der Hand hatte, hielten wir das für die beste Idee – das Video würde im Netz kaum jemand sehen, und auf diese Weise konnten wir wenigstens das Tape zurückbekommen. Damit wäre alles in Ordnung gewesen.

Was konnte es also bedeuten, wenn in den Nachrichten von uns die Rede war und es um neu gelieferte Videokassetten ging? Der Kerl hatte die Vereinbarung gebrochen und das Band, das er uns natürlich nicht zurückgegeben hatte, in großer Auflage kopiert. Ich rief sofort meinen Anwalt an, und wir gingen vor Gericht.

Diese Ereignisse trafen uns zu einer Zeit, in der wir ohnehin miteinander Probleme genug hatten – Pamela und ich stritten uns ständig. Kinder großziehen, unsere aufwändigen Karrieren weiter vorantreiben, eine neue Beziehung aufbauen, und das alles unter dem enormen Druck, den die Verfolgung durch die Medien auf uns ausübte – damit waren wir einfach überfordert.

Vor Brandons Geburt hatten wir bereits einen riesigen Krach, weil wir nun, wo alles auf einmal über uns hereinzubrechen schien, gegenseitig auf die Launen des anderen hypersensibel reagierten. Sobald einer von uns etwas Falsches sagte oder tat, ging der andere sofort voller Hass und Bitterkeit auf ihn los. Eine Kleinigkeit genügte, um solche Streitereien auszulösen. „Du bist wie ein egoistisches kleines Kind, das dauernd nur an sich denkt", fauchte Pamela eines Abends, als wir wieder einmal aus irgendeiner Mücke einen Elefanten gemacht hatten; heute weiß ich nicht einmal mehr, worum es ging.

„Ich will mich nicht mit dir streiten", gab ich scharf zurück. „Das Ganze ist doch überhaupt nicht wichtig. Es hängt mir zum Hals raus, dass wir so viel Zeit mit diesen Reibereien verschwenden."

„Du willst nie über etwas reden", schnauzte Pamela. „Früher dachte ich, du wärst so nett. Du hast mir etwas vorgespielt." Damit stürmte sie aus dem Haus; die Nacht verbrachte sie in ihrer eigenen Wohnung. Einige Stunden später klingelte das Telefon. Das ist sicher Pamela, dachte ich, aber als ich abnahm, meldete sich ein Mann. Er sagte, er sei Arzt; Pamela hatte ein halbes Röhrchen Aspirin geschluckt und war umgekippt. Eine Freundin, die sie hatte trösten wollen, hatte sie bewusstlos auf ihrem Bett gefunden. Wahrscheinlich war es weniger ein Selbstmordversuch als ein Schrei nach Aufmerksamkeit, aber ich fuhr trotzdem sofort ins Krankenhaus, um sie zu besuchen. Diese Überdosis erfüllte jedenfalls ihren Zweck. Zuvor war mir überhaupt nicht klar gewesen, wie sehr sie unter unseren Auseinandersetzungen litt.

Um die Bluthunde der Presse von der Fährte abzubringen, beschlossen wir, ihnen etwas zu geben, was wirklich einen Bericht lohnte. Daher veröffentlichten wir eine Erklärung, laut der Pamela wegen schwerer Grippesymptome ins Krankenhaus gegangen war, dort aber erfahren hatte, dass sie ein Kind erwartete.

Nach diesem Schock über ihre Reaktion versuchte ich so gut wie möglich, in jeder Lage ruhig zu bleiben. Aber das war angesichts der nächsten Geschehnisse nicht so einfach. Die Internet Entertainment Group veröffentlichte ein Video, das Pamela beim Sex mit Bret Michaels von Poison zeigte. Dann wies der Richter in dem Verfahren zu unserem gemeinsamen Video die Klage ab, weil er befand, wir seien

Personen des öffentlichen Interesses, und der Inhalt sei berichtenswert. Das fand ich wirklich schlimm, weil ich es mir schrecklich vorstellte, dass unsere Kinder nun vielleicht einmal bei Freunden ein Video zu Gesicht bekommen könnten, das ihre Eltern beim Vögeln zeigte.

Irgendwann gab ich auf und sah mir das Band selbst an. Ich verstehe bis heute nicht, was andere daran interessant finden könnten. Es ist unser Urlaubsfilm, das ist alles, und Sex ist nur ganz wenig zu sehen. Das hat allerdings Ron Jeremy nicht davon abgehalten, mich später einmal zu fragen, ob ich in einem seiner Fickfilme mitspielen wollte. Falls es mit meiner Musikerkarriere eines Tages wirklich vorbei sein sollte, kann ich also zumindest als Pornostar noch etwas werden.

Abb. 3

Tommy mit seinem Sohn Dylan

Kapitel **6**

N I K K I

IN DEM ALLES, WAS UNSER HELD ÜBER SEIN LEBEN, SEINE MUSIK,
SEIN GELD UND SEINE EINSTELLUNG ZUM ORALSEX ZU WISSEN
GLAUBTE, STÜCK FÜR STÜCK ÜBER DEN HAUFEN GEWORFEN WIRD.

„*H*allo, das ist eine Nachricht für Randy. Ich glaube, du bist mein Halbbruder. Falls dein Vater Frank Ferrano heißt, könntest du mich dann zurückrufen? Ich weiß nicht, ob er noch lebt oder nicht. Meine Mutter heißt Deana. Und ich bin Nikki beziehungsweise Frank."

Das war die Botschaft, die ich auf Randy Ferranos Anrufbeantworter hinterließ. Eine Stunde später meldete sich seine Frau und sagte, sie könne sich dunkel daran erinnern, dass ihr Schwiegervater einen Halbbruder erwähnt hatte. Später sprach ich schließlich mit Randy. Er war vier Jahre älter als ich, führte eine Kuranlage in San Jose und war mit Mötley-Crüe-Platten groß geworden, wobei er beim Headbangen keine Ahnung hatte, dass er zur Musik eines Blutsverwandten tanzte.

„Ich habe von einer Frau namens Deana gewusst", sagte er, „und ich hörte einmal, dass sie einen Sohn von meinem Vater hatte. Aber er hat dich nie erwähnt. Mein Vater – unser Vater – war ein Weiberheld und ein aggressiver Säufer. Er war ein ziemlich wilder Kerl nach allem, was ich erfahren habe."

„Lebt er noch?", fragte ich. „Ich möchte mit ihm reden."

„Er ist Weihnachten 1987 gestorben. Er hatte einen Herzanfall, als er unter der Dusche stand."

Randy berichtete, dass man meinen Vater in San Jose beerdigt hatte. Nach der ganzen Zeit hätte ich ihn gern getroffen, nur um ihn anzusehen und vielleicht mehr darüber herauszufinden, wer ich war, in wen ich mich entwickeln würde, und sei es nur, um zu wissen, welche Krankheiten in meiner Familie lagen. Vor allem aber hatte ich herausfinden wollen, weshalb er sein ganzes Leben lang nie etwas mit mir hatte zu tun haben wollen. Nun, da er tot war, gab es dazu keine Möglichkeit mehr. Vielleicht war es besser, dass er nicht mehr lebte, denn so konnte er mich kein weiteres Mal zurückweisen und mich erneut verletzen. Ich erinnerte mich noch gut an meinen Optimismus auf dem Weg nach Seattle, als ich meine Mutter wiedersehen wollte, und an den Schock, als ich die paranoide Frau in der psychiatrischen Anstalt sah, die mir ebenso wenig vergeben konnte wie ich ihr.

Donna ermutigte mich, trotzdem meinen Frieden mit meinem Vater zu machen, so wie ich es ursprünglich vorgehabt hatte. Sein Tod war kein Rückschlag, beschloss ich für mich, sondern ein Vorteil, denn so konnte er mir nicht widersprechen. Donna nahm eine Videokamera mit und filmte mich, wie ich über den Friedhof zu seinem Grab ging und dort auf den Stein spuckte. „Fick dich", schrie ich. „Du hast mich im Stich gelassen, als ich drei Jahre alt war. Du hast dich nicht einmal verabschiedet. Dann kamst du irgendwann mit diesem Schlitten an, als ob das alles wieder gutmachen würde. Du bist nicht mal lange genug geblieben, um mit mir zu reden. Warum hast du das überhaupt getan?"

Eine Stunde lang saß ich da und gab ihm die Schuld für mein verpfuschtes Leben. Ich ließ die ganzen Jahre an mir vorüberziehen – wie ich von meiner Mutter abgehauen war, obdachlosen Mädchen die Kleider geklaut, mich vor dem *Whisky* mit den Bullen geprügelt oder mir im *Franklin* eine Überdosis gesetzt hatte – und ich sah, dass mein Hass auf andere Menschen und auf mich selbst in den Minderwertigkeitskomplexen begründet lag, die ich noch heute mit mir herumtrug, weil er mich verlassen hatte. Dass er damals, als ich drei Jahre alt war, ohne ein Wort gegangen war – das war das eine. Als genauso schlimm empfand ich es, dass er mich so grob verleugnete, als ich ihn sechzehn Jahre später wieder angerufen und Kontakt zu ihm gesucht hatte.

Kurz vor Beginn der *Generation Swine*-Tour kehrten wir nachhause zurück. Ich beschloss, mich ein für alle Mal von diesen Gefühlen frei zu machen, indem ich sie auf der Bühne exorzierte. Zusammen mit Chris Vrenna von Nine Inch Nails komponierte ich ein Basssolo, das über verschiedene Soundscapes und Klangkollagen gespielt wurde, und passend dazu entwarf ich eine Diashow mit wechselnden Bildern. Zuerst wurde ein Embryo gezeigt, dann ein neugeborenes Kind, schließlich ich als süßes Baby und später als glückliches Kleinkind mit Halloweenkostüm. Die Musik wurde düsterer, und nun zuckten Wörter über zwei große Bildschirme: „Verlassen", „Leere", „Heroin", „Zerstörung". An dieser Stelle brach die Musik plötzlich ab, und ein Fragezeichen erschien, als wollte es sagen „Warum gerade ich?" oder „Was passiert nun?". Zum Abschluss spielte ich dunkle Ambientsounds und kurze Mollmelodien auf dem Bass, während der Film lief, den Donna und ich am Grab meines Vaters gemacht hatten. Als ich dieses Solo zum ersten Mal live präsentierte, brannten mir Tränen in den Augen. Anschließend sagten einige der Fans, die backstage gekommen waren, dass sie selbst hatten weinen müssen, weil sie ebenfalls von ihren Vätern im Stich gelassen worden waren. Natürlich kamen auch andere Leute, die meinten, ich sei lediglich gestört und solle versuchen, mein Leben in den Griff zu kriegen. Und genau das tat ich schließlich.

Durch Randy erfuhr ich von meiner richtigen Schwester, Lisa. Meine Mutter hatte stets gesagt, Lisa sei von uns weggegangen und wollte nichts mit unserer Familie zu tun haben, und daher hatte ich nie viel über sie nachgedacht. Randy war fassungslos, als ich ihm das erzählte – Lisa war überhaupt nicht in der Lage, eine solche Entscheidung zu treffen. Sie war mongoloid und lebte seit mehr als dreißig Jahren irgendwo in einem Heim – wo genau, wusste er nicht. Sie war blind, stumm und konnte weder gehen noch sich selbst anziehen oder allein essen. Während ich durch die Welt gezogen war, mich um meine Band sorgte und mir überlegte, welche Drogen ich mir in den Kopf knallen konnte, hatte sie in einem Behindertenheim in einem Rollstuhl gesessen. Ich schwor mir, ihren Aufenthaltsort herauszufinden, sobald die *Generation Swine*-Tour vorüber war, und alles zu tun, was in meiner Macht stand, um ihr die bestmögliche Pflege angedeihen zu lassen.

Mir war unbegreiflich, dass meine Mutter mir nie die Wahrheit gesagt hatte. Mein ganzes Leben lang war ich völlig wurzellos durch die Welt getrieben worden. Zu meinen Eltern hatte ich den Kontakt verloren, und was meine Kinder betraf, so tat Brandi ihr Bestes, um mich vor Gericht als Monster darzustellen; das war angesichts meiner Vergangenheit nicht besonders schwierig. Jetzt – drei Jahrzehnte zu spät – erfuhr ich, dass ich nicht allein war.

Acht drogenfreie Jahre, sechs Jahre Ehe und die Verantwortung, die ich für meine drei Kinder übernehmen musste, sorgten endlich dafür, dass ich einen klaren Kopf bekam. Ich sah mich um und erkannte, dass mein Leben ein einziger Trümmerhaufen war. Mich packte eine Riesenwut, und am liebsten hätte ich mich wieder in den Rausch geflüchtet, aber wir hatten auf der Tour die Regel aufgestellt, dass jeder, der betrunken oder high erwischt wurde, fünfundzwanzigtausend Dollar zahlen musste. Wir wollten im Vollbesitz unserer Kräfte rausgehen und spielen, ohne dass wir backstage kotzten oder zusammenbrachen. Damit sich niemand von uns durchmogeln konnte, falls er schwach wurde, gehörte ein Typ zu unserem Tross, der in unregelmäßigen Abständen jeden von uns zur Urinprobe bat. Vince wurde natürlich schon in den ersten zwei Wochen geschnappt.

Dieses drogenfreie Unternehmen sollte unsere große Reunion-Tour sein. Wir erwarteten, dass die Welt uns mit offenen Armen empfing und in Mötley-Crüe-Gesänge ausbrach, nur weil Vince zu uns zurückgekehrt war. Aber in Wirklichkeit waren wir noch immer nicht wieder wirklich Mötley Crüe. Schön, die Gründungsmitglieder waren zusammen. Aber die Tour war eine Katastrophe. Um die Studioexperimente des Albums eins zu eins auf der Bühne umzusetzen, arbeiteten wir mit derartig vielen Richtspuren, Backingtracks und Effekten, dass wir live mehr wie ein Computer wirkten denn wie eine Band. Bei einem Song wie „Live Wire" spürte ich das alte Kribbeln, weil er so organisch klang, aber Titel wie „Flush" waren schlappe Karaoke. Vince war zwar wieder dabei und sang, aber ich konnte hören, dass er dabei nicht glücklich war.

Die Haltung von Elektra sorgte für weitere Schwierigkeiten. Wie Kovac schon vorhergesagt hatte, ließ uns das Label reichlich wenig Unterstützung angedeihen, was Promotion und Marketing betraf. Unsere Moral hatte ohnehin einen Tiefpunkt erreicht – Tommy wünschte sich einen moderneren Sound, Mick war sauer, weil wir ihm nichts mehr zutrauten, Vince hatte Geldsorgen, und ich kämpfte mit meinen familiären Problemen. In dieser Situation war es für Elektra leicht, das Mötley-Fass mit einem letzten Tropfen zum Überlaufen zu bringen. Genau das mussten wir um jeden Preis verhindern – im Fall einer Trennung schuldete die Band dem Label zwölf Millionen Dollar. Blieben wir zusammen, verhielt es sich genau umgekehrt.

Elektra stellte schnell sämtliche Zahlungen ein, um uns angesichts unserer wachsenden Schulden immer mehr in Verzweiflung zu treiben. Man versuchte, uns über unsere Frauen und die Anwälte zu treffen, und verbreitete Gerüchte über die unsichere Zukunft der Band. Sogar Pamelas Manager machte bei diesem Spielchen mit und erzählte ihr, dass Tommy der eigentliche Star bei Mötley Crüe sei und es allein viel weiter bringen würde. Von jeder Seite machte man Front gegen uns. Wir bereiteten uns auf den Rückschlag vor. Für uns ging es bei der *Generation Swine*-Tour nicht mehr nur darum, eine Platte und eine Band zu promoten – wir wollten das Label dazu bringen, uns nach Zahlung unseres Geldes aus dem Vertrag zu entlassen, damit wir unseren eigenen Plänen nachgehen konnten.

Daher forderte ich das Publikum bei Konzerten auf, im Chor „Fuck Elektra" zu brüllen. Ich gab dem *Spin*-Magazin ein Interview, damit Sylvia Rhone schwarz auf weiß zu lesen bekam, dass ich sie eine Fotze nannte, und ich war fest entschlossen, ihr ein ständiger Dorn im Fleisch zu sein. Immerhin sprachen wir von einem Label, das durch harten Rock – durch uns, Metallica oder AC/DC – reich geworden war, sich nun aber von dieser Musik abwandte und dessen Mitarbeiter unglaublich dämlich waren. Wir waren nicht die Einzigen, die unter der Inkompetenz dieser Leute leiden mussten, sie ließen auch eine britische Band namens The Prodigy fallen, weil sie nicht an deren Zukunft glaubten. Es dauerte kein ganzes Jahr, da hatten The Prodigy einen Multimillionen-Dollar-Deal mit Maverick Records abgeschlossen und wurden die erste Techno-Band, die es in den USA zu einem Nummer-eins-Hit brachte.

Ich wollte Elektra nun so lange nerven, bis man uns freiwillig gehen ließ. Im Nachhinein muss ich sagen, dass das wahrscheinlich nicht die schlaueste Taktik war. Ich machte den Fehler, Sylvia persönlich anzugehen, die dadurch das Gefühl bekam, als Sündenbock missbraucht zu werden. Das wiederum veranlasste sie, die Daumenschrauben noch ein bisschen härter anzuziehen, weil ein hinterlistiger Typ wie ich es nicht besser verdiente. Es war ihr egal, dass wir für unsere Kinder aufkommen und Häuser abzahlen mussten, und wir erlebten zum ersten Mal, dass wir das finanziell nicht mehr konnten. Es war eine dunkle Zeit. Ich wusste noch immer nicht viel über das Business und über seine weit verzweigten Machtstrukturen. Noch nie zuvor hatte ich Ärger mit einer Plattenfirma gehabt, und ich hätte mir nie träumen lassen, dass Mötley Crüe einmal in Gefahr sein würde, von den Mühlen dieser Maschinerie zermahlen zu werden.

Gleichzeitig verlor ich die Kontrolle darüber, was Mötley Crüe eigentlich ausmachte. Der Zorn, den ich gegenüber meinem Vater, meiner Exfrau und meiner Plattenfirma spürte, ließ die dunkle, kaputte Seite in mir wieder überhand nehmen.

Für die *Swine*-Konzerte hatte Tommy illegales Filmmaterial aufgespürt, das zeigte, wie Menschen Selbstmord begingen oder verbrannten. Es war ein grausiger Anblick, und wir planten, diese schockierenden Bilder während unseres Anti-Selbstmord-Songs „Kiss The Sky" ablaufen zu lassen, um den Zuschauern zu zeigen, wie gut sie es hatten – selbst wenn sie sich deprimiert fühlten. Aber als ich während des Songs ins Publikum blickte, sah ich nur entsetzte Gesichter. Zu spät erinnerte ich mich daran, dass die Kids nicht in ein Mötley-Crüe-Konzert gehen, um an ihre eigene Sterblichkeit erinnert zu werden; sie kommen, weil sie hoffen, später auf dem Rücksitz ihres Autos eine schnelle Nummer zu schieben.

Und als es mit unserer Moral und dem Verhältnis zu Elektra nicht mehr weiter bergab hätte gehen können, beschloss Vince, die Band ein zweites Mal zu verlassen.

DIE GESCHICHTE DES EINGEBILDETEN GECKEN. DER EINSTIEG.
UM WIEDER AUSZUSTEIGEN.

*T*ommy ging mir auf den Wecker. Er hatte sich wie ein Idiot aufgeführt, seit ich wieder zur Band zurückgekehrt war, und diese ganzen blöden Regeln hingen mir zum Hals heraus. Von einem Tag auf den anderen war aus einer Band, die früher als Synonym für Ausschweifungen und Partys galt, eine drogenfreie Zone voller Verbote geworden. Wir hatten versucht, die *Feelgood*-Tour ohne Drogen zu überstehen, und das hatte damals schon nicht funktioniert – warum also jetzt? Ich trank eben hin und wieder gern einen Cocktail, und ich sah nicht ein, dass der mich fünfundzwanzigtausend Dollar kosten sollte.

Ein Kumpel von mir besaß einen riesigen Gulfstream-Jet und war so nett, uns zu unserem Konzert in San Francisco zu fliegen. Anschließend sollte er uns zu unserer nächsten Station, Boise in Idaho, transportieren. Als der Tourneeabschnitt mit den West-Coast-Konzerten zu Ende ging, dachte ich immer öfter daran, die Band zu verlassen, weil ich allein wesentlich mehr Spaß hatte, als wenn ich unter den strengen Augen der Saubermann-Polizei und Tommy Anderson Lee einen Set spielte, der fast ausschließlich aus neuen Songs im Electronica-Grunge-Format bestand. Schließlich war ich nicht zurückgekehrt, um mich jetzt so genervt und schlecht zu fühlen; da hatte Kovac mir bei all seinem Bitten und Betteln deutlich etwas anderes versprochen. Nach der Show genehmigte ich mir in voller Absicht einen Drink, ging in ein Striplokal und nahm dann ein Taxi nachhause. Wie sich herausstellte, erwischte Nikki am nächsten Tag prompt dasselbe Taxi, erfuhr von dem Fahrer, dass ich etwas getrunken hatte, und verlangte prompt fünfundzwanzigtausend Dollar von mir. Ich erwiderte, dass ich ihm nicht jedes Mal Geld geben würde, wenn er den Mund aufmachte. Als Nächstes stand ein Kerl mit einem Röhrchen für die Urinprobe vor der Tür, dem ich bedeutete, er solle sich schleunigst verpissen, wenn er keinen Tritt in den Hintern kriegen wolle.

Um vier Uhr nachmittags, als sich die Band zur Weiterfahrt nach Boise in der Lobby treffen sollte, ging ich nach unten und erklärte Tommy und Mick, dass ich auf die ganze Scheiße keinen Bock mehr hatte; nach den West-Coast-Konzerten war für mich Schluss. Das sagte ich auch Nikki, der mit Donna und seinem Großvater an der Rezeption stand. „Ich steig aus. Dieser ganze Kram kotzt mich an."

Nikki fuhr herum und schnauzte: „Wieso? Weil du nicht ehrlich sein kannst?"

Das änderte meine Meinung. Jetzt würde ich nicht mehr die Pause zwischen den Tourabschnitten abwarten. Ich würde gleich gehen. Sofort. „Leck mich, ich hau jetzt ab", fauchte ich. „Es war schön, euch mal wiederzusehen. Kommt gut nachhause."

Nikki gab seiner Frau seine Jacke und reichte seinem Großvater die Tasche, die er trug, und dann drehte er sich wieder zu mir um und sagte ruhig: „Hey, Vince, wenn du schon gehen willst, dann nimm doch bitte das hier mit." Damit landete er einen rechten Haken gegen mein Kinn. Ich war völlig überrascht – diese Reaktion hatte ich von Tommy erwartet, von Nikki aber nicht. Wahrscheinlich lag es an der ganzen Wut, die sich in ihm während der Tour aufgestaut hatte, seit er seinen Feldzug gegen Sylvia Rhone führte, sich mit seinem Vaterproblem auseinander setzte und einer Scheidungsklage in Höhe von zehn Millionen Dollar entgegensah. Nun ließ er all das an mir aus. Von wildem Zorn gepackt, warf er mich zu Boden, umklammerte meinen Hals und grub seine Fingernägel hinein, während er brüllend drohte, mir die Stimmbänder herauszureißen. Nick Cua, unser Tourmanager, sah fassungslos zu.

Es machte mir keine großen Probleme, Nikki, der kleiner und weniger gut trainiert ist als ich, mit einem Schlag ins Gesicht abzuwehren und von mir abzuschütteln. Hocherhobenen Hauptes schritt ich durch die Drehtür des Hotels und ging zu meinem Freund, dem Piloten, der nur ein paar Straßen weiter wohnte.

„Komm, wir fliegen zurück nach L. A.", sagte ich.

Ein Taxi brachte uns zum Flughafen, wo die Band in der Wartezone saß, als sei nichts geschehen. Offenbar glaubten die Jungs, es sei alles in Ordnung, wir hätten unserem Zorn Luft gemacht und nun würde es nach Boise weitergehen. Der Pilot und ich gingen an ihnen vorbei; Nikki, Mick und Tommy nahmen ihre Taschen und folgten uns. „Wartet hier", sagte ich. Dann bestieg ich das Flugzeug, ließ die Türen schließen, setzte mich ans Fenster und machte ihnen zum Abschied ein unmissverständliches Handzeichen. Es war meine beste Performance auf der ganzen Tour.

Wie ich erwartet hatte, klopfte Nick Cua wenig später an die Tür, und ich ließ ihn herein.

„Können wir nicht noch einmal darüber reden?", fragte er.

„Nein", erklärte ich. „Macht, was ihr wollt. Fliegt nach Boise. Oder fahrt zurück nach L. A. Das ist mir scheißegal. Ich fliege nachhause."

Nur eine Stunde später war ich im *Peninsula Hotel* und bestellte mir was zu trinken. Dann fuhr ich nachhause, zog Heidi an mich, warf sie aufs Bett und vögelte sie gut durch. Als ich einschlief, dachte ich zufrieden daran, dass die Band wahrscheinlich noch immer auf dem Flughafen stand.

GANZE ACHT STUNDEN MUSSTEN DIE JUNGS auf den nächsten regulären Flug warten. Der ausverkaufte Gig in Boise wurde schließlich abgesagt; danach kehrte die Band ebenfalls nach L. A. zurück. Jordan Berliant, ein Mitarbeiter unseres Managements, versuchte den ganzen Tag lang, einen Anruf von Nikki zu mir durchzustellen, aber ich lehnte das ab.

Nachdem ich schließlich einen oder zwei Tage lang das Gefühl genossen hatte, endlich wieder tun und lassen zu können, was ich wollte, erklärte ich mich zu einem dieser Treffen bereit, die unser Management offenbar so sehr liebte. Wir saßen uns in zwei Drehsesseln gegenüber und sahen uns wie Geschwister an, die von ihren Eltern dazu gezwungen werden, sich wieder zu vertragen. Wir hatten nie über unsere Probleme gesprochen, seit Tommy und Nikki mich an jenem verregneten Abend vor sechs Jahren aus der Band geworfen hatten. Wir hatten sie unter den Teppich gekehrt und gehofft, sie würden verschwinden. Aber stattdessen hatte der Teppich durch den ganzen Dreck so viele Falten geworfen, dass wir bei jedem Schritt ins Stolpern kamen. Bei diesem Treffen konnte ich Nikki endlich sagen, was sich in mir in diesen sechs Jahren aufgestaut hatte:

„Du bist immer so verdammt herablassend. Du sprichst stets von oben herab mit anderen, so als ob sie dir nicht ebenbürtig wären."

„Na ja, das ist schon möglich."

„Du bist den anderen in der Band gegenüber so arrogant. Nicht nur mir gegenüber: Tommy behandelst du wie ein Baby, und Mick scheint für dich überhaupt nicht zu existieren. Du beherrschst die Band wie ein verdammter Diktator, und alles muss ständig nach deinem Kopf gehen. Aber du bist auch nicht perfekt; schließlich hast du uns beim *Rolling Stone* blamiert, weil du nicht wusstest, wer Gary Hart ist. Es wäre nicht verkehrt, würdest du mal auf andere hören."

Eine Stunde lang gingen wir heftig miteinander ins Gericht.

„Aber ich möchte, dass du aufhörst, dich so verantwortungslos zu benehmen", sagte er. „Mit dem Alkohol kann ich leben. Vielleicht können wir sogar mit den Urintests aufhören. Aber ich will nicht, dass du mir versprichst, dass du nicht trinkst, und es dann heimlich doch tust. Ich will nicht, dass du mich anlügst und dann sauer wirst, wenn ich dich drauf anspreche. Wir geben diese Gigs unter anderem, damit du das Geld zum Abzahlen deiner Schulden zusammenbekommst, und das ist für mich auch okay. Aber wenn du uns jeden Abend neue Lügenmärchen auftischst, bringst du uns gegen dich auf. Deine Lügen schaden der Band wesentlich mehr als deine Sauferei."

„Pass auf, dann sag ich dir was. Ich verspreche, dass ich nie vor einer Show trinken werde, und ich werde darauf achten, dass die Band nie darunter leidet. Aber wenn ich Freizeit habe, dann möchte ich tun und lassen können, was ich will, ohne dass morgens um neun ein Kerl mit einem Pissröhrchen vor meiner Tür steht. Wenn du dich nicht mehr wie ein verdammter Gefängniswärter aufführst, fühle ich mich auch nicht mehr wie ein Gefangener und kann wieder ehrlich mit euch umgehen."

„Okay", sagte er. „Und ich werde versuchen, mehr auf dich einzugehen und nicht mehr so herablassend zu sein. Schließlich weiß ich auch nicht immer, was für jeden richtig ist. Für die Band wäre es besser, wenn wir einander mehr zuhören würden. Es tut mir leid. Ich hatte es in letzter Zeit nicht immer einfach."

„Deswegen sollten wir versuchen, wieder zusammenzuhalten. Denn wenn ich ehrlich bin, seid ihr alles, was ich habe. Ihr kennt mich so gut wie niemand sonst auf der Welt."

Nikki und ich waren stets völlig verschieden gewesen, sechs Alben und unzählige Tourneen lang – ich war der blöde Surfer, der alles locker nahm, gern Golf spielte und Rennen fuhr, und er war der einsame, kaputte Rockstar, der auf Drogen und Untergrundmusik stand. Ich trug gern Shorts und Strandlatschen, ihn sah man nur in schwarzem Leder und Stiefeln. Aber nach diesem Gespräch wurden Nikki und ich die besten Freunde. Wir waren unzertrennlich. Nach siebzehn Jahren fingen wir endlich an, einander zu verstehen, und seitdem ist es uns immer gelungen, dem anderen beizustehen. Unser Kampf war das Beste, was uns hatte passieren können.

Am nächsten Tag gaben wir einen neuen Termin für das Konzert in Boise bekannt, ließen uns von meinem ziemlich verwirrten Pilotenfreund dort hinbringen und gaben das beste Konzert der ganzen Tour. Und nach diesem letzten Gig machte ich der Band das größte Geschenk, das ich ihr geben konnte: Ich meldete mich in einer Klinik in Malibu an und hörte mit dem Trinken auf.

Kapitel 8
T O M M Y

IN DEM BERICHTET WIRD, WIE SICH DIE PUBLICITYTRÄCHTIGSTE LIEBE
DER WELT ÜBER NACHT IN DEN BERÜHMTESTEN ABGEBROCHENEN
FINGERNAGEL VERWANDELTE.

*I*ch fang am besten mal ganz vorn an, Leute.

Seit Vince wieder in der Band war, haderte ich mit der Richtung, die wir einschlugen, weil sie zurück statt nach vorn führte. Dass unsere Plattenfirma uns die Unterstützung entzog, machte die Situation nur noch verfahrener. Musik bedeutet mir so unglaublich viel, aber ich spürte keinerlei Leidenschaft mehr auf der Bühne. Zum ersten Mal in meinem Leben begeisterte es mich nicht mehr, was wir taten; stattdessen fühlte ich mich davon wie gefangen. Und wenn ein Schlagzeuger das Gefühl hat, dass ihm die Hände gebunden sind, dann ist das verdammt übel.

Zu dieser Zeit kam mein zweites Kind zur Welt, aber leider werden Babys nicht mit einem Handbuch geliefert, das einem sagt, wie man sich als Vater verhält. Ich las ein paar Ratgeber und versuchte, so viel wie möglich über meine neue Rolle zu lernen, aber Pamela zufolge machte ich trotzdem alles falsch. Früher war ich bei ihr Platz eins in den Charts. Als Brandon geboren wurde, rutschte ich auf Platz zwei, weil ein Kind in dem Alter natürlich rund um die Uhr seine Mutter braucht. Ich schlich durchs Haus, als sei ich unsichtbar. Manchmal fragte ich: „Hey, Baby, alles klar? Ich liebe dich." Sie nickte dann abwesend und hörte mir überhaupt nicht zu. Ich hätte ihr gern die neuen Songs vorgespielt, an denen ich arbeitete, und bat sie öfter, ins Studio runterzukommen; sie sagte dann „gleich" und vergaß ihr Versprechen sofort. Es ging nur noch um das Baby, ich konnte nicht einmal mehr richtig mit ihr reden.

Als Dylan dann zur Welt kam, rutschte ich von Platz zwei auf drei. Jetzt existierte ich überhaupt nicht mehr für sie. Und damit konnte ich nicht umgehen. Ich bin ein Typ, der gern viel Liebe gibt, der sich aber auch freut, wenn er diese Liebe zurückbekommt. Zuhause war ich nur noch der Gebende – es kam überhaupt nichts zurück. Dann lud Pamela ihre in Kanada lebenden Eltern ein, zu uns zu kommen und ihr mit den Jungs zu helfen. Für die Kinder war es natürlich toll, dass ihre Oma da war, aber ich hatte meine Schwiegereltern jeden Tag rund um die Uhr um mich herum, und sie beanspruchten noch mehr von Pamelas Zeit. Ich war nicht in der Lage, die Situation von einer halbwegs vernunftgesteuerten Perspektive zu betrachten, und verwandelte mich in ein quengelndes, herrschsüchtiges kleines Gör. Vielleicht wollte ich auf diese Weise Pamelas drittes Kind werden und damit die Aufmerksamkeit bekommen, nach der es mich so verlangte. Daraufhin stritten Pamela und ich nur noch. Unsere Beziehung hatte sich langsam von der reinen Liebe unserer ersten gemeinsamen Tage zu einer Hassliebe entwickelt.

Wäre ich nur ein wenig klarer im Kopf gewesen, hätte ich versucht, ihr den Rücken freizuhalten, und mich selbst geliebt, statt dauernd die Aufmerksamkeit anderer einzufordern. Aber alte Gewohnheiten wird man nicht so schnell los – ich hatte mein ganzes Leben lang versucht, mich selbst über andere Menschen zu definieren, und von ihnen erwartet, dass sie mir zeigten, wer ich war. Diese Einstellung machte mich völlig von anderen abhängig, denn ohne diese Menschen war ich ein Nichts.

Am Valentinstag, dem Tag der Liebenden, fuhren wir ins Hard-Rock-Casino in Las Vegas. Unser Hotelzimmer war auf meinen Wunsch hin ein Meer aus Blütenblättern, ich hatte eine Flasche Dom Pérignon bestellt und dachte, damit die richtige Stimmung für den ersten Abend geschaffen zu haben, an dem wir seit langem mal wieder allein waren. Aber nach ein paar Gläsern Champagner begann Pamela, sich so viele Sorgen um die Kinder zu machen, dass sie sich überhaupt nicht mehr entspannen konnte. Sie redete nur davon, dass sie Dylan eigentlich die Brust geben sollte, und ich konnte an nichts anderes denken, als dass ich genau diese Brüste gern wieder mal für mich gehabt hätte. Am nächsten Tag sahen wir uns ein Konzert der Rolling Stones an, und da ging schließlich alles schief. Pamela sah, wie mich nach dem Konzert eine Stripperin ansprach, und wir bekamen uns mitten im Casino heftig in die Haare. Ich versuchte, sie zumindest auf unser Zimmer zu bringen, damit unsere Auseinandersetzung nicht am nächsten Tag die Klatschspalten füllen würde, und daraufhin rastete sie erst richtig aus. Unser Streit eskalierte immer heftiger, und schließlich lief sie aus dem Hotel, nahm den Wagen und fuhr allein nach Malibu zurück. Der Valentinstag war richtig nach hinten losgegangen. Wieder zuhause angekommen, musste ich erst einmal auf Knien darum betteln, in Gnaden wieder aufgenommen zu werden.

In der Woche danach stand ich irgendwann in der Küche und kochte Essen für Pamela und die Kinder. Wir hatten uns wieder vertragen und teilten uns ein Glas Wein; anschließend holte ich etwas Gemüse aus dem Kühlschrank und begann nach einer Pfanne zu suchen, um es ein wenig anzudünsten. Unsere verdammte Haushälterin verteilte die Kochutensilien gewöhnlich über die ganze Küche, und so riss ich einen Schrank nach dem anderen auf, fand aber keine Pfanne. Ich war so angespannt, dass ich bei der kleinsten Kleinigkeit in die Luft ging, als ob eine Katastrophe passiert sei. Und so fing ich an, aus Wut über die fehlende Pfanne mit den Schranktüren zu knallen und alles Mögliche herumzuwerfen, wie ein Kleinkind, das die Aufmerksamkeit seiner Mami sucht, damit die all seine Probleme löst. Mami – Pamela – kam auch prompt und merkte gleich, dass ich in einer dieser Launen war und wiegelte ab. „Beruhige dich doch, es ist doch nur eine Pfanne."

Aber es ging nicht nur um die Pfanne. Mein ganzer verdammter Seelenfrieden und meine ganze geistige Gesundheit hingen davon ab, dass ich sie fand. Für mich sah es so aus, als ob Pamela meine Gefühle nicht ernst nahm. Und das hieß in meiner kranken und selbstsüchtigen Welt, dass Pamela mich nicht verstand – die größte Sünde, die man in einer Beziehung begehen kann. Ich nahm alle Töpfe und Schüsseln, die ich bereits hervorgeholt hatte, warf sie mit Schwung in das ausziehbare Fach zurück, aus dem ich sie genommen hatte und brüllte: „Das ist doch Schwachsinn!"

Und dann sagte Pamela jene Worte, die man nie zu jemandem sagen sollte, der gerade die Beherrschung verliert. Sie wirkten wie Benzin, das man ins Feuer gießt: „Beruhige dich. Du machst mir Angst."

In diesem Moment hätte ich nach draußen gehen und die Sterne anbrüllen, joggen oder eine kalte Dusche nehmen sollen. Aber das tat ich nicht. Ich war zu sehr in mir selbst gefangen, in meiner Wut über die fehlende Pfanne, die nur die gestörte Kommunikation zwischen mir und Pamela symbolisierte und hinter der nichts weiter stand als meine Unsicherheit, Bedürftigkeit und Angst.

„Verpiss dich! Hau ab! Lass mich verdammt noch mal in Ruhe!", schrie ich sie an und trat mit voller Wucht gegen die Ausziehlade, wobei ich mir, blöd wie ich war, schmerzhaft den Fuß stieß, weil ich vergessen hatte, dass ich nur weiche Slipper trug.

Das genügte. Sofort waren wir wieder mittendrin. Sie schrie mich an, ich schrie zurück, und es dauerte nicht lange, da fingen auch die Kinder an zu brüllen. Dylan heulte in seinem Kinderbettchen, und Brandon konnte ich aus dem Kinderzimmer rufen hören: „Waaaah! Mami! Daddy! Was ist los? Waaaah!"

„Mir reicht's", verkündete Pamela, als sie zu Dylan lief und ihn aus seiner Wiege nahm. Sie brachte ihn ins Wohnzimmer, nahm den Telefonhörer ab und fing an zu wählen.

„Wen zum Teufel rufst du da an?"

„Ich sage meiner Mutter Bescheid, dass sie kommen soll. Du machst mir Angst."

„Du rufst deine Mutter nicht an. Leg den Scheißhörer hin. Das machen wir mit uns allein aus."

„Versuch ja nicht, mich zu hindern. Und benutze vor den Kindern nicht diese Wörter. Ich rufe sie jetzt an."

„Deine Eltern hängen doch dauernd hier rum. Das ist doch blöd. Wir können darüber reden, und dann ist dieser verdammte Scheiß in einer Minute vom Tisch. Sieh mich an, ich bin jetzt ganz ruhig."

„Du sollst dich nicht immer so ordinär ausdrücken. Ich rufe meine Mutter an."

Sie wählte, und ich drückte den Hörer auf die Gabel. Daraufhin wandte sie sich zu mir um und warf mir einen Blick zu, der mir zu verstehen gab, für wie gemein und selbstsüchtig sie mich hielt, und der mich zum hässlichsten, widerlichsten

Wurm auf dem ganzen verdammten Planeten reduzierte. Ich hasste diesen Blick wie die Hölle, weil er anzeigte, dass die Situation außer Kontrolle geriet und ich sie weder durch Entschuldigungen noch Blumen davon würde überzeugen können, dass ich wieder der nette Junge war, der sie so sehr liebte. Ihr Therapeut hatte ihr den dämlichen Rat gegeben, mich zu ignorieren, wenn ich sauer war, weil ich seiner Meinung nach als Rockstar schon genug Aufmerksamkeit bekam. Der wusste ja nicht, dass ich Rockstar geworden war, eben weil ich diese Aufmerksamkeit so sehr brauchte. Schweigen ist gleich Tod. Als Pamela also anfing, mich anzuschweigen, so wie meine Eltern das früher getan hatten, regte mich das nur noch mehr auf. Dylan schrie inzwischen aus Leibeskräften auf ihrem Arm, und in seinem Zimmer heulte Brandon immer lauter.

Pamela griff trotzig wieder nach dem Telefon und wählte die Nummer ihrer Eltern. Ich schlug heftig auf die Gabel. „Ich habe gesagt, du rufst sie nicht an! – Entschuldige. Das ist doch Kinderkram."

Sie warf den Hörer hin, ballte die Faust und schlug blind nach mir, wobei sie mich halb am Unterkiefer und halb an der weichen Stelle traf, wo der Hals beginnt, und das tat beschissen weh. Mich hatte noch nie zuvor eine Frau geschlagen, und ich sah augenblicklich rot. Nachdem ich so sehr versucht hatte, die Situation zu entschärfen, machte es mich umso wütender, dass sie sich überhaupt nicht bremsen ließ. Je mehr ich zum Einlenken bereit war, desto mehr regte es mich auf, dass sie das nicht zulassen wollte. Und daher verlor ich völlig den Kopf, als sie mir eine knallte. Wie ein Tier folgte ich meinem Instinkt, um aus dieser Lage zu entkommen. Ich packte sie und hielt sie fest. „Was zum Teufel ist mit dir los?", brüllte ich und ließ nicht locker. Und wieder führten meine Versuche, sie zu beruhigen, nur dazu, dass sie noch mehr Panik bekam. Jetzt heulte sie, die Kinder schrien, und das Telefon klingelte ohne Unterlass, weil ihre Eltern sich durch die abgebrochenen Wählversuche aufgeschreckt Sorgen machten. Mein Kochversuch hatte sich zu einem Albtraum entwickelt.

Als ich sie festhielt, hörte wenigstens die stumme Bestrafung auf. Sie schleuderte mir jede Bösartigkeit entgegen, die ihr einfiel, beschimpfte mich nach allen Regeln der Kunst und bohrte gemeine Spitzen in jede Achillesferse, die ich besaß. Nie hätte ich mir vorstellen können, dass ich mit der Frau, der ich im *Señor Frog's* stundenlang in die Augen gesehen hatte, einen derart entsetzlichen Krach haben würde. Schließlich ließ ich sie los, und sie stürzte als Erstes in Brandons Kinderzimmer; ganz die liebende Mutter, die ihre Brut vor dem grausamen Vater schützen muss. Als sie an mir vorbeilief, hob ich den Fuß und gab ihr mit einem weichen Hausschuhtritt in den Hintern ein wenig Schwung: „Du bist eine bescheuerte Schlampe!"

„Du bist gemein!"

Ich ging ihr nach. Streitereien vor den Kindern hasste ich; es war schon schwer genug, ihnen inmitten der Dauerbelästigung durch die Paparazzi eine normale Kindheit zu bieten, da konnten wir wenigstens als Eltern ein gutes Beispiel geben. Leise öffnete ich die Tür zu Brandons Zimmer, um meinen Sohn zu beruhigen.

Pamela hatte ihn jedoch schon auf dem Arm und hielt weinend eine schützende Hand über seinen Kopf.

„Lass ihn los", sagte ich. „Ich gehe mit ihm nach draußen. Willst du mit mir nach den Fröschen sehen, Brandon?"

In unserem Gartenteich hatten sich über den Winter einige Frösche niedergelassen, und das war ein guter Platz, um tief durchzuatmen und wieder zur Ruhe zu kommen, dachte ich.

„Raus hier!", schrie Pamela hysterisch.

„Jetzt hör mir mal zu", erklärte ich. „Ich nehme ihn jetzt mit nach draußen zu den Fröschen, damit er sich beruhigt. Du bleibst bei Dylan und siehst zu, dass ihr auch wieder zu euch kommt. Wir müssen alle aufhören, so herumzubrüllen."

Aber die Kinder schrien weiter, nur Pamela wurde wieder still und sprach nicht mehr mit mir, und das machte eine Versöhnung unmöglich.

Als ich Brandons Hand nahm, zog sie den Jungen von mir weg. Nun balgten wir uns um das Kind, und wieder brach die Hölle los. Egal, was ich tat, die Situation eskalierte immer wieder. Während ich Brandon ihrem Griff entwand, stieß ich sie nach hinten, und sie stolperte gegen eine kleine schwarze Tafel, die mit Kreidezeichnungen unserer Kinder bedeckt war. Pamela versuchte sich festzuhalten, aber die Tafelfläche kippte nach vorn, und sie brach sich einen Fingernagel ab.

Sie schrie mich noch immer an, als ich Brandon endlich an der Hand nahm und mit ihm nach draußen zum Froschteich ging. Während er langsam zu schluchzen aufhörte, versicherte ich ihm, Mommy und Daddy hätten sich sehr lieb und er sei noch immer unser großer Schatz. Wir würden uns nie wieder streiten und uns anschreien, wenn ihm das solche Angst machte. Dann fing ich einen munteren kleinen Frosch und hielt ihn in der Höhlung meiner beiden Hände. Das Tierchen begann zu zappeln und zu hüpfen. „Sieh mal, so fühlt Daddy sich manchmal. Deswegen ist es gut, wenn man dann nach draußen an die frische Luft geht und den Kopf wieder klar bekommt."

Nachdem wir uns beruhigt hatten und Brandon nicht mehr weinte, gingen wir ins Haus zurück. Ich wollte mich bei Pamela entschuldigen und überlegte, wegen des misslungenen Kochversuchs etwas zu essen zu bestellen, aber sie war nirgendwo zu finden. Schließlich brachte ich Brandon in sein Zimmer und leistete ihm beim Spielen Gesellschaft, bis ich plötzlich hinter mir Stimmen hörte. Ich fuhr herum und stand vor zwei Polizisten.

„Drehen Sie sich wieder um, Mr. Lee", bellte einer von ihnen.

„Warum?"

„Drehen Sie sich um."

Es war wie eine Neuauflage der Bobbie-Brown-Geschichte. In meinem Haus standen zwei Bullen und wollten mich verhaften, ganz gleich, was ich zu meiner Verteidigung vorbringen konnte. Zu einem Streit gehören immer zwei, aber ich bin stets der Einzige, der dafür in den Knast kommt.

Als ich mich umdrehte, spürte ich kaltes Metall an meinen Handgelenken, dann hörte ich zwei Klicks. „Sie legen mir Handschellen an? Soll das ein verdammter Witz sein? Los, fesseln Sie meine Frau gefälligst auch! Sie hat mich ins Gesicht geschlagen."

„Das interessiert uns nicht, Mr. Lee."

„Aber …"

Die Polizisten brachten mich nach unten und führten mich durchs Wohnzimmer, wo Pamela mit ihren Eltern saß, nach draußen in ihren Streifenwagen. Dort ließen sie mich allein und gingen wieder ins Haus, um Pamela zu befragen. Das beruhigte mich ein wenig; offenbar wollten sie uns nur trennen, damit sie uns getrennt vernehmen konnten. Wahrscheinlich musste ich gar nicht ins Gefängnis. Eine Stunde später kamen die Beamten wieder heraus. Einer der beiden trug eine Pistole aus der Bürgerkriegszeit, die bei uns als Dekoration an der Wand gehangen hatte, und als ich das sah, resignierte ich. Mir war klar, dass sie aus dem Fund dieses altertümlichen Schießeisens eine Anklage wegen verbotenen Waffenbesitzes zurechtbasteln würden. Da ich vor vier Jahren mit einer halbautomatischen Pistole erwischt worden war, die ich blöderweise in meiner Reisetasche durch den Metalldetektor bei einer Flughafenkontrolle hatte schmuggeln wollen, verstieß ich damit grob gegen meine Bewährungsauflagen.

Die Bullen stiegen wortlos in den Wagen und fuhren von der Auffahrt. „Hey, wo bringen Sie mich hin?", fragte ich voll Panik.

„Wir bringen Sie nach Downtown."

Wieder hatte ich das Gefühl, dass eine Situation, die leicht zu entschärfen gewesen wäre, völlig außer Kontrolle geriet und sich zu einem monströsen Problem entwickelte. „Leute, ihr habt noch nicht einmal mit mir geredet. Bis jetzt kennen Sie doch nur die Version meiner Frau. Wollen Sie sich nicht einmal meine anhören?"

Sie sagten kein Wort, sondern ignorierten mich und fuhren weiter. Vor Verzweiflung knallte ich meinen Kopf gegen das Drahtgitter, das die Vordersitze und die Rückbank voneinander trennte. Immer wieder schlug ich hilflos gegen den Draht und schrie: „Warum hören Sie mir nicht verdammt noch mal zu? Redet mit mir, verdammte Scheiße!" Ich verwandelte mich zurück in ein Kind, als man mich wieder einmal mit Schweigen bestrafte. Und Schweigen ist gleich Tod.

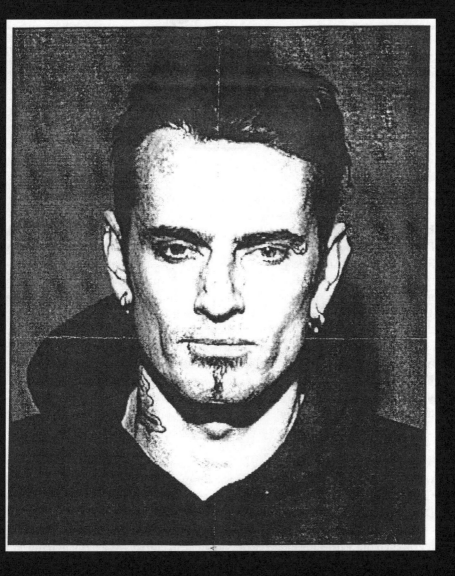

Abb. 4

Kapitel 9
N I K K I

IN DEM SICH NIKKI SIXX, EIN FREIER MANN, UND DER VOM SCHICKSAL
GEBEUTELTE TOMMY LEE BETRÜBT ÜBER DIE SCHEUERMALE AUF
PAMELA ANDERSON LEES RÜCKEN UNTERHALTEN.

Tommy rief jeden Tag aus dem Gefängnis an und heulte wie ein Schlosshund. Er litt furchtbar darunter, dass er nicht bei seiner Frau und den Kindern sein konnte. Sicher, Pamela hatte ihn wegen Körperverletzung angezeigt und ihm damit eine sechsmonatige Haftstrafe eingebracht, aber trotz seiner Wut darüber sehnte er sich sehr nach ihr. Sie dagegen spielte mit ihm und machte ihn verrückt. Er schrieb ihr jeden Tag lange Briefe, in denen er ihr sein Herz ausschüttete und die er uns nie zeigte.

Für die Band war es besonders tragisch, dass wir Tommy zu einer Zeit verloren, als unser Streit mit Elektra in einer derart kritischen Phase war. Vince hatte zudem noch gravierende finanzielle Probleme, und um ihm zu helfen, hatten wir ohne Unterstützung des Labels eine kleine Tour organisiert. Inzwischen stand er bereits so mit dem Rücken zur Wand, dass seine Gläubiger drohten, seine Konten einzufrieren, wenn er nicht zumindest einen Teil der Schulden abzahlte; das hätte auch uns getroffen. Wenn Tommy nun aber für ein halbes Jahr ins Gefängnis ging, würden wir die Tour absagen und die Kosten dafür tragen müssen. Das bedeutete das Aus für Vince und eine Schwächung unserer Position gegenüber Elektra. Für Tommy war diese Tour daher genauso wichtig wie für uns alle, denn er brauchte dringend Geld, um die Gerichtskosten zu zahlen und seine Kinder zu ernähren. Aber für diese Dinge hatte Tommy keinen Kopf: Er interessierte sich nur dafür, wie er das private Glück retten konnte, das für ihn in der Ehe mit Pamela Anderson lag – obwohl sie inzwischen die Scheidung eingereicht und ihn kein einziges Mal besucht hatte. Für Tommy war das Kapitel Mötley Crüe abgeschlossen.

Wenn ein junger Musiker ein Mädchen kennen lernt, passiert jedes Mal dasselbe. Sie behauptet: „Du bist viel beliebter als die anderen in der Band", „Du siehst am besten aus" und „Du bist der, über den man spricht". Bei älteren, erfahreneren Bands müssen die Frauen geschickter vorgehen. Da heißt es dann: „Mit diesen Jungs kannst du dich nicht richtig entfalten", „Dir steht viel mehr Geld zu" oder „Die anderen bringen dir nicht genug Respekt entgegen". Und jedes Mal antworten die Musiker: „Meinst du wirklich?" Keiner von ihnen hat den Mumm, klipp und klar zu sagen: „Halt deine Klappe! Wir sind eine echte Gang, wir haben von Anfang an zusammengehalten. Also halt dich da raus!"

Das liegt daran, dass jedes Mädchen ihren Freund als den Schönsten, Talentiertesten und Wichtigsten der Band sehen möchte, wobei der Musiker selbstverständlich auch nichts anderes als genau das von seiner Freundin hören will. Wenn dann später der eigentliche Kopf der Band „links" sagt, dann wird derjenige, der in der Rangordnung unter ihm steht, aus Prinzip „Nein, wir gehen nach rechts" sagen – nicht aus Überzeugung, sondern nur, um seinen Führungsanspruch zu dokumentieren. Es ist bei jeder Gruppe dasselbe: Drogen, Frauen, Egoprobleme. Diese drei Faktoren sind der Untergang jeder Band. Nachdem wir die Drogen in den Griff bekommen hatten, zerstörten uns nun die Frauen und die Egoprobleme.

„Ich weiß nicht, ob ich das wirklich noch bringe", meinte Tommy. „Warum sollte ich auf Tour gehen, bloß um Vinces Fehler auszubügeln?" Dabei ging es bei der Tournee nicht nur um Vince und sein Portemonnaie, sondern auch darum, Tommy aus dem Knast zu holen. Auf unsere Bitte hin schrieb jeder der beteiligten Veranstalter den Richtern und schilderte die finanziellen Probleme, die ihm durch eine Absage unserer Tournee entstehen würden, falls Tommy wirklich sitzen musste.

Also sagte ich Tommy zum tausendsten Mal, dass er ja nicht nur auf Mötley Crüe angewiesen sei, sondern durchaus nebenbei sein eigenes Ding machen könne. Mit „58" leistete ich mir beispielsweise ein Seitenprojekt mit David Darling, dem Ehemann von Brie Howard, meinem Exstiefschwiegervater sozusagen.

„Eins will ich dir sagen, Tommy", fügte ich hinzu. „Mit Mötley Crüe auf Tournee bist du wesentlich sicherer als zuhause mit Pamela Anderson."

Ich besuchte Tommy regelmäßig einmal in der Woche, und ich begann mich zu fragen, weshalb ich das eigentlich nie für Vince getan hatte, als er nach dem Unfall mit Razzle im Gefängnis war; schließlich war auch er mein Bruder und Bandkollege. Damals war ich zu abhängig und egoistisch gewesen, um mich um andere zu kümmern. Dennoch rief ich Vince an und sagte: „Weißt du, was ich an mir selbst zum Kotzen finde? Bei Tommy war ich jetzt schon ein Dutzend Mal zu Besuch, und bei dir bin ich niemals aufgetaucht."

„Das ist okay", wehrte Vince ab. „Damals warst du ziemlich kaputt."

„Für mich ist das nicht okay", beharrte ich. „Dir ging es damals ziemlich dreckig, und wir waren nie für dich da. Dabei hatten wir gerade eine so erfolgreiche Tour hinter uns und eine so tolle Zeit miteinander erlebt. Als du dann in den Knast musstest, haben wir dich fallen lassen wie eine heiße Kartoffel."

„Mach dir keine Gedanken", beruhigte mich Vince. „Letztendlich ist doch alles wieder gut geworden."

„Ist es das wirklich?", fragte ich. „Ich bin mir nicht sicher."

Nach unserem Gespräch beschlossen Vince und ich, abends noch gemeinsam loszuziehen. In der *Playboy Mansion* fand eine Party statt, bei der wir gegen Mitternacht auftauchten. Kurz darauf gesellte sich Dennis Brody, ein gemeinsamer Freund, zu uns und erzählte uns von Pamela. Die sei nämlich bis eben noch da gewesen und hätte auf dem Teppich des Spielzimmers ein ausgesprochen inniges Wiedersehen mit ihrem Exfreund, einem Surfer namens Kelly Slater, gefeiert.

Am nächsten Tag rief mich Tommy an. Er war in bester Laune, weil er gerade seinen Anrufbeantworter abgehört und dabei eine Nachricht von Pam entdeckt hatte, und nun sollte auch ich kurz bei ihm anrufen und mir die Botschaft anhören. „Ich liebe dich so sehr, Baby", begann sie. „Und es tut mir so leid, dass du da drin bist. Aber ich weiß, dass es deine Persönlichkeit stärken wird. Denk immer daran, ich liebe dich sehr und denke immer an dich."

Anschließend meldete ich mich wieder bei Tommy. „Mann", sagte er, „ich habe wirklich wieder Hoffnung. Vielleicht kommen wir doch wieder zusammen."

Am liebsten hätte ich nichts gesagt, aber als sein Freund konnte ich nicht schweigen. „Ich muss dir etwas erzählen", begann ich also, „und dir wird die Geschichte nicht gefallen."

Tommy fiel aus allen Wolken. Er weigerte sich zu glauben, dass Pamela ihm so übel mitspielte, während er sich im Knast mit den Kakerlaken unterhielt.

„Weißt du was?", fragte er schließlich. „Pam hat dich immer gehasst."

Das war mir schon seit langem klar. Manche Leute führten das darauf zurück, dass sie eifersüchtig auf meine enge Freundschaft zu Tommy war, aber ich glaube viel mehr, es lag daran, dass sie mich nicht beherrschen konnte. Wenn sie mit uns essen ging, lag ihr jeder Mann am Tisch zu Füßen und war bereit, für sie zu bezahlen, ihr Brot zu reichen oder ihre Serviette aufzuheben. Ich ließ sie meist links liegen, und zu Mick hatte ich einmal gesagt, dass ich sie noch nicht einmal mit seinem Schwanz würde vögeln wollen. Auf mich wirkte sie immer komisch und verformt, als ob ihr jemand mit einem hässlichen Stock ins Gesicht geschlagen hätte – wenn auch vielleicht mit einem teuren hässlichen Stock. Eigentlich erinnerte sie mich an die Frauen, die Vince gewöhnlich abschleppte. Und wenn ich jetzt darüber nachdenke, war sie ja auch eine von denen.

BRUCHSTÜCKE DER VERLORENEN SCHRIFTEN DES THOMAS BASS LEE.
DIE ER WÄHREND SEINER HARTEN KERKERZEIT IM JAHRE DES
HERRN 1998 UNTER GROSSEN SCHMERZEN VERFASSTE.

28. 5. 1998

A.N.G.S.T.
Anschuldigungen nicht geprüfte Schuldzuweisungen Treuebruch
Angst, der Feind des Vertrauens
wo Vertrauen herrscht, gibt es keine Angst.

Ich werde mich <u>nicht</u> fürchten.

Wovor habe ich Angst?

Wird sie mich verlassen?
Kehrt sie zu mir zurück?
Liebt sie mich wirklich?
Wenn es **tatsächlich** so ist —

(Rap) → Angst lässt einen Menschen Dinge
          sehen, die es in Wirklichkeit
          nicht gibt
          und Dinge hören, die nie
          gesagt wurden.

Meine Zelle ist ein „Ein-Mann-U-Boot".
Sorgen nennt man „Seelen-Selbstmord".

Wenn es **tatsächlich** so ist
dass sie mich wirklich wirklich liebt
warum hat sie mich dann verlassen?
Und wird sie je zu mir zurückkommen?

Möglicher Albumtitel: „Feardrops From ..."

29. 5. 1998

„Beherrsche deine Gefühle,
sonst beherrschen deine Gefühle dich!"

„Der zornige Mann schlägt sich selbst
in der Schlacht
und im Leben."

31. 5. 1998 (geschrieben auf der Rückseite eines Pamphlets mit dem Titel „Unser täglich Brot")

Pamela,
es tut mir leid, dass unsere Auseinandersetzung für dich
das Ende unserer Ehe bedeutet. Es war ein schrecklicher
Vorfall. Ich werde dafür bestraft.
Sie haben uns kleingekriegt! Die Presse, der Stress, die
Öffentlichkeit, alle.
Wir haben zugelassen, dass sie uns zerstörten!

1. 6. 1998
An P. Lee

Could we dig up this treasure
Were it worth the pleasure
Where we wrote love's songs
God we have parted way too long

Could the passionate past that is fled
Call back its dead
Could we live it all over again
Were it worth the pain

I remember we used to meet
By a swing seat over the piano
And you chirped each pretty word
With the air of a bird.

And your eyes, they were blue-green & gray
Like an April day
But lit into amethyst
When I stooped and kissed

I remember I could never catch you
For no one could match you
You had wonderful luminous fleet
Little wings under your feet.

I remember so well the hotel room
Fun in the sun in Cancún
That beat that played in the living room & La Boom
In the warm February sun

Could we live it over again
Were it worth this pain
Could the passion past that is fled
Call it back or is it dead

Well, if my heart must break
Dear love, for your sake
It will break in music, I know
Poets' hearts break so

But strange that I was not told
That the heart can hold
In its tiny prison cell
God's heaven and hell.

Undatierter Brief an Jay Leno

Jay,
Pamela hatte dich gebeten, nicht daran zu rühren, und du
hast es doch getan! Pam sagte, sie hätte nach der Show mit
dir gesprochen und dir gesagt, dass ihr das wehgetan hat.
Du hättest dann angeblich zu ihr gesagt, sie solle sich
keine Sorgen machen, das wäre gut für ihre Karriere.
Gibt es irgendetwas, was du mir in diesem Zusammenhang
sagen möchtest? Für mich hat dieser Zwischenfall die
Freundschaft, die wir einmal hatten, schwer beeinträchtigt.
Tommy Lee.

PS: Wenn du tatsächlich so ein harter Typ bist, wie ich
immer geglaubt habe, dann entschuldigst du dich in der
nächsten Sendung dafür, dass du mir über den Äther einen
solchen Schlag unter die Gürtellinie verpasst hast. Damit

will ich nicht darum bitten, dass du dich in aller
Öffentlichkeit auf meine Seite stellst, ich brauche
niemanden, der das tut. Aber ich bin der Meinung, dass mein
Privatleben, über das du längst nicht alle Fakten weißt, in
deiner Show nicht durch den Wolf gedreht werden sollte!

2. 6. 1998
Pamela,
bitte sei so lieb und lies Brandon das hier vor, ja?
Danke.

Brandon,
Daddy ist zur Arbeit, Schlagzeugspielen, aber er wünscht
sich sehr, dass er an diesem ganz besonderen Tag bei dir
sein könnte. In seinen Gedanken ist Daddy immer bei dir,
jeden Tag. Vielleicht bist du noch zu klein, um das zu
verstehen, aber ich möchte gern diese Worte in dir reifen
lassen.

„Du bist perfekt, so wie du bist“,
„Es gibt nichts außer der Liebe“
und „Das Heute ist alles, was zählt“.

Ich wünsche dir heute viel Spaß!

Herzlichen Glückwunsch zum Geburtstag, mein Schatz.
Ich vermisse dich!
Daddy!

PS: Pamela, bitte drück ihn ganz, ganz, ganz fest von seinem
Daddy, ja? Du kannst dir überhaupt nicht vorstellen, wie
schlimm es für mich ist, dass ich nicht dabei sein kann.

25. 6. 1998
„Meine Zelle“

So ein stiller Klang in diesem winzigen Raum
Der Geruch von abgestandenem Schwefel im Wasser
Es sickert durch die Wände
Es schmeckt nach Tod
Der Boden überzogen von klebrigem Schleim
der Körper und Seele befällt

Ich drehe mich nicht im Kreis, sondern im Eck
Durch die Form dieses Raums.

26. 6. 1998

Ahh sooo
Eine kleine Geisha-Nutte traf ich in Tokio
sie wollte mir einen blasen und sie gefiel mir so
Yo! Hopp rein in meine Limo
Schon waren wir ins anonyme Knutsch-Hotel gefahren
es dauerte nicht lange und mein Schwanz schwoll mächtig an
Zwei Gläser Schlüpferstürmer schenkte ich ihr dafür ein
ich hoffte ohne Widerstand wäre sie dann mein
und ich könnte endlich ganz tief in sie rein
Ich hatte keine Ahnung, dass die Schlampe beißt und kratzt
dann ist zu allem Unglück noch mein Gummi geplatzt
und mir lief komisches grünes Zeug übern Latz
O Gott, wenn ich jetzt Aids hab, was dann?
Na, wenigstens durfte ich bei ihr mal ran
Dabei hat sich das Geld für die Möse nicht gelohnt
Sollte ich besorgt sein?
Ach was, sprüh dir den Schwanz mit Reiniger ein.

O Mann, jetzt drehe ich wirklich ab. Was zum Teufel
schreibe ich da? Ich hoffe, dass das nie jemand sieht.

28. 7. 1998

Hi, Baby,
ich sitze gerade in einem Käfig auf dem Dach und fühle zum
ersten Mal seit Wochen wieder die Sonne auf meinem Gesicht.
Sie haben mich erst um 4 heute Nachmittag hier hoch
gelassen, und ich habe gerade noch die letzten Strahlen
erwischt – wow! Ich musste richtig blinzeln, weil ich das
helle Licht nicht mehr gewöhnt bin. Dann überwältigten
mich wieder Schmerz und Trauer, und ich musste weinen, als
ich daran dachte, warum ich hier bin. Das ist wie eine
bleibende Narbe auf meiner Seele. Ich hasse es hier so &
habe mir geschworen, nie wieder hier zu landen. Gott, wie
ich die Sonne vermisse.
Ich habe gehört, wie du mich letztens am Telefon gefragt
hast, wovon ich träume. Und ich habe mich nicht getraut, es
zu sagen, weil ich keinen Druck auf uns beide ausüben will.
Aber ich würde den Gedanken schon gern mit dir teilen, und
das ist brieflich einfacher als am Telefon. So erfährst du,

was ich fühle, ohne dass du sofort darauf reagieren musst.
Ich wünsche mir, wenn ich aus dem Gefängnis entlassen
werde, dass ... ich dich sehen & ein wenig Zeit mit dir
allein verbringen könnte. Es gibt so vieles, über das wir
reden müssen. Ich würde dir so gern sagen, dass mein Leben
sich in vieler Hinsicht ändern wird!
Wenn ich in die Zukunft blicke, sehe ich für Tommy eine
glückliche Zeit. So gern würde ich die vielen neuen Erfahrungen, die ich gemacht habe, mit dir teilen ... ich vermisse deine funkelnden Augen. Und deine Telefonanrufe feh-
len mir! Und das Lächeln, bei dem ich immer schwach werde.

31. 7. 1998

Pamela,
bitte hör auf, mir derartig banale Briefe zu schicken. Wie
kannst du diese Scheiße schreiben, nachdem du einen anderen
gefickt hast?
Wenn der Präsident zugeben kann, dass er eine Affäre hatte,
warum kannst du das nicht? Ich vertraue dir nicht. Bitte
lass mich in Ruhe. Du weißt überhaupt nicht, was Liebe oder
Leidenschaft eigentlich ist. <u>Meine</u> Liebe ist stark. Wenn
deine es auch wäre, dann hättest du zuhause bleiben, dich
um die Kinder kümmern & deinen Schlüpfer <u>anbehalten</u> können.
Du hast schon Recht: Wir brauchen Abstand voneinander. Wenn
ich dich nämlich ansehe, dann muss ich kotzen. Du hast mir
meinen <u>Traum</u> zerstört – <u>meine Familie</u>!!
Ich werde nicht zulassen, dass du mir diesen Traum
kaputtmachst, eines Tages werde ich die Richtige finden,
die mich <u>wirklich</u> liebt! Und du hast wieder Recht – einen
Mann wie mich wirst du nicht wieder bekommen!
Du hörst dich an, als hätte ich dich zu all dem gezwungen –
ich glaube, das ist nur ein Vorwand, damit du deine Untreue
und diesen anderen Mann vor dir rechtfertigen kannst. Das
alles war deine Entscheidung, nicht meine!
Kannst du von <u>Schuld</u> sprechen? Der Gedanke wird dich <u>dein</u>
<u>Leben lang</u> verfolgen! Du hast <u>nichts</u> zu befürchten und die
Jungs mit Sicherheit auch nicht. Ich werde dir <u>nicht</u>
<u>nachstellen</u>! Deinen Brief werde ich später beantworten; was
dich und die Kinder angeht, hast den größten <u>Fehler</u> deines
Lebens gemacht!
PS: Ich hoffe, du hast wenigstens nicht das Kreuz getragen,
das ich dir geschenkt habe, während du es mit diesem Kerl
getrieben hast.

7. 8. 1998
Es sind noch 4 Wochen, bis ich wieder herauskomme, und ich
muss jetzt meine Gedanken ordnen.
Kannst du mit mir darüber reden?
Ich verdiene eine Antwort!
Ich brauche Wahrheit & Klarheit!

Ich muss einige Entscheidungen treffen.

Jeder Gedanke und jede Handlung eines Menschen werden
entweder durch Liebe oder Angst bestimmt. Auf welches
dieser Gefühle stützt du deine Entscheidung?

16. 8. 1998
Sanft, zärtlich, aufbauend.

Wer bin ich? Ein Vater mit 2 Söhnen; ein kreativer und
talentierter Mensch, für den eine leidenschaftliche Liebe
zur Musik & zum Leben, zur Natur, zum Meer und seinen
Geschöpfen das Sein bestimmt; der Sonnenuntergang ist für
mich die schönste Zeit des Tages. Kinder hatte ich schon
immer sehr gern! Außerdem liebte ich Sex, Filme, Musik,
schnelle Autos, Zeichnen, Malen, Wasserskifahren, Angeln,
Motocross-Maschinen, Bootfahren, Camping.

„Sucht" ist ein wichtiger Schlüssel zu meiner Persönlichkeit.
Manchmal versuche ich, andere zu manipulieren – aber nur,
weil ich Angst habe, sie zu verlieren.

Wen habe ich geheiratet? Pamela ist sexy, schüchtern,
aufbauend, liebevoll, leidenschaftlich, manchmal verrückt
und durcheinander! Sie kümmert sich um andere. Sie ist auch
jemand, der andere kontrolliert und nicht viel von sich
preisgibt; sie braucht viel Aufmerksamkeit, sie braucht
Leben um sich herum. Geh raus und genieße die freie Natur.
Ich weiß nicht mehr, wann wir das letzte Mal gemeinsam
wandern waren. Ich würde gern viele Fragen stellen, aber
ich bekomme keine Antwort!

Such die Schuld nicht bei dir, Tommy.

16. 8. 1998

O GOTT! Gerade habe ich Pamelas Stimme am Telefon gehört.
Ich habe noch immer Tränen in den Augen. Sie fehlt mir sooo
sehr! Um noch mal auf die Wanderungen zurückzukommen — wir
konnten uns nicht oft frei bewegen. Gefangene unseres
eigenen Ruhms. Niemand kann es nachvollziehen, wie das ist,
hier im Gefängnis zu sitzen und nicht bei der Familie sein
zu können! Der Schmerz ist unerträglich! Christy war
gestern stundenlang bei Pam, hatte aber trotzdem wenig
Informationen für mich. Schon blöd. Infos könnte ich hier
drin wirklich brauchen! Vorgestern habe ich 2 Stunden lang
mit Christy telefoniert, da hat sie mich doch sicherlich
erwähnt. Das Schweigen bringt mich um. Es ist wieder wie zu
meiner Kinderzeit: Schweigen.

1. 9. 1998

Ich werde für dich da sein, ganz gleich, was passiert.
Wenn ich draußen bin:
Karate
Steak
Baden
Hawaii

Wenn ich hier rauskomme, gibt es ein paar Dinge, die ich
unbedingt tun möchte: ein Steak essen. Ganz lang dem
Sonnenuntergang am Strand zusehen. Ein langes Bad mit viel
Schaum (und mit dir, das wäre das Größte ... haha ... und
das andere wäre auch nicht schlecht mit dir). Ein paar
Karatestunden und Boxunterricht. Und für eine Woche nach
Hawaii.

Pam, du musst mir glauben, dass ich immer für dich da sein
werde, selbst wenn wir nicht wieder zusammen kommen ...
ganz egal, was passiert, okay?

4. 9. 1998 (auf einen Post-it-Zettel geschrieben)
Liebe

Die eigene Mitte behalten

Stärke

Pamela [illegible]

Please don't send me your meaningless
letters! How can you write that
shit after fuckin' someone else?
The President can admit his ~~infidelity~~
infidelity, But you can't? I don't
trust you. Please leave me alone.
You have no idea what love is
or passion. My love is powerful If
yours was you would of been able
to stay home & be a mother and
keep your panties on! Your right
you do need to keep your distance
from me ..... I don't wanna look at
you, I'll throw-up, You took
my DREAM from me My family!!

I will not let you kill my DREAM,
I will one day find someone
special who truely loves me!
And your right, there will
never be another man like me!

You make all this sound like I forced
you into this.... I think your
trying to make yourself feel
better about yourself and the
infidelity And choosing another
man. this is all your choice not mine!
Can you say Guilty? it will eat you alive!
You have nothing at all to fear And
certainly the boys don't. I will not
persue you!! I will answer your
letter latter, You've made the biggest
mistake of your & the childrens life!

P.S Hope you weren't wearing the cross
I got you while you were ~~getting fucked~~?

Kapitel 11

T O M M Y

IN DEM THOMAS LEE EINE LEKTION IN DEMUT ERHÄLT UND SEIN
LETZTES LANGWIERIGES ABENTEUER EIN ENDE FINDET.

*D*ie Busfahrt vom Gericht werde ich nie vergessen. Man hatte mich an den verdammten Sitz gekettet, und ich trug noch immer den Anzug, in dem ich eine Viertelstunde zuvor vor dem Richter gestanden hatte.

Man führte mich ins Gefängnis, und das erste Geräusch, das ich dort hörte, war ein lautes Knacken. Als ich den Kopf wandte, sah ich einen kleinen Latino auf dem Boden seiner Zelle liegen; Blut strömte aus seinem Kopf. Ich sah die Beamten an, die mich zu meiner Zelle führten und fragte: „Hilft denn niemand diesem armen Kerl?"

„Ach, das passiert dauernd", sagten sie kühl. „Der hat nur einen Anfall." Der Mann lag still auf dem Boden und rührte sich nicht.

In einem Raum ganz in der Nähe musste ich mich ausziehen. Angst packte mich, wie ich splitternackt dastand und nichts mehr trug außer den Ringen in meinen Brustwarzen, meiner Nase und der Augenbraue. Einer der Beamten holte eine Drahtschere. Damit entfernte er die Piercings, aber die Ohrringe bekam er nicht herunter, weil der Chirurgenstahl zu stark für die Schere war. Es blieb ihm nichts anderes übrig, als sie mir widerstrebend zu lassen. Dann reichte er mir meine Gefängnisausstattung: ein blaues Hemd und schwarze Schuhe, zusammengerolltes Bettzeug, Handtuch, Plastikkamm, Zahnbürste und Zahnpasta.

Die Wärter führten mich zurück über den Flur, und ich bemerkte, dass der Latino-Häftling jetzt, eine halbe Stunde später, auf die Krankenstation gebracht wurde. Er wirkte eher, als habe er einen Schlag bekommen, keinen Anfall. Als ich an den anderen Gefangenen vorbeigeführt wurde, sah ich ganze Reihen schlecht gelaunter Drecksäcke, die mir Dinge wie „willkommen, Mann" und „Wir werden dir schon beibringen, wie man eine Dame behandelt" entgegenbrüllten. Die eine Hälfte fand meine Ankunft aufregend, die andere Hälfte wollte mir heimzahlen, dass ich eine Frau vögelte, deren Foto ihnen jede Nacht als Wichsvorlage diente. Der

420

Gang schien kein Ende zu nehmen, und ich hatte so viel Angst, dass meine Knie nachgaben und die Cops mich geradezu hinter sich herziehen mussten. Sie steckten mich in eine Einzelzelle und schlossen die schwere Tür, die mit einem lauten metallischen Schlag zufiel, der den ganzen Zellenblock erschütterte. Es war das beschissen einsamste Geräusch, das ich je gehört hatte.

In diesem Raum sollte ich also die nächsten sechs Monate verbringen. Innerhalb seiner Betonwände gab es nichts außer einem Metallbett, auf dem eine zentimeterdicke Matratze lag, die allenfalls symbolisch zu verstehen war. Es gab niemanden, mit dem ich hätte reden können, ich hatte nichts zu schreiben und nichts, überhaupt nichts zu tun. Ich bat die Wärter um einen Stift, jedes Mal, wenn einer von ihnen an meiner Zelle vorüberging, aber sie taten so, als hörten sie mich nicht. Sie machten deutlich klar, dass ich von ihnen keine Sonderbehandlung erwarten konnte. Das verwöhnte Kind in mir sollte eine Lektion erteilt bekommen. Denn wenn ich hier und jetzt nicht endlich erwachsen wurde, würde ich es nie schaffen.

Am Abend hämmerte ein riesiger halsloser Wärter an die Tür und weckte mich. „Komm her", bellte er. Ich ging zur Tür und fragte mich, ob er mir irgendeinen Gefallen tun oder mich bestrafen wollte. „Warum trägst du diese beschissenen Ohrringe?", wollte er wissen.

„Sie haben sie nicht rausgekriegt und mussten sie drinlassen."

„Was bist denn du für einer, eine Scheißschwuchtel oder so?"

Langsam begann ich mich auf das Schlimmste vorzubereiten: Schläge, Vergewaltigung, was auch immer. „Hey, Mann, warum lässt du mich nicht in Ruhe?"

„Ich glaube, du bist eine verdammte Schwuchtel. Und weißt du, was wir hier drin mit Schwuchteln machen?"

Ich ging zu meinem Bett zurück und versuchte ihn zu ignorieren. Was sollte ich tun? Der Wichser hätte meine Zellentür aufschließen und mich bewusstlos schlagen können, und am nächsten Morgen hätte das keinen Menschen interessiert.

Nachdem ich sechs oder sieben Tage lang nur dagesessen hatte und über die Vorstellung, dass noch weitere fünf Monate und drei Wochen auf mich warteten, fast verrückt geworden war, rollte plötzlich ein kurzer Bleistift unter meiner Zellentür hindurch. Einen Tag später fand ich dort eine Bibel. Anschließend erhielt ich auf demselben Weg immer wieder religiöse Pamphlete, die mit „Unser täglich Brot" überschrieben waren. Nun lag ich da und las mit Bibel und Bleistift in der Hand „Unser täglich Brot" und dankte demjenigen, der mir diese unschätzbar wertvollen Geschenke gemacht hatte, denn ich brauchte unbedingt etwas, um die Langeweile zu vertreiben und die quälenden Gedanken zu verjagen. Wahrscheinlich hatte ich jeden Augenblick in meiner Beziehung mit Pamela tausendmal durchgespielt.

Es wollte mir nicht in den Kopf, wieso Pamela mich tatsächlich vor Gericht gebracht hatte. Vermutlich hatte sie Angst und hielt mich für ein verrücktes, gewalttätiges Monstrum, vielleicht glaubte sie, für die Kinder das Richtige zu tun, und suchte nach einem einfachen Ausweg aus dieser komplizierten Lage. So sehr ich Pamela liebte, ich wusste doch, dass es ihr schwer fiel, mit Problemen umzugehen. Wenn etwas in ihrem Leben nicht wie erwartet funktionierte, zog sie sich sofort ganz aus der Situation zurück, anstatt daran zu arbeiten. Sie wechselte ihre Manager wie ich meine Socken. Mit den persönlichen Assistenten und Kindermädchen war es nicht anders: Jeden Tag kamen neue, was mir mächtig auf die Nerven ging, weil ich es für die Kinder wichtig fand, eine feste Bezugsperson zu haben, der sie vertrauen konnten und die sie fast so sehr lieben würde wie wir. Und nun feuerte Pamela sozusagen mich.

So ging es nicht weiter. Ich musste aufhören, mich selbst zu quälen; stattdessen musste ich versuchen, irgendetwas Gutes aus dieser Erfahrung für mich herauszuholen. Schließlich kam ich zu dem Schluss, es mit Selbstbeobachtung zu versuchen. Nur in mir selbst konnte ich die Antworten finden, nach denen ich suchte. Dafür musste ich damit aufhören, mich auf die Fehler Pamelas und anderer Menschen zu konzentrieren, und mich mit meinen eigenen auseinander setzen. Ich begann, die Wände voll zu schreiben. Die meisten Sätze begannen mit *warum:* „Warum bin ich hier?", „Warum bin ich unglücklich?", „Warum habe ich meine Frau so behandelt?", „Warum habe ich meinen Kindern so etwas angetan?", „Warum habe ich kein spirituelles Bewusstsein?", „Warum, warum, warum?".

Ein paar Wochen später fragte mich einer der Wachmänner, ob ich einmal aufs Dach gehen wollte. „Mann, das wäre wunderbar", sagte ich. Inzwischen hatte ich fast vergessen, wie frische Luft roch, wie der Himmel aussah oder wie sich die Sonne auf der Haut anfühlte. Ich konnte es kaum erwarten, oben auf diesem Gefängnisdach zu stehen und endlich wieder die Berge und die Skyline der City zu sehen.

Man legte mir Handschellen an und führte mich aufs Dach, wo mir die Kinnlade hinunterklappte. Das Dach war von so hohen Mauern umgeben, dass der Platz hier oben ganz ähnlich wie eine Zelle wirkte. Bäume, Berge, das Meer oder andere Gebäude waren nicht zu sehen. Auf richterliche Anordnung wurde ich in einen Käfig, den so genannten K 10, gesteckt, um Schutz vor den anderen Insassen zu haben. Es war etwa vier Uhr, und die Sonne begann allmählich hinter der Mauer zu verschwinden; ihre Strahlen berührten nur noch die obere Ecke des Käfigs. Ich drängte mich gegen die Vorderseite des Gitters und stellte mich auf die Zehenspitzen, damit die Sonne mein Gesicht beschien, und als ich die Wärme auf meiner Stirn, meiner Nase und auf den Wangen spürte, brach ich in Tränen aus. Ich schloss die Augen und weinte, während ich in den letzten zehn Minuten Sonnenschein badete, die es auf diesem Dach gab, die letzten zehn Minuten, die ich für die nächsten Tage, Wochen und Monate erleben würde. Mann, mein ganzes Leben lang hatte ich die verdammte Sonne als selbstverständlich hingenommen. Aber nach einigen Wochen in einer dunklen, kalten Zelle war ihr Licht das größte Geschenk, das man mir hatte machen können. Es fühlte sich an wie der schönste Tag meines Lebens.

Als mein kleiner Sonnenstrahl verblasste, griff ich nach einer Stange an der Käfigdecke und begann mit einigen Klimmzügen. Vor Antritt der Haftstrafe, als ich für eine verdammte Million Dollar Kaution noch auf freiem Fuß war, hatte ich einen Monat lang hart trainiert, um mich auf das Schlimmste vorzubereiten.

Rings um meinen Käfig tobten sich die anderen Gefangenen aus, und ich bot eine perfekte Zielscheibe für alle möglichen Beleidigungen. Riesige Vergewaltigertypen bewarfen mich mit Dreck und brüllten: „Du hast Schwein, dass wir dich nicht kriegen können, du widerlicher Schlappschwanz. Ein Arschloch, das Frauen prügelt. Komm raus und spiel mal mit den großen Jungs!" Es war erniedrigend, aber ich hielt den Kopf gesenkt und schwieg, während ich an die Sonne dachte.

Im Lauf der Zeit bekam ich allmählich mehr Kontakt mit der Außenwelt. Zwar durfte mir keine Privatperson von draußen Bücher schicken, weil es häufig vorkam, dass mit LSD oder sonst was getränkte Romane in der Haftanstalt gelandet waren, aber durch meinen Anwalt konnte ich alle zehn Tage drei Bücher bei Amazon bestellen. Ich brauchte verdammt noch mal Gehirnfutter. Dabei wählte ich Bücher aus den drei Bereichen, an denen ich am meisten arbeiten wollte: Beziehungen, Kindererziehung und spirituelles Leben. Ich zeichnete Tai-Chi-Diagramme an die Wände, lernte, dass es für besseren Stressabbau Akupressurpunkte unter den Augen gab, und wurde ein Experte für Selbsthilfebücher und Buddhismus. Ich war fest entschlossen, mir eine komplette psychologische, physische und musikalische Runderneuerung zu verschaffen. Es musste möglich sein, die Probleme in den Griff zu bekommen, die mich immer wieder zurückwarfen – was mich selbst, meine Beziehung zu Pamela und meine Rastlosigkeit bezüglich Mötley Crüe betraf.

Laut richterlicher Anordnung durfte ich keinen Kontakt zu Pamela aufnehmen, dabei wünschte ich nichts mehr, als mit ihr zu sprechen und viele Dinge klarzustellen. Sicher war ich sauer auf sie, aber ich fühlte mich noch immer in einem Missverständnis gefangen – eine verdammte fehlende Pfanne hatte mein Leben ruiniert. Nach einiger Zeit bekam ich zwar ein Münztelefon in meine Zelle, aber Pamela war noch so wütend wegen unseres Streits, dass meine Versuche, den Kontakt zu ihr wieder aufzubauen, zu einem richtigen Albtraum wurden. Zuerst sprachen wir nur über Dritte, über Therapeuten und Anwälte, und trotzdem artete jedes Gespräch schnell in eine Schlammschlacht mit gegenseitigen Schuldzuweisungen aus. Schließlich empfahl ein Freund den Mediator Gerald, mit dessen Hilfe ich all meine Beziehungen wieder ordnen wollte – mit Pamela, meinen Kindern und mit der Band.

Ich wusste nicht, welche Ausbildung und Abschlüsse Gerald eigentlich besaß, aber er hatte auf alle Fälle einen gesunden Menschenverstand. Er sagte, dass ich stets nach Aufmerksamkeit gehungert hatte, schon als Kind, als ich mein Fenster offen ließ, damit alle Nachbarn mich auf der Gitarre hörten. In gewisser Hinsicht war Pamela, so sehr ich sie auch liebte, nichts anderes als die Gitarre, und ich wollte wieder allen Nachbarn beweisen, wie gut ich sie beherrschte. Wobei sich dann herausstellte, dass ich das überhaupt nicht tat. Die eigentliche Beziehung beginnt erst, wenn die Lichter ausgehen, die Freunde alle gegangen sind und man allein mit der Partnerin im Haus zurückbleibt. Sie kann sich nur dann erfolgreich entfalten, wenn man sich den eigenen Problemen stellt und sein Gegenüber als den Menschen lieben kann, der er nun einmal ist – ohne dass einem die Kumpels dabei dauernd auf die Schulter klopfen. Deswegen sind Promi-Beziehungen wahrscheinlich so kompliziert – man wird von der ganzen Welt auf einen Sockel gestellt und ist dann beinahe selbst enttäuscht, wenn man letzten Endes feststellt, dass es dennoch nur um zwei Menschen geht, die in genau die gleichen emotionalen Fußangeln treten und dieselben Probleme mit der Anerkennung durch ihre Eltern haben wie jeder andere auch.

Gerald gab mir einen guten Tipp, als er mir vorschlug, bei Amazon Kinderbücher zu bestellen und ein Exemplar an mich, eins an meine Jungs schicken zu lassen. Als das Gericht mir wieder gestattete, mit meinen Kindern zu sprechen, konnte ich ihnen per Telefon Geschichten vorlesen, während sie sich in ihrem Buch dazu die Bilder anguckten. Es war für mich sehr wichtig, die Beziehung zu meinen beiden Jungs aufrechtzuerhalten, denn während ich meine Strafe verbüßte, erzählte Pamela nicht nur ihnen, dass ich verrückt sei, sie versuchte sogar meine eigene Mutter und meine Schwester gegen mich aufzuwiegeln. Am schlimmsten war es für mich, dass ich am Vatertag und zu Brandons Geburtstag nicht zuhause war. So etwas vergisst ein Kind nicht.

Gelegentlich rief ich zuhause an, und Pamela ging an den Apparat. Dann redeten wir ein paar Minuten miteinander, aber es dauerte nie lange, und wir reagierten feindselig und überempfindlich und überhäuften einander mit Vorwürfen, bis einer von uns beiden mit einem Knall den Hörer auf die Gabel warf. Ende des Gesprächs.

Nach solchen Telefonaten saß ich in meiner Zelle und heulte stundenlang. Es war so frustrierend, dass ich nichts daran ändern konnte. Dann erbot sich mein Therapeut, uns telefonisch als Moderator zu begleiten, und allmählich lernten wir wieder miteinander zu reden. Mir gelang es, nicht mehr stets unsicher und defensiv zu reagieren, wenn sie etwas sagte, sondern mit der natürlichen Liebe, die man mir in meiner Kinderzeit vermittelt hatte. Ich begriff auch, dass ich Pamelas Liebe nicht ständig anzweifeln durfte, wenn ich je wieder mit ihr reden oder sogar mit ihr leben wollte. Denn wenn man jemanden auf die Probe stellt, ohne dass man es ihm sagt, wird derjenige niemals den Erwartungen entsprechen.

An einem Donnerstag hatten wir ein erfreuliches Gespräch mit meinem Therapeuten und machten gute Fortschritte, bis ich draußen vor meiner Zelle lautes Rufen und Trommeln hörte. Ich stand auf und brüllte: „Mann, seid doch mal leiser, Jungs!" Aber ich hatte die Worte kaum ausgesprochen, als ich merkte, dass nicht etwa die anderen Gefangenen diesen Radau verursachten. Es war das große halslose Arschloch von einem Wachmann, der mich an meinem ersten Tag im Knast eine Schwuchtel genannt hatte. Und nun stürmte er in meine Zelle, griff nach der Schnur des Telefons und riss sie während des Gesprächs aus der Wand. Dann schrieb er einen Bericht für den Dienst habenden Beamten, in dem er behauptete, ich hätte ihn beleidigt. Daraufhin wurde mir mein Telefonrecht für vierzehn Tage aberkannt. Meine rettende Verbindung zur Außenwelt war brutal gekappt worden, und das brachte mich jeden Tag wieder den Tränen nahe.

Während dieser endlosen Wochen arbeitete ich an Songs, die ich für ein Soloprojekt nutzen wollte, las Elternmagazine und Selbsthilfebücher und lernte, Gedichte zu schreiben, hauptsächlich über Pamela. Sie schickte mir seit neuestem Briefe. Frustrierend war dabei für mich, dass sie diese Briefe von ihrer Assistentin adressieren und frankieren ließ. Das machte sie so unpersönlich, als seien sie nur eine weitere Aufgabe, die ihre Assistentin für sie übernahm. Ich versuchte, solche Gedanken in mir nicht groß werden zu lassen und nicht jede ihrer Aktionen darauf abzuklopfen, ob sie mich noch liebte oder nicht, denn damit hatten meine Schwierigkeiten letztendlich einmal angefangen.

Ohne die Möglichkeit zu telefonieren lernte ich zum ersten Mal, mit mir allein zurecht zu kommen, was Liebe, Hilfe und Musik betraf. Auch unterhielt ich mich nun öfter mit den anderen Insassen und merkte, dass meine Probleme im Vergleich zu ihren keine große Sache waren. Die Trustees, die die Flure fegten, steckten mir Briefchen von anderen Häftlingen zu. Es gab Jungs, die nach einem Autogramm fragten, andere wollten nur jemanden, dem sie schreiben konnten. Die meisten saßen wegen wesentlich schwererer Vergehen als ich. Da war ein sechzehnjähriger Mexikaner mit Mafiaverbindungen, der sechs Menschen umgebracht hatte; ein wirklich reuiger Zweiundzwanzigjähriger, der beim Überfall auf eine Raststätte eine alte Dame erschossen hatte, als er sich Geld für Drogen beschaffen wollte; und dann war da noch ein Polizist, den man dabei erwischt hatte, wie er bei Razzien einen Teil der sichergestellten Drogen mitgehen ließ. Er hatte furchtbare Angst, dass jemand herausfand, dass er ein Bulle war; hätte das jemand gewusst, wäre das hier drin sofort sein Tod gewesen.

Über dieses interne Postsystem entdeckte ich die ganze geheime Welt, die es im Gefängnis gab. Hier kursierten mehr Drogen als auf der Straße – als Tauschmittel für Essen, Süßigkeiten, Geld oder Zigaretten wurden Heroin, Koks, Speed, Grass und alles mögliche andere angeboten. Aber wenn man erwischt wurde, drohte mindestens ein Jahr zusätzlicher Haft, daher hielt ich mich davon vorsichtig fern. Einige Jungs stellten in ihren Zellen eine Art Alkohol her, den so genannten Pruno, der aus Orangensaft und Zucker gemacht wurde, wobei man als Hefeersatz Brot verwendete. Der Gärungsprozess dauerte zwei Wochen, und wenn wieder einmal eine Portion fertig war, wurde Party gemacht, und alle waren sternhagelvoll. Dann wurde aus dem Knast beinahe ein Nachtclub.

Einer der Jungs brachte mir bei, wie man aus einem mit Wasser gefüllten Müllbeutel mit einem Knoten in der Mitte eine primitive Art von Hantel macht, damit ich Gewichte stemmen konnte. Das war zwar verboten, aber ich bastelte mir trotzdem Zehnpfünder nach diesem Muster und versteckte sie unter meinem Bett. Andere Insassen machten Würfel aus ihren Deosticks, indem sie die parfümierte Masse auf dem Zement des Zellenbodens so lange rieben, bis sie quadratisch war. Oder sie machten sich Messer, indem sie eine Zeitung stundenlang immer enger und enger rollten, bis das Papier so hart war wie ein Holzpflock und als Stichwaffe dienen konnte.

Ein cooler Alter brachte mir bei, wie man eine Zigarette anzündet: Man nimmt einen Bleistift und kaut das Holz ab, bis der Bleikern frei liegt, der Strom leitet. Dann nimmt man einen Einwegrasierer, bricht ihn mit dem Schuh auseinander und holt die Klinge heraus. Anschließend biegt man den Rasierer, bis er in zwei Stücke zerspringt. Diese beiden Stücke steckt man in die Steckdose, und daneben schiebt man die Rasierklingen, die sich daraufhin erhitzen. Die Bleimine wird nun in Toilettenpapier gewickelt, dann auf beide Rasierklingen gelegt, und der elektrische Schlag entzündet das Papier und erzeugt Feuer. Es waren echte *MacGyver*-Methoden, die man hier drin über Jahre perfektioniert hatte. Ich selbst machte mich daran, aus

Bleistiften und Rasierern Schlagzeugstöcke zu basteln und mir Trommeln aus Essensschalen und Rohren zu machen. Wie ich da mit meinen Stiften auf die Schüsseln schlug, erkannte ich, dass der Kreis sich geschlossen hatte: Mit sechsunddreißig saß ich hier und machte noch genau dasselbe wie als Dreijähriger, als ich die Kochtöpfe meiner Mutter zweckentfremdet hatte.

Eines Tages hörte ich, dass draußen Unruhe entstand. Ich sprang an mein kleines quadratisches Fenster und drückte mein Gesicht gegen das Glas, um zu sehen, was da los war. Zwei Wachen kamen über den Flur und trugen einen Mann, der ganz unübersehbar tot war: Sein Körper war völlig steif, und seine Lippen hatten eine lilablaue Farbe angenommen. Ich trommelte gegen meine Zellentür und fragte jeden, den ich draußen sah, was passiert war, aber ich erhielt keine Antwort. Später fragte ich einen der Sheriffs, der an meiner Zelle vorbeikam, aber er ging einfach weiter.

Einige Tage später erhielt ich von einem Sanitäter eine Zeitung; ein seltenes und sehr wertvolles Geschenk. Darin entdeckte ich einen Artikel über das Los Angeles County Men's Central Jail, in dem ich saß: Ein schwarzer Gefangener war gestorben, weil die weißen Wachleute nicht rechtzeitig aufgehört hatten, ihn zu prügeln. Aufgrund dieses Vorfalls forderte man nun die Installation eines Überwachungssystems im Gefängnis, weil die Zustände derart unhaltbar waren. Während ich den Artikel las, dachte ich an den Toten und an die vielen Prügeleien, die ich in den letzten zweieinhalb Monaten gehört hatte, und ich spürte, wie Panik in mir hochkroch. Wo war ich hier, zum Teufel? Ich war einmal ein verdammter Rockstar gewesen!

Im Gefängnis war ich ein Nichts. Ich war ein eingeknasteter Wurm. Hier konnte ich nicht bei meinem Manager angeschissen kommen, wenn ich einmal meinen Willen nicht hatte durchsetzen können, hier gab es kein Publikum, das über jeden blöden Witz lachte, und mein Gelaber wollte niemand hören. Hier konnte ich kein weinerliches Kleinkind mehr sein – ich musste erwachsen werden, ein Mann. Oder zumindest ein großer Wurm, denn schließlich wurde ich überall in die Fresse getreten, im Knast wie in der Realität draußen. Pamela hatte mir einige wunderschöne Briefe geschrieben und mir auf dem Anrufbeantworter zuckersüße Nachrichten hinterlassen. Aber als ich gerade wieder Hoffnung schöpfen wollte, erfuhr ich von dem blöden Nikki und ein paar anderen Jungs, dass sie sich mit ihrem Exfreund Kenny Slater traf. Stundenlang sprach ich weinend mit meinem Therapeuten. Ich verstand nicht, warum mir diese ganze Scheiße passierte. Zuhause hätte ich wenigstens mit Freunden zusammensitzen oder mal kurz zu ihr rüberfahren können, um über die Sache zu reden. Aber hier war ich völlig machtlos. Ich saß in meiner Zelle, während mich ein inneres Feuer verzehrte. Dabei lernte ich die nächste wichtige Lektion: wie man Dinge schnell hinter sich lässt. Mir wurde klar, dass ich nichts, aber auch gar nichts daran ändern konnte. Ich musste mich damit abfinden und die Sache ruhen lassen.

An den Samstagen durfte ich Besuch bekommen. Nikki erschien häufig, und auch Mick tauchte einmal auf, meinte aber, das sei das erste und letzte Mal gewesen: Die Wachmänner hätten ihn angemacht, weil er sein Hemd in die Hose stecken und die Baseballmütze abnehmen sollte. Vince ließ sich nicht blicken – aber das hatte ich nicht anders erwartet. Der beste Besuchstag war jedoch der, als mir mein

Anwalt bei unserem Treffen eröffnete, dass ich mit knapp vier Monaten statt der verhängten sechs davonkommen konnte, wenn nichts schief ging. Damit hatte ich nur noch einen Monat vor mir.

Das brachte mich dazu, darüber zu meditieren, was Tommy zum Glücklichwerden brauchen würde. Ich hatte viel darüber nachgedacht, dass ich ein guter Vater, Ehemann und überhaupt ein guter Mensch werden wollte, aber meine kreativen Probleme eher links liegen lassen. Aber Musik macht verdammte achtzig bis neunzig Prozent meines Daseins aus. Ich brauchte etwas Neues, und ich hatte das Gefühl, dass sich der Frust über die Band letzten Endes auch auf mein Privatleben ausgewirkt hatte. Daher fasste ich einen Entschluss.

Als Nikki am folgenden Samstag erschien, sah ich ihn durch das kugelsichere Glas an und rutschte unruhig auf meinem Platz hin und her. Er war mein bester Kumpel, mein Freund, aber jetzt musste ich es ihm sagen: „Alter, ich kann das nicht mehr bringen." Es war das Schlimmste, was ich je einem anderen Menschen mitteilen musste.

Seine Augen weiteten sich, und ihm klappte die Kinnlade hinunter, als er schlicht „Woah" sagte, und dabei wirkte er wir ein Mann, der die perfekte Ehe zu haben glaubt und plötzlich entdeckt, dass seine Frau ihn betrügt. Und so war es ja auch, ich *hatte* ihn hintergangen. Zu Beginn meiner Haftstrafe hatte ich einen Freund gebeten, meinen Anrufbeantworter so einzustellen, dass er unbegrenzt aufzeichnete, und so konnte ich, wenn ich eine Idee hatte, bei mir zuhause anrufen, sie auf Band sprechen und meine Einfälle für die Zeit nach meiner Entlassung sammeln. Diese Melodien und Texte waren nicht für Mötley Crüe gedacht. Es war so weit, ich wollte etwas Neues ausprobieren.

Mein Anrufbeantworter hielt meine Ideen bis zum 5. September fest, dem Tag meiner Entlassung. Ich lag auf meinem Bett und wartete darauf, den Lautsprecher endlich die ersehnten Worte krächzen zu hören: „Lee, einrollen!" Das bezog sich darauf, dass man sein Bettzeug und die Decken zusammenrollen sollte, weil es nachhause ging.

Es hieß, dass ich bis Mittag entlassen werden sollte. Aber der Mittag verging, und nichts passierte. Die Zeiger krochen langsam weiter. Zwei Uhr. Jede Minute war reine Folter. Dann wurde es drei, vier, fünf Uhr. Bald darauf gab es Abendessen. Jedem, den ich sah, erzählte ich: „Hey, ich sollte eigentlich heute rauskommen." Aber niemand hörte mir zu. Es wurde Mitternacht, und noch immer war ich nicht aufgerufen worden. Der alte Tommy Lee hätte seinen Kopf gegen die Gitterstäbe gehauen, bis ihm endlich jemand Beachtung schenkte. Aber der neue Tommy Lee wusste, dass er keine Wahl hatte, als durchzuhalten und diesen Rückschlag hinzunehmen.

Ich streckte mich auf meinem Bett aus, zog mir die fadenscheinige Decke bis unters Kinn und ging schlafen. Um Viertel nach eins weckte mich eine Stimme, die aus dem Lautsprecher drang: „Lee, einrollen!"

ZWÖLFTER TEIL

✳ENDE À LA HOLLYWOOD✳

Kapitel **1**

S Y L V I A   R H O N E

IN DEM DIE MÄCHTIGE HERRSCHERIN DER ELEKTRA DISC RECORDING &
MANUFACTURING CO. BEZÜGLICH IHRER UNGELIEBTESTEN
ANGESTELLTEN BEFRAGT WIRD.

Worauf möchten Sie zuerst eingehen? Auf die Vorwürfe der Band, dass
**Sie nur Interesse an den R & B-Künstlern auf dem Label hatten und Rock 'n' Roll
kaum Promotion gönnten?**

SYLVIA RHONE: Ich denke, Elektras Werdegang spricht eine deutliche Sprache, was die Förderung von Rockbands in unserem Haus betrifft: Metallica, AC/DC,
Mötley Crüe. Mötley Crüe hatten für Elektra 1997 allergrößte Priorität. Wir haben
für das Album einen äußerst großen Promotionaufwand betrieben. Aber der Markt

für Rockmusik, vor allem für ältere Bands, ist momentan sehr stark im Umbruch. Das Album konnte die Erwartungen nicht erfüllen, und die Unzufriedenheit der Band ist verständlich. Aber der Grund liegt nicht darin, dass die Firma keinen Einsatz gezeigt hätte.

Wie sah dieser Einsatz genau aus?

Im Januar gab das Label einen großen Betrag dafür aus, damit die Band bei den American Music Awards auftreten konnte, und danach wurden wir stärker im Hintergrund tätig. Es gab sehr viel Promotion im Internet. Wir organisierten und finanzierten im März einen Liveauftritt bei einem Rocksender in Tampa. Ich könnte jetzt weiter ins Detail gehen und die einzelnen Promotionaktivitäten hier auflisten.

Was denken Sie über den Vorfall mit dem Sicherheitsmann in Südkarolina und über die Tatsache, dass man Sie von der Bühne aus als Fotze beschimpfte?

Ich betrachte es als unter meiner Würde, diese Bemerkungen zu kommentieren. Sie waren nicht gerade gut beraten, so etwas zu sagen.

Wird das Einfluss darauf haben, wie sich das Verhältnis zwischen Ihnen und der Band in Zukunft gestaltet?

Meine Einstellung gegenüber der Band beeinflusst das nicht. Ich bin ein sehr professioneller Mensch.

Der Vertrag von Mötley Crüe mit Elektra läuft nach zwei weiteren Alben aus. Werden Sie ihn dann erneuern?

Das kann ich zu diesem Zeitpunkt nicht sagen.

Kapitel **2**

N I K K I

IN DEM ZEITUNGSAUSSCHNITTE DAS JÜNGSTE ABENTEUER UNSERER
HELDEN DOKUMENTIEREN, WOBEI NUN NICHT MEHR BÜHNE ODER
GERICHTSSAAL ALS SCHLACHTFELD DIENT, SONDERN DIE
KONFERENZZIMMER DES AUFSICHTSRATS.

Eigentlich sollte ich in ein paar Wochen ins Studio gehen, und ich habe einen Vertrag mit [Sylvia Rhone], aber sie gibt mir kein Geld. Ich verstehe das nicht. Sie verarscht die Fans, sie verarscht sich selbst, und sie verarscht mich. Ich habe vier Kinder, eine Frau, und ich muss mein Haus und mein Auto abbezahlen. Ich habe mir eine Existenz aufgebaut. Nach dem, was ich bis jetzt geleistet habe, steht mir einer der höchstdotierten Verträge im Musikgeschäft durchaus zu. Ich muss mich nicht von jemandem verarschen lassen, der andere Prioritäten setzt und eine andere Meinung hat. Ist sie eine Rassistin? Kommt sie mit Männern nicht zurecht? Was für ein Problem hat sie? Wir werden das nie rausfinden, weil sie vom ersten Tag an etwas gegen uns hatte. Weißt du was, du blöde Schlampe? Du hast einen Vertrag mit uns, und wenn du tatsächlich gegen diese Band arbeiten willst, werden wir hochgehen wie eine Bombe. Ich werde dir dein Leben zur Hölle machen.
   – Nikki Sixx, zitiert nach einem Artikel im Musikmagazin Spin, *März 1998*

Nikki

431

Nach den wenig schmeichelhaften Kommentaren, die Mötley-Crüe-Bassist Nikki Sixx in der Märzausgabe des Spin *über die Elektra Entertainment Group und ihre Vorsitzende Sylvia Rhone machte, verwundert es nicht, dass die Band und das Label nun getrennte Wege gehen. Wie es heißt, werden Mötley Crüe, die fünfzehn Jahre lang bei Elektra unter Vertrag standen und mehr als fünfunddreißig Millionen Alben verkauften, nun nach anderen Möglichkeiten suchen, um ihren Backkatalog zu vertreiben. Die Band, die mit ihrem Album* Too Fast For Love *1982 den Glam-Metal ins Leben rief, geht nächsten Monat ins Studio, um an neuen Songs zu arbeiten.*

– The Music Daily, 16. *April 1998*

Wieder einmal zeigen Mötley Crüe der Welt den Mittelfinger, diesmal mit einer Greatest-Hits-Compilation, die der schlappen und leblosen Musikindustrie zeigen soll, wo es langgeht. Das Album erscheint nicht mehr auf Elektra, sondern auf Mötleys eigenem Label und wird über eigene Kanäle vertrieben. Zur Präsentation dieser Platte plant die Band eine weltweite Tournee durch Konzerthallen und Stadien, und Tommy ist nun auch endlich wieder auf freiem Fuß. Große Ereignisse werfen ihre Schatten voraus.

– Sound430.com, *August 1998*

Kapitel **3**

IN DEM UNSER HELD NACH ENDE SEINER KERKERZEIT DIE FREUDEN
WARMEN WASSERS, DES TABAKS UND ANDERER MÄNNER FRAUEN
NEU ENTDECKT.

*M*ein Freund Bob Procop, dem ein Diamantengeschäft am Rodeo
Drive gehörte, holte mich mit seinem klotzigen Bentley ab, als ich entlassen wurde.
„Was möchtest du als Erstes tun?", fragte er.

„Alter, ich brauche unbedingt eine Zigarette. Und es wäre toll, wenn du mich
danach in dein Strandhaus bringen könntest."

Wir fuhren über den Freeway, und der Verkehr toste auf beiden Seiten um uns
herum. Nach fast vier Monaten Isolation waren das fast zu viele Reize für mich.
Ich rauchte eine American Spirit und schloss die Augen, damit mir nicht schlecht
wurde.

Bob hatte ein Haus in Marina del Rey, direkt am Strand. Er kippte eine halbe
Flasche Schaumbad in seinen Whirlpool, ließ Wasser einlaufen und sagte: „Fühl
dich wie zuhause, Kumpel." Ich riss mir geradezu die Klamotten vom Leib, sprang
in die Wanne, legte den Kopf zurück und starrte fast zwei Stunden lang in die
Sterne. Fast hatte ich vergessen, wie es sich anfühlte, tatsächlich in echtem heißem
Wasser zu sitzen. Es war der größte Luxus der Welt.

Gegen vier Uhr früh bat ich Bob, mich nachhause zu fahren. Ich vermisste
mein Haus und mein Bett. Pamela und die Kinder waren ausgezogen, und die
Räume waren still und leer; das meiste Spielzeug und die Möbel hatten sie mitgenommen. Ich tastete mich in der Dunkelheit zu dem Bett, auf dem Brandon geboren worden war, und schlief fast zwei Tage lang durch. Im Gefängnis war an Schlaf
oft nicht zu denken gewesen, weil ständig Stimmen, Schritte, Schläge und Getrom-
mel von den Betonwände widerhallten.

Als ich aufwachte, wimmelte das Haus von Menschen. Alle möglichen Kumpels waren vorbeigekommen, um mich willkommen zu heißen. Sie küssten und umarmten mich und klopften mir auf die Schulter. Aber ich war inzwischen überhaupt nicht mehr an die Gegenwart anderer Leute gewöhnt und wusste kaum, was ich sagen sollte. Ich lächelte zwar, aber am liebsten hätte ich mich irgendwo verkrochen. Es war so lange her, dass andere Menschen mir etwas anderes als Feindseligkeit entgegengebracht hatten. Noch konnte ich nicht lachen oder froh und gelassen sein. Der Schmerz ging tief.

Bei Gericht erwirkte ich die Erlaubnis, nach Hawaii zu fliegen und dort eine Weile im eigenen Saft zu schmoren. Scott Humphrey kam mit mir, und wir saßen beide am Strand und taten gar nichts, während ich allmählich zu den Lebenden zurückkehrte. Langsam lernte ich wieder, mit anderen umzugehen, und nach und nach kehrte mein Lächeln zurück. Ich musste nicht mehr so tun, als ob. Aber die Welt hatte sich während meiner Haftstrafe verändert. Man sah mich mit anderen Augen an – wenn jetzt Leute an mir vorübergingen, sahen sie einander an und flüsterten: „Da ist der Drecksack, der seine Frau geprügelt hat." Ich schämte mich sehr, und es dauerte eine Weile, bis ich mir selbst begreiflich machen konnte, dass nicht die ganze Welt gegen mich war.

Aber noch etwas anderes hatte sich geändert. Pamela hatte dafür gesorgt, dass wir vor meiner Entlassung rechtskräftig geschieden waren. Mein Dasein als Familienvater, das mir mein größtes Glück geschenkt und gleichzeitig den größten Schmerz verursacht hatte, war demnach vorbei. Es war mir völlig unverständlich, wie sie mir und den Kindern das antun konnte. Aber offensichtlich wollte sie trotz der Briefe und Telefonanrufe nichts mehr mit mir zu tun haben. Eine Versöhnung stand völlig außer Frage, vor allem, seit sie wieder mit dem Arschloch Kelly Slater zusammen war. Diese Geschichte – und die Tatsache, dass sie, wie ich hörte, ihr Hochzeits-Tattoo von Tommy in Mommy umgewandelt hatte – brachte mich dazu, meine eigene Tätowierung später komplett entfernen zu lassen. Ich wollte diesen Dreck nicht mehr an meinem Finger; ich wollte mein Leben verändern. Nun würde ich also ein geschiedener Vater sein, was ich mir bis dahin überhaupt nicht hatte vorstellen können. Meine Eltern waren mein ganzes Leben lang zusammen gewesen. Mein Vater war inzwischen vierundsiebzig und litt an Blut- und Rückenmarkkrebs. Meine wesentlich jüngere Mutter kümmerte sich Tag und Nacht um ihn. Ich sehnte mich nach jemandem in meinem Leben, der für mich dasselbe tun würde und für den ich ebenso da war. Am schlimmsten war es jedoch, dass ich meine Kinder nur in Begleitung einer vom Gericht bestimmten Aufsichtsperson sehen durfte. Dylan und Brandon taten mir unglaublich leid, weil sie nie begriffen, was für Leute das waren und was überhaupt passierte.

Nach meiner Rückkehr aus Hawaii ließ ich alle Rollläden hinunter, schloss die Türen ab und begann, mich mit den Notizen und Anrufbeantworterbändern zu beschäftigen, die ich im Knast gemacht hatte. Dann lud ich den Rapper TiLo, ein kleines dreckiges Straßenkind, das uns mit seiner alten Band hed (pe) auf der *Swine*-Tour begleitet hatte, zu mir ein. Wir begannen mit einem eigenen Projekt, Methods of Mayhem. Ich stürzte mich in die Arbeit, jeden Tag bis morgens um vier oder fünf, und kontaktierte jeden, mit dem ich schon immer einmal hatte arbeiten wollen.

An meinem Geburtstag organisierten ein paar Freunde eine Party für mich, denn inzwischen war es Monate her, dass ich mich zum letzten Mal richtig entspannt hatte. Irgendjemand hatte Carmen Electra eingeladen, und wir kamen ins Gespräch und verstanden uns sofort. Vier Monate zuvor hatte sie Dennis Rodman geheiratet, aber sie lebten bereits wieder in Scheidung. Wir telefonierten ein paar Mal miteinander, und zwei Wochen später, kurz bevor Mötleys *Greatest Hits*-Tour losgehen sollte, waren wir ein Paar. Rodman – den sie angeblich dabei erwischt hatte, wie er sie mit zwei Frauen gleichzeitig betrog – erzählte sie, dass sie ihre kranke Oma besuchte, und dann begleitete sie uns auf Tour. Wir mussten sie in die Konzerte und in die Hotels hineinschmuggeln, ohne dass die Presse davon Wind bekam, weil sich die Paparazzi wie die Geier auf diese Story gestürzt hätten. Schließlich waren wir gerade den zwei wildesten und kurzlebigsten Promi-Ehen entronnen. Carmen wurde zudem, nachdem Pamela mit *V.I.P.* ihre eigene Sendung bekam, ihr Ersatz bei *Baywatch*.

Dennis Rodman hatte zwar die Scheidung eingereicht, aber das hieß nicht, dass er dabei zusehen wollte, wie Carmen sich mit jemand anderem traf. Er begann der Band zu folgen und tauchte immer öfter bei den Konzerten auf. Unsere Sicherheitsleute bekamen daraufhin den Auftrag, ihn um jeden Preis von uns fern zu halten. Und komisch: Obwohl Pamela sich seit meiner Entlassung geweigert hatte, auf meine Kontaktversuche einzugehen – nachdem das Gerücht umging, dass Carmen und ich zusammen waren, meldete sie sich plötzlich wieder bei mir.

VON CARMEN RODMANS BESUCHEN einmal abgesehen, blieb ich auf der Mötley-Tour weitgehend allein. Ich hatte mein ganzes Studio dabei, baute es allabendlich in meinem Zimmer auf und vertiefte mich in Pro-Tools. Wenn ich nonstop weiterarbeitete, würde die Methods-of-Mayhem-Platte fertig sein, wenn wir nachhause zurückkehrten. Davon abgesehen, kam ich so nicht auf dumme Gedanken. Ich musste mir in jeder Stadt vor der Show ein Labor suchen und in einen Becher pinkeln. Und den ganzen Tag telefonierte ich mit Bewährungshelfern, Aggressionsabbauberatern, Therapeuten und Gurus. Meine Bewährungsauflagen waren so streng, dass ich mich fühlte, als trüge ich immer noch Handschellen. Das Betreten von Restaurants, Supermärkten oder Tankstellen – allen Orten, wo es Alkohol zu kaufen gab – war mir verboten. Glücklicherweise galt das nicht auch noch für die Hallen, in denen wir auftraten.

Es fiel mir bei jeder Show schwerer, unsere größten Hits zu spielen. Während ich zum zehntausendsten Mal dasaß und „Girls, Girls, Girls" herunterdrosch, dachte ich die ganze Zeit an die unfertigen Songs, an denen ich gerade feilte. Die Corabi-Tour hatte mir wesentlich mehr Spaß gemacht. Schön, es waren kaum Zuschauer gekommen, aber wenigstens hatte ich an das geglaubt, was ich da tat. Ich hatte mir stets geschworen, dass ich aufhören würde, wenn ich nicht mehr mit dem Herzen dabei war. Und das war ich nun nicht mehr.

Nikki hingegen war von Mötley Crüe noch genauso begeistert wie an dem Tag, als wir die Band im Haus seiner damaligen Freundin ins Leben gerufen hatten, als ich auf dem Tisch herumtrommelte und er zwischendurch am Telefon Glühbirnen verkaufte. Seit die Band erneut auf ihrem eigenen Independent-Label war, hatte er das Gefühl, sein Schicksal wieder selbst in die Hand nehmen zu können, und seiner Meinung nach waren Mötley Crüe nun wieder bereit, die Welt zu erobern. Wahrscheinlich dachte er, ich würde irgendwann zu dem gleichen Schluss kommen und Mötley Crüe die Treue halten, während Methods of Mayhem ein Nebenprojekt blieb. Aber wenn ich etwas tue, dann widme ich mich dem hundertprozentig. Ich konnte nicht beiden, Mötley und Mayhem, hundert Prozent geben, schon gar nicht mehr, nachdem Vince, dieser Wichser, mich geschlagen hatte.

Der Vorfall ereignete sich auf dem Flughafen von Las Vegas, als wir nach einem weiteren Abschnitt der endlosen *Greatest Hits*-Tour wieder nach Los Angeles zurückfliegen wollten. Vince war – wie immer – völlig zugedröhnt und benahm sich in diesem Zustand recht unangenehm.

Ich stand am Ticketschalter und sprach mit Ashley, einem Angestellten unserer Plattenfirma, der sich um unsere Reservierungen kümmerte, als Vince auf uns zutorkelte und lallte: „Gib mir die Scheißbordkarte, Ashley, du kannst Tommy auch später noch in den Arsch kriechen.“

Mann, ich weiß nicht, warum er mir gegenüber so feindselig war. Schön, ich war nicht besonders glücklich darüber gewesen, dass er wieder zur Band gestoßen war. Und er stand auf meiner persönlichen Beliebtheitsliste sicherlich nicht besonders weit oben. Aber ich hatte diesem Kerl nichts getan. Er hatte so viel Schmerz in sich hineingefressen, den er mit niemandem teilte, und das konnte ich fühlen. Aber als er da auf dem Flughafen mit diesem Scheiß ankam, stimmte mich das nicht gerade besonders milde.

„Was hast du gerade gesagt?“

„Das hast du ja wohl gehört.“ Er war so betrunken, dass er schwankte.

„Sag mal, Alter, was hast du eigentlich für ein Problem?“

„Leck mich!“

„Dich lecken? Du kannst mich mal, Alter!“

Und schon brach eine dieser dämlichen kleinen Streitereien aus, die bei uns so häufig vorkamen. „Nee, leck mich, du dämliches Stück Scheiße“, fauchte Vince, der mit seinem aufgedunsenen Gesicht nah an mich heranrückte. „Was willst du denn wohl tun? Mich schlagen?“

Er wusste genau, dass ich auf Bewährung draußen war, und entsprechend versuchte er, mich zu provozieren und mich zu einer Prügelei zu verleiten. Ich ging nicht auf seine Beleidigungen ein und hielt mich an die Schritte aus dem Antiaggressionstraining. „Hör mal, Alter“, sagte ich. „Ich werde dich nicht schlagen. Beruhige dich mal, Großer. Lass uns die Sache vergessen und locker bleiben.“

In diesem Moment prallte seine Faust auf meinen Kiefer. Und wenn man einen solchen Schlag erhält, dann vergisst man alles, was man beim Antiaggressionstraining gelernt hat; dann übernimmt der animalische Selbsterhaltungstrieb. Jetzt wollte ich ihn umbringen. Die Anklage wegen Körperverletzung, der Knast, die psychologischen Berater und der ganzen Scheiß lagen gerade erst hinter mir, aber ich konnte es nicht ändern. Dieses Arschloch hatte mich grundlos angepöbelt und angegriffen. Ich ging auf ihn los, schlug ihn zu Boden und holte aus, um diesen selbstzufriedenen Drecksack krankenhausreif zu prügeln. Mir war alles scheißegal. Und wenn ich wieder in den Knast kam. Von mir aus. Aber meine Faust würde jetzt erst einmal ein Bandmeeting mit Vinces Gesicht halten.

Plötzlich stürzte sich Chris, unser Securitymann, auf mich. Er hatte die strikte Anweisung, dafür zu sorgen, dass ich nicht in Schwierigkeiten geriet, und man würde ihn dafür verantwortlich machen, wenn ich wieder ins Gefängnis musste. Er zog mich von Vince herunter und sagte: „Tommy, steig jetzt ins Flugzeug und hau ab von hier. Sofort!"

Als ich mich umdrehte und zu meinem Flugsteig ging, stand Vince auf und brüllte aus Leibeskräften nach der Flughafenpolizei. „Polizei, Polizei! Ich bin angegriffen worden." Der Wichser hatte mich zuerst geschlagen, und jetzt versuchte er noch, mich festnehmen zu lassen, damit ich wieder einfuhr. Das hätte zehn Jahre Haft für mich bedeutet. So etwas tut man einem anderen Menschen nicht an – schon gar nicht einem Bandkollegen. Ganz egal, wie sauer man ist.

Ich stürmte ins Flugzeug und sagte zu Nikki: „Alter, das war's für mich. Ihr werdet mich morgen nicht wiedersehen. Morgen nicht und übermorgen auch nicht. Ihr solltet euch lieber einen anderen Drummer besorgen. Diese Tour ist zu Ende!"

——➤•◄——

Kapitel 4

V I N C E

IN DEM EIN DUELL UNTER GENTLEMEN AUS EINER ANDEREN PERSPEKTIVE
GESCHILDERT UND ÜBER DIE MÖGLICHE AUSWIRKUNG EINER
BRUSTVERGRÖSSERUNG BEI EINEM DER BETEILIGTEN SPEKULIERT WIRD.

*I*ch unterhielt mich mit Ashley Smith, dem Marketingverantwortlichen unserer Plattenfirma, als Tommy, wie es seine Art war, sich in unser Gespräch hereindrängte, obwohl ihn das Thema überhaupt nichts anging.

Als ich ihm sagte, er solle die Klappe halten, packte er mich am Hals. „Nimm sofort deine Hände weg!", verlangte ich.

Wir standen auf einem belebten Flughafen mit tausenden von Zeugen. Wenn er nicht aufpasste, würde er wieder im Knast landen. Daher warnte ich ihn ein zweites Mal: „Nimm deine verdammten Hände weg."

Und als er das nicht tat, schlug ich ihn nieder. Ich würde deswegen nicht sagen, dass es völlig grundlos geschah. Er hatte das einfach verdient.

Wenn Tommy gut drauf ist, macht es sehr viel Spaß, mit ihm zusammen zu sein. Sein einziges Problem ist es, dass er so viel Angst davor hat, andere Leute könnten ihn nicht mögen, dass er ständig lügt, um besser dazustehen. So ist er nun mal, und so wird er wohl auch bleiben. Er ist ein Chamäleon. Er möchte immer dem entsprechen, was gerade angesagt ist. Daher hielt er auch niemals der Richtung die Treue, die ihn zu dem gemacht hat, was er ist – Rock 'n' Roll. Wenn HipHop gerade in ist, ist er ein HipHop. Ist Punk gerade in, ist er Punkrocker. Wenn Tommy ein Paar Titten hätte, wäre er inzwischen ein Spice Girl.

IN DEM EINER UNSERER HELDEN ANGESICHTS EINES TRAGISCHEN
ABSCHIEDS AUF MEHR ALS ZWANZIG JAHRE GUTMÜTIGKEIT UND
UNZUFRIEDENHEIT ZURÜCKBLICKT.

*A*ls Tommy aus dem Gefängnis entlassen wurde, meldete er sich bei niemandem aus der Band. Ich erfuhr erst drei Tage später, dass er wieder draußen war. Und das auch nur, weil jemand, den ich kannte, ihn beim Einkaufen getroffen hatte. Ich schäumte vor Wut. Fast jede Woche hatte ich ihn besucht. Ich hatte alles versucht, was in meiner Macht stand, damit er da drin nicht durchdrehte, und sogar eine Briefaktion ins Leben gerufen, damit er früher herauskam. Daher war es für mich wie ein Schlag ins Gesicht, dass er mir nicht einmal Bescheid sagte.

Schließlich rief ich ihn an. „Sag mal, was ist los? Warum hast du mir nicht gesagt, dass du wieder draußen bist?"

„Wo ist das Problem?", schoss er sofort zurück. „Ich muss dir ja wohl keinen Bericht erstatten."

Während der anschließenden *Greatest Hits*-Tour war er kühl und distanziert. Seine ablehnende Haltung war wie eine Bombe, die jederzeit hochgehen konnte. Und als nach der Schlägerei auf dem Flughafen jeder Vince die Schuld gab, wurde mir klar, was wirklich lief: Tommy goss Benzin in ein offenes Feuer. Natürlich hatte sich Vince unserem Marketingmann gegenüber blöd verhalten. Aber Tommy hatte diese üble Situation noch verschlimmert, als er Vince am Hals packte. Während des Flugs war Tommy ziemlich durcheinander und fing an zu weinen; Vince setzte sich so weit wie möglich von ihm entfernt und schmollte grimmig vor sich hin. Sie waren wie zwei kleine Kinder.

So etwas war zwischen zwei beliebigen Bandmitgliedern unzählige Male vorgekommen. Wenn der Staub sich gelegt hatte, waren wir trotzdem nach wie vor eine Band. Jeder machte mal Fehler. Jeder benahm sich mal wie ein Arschloch.

Im Flugzeug erklärte ich ihnen den nächsten Schlachtplan: „Passt auf, wir sind jetzt genau da, wo wir hinwollten: Wir haben unser eigenes Label. Nun können wir unsere alten Alben neu auflegen und mit den bisher unveröffentlichten Tracks versehen, die sich die Fans gewünscht haben, und wir können neue Platten aufnehmen, mit richtig heftiger Mucke, die knallhart abrockt. Ab September 2001 legen wir dann eine Pause ein und können uns mit Soloprojekten beschäftigen, wenn wir wollen."

Aber Tommy wollte nichts davon hören. Nach unserer Rückkehr nach L. A. weigerte er sich, mit Vince Frieden zu schließen. Und Vince sprach auch nicht mehr mit Tommy. Sie hatten beide Unrecht, wollten das aber nicht zugeben. Dabei hätten sie sich vertragen können, wenn sie sich – wie Vince und ich nach unserer Auseinandersetzung auf der *Swine*-Tour – einmal zusammengesetzt und darüber geredet hätten. Aber mir gelang es lediglich, Tommy dazu zu überreden, bis zum Ende der Tournee bei uns zu bleiben.

„Schön", meinte er. „Aber ich will einen eigenen Tourbus. Und meine eigene Garderobe. Und denk nicht einmal daran, mich mit diesem Wichser in ein und dasselbe Flugzeug zu setzen. Ich will dieses Arschloch nicht sehen, bis auf der Bühne das Licht angeht. Anschließend sorgst du besser dafür, dass er und ich uns nicht begegnen, denn ich muss dir ganz ehrlich sagen, Alter: Ich kann für nichts garantieren."

Als wir nach Ende der Tour wieder zuhause waren, rief mich eines Tages ein Freund an und meinte, ich sollte den Radiosender KROQ anschalten; dort liefe gerade ein Interview mit Pamela Anderson. Wie sie dort erzählte, war sie wieder mit Tommy zusammen, und dann erzählte sie, Tommy habe beschlossen, Mötley Crüe zu verlassen und ein Soloalbum aufzunehmen.

So erfuhr ich von Tommys Ausstieg: Yoko Ono erzählte es im Radio. Ich versuchte Tommy telefonisch zu erreichen, aber er rief nicht zurück. Wenn ich bei ihm zuhause auftauchte, ging er nicht an die Tür. Ich schrieb ihm Briefe und eMails, aber er meldete sich nicht. Er verschwand aus meinem Leben, als hätte es unsere zwanzig Jahre dauernde Freundschaft und die gemeinsame Musik nie gegeben. Zu der Zeit tat es furchtbar weh. Jetzt nicht mehr.

Kapitel **6**

M I C K

Ich berichtete meinem Arzt, dass ich Einschlafstörungen hatte und es mir morgens andererseits immer schwerer fiel, aus dem Bett zu kommen.

„Sie haben Depressionen", sagte er.

Das hätte ich ihm auch erzählen können. Ich war schon seit Jahren depressiv. Zum einen war da der Schmerz, der mich jeden Tag aufs Neue quälte, zum anderen laugte es mich aus, mit einer Band, die sich wie im Kindergarten aufführte, tausend Kilometer von einem Gig zum nächsten zu fahren. Es wurde immer haariger. Über Tommys Ausstieg hatte ich meine eigenen Ansichten: Wenn man nicht wirklich hinter einer Sache steht, wird man auch niemals sein Bestes dafür geben. Und wenn man glaubt, dass bestimmte Leute die eigene Entwicklung behindern, und man anfängt, sie deswegen abzulehnen, dann wird der kleinste Streit zwangsläufig eskalieren – wie die Auseinandersetzung mit Vince auf dem Flughafen. Wenn Tommy also die Band verlassen wollte, dann sollte er das meinetwegen tun und selbst herausfinden, ob seine Entscheidung richtig gewesen war oder nicht. Mir selbst war es mit White Horse ähnlich ergangen: Als mir die anderen dauernd sagten, dass ich nicht so gut spielte wie sie, folgte ich meinem Gefühl und wandte mich den Dingen zu, die ich wirklich machen wollte. Und letzten Endes hatte ich damit zuletzt gelacht, und am längsten. Wer weiß also, was mit Tommy geschehen wird?

Der Arzt verschrieb mir Zoloft und Wellbutrin gegen die Depressionen, und ich ging optimistisch nachhause und hoffte, ich würde nun endlich meine Lethargie überwinden, mit dem Rauchen aufhören und mich voller Energie auf die Projekte stürzen, die ich schon lange plante. Aber von wegen. Die Pillen beförderten mich geradewegs in eine andere Dimension. Nachts wachte ich voll Panik auf und glaubte, dass Außerirdische mich entführten oder Geister mich beobachteten. Wenn ich mich dann umschaute, war nichts zu bemerken. Bis plötzlich irgendeine eigenartige Soße von der Decke tropfte und anderes Zeug aus dem Fußboden wuchs.

Am nächsten Morgen rief ich meinen Arzt an und erzählte ihm von diesen Erscheinungen, woraufhin er meinte, ich solle an der Behandlung festhalten; mein Körper würde sich schnell daran gewöhnen. Die nächsten drei Wochen war ich permanent auf einem Acidtrip. Mit jedem Tag rückte ich in entferntere geistige Sphären. Wenn ich über meinen hellbraunen Teppich ging, glühten mir meine Fußabdrücke in phosphoreszierendem Orange entgegen. Wenn das so weiterging, war zu befürchten, dass ich völlig den Verstand verlieren und mich entweder selbst umbringen oder aber mit einem meiner Gewehre die Nachbarschaft durchlöchern würde. Mir war bewusst, dass mein Gehirn auf falsche Bahnen geriet, aber ich konnte nichts dagegen tun.

Schließlich suchte ich einen Psychiater auf, und der diagnostizierte Schizophrenie. Unter Depressionen zu leiden war eine Sache; Schizophrenie, das war etwas ganz anderes. Der Psychiater gab mir ein neues Medikament, um die Auswirkungen der anderen zu unterdrücken. Dann setzte er sich mit meinem Orthopäden in Verbindung, weil er fürchtete, dass ich schmerzmittelabhängig war. Das war natürlich völliger Blödsinn – bei mir hielt eine Zehntagepackung Pillen mindestens eine Woche. Aber dank der ganzen Ärzteschaft war ich nun schizophren und litt seit dreißig Jahren wegen meiner Knochenkrankheit an ständigen Schmerzen. Außerdem hatten die Tabletten weitere Nebenwirkungen: Meine Hände schwollen so sehr an, dass ich nicht mehr Gitarre spielen konnte.

Damit sich jemand um mich kümmerte, zog mein Bruder bei mir ein. In der Nacht darauf begann sich meine Matratze unter mir zu bewegen und sich in schlangenartigen Bewegungen zu winden. Ich hielt das wieder für Einbildung, aber dann fragte mich mein Bruder am nächsten Morgen, was ich mit dem Bett gemacht hätte, dass es so wackelte. Langsam wusste ich nicht mehr, wo die Wirklichkeit aufhörte und die Illusion begann. Mir war stets klar gewesen, dass die Wissenschaftler und die Regierung uns nur Müll erzählen, aber nun sah ich es zum ersten Mal mit eigenen Augen. Die Drogen hatten mir ein Fenster zur Geisterwelt geöffnet, und es gab keinen Zweifel, dass es einige der Dinge, die ich sah, wirklich gab; damit man in der Alltagswelt aber einwandfrei funktionieren kann, lässt unser Verstand nur einen kleinen Teil dieser Wahrnehmungen zu und schottet sich von allem anderen ab. Ich bin leider ein Bewohner des Planeten Erde und muss dort irgendwie zurechtkommen. Daher ging ich wieder zu dem Arzt und bat, die Pillen absetzen zu dürfen. Er sagte, ich solle geduldig bleiben und darauf warten, dass sich mein Körper daran gewöhnte.

An diesem Tag hörte ich, dass leise in einem anderen Zimmer das Radio lief. Aber wenn ich mir die Ohren zuhielt, wurden die Musik und die Stimmen lauter. Sie waren in meinem Kopf. Den letzten Schlag bekam ich, als mich nachts im Bett ein schlammig grauer Geist auf die Matratze presste. Ich wehrte mich und brüllte:

„Lass los, oder ich breche dir den verdammten Hals." Aber er hielt mich eine weitere Stunde lang in seinem Griff. In der folgenden Nacht kam der graue Geist zurück. Aber diesmal packte ich ihn, und da verschwand er. Als ich am nächsten Morgen mit dem üblichen dumpfen Schmerz in meinen Gelenken erwachte, der mir das Aufstehen immer so schwer machte, erkannte ich, dass der Geist nichts weiter als die Verkörperung meiner Spondylitis ankylosans gewesen war. Das war es, was mich mein ganzes Leben lang auf den Rücken geworfen hatte.

Ich meldete mich wieder bei meinem Arzt, und wieder wollte er mir versichern, es seien normale Nebenwirkungen.

„Das glaube ich nicht", sagte ich. „Sie kommen mir vor wie Acid-Flashbacks."

„Okay", seufzte er. „Kommen Sie vorbei."

Als ich in seine Praxis kam, sah ich in seinen Augen, dass er Angst hatte. Ich sah aus wie der leibhaftige Tod.

⸱—⸱ ⧼◆⧽ ⸱—⸱

IN DEM UNSER HELD SICH VOM KIND ZUM MANNE GEMAUSERT HAT UND
NUN SEINE LETZTE LEKTION LERNT: WIE MAN SICH VON DINGEN FERN
HÄLT, DIE EINEN NUR VERLETZEN.

*I*ch glaube, die Jungs machten Pamela dafür verantwortlich, dass ich die Band verließ. Sie nannten sie Yoko Ono und hängten sich in der Garderobe eine Dartscheibe auf, die sie mit ihrem Gesicht verzierten. Aber sie hat mir nie zum Ausstieg geraten. Was ihr natürlich auffiel, waren die Spannungen in der Band. Aber jede meiner musikalischen Entscheidungen habe ich stets allein gefällt. Dass ich ging, hätte zumindest Nikki nicht überraschen sollen, denn ich hatte es ihm schon hundertmal gesagt; wahrscheinlich wollte er es nach all dem, was wir gemeinsam erlebt hatten, einfach nicht wahrhaben.

Aus irgendeinem Grund hatten sich Nikki und Pamela nie etwas zu sagen, was ich immer ziemlich Scheiße fand, weil letzten Endes sie ihn mit Donna bekannt gemacht hatte; seit ihrem gut gezielten Amorpfeil war es für beide die große Liebe. Vince hatte wohl auch ein Problem mit Pamela, weil er behauptete, sie mal gevögelt zu haben, wobei sie immer daran festhielt, dass das nicht stimmte. Aber er war nie so eklig wie Nikki, der Pamela bis heute hasst wie die Pest.

Zuerst ging es mir selbst nicht anders – nach der Scheidung, als ich allein dasaß und sie mit ihrem Ex rummachte, hatte ich mir immer wieder gesagt, dass eine Versöhnung außer Frage stand. Sie hatte mich rausgeschmissen, und das versuchte ich so aufrecht wie möglich hinzunehmen. Wenn ich bei ihr auftauchte, um meine Söhne zu sehen, kam eins von den ständig wechselnden Kindermädchen mit ihnen zur Tür, und Pamela tat, als sei sie nicht zuhause.

Aber mit Pamela war es wie bei Bobbie Brown: Wir konnten nicht lange ohneeinander sein. Als ich mit Carmen zusammen war, fing sie plötzlich an, mich anzurufen. Und als ich eines Nachmittags die Kinder abholte, kam kein Kindermädchen nach draußen, sondern Pamela selbst. Trotz all dem, was in der Zwischenzeit passiert war, fühlten wir beide sofort wieder die Anziehungskraft, die uns an jenem Silvesterabend fünf Jahre zuvor zueinander geführt hatte. Danach gingen wir jedes Mal ein bisschen weiter, wenn ich die Kinder besuchte, und eines Tages landeten wir im Bett. Schließlich blieb ich über Nacht, und wir verbrachten mehr und mehr Zeit miteinander, bis wir wieder so gut wie verheiratet waren. Ich bat sie, wieder bei mir einzuziehen, und an diesem Tag ging sie zum Gericht und ließ die Einschränkung des Umgangsrechts widerrufen. Wir planten sogar, am Valentinstag ein zweites Mal zu heiraten.

Aber schnell verfielen wir erneut in die alten Muster, weil wir uns im Grunde mit unseren Problemen nicht auseinander gesetzt hatten. Sie war kaum bereit, darüber zu sprechen, und unsere gemeinsamen Therapieversuche waren entsprechend reine Zeitverschwendung. Statt sich eine Lösung zu erarbeiten, stellte sie lieber ein Ultimatum wie: „Wenn du etwas getrunken hast, kann ich nicht in deiner Nähe sein." Der kleine Junge, der ich vor meiner Haftstrafe gewesen war, hasste es, so unter Druck gesetzt zu werden, aber ich versuchte nun zu akzeptieren, dass sie nun einmal so war. Aber dennoch glich unsere Beziehung einem Minenfeld, und wir beide bewegten uns darin mit äußerster Vorsicht, damit kein Sprengsatz unvermutet explodierte.

Es war dann wieder ein Silvestertag, an dem alles zu Ende ging. Wir saßen bei uns zuhause, sahen fern, und ich sagte: „Weißt du was, heute haben wir unser Fünfjähriges, und morgen bricht ein neues Jahrtausend an. Lass uns ein Glas Goldschläger auf die alten Zeiten trinken, dann entspannen wir uns im Whirlpool und haben ein bisschen Spaß miteinander." Sie willigte ein. In den nächsten Tagen kippten wir öfter gemeinsam ein Gläschen, wenn niemand in der Nähe war, und amüsierten uns.

Doch dann flippte sie plötzlich deswegen aus: Mit dem Alkoholkonsum hatten wir eine der besagten Minen berührt. „O Gott", sagte sie immer wieder. „Wie konnte ich bloß mit dir zusammen trinken? Das sollte ich nicht tun." Nachdem sie sich derart schuldig fühlte, wurden auch die vergangenen Katastrophen unserer Beziehung wieder aktuell. Während sich dieser neue Konflikt abzeichnete, begann gerade die Tournee mit Methods of Mayhem, und ich musste sie allein lassen. Als ich zurückkam, war sie unterwegs auf einem Fernsehdreh. Wir verfehlten einander immer wieder, und die Entfernung und die fehlende Kommunikation trieben uns schließlich auseinander. Und so bekam ich am Valentinstag wieder meinen Tritt. Aus heiterem Himmel sagte sie: „Ich kann so nicht weitermachen." Dann nahm sie die Kinder und machte sich davon. Sie verschwand spurlos – ich rief ihre Familie und ihre Freunde an, aber niemand verriet mir, wo sie sich aufhielt.

Als sie sich eine Woche später bei mir meldete, ging es um das Sorgerecht für Dylan und Brandon. Sie wollte, dass ich eine einseitige Erklärung unterschrieb, die ihr die alleinige Erziehungsgewalt verliehen hätte, und das kam für mich nicht infrage. Ich hatte meine Weigerung kaum ausgesprochen, als der Staatsanwalt meinen Rechtsberater kontaktierte, weil es angeblich einen Zeugen dafür gab, dass ich in Verletzung meiner Bewährungsauflagen Alkohol getrunken hatte. Und wir wussten beide, um wen es sich bei diesem Zeugen handelte. Wieder musste ich für fünf Tage ins Gefängnis, aber ich behielt meine Jungs.

Das letzte Mal hatte ich während der Einzelhaft in mich hineingeblickt und versucht, die Blockaden meiner seelischen Entwicklung aus dem Weg zu räumen. Danach hatte ich mich in meiner Umgebung umgesehen und die Blockaden meiner musikalischen Entwicklung in Angriff genommen; das Gefängnis war der einzige Ort gewesen, wo mir niemand irgendetwas ins Ohr flüstern und mich manipulieren konnte. Dieses Mal nutzte ich die Einzelhaft, um über das letzte fehlende Teilchen in diesem Puzzle nachzudenken: über mein katastrophales Liebesleben.

Drei Dinge versprach ich mir selbst: Erstens werde ich nie wieder jemanden heiraten, den ich erst seit vier Tagen kenne. Zweitens würde ich vor dem Jawort erst die Mutter meiner Auserwählten kennen lernen wollen; das hätte mir sowohl bei Pamela als auch bei Heather viel Ärger erspart, denn beide waren mehr oder weniger jüngere Ausgaben ihrer Mütter. Und drittens werde ich nie wieder etwas mit einem Mädchen anfangen, das zuvor in einem Film oder einem Magazin zu sehen gewesen ist oder überhaupt irgendetwas mit Hollywood zu tun hat – eher soll es eine Kosmetikverkäuferin aus Northbrook, Illinois, oder eine Rechtsanwaltsgehilfin aus Raleigh, Nordkarolina, sein.

Als ich das Gefängnis verließ, wusste ich, dass es kein drittes Mal mit Pamela geben würde. Dabei spürte ich weder Wut noch Rachegelüste. Nein, im Grunde liebte ich sie immer noch, und das wird auch immer so bleiben. Wir haben zwei gemeinsame Kinder und werden immer eine gewisse Rolle im Leben des anderen spielen, daher ist es am besten, wenn wir versuchen, miteinander auszukommen. Ich nahm mir außerdem vor, mein Haus niemals zu verkaufen, damit unsere Kinder immer wieder dorthin zurückkehren können, wo sie geboren wurden und ihre ersten Jahre verlebten.

Am Tag meiner Rückkehr baute ich zuhause ein neues Studio ein und begann mit der Arbeit an einem neuen Methods-of-Mayhem-Album. Kürzlich war ich in einem Supermarkt um die Ecke, um Lebensmittel einzukaufen, als ich Nikkis Exfrau Brandi traf. Wir unterhielten uns ein wenig, und sie bemühte sich später bei einem gemeinsamen Freund um meine Telefonnummer. Gestern rief sie an und erzählte, dass sie ganz in der Nähe wohnt. Wer weiß, vielleicht fangen wir beide etwas miteinander an. Schließlich bin ich im Augenblick Single. Und davon abgesehen, bin ich gerade Nikkis Texte für dieses Buch durchgegangen und habe gelesen, was zwischen ihm und Honey lief.

N I K K I

IN DEM EIN WEITERES ABENTEUER UNSERES UNGLÜCKLICHEN HELDEN
EIN ENDE FINDET UND WEITERE WICHTIGE DINGE ANGESPROCHEN WERDEN,
DIE ZUM VERSTÄNDNIS DIESER GESCHICHTE UNVERZICHTBAR SIND.

Komischerweise erreichte die Band nach Tommys Weggang zum ersten Mal, seit ich mich erinnern konnte, eine gewisse Stabilität, und mit *New Tattoo* konnten wir nun endlich das Album aufnehmen, das der eigentliche Nachfolger für *Dr. Feelgood* hätte sein sollen. Die extreme, dunkle Atmosphäre der Zeit von *Generation Swine* begann sich zu lösen – ich hatte mich auf meine eigene Art und Weise mit meinem Vater auseinander gesetzt, Brandi das gemeinsame Sorgerecht abgerungen, die Band wieder auf das richtige Gleis gebracht und war dabei, unsere alten Alben auf Mötley Records neu herauszubringen, wo sie sich fünfmal besser verkauften als bei Elektra.

Aber dann meldete sich eines Tages mein Bruder Randy. Er hatte herausgefunden, dass unsere Schwester Lisa in einem Sanatorium in Santa Cruz lebte, und ich wollte sie unbedingt sehen. Seit weder Heroin, Kokain noch Alkohol mein Leben bestimmten, begann ich langsam zu erkennen, wer ich eigentlich war. Ich rief meine Mutter an und fragte, weshalb sie mich stets von Lisa fern gehalten hatte, aber sie wiederholte stets dieselbe Antwort: „Damals war alles anders."

Danach telefonierte ich mit der Klinik. „Mir ist egal, ob jemand etwas dagegen hat", verkündete ich drohend. „Ich werde kommen und meine Schwester besuchen."

„Ja, natürlich, warum nicht?", fragte eine freundliche Schwester. „Wer hat Ihnen gesagt, dass Sie das nicht dürften? Sie können jederzeit zu ihr."

„Aber meine Mutter sagte mir, Lisa wolle niemanden aus der Familie um sich haben."

„Sie hätten jederzeit kommen können, Sie waren stets willkommen. Wir haben uns gewundert, weshalb Sie sich nicht gemeldet haben."

„Würden Sie mir einen Gefallen tun? Ich würde gern mehr über sie erfahren."

Die Schwester erzählte mir von Lisa. Sie hatte am 12. November Geburtstag, litt am Downsyndrom, war blind und stumm und an den Rollstuhl gefesselt. Sie hatte ein sehr schwaches Herz und wog nicht einmal dreißig Kilo. „Aber ihr Gehör ist nicht beeinträchtigt", sagte die Schwester. „So gesehen ist es seltsam, welchen Weg Sie für sich gewählt haben. Lisa hört den ganzen Tag Radio."

Mir war, als stünde ich kurz vor einem Nervenzusammenbruch. Ich konnte nicht fassen, dass ich eine so erstaunliche Schwester hatte, die ich während der letzten vierzig Jahre jederzeit hätte besuchen können. Der nächste Abschnitt der *New Tattoo*-Tournee stand leider unmittelbar bevor, und daher sagte ich der Schwester, dass ich zu Lisa kommen würde, sobald ich wieder zurück sei.

Drei Tage nach dem Ende der Tour rief mich Jeff Varner vom Management an und sagte: „Die Polizei ist hier. Sie hat nach deiner Adresse gefragt."

„Dann kannst du den Bullen Folgendes ausrichten", sagte ich wie üblich. „Sie sollen sich verpissen. Und wenn sie hier auftauchen sollten, verschwenden sie ihre Zeit – ich bin nämlich nicht zuhause."

„Sie wollen dich unbedingt sehen", betonte Varner.

„Das ist mir scheißegal. Ich habe die Schnauze voll davon, immer wieder festgenommen und in U-Haft gesteckt zu werden. Außerdem habe ich überhaupt nichts verbrochen." In Wirklichkeit gab es eine Reihe von Vorfällen, bei denen ich kürzlich gegen irgendwelche Gesetze verstoßen hatte. Zwei Tage zuvor hatte man mein Auto sichergestellt und mich verhaftet, weil ich ohne Führerschein gefahren war. Und zuvor hatte ich mich auf der *Swine*-Tour in Greensboro mit einem Sicherheitsmann angelegt, der mich daraufhin verklagt hatte; vielleicht wollte man mich jetzt nach Südkarolina ausliefern.

„Nikki", bat Varner eindringlich. „Vertrau mir. Sag ihnen deine Adresse und lass sie hinein, wenn sie kommen."

„Nein, ich gehe nicht wieder in den Knast. Weißt du was, schmeiß sie raus und buch mir einen Flug in irgendein nettes südamerikanisches Land. Ich brauche sowieso dringend Urlaub."

„Okay, Nikki", gab er schließlich nach. „Ich rufe dich gleich zurück."

Eine Stunde lang schwieg mein Telefon. Als es wieder klingelte, war Vince am Apparat. Er hörte sich fertig an, aber nicht betrunken. Er weinte.

„Nikki, Mann, ich weiß nicht, wie ich dir das sagen soll", begann er.

„Was denn? Was denn?"

„Deine Schwester ist gestorben."

„Wer? Welche Schwester?" Meinte er Lisa oder meine Halbschwester Ceci?

„Ich weiß es nicht. Aber deswegen ist die Polizei im Büro – man wollte dich davon informieren."

Also rief ich wieder im Büro an und erfuhr, dass Lisa am Morgen einen Herzinfarkt erlitten hatte. Trauer und Depression erfüllten mich. Zum einen war ich zornig auf mich selbst, weil ich meinen Besuch hinausgeschoben hatte, zum anderen wütend über meine Verwandten, die mir ihre Existenz mein Leben lang verschwiegen hatten. Ich musste daran denken, wie wir mit unserem Privatjet auf der *Girls*-Tour für vier ausverkaufte Stadionkonzerte nach San Jose geflogen waren, an den Schuss Koks vor der Show und an den Auftritt vor zehntausenden von schreienden Fans, Blitzlichtgewitter, an die Geilheit der Mädchen und die Bewunderung der Jungs. Währenddessen hatte meine mongoloide Schwester nur wenige Kilometer entfernt einsam in Windeln auf dem Rücken gelegen und Radio gehört. Schon damals hätte ich versuchen können, sie zu finden. Ich hätte ihr Geburtstagskarten schicken und finanziell dafür sorgen können, dass sie besser betreut wurde; vielleicht hätte das ihr Leben verlängert. Mit den fünfhunderttausend Dollar, die wir bei diesen Konzerten eingenommen hatten, hätte man leicht eine nach ihr benannte Stiftung für vom Downsyndrom Betroffene gründen können.

Es war stets dasselbe: Ich tat zu wenig, und ich tat es zu spät. Aber ich fuhr nach Santa Cruz, kaufte den schönsten Sarg, den ich finden konnte, und organisierte ihre Beerdigung. Dort sah ich meine Schwester das erste und einzige Mal. Ihre Hände und ihr Rückgrat waren zwar verkrüppelt, aber sie hatte dieselben Augen wie ich. Meine Mutter, Ceci und Donna waren bei mir, und ich weinte die ganze Zeit. Hundertmal sagte ich Lisa, wie leid es mir tat. „Im Himmel werden wir uns treffen."

Anschließend wurde sie eingeäschert. Um Lisas willen verzieh ich meiner Mutter, und danach nahm ich die Urne mit mir nach Los Angeles und ließ eine Engelsstatue mit Flügeln für sie errichten. Lisa, die ihr Leben lang nicht einmal hatte laufen können, sollte Freiheit und Beweglichkeit haben. Ich kaufte ein kleines Grundstück oben auf einem Berg und begrub die Urne dort unter der Statue, damit ich sie stets sehen und ihr nahe sein kann, wenn ich in Los Angeles bin, und damit sie mich daran erinnert, dass ich nicht allein auf der Welt bin und es jeden Tag geschehen kann, dass ich zu ihr gerufen werde.

Langsam begann ich, die vielen Knoten zu entwirren, die sich aus den verschlungenen Pfaden meiner Vergangenheit gebildet hatten. Zuvor war mir nie klar gewesen, dass es in meiner Macht stand, die Mauer aus Geheimnistuerei, Unehrlichkeit und Verantwortungslosigkeit zu durchbrechen, die ich von meinen Anverwandten übernommen hatte. Es musste mir nur gelingen, eine solide Beziehung mit meiner Frau und meiner Familie aufzubauen, damit meine Kinder sich nicht wie ich ihr Leben lang verstecken und verloren fühlen würden.

Ein solcher Vorsatz ist natürlich leichter gesagt als getan. Donna und ich hatten beide unser Päckchen persönlicher Probleme zu tragen, und daher ist unsere Ehe bisher nicht frei von Spannungen gewesen. Aber ich habe unter anderem durch das Verhältnis zu meinen Bandkollegen gelernt, dass man an Beziehungen arbeiten und zu Kompromissen bereit sein muss. Und dazu bin ich bei unserer Ehe mit ganzem Herzen bereit. Wir gehen mittlerweile sogar zu einem Eheberater, und das tut mir gut, denn zum ersten Mal in meinem Leben hört mir jemand zu und zögert nicht, mich zu kritisieren, wenn ich mich blöd verhalte oder mich selbst belüge, was ich schon immer gern und häufig getan habe. Ich habe so lange dem Klischee des wilden Rockstars entsprochen – das Klischee des typischen Vaters will ich auf keinen Fall erfüllen.

Donna ist jetzt schwanger und erwartet ein Mädchen – unser erstes gemeinsames Kind. Mein Vater hieß Frank, und das war der Name, den man mir aufzwang, als ich geboren wurde. Aber indem ich diesen Namen als Teenager ablegte, löste ich mich von meiner Familie und meiner Vergangenheit. Jetzt, mit einundvierzig, will ich ihn zurück. Daher haben Donna und ich als Namen für unser Baby Frankie Jean gewählt – Jean in Anlehnung an Donnas Mutter Jeanette. Meiner Ansicht nach haben wir damit unsere Familien genommen, sie zusammengefügt und, was meinen Vater betrifft, den Kreis geschlossen. Während ich diese Zeilen schreibe, kniee ich auf dem Boden und bete, dass ich diesen Kreis erhalten kann und dass er nie wieder zerbricht.

Kapitel **9**

M I C K

Der Arzt beschloss sofort, das Zoloft und das Wellbutrin abzusetzen. Die Schmerzen und der Druck in meinen Knochen ließen mich aber weiterhin halluzinieren. Auch die Radiostimmen hörte ich noch immer, und jede Nacht wackelte das Bett.

Ich bat meinen Orthopäden, mir wieder Schmerzmittel zu verschreiben. Meine Schultern und die Halsmuskulatur hatten sich völlig versteift, ich stellte den Gurt meiner Gitarre immer höher ein, um überhaupt noch spielen zu können, und für eine simple Drehung meines Kopfes musste ich den ganzen Körper bewegen. Der Arzt wusste schon Bescheid, bevor ich ihm all das erzählte. Er sah meinen immer gebeugteren Körper und sagte: „Sie sind dabei, den Kampf zu verlieren."

Und er hatte Recht: Die Spondylitis ankylosans begann mich kleinzukriegen. Der graue Geist ging seinem Sieg entgegen. Der Arzt verschrieb mir neue Schmerztabletten und gab mir eine Art sanftes Valium, das vor allem auf die Psyche wirkte. Wenn der graue Geist schon meinen Körper eroberte, dann sollte er zumindest nicht meine Seele und meinen Verstand bekommen. Langsam verschwanden die Stimmen in meinem Kopf, und das Bett stand nachts wieder still. Jetzt fühle ich mich nur noch die Hälfte der Zeit verrückt; die andere Hälfte bin ich das wirklich.

Einige Jahre zuvor hatte ich eine dünne, geheimnisvolle Frau namens Robbie getroffen, eine Unterwasserfotografin, die sich beim Abtauchen in sechzig Meter Tiefe ein Ohr ruiniert hatte und nun bei unseren Tourneen im Produktionsbüro arbeitete, um die Kreaturen oberhalb der Wasseroberfläche zu beobachten. Wenn sie sprach, klang sie so intelligent und erfahren wie eine Vierzigjährige, dabei war sie erst Mitte zwanzig. Mich beeindruckte, wie sie sich in Gesprächen verhielt: Ihre Sätze klangen so durchdacht und wohlgeformt, wie ich sie nie zustande brachte. Sie faszinierte mich so sehr, dass ich nach der Tour nach ihrer Telefonnummer fragte, ihr eine Nachricht hinterließ und sie schließlich in Tennessee besuchte. Als ich zurückkehrte, war ich nicht mehr allein.

Robbie und ich verbrachten immer mehr Zeit miteinander, und sie war schließlich nicht nur der einzige Mensch, dem ich vertraute; ich erkannte vielmehr endlich in ihr die Frau, die ich mein ganzes Leben lang bisher vergebens gesucht hatte. Alkohol, Drogen oder andere Geschichten interessierten sie nicht, und damit half sie mir, selbst ein geordnetes Leben zu führen. Zudem war sie ganz klar nicht wegen des Geldes hinter mir her: Robbie besaß ein eigenes Unternehmen, Nature Films, das Fotos und Beiträge für Fernsehsender zusammenstellt, die sich auf Berichte über Tiere und Natur spezialisiert haben und Lernprogramme senden – übrigens meine zweite Leidenschaft nach dem Gitarrespielen. Vince hat Heidi, Nikki seine Donna und ich nun Robbie. Mich macht es stolz, wenn ich ihre Aufnahmen im Fernsehen sehe – ich lächle und sage zu mir selbst: Das ist meine Frau.

Heute bin ich ein alter Sack, und es fällt mir nicht mehr leicht, mit der Band auf Tour zu gehen. Aber ich fühle mich nicht so ausgebrannt wie bei der Tournee zu *Generation Swine*, denn inzwischen ist mir klar geworden, dass ich es noch immer liebe, genauso zu spielen, wie ich vor Jahren in meiner Anzeige im *Recycler* schrieb: laut, wild und aggressiv. Nikki ist auch schon ein alter Knacker, aber er ist immer noch scharf darauf, mit Mötley Crüe die Welt zu erobern. Das wird sich bei ihm auch nie ändern. Sein Motto lautet: „Ich will gewinnen." Ich bin sicher, dass er das noch immer kann. Würde ich das nicht glauben, wäre ich mit Tommy abgehauen.

Als ich von der *New Tattoo*-Tour zurückkam, sah Robbie mich an und lächelte.

„Was ist?", fragte ich.

„Er kommt zurück", antwortete sie.

„Wer kommt zurück?"

„Der lila Menschenfresser."

Die wilde, magentafarbene Aura, die Tom Zutaut vor Jahren wahrgenommen hatte und die mir während der *Girls*-Tour abhanden gekommen war, war wieder da. Jetzt allerdings in einer dunkleren Schattierung, deren Lila langsam schwand.

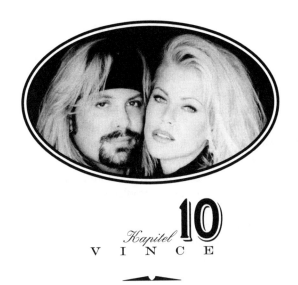

Kapitel 10

V I N C E

IN DEM UNSER HELD ERFÄHRT. DASS MAN FÜRS LEBEN LERNT.

ährend unserer Japantournee bekam ich einen Anruf von Heidi. Es war fünf Uhr früh, und das ließ mich ahnen, dass irgendetwas passiert war. Und so war es auch. Bert, mein Manager, war zuhause in Nashville und hatte verzweifelt versucht, mich zu erreichen. Als ich mich bei ihm meldete, bekam er die Worte kaum heraus.

„Du bist der Einzige, mit dem ich reden kann", sagte er. „Als ich damals miterlebt habe, was dir passiert ist, hätte ich nie gedacht, dass ich das eines Tages auch einmal durchmachen müsste."

Berts Sohn hatte am vorangegangenen Nachmittag mit Freunden Baseball gespielt und war unverhofft zusammengebrochen. Er hatte eine Gehirnblutung erlitten, die sich zuvor durch keinerlei Symptome angekündigt hatte, und war sofort daran gestorben. Nach den Konzerten in Japan flog ich unverzüglich zu Bert und blieb ein paar Tage. Als Skylar im Sterben lag, hatte er mir die ganze Zeit über beigestanden. Jetzt war ich an der Reihe, und ich wusste genau, was in ihm vorging.

Tommy, Nikki und Mick können mir nachsagen, was sie wollen. Aber sie wissen nicht – und sie können es sich nicht einmal ansatzweise vorstellen –, wie es ist, dem eigenen Kind beim Sterben zuzusehen. Wenn sie sich selbst nur für eine Sekunde in meine Situation hineinversetzen könnten, wären sie fix und fertig. Sie könnten so viel Schmerz nicht ertragen. Vielleicht würden sie dann begreifen, warum ich so verdammt viel saufe.

Während der Zeit mit Bert wurde ich wieder daran erinnert, wie kurz das Leben sein konnte und dass Liebe ein kostbares Geschenk ist. Ich beschloss, nach meiner

Vince   453

Rückkehr nach L. A. mit Heidi zum Standesamt zu gehen. Wir waren seit sieben Jahren zusammen, länger, als meine erste Ehe gehalten hatte, und wir waren verwandte Seelen. Andere Frauen waren mit mir zusammen gewesen, um Spaß zu haben und die Ferraris, die Porsches, die Villen sowie natürlich den unglaublich guten Sex zu genießen, aber Heidi hatte auch in schlechten Zeiten zu mir gehalten, als Tod, Depressionen und finanzielle Probleme mein Leben prägten. Heidi erwartete kein fantastisches Rock'n'Roll-Klischee mit einem Verfügungsrahmen von zwanzigtausend Dollar pro Monat, und sie erwartete auch keinen perfekten Ehemann. Sie wusste, dass man Narben davonträgt, wenn man einen guten Freund bei einem Autounfall tötet oder seine vierjährige Tochter im Kampf gegen den Krebs verliert. Angeblich scheitern fünfundachtzig Prozent aller Ehen nach dem Tod eines Kindes, ganz gleich, ob es sich um die leiblichen Eltern handelt oder nicht. Irgendwie war es Heidi und mir gelungen, diese Schicksalsschläge gemeinsam zu überstehen und nicht nur weiterhin ein Liebespaar, sondern auch die besten Freunde zu bleiben.

Wir legten den Hochzeitstag fest und feierten diesen Beschluss bei einem Hockeyspiel der Kings. Anschließend trafen wir Tom Arnold, der uns einige Spieler vorstellte. Sie hatten Lust, noch ein wenig zu feiern, und ich schlug vor, dafür in den *Havana Room* zu gehen, einen Privatclub für Zigarrenraucher, zu dem hauptsächlich Produzenten, Schauspieler, Anwälte und ein paar Schönheitschirurgen aus Beverly Hills gehörten. Ich glaube, ich bin das einzige Mitglied aus Rockerkreisen.

Wir waren gerade dabei, uns gemütlich zu betrinken, als sich Mel Gibson zu uns gesellte, der zuvor allein an der Bar gesessen hatte. Am Schluss blieben Mel, Heidi und ich allein übrig. Gegen drei wollten die Angestellten den Club langsam schließen, trauten sich aber nicht, uns hinauszukomplimentieren. Wir saßen noch ein Weilchen beisammen und rauchten.

Eine Stunde später fuhren wir schließlich zu mir und vergnügten uns bis sechs Uhr damit, ein paar Runden Pool zu spielen und uns mit einer Polaroidkamera gegenseitig in albernen Posen abzulichten. Ich schlief irgendwann ein, aber Mel gab noch immer keine Ruhe. Als Heidi mich nachmittags wieder ins Leben zurückholte, erzählte sie lachend: „Du wirst es nicht glauben, aber ich musste Mel Gibson geradezu aus unserem Haus werfen." Sie hatte ihm irgendwann nach Sonnenaufgang ein Taxi gerufen, das ihn wieder ins *Four Seasons* brachte. Später schalteten wir den Fernseher ein und sahen uns die Nachrichten an, und dabei erfuhren wir, dass der *Havana Room* abgebrannt war. In dem Bericht hieß es, zwei der letzten Gäste hätten ihre glimmenden Zigarrenstummel in einen Mülleimer geworfen, und von dort aus hätte sich das Feuer über das ganze Gebäude ausgebreitet. Jetzt war ich auch noch zum Brandstifter geworden.

Kurz darauf feierten Heidi und ich zu Van Morrisons „Crazy Love" eine kleine, aber feine Beverly-Hills-Hochzeit mit einer Schar von Brautjungfern, die sich fast ausschließlich aus Playmates zusammensetzte. Nach allem, was ich verloren hatte, stand ich nun da mit einer wunderschönen Braut an meiner Seite, mit dem großartigsten und wunderbarsten Menschen, den ich je getroffen habe. Sie ist die einzige Frau, mit der ich je zusammen war, die sich in der wilden Gesellschaft meiner Freunde wohl fühlt und kein Problem damit hat, Stripperinnen Geldscheine unter die Stringtangas zu schieben oder mit Mel Gibson an unserem letzten gemeinsamen Abend vor der Hochzeit Zigarren zu rauchen. Die Rolle des Trauzeugen übernahm einer meiner besten Freunde auf der ganzen Welt: Nikki Sixx. Nach der Zeremonie fuhren Heidi und ich zu unserem Haus in Beverly Hills und nahmen zwei Schäferhunde auf, die liebend gern Jagd auf Nikki machten.

Wahrscheinlich lacht der Rest der Band darüber, dass ich zu einem Club für Zigarrenraucher gehöre, in Beverly Hills wohne, mich für Rennwagen interessiere und versuche, mich ein wenig als Entertainment-Mogul zu gebärden (kürzlich habe ich eine Produktionsgesellschaft gegründet, zu der außer mir Marco Garibaldi, seine Frau Priscilla Presley und ein paar Börsenmakler aus Chicago gehören – vielleicht stellen wir eines Tages Doug Thaler als Postverteiler ein). Sie verstehen eben nicht, dass ich im Grunde dasselbe mache wie immer. Statt mit Tommy und Nikki und ihren Dealern zu saufen, tue ich das heute mit Mel Gibson. Statt es mir am Strand gut gehen zu lassen, entspanne ich mich jetzt im *Havana Room*. Es ist wichtig, sich selbst treu zu bleiben und nicht bei dem Versuch, sich an die Erwartungen und Regeln anderer anzupassen, seine Identität zu verlieren.

Nach dem Irrsinn auf der *Girls*-Tour verloren wir wahrscheinlich den Blick dafür, wer wir wirklich waren. Mötley Crüe wurden eine saubere, drogenfreie Band, anschließend eine Band ohne Leadsänger, dann eine Alternative-Band. Dabei hatte unsere Beliebtheit stets darauf beruht, dass wir uns hemmungslos allen möglichen Ausschweifungen hingaben und sofort alles absorbierten, was sich uns an Alkohol, Pillen, Mädchen und Ärger bot. Wahrscheinlich könnte man es als Happyend bezeichnen, wenn wir jetzt sagten: „Ja, wir haben unsere Lektion gelernt, wir bereuen unser lasterhaftes Leben." Aber das wäre Schwachsinn.

Ich trinke hin und wieder immer noch gern ein Glas, und ich stelle nach wie vor gern einmal etwas an. Wenn ich nicht so wäre, könnte ich nicht der Leadsänger von Mötley Crüe sein. Ich habe Gerichtsverfahren, Scheidungen, Suchtprobleme, Selbstmordversuche und mehr Todesfälle hinter mir, als mir lieb ist. Jetzt möchte ich mich wieder amüsieren.

Nachdem wir meinen alten Kumpel Randy Castillo als neuen Schlagzeuger angeheuert hatten, war es ein Kinderspiel, das neue Album *New Tattoo* aufzunehmen. Diesmal lief es ohne Gehirnwäsche und ohne dass man zwei Wochen lang darauf warten musste, dass ein Gitarrenriff oder ein Snaresound perfekt war. Wir gingen zurück zu unseren Wurzeln und akzeptierten zu guter Letzt, wer wir waren: Mötley Crüe. Wir sind keine Rapband oder Popband. Wir sind eine Band, die Songs über Schnaps und Sex und Autos schreibt. Wir sind eine Band, die von der eigenen Unstetigkeit lebt. Wir ziehen Energie daraus, dass wir uns gelegentlich drei gegen einen fertig machen. Wir sind daran gewachsen, dass ich gefeuert wurde, dass Tommy ausstieg, Nikki eine Überdosis hatte und Mick ein durchgeknallter alter Knacker ist. Alles, was uns eigentlich hätte vernichten sollen, hat uns nur gefährlicher, mächtiger und entschlossener gemacht.

Vince

Wäre ich bei der MTV-Aufnahme dabei gewesen, wo die Band nach Feuer, Frauen und Haarspray gefragt wurde, hätte ich nicht so defensiv reagiert wie Nikki. Ich hätte gesagt: „Wisst ihr, darum geht es bei uns: um Feuer, Frauen und Haarspray. Und das ist besser als um irgendwelchen langweiligen Kram."

Kapitel 11

T O M M Y

DAS VON EINEM ENDE, EINEM NEUEN ANFANG UND EINEM BEGRABENEN
KRIEGSBEIL HANDELT.

Es war der erste Schultag meiner Kinder, und ich hatte sie begleitet. Als ich die Treppe zum Haupteingang emporging, sah ich oben auf den Stufen eine vertraute Silhouette. Nikki stand dort, und es wirkte wie eine Szene aus einem Traum, den ich oft von ihm gehabt hatte. Wir hatten uns seit einem Jahr nicht mehr gesehen und nicht mehr miteinander gesprochen.

Ich ging zu ihm und sagte hallo. Er nickte mir zu.

„Gehen deine Kinder auch hier zur Schule?", fragte ich.

„Ja", erwiderte er. „Ihr Klassenzimmer ist dort drüben."

„Das ist ja ein Zufall. Meine sind in derselben Klasse, Alter."

Wir hatten uns beide für diesen Tag mit Tuchhosen und Oberhemden heraus-geputzt. Zwar fühlten wir uns in diesem Aufzug etwas unbehaglich, aber wir wollten nicht, dass sich unsere Kinder für ihre ungewaschenen Rock'n'Roll-Daddys schämten. Nikki lächelte mich an, und wir umarmten uns. Es war schon verrückt: Zwei Typen, die früher einmal die ganze Welt in Schutt und Asche gelegt hatten, trafen sich in einer blöden Grundschule wieder.

„Ich bin hier noch nie gewesen", vertraute ich Nikki an. „Wo geht es denn eigentlich zu diesem Klassenzimmer?"

Er führte mich den Flur hinunter und deutete auf eine Tür. Ich bat ihn, einen Augenblick zu warten, da ich sichergehen wollte, dass mein Sohn sich zurechtfand und sich wohl fühlte. Nikki war gern dazu bereit und schlug vor, anschließend gemeinsam zu frühstücken und über alte Zeiten zu reden.

Aber dann blieb ich doch fast eine halbe Stunde bei Brandon, der sehr nervös war und sich ängstigte. Als ich in den Flur zurückkehrte, war dort niemand mehr.

Ich lief nach draußen zur Treppe und sah mich um. Nikki war verschwunden. Schließlich ging ich die Stufen zurück und blickte durchs Fenster in das Klassenzimmer, weil ich wissen wollte, ob Brandon sich langsam eingewöhnte. Und es schien so zu sein: Er saß da und lachte. Als ich näher kam, um herauszufinden, was ihn so amüsierte, sah ich, dass Nikkis Sohn Decker sein Hemd auszog. Eine neue Generation von Sixxes und Lees – und Neils und Marses – machte sich bereit, die Welt zu erobern.

Und so GEHEN ZWEI JAHRZEHNTE GEMEINSAMER UND ANIMALISCHER ABENTEUER FÜR UNSERE HELDEN ZU ENDE. DIE EREIGNISSE HABEN SIE GEFORMT, UND SIE HABEN MANCHMAL DARAUS GELERNT, MANCHMAL ABER AUCH NICHT. AN DIESER STELLE MÜSSEN WIR UNS NUN VON IHNEN TRENNEN UND SIE IHRER WEGE ZIEHEN LASSEN – AUF IHRE EIGENE MÖTLEY-ART. SIE WERDEN WEITERHIN IHRE ERFAHRUNGEN MACHEN, SIE WERDEN IHRE FRAUEN LIEBEN, FÜR VERGANGENES BEZAHLEN, TRIUMPHALE SHOWS GEBEN, DIE BESSERUNGSANSTALTEN DES AMERIKANISCHEN STAATES IN ANSPRUCH NEHMEN UND EINES TAGES IHREN KINDERN DIESE GESCHICHTE VORLESEN.

SIEH IHNEN NACH, LIEBER LESER, DEN IMMER KLEINER WERDENDEN GESTALTEN, WIE SIE NUN DAVONREITEN, HINEIN IN DEN SONNENUNTERGANG, UM NEULAND ZU EROBERN. HÖRE, WAS SIE SINGEN: EIN NEUES LIED UND DENNOCH IMMER GLEICH. UND ES GEHT SO:

SPENT A MILLION DOLLARS ON AMPHETAMINES,
CRASHED A LOT OF CARS,
FUCKED ALL THE STUPID STARS IN HOLLYWOOD,
BECAUSE I COULD, BECAUSE WE COULD.

SO YOU LOVED TO HATE US IN YOUR PRIVATE JETS.
FUNNY HOW YOU BITCHED AND MOANED
'CAUSE YOU GOT FAT AND RICH.
AND WHEN I'M DEAD,
ALL YOU'LL PUT ON MY HEADSTONE IS THAT ...

Mötley Crüe

I'M SO FAKE.

I'M A DIRTY LITTLE BASTARD.

FAKE, I WAS ALWAYS SO PLASTERED.

FAKE, SO YOU SAY IT'S TRUE.

FAKE, I'M A DIRTY LITTLE WHORE.

FAKE, I'M EVERYTHING AND MORE.

LOOKS LIKE I'M FAKE, JUST LIKE ...

JUST LIKE YOU.

FORTY BILLION RECORDS AND GOING STRONG.

NEVER GOT A GRAMMY.

STILL WON'T PLAY ALONG IN HOLLYWOOD,

LIKE WE SHOULD.

MY DIAMOND RING AND COCAINE BINGES,

ALL STRUNG OUT ON YOUR SYRINGES.

SOLD MY SOUL WHILE YOU SOLD RECORDS.

I'VE BEEN YOUR SLAVE FOREVER.

YOU'RE SO FAKE.

YOU'RE A DIRTY LITTLE BASTARD.

FAKE, YOU'RE ALWAYS SO PLASTERED.

FAKE, SO YOU SAY IT'S TRUE.

LOOKS LIKE I'M A FAKE JUST LIKE YOU.

I'M NOT BITTER, I'M JUST BETTER.

DANKSAGUNG

Wenn man etwas auf Mötley-Weise tut, dann macht man es auf die harte Tour. Und dieses Buch entstand nach bester Mötley-Weise. Auf dem endlos scheinenden Weg bis hin zu seiner Veröffentlichung waren zahllose Streitigkeiten, Kämpfe, Vendetten, Krankheiten, Anwälte, Gefängnisaufenthalte, Scheidungen, Drogen, Schießereien und Striplokale zu überwinden. Die größte Hürde bildeten dennoch die verdammten eMails, die ausschließlich in Großbuchstaben verfasst worden waren. Ohne die Mithilfe der folgenden Beteiligten würdest du, lieber Leser, *The Dirt* jetzt jedenfalls nicht in deinen schmierigen Pfoten halten.

Ein Bullwinkle-mäßiges großes Dankeschön geht an die Left Bank Organization, vor allem an Allen Kovac, der dafür sorgte, dass *The Dirt* dreckig blieb; an Jordan Berliant, der Berge versetzte und andere unüberwindliche Naturgewalten, wie beispielsweise menschliche Eitelkeiten, besiegte, damit all dies möglich wurde (vielleicht erzählt er eines Tages von seinen Besuchen bei Tommy Lee im Gefängnis); Jeff Varner, dessen erstes Kind zur Welt kam, während er versuchte, unseren Kindergarten irgendwie zu zähmen; das wahrlich mächtige Anwaltsteam von Jim Kozmor und Justin Walker samt Mötley-Rechtsberater Doug Mark; Carol Sloat, die sich bei allem, was sie durchmachen musste, nur wenig beklagte; und Sue Wood, die so viel Spaß an der Abschrift der vielen hundert Stunden Bandaufnahmen hatte, dass sie ein Zitat von Nikki Sixx für ihren Anrufbeantworter auswählte: „Hey, hab ich dir schon die Story erzählt, wie Ozzy meine Pisse aufgeleckt hat?" Ein riesengroßes Lob gebührt Randy Castillo und Samantha Maloney, die sicherlich in *The Dirt, Teil II: O nein, nicht schon wieder* zu Gehör kommen werden.

Bei ReganBooks möchte ich mich vor allem bei Jeremie Ruby-Strauss bedanken, der dieses Katastrophenprojekt in die Wege leitete; Dana Albarella, die dieses Katastrophenprojekt schließlich dem Abschluss entgegenführte; Lauren Boyle, die all das Durcheinander geduldig ertrug; Andrea Molitor, die dafür sorgte, dass der Text sich so professionell las, wie er in Wirklichkeit gar nicht war; und Judith Regan, die als gnadenlose Diskussionsleiterin die Qualität des Ganzen überwachte. Weiterer Dank gilt John Pelosi, einem der wenigen Anwälte, dem der Unterschied zwischen Monster Magnet und „The Monster Mash" bekannt ist.

Ein weiteres Dankeschön an Deluxe Management, darunter Carl Stubner, Jade McQueen und Blain Clausen. Und an zwei Literaturagenten, Sarah Lazin und Ira Silverberg, die vermutlich froh und glücklich wären, wenn sie die beiden Wörtchen Mötley und Crüe nie wieder hören müssten.

Der allergrößte Dank gilt jedoch den unermüdlichen Fan-Legionen von Crüeheads, besonders Paul Miles von Chronological Crüe, dessen Korrekturliste beinahe ebenso lang war wie dieses Buch; Brent Hawryluk, der Tag und Nacht vor seinem Videorekorder saß, wo er für eine mickrige Danksagung wie diese Stunden von Crüe-Fernsehauftritten für uns aufnahm; sowie Laura Arroyo und Caitlin „Cat" Uecker, zwei coolen Rockermiezen.

Und was alle anderen angeht, die wir vielleicht vergessen haben – Pech gehabt, Leute.

BILDNACHWEIS

Don Adkins: Seite 13, 63
Nelson Chenault: Seite 129, 182, 293, 307, 309
Coffman and Coffman Productions: Seite 73, 170, 254
Bob Gruen: Farbfototeil Seite 15 oben
Ross Halfin/Idols: Seite 2, 305, 429, Farbfototeil Seite 1
William Hames: Seite 176, 177, 215, 228, 234, 237, 367, Farbfototeil Seite 6
Barry Levine: Seite 17, 34, 54, 144, 174, 428, 433, 439, 441
Dean Messina: Farbfototeil Seite 11
Mit freundlicher Genehmigung von Mötley Crüe: Seite 18, 19, 21 (oben und un-
    ten), Seite 24, 35, 37, 41, 45, 55, 59, 66, 72, 79 (oben und unten), Seite 81, 84,
    85, 89 (oben und unten), Seite 108, 110, 111, 113, 117, 125, 132, 138, 142,
    149, 155, 173, 189, 190, 197, 207, 211, 216, 233, 239, 245, 249, 257, 268, 273,
    286, 303, 310 (oben, Mitte und unten rechts), 311, 321, 327, 360, 385, 391,
    392, 397, 401, 407, 447, 453, 456, Farbfototeil Seite 3 (links), 4 (unten), 9, 12,
    16 (oben und unten)
Paul Natkin: Farbfototeil Seite 7
Anastasia Pantsios: Seite 95, 105, 161, 165, 349
Jim Prue: Seite 137
Chuck Pulin: Seite 386, Farbfototeil Seite 15 (unten)
Mick Rock: Seite 459, Farbfototeil Seite 5
Terry Sesvold: Seite 107, Farbfototeil Seite 8
Cindy Sommerfield: Seite 202, 240, 253, 254, 280, 292, 351, Farbfototeil Seite 10, 13
Mark Weiss: Seite 152, 163, 211, Farbfototeil Seite 9
Neil Zlozower: Seite 151, Farbfototeil Seite 2, 3 (rechts), 4 (oben), 14
Vinnie Zuffante: Seite 181, 371